KB177574

피히테(1762~1814) 피히테는 인간 지식은 경험적 실재에서 얻어지는 것이 아니라 정신이 인식한 산물이라고 여겼다.

〈둥근 테이블〉 아돌프 폰 멘첼(1850). 프로이센의 프리드리히 2세(1712~1786, 재위 1740~1786)가 상수시 궁전에서 가진 오찬 모임. 유명한 예술가·철학자들이 초대되어 둥근 식탁에 둘러앉아 즐겁게 이야기를 나누고 있다. 가운데 정면을 향한 사람이 대왕, 그가 눈길을 주고 있는 왼쪽 두 번째 사람이 볼테르이다.

피히테의 생가 람메나우

예나대학교 이 대학의 전성기는 피히테, 헤겔, 셸링 등 철학자와 슐레겔, 쉴러 등 작가들이 교수로 활동하던 시기
(1787~1806)였다. 1780년 입학한 피히테는 이곳에서 신학을 공부했으며, 1794년 교수로 초빙된다.

스피노자(1632~1677)　네덜란드의 철학자. 대학에서 신학만을 공부하던 피히테는 스피노자의 《윤리학》을 접한 뒤 철학에 관심을 갖게 되고 본격적으로 철학공부에 몰두하게 된다.

칸트(1724~1804)   1791년 칸트철학을 연구하던 피히테는 논문 〈모든 계시에 관한 비판 시도〉(1792)를 들고 칸트를 찾
아간다. 칸트는 이 논문을 출판할 수 있도록 도와준다. 익명으로 출판된 이 작품이 큰 반향을 불러일으키자, 칸트는
원저자의 이름을 밝혀주어 피히테는 갑자기 유명해진다.

경험의 본성 칸트는 우리가 신체로 포착할 수 없는 것은 경험할 수 없다고 생각했다. 에버렛의 〈눈 먼 여인〉(1856)에 표현된 여인은 음악소리와 딸의 손 감촉과 딸의 머리에서 나는 향기는 누릴 수 있지만, 자신의 뒤편 하늘에 있는 무지개는 결코 향유할 수가 없다.

괴테(1749~1832) 독일 고전주의 대표자. 문학가·자연연구가. 바이마르공국 재상. 1794년 예나대학교 교수가 된 피히
테는 괴테와도 친분을 쌓았다.

셸링(1775~1854) 자연철학자. 셸링은 자아로부터 출발하는 피히테의 철학을 극복하고 자연과 자아를 통합하고자 시도하였다.

자연과 인간의 조화 셸링은, 인간은 자연에서 나왔고 계속해서 자연 안에서 일어나는 발전 과정의 일부가 되었다고 주장했다. 팔머의 〈마법의 사과나무〉에 나타난 인간은 자신을 둘러싼 동물과 식물처럼 주변환경과 하나가 되어 있다.

헤겔(1770~1831) 절대적 관념론. 피히테의 주관적 관념론과 셸링의 객관적 관념론의 모순 대립을 매개하여 이 두 관점을 웅대한 하나의 철학체계로 완성했다.

▲ 에를랑겐 대학
교 독일 남부 바
이에른주. 1805년
피히테는 이 대학
교수로 초빙된다.

▶ 에를랑겐의 피히
테가 살던 집(1805)

예나전투 1806년 나폴레옹군이 프로이센(독일)의 예나─아우어슈테트 일대에서 프로이센군을 대파하고 베를린으로 입성한 전투이다. 피히테는 코펜하겐으로 도피하여 '독일 국민에게 고함' 원고를 준비한다.

▲독일 국민에게
연설하는 피히테
1808년 베를린에
서 행한 '독일 국
민에게 고함' 연설
로 유명해졌다.

▶베를린(훔볼트)
대학교 1810년
피히테는 이 대학
교수로 초빙, 초대
총장에 선출된다.

피히테 기념물　작센주 람메나우, 슐로스 파크(피히테 공원)

피히테 무덤 베를린 도로텐슈타트 공동묘지. 곁에는 그의 아내가 묻혔다.

Reden

an

die deutsche Nation

durch

Johann Gottlieb Fichte.

———

Berlin, 1808.

In der Realschulbuchhandlung.

《독일 국민에게 고함》(1808) 속표지

World Book 279

Johann Gottlieb Fichte/Rudolf von Jhering
REDEN AN DIE DEUTSCHE NATION
DIE BESTIMMUNG DES MENSCHEN
DER KAMPF UMS RECHT
독일 국민에게 고함/인간의 사명/권리를 위한 투쟁
요한 고틀리프 피히테/루돌프 폰 예링/권기철 옮김

요한 고틀리프 피히테

루돌프 폰 예링

동서문화사

디자인 : 동서랑 미술팀

독일 국민에게 고함
차례

독일 국민에게 고함

인간의 사명

Reden an die Deutsche Nation
독일 국민에게 고함
요한 고틀리프 피히테

제1강 지난 강연의 회상과 이번 강연의 개요

지금 시작하는 강의는 3년 전 겨울, 내가 이 자리에서 강연한 뒤《현대관의 대요》라는 제목으로 출판한 강연의 연속이다. 나는 지난 강연에서 인류 전체의 발달 과정을 5기로 나눈 뒤 현대는 그 3기에 해당하며, 모든 활동은 오직 관능적 이기심의 충동에 의존하고 있다고 이야기했다. 또 현대는 이 충동으로 움직일 수 있는 경우에만 자기를 완전히 발휘할 수 있다고 해석한다는 것을 일러 두었다. 이어서 현대는 자신의 이러한 본성을 뚜렷하게 통찰해 그 강한 본성의 기초 위에 굳건히 서 있다고도 말했다.

그런데 우리의 시대는 이제까지 볼 수 없었을 만큼 변화가 급격해, 내가 시대에 대한 설명을 시도한 지 3년도 채 지나지 않았는데, 그 짧은 기간 동안 어떤 나라(독일)에서는 그 시대가 이미 과거가 되었고, 어떤 나라에서는 사람들이 이기심을 더없이 조장함으로써 자신과 자신의 독립을 잃어버린 채 끝내 자멸의 길로 떨어지고 말았다. 이기심은 자기 이외의 어떠한 목적도 용인하지 않기에, 오히려 다른 권력에 지배당하면서 자신과 무관한 다른 목적을 쫓지 않을 수 없게 되고 말았다. 나는 일단 이 시대에 대해 해설하기 시작한 이상, 이 시대의 상황이 완전히 변해버린 지금, 다시 새로운 해설을 할 의무가 있다고 느낀다. 즉 이 시대가 이미 현재가 아니게 된 오늘날에는, 지난날 이 시대를 현재로 설명 들은 청중에게 그것은 이미 과거가 되었음을 밝힐 의무가 있다.

독립을 잃는 나라는 동시에 시대의 흐름에 영향을 미칠 능력, 즉 시대의 흐름을 마음대로 좌우할 능력 또한 잃어버린 것이다. 만약 그러한 나라가 이 상황을 개선하지 않을 때는, 그 시대와 나라 자체가 다른 나라에 의해 해체되어 운명을 지배당하고 만다. 따라서 이러한 나라는 이미 자신의 독립적 존재를 갖지 못하고, 다른 민족과 다른 국가의 사건이나 시대를 기준으로 자신의 연대를 계산해야 된다. 이러한 상태에서 이제까지의 세계에 대해 자발적으로 위력을 발휘할 수 없게 된 그에게는 오로지 다른 민족에게 종속하는 명예만이 남는다. 이러한 상황에서 다시 일어나기 위해서는 하나의 새로운 세계를 열어, 그 나라 자신의 새로운 시대를 만들고, 그 새로운 세계를 발달시켜 새로운 시대의 내용을 충실하게 채우는 도리밖에 없다. 아울러 외국의 힘에 한 번 굴복했기 때문에, 이 새로운 세계가 정복자의 눈에 띄지 않도록, 또 결코 그 시기심을 자극하는 일이 없도록 해야 한다. 그리하여 정복자로 하여금 오히려 그 때문에 자기가 이익을 얻을 수 있음을 느끼게 하여, 피정복자의 새로운 건설에 대해 아무런 방해도 하지 않도록 해야 한다. 한 번 지금까지의 자신과, 자신의 지금까지의 시대와 세계를 잃어버린 민족이, 새로운 자기와 새로운 시대를 창조하는 수단으로서 이러한 신세계를 창조하는 것이 가능하다면, 그러한 세계를 설명하는 것은 현재와 미래에 걸쳐 시대를 해설하려는 자에게는 절실한 일일 것이다.

그렇다, 나는 지금 그러한 세계가 존재해야 한다고 믿고 있다. 이 강연의 목적은 여러분에게 그러한 세계의 본질과 그 진정한 소유자가 누구인지 가리키고, 이 신세계의 비전을 여러분 앞에 제시하면서 그 세계를 창조할 수단을 서술하는 데 있다. 그런 의미에서 이 강연은 지난날 그때의 현상에 대해 해설한 강연의 연속이며, 이기심에 따라 움직이는 국가가 외세에 의해 파괴된 뒤, 직접 일어서야 하고, 또 일어서지 않을 수 없는 새로운 시대를 해설하는 것이다.

그러나 이 일을 시작하기에 앞서, 나는 여러분이 다음과 같은 여러 가지 전제를 잊지 않고, 또 다음과 같은 점들에 대해 필요하다면 나와 의견이 일치하기를 간절히 바라는 바이다.

첫째, 나는 독일인 전체를 위해 독일인 전체에 대해 이야기하는 것이다. 지난 몇 백 년 동안 겪은 수많은 불행이 본디 같은 국민에 속하는 우리 속에 조성한 모든 분열과 차별을 인정하지 않고, 이를 완전히 무시하고 업신여겨 독일인으로서 독일인을 논하고자 한다. 존경하는 청중 여러분, 나의 눈은 독일 국민의 최고이자 직접적인 대표자인 여러분, 독일 국민의 좋은 특질을 나에게 보여주고, 또 나의 강연의 타오르는 불꽃의 심지를 이루고 있는 여러분을 보고 있지만, 내 마음의 눈은 모든 독일 국민의 교양 있는 인사들이 자신들이 살고 있는 모든 지역에서 나와 내 주위에 모여 있음을 느낀다. 그리고 우리 모두의 공통된 정세를 살펴보고, 어쩌면 여러분을 움직일지도 모르는 이 강연의 생생한 힘의 일부가 말없는 인쇄물이 되어 이 자리에 오지 못한 사람들의 눈앞에 놓일 때도 그 힘을 발휘, 곳곳에서 독일인의 마음을 불타오르게 하고 결심과 실행을 촉진하게 되기를 바란다. 오직 독일인 전체에 대해, 또 단적으로 독일 전체에 대해서—라고 나는 말했다. 언젠가 적당한 때에 이야기할 생각이지만, '독일' 이외의 통일적 명칭, 또는 국민적 연대에는 지금까지 진실성과 의의가 결여되어 있지 않았다. 또 만일 갖고 있다 해도 그러한 결합점은 우리의 현황에 의해 파괴되고 우리에게서 박탈되어 결코 복구되지 않을 것이다. 우리 국민이 외국과 융합해 몰락하는 것을 면하게 하고, 또 우리 국민이 자신의 특징 위에 안정을 찾아, 어떠한 형태로든 다른 민족에게 종속할 수 없는 자아를 다시 획득할 수 있게 하는 것은, 오직 독일 정신이라고 하는, 우리의 공통된 특징이다. 우리가 이러한 자신을 잘 통찰한다면, 이 주장이 다른 의무 및 신성시되는 사항과 모순되지 않을까 하는 많은 현대인의 걱정은 깨끗이 사라질 것이다.

나는 일반 독일인에 대해 논하는 것이므로, 여기에 모인 여러분에게는 거의 관계가 없는 것도 관계가 있는 것으로, 또 당장 여러분에게만 관계가 있는 것도 모든 독일인에게 관계가 있는 것으로 이야기하는 일이 있을 것이다. 이 강연이 샘솟는 원천인 내 마음 속에서는 복잡하게 얽힌 하나의 통일체를 생각하고 있다. 그 통일 속에서는 그 누구도 다른 사람의 운명을 자기와 무관하다고 생각하지 않으며, 또 이 통일체는 우리의 파멸을 막기 위해서는 마땅히 성립되어야 하고 또 통일되어야 한다. 나는 이 통일체가 이미 성립되고 완성되어, 엄연히 그곳에 존재함을 마음으로 느낀다.

둘째, 나는 다음과 같은 독일인 청중을 전제로 한다. 즉, 나의 청중은 자기가 입는 손해에서 비롯되는 고통의 감정에 완전히 몸을 맡기고 고통 속에서 스스로 감내하며 그 가련한 상태에 만족함으로써, 그들을 압박하는 실행에 대한 요구와 타협하려는 사람은 아닐 것이다. 오히려 나의 청중은 이 정당한 고통을 넘어서 명석한 사고와 높은 관찰의 경지에 이른 사람이거나 적어도 그러한 경지에 다다를 능력을 가진 사람일 것이다. 나는 그의 고통을 알고 있고, 나 또한 누구 못지않게 그 고통을 느낀다. 나는 그 고통을 존중한다. 먹을 것이 주어지고 육체적 고통을 당하지 않는 것에 만족하고, 명예와 자유와 독립을 공허한 이름으로 여기는 어리석은 사람들은 그러한 고통을 느끼는 능력이 없다. 그러나 그 고통은 오직 우리를 사려와 결심과 실행으로 이끌기 위해 존재한다. 만약 이 궁극적인 목표를 잃는다면, 고통은 우리에게서 사려와 얼마

남지 않은 모든 힘까지 빼앗아 가서, 우리를 극한의 불행에 이르게 할 것이다. 더욱이 그때 고통은 우리가 게으르고 나약하다는 실증으로서, 우리의 불행이 마땅한 운명임을 여실히 증명한다. 나는 밖에서 반드시 우리를 도와줄 것이라는 위안에 의해, 또는 이 시대가 가져다줄 온갖 가능한 사건과 변혁을 지적함으로써, 여러분으로 하여금 이 고통을 극복하게 하려는 것이 결코 아니다. 왜냐하면 이러한 생각은 오히려 끊임없이 동요하는 가능의 세계를 방황하는 것일 뿐, 필연성 위에 자기를 확립하려는 것이 아니고, 자신의 힘으로 자기를 구제하기보다 맹목적인 우연에 의지하려는 것이다. 그러므로, 그 자체가 이미 크게 비난받아 마땅한 경솔한 마음과 가장 깊은 자기경멸을 보여주지만, 혹 그렇지 않다 해도 이러한 종류의 모든 위안과 지적은 우리의 현실에는 결코 적용될 수 없기 때문이다.

우리는 엄정하게 증명할 수 있고, 또 적절한 시기에 증명하겠지만, 어떠한 인간도, 어떠한 신도, 또 우연에 속하는 어떠한 사건도 우리를 구제할 수는 없다. 이와 반대로 우리를 구제하고자 할 때는 오직 우리 자신의 힘에 기대는 수밖에 없다. 나는 오히려 여러분이 이 고통을 극복하려면 우리의 현실과 우리에게 남아 있는 힘, 우리를 구제하는 실제수단을 뚜렷하게 통찰해야 한다고 생각한다. 따라서 나는 어느 정도의 사려와 독립활동, 그리고 조금의 희생을 요구하며, 청중 여러분이 이 요구에 응해주기를 기대한다. 물론 이 요구의 조건은 모두 손쉬운 것이어서 특별한 힘을 필요로 하지 않는다. 그쯤의 힘은 우리 시대에 기대할 수 있다고 나는 믿는다. 이 조건을 채우는 데 무언가의 위험이 따르지 않을까 생각할지 모르지만, 여기에 위험 같은 것은 전혀 존재하지 않는다.

셋째, 나는 독일인이 자신들의 현재 위치를 독일 국민으로서 똑똑히 통찰하게 할 생각이므로, 자신의 눈으로 그것을 확인하고자 하는 청중을 전제로 한다. 외국의 안경은 일부러 환각을 일으키도록 만들어져 있거나, 자연 그대로라 하더라도 본디 입각점이 다르고 도수가 약해 도저히 독일인의 눈에 맞지 않는데, 그러한 가짜를 써서 이 문제를 관찰하려는 안이한 청중을 나는 결코 기대하지 않는다. 또 청중 여러분이 이처럼 자신의 눈으로 관찰할 때, 거기에 존재하는 것을 있는 그대로 바라보고 자신의 눈에 비치는 것을 있는 그대로 인정할 용기를 갖고, 세상에 흔히 볼 수 있는 경향, 즉 자신의 사건에 대해 자신을 속이고, 실제로 존재하는 것보다 덜 참혹한 형상을 그리며 안도하려는 경향을 완전히 극복했거나, 적어도 극복할 능력을 갖추고 있는 것을 전제로 한다. 이러한 경향은 자신의 살벌한 사상이 무서워서 기피하는 것으로, 어린아이 같은 생각이라고 할 수 있다. 다시 말해, 자기의 불행을 직시하지 않거나 적어도 그것을 보았다고 고백하지만 않으면 생각 속에서 사라지듯이, 실제로 사라진 것으로 믿는 어린아이 같은 생각이라 하겠다. 이에 비해, 불행을 똑바로 바라보고 그것과 당당하게 맞서면서, 침착하고 냉정하게, 그리고 자유로운 태도로 꿰뚫어본 뒤 그 불행의 구성요소를 분해하는 것은 남자답고 대담한 태도이다. 우리는 이 명료한 통찰로써만 불행을 지배하는 위치에 설 수 있다. 그러나 우리는 각 부분에서 전체의 모습을 파악하고, 늘 자신의 위치를 알며, 한번 얻은 명찰을 통해 자신의 관점을 확실하게 함으로써 비로소 그 불행과 싸우며 흔들림 없는 걸음으로 활보할 수 있다. 이에 비해 확고한 지침도 없고 흔들리지 않는 신념도 없는 사람은 맹목적으로 꿈과 환상 속을 헤매게 된다.

이렇게 뚜렷한 인식을 두려워하고 피해야 할 이유가 어디에 있단 말인가. 불행은 그것을 모르고 있다고 해서 줄어드는 것이 아니고, 그것을 인식한다고 해서 커지는 것도 아니다. 오히려 그것을 뚜렷이 인식하지 않으면 극복할 수가 없다. 그러나 나는 여기서 과거에 대한 책임을 운운하려는 것은 절대로 아니다. 필연적인 결과인 불행이 아직 극에 이르기 전이고 개선에 의한 구원과 완화의 여지가 있는 동안은, 혹독한 비난과 뼈아픈 조롱, 살을 깎는 듯한 모멸로 태만과 이기심을 다스리는 것도 무방하다. 그렇게 그것을 자극해, 비록 개선에 이르지는 않는다 해도 적어도 경고하는 자에 대한 증오와 분개를 불러일으켜 커다란 감동을 느끼게 하는 것도 좋다.

그러나 불행이 일단 극점에 이르러 죄악을 계속 저지를 가능성마저 빼앗긴 뒤, 더는 죄를 저지를 능력이 없어진 사람을 군이 질타하고 공격하는 것은 아무런 의미가 없고 그저 쓸데없는 화풀이로 보일 뿐이다. 그럴 때, 문제는 이미 윤리의 영역을 벗어나, 모든 사건을 이전에 일어난 사건의 필연적인 결과로 보고, 자유를 과거의 것으로 보는 역사의 영역으로 옮겨간다. 우리의 강연에서 현대의 관찰은 오직 이 역사적 관찰만이 남아 있다. 그러므로 우리는 결코 다른 관점을 취하지 않을 것이다.

나는 여러분이 자기를 단적으로 독일인으로 생각하고, 고통에 의해서도 속박당하는 일 없이 진리를 보려 하고 또 진리를 똑바로 바라볼 용기를 지니고 있음을 자각하는 것을 전제로 하여, 그 깨달음을 염두에 두고 앞으로 이야기하고자 한다. 이와는 다른 생각을 갖고 이 자리에 오는 사람이 있다면 어쩌면 불쾌한 기분을 느끼는 일이 있을지도 모른다. 그러나 그것은 그 사람의 문제이다. 이 이야기는 이 자리에서 미리 양해를 구하는 것으로 하고 다시는 되풀이하지 않을 것이다. 이제부터 나의 강연의 기본내용을 살펴보고자 한다.

나는 이 강연 첫머리에서, 어떤 곳에서는 이기심이 끝없이 전개되어 자신을 망치고, 그에 따라 자아를 잃고 독립적으로 자신의 목표를 세우는 능력까지 잃어버렸다고 말했다. 이처럼 이기적 입장이 자신을 멸망시키는 결과에 이른 것은 내가 이전에 말한 시대의 흐름이고, 또 그 시대의 완전히 새로운 사건이며, 내 생각에 그것은 지난해에 내가 했던 시대의 묘사를 계속 이어갈 수 있게하고 또 필요한 것으로 만들었다. 즉 이 멸망의 상태는 우리의 실제적인 현실이고, 내가 마찬가지로 그 존재를 주장하는 새로운 세계에서 우리가 영위하는 새로운 생활이 직접 이것과 결부되어야 하므로, 이 멸망의 상태는 이번 강연의 근본적인 출발점이기도 하다. 따라서 나는 먼저, 어떻게 하여 또 무엇 때문에 이기심이 극도에 이르렀을 때 이러한 파멸을 필연적으로 초래했는지를 보여주어야 한다.

이기심은 매우 드문 예외를 제외하고는 피지배자 전체를 덮친 뒤, 더욱 퍼져나가 지배자 계급도 덮쳤고, 마침내 그들의 생활의 유일한 충동이 되어 그 발달의 최고점에 이르렀다. 이러한 정부에서는, 먼저 대외적으로 자국의 평화를 타국의 평화와 이어주는 모든 연대를 소홀히 하는 경향, 오로지 자신의 안일을 탐하느라 자기가 한 구성원으로 속한 전체를 저버리는 경향, 자국의 국경이 침범되지 않는 한 무사태평하다고 믿는 한심하고 이기적인 자기기만 등이 일어난다. 그리고 대내적으로는 정치의 고삐를 쥐는 문제에서 이 유약한 태도가 나타난다. 그것을 외국어로는 인도주의, 자유주의, 민주주의라고 하는데, 올바른 독일어로는 그야말로 해이하고 위엄이 없는 행동이라고 부를 만하다.

만약 이기심이 지배자 계급도 덮칠 때─라고 나는 말했다. 국민이 완전히 타락하여 모든 타락의 뿌리인 이기심에 빠지게 되더라도 정부만 그런 타락에 빠지지 않는다면, 그 국민은 아직 존재할 수 있을 뿐만 아니라 겉으로 보기에는 빛나는 업적을 이룩할 수도 있다. 아니, 정부도 밖을 향해서는 신의가 없고 의무와 명예를 잊은 행위를 하더라도, 안으로 정치의 고삐를 강하게 잡고 자기에 대한 피지배자의 공포를 더욱 조장할 수 있다면, 국가 유지에는 지장이 없을 것이다. 그러나 지배자와 피지배자가 함께 타락한다면, 외부에서 가하는 최초의 심각한 공격에도 그 국가는 곧 무너지고 말 것이다. 국가가 한때 자기가 한 구성원이었던 단체를 배신하고 떠난 것처럼, 이제는 국내에서 국민이 지배자를 두려워하는 대신 외국의 지배자에게 크나큰 공포심을 품고, 지배자에게서 등을 돌려 제멋대로 저마다가 원하는 곳으로 달려간다. 이렇게 뿔뿔이 흩어진 국민은 외국에 대한 공포심에 사로잡혀 조국의 방위자에게는 매우 적은 양을 마지못해 내주는 데 비해 적에게는 많은 것을 매우 기꺼운 척 가장하면서 주게 된다. 그리하여 모든 방면에서 버림받고 배신당한 지배자는 외국의 계획에 굴복하고 추종함으로써 자신의 존속을 꾀하는 비참한 처지에 빠지고, 조국을 위한 싸움에서 무기를 내던지고 항복한 자도 외국의 깃발 아래 서서 창끝을 돌려 조국을 공격하게 된다. 이렇게 이기심은 극도의 발전으로써 멸망하고, 자기 이외에 다른 목적을 좇지 않는 자는 외세에 의해 거꾸로 타인의 목적을 강요당하게 된다.

이렇게 종속 상태에 빠진 국민은, 그때까지 습관적으로 사용해 온 평범한 수단으로는 도저히 그 처지에서 벗어날 수 없다. 그들이 아직 모든 힘을 소유하고 있었을 때도 그들의 저항은 아무런 효과가 없었는데, 그들이 그 힘을 대부분 잃은 뒤에 아무리 저항해본들 무슨 소용이 있겠는가. 지난날 그들의 정부가 정치의 고삐를 단단히 쥐고 있었던 시절에는 아직 쓸 수 있었을지도 모르는 수단도, 그 고삐가 단지 형태만 손에 남았고 그 손이 타인의 손에 제압되고 있는 오늘날에는 아무짝에도 쓸모가 없다. 이러한 국민은 더는 자기 자신에게 의지할 수가 없다. 그렇다고 그들의 정복자에게 기댈 수도 없다. 이 정복자 또한 자신이 쟁취한 이익을 굳게 움켜잡고, 모든 수단을 다해 이를 추구하는 것을 잊는다면, 지난날의 피정복자처럼 무분별하고 비겁한 상태에서 절망에 빠지지 않을 거라고 장담할 수 없기 때문이다.

만일 이 정복자가 시간이 흐를수록 더욱 무분별하고 비겁해진다면 그 정복자는 우리와 마찬가지로 멸망을 면치 못할 것이다. 더욱이 그 멸망은 우리에게 이익이 되지 않는다. 그는 새로운 정복자의 먹잇감이 되고, 우리 자신도 당연히 그 먹잇감의 하찮은 부가물이 되고 말 것이기 때문이다. 이렇게 몰락한 국민에게도 스스로 도울 방법이 있다면, 그것은 이제까지 한 번도 사용된 적이 없었던 완전히 새로운 수단을 통해 완전히 새로운 조직과 질서를 만들어내야만 가능할 것이다. 그러기 위해 우리는 먼저 관찰을 해야 한다. 지금까지 질서의 바탕을 이룬 것은 무엇이었나? 왜 이러한 질서는 결국 필연적으로 종말을 고하고 말았는가? 우리가 만일 그것을 안다면, 이 멸망의 원인과 정반대의 사실에서 새로운 요소를 발견하고 그것을 시대에 적용하여, 몰락한 국민을 다시 일으켜 세우고 새로운 생활로 이끌 수 있을 것이 틀림없다.

그 멸망의 원인을 살펴보면, 이제까지의 모든 조직에서 전체에 대한 관여는 개인의 신상에 대한 관여와 결부되고 있었다. 그리고 그 연계는, 현재와 미래의 생활 전체의 운명에서 비롯되는 개인의 사항을 때로는 두려워하고 때로는 희망하는 데서 왔는데, 그 연계가 어떤 곳에서는 완전히 끊어져 전체의 이해를 생각하는 사람이 사라져버렸음을 발견할 수 있다. 관능적이고 물욕적인 이기심만 키워간 결과는, 미래와 현재의 생활을 이어주는 종교를 버리고, 또 종교의 결함을 보충하거나 그것을 대신하는 도덕적 수단, 즉 명예심과 국가의 체면 등을 헛된 환상으로 여기는 바탕이 되었다. 정부의 힘이 미약하여 의무의 태만을 처벌하지 않는 일이 거듭되고, 전체에 대한 태도에서 비롯되는 개인 신상에 대한, 더 나아가서 현재의 생활에 대한 개인의 두려움도 잃어버리게 하며, 또 전체에 대한 개인의 공적을 돌아보지 않고 완전히 다른 규칙과 동기에 따라 개인을 만족시키는 일이 잦아짐에 따라 희망의 힘도 잃어버리게 한 것이다. 그리하여 전체와의 연대가 어떤 곳에서 완전히 단절되어, 그에 따라 공공적인 단결도 해체되고 말았다.

그러나 정복자는 앞으로 그가 할 수 있는 유일한 일을 애써 추진할 것이다. 그 유일한 일이란 이 연대를 위한 수단의 마지막 부분인 현재의 생활에 대한 공포와 희망을 다시 결합시켜 강화하는 것이다. 그것은 오직 그 자신을 위한 것이지 우리를 위한 것이 아니다. 왜냐하면 그는 자기의 이익을 확실히 이해하므로 이 새로운 연대의 끈에 먼저 자기의 문제부터 연결하고, 우리 자신에 대해서는 그들의 목적을 위한 수단으로서 그들 자신의 문제가 되는 경우에만 보존하고 채용할 것이기 때문이다. 이와 같이 몰락해가는 국민의 미래에는 더 이상 공포도 없고 희망도 없다. 공포와 희망을 이끄는 힘은 그들의 손에서 떠나버렸다. 그리하여 그들 자신은 두려워하고 희망할 수 있어도, 앞으로 어느 누구도 그들을 두려워하지 않고 어느 누구도 그들에게 기대를 걸지 않는다. 따라서 그들에게는, 공포와 희망을 넘어선 완전히 새로운 연대 수단을 발견하여 그들 전체의 사항을 그들의 개개인의 관심과 자연스럽게 연결하는 것 말고는 다른 길이 없다.

공포나 희망 같은 관능적인 동기를 넘어서서 이 동기와 가장 가까운 것은, 도덕적 옳고 그름이라는 정신적 동기이고 또 우리와 타인의 상태에 대한 쾌불쾌(快不快)라는 고상한 정서이다. 더러움과 난잡함에 익숙한 사람은 아무렇지도 않지만, 청결과 질서에 익숙한 눈은 하나의 오점이 신체에 직접적인 고통을 주지 않아도, 또 잡다하게 널려 있는 물체를 목격하는 일이 고통과 불안을 주지 않더라도 그것을 직접적인 고통처럼 느끼기 마련이다. 그와 같이 인간의 정신의 눈도, 사람이 어떤 혼란스럽고 무질서한 것, 수준이 낮고 파렴치한 것을 자신 또는 동포에게서 볼 때는, 그것이 그의 관능적인 쾌적함과는 아무런 관련도 없어도 그가 진심으로 가슴 아파하고, 그 고통이 그러한 심안의 소유자로 하여금 관능적 공포 또는 희망의 여부와 상관없이 최대한 그 불쾌한 상태를 자신이 바라는 유쾌한 상태로 바꿀 때까지는 마음의 평화를 누리지 못하도록 순화하고 육성할 수 있다.

이러한 마음의 눈의 소유자에게는, 그를 둘러싼 모든 관심사가 옳고 그름을 가리는 동기와 감정에 의해 자신의 일과 불가분하게 결부된다. 그리고 그의 확장된 자아는 자기를 전체의 한 부분으로 느끼고, 주어진 전체 속에서만 존립할 수 있다. 이렇게 자신의 심안을 갈고닦는 것은, 자신의 독립을, 또 그와 함께 일반적인 공공의 공포와 희망에 미치는 자기의 세력을 잃어버린 국민이, 이미 파멸한 상태에서 다시 독립적인 존재로 돌아가, 자기가 몰락한 이후 인간도 신도 저버린 자신의 국민적 관심사를 이 고상한 감정에 확실히 맡길 수 있는 확고하고 유일한 수단이 된다.

따라서 내가 예고한 이 몰락한 국민을 도울 수 있는 수단은, 이전에는 아마도 개인의 경우에 예외적으로 존재했지 결코 일반적, 국민적 자아로는 존재하지 않았던 완전히 새로운 자아를 양성하여 국민 전체를 교육하는 것이다. 이전의 생활은 사라지고 다른 생명의 부가물이 되어버린 국민을 교육하여 완전히 새로운 생명을 얻게 하고, 그 생명을 오롯이 이 국민 특유의 것으로 만드는 것이다. 그리하여 비록 그 생명이 다른 국민에게 나눠지는 일이 있더라도, 무한히 분할하지만 여전히 전체로서 존재하며 그 내용이 줄어들지 않게 하는 것이다. 한 마디로 말해, 이제까지의 교육을 완전히 개혁하는 일이야말로, 내가 독일 국민이 생존을 이어갈 수 있는 유일한 수단으로 제의하려는 것이다.

어린이에게 좋은 교육을 실시해야 한다는 것은 우리 시대에도 지나치다 싶을 만큼 거듭 이야기되고 있다. 따라서 우리도 이 자리에서 그와 같은 일을 되풀이해 문제 삼는 것은 쓸데없는 일일지도 모른다. 오히려 우리처럼 전과는 다르게 일을 추진할 수 있다고 믿는 사람은, 지금까지의 교육에 도대체 어떤 결점이 있었는지 뚜렷하게 연구하여, 새로운 교육이 이제까지의 인간 양성법에 완전히 새로운 요소를 어떻게 부가해야 하는지를 제시할 의무가 있다.

이러한 연구를 한 결과 우리가 지난날의 교육에서 인정해야 하는 것은, 지난날에도 종교적, 도의적, 법률적 사고방식과 여러 가지 질서 및 선량한 풍속의 청사진을 학생들 눈앞에 제공하기를 게을리 하지 않았다는 것, 또 곳곳에서 학생들을 격려하여 그 청사진을 실천에 옮길 수 있도록 노력했다는 점이다. 그러나 매우 드문 예외의 인물—이 예외적인 인물들은 교육으로써가 아니라 다른 원인에 의해 만들어졌다. 만약 이 교육에 따른 것이라면 적어도 이 교육을 받은 모든 사람에게서 이 예외가 규칙적으로 나와야 한다—아주 적은 수의 예외를 제외하고 옛날 교육을 받은 학생들은 모두 이 교육의 도덕적 관념이나 훈계에 따른 것이 아니다. 오히려 그들은 그들 자신의 충동, 즉 교육의 도움을 전혀 받지 않고 완전히 그들 자신에게 자연적으로 생긴 이기심의 충동에 따른 것이다.

이 사실은, 옛날의 교육법이 얼마쯤의 언어와 문구로 기억을 채우고 조금 불투명하게 퇴색한 그림으로 냉담하고 무관심한 상상력을 채우는 일은 잘할 수 있었지만, 도덕적 세계 질서의 그림을 생생하게 고조시켜 학생들을 그것에 대한 뜨거운 사랑과 갈망으로 저절로 움직이게 하고, 실제 생활에서의 실현을 촉구하여 이기심을 메마른 가랑잎처럼 떨쳐버리게 하는 열렬한 정열에 의해 움직이게 하는 힘이 모자란다는 것, 따라서 이 교육은 참다운 생활 활동의 뿌리까지 힘을 미쳐 근원을 기를 힘이 빠져 있음을 부정할 수 없을 만큼 증명한다. 이 근원은 맹목적이고 무력한 교육으로부터 외면당한 채 곳곳으로 산산이 흩어져, 신의 영감을 받은 소수의 사람에게서만 좋은 열매를 맺고 대다수의 사람에게서는 나쁜 열매를 맺었다. 이 교육이 이렇게 실패로 끝난 일에 대해서는 더 이상 지적할 필요가 없으리라. 교육이라는 나무의 열매는 이미 무르익어서 땅에 떨어져, 전 세계 사람들의 눈앞에 그 열매를 맺게 한 내성(內性)을 뚜렷하고 알기 쉽게 폭로하고 있으므로, 새삼 나무의 내부로 들어가서 그 수액이나 구조를 분석할 필요는 없을 것이다. 이러한 관찰에 따라 엄밀하게 말하면, 지난날의 교육은 절대로 인간을 양성하는 길이 아니었다. 교육자 자신도 인간 양성을 선언하지 않고, 오히려 교육적 성공의 조건으로서 학생의 타고난 재능 또는 천재를 요구함으로써 교육이 얼마나 무력한지를 고백했다. 따라서 우리는 먼저 인간을 양성하는 방법을 찾아야 한다. 그것을 발명하는 것이 바로 새로운 교육의 주된 임무이리라. 지금까지의 교육에는 생활 활동의 뿌리까지 미칠 수 있는 힘이 빠져 있었다. 따라서 그것을 보충하는 것이 새로운 교육의 임무이다. 지금까지의 교육은 인간에게 얼마쯤의 무언가를 만들어주었지만 새로운 교육은 인간 자체를 만들어야 한다. 그리하여 이 교육을 이전처럼 학생을 하나의 소유물로 삼는 것이 아니라 학생 자체를 형성하는 요소가 되게 해야 한다.

또 이제까지는 이 불완전한 교육조차 매우 적은 수의 사람에게만 실시되었기 때문에 그 소수의 인사들은 교육 받은 계급으로 불렸고, 국가의 바탕을 이루는 대다수, 즉 일반 민중은 교육법으로부터 거의 외면당한 채 맹목적인 자연의 흐름에 맡겨져 있었다. 우리는 새로운 교육으로, 독일 국민의 모든 구성원을 공통된 관심사에 의해 생동하는 하나의 전체로 만들고자 한다. 우리가 이때에도 새롭게 발달된 도덕적 시인 또는 부인의 동기에 따라 움직이는 이른바 교육 받은 계급을 교육을 받지 못한 계급과 구별한다면, 교육을 받지 못한 계급을 움직이는 유일한 수단인 희망과 공포는 더는 우리를 위해 작용하지 않고 오히려 우리에게 방해가 되므로, 이 교육을 받지 못한 계급은 우리를 배반하고 우리로부터 떠나갈 것이다. 그러므로 우리로서는 적어도 독일에 속하는 사람에게는 빠짐없이 이 새 교육을 실시하여, 이 교육이 어떤 특정한 계급의 교육이 아니라 한 사람의 예외도 없는 독일 국민 전체의 교육이 되게 하고, 올바른 것에 대해 진심으로 쾌감을 느끼게 하는 교육이 여러 발달 분야에서 여전히 생길지도 모르는 계급적 차별을 완전히 배제하고 사라지게 하는 수밖에 없다. 이렇게 하여 우리 속에 이른바 평민 교육이 아니라 진정한 의미에서의 독일 국민 교육을 일으키는 것 말고는 길이 없다.

나는 우리가 간절히 바라는 이러한 교육법이 실은 이미 발명되어 실행되고 있으므로, 우리는 우리에게 주어진 것을 받아들이기만 하면 된다는 사실을 여러분에게 알리고자 한다. 이것을 받아들이기 위해서는 앞에서 구제 수단을 제의한 것처럼, 틀림없이 우리의 시대에서 우리가 마땅히 예견할 수 있는 정도의 힘으로 충분하다. 나는 이 말을 하면서 또 한 가지를 덧붙였다. 즉, 우리의 제의를 실천하는 데는 위험이 전혀 따르지 않는다는 것이다. 우리의 정복자는 우리의 이러한 행동이 그들에게 이익이 된다는 사실을 알기에 그러한 행동을 장려할지언정 방해하지는 않을 것이기 때문이다. 나는 이것을 이 첫 강연에서 분명하게 말해 두는 것이 좋으리라고 생각한다.

물론 고대나 근대에는 피정복 국민을 유혹하여 도덕적으로 타락시키는 술책이 그들을 지배하는 하나의 수단으로 자주 사용되어 성공을 거두었다. 정복자들은 거짓말을 꾸며내거나 온갖 개념과 언어를 일부러 혼란시켜, 피정복국의 군주는 국민을 비방하고 국민은 군주를 비방하게 하여 둘 사이가 멀어지게 함으로써 군주와 국민을 더욱 안전하게 지배하고자 했다. 또한 그들은 간악하게 허영심과 이기심의 모든 충동을 자극하고 부추겨 피정복자를 멸시당해 마땅한 자로 만들어서, 일종의 비양심적인 생각으로 피정복자를 유린하려고 했다.

그러나 이러한 방법을 독일인에게 응용하려 한다면 스스로 파멸을 불러오는 잘못을 저지르는 것이다. 공포와 희망이라는 연계 요소는 그만두고라도, 우리 국민이 현재 접촉하고 있는 외국과의 결합은 명예와 국민적 명성을 구하려는 동기에 따른 것이다. 그러나 독일인의 명석한 머리는, 그러한 것은 공허한 환영에 지나지 않는다는 것과, 국민 각자의 부상이나 불구(不具)는 국민 전체의 명예로는 치유될 수 없음을 이미 확신하고 있다. 따라서 우리에게 더욱 고상한 인생관이 확립되지 않은 경우에는, 이처럼 매우 이해하기 쉽고 많은 자극을 수반하는 사상의 위험한 선전자가 될지도 모른다. 그렇다면 우리는 지금의 자연 상태에서 더는 타락하지 않더라도 정복자에게는 재앙의 원인이 되기 쉬운 전리품이다. 다만 여기서 내가 한 제안을 실천해야만 우리는 복지를 가져올 수 있다. 그러므로 외국의 입장에서도 자신의 이익을 생각한다면, 자신의 이익을 위해 우리를 이전 상태 그대로 두기보다는 우리에게 새로운 의미의 좋은 교육을 펼치려 할 것이다.

이러한 제안을 가지고, 나의 강연은 특히 독일의 지식계급을 대상으로 한다.

교육받은 계급이 가장 빨리 이 제안을 이해하리라고 기대하기 때문이다. 따라서 이 강연으로 그 지식계급의 사회에 바라는 것은, 이 새로운 창조의 창시자가 되어 한편으로는 그들이 미친 이제까지의 영향으로 세계를 화해시키고, 다른 한편으로는 그들이 미래에도 함께 존속할 수 있어야 한다는 것이다. 이번 강연을 진행하는 동안 차츰 설명할 작정이지만, 이제까지의 인류 진보를 위한 사업은 독일 국민의 경우 모두 평민에게서 출발했으며, 중대한 국민적 관심사는 먼저 평민의 손에 맡겨져 그들에 의해 배려되고 촉진되었다. 또 지식계급에 국민의 근본적 교육이 제안되는 것은 이번이 처음이다. 만일 지식계급이 이 임무를 진실로 자신의 일로 여긴다면 그 또한 처음 있는 일일 것이다. 지식계급은 자기가 언제까지 이러한 관심사에 앞장서는 권력을 가질지 예측할 수 없다는 것을 우리는 알게 될 것이다. 이 운동은 이미 민중에게 호소할 수 있을 만큼 거의 준비되었고 기회도 무르익어서, 그들 가운데 이미 실행하고 있는 사람도 있다. 머지않아 그들은 우리의 도움 없이도 스스로 방책을 강구할 것이다. 그렇게 되면 우리에게, 오늘의 지식계급과 그 자손은 민중이 되고, 종래의 민중은 새로운 모습으로 일신하여 한층 더 높은 지식계급으로 탄생하는 결과만이 일어날 것이다.

이를 요약하면 나의 강연의 대체적인 목적은, 희망을 잃고 좌절한 사람들에게 용기와 희망을 주고 깊은 슬픔 속에 기쁨을 전하며, 가장 어려운 시기를 수월하고 무사하게 넘길 수 있게 하는 것이다. 지금의 시대는 마치 죽은 사람처럼 보인다. 많은 질병으로 몸 안에서 쫓겨나, 이제껏 소중히 여겼던 죽은 몸을 차마 버리지 못하여 절망과 비탄 속에 우두커니 서서, 이 병든 둥지로 다시 돌아갈 길은 없을까 하고 헛되이 애쓰는 망령처럼 보인다. 다른 세계로 가버린 죽은 자에게 다른 세계의 생명을 불어넣을 바람이 이미 그를 받아들여 따뜻한 사랑의 숨결로 그를 감싸고 있다. 형제자매들의 환성이 그를 반갑게 맞이한다. 그의 마음속에서는 이전에 있었던 세상에서보다 더 아름다운 모습으로 뻗어나가려는 모든 충동이 일기 시작한다.

그런데도 그는 아직도 이 바람에 대해 무감각하고, 그 소리에 귀를 기울이지 않는다. 비록 그가 그것을 느끼려고 해도 그의 모든 감각은 시체의 손실에 대한 고통 때문에 녹아 없어져서 이 시체와 함께 자기의 전체를 잃은 것처럼 생각하고 있다. 이러한 망령의 시대, 즉 지금 이 시대는 이를 어떻게 다루어야 할까? 새로운 세계의 서광은 이미 시작되었다. 산꼭대기는 황금빛으로 물들어 앞으로 다가올 새벽을 준비하고 있다. 나는 가능한 한 이 희망의 빛을 모아 하나의 거울로 만들고, 그 속에 슬픔으로 자아를 잃은 시대의 모습을 비춰내어 그가 아직 멸망하지 않고 거기에 있음을 믿게 하고 싶다. 또 거울 속에 그의 참다운 핵심을 비춰 그에게 보여주고, 이 핵심의 전개와 형상을 예언적인 환상으로 삼아 그의 눈앞에 펼쳐주고 싶다. 그것을 바라보노라면 그의 지난 생활의 모습은 반드시 그의 눈앞에서 사라지고, 망령인 그는 크나큰 슬픔에서 빠져나와 자신이 쉴 수 있는 안식처로 걸음을 옮기게 될 것이다.

제2강 새로운 교육 일반의 본질에 대하여

하나의 일반 독일 국민을 유지하는 수단으로서 내가 제안하는 것을, 나는 앞으로의 강연에서 먼저 여러분에게, 이어서 여러분과 함께 독일 국민 전체의 명료한 통찰에 호소하고자 하며, 이러한 수단은 본디 이 시대의 특성과 독일 국민의 특성에서 필연적으로 나온 것으로, 시대와 국민의 특성과 교양에 그 힘을 미쳐야 하는 것이다. 그러므로 이 수단을 완전히 그리고 뚜렷하게 이해시키기 위해서는 이 수단을 그 특성과 결합시키고 그 특성을 이 수단과 결합해 그 둘을 다각적으로 긴밀하게 관련지어서 표현해야 한다. 그러기 위해서는 상당한 시간이 필요하다. 따라서 이 문제를 완전히 밝히는 것은 이 강연이 끝날 무렵에야 비로소 이루어질 것이다. 그러나 설명은 어떤 한 부분에서 시작할 수밖에 없으므로, 먼저 그 첫 단계로서 이 수단 자체에서 시간과 공간을 떼어놓고, 오직 수단 자체의 내적 본질을 살펴보는 일이 가장 타당한 순서일 것이다. 오늘의 강연과 다음 강연은 바로 이 목적을 위해 진행될 것이다.

제1강에서 소개한 수단은 독일 국민에게 지금까지 어떤 나라에도 존재하지 않았던 완전히 새로운 국민교육을 실시하는 것이라고 말했다. 이 새로운 교육에 대해서는 이미 첫 번째 강의에서 지난날의 낡은 교육과 구별하기 위해 다음과 같이 설명했다. 즉, 이제까지의 교육은 기껏해야 선량한 질서와 도덕을 훈계하는 것에 지나지 않았다. 그러나 실제 생활은 이와 같은 교육에는 도저히 적용할 수 없는 어떤 특별한 근거에 따라서 형성된 것이므로 그 훈계도 아무런 효과를 거둘 수가 없었다. 이에 비해 새로운 교육은 법칙에 따라 확실하게, 그리고 어긋남이 없이 학생의 실제적 생활 활동을 만들고 그것을 좌우할 수 있어야 한다고 말했다.

만일 이에 대해, 이제까지의 교육에 몸담던 사람들이 한결같이 말하듯이, "교육은 학생에게 올바른 것을 제시하고 그것을 충실하게 이행하도록 훈계하는 것이어야 한다. 그 훈계에 따르고 따르지 않고는 학생 자신의 문제이므로,

만일 학생이 이에 따르지 않는다면 그것은 그 자신의 책임이다. 그는 자유의지를 갖고 있다. 그 어떤 교육도 그에게서 그것을 빼앗을 수는 없다. 어떻게 교육에 그 이상의 일을 요구할 수 있겠는가?" 하고 반문하는 사람이 있다면, 나는 내가 생각하는 교육을 더욱 강조하기 위해 다음처럼 대답할 것이다. 본디 이렇게 학생들의 자유의지를 인정하고 거기에 기대를 거는 것이야말로 이제까지의 교육이 저지른 첫 번째 잘못이며, 이것이 바로 종래의 교육이 무력하고 아무것도 이룬 것이 없었음을 뚜렷하게 고백하는 것이라고. 왜냐하면 종래의 교육은 아무리 힘을 다해 실시한다 해도, 한편에서 의지의 자유, 즉 선악 사이에서 정처 없이 동요하고 있는 의지가 있음을 인정하는 이상, 스스로 의지를, 그리고 그 의지가 인간 자체의 본연의 바탕이므로 인간 자체를 형성할 힘이 전혀 없고, 또한 그것을 구하거나 갈망하지도 않고 처음부터 불가능하다고 보고 있음을 고백하는 셈이다. 이에 비해 새로운 교육은, 그 세력을 미쳐야 할 기반 위에서 의지의 자유를 모두 깨뜨려 버리고, 모든 결심이 엄밀하고 필연적으로 와서 그 반대가 전혀 불가능해지도록 의지를 이끌어, 그 의지를 기대하고 신뢰할 수 있게 하는 점에 특징이 있다.

모든 수양은 흔들림 없는 실재, 즉 생성 도중에 있는 것이 아니라 처음부터 존재하며, 있는 그대로를 조금도 바꿀 수 없는 실재에 다다르려고 노력하는 일이다. 만일 수양을 통해 이러한 실재에 이르기 위해 노력하지 않는다면 그것은 수양이 아니라 무익한 유희에 지나지 않는다. 또한 수양을 통해 이러한 실재에 도달할 수 없다면 그 수양은 완성되었다고 할 수 없다. 선을 실천하도록 자신을 훈계하고 또 훈계를 받을 필요가 있는 사람은, 아직 확실하게 정해진 의욕을 갖추고 있는 것이 아니라 필요에 따라 그때그때 의욕을 가지려 할 뿐이다.

그러나 확실한 의욕을 가진 사람은 자신이 원하는 것을 바라되 영원히 변하지 않는다. 그리하여 이러한 사람은 언제 어떠한 경우에도 자신이 평소에 원하던 것이 아닌 것을 바라는 일은 있을 수 없다. 그에게 의지의 자유는 파기되어 필연으로 변해 있다. 그렇게 보면, 지금까지는 사람을 사람답게 만드는 교육에 대해 올바른 개념을 가지지 않고, 또 그 개념을 실천할 힘도 없이 오로지 훈계와 설교로 인간을 개선하려고 시도했고, 그 설교의 효과가 오르지 않는 것을 보고 분개하고 매도한 것에 지나지 않았음이 뚜렷해진다. 이러한 설교가 도대체 어떻게 효과를 올릴 수 있단 말인가. 인간의 의지는 훈계를 듣기 전에 이미 훈계 따위와는 전혀 상관없이 확정된 방향을 가진다. 만약 이 방향이 교육자의 훈계와 일치한다면 훈계는 쓸데없는 것이 된다. 그는 훈계를 듣지 않아도 교육자가 훈계하고자 하는 바를 실천할 것이다. 만일 이 방향이 훈계와 서로 맞지 않을 경우, 훈계는 아주 잠깐 그의 마음을 달래어줄 뿐이다. 기회가 오면 그는 자기 자신도 교육자의 훈계도 잊고 자신의 자연적인 경향에 따르게 된다. 만일 교육자로서 그에게 그 이상의 영향을 미치려고 한다면, 단순한 훈계 이상의 일을 해야 한다. 교육자는 그를 만들어야 한다. 당신이 그에게 바라는 것을 그가 자연히 하지 않을 수 없도록 그를 만들어야 한다. 날개가 없는 사람에게 "날아라!" 하고 말하는 것은 부질없는 일이다. 아무리 훈계를 해도 그는 땅 위에서 단 한 발자국도 날아오르지 못한다. 당신에게 그럴 능력이 있다면 그에게 정신적 날개가 돋게 하고 연습을 시켜 그것을 강화하게 하라. 그러면 그는 당신의 훈계를 받지 않아도 오로지 날아오르는 것만 바랄 테고 또 바라지 않을 수 없을 것이다.

새로운 교육은 이렇게 확고하고 더는 흔들리지 않는 의지를, 확실하고 널리 효과를 나타내는 법칙에 따라 양성해야만 한다. 새로운 교육은 자신이 기도하는 필연을 만드는 데 스스로 필연의 법칙을 쓰지 않으면 안 된다. 이제까지 개량된 사람은 자연의 선량한 소질이 주위의 나쁜 영향을 극복한 결과이다. 결코 교육의 힘에 의한 것이 아니다. 교육의 힘에 따른 것이라면 교육의 문을 지나온 사람은 모두 개량되어 있어야 하리라. 타락한 사람도 교육 때문에 타락한 것이 아니다.

만약 교육 때문이라면 교육의 문을 지나온 사람은 모두 타락해 있어야 하기 때문이다. 그들은 자기의 타고난 소질로 말미암아 타락한 것이다. 그렇게 생각하면 여태까지의 교육은 아무 것도 하는 일이 없었다. 사람을 타락시킬 힘조차 없었다. 사람을 만드는 요소는 오직 정신적 소질이었다. 우리는 이러한 어둡고 믿을 수 없는 힘의 손에서 인간 형성의 사명을 빼앗아, 깊이 연구한 기술의 지배 아래로 옮겨야 한다. 이 기술은 자신에게 맡겨진 모든 사람들에 대해 확실하게 그 목적을 이루거나, 혹 이룰 수 없다 해도 적어도 그것을 달성할 수 없었다는 것을, 따라서 그 교육이 아직 완성에 이르지 않았다는 것을 깨달을 수 있는 정도의 것이어야 한다. 인간의 마음에 확고하고 틀림이 없는 선량한 의지를 만들어낼 확실하고 용의주도한 기술이 바로 내가 제안하는 교육법이며, 거기에 가장 중요한 첫 번째 특징이 있다.

또한 인간은 오직 자기가 사랑하는 것만 원하는 법이다. 그의 사랑은 그의 의욕과 그의 모든 활동의 유일하고 확실한 원동력이다. 사회적 인간의 교육으로서 이제까지의 정치는, 확실하고 예외 없이 타당한 법칙으로서, 저마다가 자기의 관능적 기쁨을 사랑하고 바라는 것을 전제로 했다. 그리고 국가가 원하는 선량한 의지, 즉 공공의식을 공포와 희망에 의해 이 자연적인 사랑에 인공적으로 결부시켰다.

그러나 이러한 교육 방식에 따르면 겉보기에 무해하거나 유용한 공민이 된 사람도, 마음속은 여전히 조악한 인간에서 벗어나지 못한다. 인간의 조악함은 오로지 관능적 기쁨만 사랑하고, 현재 또는 미래의 생활을 생각하여 그것을 위한 공포와 희망에 의해서만 움직이는 점에 있기 때문이다. 그러나 이러한 결점은 잠시 제쳐놓더라도 이미 말한 대로 이러한 규제는 우리에게 더 이상 적용할 수가 없다. 공포와 희망은 이미 우리에게 득이 되지 않고 오히려 해가 될 뿐이며, 관능적인 자기애(自己愛)는 결코 우리에게 유리한 전개를 할 수 없다. 그러므로 우리는 어쩔 수 없이 내면적으로, 또 근본적으로 선량한 인간을 만들기를 바라게 되는 것이다. 지금의 독일 국민은 오직 선량한 인간으로서만 존속할 수 있고, 조악한 인간이 되면 필연적으로 다른 나라에 동화되는 것을 면할 수 없기 때문이다. 그러므로 우리는 우리에게 아무런 선도 가져다주지 못하는 자기애 대신, 직접 선을 향해 선 자체를 위해서만 움직이는 고상한 사랑을 우리 국민 모두의 마음속에 심고 잘 가꿔야 한다.

선 자체를 위한, 또 우리에 대한 그 효용성을 위한 것이 아닌 사랑은, 이미 말한 바와 같이 선에 대한 쾌감, 그리고 실생활에서 실현하고자 하는 마음을 일으킬 만큼 절실한 쾌감의 형태를 취하게 된다. 그러므로 새로운 교육이 바로 이 절실한 쾌감을 그 학생의 영원히 변치 않는 본질로서 만들어내야 하는 것이다. 그렇게 하면 이 쾌감은 저절로 학생의 변치 않는 선한 의지를 필연적으로 확립하게 될 것이다.

실제로는 존재하지 않는 어떤 상태를, 실제 세계에 만들어내고자 하는 마음을 일으키게 하는 일종의 쾌감은, 먼저 그 상태를 그림으로 그려내지 않으면 일어나지 않는다. 그 상태가 실현되기 전에 먼저 그림이 마음속에 떠올라 그것을 실현하기 위한 노력을 촉진하는 쾌감을 불러일으켜야 한다. 그렇다면 이 쾌감을 불러일으키려고 하는 사람은, 실제의 사정과는 전혀 상관없이 그 뒤에서 그리는 모사가 아니라 그 앞의 원화(原畵)가 될 그림을 그려낼 능력을 갖고 있어야 한다. 나는 먼저 이 능력을 이야기하고자 한다. 그래서 다음처럼 부탁하는 바이다. 이 능력에 의해 만들어지는 그림은 단순한 그림이며, 그 속에서 우리의 창조력을 느끼게 하는 그림 자체로서 우리에게 쾌감을 줄 수는 있지만 아직은 현실적인 원화로 볼 수 있는 것이 아니며, 또 그 실현을 위한 활동을 자극할 만큼 강한 쾌감을 주는 것이 아니라는 것, 우리가 원하는 그림은 이와는 전혀 다른 것으로, 그쪽이 우리의 본래 목적이며—그에 대해서는 나중에 설명하게 되겠지만—이 미약한 그림은 교육의 진실하고 궁극적인 목적을 이루기 위한 단순한 전제 조건을 포함하고 있을 뿐임을, 이를 관찰하는 동안 여러분이 한시도 잊지 않기를 바란다.

현실 세계의 모사가 아니라 원화가 될 수 있는 자격을 가진 그림을 혼자 힘으로 그리는 능력은, 새로운 교육에 따른 이 시대 교육의 첫걸음이 되어야 한다. 혼자 힘으로 그린다는 것은 곧 학생이 자신을 위해 자기 힘으로 그리는 것을 말하며, 그가 교육에 의해 주어진 그림을 수동적으로 받아서 그것을 잘 이해하고 주어진 대로 그 그림의 존재 자체가 중요한 것처럼 반복하는 능력을 가지면 되는 것이 아니다. 그러한 그림을 그릴 수 있는 능력을 요구하는 이유는 다음과 같다. 즉 그것을 조건으로 하지 않으면 그려진 그림이 학생의 활동적 쾌감을 불러일으킬 수 없기 때문이다. 어떤 것을 감수하고 그에 대해 아무런 반항도 하지 않는 것과 활동적 쾌감은 완전히 다르다.

이러한 수동적 감수는 일종의 수동적 복종심이 조금이라도 있으면 가능하다. 어떤 것에 대해 쾌감을 느끼고 그 쾌감이 창조적으로 우리 모두의 힘을 자극하여 창조적인 작용을 하게 하는 경우는 더더욱 그 양상이 다르다. 이러한 수동적 쾌감은 과거의 교육에서도 곳곳에 존재했지만, 우리는 지금 그에 대해 이야기하려는 것이 아니라 후자, 즉 창조적 쾌감을 말하려는 것이다. 이 쾌감은, 학생의 자주적인 활동이 동시에 자극을 받아, 주어진 문제에서 그 활동이 그에게 자각되고, 또 이 문제가 단순히 그 자체로서 뿐만 아니라 그의 정신력을 발휘하는 문제라는 의미에서도 그의 뜻에 맞지 않으면 일어날 수 없다. 자신의 정신력을 발휘하는 것은 직접적이고 필연적으로, 또 어떠한 예외 없이 쾌감을 준다.

학생의 내부에서 펴 나가야 할 이 정신 형성의 활동은 말할 것도 없이 법칙에 따른 활동으로, 이 법칙은 활동하는 사람에게 제시되며, 활동하는 사람 자신의 직접적인 경험이 없으면 파악할 수 없는 통찰에 이르게 한다. 즉 이 활동은 인식을, 그것도 일반적이고 예외 없이 적용할 수 있는 법칙이 존재한다는 인식을 가능하게 한다. 그리고 이 출발점에서 시작되는 자유의 형성에서도 법칙을 위반하는 것은 모두 불가능하고, 법칙이 지켜지지 않으면 그 어떤 사업도 일어나지 않는다. 그렇다면 이 자유로운 정신 형성의 활동은 처음에는 맹목적인 시도에서 출발했다 해도, 궁극적으로는 법칙에 대한 폭넓은 인식에 이르러야 한다. 따라서 이 교육의 마지막 성과는 학생의 인식 능력을 양성하는 데 있다. 그것은 사물의 기존 상태에 대한 역사적 인식이 아니라, 더욱 높고 철학적인 인식, 즉 사물의 이러한 기존 상태를 필연적으로 이끌어 내는 법칙에 대한 인식이다. 학생은 배우는 사람이다.

덧붙여 말하면, 학생은 기꺼이 즐기면서 배우는 사람이다. 그들은 힘의 긴장이 계속되는 한, 배우는 것 말고는 아무것도 하려고 하지 않는다. 학생은 배움으로써 자주적 활동을 하고, 거기서 직접적으로 가장 큰 즐거움을 느끼기 때문이다. 우리는 여기서 일부는 직접 눈으로 보고 일부는 절대로 혼동할 수 없는 참교육의 외적 특징을 발견한다. 그것은 이 교육을 받는 학생의 타고난 소질의 차이와 상관없이, 또 어떤 예외도 없이, 오롯이 학문 자체를 위해, 또 어떤 다른 이유 때문이 아니라 즐거움과 사랑으로 학문을 한다는 특징이다. 우리는 이 학문에 대한 순결한 사랑을 불타게 할 수단을 발견했다. 그것은 학생의 자주적 활동을 직접 자극하여 그것을 모든 인식의 기초로 삼고, 자주적 활동으로써 모든 것을 배우게 하는 것이다.

다만 학생의 이 자기 활동을 먼저 우리가 잘 알고 있는 어떤 점에서 자극하는 것이 이 교육법의 첫 번째 비결이다. 그것이 가능하면 그 뒤부터는 단지 그 점을 중심으로 자극받은 활동에 끊임없이 활기를 불어넣으면 된다. 이는 오직 규칙적인 전진으로만 가능하며, 바라는 성과를 이루지 못함으로써 교육상의 모든 실책이 바로 드러나는 경우에만 가능하다. 그렇다면 우리는 또 계획된 성공을, 앞에서 말한 교육의 실제 방법과 불가분하게 연결하는 고리도 발견할 것이다. 이 고리는 곧, 인간은 직접적으로 정신 활동을 지향한다는, 인간의 정신적 성질의 영원하고 보편적인 원칙이다.

만일 누군가가 우리 시대의 흔하디흔한 경험에 속아 이러한 원칙의 존재까지 의심하는 사람이 있다면, 우리는 그를 위해 노파심을 가지고 다음과 같이 말할 것이다. 인간은 직접적인 곤궁이나 현재의 관능적 욕구에 사로잡히는 한, 본디부터 단순히 관능적이고 이기적이어서, 어떠한 정신적 욕구와 어떠한 신중한 반성도 그가 이 관능적 욕구를 채우려는 것을 방해할 수 없을 것이다. 그러나 그가 일단 이 욕구를 떨쳐냈을 때는, 이 욕구의 그림을 상상하면서 그것을 끊임없이 마음속에 지니는 것을 좋아하지 않고, 속박을 벗어난 생각을 자신의 관능을 자극하는 것들에 돌려 그것을 자유롭게 관찰하기를 즐긴다. 더 나아가 그는 이상 세계를 향해 시인처럼 비약하는 것도 마다하지 않는다. 그에게는 본디 현세적인 것을 가볍게 보는 마음이 숨어 있어서, 그것 때문에 영원에 대한 그의 마음이 조금 발달할 여지가 있다는 것이다.

　이것은 모든 고대 민족의 역사에 의해, 또 그들이 우리에게 전한 온갖 관찰과 발견으로써 증명되었다. 이것은 오늘날까지 남아 있는 야만 인종 가운데 기후 때문에 그다지 고통을 받지 않았던 사람들을 관찰함으로써, 또 우리 자신의 아이들을 관찰함으로써 증명된다. 뿐만 아니라 이것은 우리의 열렬한 반(反)이상주의자의 거리낌 없는 고백에 의해서도 증명된다. 그들은 명칭이나 연대표를 배우는 것은 그들의 이른바 공허한 이상의 들판으로 날아오르는 것보다 더 싫은 일이라고 탄식하고, 만일 이념으로서 허용된다면 전자보다는 후자를 택하고 싶어 한다. 그런데 우리 시대에 이 자연적인 느긋한 마음 대신 노파심이 생겨, 배부른 자도 앞으로 굶주리는 일이 있지 않을까 걱정하고, 뒷날 굶주릴 수 있는 모든 경우를 상상하면서 끊임없이 애를 태우며 불안한 마음에 사로잡히게 된 것은 인위적으로 그렇게 길러졌기 때문이다. 어린이의 경우, 타고난 태평한 마음이 훈육으로써 억제되고, 성인은 지혜로운 사람으로 인정받기 위해 노력함으로써 억제된다. 생각건대 현명한 사람의 명예는 이러한 군걱정을 잠시도 버리지 않는 사람에게만 주어지는 것이 세상의 관습이다. 따라서 이것은 결코 우리가 신뢰할 수 있는 자연의 상태가 아니라 자연의 상태를 강제로 억압하는 일종의 타락으로, 이 외부에서 작용하는 힘을 없애면 다시 자연 상태로 복귀할 것이다.

　나는 앞에서 학생의 정신적인 독립 활동을 직접 자극하는 교육이 인식을 낳는다고 말했다. 이는 새로운 교육을 이제까지의 교육에 대비시켜, 우리에게 새로운 교육의 특징을 더욱 깊이 알 수 있는 기회를 제공한다. 즉 새로운 교육은 규칙적으로 나아가는 정신 활동을 자극하도록 직접적으로 계획하는 것이다. 인식이란 앞에서 말했듯이 부차적으로, 또 피할 수 없는 결과로서 생긴다. 성인이 된 학생의 장래의 진지한 활동을 자극하는 실제 생활의 그림은 이 인식을 통해서만 포착할 수 있고, 따라서 인식은 우리가 이루려는 교양의 중요한 부분이기는 하지만 새로운 교육이 직접 그 인식을 꾀하는 것은 아니다. 오히려 인식은 이 교육에 부수적으로 생기는 것에 지나지 않는다. 종래의 교육은 이와는 반대로 인식 자체를 목표로 하여 인식 재료를 조금 얻게 하고자 했다. 또 새로운 교육에 따라 생기는 인식과 종래의 교육이 꾀한 인식 사이에는 커다란 차이가 있다. 새로운 교육에서는 모든 정신 활동의 가능성을 제약하는 이 활동 법칙에 대한 인식이 생겨난다.

예컨대 학생이 자유로운 상상을 통해 직선으로 하나의 도형을 만들려고 한다고 가정하자. 이것은 이 학생이 처음으로 일으킨 정신 활동이다. 이 시도에서 그가 세 개보다 적은 직선으로는 어떤 도형도 만들 수 없다는 사실을 발견한다면, 그것은 제2의 전혀 다른 활동이다. 즉 인식이 처음의 자유로운 상상력을 제한하는 능력이 되어, 처음의 정신 활동에 수반해서 생긴 것이다. 이 교육에 따르면 처음부터 이미 모든 경험을 초월하는 초감각적이고 엄밀하게 필연적이며 보편적인 인식이 생겨서, 앞으로 해야 할 모든 경험을 미리 포괄하는 것이다. 이와는 달리 이제까지의 수업은 획일적으로 사물의 현재 상태에만 눈을 돌려, 그러한 상태의 원인을 알게 하기 보다는 그저 그것을 그렇게 보고 믿게 했을 뿐이다. 따라서 단순히 사물을 위해 동원되는 기억력에 의해 사물을 수동적으로 파악하는 데에 머물러, 사물 자체의 독립적이고 근본적인 원리인 정신의 예감에 이르는 것은 일반적으로 전혀 불가능했다. 이 비난에 대해 근대 교육학이 기계적 암기를 매우 싫어했다거나, 소크라테스식 문답법의 응용을 주특기로 삼았다는 것을 들어, 이를 반박할 수 있다고 생각한다면 그것은 큰 오해이다.

왜냐하면 이 소크라테스식 변론법은 단지 기계적으로 외우는 것으로, 학생들이 깊이 생각하지 않는데도 마치 학생들이 스스로 생각할 수 있는 것처럼 보이게 하는 암기법이기에 오히려 더 위험하며, 또 근대 교육이 스스로 사색하는 능력을 발달시키기 위해 제공하는 재료로는 도저히 그 이상 나아갈 수 없으므로 진정으로 사고력을 키우기 위해서는 이와는 전혀 다른 재료를 사용해야 한다는 것이 충분히 증명되었기 때문이다. 이러한 종래의 수업 상태를 보면, 학생이 공부를 좋아하지 않아서 학습 진보가 지지부진하거나 미미했던 이유, 또 그들이 학습에 흥미가 없었기 때문에 다른 종류의 충동에 사로잡혔던 것, 종래의 교육법에서 뛰어난 학생이 드물었던 이유가 명백해진다. 기억이 정신적 목적에 전혀 도움이 되지 않고 단순한 기억으로서 요구되는 경우, 이는 정서 활동이 되지 않고 오히려 골칫거리가 된다. 학생들이 이러한 골칫거리를 싫어할 것은 마땅하다. 학생들이 전혀 모르고 따라서 아무런 흥미도 느끼지 못하는 사물과 그 사물들의 성질을 가르치는 것은 물론 이 골칫거리를 보상하기에는 부족하다. 이제까지 교육법에서는 이렇게 학생들이 공부를 싫어하는 마음을 억제하는 수단으로서, 지식의 획득이 앞으로 자신에게 쓸모가 있다거나 그것을 획득하지 않으면 의식주와 명예를 얻을 수 없다고 타이르고 때로는 직접 눈앞의 상벌로 다스리지 않으면 안 되었다. 이러한 인식은 처음부터 이미 관능적 행복의 노예로 취급되었다. 그리하여 이러한 교육은 그 내용으로는 앞에서 말했듯이 도덕적인 사고를 발달시킬 힘이 없이 다만 학생의 마음의 외면을 자극하는 데 지나지 않기 때문에, 때로는 도덕적 타락까지 부추겨 교육에 대한 관심을 이 타락에 대한 관심과 결부시켜야만 했다. 더 나아가서 사람들은 다음과 같은 사실을 발견하게 될 것이다. 즉 타고난 인재는 이제까지의 교육법에 의한 학교에서 즐겨 공부하고, 그의 마음속에 넘치는 고귀한 사랑으로 주위의 도덕적 타락을 극복하면서 그 마음을 순결하게 간직하고 있다.

그는 자연의 경향에 의해 교과목에 실제적인 흥미를 느끼고, 선량한 본능에 따라 사물을 기계적으로 파악하지 않고 사물에 대한 참다운 인식을 스스로 만들어내어 수많은 학생들 가운데 이채를 띠고 있다. 또 교과목 가운데 이 구식 교육법이 예외적으로 가장 성공을 거두는 것은 학생들에게 활동적으로 연습하게 한 과목이다. 예를 들어 쓰기와 말하기까지 연습시킨 고전어에서는 거의 모든 학생들이 상당한 진보를 보여주었다. 이에 비해 쓰기와 말하기 연습을 소홀히 하고 일반적으로 수박 겉핥기식으로 학습한 어학은 조금만 나이를 먹으면 잊어버리고 만다. 따라서 지금까지의 경험에서도 뚜렷이 알 수 있듯이, 인식 자체에 대한 흥미를 불어넣어 도덕적 수양의 마음을 열게 하는 것은 정신 활동의 발달을 주로 하는 수업이다. 이에 비해 단순히 수동적인 학습은, 도덕심을 근본적으로 타락시키는 것이 본래의 욕구인 듯이 인식 능력을 마비시키고 죽이는 것이다.

다시 새로운 교육을 받게 될 학생들에 대한 이야기로 돌아가서, 그는 사랑을 동기로 하여 많은 것을 배우고, 모든 것을 전체와 관련하여 파악하며, 파악한 것을 직접적인 행위로써 연습하기 때문에, 그 많은 것을 잊지 않도록 올바르게 배우게 될 것이 틀림없다. 그러나 이것은 아직 새 교육의 주안점이 아니다. 이러한 사랑에 의해 학생의 '자아'가 고양되어 지금까지는 소수의 천재만이 우연히 다다를 수 있었던 경지, 즉 사물의 완전히 새로운 질서 속으로, 깊은 뜻을 지닌 손길의 도움을 받으면서 일정한 법칙에 따라 인도되는 일이 이보다 더욱 가치 있다. 그는 곧 관능적 향락을 의도하지 않는 사랑에 의해 움직이게 된다. 관능적 향락은 더 이상 그의 행동의 원동력이 되지 않는다. 그를 움직이는 사랑은 활동 자체를 위해 정신적 활동을 바라고 법칙 자체를 위해 법칙을 원하는 사랑이다. 도덕심이 지향하는 것은 이러한 일반적 정신 활동뿐만 아니라 그 활동 외에 또 하나의 특별한 방향이 제시되어야 하지만, 도덕적 의지의 일반적 성질과 형식은 바로 그의 정신적 활동의 사랑이다. 따라서 이러한 방법에 따른 정신적 수양은 도덕적 수양에 이르는 직접적인 단계이다. 이 사랑은 결코 관능적 향락을 행위의 동기로 삼지 않으므로 악덕을 뿌리째 뽑아버린다.

그런데 이제까지는 학생을 개조하지 않고도 학생에게 얼마쯤의 영향을 미칠 수 있다고 믿었기 때문에, 교육자는 먼저 이 관능적 동기를 자극하고 부추겼다. 그러다가 뒤늦게 도덕적 동기를 발달시키려 해도 이미 때는 늦어서 마음은 벌써 다른 사랑으로 가득 차 빈 자리가 없게 된다. 새로운 교육에서는 이 순서를 바꿔서, 순수한 의지의 양성을 첫 번째 과제로 삼아, 나중에 이기심이 마음속에서 깨어나거나 외부로부터 자극을 받게 되더라도 마음은 이미 순결한 사랑에 의해 점령되어 이기심이 비집고 들어갈 여지가 없도록 해야 한다.

학생이 처음부터 끊임없이 이 교육의 영향을 받아 사회에서 완전히 격리되어 접촉을 막아버리는 것이 이 첫 번째 목적과 그 다음에 이야기할 두 번째 목적의 요점이다. 인간이 자신을 유지하고 안락을 위해 생활 속에서 활동할 수 있다는 것을 결코 학생에게 들려주어서는 안 된다. 또 그러한 일을 위해 공부한다거나, 공부가 그러한 일에 도움이 된다는 이야기도 절대로 해서는 안 된다. 따라서 위에 말한 방법으로 정신을 발달시키는 것이 학생을 교육하는 유일한 방법이며, 학생을 끊임없이 거기에 몰두하게 하되, 결코 그것을 그 반대가 되는 관능적 동기를 필요로 하는 교수법으로 대체해서는 안 된다.

이러한 정신적 발달은 이기심의 발동을 억제하고 일종의 도덕적 의지의 형식을 제공하지만, 아직 그것이 도덕적 의지 자체는 아니다. 그러므로 내가 주장하는 교육이 더 이상 진전되지 않을 경우, 이 교육은 조금 뛰어난 학술 연구자를 양성하는 데 그칠 것이다. 그런 연구자는 예전에도 있었다. 그러나 그다지 필요하지는 않았다. 따라서 그들은 우리 본래의 인도적 국민적 목적에 대해서는 이제까지 사람들이 할 수 있었던 것 이상의 성과를 올릴 수가 없다. 이러한 사람은 다른 사람에게 훈계하고 또 훈계한다. 그래서 때로는 사람들이 그를 우러러보지만 때로는 오히려 기피하게 된다. 그러나 이미 말했듯이 정신의 자유 활동은, 학생이 그것에 의해 실제 생활에서의 도덕적 질서의 그림을 자유롭게 그리고, 그 그림을 마찬가지로 이미 발달한 사랑으로 파악하여, 그 사랑으로 그림을 그의 생활 속에 또 그의 생활에 의해 실현하려는 의도에서 발달되는 것임은 명백하다. 문제는, 이 새로운 교육이 학생에 대해 본디의 궁극적인 목적을 이루었는지 여부를 어떻게 알 수 있는가 하는 것이다.

학생의 정신 활동을 미리 다른 사물에 대해 연습시켜 그것을 더욱 자극한 뒤, 인류사회의 조직에 대한 그림을, 단적으로 이성적인 방법에 따라 그리도록 촉진하는 것이 가장 필요하다. 교육자 자신이 이러한 올바른 그림을 갖고 있어야만 학생들이 그린 그림이 올바른지 쉽게 판정할 수 있다. 그 그림이 학생들 자신의 독립적인 활동에 의해 제작되고, 결코 수동적으로 파악된 것이 아니며, 학교에서 배운 것을 단순히 모사한 것도 아니고, 또 그 그림이 적당한 명료함과 생명으로 승화되었는지, 이 교육이 앞서 다른 문제에 대해 같은 방향에서 정확한 판단을 내린 것과 같은 방법으로 충분히 결정할 수 있을 것이다. 이것은 모두 아직은 단순한 인식에 속할 뿐만 아니라, 인식으로서도 이 교육에서는 매우 쉬운 부분을 벗어나지 않는다. 그와 전혀 다른 더욱 높은 문제는, 학생이 과연 사물의 이러한 질서에 불타는 사랑을 품고 있는가, 그가 교육자의 지도를 떠나 혼자가 되어도 오직 이와 같은 질서를 바라고 전력을 다해 이 질서의 진보를 위해 일하지 않을 수 없게 되어 있는가 하는 것이다. 이러한 문제는 절대로 언어나 언어를 통해 실시되는 시험에 의해 결정할 수 없다. 오직 실제 행위를 보고 결정해야 한다.

　나는 이 마지막 관찰을 통해 우리에게 주어진 문제를 다음처럼 해결하고자한다. 즉 이 새로운 교육을 받는 학생들은 비록 성인 사회에서 격리되어 생활하더라도 일종의 단체생활을 하고, 일종의 격리된 독립적 단체를 형성하며, 이단체는 엄밀하게 규정되고 사물의 자연에 입각하여 이성에 의해 철저하게 요구된 헌법을 갖고 있어야 한다. 학생의 정신으로 하여금 사교적 질서의 그림을그리게 하는 자극이 되는 첫 번째 재료는, 그들 자신이 생활하는 이 단체의그림이어야 한다. 그러면 그는 진심으로 그 그림에 그려진 대로 점 하나 획 하나 틀리지 않도록 질서를 만들려고 시도하고, 이 질서는 그 어느 부분이나 반드시 필요하다는 사실을 근본적으로 이해하게 될 것이다. 그러나 이것도 아직은 단순한 인식이 하는 일이다. 그런데 이러한 사회적 질서 속에서는 각 개인이 실제 생활에서 자기 혼자라면 주저 없이 할 수 있는 일도 전체를 위해 삼가야 할 일이 많다. 그것을 위한 조치로서, 입법을 할 때, 또 그것에 입각하여 헌법을 가르칠 때, 실제로는 아무도 갖고 있지 않지만 실은 모든 사람이 가지고있어야 하는 이상으로까지 고양된 질서에 대한 사랑으로 각 개인이 다른 모든 헌법을 받아들여야 한다는 것을 설득하고, 그와 함께 헌법을 엄격하게 하여 금지 조항을 될 수 있는 대로 많이 넣어야 한다. 이 헌법은 마땅히 자명한공리와 같은 것이 되어야 하며, 그것을 바탕으로 사회가 존속하므로 어쩔 수없는 경우에는 당면한 처벌에 대한 공포심을 이용하여 그것을 강요해도 무방하다. 그리고 이 처벌법은 어떤 관용이나 예외도 없이 시행되어야 한다. 이러한공포심을 학생의 행동 동기로 이용해도 그의 도덕심에 그 어떤 해도 미치지않는다.

　왜냐하면 여기서는 선(善)을 실천하기를 촉구하는 것이 아니라, 다만 이 헌법에서 악으로 인정하는 것을 삼가도록 요구할 뿐이기 때문이다. 그리고 이 헌법을 설명할 때, 처벌의 고통을 떠올리지 않으면 악행을 억제하지 못하는 사람이나 직접 처벌을 받지 않으면 이 관념을 뚜렷이 가질 수 없는 사람은 수양이매우 부족하다는 사실을 충분히 이해하게 해야 한다. 그러나 학생이 이 금지령을 잘 지키는 경우, 그것이 질서에 대한 사랑에서 나왔는지 아니면 처벌에대한 공포에서 나왔는지 구별하는 것은 불가능하므로, 이 방면에서 학생들은선량한 의지가 있어도 그것을 적나라하게 드러낼 수가 없고 교육자 또한 그

의지를 측정할 수 없음은 분명하다.

그러나 이러한 의지를 측정할 수 있기도 하다. 그것은 다음과 같다. 헌법은 각 개인이 전체를 위해 여러 일을 삼가는 소극적인 면뿐 아니라 전체를 위해 적극적으로 공헌할 수 있도록 만들어져야 한다. 학생 단체에서는 학습을 통한 정신 발달 그 밖에 신체 단련, 기계적이지만 이상화된 경작노동 및 각종 수공 노동이 이루진다. 따라서 헌법의 원칙으로서 바람직한 것은 그 가운데 어느 한쪽으로 뛰어난 학생에게는 교사를 도와 다른 학생을 가르치면서 온갖 감독 임무와 책임을 지게 하고, 얼마쯤 진전을 보이는 학생이나 교사가 하는 말을 누구보다 잘 이해하는 학생에게는 이를 혼자 힘으로 수행하게 할 것, 그렇다고 해서 그들이 마땅히 해야 할 일반적인 학과나 노역을 면제해 주지는 말 것, 또 어느 학생도 강제가 아니라 기꺼이 자진해서 이 요구를 충족하게 하되, 그것을 바라지 않는 학생은 이 요구를 거절해도 무방한 것으로 할 것, 더 나아가 학생이 이러한 요구를 충족시킨 것에 대해 어떤 대가를 바라게 하지 말 것, 즉 이 헌법에서는 모든 학생이 근로와 향락에 대해 완전히 평등하게 다뤄질 것, 칭찬도 기대하지 않게 할 것, 다시 말해 이 단체에서는 이러한 요구를 충족하는 것은 자신의 마땅한 책임을 다하는 것에 지나지 않으며, 전체를 위해 일한다는 기쁨과 만일 그 일이 성공했을 때는 그 성공에 기쁨을 느끼는 것으로 만족해야 한다는 생각이 지배적이어야 한다는 것 등이다. 따라서 이 헌법에서는 유망한 학생은 숙련도가 늘어나 그것 때문에 노고를 거듭할 때마다 새로운 수고와 근로가 이어지고, 유망한 학생일수록 다른 학생이 잠들었을 때도 깨어 있고 다른 학생들이 놀고 있을 때도 두뇌를 굴려야 하는 일이 있을 것이다.

이러한 노고를 치러야 함을 알면서도 그 노고를 마다하지 않는 학생, 즉 처음의 노고와 거기에 이어지는 그 뒤의 많은 노고를 흔쾌히 받아들이고, 자신의 힘과 활동을 자각하면서 실력을 발휘하여 더욱 강해지는 학생—이러한 학생이라면 학교는 안심하고 그를 세상에 내보낼 수 있다. 이러한 학생에 대해서는 교육이 그 목적을 이룰 것이다. 이러한 학생은 사랑이 점화되어 그들의 활발한 활동의 뿌리까지 불길이 타오르게 된다. 그리하여 이 불은 앞으로 그의 생활 활동의 범위 안에 들어오는 모든 것을 하나도 빠짐없이 포착할 것이다. 이러한 학생들은 새로운 단체 생활에 들어가서도 자신들이 이제까지 작은 단체에서 늘 확실하게 보여준 견실함을 절대로 잃지 않을 것이다.

그리하여 그는 세계가 그에게 처음으로, 그리고 예외 없이 부과하는 요구를 충족시킬 준비를 갖추게 된다. 즉 교육이 이 세계의 이름으로 그에게 요구하는 바는 이미 이루어진 것이다. 그러나 이러한 학생도 내면적으로 아직 완성되지는 않았다. 학생 쪽에서 교육에 대해 요구할 수 있는 것은 아직 충족되지 않았다. 이 요구도 충족될 때 비로소 그는 한결 높은 세계가 현세의 이름으로 특별한 경우에 그에게 요구하는 것도 훌륭하게 충족시킬 수 있는 힘을 얻게 된다.

제3강 새로운 교육의 두 번째 서술

제2강에서 내가 주장한 새로운 교육의 본질은 학생의 순수한 도덕심을 기르는 면밀하고 확실한 기술이었다. 내가 말하는 순수한 도덕이란 무엇보다 독립적이고 자주적인 것으로, 완전히 자신을 위해 존재한다. 지금까지 자주 시도된 합법칙성처럼, 비도덕적인 다른 충동에 접목되어 그 충동을 만족시키는 도구로 이용되기 위한 것이 결코 아니다. 새로운 교육은 이 도덕적 교육의 면밀함과 확실성을 갖춘 기술이라고 나는 말했다. 새로운 교육은 아무런 계획 없이 우연에 따라 이루어지는 것이 아니라 익히 알고 있는 확고한 규칙에 따라 매진하며, 자신의 성공을 확신할 수 있다. 새로운 교육을 받는 학생들은 적절한 시기에 이 교육술에 의해 오래도록 변치 않는 정교한 기계로 만들어져서, 이 교육에 의해 일단 주어진 운동 양식에 한 치의 오차도 없이, 또 외부의 도움을 필요로 하지 않고 완전히 자기 자신의 법칙에 따라 계속 발전해 나아간다.

본디 이 교육은 학생의 인식력도 육성한다. 이 인식력의 육성이 새로운 교육 사업의 첫 번째 과제이다. 그러나 이 정신 발달은 교육의 가장 중요한 독립적 목적이 아니라 단지 학생들의 도덕적 수양을 위한 제약적인 수단일 뿐이다. 인식력은 이렇게 부차적으로 얻어지지만, 학생의 생명 속에 결코 사라지지 않는 보물로 존속하면서 영원히 불타올라 그의 도덕적 사랑의 등불이 된다. 이 교육으로 주어지는 인식의 총량이 얼마가 되든, 학생의 일생 동안 인식할 필요가 있는 모든 진리를 파악하는 능력을 교육을 통해 하나의 수확물로서 확실하게 갖추게 된다. 이 인식 능력은 다른 사람의 가르침에 귀를 기울이고 또 자신을 성찰하는 가운데 언제나 존재한다.

나는 앞의 강연에서 새로운 교육에 대해 이 정도까지 설명했다. 또한 2강 끝 무렵에서 이것만으로는 아직 교육은 완성되지 않고, 이제까지 이야기한 것과는 다른 또 하나의 문제를 해결할 필요가 있다고 말했다. 그래서 이제부터 그 문제를 검토하고자 한다.

이 교육을 받는 학생은 단지 이 지상에서 누리는 짧은 생애 동안만 인간 사회의 한 구성원으로서 끝나는 것은 물론 아니다. 그는 더욱 차원 높은 사회 질서 속에서 일반적인 정신생활의 영원한 사슬 가운데 하나의 고리를 이루며, 그것은 의심할 여지없이 이 교육에 의한 것으로 인정된다. 학생의 모든 인격을 포용하려는 교육은 틀림없이 학생으로 하여금 그 고상한 질서를 통찰할 수 있도록 이끌어준다. 그리고 교육은 결코 고정적이지 않을 뿐만 아니라, 영원히 생성해야 할 도덕적 세계 질서의 그림을 학생의 독립적인 활동으로 그리게 한 것처럼, 그 안에 아무것도 생성시키지 않고 또 그 자신이 생성하는 일도 없이, 영원히 상주하는 초감각적 세계 질서의 그림도 마찬가지로 학생의 독립적인 활동에 의해 그의 마음속에 그리게 하여 그가 그 필연적인 성질을 깨달을 수 있게 해야 한다.

만약 올바른 지도를 받는다면 학생은 이윽고 그림을 완성하여, 마침내 생명(그것도 영적 생명) 말고는 아무것도 실재하지 않고 그 생명은 곧 상상 속에 존재한다는 것을 발견하고, 다른 모든 것은 혹 실재하는 듯이 보이더라도 실제로 존재하지는 않는다는 것, 또 실재하는 것처럼 보이는 이유까지 대략적으로나마 찾아낼 것이다. 학생은 더 나아가 유일한 실재인 영적 생명은 여러 모습으로 나타나는데, 그것은 우연이 아닌 신이 정한 법칙에 의해 지지되며, 결국은 하나이고 신의 생명 그 자체이며, 신의 생명은 살아 있는 사상 안에서만 존재하고 나타난다는 것도 깨닫게 된다. 그는 자신의 생명을 신의 생명이 구현된 사슬의 영원한 한 고리로 인식할 뿐만 아니라 다른 모든 영적 생명도 이와 같은 한 고리로 인정하고 그것을 신성시하게 될 것이다. 학생은 오직 신과의 직접적인 접촉을 통해서만 그리고 자기 생명을 신의 생명의 직접적인 발로로 여길 때만 사는 보람과 행복을 느끼고, 신의 생명으로부터 조금이라도 멀어질 때는 죽음과 암흑과 불행을 느끼게 된다. 한마디로 이러한 교육은 학생을 종교적으로 교화하게 된다.

그리하여 우리는 새로운 시대에도 자신의 생명을 신 안에서 발견하고자 하는 이 신앙심을 활발히 일깨워 정성을 다해 길러야 한다. 이에 비해 심령적 생명을 신의 생명에서 떼어놓고 신의 생명으로부터 떼어놓지 않으면 심령적 생명에 절대적인 존재를 부여할 수 없다고 생각한 지난날의 종교—내세에 대한 공포와 희망을 불러일으켜 현세에 대한 공포와 희망을 보충하는 도구로서 신을 이용하고, 내세에 이르기까지 이기심을 채우기 위해 신을 연결 고리로 이용했던 종교, —이처럼 명백하게 이기심의 노예였던 종교는 말할 것도 없이 과거와 함께 묻어버려야 한다. 왜냐하면 새로운 세계에서는 영원이 무덤 저편에서 시작되는 것이 아니라 바로 현세의 한가운데로 들어오고, 권력과 직무를 빼앗겨버린 이기심은 모든 권속을 이끌고 물러나야 하기 때문이다.

참된 종교를 양성하는 것은 새로운 교육의 마지막 사업이다. 이 목적을 위해 요구되는 초감각적인 세계 질서에 대한 그림을 학생이 과연 혼자 힘으로 그렸는지, 또 학생이 작성한 그림의 모든 부분이 올바르고 명료하며 잘 이해할 수 있는 것인지는, 인식의 다른 문제들과 마찬가지로 교육이 쉽게 판단할 수 있다. 이 또한 인식의 범위에 속하기 때문이다.

여기서 더 중요한 점은, 이 종교적 지식이 생명이 없는 차가운 것이 되지 않고 학생의 실생활 안에 발현될 것임을 교육이 어떻게 보장할 수 있는가 하는 문제이다. 그런데 이 문제에는 또 하나 먼저 해결해야 할 문제가 있다. 종교 일반은 과연 어떻게 어떤 방식으로 일상생활 속에 나타나는가 하는 문제이다.

일상적인 생활과 질서 있는 사회에서는 생활을 꾸려 나가는 데 직접적으로 종교를 필요로 하지 않는다. 여기서는 참된 도덕만 있으면 충분하다.

따라서 그런 의미에서 종교는 실용적이지 않다. 종교가 실용적이 되는 것은 절대로 불가능하고 또 그렇게 되어서도 안 된다. 종교는 다만 인식일 뿐이다. 종교는 인간에게 자신을 완전히 뚜렷하게 이해하게 하고, 인간이 제기할 수 있는 최고의 의문에 대답하며, 인간의 마지막 모순을 풀어주고 자기 자신과 오롯이 일치하게 하여 인간의 오성 속에 세련되고 명석한 개념을 심어줄 뿐이다. 종교는 인간을 모든 외적인 속박으로부터 해방시켜 인간을 구제해준다. 따라서 종교는 인간에 대해 절대적으로, 그 어떤 다른 목적을 위해서가 아니라 오직 그 자체로서 교육을 실시할 사명을 갖고 있다. 종교가 인간의 실제 동력으로 작용해야 하는 범위는, 매우 비도덕적이고 타락한 사회나, 인간의 활동 범위가 사회 질서의 내부에 있지 않고 그것을 넘어선 곳에 있어서 오히려 사회 질서를 언제나 개조하고 유지해야만 하는 경우에 한한다.

이를테면 통감정치(統監政治) 같은 것이 그것으로, 통감은 직책을 수행할 때 대부분 종교의 힘을 빌리지 않으면 양심의 평화를 얻기가 힘들다. 그런 경우에 종교는 모든 국민을 대상으로 하는 교육 수단이라고 할 수 없다. 인간이 시대를 개선할 수 없다는 것을 오성으로는 충분히 통찰하고 있으면서도 종교의 사명을 고려하여 끊임없이 개선하고 진보시키려고 노력하는 경우, 일정한 수확을 거둘 전망이 없어도 부지런히 땀 흘려 씨를 뿌리려고 하는 경우, 은혜를 모르는 사람에게도 행복을 베풀고, 저주하는 이에게도 도움을 주거나 재물을 주어 축복하면서 다시 저주를 받을 것이 분명한데도 전혀 아랑곳하지 않는 경우, 수백 번 실패한 뒤에도 신앙과 사랑이 변하지 않는 경우, 그러한 행동의 원동력이 되는 것은 단순한 도덕심이 아니라 신앙심이다. 도덕심은 하나의 목표를 의도하기 때문이다. 이에 비해 종교는 우리가 알지 못하는 더 높은 법칙에 몸을 맡기고, 신 앞에서 겸허하게 침묵하며, 우리 안에 깃든 신의 생명을 진심으로 사랑하는 일이다. 비록 보통 사람의 눈에는 구원을 필요로 하는 것이 전혀 보이지 않는 때에도, 신의 분신인 사람의 생명은 그 자신을 위해 구제되어야 할 유일한 것이다.

이렇게 새로운 교육을 받은 학생들이 획득한 종교적 통찰은, 우선 그들이 나고 자란 작은 사회에서는 결코 실용적인 것이 될 수 없고, 또 그래서도 안 된다. 학생들의 단체는 질서가 잘 서 있어 이 단체에서 계획되는 일은 방법만 올바르면 틀림없이 성공한다. 아직 젊은 이 시대의 학생들은 천진한 마음과 인류에 대한 진지한 신앙을 유지해야 한다. 인류의 결함을 인식하는 것은 성숙하고 견실한 사람의 자기 경험에 맡겨야 한다.

그리하여 학생이 학교를 떠나 모든 일을 스스로 판단하고 결정하게 되는 성년기에만, 또 엄숙한 실생활에서만, 사회적 관계가 단순한 것에서 복잡한 단계로 나아갈 때 그는 비로소 실생활의 원동력으로서 종교를 찾을 것이다. 그렇다면 학생이 학교에 있는 동안 그 점에 대해 학생을 잘 파악할 수 없는 교육은, 학생이 뒷날 종교의 필요를 느낀 경우에 이 종교적 동기가 틀림없이 효력을 나타낼 수 있다는 것을 어떻게 확신할 수 있을까? 나는 이에 대해 다음처럼 대답하겠다. 이를 위해서는 학생이 가지는 인식이 실제의 경우에 부딪쳐 생명이 없는 차가운 것이 되어 버리지 않도록, 필요에 따라 곧 실제 생활에 작용하는 힘을 유지하도록 학생을 교육하는 것이 바람직하다. 나는 당장 이러한 주장을 더욱 깊이 연구하고 설명하여 이 강연과 제2강에서 다룬 모든 개념을 뚜렷이 밝히고, 그것을 더욱 큰 전체로 인식하는 동시에 이 개념으로써 큰 전체에 새로운 빛과 더욱 뚜렷한 명확성을 부여하고자 한다. 그러기 위해서는 먼저 방금 일반적인 설명을 마친 새로운 교육의 참된 본질을 결정적으로 설명하지 않으면 안 된다.

이 새로운 교육은 오늘 강연의 첫머리에서 상상한 것과는 달리, 오직 학생의 순수한 도덕심을 기르기 위한 기술이 아니라 학생의 전인격을 만들어 그를 참된 인간으로 만들어 주는 기술이라는 것이 분명해졌다. 이 기술에는 두 가지 요령이 필요하다. 우선 형식에서는, 우리는 그 생명의 뿌리에 이르기까지 진정으로 활기가 넘치는 인간으로 만들어야지, 결코 인간의 그림자나 환상을 만들어 내서는 안 된다. 다음에 내용에서는, 인간으로서 없어서는 안 되는 요소는 예외 없이 또 일상적인 것으로 만들어야 한다. 여기에 없어서는 안 되는 요소란 곧 오성과 의지이며, 교육은 오성을 밝게 갈고닦아 순결한 의지를 지니게 하는 것을 목표로 삼아야 한다. 오성을 갈고닦는 것에 대해서는 두 가지 중요한 물음이 제기된다.

첫째, 순결한 의지가 본래 바라는 것은 무엇인가, 또 그것은 어떠한 수단으로써 이루어져야 하는가, 학생에게 주어야 할 그 밖의 인식은 어떠한 요령으로 다루어야 하는가, 둘째, 종교적 인식에 도달하는 이 순결한 의지는 근본적으로 또 본질적으로 무엇인가 하는 것이다. 그런데 새로운 교육은 실제 생활에 작용할 수 있을 만큼 발달한 인식을 얻는 것을 단적으로 요구하고, 그 어떤 학생에게도 그 이하를 요구하는 것은 생각도 하지 않는다. 왜냐하면 어떠한 인간도 참된 인간이 되어야 하기 때문이다. 그리하여 나중에 학생이 어떤 사람이 될지, 일반 인류가 학생들의 마음속에 어떻게 비치고 어떤 모습을 취할지는 일반 교육이 관여할 바가 아니고, 그것은 교육의 범위 밖이다. ―이에 대해서는 이쯤 말해 두고 이제부터 그 명제에 대해 더욱 근본적으로 설명하기로 한 약속을 지키고자 한다. 그 명제란, 새로운 교육을 받은 학생의 마음속에 있는 모든 인식에 생명을 부여해야 한다는 것이다. 이에 대해 설명하고 나의 모든 주장을 마무리하기 위해 나는 다음과 같이 정리한다.

첫째, 앞에서 말한 바에 따르면 교육상으로 보아 인간에게는 완전히 상반되는 두 계층이 있다. 물론 인간으로서는 모든 것이 같다. 따라서 이 두 계층도 여러 양상으로 나타나는 생활의 바탕에 어떠한 변화가 일어나도 변함없이 자신의 본성을 바꾸지 않는 하나의 충동을 지닌다는 점에서는 하나도 다를 바가 없다. ―참고로, 이 충동이 자기 자신을 이해하고 그것이 개념으로 번역될 때 세계가 태어난다. 그리고 이렇게 조금도 자유롭지 않고 필연적인 상상 속에 만들어진 세계 말고는 어떠한 세계도 존재하지 않는다. 이 충동은 늘 의식으로 번역되며 그 점에서도 두 부류의 인간은 공통되지만, 근본적으로 다른 두 가지 의식의 어느 한쪽으로 번역된다. 그 번역과 자기 이해의 방식에서 두 계층은 서로 다른 것이다.

　의식이 주로 시간의 흐름에 따라 전개되는 것이 첫 번째 계층의 특징으로, 이때 의식은 막연한 감정으로 나타난다. 이 감정과 함께 근본 충동은 가장 일반적으로는 자기에 대한 사랑의 형태로 나타난다. 게다가 이 막연한 감정은 자기를 단지 생활과 행복을 바라는 것으로서 느낀다. 여기서 관능적 이기심이 일어나 삶의 원시적 충동에 대한 번역에 사로잡힌 생활의 참된 원동력과 추진력이 된다. 인간이 자기를 이처럼 해석하기를 계속하는 한 인간은 이기적으로 행동하지 않을 수 없고, 또 그것밖에 다른 도리가 없다. 더욱이 이 이기심은 인간 생활의 끊임없는 변화 속에서 자기를 고집하며 늘 본질을 바꾸지 않고 어느 때나 존재하는 유일한 것이다. 이 막연한 감정도 때로는 매우 예외적으로 개인적인 자기를 초월하여 막연하게 느껴지는 어떤 새로운 질서를 구하는 동기가 되기도 한다. 그런 경우에는 이미 충분히 설명한 생활, 즉 사람이 이기심을 뛰어넘어서 모호하지만 이성에 의해 움직여질 때, 또 이성이 본능으로서 지배하는 경우에 볼 수 있는 생활이 태어나게 된다. 원동력을 그저 막연한 감정으로 파악하는 것이 첫 번째 계층의 인간, 즉 교육받지 않고 자연 그대로 자란 인간의 특징이다. 이 계층의 인간은 다시 두 부류로 나뉘는데, 이러한 분류는 인간의 기술이 비집고 들어갈 수 없는 어떤 특수하고 불가해한 이유에 따른 것이다.

　제2종의 의식의 특징은 명료한 인식으로, 보통 독자적으로는 발달하지 않고 사회의 주도면밀한 정성으로서 발달한다. 만일 인간의 근본 충동이 이 명료한 인식의 모습을 취할 때는 첫 번째 계층과는 전혀 다른 두 번째 계층의 인간이 태어난다. 근본애(根本愛) 자체를 파악하는 인식에는 다른 인식에서 가끔 볼 수 있는 냉담하고 무관심한 현상은 없고 이 인식의 대상은 무엇보다 사랑을 받는 것이다. 왜냐하면 이 대상은 우리 본래의 사랑이 해석되고 번역된 것이기 때문이다. 다른 종류의 인식은 자기와 아무 인연이 없다는 것을 파악한다. 인연이 없는 것은 말 그대로 인연이 없는 것일 뿐 어디까지나 냉담하다. 이에 비해 이 인식은 인식하는 사람 자체와 그 애정을 파악하며, 그 사람은 인식을 사랑한다. 그런데 두 계급의 인간에게 그들의 충동이 되는 것은 이 근본적인 사랑이요 다만 겉모습만 다른 사랑이지만, 그간의 사정은 어쨌든 전자의 인간은 막연한 감정에 따라, 후자의 인간은 명료한 인식에 따라 움직인다고 할 수 있다.

이렇게 명료한 인식이 인간의 생활에 직접적인 원동력이 되고, 또 그것이 확실하게 실행되기 위해서는 이미 말했듯이 다음과 같은 조건이 필요하다. 먼저 이 인식이 예시하는 것이 실제로 참다운 사랑이어야 한다. 다음에, 이 사랑이 그러한 것임을 인간이 직접 뚜렷하게 깨닫고, 그 해석과 함께 즉시 그의 마음속에 사랑의 감정이 일어나 자신이 그것을 깨달아야 한다. 이에 따라 인식이 일어날 때는 반드시 동시에 사랑이 일어나야 한다. 그 반대의 경우에는 인간은 무정하고 냉담해지지 않을 수 없기 때문이다. 또 사랑이 일어날 때는 반드시 거기에 인식이 따라야 한다. 그 반대의 경우에는 일종의 막연한 감정이 그의 행위의 원동력이 될 것이기 때문이다. 그러므로 교육의 각 단계는 완전히 집중적인 인간을 만들어 내야 한다. 이처럼 교육자가 늘 인간을 하나의 분할할 수 없는 전인격으로 다루면, 인간은 미래에도 여전히 전인적인 인물이 되어, 어떠한 인식도 필연적으로 그의 생활의 원동력이 될 것이다.

둘째, 이와 같이 막연한 감정 대신 뚜렷한 인식이 생활의 최초의 기초가 되고 참다운 출발점이 될 때, 이기심이 완전히 정복되어 그 발달이 저지된다. 왜냐하면 인간으로 하여금 자신이 향락을 욕구하고 고통을 기피한다고 여기게 하는 것은 막연한 감정뿐이기 때문이다. 명료한 관념은 인간인 자기를 절대로 그와 같은 것으로 보게 하지 않고 일종의 도덕적 질서의 한 구성원이라는 것을 가르친다. 그리하여 이 명료한 관념의 발달에 따라 도덕적 질서에 대한 사랑의 불길이 점화되어 번지는 것이다. 새로운 교육은 이기심과는 아무런 상관도 없다. 이기심의 뿌리인 막연한 감정은 교육이 던지는 밝은 빛에 의해 지워지기 때문이다. 새로운 교육은 이기심을 발달시키지 않는 것은 물론이고 그것을 억제하려고 하지도 않는다. 요컨대 그것에 관심을 두지 않는다. 만일 뒷날이 이기심이 다시 일어나는 일이 있더라도, 교육받은 사람의 마음은 이미 더욱 고상한 사랑으로 채워져 있어서 이기심이 파고들 여지를 주지 않는다.

셋째, 인간의 이런 원동력은 일단 명료한 인식으로 번역되고 나면, 이미 주어진 재래의 세계로는 향하지 않는다. 기존의 세계로 향하면 주어진 그대로를 수동적으로 받아들여야 하므로, 근본적이고 창조적인 활동을 촉진하는 성질을 가진 사랑은 거기서 활동 대상을 찾아낼 수가 없다. 그러므로 이 명료한 인식으로 고양된 원동력은, 생성되어야 할 세계, 선험적 세계, 미래를 가진 세계, 영원히 미래를 가진 세계로 향한다. 모든 현상의 바탕에 깔려 있는 신적(神的) 생활은 결코 기존의 주어진 존재로서 나타나지 않고, 생성되어야 할 존재로서 이 세계에 들어온다. 그리하여 생성되어야 하는 것이 생성을 마쳤을 때는 다시 생성되어야 하는 것으로 변하여 영원히 그것을 되풀이한다.

그러므로 신적 생활은 절대로 고정되고 죽은 존재 안에 나타나는 일이 없으며, 언제나 유동적인 모양을 유지한다. 신의 직접적인 나타남과 계시는 사랑이다. 이 사랑이 인식에 의해 번역될 때 비로소 일종의 존재가 생긴다. 그것은 영원히 생성될 존재로서, 만약 세계에 참이 있다면 이 존재야말로 유일한 참의 세계이다. 이에 비해 제2의 주어진 기존 세계는 단지 환상이자 그림자이며, 그것을 재료로 하여 인식이 신의 사랑을 확고한 모습과 눈으로 볼 수 있는 형태로 만들어 주는 것이다. 그리하여 태어난 제2의 세계가 바로 본디 눈으로 볼 수 없는 신의 세계를 관조하는 수단이자 조건이다. 신은 이 신의 세계에도 직접 드러나지 않고 여기서도 단 하나의 순결하고 불변하며 형태가 없는 사랑을 통해 나타난다. 신은 오직 사랑의 형태로 직접 나타난다.

이 사랑에 관조적 인식이 가해지고 그 인식이 다시 자기 안에서 하나의 그림을 그려내어, 본디 눈으로 볼 수 없는 사랑의 대상에게 그 그림을 옷처럼 입혀준다. 그런데 이 대상은 형태를 갖출 때마다 사랑에 의해 부정되고 다시 새로운 형성을 재촉 당한다. 대상에는 유동성도 무한성도 영원성도 전혀 없으나, 관조와 융합으로 말미암아 관조와 마찬가지로 하나의 영원하고 무한한 것이 된다. 지금 말한 인식 자체로부터 그려진 그림은 그 자체로서 머문 채 명료하게 인식된 사랑으로 향하지 않는 한, 주어진 고정된 세계, 즉 자연이다. 이 자연 안에 신의 본질이 무언가의 방법으로 직접, 즉 앞에 말한 중개물의 매개에 의하지 않고 나타나리라는 망상은 몽매한 정신과 오염된 의지에 따른 것이다.

넷째, 사랑을 용해하는 수단인 막연한 감정을 늘 건너뛰고 명료한 인식이 이에 대치되는 것은, 이미 주의한 바와 같이 인간 교육의 특별한 기술로써만 가능한데, 이는 지금까지 실행되지 않고 있다. 마찬가지로 우리가 통찰해 온 방법에 따르면 이제까지의 인간과는 전혀 다른 종류의 인간이 만들어져서 그들이 세상 일반이 되는 것이므로, 이러한 교육에 따르면 마땅히 전혀 새로운 질서와 새로운 창조가 시작될 것이다. 그리하여 이 교육은 현재의 인간을 미래의 인간이 되도록 교육하는 것이므로, 인류는 이 새로운 형태를 스스로 갖추게 된다. 그것은 인류의 독특한 방식에 의한 것으로, 자유롭게 주고받는 오직 하나의 공유물인 동시에 다양한 정신세계를 통일할 참된 광명이며, 이 세계의 공기인 인식에 의해 행하는 것이다. 이제까지 인간은 되어가는 대로 되고 있었다. 그러나 오늘날에는 자연의 추세대로 맡겨 둘 수가 없다. 인류가 가장 잘 발달한 나라에서 인류는 가장 가치 없는 존재가 되어 버렸기 때문이다. 만일 인류가 이 가치 없는 상태에 머물기를 바라지 않는다면, 앞으로는 자기가 되고자 하는 존재가 되도록 스스로 힘쓰지 않으면 안 된다.

이 강연 앞부분에서 말했듯이, 인류가 스스로 노력하여 자신을 본연적이고 근본적인 존재로 만드는 것이야말로 인류가 이 세상에서 해야 할 참다운 사명이다. 이렇게 자신을 만들어가는 일, 게다가 신중한 사려와 법칙에 따라 그것을 실천하는 것은 언제 어디선가 시작되어야 한다. 그렇게 함으로써 인류의 제1기의 자유롭지 않은 발달을 대신하는 자유롭고 사려 깊은 발달의 제2기가 시작된다. 내 생각에는 지금이 바로 그때이다. 지금 인류는 이 지상 생활의 한가운데에서 두 개의 큰 시기의 중간에 서 있다. 공간적으로는 나머지 국민을 위해 선구자가 되고 준비자가 되어 이 새로운 시기를 시작할 것을 독일 사람들에게 요구해야 한다고 나는 믿는다.

다섯째, 그러나 완전히 새로운 이 창조도 이제까지의 것과 전혀 상관없이 일어날 수는 없다. 오히려 이것은 이전 시대의 참된 자연의 계속과 그 결과이다. 특히 독일인에게는 더욱 더 그러하다. 우리 시대의 모든 활동과 노력이 그 막연한 감정을 몰아내고 오직 명료함과 인식에 주권을 주는 것을 목적으로 했음은 명백하며, 또 아마도 세계일반은 이를 승인할 것이다. 이 노력은 기존의 가치 없는 상태를 완전히 폭로할 정도까지 효력을 나타내고 있다. 지금 명료성을 추구하는 충동이 말살되거나 막연한 감정에 무기력하게 안주하는 상태가 다시 세력을 얻게 되어서는 안 된다. 그리하여 명료성을 좇는 충동은 더욱더 발달시켜서 한결 높은 경지로 이끌고, 가치 없는 상태가 폭로된 뒤에도 여전히 긍정적이고 창조적인 진리가 뚜렷이 드러나도록 해야 한다. 막연한 감정에서 비롯되는 이미 주어진 독단적 실체의 세계는 멸망한 것이고, 또 멸망한 채로 있어야 한다. 이에 비해 근본적인 명석한 인식에서 생겨나 영원히 심령 안에 태어나는 실재의 세계는 그 빛을 곳곳으로 내뻗쳐 충분히 빛나야 한다.

오늘날과 같은 시대 상황에서 새로운 생활을 예언하는 것은 어쩌면 엉뚱하게 보일지도 모른다. 또 오늘과 같은 시대는, 만일 방금 이야기한 대상에 관한 여론과 새 시대의 원칙으로 이야기한 것 사이의 커다란 차이만 본다면 아마도 이 예언을 믿을 용기가 나지 않을 것이다. 이제까지의 교육은 일반화할 수 없는 하나의 특권으로서 통례상 오직 상류 계급에만 한정하여, 초감각적 세계에 대해서는 완전히 침묵을 지키고 오로지 관능적 세계의 영위에 관한 기술을 조금 가르치려 한 면이 있었다. 이 계급적 교육은 명백하게 열등했다.

그러나 나는 지금 그 사실을 말하려는 것이 아니다. 오히려 민중교육, 매우 제한된 뜻으로는 국민교육이라고 할 수 있는 교육, 초감각적 세계에 대해서도 반드시 침묵만 지키지는 않는 교육만을 살펴보려 한다. 이 교육의 가르침은 무엇이었을까? 우리는 새로운 교육의 전제로서 인간의 밑바탕에는 선에 대한 순결한 쾌감이 있고, 그 쾌감은 인간을, 선을 실천하지 않고 오로지 악행만 저지르는 것은 전적으로 불가능할 정도로 발달시킬 수 있다고 보지만, 이제까지의 교육은 인간은 나면서부터 신의 명령에 대한 혐오감을 품고 있으며, 신의 명령에 따르는 것은 인간에게는 완전히 불가능하다고 가정할 뿐만 아니라, 그것을 어린 학생에게도 가르쳐왔다. 만약 이러한 가르침을 곧이곧대로 믿었다면, 각 학생은 자신의 성질을 도저히 바꿀 수 없는 것으로 보고 그것에 몸을 맡긴 채, 자신에게는 불가능한 일이라고 배운 것에 대해서는 해볼 생각도 하지 않고 자신과 모든 다른 사람의 자연적인 상태에서 더 나아지기를 아예 바라지 않는 결과를 낳을 수밖에 없을 것이다.

그뿐만이 아니라 그는 자신의 비열한 성질을 받아들이고 자신의 근원적인 악과 타락을 승인하지 않을 수 없게 된다. 즉 그는 신 앞에서의 이 비열함을 신에 대한 유일한 변명으로 간주하기에 이를 것이다. 또 그는 나의 이러한 주장이 귀에 들어와도 이것을 일종의 농담으로밖에 생각하지 않을 것이다. 그는 이 주장은 진실이 아니고 오직 그 반대만이 진실이라고 무엇보다 확실하고 명료하게 생각하기 때문이다. 만일 우리가 주어진 모든 존재로부터 완전히 독립하여, 이 존재 자체를 좌우하는 인식을 인정하고, 처음부터 그 속에 모든 사람이 젖어 있게 해서 그를 늘 그 범위 안에 유지하기 위해 노력하는 한편, 다만 역사적으로 배워야 하는 사물의 상태는 저절로 생기는 가치 없고 쓸데없는 일로 여긴다면, 종래의 교육의 잘 익은 열매가 우리의 소유가 되고, 널리 알려진 바와 같이 선천적 인식 같은 것은 존재하지 않으며, 또 이제까지의 교육의 결과가 사물을 인식하는 법을 경험에 따르지 않고 알려고 하는 사실을 우리에게 상기시킬 것이다. 초감각적이고 선험적인 세계가 저절로 나타나지 않을 수 없는 장소에서도 그것이 숨도록—신을 인식할 가능성에 대해, 또 신 자체에 대해서도 정신적 활동이 일어나지 않고 오직 수동적 맹종이 만사인 것처럼, 종래의 인간 교육은 신의 실재를 하나의 역사적 사실로 보고 이 사실의 진정한 증거를 실제로 본 사람의 진술을 기다리는 대담한 일을 감행한 것이다.

지금까지의 사정은 바로 이와 같았다. 그러나 지금의 시대에는 그것 때문에 주눅들 필요는 없다. 이러한 사정이나 이와 비슷한 현상은 독립된 것이 아니라 구시대의 황량한 뿌리 위에 피어난 꽃과 열매에 지나지 않기 때문이다. 오늘날의 시대는 새롭고 고상하고 힘찬 뿌리를 이식하는 데 차분하게 집중하는 것이 좋다. 그러면 낡은 뿌리는 말라 죽을 테고, 따라서 그 뿌리로부터는 더 이상 양분을 빨아들일 수 없는 꽃과 열매는 자연히 시들어 저절로 땅에 떨어질 것이다. 오늘날의 시대는 아직 우리의 말을 믿을 능력을 갖고 있지 않다. 그래서 우리의 주장이 마치 옛날이야기처럼 들리는 것도 당연하다. 우리 또한 이러한 믿음을 강요하려는 것은 아니다. 우리는 다만 창조와 행위의 장소를 바랄 뿐이다. 훗날 세상 사람들은 이것을 목격하고 비로소 자신의 눈을 믿게 되리라.

예를 들어, 누구든 최근의 여러 가지 성과를 잘 알고 있는 사람은, 나의 주장을 듣고 근대의 독일 철학이 그 성립 때부터 말해 왔던, 또 그렇게밖에 할 수 없어서 반복해온 주장과 의견이 다시 논의되고 있음을 이미 알아차렸을 것이다. 이 이야기들이 헛되이 스쳐지나가 버린 것은 명백한 사실이며, 또 그렇게 스쳐지나가 버리지 않을 수 없었던 이유도 뚜렷하다. 생명이 있는 것은 오직 생명이 있는 것만이 움직일 수 있다. 그런데 종래의 실제 생활은 이 철학과 어떠한 유연관계(類緣關係)도 없다. 즉 이 철학은 아직 이 철학을 받아들일 수 있을 만큼 발전하지 않은 사람들에게, 또 아직 이 철학을 이해할 수 있을 정도로 발전하지 않은 귀에 대고 설교했던 것이다. 이 철학은 아직 이 시대에는 성장할 수가 없다. 그것은 시대를 앞질러, 미래의 한 시대의 활동 영역을 미리 완성하는 것이다. 그 시대는 현실이 끝나는 시점에서 출현할 수밖에 없다. 이러한 철학은 현재의 인류에 대해서는 단념하지 않으면 안 된다. 그러나 그때까지 헛되이 손을 놓고 있을 수는 없으므로, 먼저 자기 시대의 사람들을 적절하게 교육하는 임무를 다해야 한다. 가장 손쉬운 이 일이 명료해지면, 그의 뜻에 맞지 않는 시대와도 평화롭고 친근하게 어울릴 수 있다. 이제까지 우리가 이야기한 교육은 곧 이 철학을 위한 교육이기도 하다. 다시 말하면 어떤 의미에서는 철학만이 이 교육의 교사가 될 수 있다. 교육은 철학이 이해되고 받아들여지는 길잡이가 되어야 한다. 이 철학이 이해받고 환영받는 시대는 반드시 찾아올 것이다. 따라서 오늘의 시대는 아무것도 두려워할 필요가 없다.

오늘날의 사람들은 아마도 지금에 못지않게 비참했던 상태에 대한 옛 예언자의 환상을 들어보는 것이 좋을 것이다. 포로들, 내 나라가 아닌 외국으로 끌려간 포로들의 위로자인 예언자는 케바르 강가에서 이렇게 말했다.

"여호와께서 권능으로 내게 임재하시고 그 영으로 나를 데리고 4가 골짜기 가운데 두셨는데 거기 뼈가 가득하더라. 나를 그 뼈 사방으로 지나게 하시기로 본즉 그 골짜기 지면에 뼈가 심히 많고 아주 말랐더라. 그가 내게 이르시되, 인자야 이 뼈가 능히 살 수 있겠느냐 하시기로 내가 대답하되 주 여호와여 주께서 아시나이다. 또 내게 이르시되 너는 이 모든 뼈에게 대언하여 이르기를 너희 마른 뼈들아 여호와의 말씀을 들을지어다. 주 여호와께서 이 뼈들에게 이같이 말씀하시기를 내가 생기를 너희들에게 들어가게 하리니 너희가 살아나리라. 너희 위에 힘줄을 두고 살을 입히고 가죽으로 덮고 너희 속에 생기를 넣으리니 너희가 살아나리라. 또 내가 여호와인 줄 너희가 알리라 하셨다 하라. 이에 내가 명을 따라 대언하니, 대언할 때에 소리가 나고 움직이며 이 뼈, 저 뼈가 들어맞아 뼈들이 서로 연결되더라. 내가 또 보니 그 뼈에 힘줄이 생기고 살이 오르며 그 위에 가죽이 덮이나 그 속에 생기는 없더라. 또 내게 이르시되 인자야 너는 생기를 향하여 대언하라. 생기에게 대언하여 이르기를 주 여호와께서 이같이 말씀하시기를 생기야 사방에서부터 와서 이 죽음을 당한 자에게 붙어서 살아나게 하라 하셨다 하라. 이에 내가 그 명대로 대언하였더니 생기가 그들에게 들어가매 그들이 곧 살아나서 일어나 서는데 극히 큰 군대더라."[*1]

　이 선지자가 본 해골처럼, 우리의 고상한 정신생활의 요소들이 말라 죽고, 따라서 우리의 국민적 유대가 끊어져 무질서하고 지리멸렬하게 흩어져 있어도 좋다. 그것이 수백 년의 폭풍우 속에, 또 타는 듯한 햇볕 속에서 말라죽어도 상관없다. ―이를 되살릴 정신계의 바람은 아직 멈추지 않았다. 이 바람은 우리의 국민적 신체의 백골을 주워 모아 짜 맞추고, 깨끗해진 새로운 생명 안에서 다시 훌륭하게 일어서게 할 것이다.

---

*1 에스겔 37장 1~10절.

제4강 독일인과 다른 게르만 민족의 차이점

　이 강연에서 제안한 새로운 인간의 교육 수단은 먼저 독일 국민에 의해 독일 국민에게 실시되어야 하며, 본디 우리 독일 국민에게 알맞은 교육이라고 나는 말한 바 있다. 이러한 주장에도 증명이 필요하다. 우리는 여기서도 마찬가지로 가장 일반적인 것부터 설명하기 시작하여, 현재 독일인이 맞닥뜨린 운명과 상관없이 독일인 자체로서 근본적으로 어떠하며, 또 처음부터 어떠했는지 제시하고, 독일인의 특징 가운데 이러한 교육의 능력과 감수성이 다른 유럽 국민보다 뛰어나다는 것을 밝히고자 한다.

　독일인은 넓은 의미에서 게르만 민족의 일부이다. 게르만 민족에 대해서는 그들이 고대 유럽에 형성된 사회 조직과 고대 아시아에서 보존된 참된 종교를 결합하여, 멸망한 고대의 자리에 스스로 하나의 새로운 시대를 발달시킨 민족이라는 것만 말해도 충분할 것이다. 또 독일인에 대해서는 나란히 일어난 다른 게르만 민족과 대조해보는 것만으로도 충분하다. 다른 신흥 유럽 국민, 예를 들어 슬라브 민족은 특별한 명칭으로 부를 정도로 유럽의 다른 국민들에 비해 아직 발달하지 않은 것으로 인정되고, 그 밖의 새로운 국민, 예를 들어 스칸디나비아인은 게르만 민족 출신이며 여기서 말하는 독일인과 큰 차이가 없어 오히려 독일인으로 간주될 만한 민족으로, 우리가 다음에 이야기할 차별관 안에 포함되지 않는다.

　이제부터 시도할 관찰의 준비로서 가장 먼저 다음과 같은 사실을 말해 두는 것이 좋겠다. 나는 본래 같은 민족 사이에 구별이 생기게 된 원인으로 하나의 사건을 지적하고자 한다. 그것은 어떤 사람의 눈에도 보이는 부정할 수 없는 뚜렷한 사실이다. 다음에 나는 이렇게 해서 생긴 구별의 각각의 현상을 이야기할 것이다. 이 또한 단순한 사실로서 어느 누구나 다 명료하게 알고 있다. 그러나 원인이 되는 사건과 결과인 현상의 관계, 그리고 그 원인에서 어떻게 이런 결과가 나왔는지에 대한 설명으로는, 일반적으로 사건 자체에 대한 설명처럼 충분한 명료성과 모든 사람을 확신시키는 힘을 줄 수 없을 것이다. 물론 나는 이 점에 대해서도 이제까지 다른 사람이 말한 적이 없는 새로운 사실을 말하려는 것은 결코 아니다. 오히려 우리 중에도 이러한 의견을 받아들일 수 있는 소양을 충분히 갖고 있는 사람, 또는 이미 이러한 의견을 품고 있는 사람도 적지 않다. 그러나 많은 사람들은 우리가 말하려는 문제에 대해 우리와 전혀 다른 생각을 갖고 있다. 그것을 바로잡고, 사물 전체를 보는 훈련을 전혀 하지 않은 사람이 개개의 경우를 표준으로 제기하는 항의를 반박하는 것은 우리의 시간이 도저히 허락하지 않고, 또 우리의 본디의 계획 밖에 속하는 일이다. 이 점에 대해서는 나의 전체적인 사상 안에서, 여기서처럼 개별적이고 단편적이지 않은 형태로 존재하고 또 충분히 앎의 근본으로 거슬러 올라가 밝혀진 생각 가운데 이 방향에 대해 말해야 할 것이다. 또한 그러한 반대 의견을 가진 사람들이 앞으로 사색하고 성찰할 자료로 제공하는 것에 그치지 않으면 안 된다. 물론 이것을 전혀 돌이켜보지 않을 수는 없다. 왜냐하면 전체의 설명에 반드시 필요한 근본적 서술을 위해 그것을 이야기할 필요가 있을 뿐만 아니라, 앞으로의 강연에서 밝혀지듯이 본디 우리의 다음과 같은 의도와 관계가 있는 결과가 여기서 시작되기 때문이다.

독일인과 다른 게르만 민족의 운명의 차이 가운데 가장 먼저, 그리고 직접적으로 눈에 띄는 것은, 독일인은 자신들의 본래의 거주지를 바꾸지 않았는데 다른 민족은 거주지를 바꿨고, 독일인은 본래의 모국어를 유지하고 발전시켰으나 다른 민족들은 외국어를 들여와 자신들의 방식으로 차츰 개조해 갔다는 점이다. 먼저 이 차이를 설명한 뒤 뒷날 생겨난 여러 가지 차이, 예를 들면 독일 본국에서는 게르만의 오랜 습관에 따라 전제적이 아닌 군주를 섬기는 연방적 국가조직이 유지되었고, 다른 나라들은 로마식으로 전제군주국의 통치 형태로 변해 갔음을 설명해야 하며, 이 설명 순서는 바뀔 수 없다.

방금 말한 변화 가운데 첫 번째, 즉 거주지의 변경은 그다지 중요하지 않다. 인간은 어떤 지역에서도 쉽게 적응할 수 있고, 민족의 특성은 거주 장소에 의해 두드러지게 변화하는 일이 전혀 없을 뿐 아니라 오히려 거주지를 지배하며 그것을 자신에게 순응시키는 법이다. 자연계에서 받는 영향의 차이도 게르만 민족이 분포된 지대에서는 그리 크지 않았다. 또 침략당한 여러 나라에서 게르만 민족이 본디의 주민과 혼혈하게 된 것도 특별한 무게를 둘 정도는 아니었다. 정복자, 통치자이자 새로운 혼혈민족의 형성자는 모두 게르만 민족이었기 때문이다. 게다가 이러한 혼합은, 다른 나라에서 게르만인이 갈리아인이나 칸타브리아인 등과 섞인 것처럼, 본국에서도 슬라브인과의 사이에 매우 큰 범위에 걸쳐 이루어졌다. 따라서 어느 게르만 민족도 오늘날 다른 민족에 비해 민족의 순수한 혈통을 자랑하는 것은 결코 쉬운 일이 아니다.

이보다 훨씬 중요하고, 아마도 독일인과 게르만인 사이에 근본적인 대조를 이루는 것은 두 번째 변화, 즉 모국어의 변화라고 나는 믿는다. 미리 말해 두지만, 이는 민족 본래의 국어가 지닌 특별한 성질이 좋다거나, 이주한 민족이 채택한 외국어의 성질이 나쁘다고 하는 문제가 아니라, 단지 전자는 본래의 국어를 유지하고 후자는 외국의 언어를 도입했다는 사실 자체의 차이를 문제로 삼는 것이다. 또 본래의 국어를 계속해서 쓰고 있는 국민이 어느 민족 출신인지가 문제인 것이 아니라, 그 국어가 계속해서 그 국민에 의해 사용된다는 것이 문제이다. 본디 언어가 인간에 의해 만들어지기보다 인간이 언어에 의해 만들어지는 일이 훨씬 많다.

민족 형성에 드러나는 이러한 차이의 결과, 그리고 이 차이에 의해 필연적으로 생기는 국민적 특징을, 여기서 필요한 한, 또 가능한 한 명료하게 하기 위해 나는 일반 언어 자체의 본질을 관찰해 보고자 한다.

언어 일반, 특히 발음기관의 발성으로 대상을 표현하는 것은 절대로 임의의 결정이나 약속에서 온 것이 아니라, 처음에 하나의 원칙이 있고, 어떠한 개념도 이 원칙에 따라 인간의 발음기관에서 반드시 일정한 소리가 되며, 결코 다른 소리는 될 수가 없다. 마치 대상이 개인의 감각기관에 저마다 일정한 모양과 색깔 등으로 나타나듯이, 사교적 인간의 기관인 언어에서도 각각 일정한 소리로 표시된다. 본디 인간이 언어를 말하는 것이 아니라, 인간의 천성(天性)이 언어를 말하는 것이다. 따라서 같은 천성을 가진 다른 인간에게 그 뜻이 통하는 것이다. 그러므로 언어는 유일하고 절대적으로 필연이라고 할 수 있다.

언어의 두 번째 성질로서, 언어는 어느 시대, 어느 장소에서도 결코 인류 전체에 공통된 형태를 취한 적이 없으며, 이에 비해 곳곳에서 지역과 사용 빈도가 발음기관에 미치는 영향, 관찰되고 명명된 대상의 배열이 명칭의 배열에 미치는 영향에 따라 변화하면서 끊임없이 발달한다. 그런데 그 또한 임의나 우연에 의한 것이 아니라 여기에도 엄격한 법칙이 있다. 그래서 앞에서 말한 조건에 의해 이와 같이 결정되는 발음기관에서는, 한 종류의 순수한 인간의 언어가 생기지 않고 얼마쯤 변화한 것이 생기며, 이렇게 일정한 변화를 이룬 것만 생겨나는 것은 필연이다.

발음기관에 대한 똑같은 외적인 영향 아래 공동생활을 하면서 끊임없이 사상을 교환하고 자신의 언어를 발달시키는 사람들을 통틀어 하나의 민족이라고 부른다면, 이 민족의 언어는 필연적으로 현재와 같은 형태가 되었으며, 실은 이 민족이 자기의 인식을 말하는 것이 아니라, 이 민족의 인식 자신이 이 민족의 입을 빌려 자기를 발표하는 것이라고 해야 한다.

위에서 말한 사정에서 일어나는 언어의 변화 과정에는 언제나 같은 법칙이 작용한다. 즉, 끊임없이 사상을 교환하는 모든 사람에게, 또 개인이 어떤 새로운 언어를 사용하여 그것이 다른 사람의 청각기관에 도달할 때 늘 같은 법칙이 작용하는 것이다. 수천 년 뒤, 또 그 사이에 이 국민 언어의 외형이 갖가지 변화를 겪은 뒤에도 여전히 존재하는 것은, 동일한, 본래 이렇게 표현되지 않으면 안 되는 살아 있는 자연의 언어의 힘이며, 그것은 끊임없이 모든 조건을 헤치고 나아가, 어느 언어에서나 그렇게 되는 수밖에 없어서 그렇게 되고, 그 결과 지금과 같은 것이 된 것이다. 또 앞으로도 그렇게 될 수밖에 없는 것이 되어 갈 것이다. 순수하게 인간적인 언어가 먼저 민족의 발성 기관과 합쳐져서, 그 결과로서 민족 최초의 음성이 울린다. 거기서 생겨난 것이 다시, 이 최초의 음성이 주어진 상황 아래 필연적으로 받아야 하는 모든 발달의 결과와 합쳐져서, 여기에 마지막 결과로서 민족이 현재 쓰고 있는 국어가 태어난다.

그러므로 국어의 본성은 늘 같고 변하지 않는다. 몇 백 년 뒤에는 이 민족의 자손은 그들의 조상이 쓰던 언어와의 맥락을 잃어버리고 그것을 전혀 이해하지 못하게 될지도 모르지만, 이 국어 안에는 처음부터 비약하지 않는 일종의 추이가 있었다. 추이는 그때그때 아무도 모르게 이루어지다가, 새로운 추이가 더해지면서 사람들의 주의를 끌어 마치 비약한 듯이 보인다. 같은 시대 사람들이 서로의 언어를 이해하지 못하게 된 순간은 이제까지 한 번도 없었다. 그들에게는 공통되는 자연의 힘이 있어서 그들 사이에 영원한 매개자 또는 통화자 역할을 하기 때문이다. 직접 감각기관을 통해 지각되는 대상을 표현하는 수단인 언어는 바로 그러한 것이었다. 이것이 최초의 인간의 언어이다. 민족이 더욱 진보하여 초감각적인 것을 파악할 수 있으면, 그 초감각적인 것을 최초의 개개인이 임의로 되풀이하여, 그것을 감각적인 것과 헷갈리지 않도록 타인에게 전달하고, 또 타인을 합목적적으로 이끌기 위해 파악해 두려면 먼저 하나의 개체를 하나의 초감각적 세계의 도구로서 표현하여, 그것을 감각적 세계의 도구인 같은 개체와 구별해서 생각하는 것밖에 방법이 없다. 이를테면, 심령이니 심정이니 하는 것을 육체와 대립시키는 것과 같다.

　이 초감각적 세계의 온갖 대상들은 오직 초감각적 기관 안에만 나타나고 그 기관을 위해서 존재하므로, 언어에서 초감각적 대상의 그 기관에 대한 관계는, 어떤 특별한 감각적 대상의 감각적 기관에 대한 관계와 비슷하다는 것을 말함으로써, 또 이 관계에서 어떤 특별한 초감각적인 것을 어떤 특별한 감각적인 것과 같이 놓고, 이로써 초감각적 기관 안에서의 그 위치를 언어로 암시하는 수밖에 방법이 없을 것이다. 언어로서는 그 이상의 일은 결코 할 수 없다. 언어는 초감각적인 것을 일종의 감각적인 그림으로 나타내어, 그것은 단지 그림에 지나지 않는다는 사실을 알려줄 뿐이다. 사물 자체를 포착하려는 사람은, 그림으로써 그에게 제시되는 법칙에 따라 자신의 정신적 기관을 작용시켜야 한다. —일반적으로 이러한 초감각적인 것을 감각적인 그림으로 표현하는 것은 늘 그 민족의 감각적 인식 능력의 발달 정도에 따른다는 것은 틀림없다. 그러므로 각종 다른 언어에서의 이러한 감각적 그림의 표현의 발단과 과정은, 하나의 언어를 쓰는 민족의 감각적 및 정신적 발달 사이에 일어나고, 또 끊임없이 일어나는 관계의 차이에 따라 다르다.

　그것을 더욱 뚜렷하게 밝혀보자. 앞의 강연에서 설명한 근본 충동의 파악에서 유래하는, 막연한 감정에서가 아니라 처음부터 명료한 인식으로써 생기는 어떤 것, 물론 하나의 초감각적 대상인 그것을 그리스어로—독일어에서도 종종 쓰는 말이다—이데(Idee, 이념)라고 한다. 이 말은 독일어의 게지히트(Gesicht, 환상, 환영)와 같은 감각적 그림을 나타내는 것으로, 루터가 성서 번역에서 '너희는 환영을 볼 것이다. 너희는 꿈을 꿀 것이다'라고 말한 것과 같은 상징이다. 이데 또는 게지히트는 감각적 의미로는 단지 신체적 시각을 통해서만 포착되며, 촉각이나 청각 등 다른 어떤 감각으로도 포착할 수 없다. 예를 들어 무지개나 꿈에 우리 앞을 지나가는 환영 같은 것이다. 이 동일한 말이 초감각적인 뜻에서는, 그것이 쓰이는 환경에 따라 첫째, 육체가 아니라 정신에 의해서만 포착되는 것, 둘째, 다른 것과 달리 정신의 막연한 감정이 아니라 오직 정신의 눈, 명료한 인식에 의해서만 포착될 수 있는 것을 나타낸다. 그리스인이 이 감각적 그림을 그릴 때 동기가 된 것이 무지개 또는 그와 비슷한 종류의 현상이었다고 가정한다면, 우리는 그리스인의 감각적 인식이 그 이전에 이미 사물 사이에서 어떤 것은 모든 감각기관 또는 몇 개의 감각기관에 나타나고, 어떤 것은 단지 시각에만 나타난다는 구별을 인정하는 정도까지 진보해 있었다는 것, 또 만약 그리스인이 발달된 명료한 개념을 갖고 있었다면, 이것을 위와 같이 표현하지 않고 다른 표현법을 썼을 것이 틀림없었다는 것을 인정하지 않을 수 없다. 이것은 또, 감각적인 것과 초감각적인 것의 구별을, 깨어 있고 자의식이 있는 상태에서 그린 감각적 그림으로 나타내지 못하고 꿈의 세계로 달아나 마치 별세계처럼 표현하려 한 다른 민족에 비해, 그리스인이 인식의 명료함에서 훨씬 뛰어났음을 보여준다. 동시에 이 차이는 두 민족의 초감각적 이해도에 따른 것이 아니라, 단지 그들이 초감각적인 것을 나타내고자 했던 그 무렵에 그들이 지녔던 감각의 명료함의 차이에 의한 것임을 보여줄 것이다.

그렇다면 초감각적인 것의 모든 표현은 그것을 표현하는 사람의 감각적 인식의 넓이와 명암에 준한다. 감각적 그림은 그 사람이 명료하게 이해한 것과 정신적 기관의 관계를 그에게 충분히 명확하게 보여준다. 왜냐하면 그 관계는 그의 감각적 기관에 대한 다른 생생한 직접관계에 의해 그 사람에게 설명되기 때문이다. 그리하여 생겨난 새로운 표현은, 표징의 방법을 이렇게 확장함으로써 감각적 인식이 얻은 새로운 명료함을 더하여 언어에 부가된다.

그리하여 앞으로 오게 될 초감각적 인식은, 민족의 언어 안에 축적된 모든 초감각적 및 감각적 인식에 대한 그들 자신의 관계에 따라 표현되고, 그렇게 함으로써 그 진보는 끝없이 이어진다. 따라서 감각적 그림의 직접적인 명료함과 피이해성(被理解性)은 결코 중단되지 않는 하나의 연속된 흐름을 형성한다.―또 언어는 아무런 법칙도 없이 매개되는 것이 아니라 직접적인 자연력으로서 오성적인 생명 속에서 나오는 것이므로, 끊임없이 그 원칙에 따라 진보하면서 직접 생명에 작용하고 생명을 자극하는 힘을 갖는다. 현재의 사물이 사람을 직접 움직이듯이 이러한 언어의 각 어휘도 그것을 이해하는 사람을 움직이지 않을 수 없다. 어휘도 사물이어서 절대로 마음대로 만든 것이 아니기 때문이다. 감각적 방면에서는 일단 그러하다. 그러나 초감각적 방면에서도 그것은 결코 양상을 달리하지 않는다. 왜냐하면 초감각적인 것에 대해서는, 자연 관찰의 연속된 진행이 자유로운 감상이나 추상(追想)에 의해 중단되고, 또 여기에 화상(畵像)이 될 수 없는(상징할 수 없는) 신(神)과 비슷한 것이 들어오지만, 언어에 의한 표현은 비상징적인 것도 곧 상징적인 것의 끊임없는 연관으로 되돌린다. 그러므로 이 관점에 따르면, 초감각적인 방면에서도 앞에서 자연력이라고 부른 언어의 끊임없는 진행은 중단되지 않으며, 표현의 흐름 속에는 자의(恣意)가 끼어들지 않는다. 그렇다면 이와 같이 언제나 발달하는 언어의 초감각적 부분에서도 그 생명을 자극하는 힘은 적어도 자신의 정신적 기관을 움직이는 사람에게는 착오 없이 미치게 된다. 이러한 언어의 각 어휘는 어느 부분에서나 생명이고 또한 생명을 만들어낸다. ─초감각적인 것에 대한 언어의 발달에 대해 우리가 이 언어를 사용하는 민족과 끊임없이 사상을 교환하고, 한 사람이 생각하고 발언한 것이 그 민족의 모든 사람에게 전달되는 것을 전제하더라도, 지금까지 일반적으로 우리가 말한 것은 이 언어를 쓰는 모든 사람에게 타당하다. 다만 사유하려는 모든 사람에게는, 이 언어 속에 저장된 감각적 그림은 명료하다. 실제로는 사유하는 모든 사람에게 이 그림은 생생하게 살아서 그 사람의 생명을 자극한다.

한 민족 안에 처음으로 음성이 발성된 이래, 이 민족의 실제 공동생활 안에서 끊임없이 발달하여, 적어도 이 민족이 실제로 체험하는 관조(觀照)와 이 민족이 가진 다른 모든 관조, 그리고 모든 방면에서 연관을 가지는 관조가 아니면, 자기의 요소로서 도입한 적이 없는 언어는 모두 이와 같다. 이 국어를 말하는 근간 민족에 다른 종족과 다른 언어를 쓰는 사람이 아무리 많이 유입되어도, 만일 그들이 그들 자신의 관조의 환경을 국어가 발달할 수 있는 입장으로까지 높일 수 없을 때는, 그들 자신이 이 근간 종족이 관조하는 환경에 들어갈 때까지 그 단체 안에서 침묵을 지키지 않을 수 없고 또 국어에 대해 아무런 영향도 미칠 수 없다. 즉 그들이 국어를 만드는 것이 아니라 국어가 그들을 만든다.

그러나 만약 한 민족이 자신의 국어를 버리고 다른 민족의, 이미 초감각적 표현을 할 수 있을 만큼 진보한 국어를 채용하여, 그가 이 외국어의 관조 환경으로 들어갈 수 있을 때까지 이 외국어의 세력에 복종하며 얌전하게 침묵을 지키는 태도로 나가지 않고, 오히려 자신의 관조 환경을 외국어에 강요하여, 외국어가 이 국민을 만났을 때의 지점에서 출발해 이 관조 환경 속을 다시금 발달시키지 않을 수 없도록 한다면, 앞에서 말한 것과는 완전히 반대되는 결과를 낳게 될 것이다. 국어의 감각적 부분만이라면 이러한 일도 그다지 영향을 주지 않는다. 어느 민족이나 어린이들은 마치 말이 우연적인 것처럼 국어의 감각적 부분을 배우고, 그 국민의 종래의 모든 언어 발달을 이 점에서 따르지 않으면 안 된다. 그러나 이 감각적인 환경에서 모든 말은 그 말로써 표현된 물체를 직접 보고 손으로 만짐으로써 명백해진다.

따라서 중간에 국어를 바꾼 민족의 경우에도 기껏해야 성인이 어린 시절의 상태로 되돌아가야 하는 정도의 것으로, 그들의 아들이나 자손 때가 되면 그 불편은 모두 해소되게 마련이다. 이에 비해 초감각적인 부분에서는 국어의 변경은 중대한 결과를 가져온다. 초감각적인 부분도 그 국어의 최초 소유자인 민족에게는 이제까지 설명한 것과 같은 관계를 갖게 되는데, 중도에 이 국어를 정복하는 민족에게는 이 국어의 감각적 그림 안에 들어 있는 감각적 관조의 비유가 또렷하게 이해되지 않는다. 이 관조는 이 민족이 초감각적인 의미로 이해하지 않고 이미 뛰어넘은 것인지도 모르고, 또는 아직도 이해하지 못하거나 앞으로도 이해할 수 없는 것인지도 모른다. 이때 이 민족이 취할 수 있는 가장 좋은 수단은, 그 감각적 그림과 그것의 초감각적인 의의에 대한 설명을 듣는 일이지만, 이것으로는 다른 민족 문화의 단조롭고 생명이 없는 역사를 아는 데에 그쳐서 도저히 자기 문화를 얻을 수가 없고 또 직접 명료하게 생명을 자극하는 그림을 느낄 수가 없다.

따라서 그들에게는 이 또한 언어의 감각적 부분과 마찬가지로 자의적인 것으로 느끼지 않을 수 없다. 단순한 역사가 설명자로 등장한 결과, 이 민족에게 그 언어는 비유의 모든 방면에서 생명을 잃고 폐쇄되어 끊임없는 진보가 차단되고 만다. 비록 이 방면 이외에서 이 민족 특유의 방법에 의해, 또 이러한 출발점에서 이 언어를 다시 생생하게 계속 발달시키려고 해도, 그 초감각적 부분이 언제까지나 장애가 되어, 자연력으로서의 언어가 처음에 생명에서 출발하는 것과 현실의 언어가 생명 속으로 되돌아가는 것이 예외 없이 장애에 부딪쳐 좌절하고 만다. 이러한 언어는 비록 겉보기에는 생명의 바람을 쐬어 생명을 가지고 있는 듯해도 그 바닥에는 생명이 없는 요소를 품고 있으며, 새로운 관조 환경의 침입과 낡은 관조 환경의 파괴로 말미암아 생명의 뿌리와 단절되고 만 것이다.

지금까지 말한 것을 뚜렷하게 하기 위해 한 가지 예를 들어보겠다. 이 실례에 대해 미리 말해 두어야 할 점은, 이처럼 근본적으로 생명을 잃은 불명료한 언어는 자칫 왜곡되어 인간의 타락을 장식할 목적으로 남용되지만, 아직 생명을 잃지 않은 언어에서는 그러한 일이 없다는 사실이다. 나는 그 실례로서 세 개의 상투어, 즉 후마니테트(Humanität : 인간성), 포풀라리테트(Popularität : 대중성), 리베랄리테트(Liberalität : 자유)를 든다. 이 세 어휘는 독일인 중에서 외국어를 배우지 않은 사람에게는 완전히 공허하게 들려, 그 소리만으로는 그들이 알고 있는 어떠한 것도 떠올리게 하지 못하고, 그의 관조와 모든 관조의 범위에서 그를 완전히 몰아내고 만다.

이 알 수 없는 말이 외국풍의 고상한 울림으로써 그의 주의를 자극하고, 또 그가 이렇게 고상하게 들리는 말은 틀림없이 어떤 고상한 뜻을 갖고 있으리라고 생각한다면, 그는 이 말의 의미를 뭔가 그에게 완전히 새로운 말로서 설명해 주기를 요구할 것이다. 그리고 그 설명을 맹목적으로 믿어 버리는 수가 있다. 그리하여 그가 허심탄회한 경우라면 말할 것도 없는 것으로 인정할지도 모르는 것을, 쉽사리 가치 있는 실재인 듯이 생각하는 습관이 길러지고 만다. 새로운 라틴 민족은 앞에서 설명한 말을 자기의 모국어인 양 말하는데, 실은 그들에게도 그러한 관계는 전혀 다르지 않다. 그들도 학구적으로 고대와 그 무렵의 언어를 설명하지 않고는 이 말의 바탕을 뚜렷하게 이해할 수 없다. 그런 점에서는 독일인과 마찬가지이다. 만약 독일인에게 푸마니테트라는 말 대신 그 말뜻에 해당하는 멘슐리히카이트(Menschlichkeit : 인간다움)라는 말을 들려준다면, 그는 역사적인 설명을 듣지 않아도 곧 그 뜻을 이해할 것이다. 그러나 그는 인간이 인간답고 야수 같지 않다는 것은 그리 대단한 일이 아니라고 말할 것이다. 즉 독일인은 옛날의 로마인들이 생각지도 못한 것을 말하는 것이다. 그 까닭은, 인간 일반은 독일어에서는 단지 감각적 개념에 지나지 않고, 절대로 로마인에게처럼 하나의 초감각적인 것을 나타내는 비유가 되어 있지 않기 때문이다.

우리의 조상은 이미 개개의 미덕을 알고 그것을 비유적으로 언어에 나타내 버렸으므로, 이러한 덕을 수성(獸性)에 대한 대조로서 하나의 개념으로 포용하기에 이르지 않았던 것이다. 더욱이 이는 우리의 조상이 로마인에 비해 뒤떨어졌었다는 이유가 되지는 않는다. 그런데도 독일어 안에 로마에서 온 비유를 인공적으로 도입하려는 사람은, 그것을 찬양할 만한 뛰어난 것으로 보이게 하는 동시에 독일인의 도덕심을 공공연하게 깎아내릴 것이다. 더욱이 로마의 언어에서는 어쩌면 찬양할 만한 탁월한 것일지 몰라도, 독일인의 국민적 상상력의 흔들림없는 천성에 따르면, 그것은 그 누구도 잃어서는 안 되는 마땅하고 자명한 것으로 생각된다. 좀 더 자세하게 연구한다면, 부적당한 외국의 비유 때문에 재래의 도덕심을 부당하게 뒤떨어진 것으로 보는 것은, 로마어를 채용한 게르만 민족이 이미 처음부터 겪었던 일이라는 사실이 뚜렷해질 것으로 생각된다. 그러나 여기서는 굳이 그러한 사실에 중점을 두지는 않는다.

만약 내가 포풀라리테트와 리베랄리테트라는 말 대신 '대중의 인기를 노리는 일', '노예의 마음에서 멀어지는 일'이라고 글자 그대로 번역하여 독일인에게 들려준다면, 그는 처음에는 옛날의 로마인들이 이 말에 의해 얻은 명료하고 생생한 감각적 그림을 떠올리기는 도저히 불가능할 것이다. 옛날의 로마인들은 야심만만한 선거 후보자가 세상 사람들에게 보여주는 아부적인 겸손과 인간의 노예근성을 날마다 목격했기에, 이 두 어휘는 로마인에게 그러한 상태를 생생하게 떠올리게 할 수 있었다. 그러나 후대의 로마인들은 통치 형태의 변화와 그리스도교의 도입으로 그러한 광경은 볼 수 없게 되었다.

일반적으로 후대의 로마인은, 특히 그들이 배척할 수도 동화할 수도 없게 된 그리스도교 때문에, 자국어의 생명을 자기 나라 안에서조차 잃어가기 시작했다. 이렇게 본국에서도 반쯤 죽은 상태에 빠진 언어가 어떻게 다른 민족에게 활기를 줄 수 있단 말인가. 어떻게 이와 같은 언어가 오늘날 우리 독일인에게 생생하게 전달될 수 있단 말인가. 또 이 두 어휘 안에 존재하는 정신적인 면의 비유에 대해 말하자면, 포풀라리테트 쪽에는 이미 처음부터 일종의 나쁜 의미가 들어 있었다. 그런데 국민과 헌법이 타락했기 때문에 이것이 국민의 입에서는 일종의 덕(德)으로 변한 것이다. 이 말이 독일어로 번역되는 한, 독일인은 절대로 이 원뜻의 왜곡을 인식하지 못한다. 또 리베랄리테트라는 말이 노예근성을 가지지 않는 것, 또는 지금처럼 하인 근성을 가지지 않는 것으로 번역된다면, 독일인은 그 또한 대수롭지 않다고 대답할 것이다.

그런데 이러한 어휘들은, 로마인들의 순수한 형태에서조차 도덕적 발달이 낮은 단계에서 만들어져, 때로는 그야말로 어떤 나쁜 의미를 나타내는 비유의 말이지만, 새로운 라틴어의 발달에 따라 어느새 사회적 사정에 대한 진지한 마음의 결핍이라는 뜻, 무분별하게 타락한다는 뜻, 얼이 빠진 이완(弛緩)이라는 의미가 덧붙여지고, 게다가 시대가 오래 되었고, 다른 나라 것이라는 점을 내걸어, 사람들이 그 말의 참뜻이 무엇인지 모르도록, 또 우리 독일인이 그럴듯한 내용으로 느낄 수 있도록 매우 은밀하게 독일어 안에 수입되었다. 외국어 혼용의 목적과 결과는 예부터 다음과 같았다. 즉 그 어떠한 말도 처음에는 이해하기 쉽고 명료했는데, 그것을 일부러 모호하고 불명료한 상태에 빠지게 한 다음, 이로 말미암아 생기는 듣는 사람의 맹목적 신앙에 대해 필요불가결한 설명을 하고 거기에 조금씩 죄악과 덕행을 뒤섞어 이 둘을 쉽게 구별할 수 없도록 만드는 것이다. 만약 이 세 어휘가 본디 말하고자 하는 뜻을, 독일인의 언어로, 독일인의 상징권(象徵圈)에서, 멘센프로인들리히카이트(Menschenfreundlichkeit : 박애), 로이트젤리히카이트(Leutseligkeit : 겸손), 에델무트(Edelmut : 고결한 마음)라고 번역해서 독일인에게 들려준다면 그는 금방 그 참뜻을 이해하리라. 그리고 앞에 말한 나쁜 뜻이 그 어휘 속에 섞여드는 일은 결코 허락하지 않을 것이다.

독일인의 대화에서는 말에 이해하기 어려운 모호한 옷을 입히는 것은 말하는 사람이 서툴거나 악의 때문으로 여겨진다. 이러한 일은 피해야 한다. 외국어를 올바른 독일어로 번역함으로써 이 불편을 피할 수 있는 좋은 수단이 언제나 준비되어 있다. 그런데 새로운 라틴어에서는 이러한 난해함이 자연이자 본성이다. 그리고 이것은 어떤 수단으로도 피할 수가 없다. 생각건대 그것은 일반적으로 엄밀한 의미에서 모국어를 가지지 않으며, 그들의 언어는 그 자체가 죽은 말이므로 다른 죽은 말의 선악을 판단할 수가 없다.

이 단편적인 실례로써 설명한 내용은 국어 전체에 손쉽게 적용할 수 있고, 곳곳에서 이와 비슷한 경우를 볼 수 있으므로, 이 실례에 의해 이제까지 말한 참뜻은 가능한 한 명료하게 여러분에게 전달되었으리라고 생각한다. 이는 본디 국어의 초감각적 부분을 이야기한 것이며, 감각적 부분에 대해서는 아직 직접 언급하지는 않았다. 이 초감각적 부분은, 늘 생생한 생명을 유지하는 국어에서는 자의적이 아닌 국민의 종래의 모든 생활에서 필연적으로 나오는 개념을 나타내기 위해 비유적으로 사용되어, 국민의 감각적이고 정신적인 생활이 국어 안에 쌓아올린 모든 것을 착실하게 안전한 통일 상태로 유지한다. 예리한 눈을 가진 사람은, 이 국민이 만들어낸 개념과 표현을 보고 국민 전체의 문화사를 역순으로 서술할 수 있다. 사어(死語)에서는 이 부분은—그 국어가 아직 생명을 지녔을 때는 이 초감각적 부분은 앞에 말한 것과 같았지만—언어가 생명을 잃었으므로 자의적이고 더 이상 설명할 수 없는 기호나, 마찬가지로 자의적인 개념의 지리멸렬한 집단이 되어 있다. 따라서 이러한 언어에서는 그 개념이나 개념의 표현은 오직 암기로써 배우는 수밖에 없다.

이상으로 우리는 독일인과 다른 게르만 민족의 구별적 특징을 찾아낸다는 최초의 과제를 해결했다. 그 둘의 차별은 게르만 민족이 최초로 분열했을 때 바로 일어난 것으로, 요점은 독일인은 마지막까지 자연력에서 흘러나오는 생생한 국어를 말하는데, 다른 게르만 민족은 겉으로만 운동을 보여주고 그 바탕에서는 죽은 언어를 쓴다는 데에 있다. 우리는 이 생(生)과 사(死)의 상태에만 구별을 둔다. 결코 독일어의 그 밖의 내용적 가치까지 파고들어 논의하는 것이 아니다. 생과 사 사이에는 어떠한 비교도 일어나지 않는다. 그리하여 생은 사에 비해 무한한 가치를 가진다. 그렇다면 독일어와 새 라틴어를 직접 비교하는 것은 전혀 가치가 없으며, 본디 이야기할 필요가 없는 것을 굳이 말한 것에 지나지 않는다. 독일어의 내적 가치를 논할 필요가 있다면, 적어도 이와 같은 계급의 언어, 독일어와 마찬가지로 근원적인 언어, 예를 들어 그리스어 같은 것이 독일어와 장단을 겨루는 경우이어야 한다. 그러나 우리의 당면한 목적은 이와 같은 비교보다 낮은 곳에 있다.

한 민족의 인문적 발달에 대해 그 언어의 성질이 얼마나 많은 영향을 미칠 수 있는지는 일반적으로 추측할 수 있는 것들이다. 언어는 각 개인이 생각과 의욕을 가질 때, 그 정서의 신비적인 깊은 곳에 이르기까지 참여하여 그것을 제한하거나 그것에 날개를 주는 것으로, 이 언어를 말하는 인간 전체를 자기의 영역 안에서 결합하여 유일하고 공통된 이해에 이르게 하고, 또 감각 세계와 영계(靈界)의 진정한 교류점이 되어, 언어 자체가 그 어느 것이 어느 세계에 속하는지 말하기 어려울 만큼 이 두 세계의 경계를 밀접하게 융합시킨다. 그러나 만약 갑과 을 두 말의 관계가 생과 사와 같은 관계일 때에는 그 영향이 얼마나 커야 하는지는 일반적으로 추측하기 어렵지 않다. 독일 사람은 자신의 살아 있는 언어를, 이미 발달이 멎어서 그 비유를 만드는 방법도 독일어와는 크게 다른 로마어와 비교함으로써 자국어를 더욱더 깊이 연구할 수 있다. 또한 반대로 로마어를 이해하는 데에도 새로운 라틴어 민족, 즉 같은 언어 범위에 갇혀 있는 사람들이 도저히 미치지 못할 만큼 뚜렷하게 이해할 수 있게 된다는 것, 독일인은 로마어를 배우는 동시에 거기서 파생되는 새로운 라틴어도 얼마쯤 배우고, 그때 전자를 외국인인 새 라틴인보다도 훨씬 더 근본적으로 배우게 되면—그것은 앞에 말한 이치에 의해 충분히 가능하다—새로운 라틴어도 그것을 말하고 있는 그들보다 더욱 근본적으로 이해하고 더욱 확실하게 소유할 수 있다. 따라서 독일인은 이러한 이점을 모두 이용한다면 그것만으로 외국인들을 늘 달관(達觀)하고, 그들을 완전히, 그들 자신보다 더욱 잘 이해하고 그들의 모든 영역을 번역할 수 있지만, 그와는 반대로 외국인은 매우 힘들게 독일어를 공부하지 않으면 참된 독일어를 결코 이해하지 못하며, 참된 독일어를 도저히 번역할 수 없을 것이다.

대체로 이러한 점들이 가장 먼저 우리의 마음속에 떠오른다. 이러한 새 라틴어에서 우리가 그것을 말하는 민족들에게서 배울 수 있는 것은, 대부분 무료함과 한때의 기분에서 만든 새로운 유행어 정도뿐이다. 더욱이 이러한 말투를 배울 때 우리는 매우 겸손하다. 많은 경우 우리는 오히려 그들에게, 그들의 국어를 그 원류인 라틴어 및 그 변화의 법칙에 일치시켜서 이러이러하게 말해야 한다고 가르치고, 또 이러한 새로운 유행어는 아무런 쓸모도 없고 재래의 선량한 풍속과 충돌한다는 사실을 지적해 줄 수 있을 것이다. —언어의 풍부한 영향의 결과, 특히 지금 마지막으로 말한 결과는 앞에서도 이야기했듯이 완전히 자연스러운 일이다.

그런데 우리의 의도는 이러한 모든 결과를 전체로서 파악하고 통일의 유대에 의해 근본부터 파악함으로써, 독일인과 게르만 민족을 뿌리부터 비교하는 일이다. 먼저 그 결과를 다음처럼 일괄하여 말해 두고자 한다.

첫째, 살아 있는 언어를 가진 민족에 있어서 정신적 교양은 곧바로 생명에 작용한다. 반대의 경우에는 정신의 교양과 생명이 서로 교섭하지 않는다. 둘째, 이러한 이유에서 첫 번째 계층의 국민은 모든 정신적 교양을 진지하게 생각하고, 정신적 교양이 생명에 작용하기를 바란다. 이에 비해 두 번째 계층의 민족에게는 정신적 교양은 하나의 천재적 유희이며, 그들은 이에 대해 그 이상을 바라지 않는다. 두 번째 계층의 민족은 지혜를 갖고 있고, 첫 번째 계층의 민족은 지(智) 말고도 정(情)을 가지고 있다. 셋째, 그 결과 첫 번째 계층의 민족은 모든 사물을 정직하고 근면하게, 또 엄숙하게 대하며 늘 부지런히 노력한다. 이에 비해 두 번째 계층의 민족은 자신의 천성대로 흘러가게 내버려둔다. 넷째, 이상을 종합하면 다음과 같다. 첫 번째 계층에 속하는 국민은 일반 민중이 형성되고 교화를 받을 수 있는 소질을 가진다. 이와 같은 국민의 형성자는 자기가 발견한 것을 일반 민중에게 시도하여 그들에게 영향을 주려고 한다. 이에 비해 두 번째 계층에 속하는 국민은 교양 있는 계급이 일반 민중과 분리되어, 일반 민중을 자신의 계획을 위한 맹목적인 도구 이상으로 생각하지 않는다. 여기에 말한 특징의 더욱 자세한 설명은 다음 강연으로 미루기로 한다.

제5강 이제까지 설명한 차이에서 오는 결과

　우리는 독일인의 특징을 설명하기 위해 독일인과 다른 게르만 민족과의 근본적 차이점을 들고, 전자는 실제 생활에서 본디 국어를 끊임없이 발전시키며 사용하고, 후자는 외국어를 채용하여 그것을 그들의 영향으로 죽이면서 사용한다고 말했다. 우리는 지난번 강연 끝에서 이러한 여러 민족의 근본적 차이에서 마땅히 일어나게 되는 다른 현상도 열거했다. 그래서 이들 현상을 더욱 자세히 설명하고 그 공통된 기초 위에 더욱 확실하게 기초를 다지는 것이 오늘 강연의 목적이다.

　근본성을 열심히 탐구하는 연구는 많은 논쟁과 다양한 질투심의 흥분으로부터 초연할 수가 있다. 우리는 지난번 강연에서처럼 그 연속인 오늘의 강연에서도 같은 태도로 나아갈 생각이다. 즉 이미 지적한 근본적 차이에서 생기는 결과를 하나씩 연역하면서, 그 연역이 끝까지 제 길을 잃지 않도록 노력할 것이다. 그런데 이 연역의 결과로서 드러날 온갖 현상의 차이가 실제 경험에서도 과연 일어날 수 있을지 결정하는 것은, 나는 단적으로 여러분과 모든 관찰자에게 맡기려고 한다. 물론 나는, 특히 독일인에 대해서는 실제로 나의 추론의 결과와 합치되는 현상을 그들이 보여주고 있는지에 대해 적당한 대목에서 지적하려고 한다. 그러나 다른 게르만 민족에 관한 대목에서는, 그들 가운데 어떤 사람이 여기서 문제로 삼는 것의 진상을 실제로 이해하고, 자신이 살고 있는 나라의 사람들은 본래 독일 사람과 같다는 것을 증명하는 데도 성공하고, 또 이 독일적 특징에 반하는 다른 특징은 전혀 없다고 완전히 부인하더라도, 나는 그에 대해 이의를 제기할 생각은 없다.

　일반적으로 나는 이 독일인과 다른 게르만 민족의 반대되는 특징을 견주면서 결코 다른 민족에 불리한 점이나 그들의 극단적인 점만 부각시켜 독일인을 미화하는 일은 원치 않는다. 만일 그렇게 하면 독일인에게 영광을 안겨주는 건 쉬운 일이지만 그것은 독일인의 참다운 명예가 아니다. 나는 다만 필연적인 추론을 쫓아갈 것이고, 그 추론 결과를 진실과 어긋나지 않도록 공명하게 밝히고자 한다.

내가 말한 근본적 구별에서 생기는 첫 번째 결과는, 살아 있는 언어를 가진 민족은 정신적 교양이 바로 생명에 작용하고, 그 반대의 경우에는 정신적 교양과 생명은 관계가 없다는 것이었다. 먼저 이 명제의 뜻을 자세히 설명할 필요가 있다. 여기서 생명과 정신적 교양이 생명에 작용한다고 했는데, 그것은 근원적 생명이 모든 정신적 생명의 뿌리, 즉 신으로부터 끊임없이 흘러나와 인간의 여러 상태를 원형과 비슷하게 끊임없이 만들어 내어 종래에는 없었던 하나의 새로운 생명을 만들어 낸다는 의미로 해석해야 하지, 인간의 상태를 현재의 상태로 유지할 뿐이라거나, 그 타락을 막는다는 의미, 하물며 일반적인 발달로부터 뒤처진 특수한 개인의 구원이라는 의미로 해석해서는 안 된다. 다음에 정신적 교양이라고 말할 때는, 그것을 먼저 필로소피(Philosophie)—나는 필로소피라는 외국어를 쓰지 않을 수가 없다. 이에 대한 순수한 독일어가 이미 전부터 제시되어 있지만 독일인이 그것을 쓰려 하지 않기 때문이다—철학이라고 이해해야 한다.

왜냐하면 모든 정신적 생활의 영원한 원형을 학술적으로 파악하는 것은 바로 철학이기 때문이다. 이 철학 및 철학에 바탕을 둔 모든 과학이, 살아 있는 언어를 가진 민족의 생명 속으로 스며든다는 것이 곧 위에서 말한 명제의 뜻이다. 그런데 우리들 가운데 이와 모순되는 것처럼 보이는 주장을 하는 것을 볼 수 있다. 철학, 과학, 예술 등은 모두 그 자신의 목적을 가지고 있으며 생명의 목적으로 제공되지 않는다, 따라서 이러한 것들을 생명의 목적으로 제공된다는 의미에서 평가하는 것은 이들의 가치를 떨어뜨린다는 주장이다. 여기서 이 주장을 더욱 자세히 음미하여 모든 오해를 피할 필요가 있다. 이 주장은 다음의 두 가지 뜻, 그리고 제한된 의미에서는 진리이다.

첫째, 과학과 예술은 낮은 계급에 있는 생명, 예를 들어 현세적이고 감각적인 생명 또는—몇몇 사람들이 생각하듯이—속된 수양 등과 같은 용도로 제공되어야 하는 것은 아니라는 것. 둘째, 개인이 하나의 정신계 전체로부터 격리된 결과, 일반 신의 생명의 이 특별한 부문, 즉 과학과 예술 속에서 그것 이외의 기동력을 필요로 하지 않고 완전히 몰입하여 충분한 만족을 찾을 수 있다는 것이다. 그러나 이러한 주장은 엄밀한 뜻에서는 결코 참이 아니다. 왜냐하면 절대라는 것이 하나 이상 존재할 수 없듯이, 자기 목적이 하나 이상 존재하는 것도 불가능하기 때문이다. 유일한 자기 목적, 그 밖에는 어떠한 것도 자기 목적이 될 수 없는 유일한 자기 목적은 정신적 생명이다. 이 정신적 생명은 부분적으로 자기를 나타내고, 그 자신의 샘에서 영원히 흘러나오는 것, 즉 영원한 활동으로서 드러난다. 이 활동의 전형적인 모습은 언제나 과학으로부터 주어지고, 그 원형에 따라 자기를 형성하는 기능은 예술로부터 주어진다. 이러한 범위 안에서 과학과 예술은 목적으로서의 활동적 생명에 대한 매개로 존재하는 듯이 보일 수 있다. 그러나 이러한 활동의 형식에서는 생명 자체는 절대로 완성되거나 통일체로 완결되지도 않고, 다만 무한을 향해 나아갈 뿐이다. 생명이 하나의 완결된 통일체로 존재해야 한다면, 생명은 이와는 다른 형식에 의해 존재해야만 한다. 이 형식은 바로 제3강에서 설명한 종교적 통찰을 갖게 하는 순수한 사상의 형식이다. 즉 완결된 통일체로서 행위의 무한(無限)과는 뚜렷하게 일치하지 않고 후자, 곧 행위 안에서는 충분히 표현될 수 없는 형식이다. 그렇다면 양자, 즉 사상과 행위는 현상 안에서만 서로 일치하지 않는 형식이다.

그러나 현상계 저편에서는 양자는 동일한 것, 똑같이 절대적 생명이다. 그리고 사람들은, 사상은 행위를 위해, 또는 행위는 사상을 위해 존재하며, 그렇게 된 것이라고 주장할 수가 없다. 오히려 양자는 모두 단적으로 존재해야 하고, 게다가 현상계에서는 생명이 또한 하나의 완전한 전체가 되며, 현상계 저편에서와 같아야 한다고 주장해야 한다. 그러므로 이 범위에서는, 또 이런 의미에서는 과학이 생명 안으로 흘러든다고 말하는 것으로는 부족하다. 과학은 오히려 그 자체의 존재이며 그 자체가 독립된 생명이다—또는 누구나 잘 알고 있는 문구를 인용하여 설명해 보기로 하자. 우리는 이러한 말을 자주 듣는다. 모든 지혜도 이에 실행이 따르지 않으면 무슨 가치가 있는가—하고. 이 말에서 지혜는 실행의 수단으로 여기고, 실행이 본래의 목적으로 간주된다. 또는 그 반대의 경우도 말할 수 있다. 즉, 선을 알지 못하고 어떻게 선한 행동을 할 수 있는가—하고. 이 말에서는 지혜가 실행을 조건지우는 것으로 간주된다. 이 두 가지 말은 모두 한쪽으로 치우쳤다. 양자, 즉 지혜나 실행이나 모두 이성적 생명의 분할할 수 없는 요소라는 것이 진리이다.

과학이 우리가 지금 말한 것처럼 자기 자신 안에서 항상적인 생명인 것은, 사상이 그것을 사유하는 사람의 현실 속 심경이고 성질이며, 사유하는 사람은 특별한 노력 없이, 또 그 사상을 명료하게 깨닫지 않고도 자신이 생각하고 관찰하고 비판하는 모든 다른 것을 그의 근본 사상에 따라 관찰하고 비판하며, 또 만약 이 사상이 행위 안에 흘러들 경우에는, 마찬가지로 그에 따라 필연적으로 행동할 때뿐이다. 사상은 만일 그것이 단순히 다른 사람의 사상으로 생각될 경우에는 결코 생명이거나 의지일 수가 없다. 사상은, 이렇게 단순히 가능한 사상으로서 아무리 명료하고 충분하게 파악되어도, 또 사유하는 사람이 남의 생각이 이럴 것이라고 아무리 분명하게 생각해도, 그것은 생명도 의지도 되지 않는다. 이 경우, 우리가 생각하는 사유와 우리가 실제로 하는 사유 사이에는 우리도 어찌할 수 없는 우연과 자유라는 넓은 분야가 존재한다. 그리하여 그 생각된 사유는, 우리와 동떨어진, 단순히 가능하고 우리로부터 자유로우며 게다가 언제라도 마음대로 되풀이되는 사유에 지나지 않는다. 이에 비해 첫 번째 경우에는, 사상은 직접 자신의 힘으로 우리의 자아를 파악하고 동화시키며, 그리하여 생긴 사상의 현실성에 따라서 우리의 통찰이 그 사상의 필연성을 인정한 것이다. 이 결과를 가져오는 것은 지금 말했듯이 절대로 자유를 강제하는 것이 아니라 필연적으로 그렇게 되는 것이고, 사상 자체가 우리를 파악하고 우리를 동화시킨다.

　이처럼 생동하는 사상의 작용은, 하나의 살아 있는 언어를 써서 사유하고 표현함으로써 뚜렷하게 용이해지고, 만약 그 사유가 상당한 깊이와 강한 힘을 가질 때는 더욱 필연적인 것이 되기도 한다. 살아 있는 언어는 그 자체가 생명이 있고 감각적이며, 한편으로는 자기 자신의 모든 생명을 묘사하고 그것을 파악하여 그것에 작용한다. 이러한 언어를 가진 사람에게는 정신이 직접 대화를 나누며 그를 향해 마치 사람이 사람에게 자기를 보여주듯이 자기 자신을 보여준다. 이에 비해 죽은 국어는 직접적으로는 아무것도 자극하지 못한다. 이러한 언어에서 사람이 생명이 살아 있는 흐름 속으로 들어가기 위해서는, 먼저 죽은 세계로부터 배운 역사적 지식을 되풀이하여 외국의 사고방식 속으로 자신을 옮겨야 한다. 이와 같이 길고 넓은 역사의 영역에서 지치지 않고 또 그 분야에 안주하는 것을 피하기 위해서는, 자신의 사유의 충동이 얼마나 강렬해야 할 것인가. 살아 있는 언어를 소유한 자의 사유가 생동하지 않는 경우에는, 우리는 그런 사람에 대해 주저 없이 그는 사유하지 않고 단지 꿈속을 헤매고 있다고 비난해도 무방하다.

그러나 죽은 국어를 가진 사람에 대해서는, 그런 경우에도 우리는 무턱대고 그를 비난할 수는 없다. 그는 정말로 그의 국어 안에 들어 있는 개념을 세심하게 이끌어낸다는 자신의 방법에 따라 충분히 사유했을지도 모르기 때문이다. 그와 같은 국어에서도 명료한 사상을 얻는 데 성공한다면 그것은 기적과 같다.

여기서 의외로 다음과 같은 사실이 밝혀졌다. 즉 죽은 언어를 쓰는 민족의 경우에도, 그 언어가 모든 방면에서 충분히 뚜렷해지지 않는 초기에는 사유의 충동이 매우 강하게 작용하여 두드러진 창조가 이루어지지만, 이 충동은 국어가 더욱더 명료해지고 또 일정한 것이 될수록 언어의 끈에 한결 강하게 조여져서 사멸하지 않을 수 없다는 것, 그리하여 마지막에는 이러한 민족의 철학은 단지 글자의 설명 또는—독일인 가운데 비독일적인 정신을 가진 사람들이 이것을 소리 높이 표현한 바에 따르면— 언어의 메타크리티크(메타비평)를 하고 있는 데 지나지 않음을 깨닫고 만족하지 않을 수 없게 되리라는 것, 또 결국 이러한 민족은, 예를 들어 희극의 형태를 취하는 위선을 가르치는 범용한 교훈시(敎訓詩) 같은 것을 가장 위대한 철학서로 인정하게 되리라는 것 등이다.

그리하여 나는 정신적 교양(여기서는 특히 그 본원인 언어에 따른 사유를 가리킨다)이 생명 안으로 흘러들어가는 것이 아니라, 생명은 그 자체가 이렇게 사유하는 사람의 생명이라고 말하는 것이다. 그러나 이 생명은 필연적으로, 이렇게 사유하는 생명으로부터 자기 이외의 다른 생명 속으로, 따라서 현존하는 일반 생명 속으로 흘러들어가서 이를 동화하려고 노력한다. 왜냐하면 이 사유는 바로 생명이므로, 그 소유자는 사유가 활기를 주고, 정화하고, 구제하는 힘을 보고 진정한 쾌감을 느끼기 때문이다.

그런데 마음속에 이러한 쾌감을 느끼는 사람은 누구나 필연적으로 다른 모든 사람들에게도 이와 같은 행복을 주기를 바란다. 따라서 그는 그 소망의 충동을 받아, 자신의 행복을 낳은 원천이 퍼져서 다른 사람에게도 미치도록 작용하게 된다. 단순히 다른 사람의 사유를 하나의 가능한 사유로서 마음속에 떠올리기만 하는 사람은 이와는 전혀 다르다. 그 사유의 내용은 자신에게 행복도 비통도 느끼게 하지 않고, 오직 자신의 한가한 세월을 기분 좋게 보내게 해줄 뿐이기 때문에, 그는 그것이 남에게 쾌감 또는 비통함을 줄 수 있음을 믿지 못한다. 그래서 남이 무엇에 의해 지력(智力)을 갈고닦고 무엇에 의해 따분함을 면하려 하는지에 대해서는 전혀 관심을 두지 않게 된다.

개개의 생명 안에서 시작된 사유를 일반적인 생명 속으로 끌어들이는 수단 가운데 가장 뛰어난 것은 시작(詩作)이다. 즉 시를 짓는 일은 한 민족의 정신적 교양에서 두 번째로 큰 부문이다. 사상가가 자신의 사상을 언어로 나타내고—그것은 비유적으로만 이루어질 수 있는 것임은 앞에서도 말했다—게다가 이제까지의 비유 범위를 넘어서서 새로운 창조를 이룰 경우, 그는 이미 시인이다. 그가 만일 시인이 아니라면, 최초의 사상을 접했을 때 이미 언어가 사라지고 두 번째 시도에서는 사유 자체가 사라져버릴 것이다. 사상가에 의해 시작된 언어의 비유 범위의 확장 또는 강화를 비유의 모든 범위로 널리 퍼지게 하여, 모든 장소에서 이 새로운 정신적 승화로부터 정도에 알맞은 몫을 받아, 모든 생명이 마지막 감각적 바탕에 이를 때까지 새로운 빛을 받으며 나타나, 쾌감을 느끼고, 무의식의 환각에 의해 마치 저절로 그런 것처럼 자기를 고상해지게 할 수 있는 것, 그것이 곧 시가 하는 일이다. 오직 살아 있는 국어만이 이러한 시를 얻을 수 있다.

왜냐하면 이러한 언어에서만 비유계(譬喩界)는 창조적 사유로써 확대될 수 있고, 오직 이러한 언어에서만 이미 창조된 것이 힘차게, 이와 유사한 생명이 흘러들어가는 길을 열 수 있다. 이러한 언어는 무한하게 또 영원히 사람을 신선하게 하고 젊어지게 하는 시(詩)의 능력을 품고 있다. 그것은 모든 생기 있는 사유의 모든 발동이 이러한 언어에서 시인적 감흥의 새로운 혈관을 열어주기 때문이다. 그리하여 시는 새롭게 얻은 정신적 발달을 일반적 생명 안으로 흘러들게 하는 가장 뛰어난 수단이 될 수 있다. 죽은 언어는 이러한 고상한 뜻에서의 시를 절대로 가질 수 없다. 앞에서 말한 시의 모든 조건은 이러한 언어 속에는 존재하지 않기 때문이다. 이러한 언어는 위의 경우와는 달리 한동안은 다음과 같이 시의 대용품을 쓸 수 있다. 즉 모어(母語) 속에 존재하던 시의 유출이 사람의 주의를 자극할 것이다. 국어를 바꾼 민족은, 물론 그 원초의 궤도 위에서는 시를 짓는 일을 계속할 수가 없다. 그 궤도는 그의 생명과는 아무 상관이 없기 때문이다.

그러나 그는 자신의 생명과 그 생명의 새로운 상태를, 이전에 자기 조상이 자신의 생명을 표현한 비유적 범위 안으로 끌어들일 수는 있다. 그리하여 예컨대 조상 시대의 무사(武士)에게 영웅의 옷을 입히거나 영웅에게 무사의 옷을 입힘으로써, 낡은 신들과 새로운 신들이 서로 옷을 바꿔 입게 할 수 있다.

이처럼 평범한 것에 어울리지 않는 외국의 옷을 입힘으로써 평범한 것이 이상화(理想化)된 듯한 매력을 얻어 완전히 쾌감을 주는 모습을 만들어 낸다. 그러나 양자, 곧 모국어의 비유적이고 시적인 범위도 새로운 상태도 모두 유한하므로 이 둘의 상호교류는 어딘가에서 막히게 된다. 막힌 경우에 그 민족은 자신들의 황금시대를 노래하지만 그의 시의 샘은 고갈되고 만다. 응고된 언어의 비유가 응고된 개념에, 응고된 비유가 응고된 생활 상태에 적합한 최고점이 틀림없이 어딘가에 있다. 그 최고점에 다다른 뒤에는, 그 민족은 그의 가장 성공한 걸작을 모양을 바꿔 되풀이하고, 이미 잘 알려진 낡은 것을 새로운 것처럼 보이게 하거나, 그것을 완전히 새로운 것으로 만들고 싶을 때는 어쩔 수 없이 맞지 않는 것, 적합하지 않는 것을 사용하고, 시 안에도 추(醜)와 미(美)를 뒤섞어서 만화적 또는 해학적으로 빠지는 것도 마다하지 않고, 마치 그들이 산문에서 새로운 표현을 할 경우에 부덕(不德)과 덕(德)을 뒤섞는 것과 같은 일을 하는 수밖에 방법이 없다.

이처럼 한 민족 안에서 정신적 교양과 생활이 서로 교류하지 않기 때문에, 자연적인 결과로서 민족의 정신적 교양을 얻을 기회가 없는 계급, 활기차게 활약하는 민족처럼 정신적 교양의 결과를 누릴 수 없는 계급은 교육 받은 계급에 비해 훨씬 뒤떨어지게 되어, 정신력에서 교양계급과 완전히 다른 인종처럼 여겨지게 된다. 그러므로 교양계급은 이들에 대해 진정한 동정을 전혀 느끼지 못하고 그들을 근본적으로 도우려는 충동도 느끼지 않으며, 오직 처음부터 다른 종족이므로 도울 길이 없다고 생각한 나머지 오히려 그들을 이용하려는 마음을 먹게 된다. 언어를 죽이기 때문에 일어나는 이러한 결과도, 이 민족의 초기에는 일종의 박애적인 종교에 의해, 또 상류사회 자체가 아직 능력이 없기 때문에 누그러질 수 있다.

그러나 시간이 지날수록 일반 민중에 대한 경멸은 더욱 노골화하고 잔인해진다. 이것은 교양계급이 우월감을 갖고 거만해지는 일반적인 원인이지만 그밖에도 특별한 원인이 한 가지 있다. 이 원인은 독일인에게도 매우 폭넓게 영향을 미치고 있기에 여기서 그것을 이야기하지 않고 넘어갈 수는 없다. 즉 그로마인들은 처음에는 그리스인에 대해 매우 순진하게, 그리스인의 입버릇을 흉내 내어 스스로 야만인이라 부르며 자신의 국어가 야만적이라고 말했지만, 나중에는 이전에 자신에게 주어졌던 이 호칭을 다른 국민들에게 넘겨버렸다.

즉 게르만인은 이전에 로마인이 그리스인에게 그랬듯이 로마인을 태양처럼 숭배했다. 게르만인은 자신이 로마 사람이 되는 것 말고는 야만 상태에서 벗어날 길이 없다고 믿었다. 그리하여 이전의 로마 영토로 이주한 게르만인은 기를 쓰고 로마인이 되고자 했다. 그들의 상상력에서 야만이라는 말에는 당장 하등(下等), 천민적, 비천함 등의 부차적인 개념이 주어졌고, 이에 따라 로마적이라는 말은 '존귀'하다는 단어와 같은 뜻으로 이해하게 되었다. 그들 언어의 일반적인 방면과 특수한 방면에도 이러한 사상이 널리 퍼졌다. 따라서 그들이 깊이 생각하여 의식적으로 언어를 고치려고 했을 때, 그들은 게르만의 어원을 버리고 로마의 어원으로 말을 만들어 로마화된 말을 궁정의 언어, 교육계급의 통용어로 삼게 되었다. 특히 같은 뜻의 두 어휘가 있을 때는 거의 예외 없이 게르만 어원에서 나온 말은 고상하지 않은 나쁜 뜻으로, 로마어원에서 나온 것은 고상하고 품위 있는 뜻으로 쓰이게 되었다.

이는 게르만 민족에게는 고질병과 같으며, 본국에 있는 독일인들도 엄숙한 사명감으로 그에 맞설 무장을 하고 있지 않으면 마찬가지로 이 병에 걸리게 될 것이다. 로마의 언어는 우리의 귀에까지 자칫 고상하게 들리기 쉽다. 우리의 눈에도 로마의 풍속은 고상하게 보이고 독일 풍속은 반대로 천하게 보인다. 게다가 우리는 이러한 로마의 것을 직접 받아들이는 행운을 누리지 못하고 중개자인 새로운 로마인을 거쳐 간접적으로 받아들이는 일도 기꺼워하는 꼴이다. 우리가 독일적인 한, 우리는 우리의 이웃과 같은 인간으로 보인다. 만약 우리가 절반 또는 절반 이상 비(非) 독일식으로 말하고, 아주 먼 곳에서 온 듯한 낯선 풍속을 따르거나 눈에 띄는 옷을 입으면, 우리가 고상해지기라도 한 것처럼 생각한다. 우리가 가장 의기양양해지는 때는, 남들이 우리를 더는 독일인으로 생각하지 않고 스페인 사람 또는 영국사람—어쨌든 그 무렵에 가장 세력이 강한 외국인—으로 봐주는 경우이다.

물론 그것도 무리한 일은 아니다. 독일은 자연스럽고 외국은 방자하고 허식적이라는 것이 그 둘의 근본적인 차이점이다. 만일 우리가 자연적 상태에 머물러 있다면, 그때 우리는 전 국민과 조금도 다르지 않고, 모든 국민은 우리를 이해하고 우리를 동포로 생각할 것이다. 그러나 우리가 외국의 특징으로 도피하여 그 도움을 빌릴 때는 모든 민중의 이해를 얻지 못하게 되고, 그들은 우리를 다른 성질을 가진 존재로 생각하게 될 것이다. 외국인에게는 이처럼 자연에 위배되는 상태가 저절로 생활 속에 들어온다. 외국인은 본질적으로 하나의 주안점에서 자연과 동떨어졌기 때문이다. 이에 비해 우리는 그러한 부자연스런 상태는 일부러 찾지 않으면 얻을 수가 없다. 그리하여 우리는 자연적으로는 아름답게도 조화롭게도 또 편리하게도 보이지 않는 것을 억지로 아름다운 것으로 믿는 습관을 들여야 한다. 독일 사람이 그렇게 되어 가는 주된 원인은, 로마화한 외국 것은 자기 나라 것보다 훨씬 더 고상하다고 언제나 믿는 것과, 자신도 마찬가지로 고상한 체하며, 외국에서는 자연히 형성된 상류층과 민중 사이의 거리를 독일 국내에서도 인공적으로 만들고자 하는 고질병, 이 두 가지이다. 이제까지 독일인들 안에 존재하는 외국 숭배의 근원에 대해 지적했다. 여기서는 이 정도로 해 두고 이러한 외국 숭배가 얼마나 널리 영향을 미쳤는가 하는 점, 지금 우리를 멸망시킨 모든 화(禍)는 외국적인 것에서 비롯되었으며 그 외국적인 결함은 물론 독일인의 진실한 마음과 생명에 미치는 영향과 연결될 때만 독일인을 멸망시키는 원인이 되었다는 것에 대해서는 차츰 설명하기로 한다.

정신적 교양이 생명에 작용하는가 그렇지 않은가, 또 교양계급과 일반 민중 사이에 일종의 장벽이 있는가 없는가 하는 근본적 차이에서 생긴 이 두 가지 현상 말고, 나는 또 하나의 현상을 언급했다. 즉 살아 있는 언어를 가진 민족은 부지런하고 진지하며 모든 일에 노력을 아끼지 않는 데 비해, 죽은 언어를 가진 민족은 정신적인 활동을 하나의 천재적 유희로 생각하고 자기의 복된 천성과 함께 자연스러운 과정에 맡긴다는 것이다. 이 상태는 여기서 설명한 사정에서 자연히 일어나게 마련이다. 살아 있는 언어를 가진 민족에게 연구는 그것을 통해 만족을 얻어야 하는 생활의 어떤 욕구에서 나오기 때문에, 생활 자체가 포함한 어찌할 수 없는 원동력을 모두 받아들인다. 죽은 언어를 가진 민족에게 연구는, 시간을 즐겁고도 미적인 방식으로 보내려는 욕구를 가질 뿐이므로, 그렇게만 할 수 있으면 이미 목적을 다 이룬 셈이 된다. 이러한 것은 외국인에게는 거의 필연적이다.

독일인의 경우에는 그러한 현상이 나타나 천재와 행복한 자연의 문을 두드리는 것은 독일인에게는 어울리지 않는 외국 모방이며, 그것은 모든 외국 모방과 마찬가지로 그 고상한 체하는 병에서 비롯되었다. 물론 세계의 어느 민족이든 초감각적이고, 외국어에 의해 정당하게 천재라는 이름이 붙여진, 인간 마음의 근본적인 원동력이 없이는 뛰어난 일은 전혀 일어나지 않을 것이다. 그러나 이러한 원동력 자체로는 오직 상상력을 자극할 뿐, 지면 위쪽을 떠다니는, 결코 완전히 정해진 형태를 취하지 않는 모습을 상상력 속에서 그리는 것이다. 이 모습이 참된 생명의 지반에 이르기까지 완성되고 또한 실제의 인생 속에 지속적인 것으로 결정되기 위해서는, 일정한 법칙에 따라 작용하는 부지런하고 사려 깊은 사유를 필요로 한다. 천재성은 근면에 대해 그것이 가공해야 하는 소재를 공급한다. 근면은 그 천재성에 의하지 않고는, 이미 가공된 것만 손에 넣거나, 가공할 것을 아무것도 갖지 못하거나, 어느 한쪽일 수밖에 없다. 그런데 근면은 그것이 없으면 어디까지나 헛된 유희에 지나지 않는 것을 생명 안으로 끌어들인다. 그리하여 천재성과 부지런함이 서로 결합하여 비로소 훌륭한 일을 할 수 있으며, 서로 떨어져서는 쓸모없는 것이 되고 만다. 게다가 죽은 언어를 가진 민족은 진정으로 창조적인 천재성을 발휘할 수 없다. 왜냐하면 이들 민족은 근본적인 상징 능력이 부족해, 이미 시작된 것을 계속 형성하여, 이미 존재하고 완성된 모든 상징에 몰입하는 것 말고는 힘이 없기 때문이다.

살아 있는 언어를 가진 민족에게만 특별히 크나큰 노력이 부과되는 것은 마땅한 일이다. 살아 있는 언어는 다른 언어에 비해 높은 발달 단계에 설 수 있지만, 죽은 언어가 매우 쉽게 다다를 수 있는 완결 또는 완성의 영역에 이르는 것은 불가능하다. 죽은 언어는 어휘의 범위가 한정된다. 그리하여 이를 교묘하게 섞어서 배열할 가능성도 차츰 사라지고 만다. 그러므로 이러한 언어를 쓰고자 하는 사람은 이미 만들어진 대로 말해야만 한다. 그리하여 그가 그것을 일단 배운 뒤에는 언어가 그의 입을 빌려 그 대신 말하고, 그 대신 사유하고 시를 짓는다. 그런데 살아 있는 언어에서는, 그 언어 속에서 실제로 생활하기만 하면 어휘도 그 뜻도 점점 늘어나면서 변화한다.

그리고 바로 그 때문에 새로운 배열이 가능해진다. 영원히 '발전하는' 언어는 스스로 자기를 말하지 않는다. 오히려 그 언어를 쓰려고 하는 사람이, 스스로 자신의 방법에 의해 또 자신의 욕구를 위해 창조적으로 그 언어를 말해야 한다. 그렇게 하는 데는 두말할 것도 없이 죽은 언어를 쓸 때보다 훨씬 많은 부지런함과 연습을 필요로 한다. 마찬가지로 이미 말한 바와 같이, 살아 있는 언어를 가진 민족이 하는 연구는 정신적인 천성 자체에서 온갖 개념이 흘러나오는 근원까지 거슬러 올라간다. 이에 비해 죽은 언어의 민족은 단지 다른 사람의 개념을 뚫고 들어가서 그것을 이해하려고 노력할 뿐이며, 따라서 실제로는 전자가 진정 철학적인 데 비해 그저 역사적이고 주석적이다. 이러한 연구는 철학적 연구에 비해 더욱 빨리 또 더욱 손쉽게 완결될 수 있는 것은 틀림없다.

요컨대 외국의 천재는 이미 다져진 고대의 대로(大路)에 꽃을 뿌리고, 자칫 처세술을 철학으로 생각하면서 그것에 아름다운 옷을 지어 입힐 것이다. 이에 비해 독일인은 새로운 갱도를 파고 깊숙한 땅 속까지 햇빛을 끌어들인 뒤, 사상의 암석을 잘라내어 미래 시대의 사람들로 하여금 그것으로 집을 지을 수 있게 할 것이다. 다른 나라의 천재는 지상에 저절로 난 풀과 꽃 위를 가벼운 날개로 춤추며 돌아다니다가 꽃 위에 사뿐히 내려앉아 향기로운 이슬을 빨아먹는 귀여운 요정과도 같다. 또는 그 꽃 속에서 부지런히 꿀을 모아, 질서정연하게 지어 놓은 벌집 속에 가지런하게 저장하는 꿀벌과 같다. 이에 비해 독일인은 강한 힘으로 육중한 몸을 들어 올려, 잘 훈련된 강하고 힘찬 날개로 하늘 높이 날아올라, 태양의 광휘에 끌려 그것을 향해 다가가는 큰독수리와도 같다.

이제까지 말한 내용의 요점을 정리하면 다음과 같다. 역사적으로 고대와 근대로 나뉘어 있는 인류 발달사 일반에 대해서는, 이 근대의 원초의 발달에 대한 독일인과 다른 게르만 민족의 관계는 대체적으로 앞에서 설명한 것과 같다. 신선한 게르만 민족 가운데 외국화된 부분은, 다른 나라의 고대어를 채용함으로써 고대에 대해 훨씬 큰 유연관계를 얻었을 것이다. 그들에게는, 고대어를 처음의, 그리고 변화하지 않은 모습으로 파악하고, 고대어가 가진 교양의 기념비에 뚫고 들어가 고대의 기념비가 이 새롭게 성립한 생명에 알맞은 범위 안에서 그 기념비에 최대한 신선한 생명을 부여하는 것은 처음에는 본국인에 비해 훨씬 쉬운 일이었을 것이다. 요컨대 고전시대의 연구는 그들로부터 나와 새로운 유럽 전체에 퍼져간 것이다. 고전시대의 미해결 문제에 흥미를 느낀 그들은 그것을 해결하는 일에 몸담았다.

그러나 그것은 결코 생명의 욕구에 의해 나온 것이 아니라 단순한 지식욕에 의해 주어진 문제이므로, 그들은 그것을 가볍게 취급하여 온 마음을 다하지 않고 단순히 상상력으로, 그 중요한 문제를 오직 상상력 안에서 신기루 같은 것으로 만들어냈다. 고전시대가 남긴 재료가 풍부하여 그러한 방법에 따른 연구가 용이했기 때문에, 그들은 이처럼 애매모호한 많은 형상을 근대 유럽의 시계(視界) 안으로 가지고 들어온 것이다. 이렇게 이미 새로운 모양으로 만들어진 고대의 형상은, 게르만 민족 가운데 본래의 국어를 유지하며 원초의 발달 속에 몸을 맡기고 동조했던 부분, 즉 독일인들 사이에 도입되어 짐짓 주목을 끌며 독립 활동을 자극했다. 만일 이러한 형상이 옛날 그대로의 형태였다면, 독일인의 주의도 끌지 못하고 인정받지도 못한 채 끝났으리라. 그런데 독일인은, 이것들을 붙잡는다면 실제로 붙잡고, 절대로 단순히 손에서 손으로 옮기는 일은 하지 않는 민족이므로, 그 형상을 이러한 그들의 성질에 따라 붙잡은 것이다. 즉 그것을 단지 외국의 생명을 안다는 입장에서가 아니라, 하나의 생명의 구성 요소로서 파악한 것이다. 그리하여 독일인은 그 형상들을 근대의 생명에서 꺼낼 뿐만 아니라, 전에는 애매모호했던 형상들을 실제생활에서 자신을 유지할 수 있는 견실한 신체에까지 구체화한 뒤, 그것을 거꾸로 근대의 생활 속에 들여보냈다.

고대를 이렇게 전환하는 것은 외국인으로서는 도저히 불가능한 일로, 이제 외국인은 이렇게 바뀐 것을 거꾸로 독일인으로부터 받게 된다. 이러한 과정을 거쳐야만 인류를 고전시대의 궤도 위에서 계속 발달하게 하여, 고대와 근대의 결합, 그리고 인류 발달의 규칙적인 진행이 가능해진다. 이 사물의 새로운 질서에서 우리의 모국은 아무것도 발명하지 못했다. 독일인은 많든 적든 다른 나라의 암시에 의해 자극을 받았음을 고백하지 않을 수 없을 것이다. 그 외국인 또한 고전시대의 자극을 받았다. 그러나 독일인은, 외국인이 단지 표면적으로 아무렇게나 구성한 것을 진지하게 생명 속에 도입했다. 그 관계를 적절하고 심각한 실례로써 더욱 설명하는 일은, 이미 말했듯이 이 강연의 목적이 아니다. 따라서 그것은 뒷날의 강연 과제로 남겨두기로 한다.

게르만 민족의 두 부분은 이상과 같은 점에서는 동일했다. 그리하여 그들은 이 분리와 통일의 일치에 의해서만 고대 문화라는 나무줄기에 접목할 수 있었다. 그렇지 않았으면 고대 문화는 새로운 시대로 말미암아 부러져 사라지고, 인류는 처음으로 거슬러 올라가 자기의 발달을 다시 시작해야만 했을 것이다. 이 민족의 두 부분은 출발점은 서로 다르지만 목적에서는 일치하는 사명을 위해, 저마다 자기와 상대를 인식하고, 이에 따라서 서로 이용하지 않으면 안 될 것이다.

특히 전체의 모든 방면에 걸친 완전한 발달을 촉진하기 위해서는, 각자가 상대를 유지하는 데 힘쓰고 상대의 특징을 무너뜨리지 않도록 노력해야 한다. 이 관계를 인식하는 것은, 깊은 곳까지 미치는 투철한 감각을 갖추고 있는 모국으로부터 시작해야 한다. 그런데 외국이, 이러한 사정을 잘 알지 못한 채 겉으로만 드러난 거짓 현상에만 정신이 팔려 그 모국의 독립을 빼앗고 모국을 멸망시켜 자기 안으로 흡수하려고 꾀한다면, 또 그 기도가 성공한다면, 그들이 그때까지 겨우 자신을 자연과 생명에 연결시키고 있었던 마지막 혈관이 그로써 절단되어 정신적인 죽음에 빠지게 될 것이다. 이 정신적인 죽음은 그렇지 않아도 시대의 진전과 함께 그들의 특징으로서 나날이 뚜렷해지고 있었다. 또 그때까지 끊임없이 이어졌던 인류 발달의 흐름이 그때 사실상 고갈됨으로써 야만 상태가 다시 시작되어, 우리 인류가 맹수처럼 모두 동굴 속에서 살며 서로 투쟁을 벌일 때까지 구원할 길 없이 계속 진행될 것이다. 이것이 실제로 그러하고 또 필연적으로 그렇게 되어야 한다는 것은, 물론 독일인만이 통찰할 수 있으며 오직 독일인만이 통찰해야 한다. 외국인은 다른 나라의 문화를 알지 못하고 자기 나라 문화만 끝없이 찬양하기 때문에, 이러한 나의 주장을 오직 무지에서 비롯된 무모한 폭언으로 생각할 것이고, 또 그렇게 생각할 수밖에 없다.

외국은, 자욱한 수증기가 피어올라 구름이 되어 올라가는, 또 황천으로 쫓겨난 옛 신들을 여전히 인간의 세계에 묶어두는 대지이다. 모국은 이 하계를 감싸는 영원한 하늘로, 그곳에서 피어오른 안개는 응결하여 구름이 되고, 구름은 세계 곳곳에서 일어나는 뇌신(雷神)의 번갯불에 의해 잉태하여 축축한 비가 되어 내림으로써 하늘과 대지를 연결하여 하늘의 선물로서 대지의 품에도 싹을 틔운다. 새로운 티탄(거인족 : 하계에서 올라와 하늘을 침략하려는 자. 여기서는 독일을 압박하는 외국을 가리킨다)이 다시 하늘을 침범하려 해도 천계는 그들의 하늘이 되지 않으리라. 그들은 하계의 아들이기 때문이다. 그들은 다만 천계를 잃고 천계의 힘이 미치지 않는 곳에 남겨지고, 그들의 대지만이 차갑고 어둡고 메마른 집으로서 그들에게 주어질 뿐이다. 로마의 시인이 다음처럼 말한 적이 있다. 티포에우스, 또는 맹렬한 미마스나 위협적인 자세의 포르피리온, 레토우스, 또는 거목을 뿌리째 뽑는 용맹한 엔켈라두스라 할지라도, 팔라스의 포효하는 방패를 향해 돌진할 때 과연 무슨 일을 할 수 있을 것인가—하고. 우리가 만일 이 신의 보호 아래 들어가야 한다는 것을 깨달을 때, 우리를 보호해 주는 것은 바로 이 방패이다.

제6강 역사에 나타난 독일인의 특성

　자신의 본디 모국어 안에서 발달해 가는 민족과 다른 나라의 언어를 채용한 민족 사이에 주로 어떠한 구별이 생기는지에 대해서는 앞의 강연에서 설명했다. 그때 우리는, 외국에 대해서는 우리의 주장에 따르면 드러나지 않을 수 없는 현상이 과연 실제로도 외국에서 나타났는가 하는 판정은 저마다의 판단에 맡기고, 우리 독일인에 대해서는 우리의 주장에 따르면 본디의 국어를 가진 민족이 마땅히 표현해야 하는 방식으로 독일인이 실제로 표현한 것에 대해 서술하기로 약속했다. 오늘 나는 그 약속을 지키려고 한다. 따라서 그 증명 재료로서 먼저 독일 국민 최후의 위대한, 어떤 의미에서는 오롯이 완성된 세계적인 업적, 즉 종교 개혁을 들어 이를 설명하고자 한다.

　아시아에서 나온 뒤 곧 타락해서 한동안 더욱 아시아적인 색채를 띠며 무언의 복종과 맹목적인 신앙을 주장한 그리스도교는, 로마인에게조차 기이하고 이국적인 것이 되고 말았다. 로마인은 기독교를 기꺼이 받아들여 자기 것으로 만든 적이 한 번도 없었다. 그리스도교는 로마인의 성격을 두 개의 상반되는 부분으로 갈라놓았다. 그리하여 그 한 부분으로서 외국적인 요소를 로마인 본디의 강한 미신을 매개로 하여 부가했다. 외국에 이주한 게르만인들은 이 종교의 신자가 되었다. 그들은 새로운 종교로 옮기는 데 방해가 될 만큼 발달한 오성(悟性)도 없었고, 또 본디의 미신적 요소의 도움을 받는 일도 없이 오직 자기가 목표로 하는 로마인에 속하는 하나의 종교로서, 특별히 생활상에 영향을 받는 일도 없이 막연하게 믿고 따른 데 지나지 않았다. 게르만인에게 그리스도를 전한 전도사들이 고대 로마의 문화와 그 문화의 그릇인 언어를 가르치면서 그들의 전도 의도에 맞아떨어지는 부분만 전달한 것은 물론이다. 여기에도 그들 자신의 나라에서조차 로마어가 퇴폐하여 고사한 하나의 원인이 있다. 뒷날 고대 로마 문화의 진정한 성과가 이 새로운 민족의 손에 들어가고, 그로 말미암아 그들의 마음속에 자력으로 사유하고 이해하려는 충동이 생겼을 때, 그 충동은 새롭고 신선했다. 다신교의 신들에 대해 본디 공포심이 없는 그들에게는 이 충동을 제지하는 것이 없었으므로, 무조건적인 신앙과 그때까지 오랫동안 무조건적 신앙의 대상이 되었던 기괴한 사물들 사이에 있는 모순에 그들이 놀란 것은, 로마인이 처음으로 그리스도교를 접했을 때 놀란 것과는 비교도 할 수 없었다. 이제까지 철저히 믿어 왔던 사물 안에 완전한 모순이 숨어 있음이 분명해졌을 때는 일종의 웃음마저 금할 수가 없었다. 먼저 그 비밀의 바닥을 들여다본 사람들은 벌써 웃거나 욕설을 퍼붓고 있었다. 이 비밀을 알아낸 성직자들 또한 웃었다. 비밀의 수수께끼를 풀 수단이 될 고전적 문화를 탐구할 수 있는 사람은 얼마 되지 않으리라고 안심하고 웃었던 것이다. 이것은 주로 그즈음 새로운 로마 문화를 거의 독점했던 이탈리아 사람들을 말한다. 그 밖의 새로운 로마 민족은 어느 모로 보나 아직은 이탈리아 사람보다 훨씬 뒤지고 있었다.

전도사들은 이러한 기만을 웃었다. 그들은 분노할 만큼 진지하지 않았기 때문이었다. 그들은 일반적이 아닌 이러한 인식을 독점함으로써 더욱더 확실하고 안전하게 고귀하고 교양 있는 계급으로서의 위치를 확보할 수 있었다. 그들은 대중에 대해서는 아무런 동정도 느끼지 않았으므로, 이러한 사람들이 줄곧 이 기만에 걸려들어 그들의 목적에 맞게 더욱더 순종적이 되어 가는 것을 보고 결국 잘됐다고 생각했으리라. 민중이 기만당하고 고귀한 자들이 이 기만을 이용하여 계속 웃는 것은 얼마든지 가능하다. 만일 근대에 새로운 로마인 말고 어떤 민족도 존재하지 않았더라면, 이러한 사정은 아마도 이 세상이 끝날 때까지 이어졌으리라.

여기서 여러분은 새로운 문화에 의해 고대 문화가 계승된 것, 그리고 새로운 로마인들이 거기에 참여할 수 있었던 것에 대해 전에 내가 설명했던 내용을 증명하는 하나의 증거를 발견할 수 있을 것이다. 이 새로운 지혜는 고대 문화로부터 나와 먼저 새로운 로마 문화의 중심점에 떨어졌다. 그 지혜는 여기서는 단순히 하나의 오성적 통찰로까지 발달했을 뿐, 생명을 파악하여 그것을 따로 형성하는 일은 없었다.

그러나 이 문화의 빛이 참으로 진지하게 생명에까지 스며드는 종교적 정서에 침투하자마자, 이러한 정서를 가진 사람들이 하나의 민족을 형성하여 그 정서에서 진지한 견해를 쉽게 얻어내고, 또 자신들의 결정적인 요구에 대해 무언가를 준 지도자들을 찾아내게 됨으로써 지난 사정은 더는 오래 존속할 수가 없었다. 기독교가 아무리 쇠퇴해도, 그 안에는 진리를 품은, 진정 독립적인 생명을 확실하게 자극하는 하나의 근본 요소가 들어 있다. 그것은 곧 우리는 영혼의 구원을 얻기 위해 어떻게 해야 하는가 하고 묻는 마음이다. 영혼의 구원이 과연 가능한지에 대해서는 불문에 부쳐진 곳, 또는 비록 그것을 인정한다 해도 스스로 평안을 찾으려는 확고하고 명료한 의지가 존재하지 않는 완전한 불모의 땅에 이 물음이 던져졌을 때, 종교는 즉시 생명과 의지를 깊이 움직이지 못하고, 일렁거리는 빛바랜 그림자처럼 기억이나 상상 속에 겨우 들러붙어 있을 뿐이었다. 따라서 재래의 종교적 개념에 대한 그 이상의 설명도 모든 생명에 대해 아무런 영향도 미치지 못했던 것이다.

이에 비해 영혼의 구원에 대해 진지한 신앙을 가지고 그것을 얻고자 하는 굳센 의지가 있으며, 이제까지의 종교에서 그러한 목적을 위해 가르친 수단을 진지하게 믿고 정직하게 이용하던, 생생하게 살아 있는 땅 위에 이 물음이 던져졌을 경우에는—여기서는 사람이 사물을 진지하게 믿기 위해 그 기만 수단을 알아차릴 수 있는 빛을 받아들이는 것이 다른 장소보다 늦었는데도, 마침내 이 빛이 들어왔으므로—영혼의 평안이라는 기만에 대한 놀라움은 소름끼치는 경악으로 나타나지 않을 수 없었다. 그리하여 이 평안과, 그밖에 영원한 파멸로 떨어지는 것처럼 보이는 것을 다른 새로운 방법으로 찾으려고 하는 불안은 결코 유희처럼 볼 일이 아니었다. 또 처음으로 이것을 밝힐 수 있었던 사람은, 오직 자신의 영혼을 구하는 것에만 만족하고 다른 모든 인간의 영혼의 행복에 대해서는 무관심할 수가 없었다. 그의 깊은 종교심에 따르면, 그렇게 해서는 자기 한 사람의 영혼마저 구할 수 없기 때문이었다. 따라서 그는 자기 자신의 영혼을 위해 느끼는 것과 같은 강도(强度)의 불안을 느끼며, 오로지 세상의 모든 사람을 눈뜨게 하고 종교의 그 혐오스런 속임수를 밝히려고 노력하지 않을 수 없었다.

이미 전부터 많은 외국인들이 아마도 밝은 분별심으로 품고 있었던 통찰이, 이렇게 해서 한 사람의 독일인의 마음속에 일어났다. 그가 바로 루터이다. 고전적이고 세련된 교양과 학식, 그 밖의 장점에서 외국인뿐만 아니라 독일인 가운데에서도 루터보다 뛰어난 사람은 많았다. 그러나 가장 힘찬 원동력, 즉 영혼의 평안을 잃기를 두려워하는 불안이 루터의 마음을 사로잡았다. 그 원동력은 그의 생활의 생명이 되어 끊임없이 헌신하고 희생함으로써 후세 사람들을 놀라게 한 힘과 재능을 그에게 주었다. 종교 개혁이 일어났을 때, 많은 사람들은 현세적 목적을 품었을지도 모른다. 이 사업이 성공한 것은, 영원한 힘에 의해 고무된 한 사람의 지도자가 있어 그들을 이끌어간 덕분이었다. 불멸의 영혼을 지닌 자들의 복지가 끊임없이 위기에 처한 것을 늘 눈으로 지켜본 이 지도자가, 엄숙한 마음으로 지옥의 모든 악마에게 두려움 없이 도전한 것은 마땅한 일이요 조금도 이상한 일이 아니었다. 그것은 곧 독일적인 엄숙함과 심정에 대한 하나의 증명이었다.

루터가 이처럼 순인간적이고 오직 각자 자기 자신에 의해서만 배려되어야 하는 관심사를 내세워, 모든 인간, 특히 먼저 자국민 전체를 위해 일하려 했던 것은 앞에서 말한 대로 마땅한 일이다. 그렇다면 독일 사람들은 그것을 어떻게 받아들였을까? 독일 국민은 온갖 세상일 때문에 이 지상에 묶인 채 그때까지 걸어왔던 익숙한 길을 여전히 걸으면서 무기력한 침체 상태에 머물렀을까, 아니면 일상의 현상과 매우 다른 이 강력한 감격이 오직 그들의 비웃음을 사는 데 그쳤을까? 결코 그렇지 않다. 오히려 그들 독일 국민은 마치 요원의 불길 앞에 서 있는 것처럼 이 영혼의 구원을 똑같이 우려했고, 이 걱정은 곧 그들의 눈을 뜨게 하여 그들은 루터가 그들에게 제안한 것을 이윽고 받아들였다. 이 감격은 실제생활에서, 또 생활의 엄숙한 싸움과 위험을 감당할 수 없는 밑바닥에서 일어나는 상상력의 일시적 흥분에 지나지 않았을까? 결코 그렇지 않다. 그들 독일인은 온갖 결핍을 견디고 모든 고문을 감내했으며 피비린내 나는 불확실한 전쟁을 감행했다. 이는 오직 저주스러운 로마교의 폭력에 굴복하지 않기 위해, 또 그들과 그들의 후손을 위해 참된 복음의 등불을 밝히기 위함이었다.

그리하여 그들은 나중에 가서야 그리스도교가 애초에 신도들에게 보여 준 모든 기적을 직접 경험할 수 있었다. 종교 개혁의 시대상을 보여주는 모든 현상은, 널리 퍼진 영혼의 구원을 찾는 마음으로 가득 차 있었다. 여기서 여러분은 독일 국민의 특별한 장점에 대한 훌륭한 증거를 볼 수 있다. 독일 국민은 감격에 의해 손쉽게 모든 감격과 모든 또렷한 인식으로 고양될 수 있는 국민이다. 그리고 이 감격은 평생 지속되면서 그들의 생명을 개조할 것이다.

독일의 종교개혁 이전에도, 또 다른 나라에서도 종교 개혁자가 민중을 감동시키고 그들을 모아 단체 세력을 이룬 적은 있었다. 그러나 그 단체들은 종래의 국가적 조직 위에 뿌리를 내린 확고한 세력은 되지 못했다. 그것은 종래의 국가조직의 민중 지도자나 군주들이 그들에게 동조하지 않았기 때문이다. 루터의 종교개혁도 처음에는 그들보다 유리한 운명을 예상할 수 없었다. 개혁 사업이 시작된 무렵의 선거후(選擧侯)는 현명했다. 그러나 그 현명하다는 것은 독일적 의미보다는 외국적인 의미를 지녔었다. 이 선제후는 종교의 근본 문제를 두 교단 사이의 싸움 정도로 여겨 대수롭지 않게 생각하고 기껏해야 자신이 새로 설립한 대학의 평판에 영향을 줄까봐 염려했을 뿐인 것 같다. 그러나 그의 후계자들은 그다지 '현명'하지 않게, 국민들 사이에 활발하게 일어난 영혼 문제, 즉 영혼의 구원에 대한 진지한 배려에 공감하여 이와 똑같은 마음으로 국민과 생사와 승패를 함께 하려고 융합했다.

위에서 말한 대로, 여러분은 여기서 독일인의 전체적인 특성과 그 천성에 바탕을 둔 그들의 자질에 관한 하나의 증명을 보기 바란다. 국민적이고 세계적인 커다란 사건은, 예전에는 스스로 등장한 연설자들의 입을 통해 국민에게 전해지고 그들 사이로 퍼져나갔다. 군주들은 처음에는 외국 숭배와, 외국의 군주들처럼 자신을 존귀하고 빛나는 존재로 만들려는 욕망 때문에 국민과 자신 사이에 스스로 장벽을 만들어 국민을 버리거나 배반했으나, 나중에는 다시 쉽게 국민과 하나가 되어 국민에게 연민의 정을 쏟았다. 그때까지 실제로 군주들이 나쁜 경향으로 치닫는 일이 있었고, 그에 대해서는 나중에 다른 사례와 함께 자세히 설명하겠지만, 우리는 다만 그들이 언제나 선한 경향을 보여주기를 바랄 뿐이다.

이상과 같은 사실에도 불구하고, 영혼의 구원에 대한 그즈음의 우려 속에는 뭔가 모호하고 철저하지 않은 점이 있었다는 것은 부정할 수 없다. 즉 신과 인간 사이의 외적 매개자를 바꾸면 되는 문제가 아니라, 이러한 매개자는 전혀 필요하지 않고 신과 결합하는 유대를 자기 자신 속에서 찾아내는 것이 본디 목적이라는 것에 대해 그 무렵에는 아직 충분히 인식하지 못했던 것이다. 그러나 인간의 종교심이 전체적으로 이러한 어중간한 상태를 거치면서 발달한 것은 피할 수 없는 필연이었으리라. 루터 자신도 그의 성실한 열성으로 그가 구했던 것 이상의 성공을 얻었고, 그가 품었던 교의 이상의 수준에 다다를 수 있었다. 그도 처음에는 이제까지의 신앙에서 대담하게 등을 돌리는 데 양심의 가책과 고통을 느껴야 했다. 그가 하는 모든 말이, 영혼의 구원을 더 이상 마음의 밖이나 내세에서 찾지 않고 그것을 직접적으로 느끼는 감정의 발로 자체가 된 하느님의 아들로서의 자유를 얻은 기쁨의 환호로 가득 차게 된 것은 훨씬 뒤의 일이었다. 루터는 이 점에서 그 이후의 모든 시대의 모범이 되었고, 또 우리 모두를 위해 그 모범을 완성했다. —여기서도 여러분은 독일 정신의 특별한 장점을 찾을 수 있으리라. 독일인은 단지 구하기만 하면 자신이 얻고자 하는 것 이상의 것을 발견한다. 왜냐하면 그는, 멈추지 않고 흘러가면서 그를 함께 휩쓸어 넣는 살아 있는 생명의 흐름 속에 몸을 던지기 때문이다.

로마 가톨릭교를 그 특유한 사고방식에 따라 해석하고 비판한다면, 로마 가톨릭교의 관점에서 종교 개혁자의 수단과 방법이 괘씸했을 것은 말할 것도 없다. 본디 가톨릭교의 언설은, 대부분 세상에 흔히 있는 어휘 속에서 닥치는 대로 집어 와서 아시아풍으로 최대한 과장하고 강조하여 그 말을 듣는 사람이 마땅히 에누리해 들을 것을 헤아린 것으로, 결코 신중하고 성실하지 않다. 독일의 종교 개혁자는 독일식의 진지한 마음으로 그 말을 모두 글자 그대로 해석했다. 그들이 그것을 글자 그대로 받아들인 것은 마땅했다.

그러나 그들이, 그 말들이 본디 글자 그대로의 뜻으로 해석되고 있었다고 믿고, 그러한 말의 자연적인 천박함과 불성실함 이외의 것에 대해서까지 비난한 일은 옳지 않았다. 일반적으로 독일 사람이 그 진지함으로 말미암아 외국인—국내에서든 국외에서든—과 충돌하는 것은 모두 이러한 관계에서 비롯된다. 다른 나라 사람들은 독일인이 단순한 말 또는 평범한 문구에 지나지 않는 하찮은 것을 왜 그토록 심각하게 생각하는지 이해하지 못하고, 만일 독일인이 외국인이 말한 것을 그대로 되풀이하며 외국인을 비난할 경우, 그들은 자기가 분명히 말했고, 현재 말하고 있으며, 또 앞으로도 계속 말할 것인데도 불구하고 그렇게 말한 기억이 없다고 주장한다.

그리고 독일인이 그들의 말을 글자 그대로 진지하게 풀이하여 그 말을 하나의 일관된 사유 계열의 구성 요소로 여기고, 그 사유 계열을 뒤에서는 그 원칙에 따라 앞에서는 그 결과에 따라 구성하는 것을 '논리 짜맞추기'라고 탄식하며, 그들 자신에게 스스로 하는 말에 대한 뚜렷한 의식이 있고 또 그 말에 일관성이 있다고 보는 것은 무리라고 여기는 것이다. 이 요구, 즉 어떤 말이든 말하는 사람이 생각한 뜻으로 해석해야 하며, 그 밖의 뜻으로 해석하고 그 해석을 표현할 권리는 의심스러운 것으로 보아야 한다는 요구는, 그 깊은 밑바닥에 숨어 있는 외국풍을 자기도 모르게 드러내는 것이다.

독일인이 옛 종교의 교의를 엄숙하게 받아들인 것은, 필연적으로 교의 자체를 종전보다 더 엄숙하게 만들고 옛 교의를 다시 검토하고 해석하여 새롭게 확립하는 동시에, 미래를 향해 교의와 생활에 커다란 주의를 기울이게 했다. 이 사실과 다음에 말하는 내용은, 독일이 언제나 다른 유럽 국가들에 어떻게 영향을 미쳤는지 그 방법에 대한 하나의 증명이 될 것이다. 이에 따라 옛 교의는 일반사람들에게 적어도 이제는 버림받을 운명을 벗어난 뒤에 미칠 수 있는 무해한 영향력을 가지게 되었다. 특히 낡은 교설은 그 변호자에 대해 전보다 더욱 근본적이고 합리적인 성찰을 촉진하게 되었다. 독일에서 개량된 이 교설이 새로운 라틴 국가들에도 퍼져 거기서도 마찬가지로 강한 감동을 일으킬 수 있었던 것은 한때의 현상으로 보고 여기서는 언급하지 않기로 한다. 다만 이 새로운 종교가 본디의 새로운 라틴 국가 어디에서도 국가가 승인하는 하나의 세력을 이루지는 못했다는 사실은 이상하다. 새로운 종교가 국가 권력과 조화를 이룰 수 있는 것을 찾아내고 또 그러기 위해서는, 지배자에게는 독일적인 철저함이 있어야 하고 국민에게는 독일적인 선의가 있어야 한다.

그러나 다른 의미에서 독일인은, 종교 개혁을 통해 외국에, 특히 일반 민중이 아니라 교양 있는 계급에 일반적이고 지속적인 영향을 미쳤고, 그 영향으로 외국을 자신의 선구자로 삼고 또 자신의 새로운 창조를 위한 자극제로 삼았다. 자유롭고 자주적인 사유, 즉 철학은 이미 지난 몇 세기 동안 구교의 지배 아래 자주 자극을 받으면서 성장해 왔다. 그러나 그것은 절대로 자신의 내부에서 진리를 낳기 위한 것이 아니라, 오직 교회의 교리가 옳다는 것과 왜 그것이 옳은지를 보여주기 위함이었다. 독일의 신교도들 사이에서도 신교에 관한 이와 똑같은 임무를 철학에 부과하는 사람이 있어서, 이 철학은 신교에 대해 마치 구교에 대한 스콜라 철학처럼 종속적인 관계를 갖게 되었다. 신교를 가지지 않거나 신교를 순수하게 독일적인 경건함과 깊은 정서를 가지고 받아들이지 않았던 외국에서는, 자유로운 사유가 거둔 혁혁한 승리에 자극을 받아, 초감각적인 것에 대한 신앙에 얽매이지 않고 더 쉽게 더 높이 일어나기 시작했다. 그러나 그들은 교양도 도덕도 없이 성장한 자연적인 오성에 대한 신앙의 관능적 속박에서 벗어날 수가 없었다.

그리하여 그들은 이성 속에서 절대적 진리의 샘을 발견하는 것은 생각도 하지 못한 채 볼품없는 오성에 귀를 기울였기 때문에, 그들에게 이 조잡한 오성의 주장은, 스콜라 철학자에 대한 교회나, 신교의 최초 신학자에 대한 복음서의 관계와 같은 관점을 취하기에 이르렀다. 잡스러운 오성의 말이 과연 진리인지에 대해 그들은 아무런 의심도 하지 않고, 오직 그 반대론 앞에서 이 진리를 어떻게 변호하고 주장할 것인지에만 관심을 두었다.

이 사유가 이성의 범위 안에 들어갔다면 더욱 중대한 반대론이 일어날 기회를 주었겠지만, 거기에는 전혀 들어가지 않았으므로 역사적으로 존재하는 종교 말고는 그것에 반대하는 목소리를 내는 사람이 없었다. 그러나 이 반대는 쉽게 막을 수 있었다. 즉 상식의 건전성을 전제로 종교를 그 표준에 적용하여, 종교는 상식의 표준에 맞지 않는다고 대수롭지 않은 듯이 말해 버린 것이다. 그리하여 종교의 반대를 물리치는 데 성공하자마자, 다른 나라에서는 철학자와 비종교인 및 무신론자가 같은 뜻으로 해석되어 똑같이 명예로운 이름이 되었다.

외적 권위에 대한 모든 신앙을 완전히 극복하려는 시도는, 외국에서 시인되어 위와 같은 노력이 이루어졌다. 이 극복은 본디 종교개혁으로 말미암아 독일에서 시작되었는데 그것이 독일인에게 새로운 자극을 주게 되었다. 본디 독일인 중에서도 저급하고 비독립적인 머리를 가진 사람들은 이러한 외국의 가르침을—게다가 외국 것이기 때문에 손쉽게 얻을 수 있는 자기 나라의 가르침보다 한결 더 고상하다고 생각하여—따르는 사람도 있었다. 그들은 될 수 있는 한 외국의 가르침을 확신하고자 노력했다.

그러나 자주적인 독일의 사상이 작용하는 곳에서는, 이렇게 감각적인 것은 사람들에게 만족을 줄 수 없었다. 여기서 물론 외적 권위를 믿지 않는 초감각적인 것을 이성 자체 안에서 구함으로써 비로소 참된 철학을 만들려고 하는 시도가 일어났고, 그때 속박할 수 없는 사유를 절대 진리의 원천으로 삼은 것은 매우 마땅한 일이었다. 라이프니츠는 외국 철학과 싸우면서 이 방향으로 매진하여 새로운 독일 철학의 창시자가 되었다. 물론 그가 외국의 한 언설로써 자극받은 것은 인정하지 않을 수 없지만, 그는 그것을 그 본뜻보다 더욱 깊이 해석했다. 그 이후 우리의 과제는 충분한 해답을 얻었고 또한 철학이 완성되었다. 오늘은 여기까지 말하는 것으로 만족해야만 한다. 그것을 이해하는 시대는 미래에 기대하는 수밖에 없다. 그 일을 전제로 하여 이것을 보면, 새로운 라틴 국가에 의해 이루어진 고대의 연구는, 모국인 독일을 다시 자극하여 이제까지 전혀 없었던 새로운 것을 만들어 내게 했다.

외국은 같은 시대 사람들이 보는 앞에서 새로운 세계에 주어진 이성과 철학의 또 하나의 과제, 곧 완전한 국가의 건설이라는 과제를 불타오르는 대담성을 갖고 재빨리 파악했다. 그 뒤 얼마 지나지 않아 그 열성을 모두 잃어버리고, 현재의 국가 사정으로 보면 필연적으로, 이러한 문제를 생각하는 일조차 일종의 죄악이라 하여 배척하고, 가능하면 이러한 노력이 있었음을 역사 기록에서 말살하기 위해 온갖 방법으로 노력하지 않으면 안 되었다. 이러한 결과를 가져온 이유는 명백하다. 이성적인 국가는 종래의 재료를 가지고 잔재주를 부려 짜 맞춘다고 이루어지는 것이 아니다. 먼저 국민 자신이 이러한 국가를 만들도록 교육받고 육성되어야 한다. 완전한 인간을 교육하는 문제를 실제로 해결한 국민이 아니면 완전한 국가라는 문제를 해결하는 것은 불가능하다.

마지막에 든 이 교육 문제도 우리의 종교 개혁 이래 다른 나라에 의해 심각하게, 그러나 외국의 철학이라는 의미에서 자주 자극을 받는 면이 있었다. 이 자극은 우리 국내에서 먼저 추종자와 과장론자를 찾아냈다. 마지막으로 오늘에 이르러 독일적 심정이 이 문제도 어느 정도까지 해결할 수 있었는지에 대해서는 나중에 자세히 이야기하겠다.

이상과 같이 새로운 세계를 교화시킨 역사와, 그 역사에 대한 새로운 세계의 여러 구성원의 관계는 언제나 일정불변하다는 사실을 대략적으로 살펴보았다. 그리스도교의 형식을 취하고 나타난 참된 종교는 새로운 세계의 싹이었다. 그리하여 새로운 세계 전체의 임무는, 이 종교를 고대부터 전해진 교화(敎化) 속에 주입하여 그 교화를 영화(靈化)하고 순화(醇化)하는 일이었다. 그 길로 나아가는 첫 걸음은, 이 종교 형식의 외적 권위가 자유를 박탈하므로 그것을 종교로부터 분리하여 종교 안에 고대의 자유로운 사고를 도입하는 것이었다. 그렇게 하도록 자극을 준 것은 외국이었고 독일은 이를 실행했다. 다음의 제2단계는 제1단계의 완성으로, 이 종교와 함께 모든 지혜를 우리 자신 안에서 구하는 일이었다. 이 또한 외국이 준비하고 독일인이 완성했다. 영원한 시간 속에서 현대가 해야 할 일은 바로 국민을 인간으로서 완전히 교육하는 것이다. 교육이 없으면 애써 얻은 철학도 결코 널리 이해될 수 없다. 하물며 그것이 실제 생활에 일반적으로 적용되는 일도 없을 것이다. 반대로 또 철학이 없으면 교육은 절대로 충분한 자기 확신에 다다를 수 없게 된다. 그러므로 양자는 서로 보완관계에 있으며, 하나는 다른 하나 없이는 불완전하고 쓸모없는 것이 된다. 독일인은 이미 이제까지의 교화의 모든 단계를 완성했고, 새로운 세계에서 그 임무를 위해 남겨진 국민이라는 이유만으로도, 교육 문제를 해결하는 것도 독일인의 임무이다. 교육 문제가 먼저 해결되면 인류의 다른 여러 문제도 쉽사리 해결되리라.

새 시대의 인류 발전에 대한 독일인의 관계는 지금까지 바로 이와 같았다. 이 국민이 걸어온 자연적인 경과, 즉 독일에서는 모든 발달이 일반 민중으로부터 나왔다는 사실에 대해 이미 두 번쯤 여러분의 주의를 환기했지만, 여기서 이 점을 더욱 뚜렷이 할 필요가 있을 것 같다. 종교개혁 문제가 먼저 일반 민중에게 주어지고, 일반 민중이 그것을 자신의 임무로 삼음으로써 비로소 이 사업이 완성되었다는 것은 이미 설명했지만, 우리는 더 나아가서 이 경우는 결코 예외가 아니라 독일에서는 오히려 규칙적이었음을 말하지 않으면 안 된다.

모국에 남았던 독일인들은, 이전에 그들의 국토에 있었던 모든 덕성, 즉 충실, 정직, 명예, 소박함을 간직하고 있었다. 그러나 한결 높은 정신적인 생활에 대한 교양에서는, 흩어져서 거주하던 사람들에게 그리스도교와 그 교사들이 전해줄 수 있었던 것 이상의 것은 얻을 수가 없었다. 그것은 매우 근소한 것에 지나지 않았다. 그러므로 그들은 나라 밖으로 이주한 동포에 비하면 뒤떨어져 있어, 건전하고 정직하는 하지만 사실상 반쯤 미개인이었다. 그러는 동안 독일인 가운데 서민 계급에 속한 사람들이 설립한 도시들이 생겨나고, 거기서 교양 있는 생활의 모든 가지와 잎들이 빠르게 성장하여 아름다운 꽃을 피웠다. 그 도시에는 비록 소규모이기는 하지만 뛰어난 시민적 헌법 및 시설이 성립되어 거기서 질서의 형상과 질서에 대한 사랑이 처음으로 국가의 다른 부분으로 퍼져갔다. 도시의 확장된 상업이 세계의 발견을 도왔다. 왕후들은 도시의 연맹을 두려워했다. 그들의 건축술이 남긴 기념물은 수세기의 파괴에 저항하면서 이제까지 살아남았고, 후세 사람들은 그 앞에 서서 경탄을 금치 못하며 자신의 무력함을 고백한다.

나는 이 중세의 독일 제국 도시들의 시민들을 그들과 같은 시대의 다른 계급과 비교하여 그동안 귀족과 영주들은 무엇을 했는지 묻고 싶지는 않다. 그러나 다른 게르만 여러 국민과 견주면 독일 시민은 교육받은 사람들이고 나머지는 미개인이었다. ─이탈리아의 몇몇 지역은 제외된다. 단 그 지역의 배후에서도 독일인은 미술에서 그들에게 뒤떨어지지 않았고, 실용적인 기술에서는 그들보다 뛰어나 그들의 교사가 되었다. ─독일 국가, 독일의 위력, 독일의 기업, 발명, 기념물 및 정신의 역사는, 이 시기에는 단지 이들 여러 도시의 역사에 지나지 않는다. 그 밖의 것은 모두 토지 저당권 설정이나 그 해제와 같은 것이므로 언급할 가치도 없다. 또 이 시기는 독일 민족이 빛나는 영광 속에 으뜸이 되는 민족으로서 어울리는 지위를 차지했던 독일 역사상 유일한 시기였다. 그 번영의 꽃이 왕후들의 소유욕과 지배욕으로 짓밟히고 그 자유가 유린되자, 전체는 더욱더 깊이 몰락하여 현재의 상태가 되고 말았다. 그러나 독일이 몰락하듯이 그 밖의 유럽도 단순한 외관뿐만 아니라 본질 면에서도 마찬가지로 몰락하고 있음을 알 수 있다.

독일제국 헌법의 발달에, 교회 개선에, 그리고 한때 독일 국민을 특징짓고 독일 국민에서 시작하여 다른 나라에 미친 모든 사물에 끼친 이 사실상의 지배계급의 결정적인 영향을 곳곳에서 볼 수 있다. 그리고 지금도 여전히 독일인 가운데 존경할 만한 것은 모두 그들 속에서 성립되었다고 할 수 있다.

그렇다면 독일이라는 나라는 이 꽃을 어떤 정신으로 가꾸고 누렸을까? 그것은 경건과 진지함, 그리고 겸손과 공공심이었다. 그들은 자기 자신을 위해서는 거의 아무것도 요구하지 않았으나 공공을 위해서는 헤아릴 수 없는 노력을 기울였다. 그리고 어느 한 개인이 뛰어나게 저명해지는 일은 드물었다. 왜냐하면 모든 사람이 한 마음으로 공동의 일을 위해 똑같은 희생을 치렀기 때문이다. 이탈리아에서도 독일과 마찬가지로 외부적인 사정으로 자유 도시가 건설되었다. 둘의 역사를 비교해 보면 좋으리라. 이탈리아에서의 끊임없는 불안과 내부적 불화, 전쟁, 헌법 및 지배자의 끊임없는 교체에 대해, 독일의 평화와 단결을 대비해 보기 바란다. 양국민의 심정에 내면적인 차이가 있었다는 것을 더 이상 어떻게 분명하게 말할 수 있겠는가. 유럽의 국민들 가운데 독일 국민이야말로, 공화적 헌법을 실현시킬 수 있음을 시민 계급이 이미 수세기 동안 실행을 통해 보여준 유일한 국민이다.

독일 정신을 다시 향상시킬 수 있는 개개의 특별한 수단 가운데 매우 유력한 수단의 하나는, 이러한 시대의 독일인의 역사를 쓰는 일일 것이다. 그 역사

책은 우리를 감격시키고, 앞으로 우리가 더욱 특기할 만한 일을 이룰 때까지 성서나 찬송가집처럼 국민의 필독서가 될 것이다. 그러한 역사책은 사업이나 사건을 단지 연대순으로 열거하는 것만으로는 안 된다. 이 책은 영묘한 힘을 갖고 우리를 움직여, 우리로 하여금 인위적인 조작 없이 우리를 시대의 생명의 한가운데에 서서 직접 그 시대 사람들과 함께 걷고, 함께 서고, 함께 결정하고, 함께 행동하게 하지 않으면 안 된다. 더욱이 많은 역사 소설처럼 어린애 장난 같은 날조가 아니라 진실에 바탕을 두어야 한다. 그리하여 시대의 생명 안에서 사업과 사건을 생명의 실증 재료로서 보여주어야 한다. 이러한 역사책을 만드는 것은 넓은 지식과, 아마도 아직껏 시도된 적이 없는 대규모 연구를 통해서만 비로소 가능할 테고, 저자는 이러한 연구 결과와 지식을 무턱대고 독자의 눈앞에 진열하는 것이 아니라, 오로지 무르익은 과실 부분만을 그 어떤 독일인도 예외 없이 이해할 수 있도록 현대어로 쉽게 써야 한다. 또 이러한 저술에는 역사적 지식 외에도 고도의 철학적 정신을 필요로 하지만, 이것은 노골적으로 나타내지 않는 것이 좋다. 또한 무엇보다 충실하고 사랑이 가득한 마음이 중요하다.

그의 시대는 우리 국민이 좁은 영역 안에서 미래의 사업과 전쟁, 승리 등을 가슴속에 그리는 소년 같은 꿈의 시대이며, 또 그들이 앞으로 충분한 힘을 얻었을 때는 어떻게 될 것인가에 대한 예언의 시대였다. 그런데 성장 과정에 있는 그들을 유혹적인 사회와 허영심이 본디 그들에게 적합하지 않은 영역으로 납치해 갔다. 그들은 그런 처지에서도 자신을 빛내려고 했으나 오히려 굴욕에 빠져 그들의 존속조차도 위태롭게 만들어 가고 있다. 그러나 그들은 실제로 노쇠하고 힘을 잃은 것일까? 그들의 내부에서는 오늘날까지 끊임없이, 다른 어떤 국민에게서도 볼 수 없는 본원적 생명의 샘이 흘러나오지 않았던가. 그들의 소년시대의 예언은 다른 여러 민족의 성격과 전체 인류의 교화 계획에 의해 실증되고 있다. 이 예언이 과연 실현되지 않고 끝날 것인가? 결코 그렇지는 않다. 다만 이 국민을 그들이 선택한 잘못된 방향으로부터 되돌아오게 해야 한다. 그들에게 소년시대의 꿈의 거울을 주어 그 속에서 그들의 참된 성향과 진실한 사명을 읽게 하고, 그 관찰을 통해 이 사명을 힘차게 완수할 수 있는 힘을 갖도록 해야 한다. 바라건대 나의 이 외침이 도움이 되어 머지않아 사명을 이룰 수 있는 훌륭한 독일인이 나타나 이 눈앞의 문제를 해결해주기를 기원한다.

제7강 민족의 본원성과 독일적 자질에 더욱 깊은 통찰

시원민족(始源民族)으로서의 독일인—독일이라고 하는 말은 본디의 뜻은 '민(民)'인데, 독일인으로부터 갈라진 다른 민족과는 반대로 자기를 단적으로 '민'이라고 부르는 권리를 갖는 독일인—의 특징은 이미 앞의 강연에서 이야기했고, 또 역사를 통해 증명되었다. 우리는 이 문제에 대해 한 번 더 강연하여, 만일 이러한 점이 독일인의 특징이라면 현대의 독일에는 이 독일적 요소가 거의 남아 있지 않다는 것을 고백해야 한다는, 마땅히 일어날 수 있는 항의에 대답하는 것이 타당하다고 생각한다. 이 항의 안에 지적된 현상은 우리로서도 부정할 수 없을 뿐만 아니라 오히려 그것을 승인하고, 그 개별적인 부분을 대략 살펴보았으므로 먼저 이에 대한 설명으로 오늘의 강연을 시작할까 한다.

새로운 세계의 시원민족이 이 세계 교화의 진행을 생각한 것은 대체로, 이 시원민족이 불완전하고 피상적인 외국의 온갖 노력에 의해 먼저 자극을 받아, 그들 자신으로부터 나오는 더욱 차원 높은 새로운 창조를 이룬다는 것이었다. 자극을 받고 나서 창조를 이룰 때까지는 틀림없이 꽤 오랜 시간이 걸리므로, 이러한 관계에서 이 시원민족이 외국과 전적으로 교류하여 다른 나라와 똑같이 보이는 시기가 오게 되는 것은 틀림없다.

왜냐하면 이와 같은 시기에 시원민족은 아직은 단순히 자극을 받는 상태에 있고, 그로써 계획되는 창조는 아직 나타나지 않기 때문이다. 독일의 경우 교양인의 대다수는 지금이 바로 그와 같은 시기에 있다. 그러므로 외국풍이 국민 대다수의 내부 생명과 실질을 꿰뚫고 흐르는 것이다. 지난번 강연에서 철학은 다른 권위를 존중하는 모든 속박에서 벗어난 자유로운 사유이지만, 그 철학이 다른 나라에서 들어와 모국을 자극하고 있다고 말했다. 그런데 이러한 자극에서 새로운 창조가 아직 일어나지 않는 곳—창조가 이루어졌어도 그것은 오직 소수의 사람들에게 한정되고, 대다수의 국민에게는 아직 전해지지 않았으므로—에서는, 한쪽에서는 이미 앞에서 말한 외국의 철학이 여러 형태로 발달하고, 다른 한쪽에서는 이 철학의 정신이 그것과 가장 근접한 다른 과학을 지배하며 자신의 관점에서 이 과학들을 관찰한다. 더욱이 독일 사람은 자신의 진지함을, 또 생명을 직접적으로 파악하는 일을 절대로 포기하지 않으므로, 철학은 독일인의 공적인 생활과 그 생활법의 원칙 및 규칙에 직접 영향을 미친다. 우리는 이것을 하나하나 설명해 가기로 한다.

첫째로, 인간은 그 학술적 견해를 제멋대로 이것저것 만들 수는 없다. 학술적 견해는 그의 생명으로써 형성되는 것으로, 본디는 그의 생명 자체에 내재해 있으나, 일반적으로 그에게는 아직 미지인 근원이 관조(觀照)된 것이다. 그것은 인간이 진정 내적으로 지니고 있는 것이 인간의 외적인 눈앞에 나타난 것으로, 인간은 절대로 그 이외의 견해를 가질 수가 없다. 인간이 다른 관점에서 보기 위해서는 먼저 전과 다른 사람이 되어야 한다. 그런데 외국의, 다시 말해 비본연적인 본질은, 어떤 최후의 것, 고정된 것, 불변적으로 멈춰선 것, 즉 일종의 한계에 대한 신앙이다. 이 한계 이쪽에서는 자유로운 생명이 움직이고 있다. 그러나 외국인은 이 한계를 깨고 자신을 유동적인 존재로 만들어 그 속으로 흘러들어 갈 수 없다. 그러므로 이 통과하기 어려운 한계는 어느 부분에서 필연적으로 그의 눈앞에도 나타난다. 그는 이러한 한계의 존재를 전제함으로써만 사고할 수 있다. 이 밖의 사고를 하기 위해서는 그는 자신의 본질을 완전히 변화시키고 자신의 마음을 육체로부터 제거해버려야 한다. 그는 필연적으로 죽음을 근원적인 것, 궁극적인 것, 모든 사물, 곧 생명의 근원으로 믿게 된다.

우리는 여기서 먼저 이 외국의 근본적 신앙이 현재 독일인들 사이에 어떻게 나타나고 있는지를 설명해야 한다.

이 신앙은 무엇보다 본디의 철학에 나타난다. 현대의 독일 철학에 대해 여기서 특별히 언급할 가치가 있는 것은—도달할 수 없더라도—철저한 학문적 형식을 원한다는 점이다. 또한—이것은 외국의 선례가 없지는 않지만—통일을 원한다. 또 현실성과 본질—그것도 단지 현상뿐만이 아니라 현상 속에 나타난 이 현상의 기초—을 바란다. 이러한 경향은 정당하고, 현재 외국에서 세력을 차지하고 있는 철학의 여러 유파를 훨씬 뛰어넘으며, 외국을 추종하는 풍조 속에서도 외국 철학보다 한결 근본적이고 논리적이다. 그런데 이 단순한 현상의 바탕이 되는 것은, 외국 철학의 관점에서는, 만일 외국 철학이 앞으로 아무리 계속 갈피를 잡지 못하고 헤매더라도 여전히 어떤 고정된 실재, 존재하는 것, 있는 그대로의 것, 자기 안에 묶여서 자기의 본질과 결부되어 있다. 따라서 본연성으로부터의 괴리와 죽음, 즉 그들 자신 속에 숨어있는 것이 그들의 눈앞에도 나타난다. 그들은 자신 안에서 생명 자체로 비약할 수가 없고, 자유로운 비상을 위해서는 자기를 받쳐주는 것을 필요로 하므로, 그들은 그들 생명의 영상인 사유에서도 이 지지자를 넘어설 수가 없다. '어떤 것'이 아닌 것은 외국 철학에서는 필연적으로 무(無)이다. 그들의 생명은 자신 안에 묶여 있는 존재와 무의 중간에서 아무것도 갖고 있지 않으므로, 그들의 눈도 거기서 아무것도 인식하지 않는다. 그들은 오직 감정에 의지할 수 있을 뿐으로, 감정을 거짓 없는 것으로 생각한다.

만약 누군가가 외국 철학을 받쳐주는 이 감정이라는 것을 승인하지 않을 때는, 그들은 그 사람이 자기 자신의 생명만으로 만족한다고 전제하는 것은 도저히 불가능하고, 이 사람은 틀림없이 스스로 지지를 받고 있으면서도 그것을 인정하는 총명함이 없으며, 또 자신들과 같은 고상한 견해에까지 비약할 수 있는 능력을 갖고 있지 않다고 여긴다. 그러므로 그들을 가르치고 깨우치는 것은 헛수고이자 불가능한 일이다. 할 수 있다면 그들을 만드는 수밖에 없다. 게다가 완전히 다르게 다시 만드는 수밖에 없다. 이러한 부분에서는 오늘날의 독일 철학은 독일의 것이 아니라 외국의 추종이다.

참다운 철학, 그 자체가 완성되었고 또 현상을 초월하여 실제로 그 현상의 핵심에 투철한 철학은, 이에 반해 하나의 순수한 신과 같은 생명—영원히 이어지고 영원히 변하지 않는 생명—그 자체로부터 출발하는 것이지 다른 어떤 생명에서 출발하는 것이 아니다. 이러한 철학은 생명이 무한하게 자기를 개폐(開閉)하기를 인정하고, 이 원칙에 따라 비로소 생명이 하나의 존재에, 또 어떤 일반에게 도달하는 것이라고 인정한다. 즉 외국 철학에서는 존재는 이미 성립된 것으로 생각하지만, 참다운 철학에서는 이제 성립하는 것으로 생각한다. 그렇게 해야만 이 철학은 본디의 의미에서 독일적이다. 즉 본연적인 것이 된다. 이를 뒤집어서 말한다면 적어도 독일 사람이라면 이와 같이 철학하지 않을 수 없는 것이다.

독일 철학자의 다수를 지배하고 있지만 진정으로 독일적이지는 않은 저 사유(思惟) 체계는, 그것이 지금 의식적으로 본래의 철학적 학설로서 수립되었든,

또는 무의식적으로 그 밖의 여러 사유의 기초가 되었든, 이 시대의 다른 학술적 견해에 영향을 주고 있다고 나는 단언한다. 생각건대 학술적 재료를 우리의 조상이 했듯이 단순히 기억 속에서 찾아내는 것만으로 만족하지 않고 그것을 스스로 생각하고 철학적으로 다루려는 것은, 우리가 외국 사상에 의해 자극받은 시대의 주된 노력의 하나이다. 이 노력 일반에 대해서는 이 시대는 참으로 정당하다. 그러나 이 철학적 사색을 함에 있어 죽음을 믿는 외국의 철학에서 출발점을 찾는다면 그것은 부당하다. 더욱이 그들은 그렇게 할 가능성이 매우 높다. 우리는 여기서 우리의 문제와 가장 가까운 관계가 있는 학술에 대해 잠깐 생각해 보고, 그 학술에 널리 퍼져 있는 외국적 개념과 견해를 물어보고자 한다.

국가의 건설과 정치가 일정한 규칙을 가진 하나의 자유인의 기술로 여겨진다는 점에서는 틀림없이 외국이 우리의 선구자이다. 외국은 이것을 고대의 모범으로부터 배웠다. 그런데 사유와 의욕의 요소인 언어에서 하나의 고정되고 완결된, 그리고 죽은 지지자를 갖고 있는 외국, 그리고 이 점에서 그를 따르는 모든 것은, 이 정치의 기술을 어떤 방향으로 나아가게 할까. 틀림없이 마찬가지로 고정되고 죽은 사물의 질서를 발견하여, 그 죽은 것 안에서 사회의 살아 있는 활동이 일어나기를, 게다가 자기가 원하는 대로 일어나기를 그들은 바랄 것이다. 그들은 사회의 모든 생명을 하나의 매우 커다란 인공적 압착기계와 톱니바퀴 장치처럼 조립하여, 그 기계 장치 속에서 개개의 생명이 언제나 전체에 이바지하도록 전체에 의해 강요당하게 할 것이다. 그들은, 사람은 저마다 자신의 행복을 바란다는 전제를 두고, 각자를 그 의지에 반해 일반의 안녕과 행복을 위해 일하게 할 목적 아래, 마치 주어진 기지수(既知數)로 방정식을 풀 듯이 할 것이다. 외국은 이미 이 원칙을 다양하게 설명하고 그 사회적 톱니 장치를 우리에게 공급했다. 모국은 이 주의를 도입하고, 사회적 기계 장치의 구성을 위해 이 주의를 더욱 진보한 형태로 응용했다. 그 점에서도, 늘 그랬듯이 주어진 모범보다 훨씬 더 총괄적으로, 더욱 깊고 더욱 착실하게 실행했다.

이러한 정치 기술자는 이제까지 사회적 보조(步調)가 흐트러지는 경우에는, 기계 톱니바퀴의 어느 하나가 손상되었다고밖에 해석하지 않았다. 그리하여 고장난 톱니바퀴를 꺼내어 새것으로 갈아 끼우는 것 말고는 아무것도 할 줄 모른다. 사람들이 사회를 이렇게 기계적으로 보는 데 더욱 철저해져서, 기계의 모든 부분을 될 수 있는 대로 똑같게 하여 이 작동 구조를 더욱 간소화하는데 능숙해지고, 모든 것을 동일한 재료로 다루는 것이 교묘해질수록 그 사람은 대정치가로 인정받게 된다. 그것은 우리의 이 시대에서는 마땅한 일이다. ― 왜냐하면 결단력이 없이 늘 흔들리며 확고한 견해를 갖지 못하는 사람은 더욱 곤란하기 때문이다.

정치술의 이러한 견해는 그 강철 같은 일관성과 숭고해 보이는 외관에 의해 위협이 통하게 한다. 실제로 이러한 견해는 모든 사람들이 군주제를 좋아하는 경우, 게다가 더욱 순수한 군주제를 갈망하는 경우에는 얼마쯤 큰 성과를 올릴 수 있다. 그러나 그것이 한계에 이르면 이 견해의 무력함이 차츰 눈에 띄게 된다. 비록 그 기계 장치가 뜻한 대로 완전한 것이 되어도, 또 기계의 가장 미세한 부분에 이르기까지 이 하급기계 부분을 강제하도록 강요당하는 상급기계 부분에 의해 빈틈없고 저항 없이 강제당하고 있어도, 그리고 정점까지 이 관계가 미쳐도, 그 마지막 부분, 즉 기계 전체를 강제하는 부분은 그 강제력, 즉 원동력을 어디서 얻고 있는 것일까?

사람들은 재료와 기계의 마지막 스프링의 마찰에서 생기는 모든 저항을 극복하고, 이 스프링에―이 또한 작동 원리에 의해 가능하지만―모든 것을 압도할 만한 힘을 줌으로써 가장 강력한 군주국적 조직의 기계를 만들 수 있을 것이다. 그러나 스프링 자체를 어떻게 작동하게 할 수 있을까. 또 이 스프링이 예외 없이 옳은 것을 보고 원하도록 어떻게 강제할 수 있을까. 충분히 합리적으로 설계되고 조립되었지만 아직은 정지해 있는 이 톱니 장치에 어떻게 하면 영원한 동력을 줄 수 있을까. 사람들이 궁할 때 자주 말하듯이, 기계 전체로 하여금 가장 기초가 되는 스프링을 작동시켜 기계 전체를 움직여야 할 것인가.

이것이 가능한 경우는 오직 두 가지가 있다. 스프링에 대한 자극 자체에서 생기는 힘에 의존하거나, 그 자극에서는 생기지 않고 스프링과도 관계없이 전체 속에서 생겨나는 힘에 따를 수밖에 없으므로 제3의 경우는 있을 수 없다. 제1의 경우를 가정한다면, 여기서 사람들은 모든 사유와 모든 기계를 완전히 기각하는 순환에 빠진다는 것을 알게 된다. 왜냐하면, 전체의 기계가 스프링을 움직일 수 있는 것은, 그것이 스프링에 의해 스프링을 움직일 수 있는 힘이 주어진 경우, 즉 스프링 자체가 간접적으로 자기 자신을 움직이는 경우에 한하기 때문이다. 만일 스프링 자체가 자신을 움직이지 않는 경우에는 아무리 움직이게 하려 해도 일반적으로 어떤 운동도 일어날 수 없다. 제2의 경우를 가정하면, 이 기계의 모든 운동의 근원은 설계 및 조립 안에 조금도 들어가 있지 않은 힘, 이 기계의 작동 원리에 조금도 결부되어 있지 않은 힘, 틀림없이 사람이 가하지 않았던, 또 사람이 모르는 그 자체의 법칙에 따라 움직이는 어떤 힘으로부터 나온다는 것을 고백하지 않을 수 없다. 그리고 어느 경우에나 사람은 무능하고 쓸데없이 목청만 높인다는 것도 고백하지 않을 수 없으리라.

사람들은 과연 이 점을 깨달았다. 그리하여 강제력에 의뢰하여 일반인에게는 무관심할 수 있는 이 정치 학설에서도, 모든 사회 운동의 근원인 군주만은 적어도 온갖 선량한 교훈과 지도에 의해 교육하려고 했다. 그러나 일반적으로 교육을 받고 군주가 될 수 있는 능력을 갖춘 인물을 얻을 수 있다는 것을 어떻게 확신한단 말인가. 또는 다행히 그런 인물이 있다 해도, 누구의 강요도 받지 않는 군주가 기꺼이 이러한 교육을 받으리라고 어떻게 확신할 것인가. 요컨대 이러한 정치술의 견해는, 그것이 외국에서 이루어지든 독일에서 이루어지든 언제나 외국식이다.

그러나 여기서 독일인의 피와 정서의 명예를 위해 한 마디 하지 않을 수 없는데, 독일인은 이러한 강제적 정치의 단순한 이론상에서는 뛰어난 기술자처럼 보이지만, 막상 실행하는 단계가 되면 무의식적으로 '이것은 도리에 맞지 않는 일이 아닐까' 하는 직감으로 말미암아 뚜렷하게 뒷걸음질 치게 된다. 즉 실행에서는 다른 나라에 비해 훨씬 뒤떨어졌던 것이다. 우리는 외국이 친절(?)하게 우리에게 권한 정치의 형식과 원칙을 어쩔 수 없이 받아들였다 해도, 우리의 지력(智力)이 이러한 고상한 입법에 다다를 능력이 없었던 것으로 생각하고 부끄럽게 여길 필요는 없다. 왜냐하면 우리가 손에 붓을 잡을 때 이 입법이라는 점에서도 어느 나라에도 뒤지지 않지만, 우리는 이것이 아직 옳은 일이 아니라는 것을 생활에서 바로 깨닫고, 낡은 유행이 나쁘다고 하여 마찬가지로 나쁜 새로운 유행으로 대체하기보다는 완전한 것이 손에 들어올 때까지 낡은 것을 그대로 두는 것이 낫다고 여겼기 때문이다.

진정으로 독일적인 정치술은 그와 같지 않다. 독일의 정치술도 견고함과 확실함을 요구하고 또 맹목적이고 흔들리는 자연성에서 벗어나려 하는 점에서는 외국과 완전히 상통하는 데가 있다. 단만 독일의 정치술이 외국과 다른 점은, 견고하고 확실한 사물을 제1 요소로 하고 정신을 제2 요소로 하여 전자에 의해 후자를 확실한 것으로 만들려고 하는 외국식과는 달리, 처음부터 견고하고 확실한 정신을 제1의 유일한 요소로 만들고자 하는 점에 있다. 이러한 정신은 독일적 정치술의 눈으로 보면 스스로 활력을 얻어 영원히 움직여서 사회의 생명에 질서를 주고 또 그것을 움직이는 스프링과 같다. 독일의 정치술은, 이러한 정신은 이미 악에 물든 성인을 아무리 꾸짖어 봐야 일깨울 수가 없고 오직 아직 타락하지 않은 청년의 교육에 의해서만 일깨울 수 있음을 정확하게 파악한다. 그리하여 이와 같은 교육을 외국처럼 국가의 정점, 즉 군주에게가 아니라 넓은 저변, 곧 민족에게 실시하고자 한다. 군주도 틀림없이 그 민족에 속하기 때문이다. 국가가 성인이 된 개개의 공민에게 인간교육을 계속하는 이상, 미래의 공민이 될 소년 교육은 곧 국가 생활의 준비라는 의미에서 실시되어야 한다는 것이 독일적 정치술의 방침이다. 이로써 이 독일적이고 가장 새로운 정치술은 오히려 가장 오래된 정치술이 된다. 그리스에서 시민의 기초를 교육에 두고 후대에 다시 볼 수 없는 훌륭한 시민을 만든 것도 이러한 정치술이다. 앞으로 독일 국민은, 형태는 같아도 내용은 편협하거나 쇄국적이지 않고 보편적이며 일반적이고 세계 시민적인 정신으로 행동해야 한다.

외국의 정신은 인류 전체의 생활과 생명을 그려낸 그림인 역사에 대한 견해와 우리 국민 대다수의 견해도 지배한다. 굳어지고 죽은 기반에 서 있는 언어를 가진 국민은, 우리가 이미 다른 기회에 말했듯이 어떤 화술에서든 이러한 바탕에 의해 허용되는 단계 이상으로는 발달할 수 없다. 그리하여 이 단계에 이르는 것을 하나의 황금시대에 다다른 것으로 생각한다. 이러한 국민은 인류 전체를 자기가 생각하는 것 이상으로 높다고 생각하지 않을 수 있다. 즉 인류를 부당하게 낮게 생각하는 것인데, 그것은 그의 겸손이나 자제에 의한 것이 아니다.

따라서 그는 인류 전체의 발달에는 마지막 최고의 한계가 있을 수 있다고 전제하지 않을 수 없다. 즉 그의 생각에 따르면, 수달이나 꿀벌 같은 동물이 오늘도 몇 천 년 전과 똑같은 집을 짓고, 그 긴 세월 동안 기술이 전혀 진보하지 않은 것과 마찬가지로, 인간이라고 불리는 동물 또한 모든 방면의 발달에서 그와 똑같은 관계를 나타내고 있다는 것이다. 즉 그 발달에서 인간의 본능과 능력은 유한한 것으로 전망되고, 그 부분의 어떤 것은 이미 뚜렷이 눈에 드러나며, 여러 가지 최고의 단계는 인간의 붓으로 모두 기술할 수 있다는 이야기가 된다. 정말 그렇다면 인간은 수달이나 꿀벌만도 못한 존재가 되리라. 동물은 새로운 것을 배울 수는 없지만 그 기술이 퇴보하는 일은 없기 때문이다. 그런데 인간은 일단 발달의 정점에 이르면 다시금 되돌아간다. 그리하여 수백 년, 수천 년의 노력을 다시 시작하여 목표로 하는 산꼭대기까지 다시 기어 올라가야 하는 것이다. 그들의 생각에 따르면, 인간은 틀림없이 이미 이러한 발달의 분수령, 곧 황금시대에 다다른 셈이 된다. 그래서 이러한 시대를 구하여 그것을 표준으로 인간의 모든 노력을 비판하고, 인간을 그러한 경지로 다시 이끌어오는 것이 그들의 가장 진지한 노력이리라. 그들에 따르면 역사는 이미 완결되었고 게다가 이미 여러 차례 완결되었다. 또한 태양 아래 새로운 일은 아무것도 일어나지 않는다. 왜냐하면 그들은 태양 위에서나 아래에서나 발전하는 모든 삶의 샘을 고갈시켜 언제나 되돌아오는 죽음만 수없이 되풀이하기 때문이다.

이러한 역사 철학은 오늘날 이미 외국에서는 그 자취가 끊어져 거의 독일의 독자적인 것이 되었지만, 그 시작은 사람들이 알고 있는 바와 같이 외국에서 일어나 독일에 전해졌다. 우리나라의 역사 철학이—이 역사 철학의 생각은 더 이상 자주 거론되지 않지만, 이러한 생각에서 행동하여 다시 황금시대를 만들면서 더 많은 것을 실행하고 있다—외국의 갖가지 노력을 충분히 이해하고, 그들의 앞날을 예언하거나 그들이 나아가야 할 길도 추측하면서, 독일적으로 사고하는 사람에게는 도저히 불가능할 만큼 진지하게 그들을 칭찬할 수 있는 것은 이 깊은 인연에 따른 것이다. 그러나 독일적으로 사고하는 사람이 어떻게 그들을 칭찬할 수 있겠는가. 황금시대 같은 것은 독일인에게는 어떤 의미에서든 사멸하기 때문에 유한하다. 황금은 죽은 대지의 품속에서는 가장 귀중한 것일지 모른다.

그러나 독일사람은 살아 있는 정신의 재료는 태양의 저편, 모든 태양의 저편에 있고, 그것이 태양의 원천이라고 생각한다. 독일 사람에게 역사는, 또 그와 함께 인류는, 숨어 있는 불가사의한 윤무(輪舞)의 원칙에 따라 전개되는 것이 아니고, 그의 생각으로는 본디의 참된 인간은 쓸데없이 과거를 되풀이하는 것도 아니며, 오롯이 새로운 것을 시대 안에 만들어 넣으면서 자기 자신을 형성한다. 그러므로 독일은 결코 단순한 반복을 기대하지 않는다. 혹 오래된 책 속에 쓰인 것이 말 그대로 되풀이되는 일이 있어도, 그는 적어도 감탄하는 마음은 일으키지 않는다.

그런데 철학 이외의 여러 과학에서도 마찬가지로, 독일인에게는 의식하지 않고 생명을 죽이는 외국풍의 정신이 퍼져 있다. 그 실례는 앞에 들었으므로 여기서 되풀이하지는 않겠지만, 그 원인은 우리가 이전에 다른 나라로부터 받은 온갖 자극을 지금 우리의 방식에 따라 우리의 것으로 만들어가면서 과도기를 지나고 있기 때문이다. 이는 중요한 문제이므로 그 예를 들었다. 그것은, 여기서 말하는 주장을 앞에 든 원칙으로부터의 결론에 의해 부정할 수 있다고 그 누구도 믿게 할 수 없기 때문이었다. 이러한 원칙이 우리에게 알려지지 않은 것은 결코 아니다. 우리가 이러한 원칙을 내세우는 높은 곳으로 자신을 높이 끌어올릴 수 없었던 것도 절대로 아니다. 우리는 그 원칙을 잘 안다. 그리하여 만약 우리에게 여분의 시간이 있다면, 그 원칙을 모든 논리를 동원하여 앞으로나 뒤로 전개해 볼 수도 있을 것이다. 그러나 우리는 이러한 원칙과 여기서 생기는 모든 결과를 처음부터 돌아보지 않고 있다. 이러한 결과는 이미 우리의 인습적 사고 속에도, 피상적인 관찰자가 쉽사리 상상할 수 없을 만큼 많이 존재한다.

외국의 이 정신은 우리의 학술적 견해 안에서 뿐만 아니라, 일상생활과 규칙 안에도 스며들어 있다. 그런데 이를 뚜렷이 하고 또 앞에서 말한 것을 더욱 명확히 하기 위해 먼저 본연적인 생명 또는 자유의 본질을 더욱 깊이 통찰해야 한다.

자유는, 만일 한결같이 가능한 수많은 것 사이에 존재하는 일정하지 않은 동요의 뜻으로 해석한다면, 생명 자체가 아니라 오직 진실한 생명의 앞마당이고 입구에 지나지 않는다. 이 동요가 더 나아가 결심이 되고 행위가 되어야 비로소 거기서 생명이 시작된다.

그런데 직접적으로, 또 언뜻 보기에는 모든 의사결정은 1차적이지 결코 2차적인 것, 즉 1차적인 것을 원인으로 하여 거기서 생기는 것이 아니며, 오직 자기 자신의 힘에 의해 존재하고, 더욱이 있는 그대로 존재하는 것으로 여겨진다. 이러한 의미를 자유라는 말의 유일하게 가능하고 이해할 수 있는 의미로 정하고자 한다. 그러나 이러한 의사결정의 실질적 내용에 대해서는 두 가지 경우가 가능하다. 그 하나는 의사결정 안에 본체와 격리된 현상만이 드러나고, 본체 자체는 어떠한 형태로도 나타나지 않는 경우, 또 하나는 본체 자체가 의사결정의 현상 안에 자신을 드러내는 경우이다. 따라서 여기서 바로 덧붙여 말해 주의해야 하는 것은, 본체는 단순히 의사결정 속에만 현상적으로 나타나며 그 밖의 어떠한 것 안에서도 나타날 수 없지만, 반대로 본체가 전혀 나타나지 않고 현상만 나타나는 경우도 가능하다는 것이다. 우리는 먼저 후자의 경우를 살펴보기로 한다.

단순한 현상은 단지 그 자체로서, 본체와의 격리와 본체와의 대립으로써, 또 독립적으로도 나타나 자기를 표시하는 능력에 의해 불변적으로 결정된다. 그러므로 이것은 필연적으로 있는 그대로, 될 대로 되는 것이다. 그렇다면 우리가 전제하듯이, 단순한 현상만을 내용으로 하는 임의로 주어진 의사결정이 있다면, 그 경우 실제로 이 의사결정은 1차적이고 본연적이며 자유로운 것이 아니라, 필연적인 것, 있는 그대로의 현상 일반의 법칙인 더욱 높은 1차적인 것에서 생겨나는 2차적인 것에 지나지 않는다. 그런데 앞에서도 이따금 지적했듯이, 인간의 사유는 그 인간을 있는 그대로 그의 눈앞에 드러내며, 언제나 인간의 마음을 충실하게 그려낸 그림이자 거울이므로, 이러한 의사결정은 언뜻 보기에는 그것이 의사결정이라는 점에서 참으로 자유로운 것처럼 보이지만, 거듭 깊이 사유하면 결코 자유롭지 않고 완전히 필연적인 것으로 여겨진다. 그리고 실제로도 필연적이다. 의지가 단지 현상으로서 그 사람에게 나타나고 있다는 정도 이상의 경지에 이르지 않은 사람에게는, 의지의 자유를 믿는 것은 물론 경솔하고 피상적인 관찰에서 비롯되는 망상에 지나지 않는다. 곳곳에서 오직 엄격한 필연성의 속박을 보여주는 사유 속에만 그들이 좇아야 하는 진리가 존재한다.

현상의, 단적으로 현상 자체의 원칙은(그 근거는 다른 경우에 충분히 설명했으므로 여기서는 되풀이하지 않겠다), 현상이 다양하게 분열하여 어떤 의미에서 하나의 무한을 형성하고, 다른 의미에서는 하나의 혼연(渾然)한 전체를 이루며, 후자의 경우에는 그 속의 개체가 모든 다른 것으로써 규정되고 또 반대로 모든 다른 것은 이 개체에 의해 규정된다는 것이다. 따라서 만약 개인의 의사결정에서 가현성(可現性), 가표성(可表性), 가시성 일반(그것은 실은 무(無)의 가시성이다) 말고는 아무것도 현상 속에 들어오지 않는다면, 이러한 의사결정의 내용은 모든 개개의 의사의 모든 가능한 의사결정이 얽혀 있는 전체로써 규정되고, 따라서 모든 다른 의사결정을 제외한 뒤에도 남을 수 있는 의욕 외에는 아무것도 포함하지 않고, 또 포함할 수도 없다. 따라서 실제로는 이러한 의사결정은 독립적이고 본연적이며 고유한 것은 조금도 포함하지 않고, 모든 현상의 개별적 부분에서의 일반적인 관련에서 비롯되는 2차적인 단순한 결과에 지나지 않는다. 근본적으로 생각한 사람들은, 같은 발달 정도에서도 이를 인식하고, 그 인식을 우리가 여기서 말한 것과 같은 말로 표현한다. 즉 이것은 결국 그 안에 본체가 드러나지 않고 오직 현상만이 현상으로서 나타나기 때문이라는 것이다.

이에 비해 본체 자체가 직접적으로, 대리인에 의하지 않고 마치 스스로 나타나듯이 하나의 의사결정의 현상 속에 드러나는 경우에는, 현상은 여기에도 나타나므로, 위에서 말한 혼연한 전체로서의 현상에서 오는 결과도 물론 동시에 존재하지만, 이러한 현상은 이 요소 속에 묻혀버리지 않으며, 또 이 요소로써 소진되는 것도 아니며, 그러한 단순한 현상 그 밖의 수많은 것, 즉 설명할 수 있는 모든 부분을 뺀 뒤에도 여전히 남는, 현상과 연관해서는 설명할 수 없는 다른 요소가 존재한다. 제1의 요소라고 할 수 있는 것이 여기에도 존재한다고 나는 말했다. 이 부가되는 요소가 눈에 보이게 되어, 그 요소의 내성(內性)의 매개에 의하지 않고 이 가시성의 매개로써 시현성(示現性) 일반의 법칙과 제약 아래에 들어간다.

그러나 그것은 이러한 어떤 법칙에서 나온 필연적이고 2차적인 것 이상의 것이고, 또 자기 자신보다 그 이상의 것이라는 점에서, 참으로 제1차적이고 본연적이며, 자유로운 것이다. 그러므로 그것은 또 가장 깊이, 자신의 바닥까지 철저하게 사유하는 사람에게 나타난다. 출현성의 최고의 원칙은, 앞에서도 말했듯이 현상은 무한하게 온갖 것으로 분열한다는 것이다. '그 이상의 것'은 바로 지금 현상의 연관에서 생기는 것보다는 언제나 그 이상의 것으로서 가시적이 되며, 이 관계는 무한한 범위에 이른다. 그러므로 이 '더욱 많은 것'은 그 자체가 무한하게 나타난다.

그러나 그것이 늘 볼 수 있고 생각할 수 있으며 발견할 수 있는 것일 때만, 모든 연관에서 끝없이 생기는 것과 대립할 때만, 또 이것보다 더 이상의 것일 때만, 이 무한성을 얻게 되는 것은 불을 보듯 뻔하다. 이 '그 이상의 것'을 인정하기 위해서는 먼저 그것을 사유할 필요가 있는데, 이 사유의 욕구 말고는, 그것은 무한에 이를 때까지 자기를 표현하는 무한보다 그 이상의 것으로, 처음부터 순수한 단일과 불변의 상태에서, 무한에 걸쳐 이 '그 이상의 것' 이상도, 또 그 이하도 되지 않는다. 그리하여 무한 이상의 것으로서의 그 시현성(示顯性)만이—다른 방법으로는 그것은 최고의 순결성 때문에 가시적이 되는 일이 없다—그 무한한 것과 그 속에 나타나는 것처럼 보이는 모든 것을 만든다. 그리고 이 '그 이상인 것'이 정말 이렇게 볼 수 있는 '그 이상의 것'으로 드러나기 위해서는 나타나고자 하는 의욕에 따르는 수밖에 없지만, 그것이 나타나는 곳에는 유일하고 또 유일해야 하는, 그리고 자기에 대해 자신에 의해 존재하는, 신과 같은 본체가 현상 속에 들어와서 직접적으로 자기를 드러낸다. 그러므로 이러한 장소에는 참된 본연성과 자유가 있어, 사람으로 하여금 믿게 하는 힘이 있다.

그렇다면 인간은 자유로운가 아닌가 하는 일반적 문제에 대해 대답을 줄 수가 없다. 왜냐하면 인간은 낮은 의미에서는 자유롭고, 따라서 인간은 아직 정해지지 않은 흔들림에서 출발하므로 자유로울 수 있고, 자유라는 말의 더욱 높은 의미에서는 인간은 자유로울 수 없기 때문이다. 실제로는 이러한 물음에 대답하는 방식 여하가 그 사람의 참된 내면적 존재를 드러내는 명확한 거울이 된다. 실제로 현상의 쇠사슬의 한 고리에 지나지 않는 인간은, 한때는 자신을 자유로운 듯이 망상할 것이다. 그러나 엄밀한 사색 앞에서 이 망상은 덧없이 무너진다. 더욱이 그는 자기 자신에 대해 생각하는 것을 필연적으로 인류 전체에 적용하려고 한다. 이에 반해 진실한 것으로부터 생명을 파악하고 직접 신으로부터 나온 생명인 사람은, 진정으로 자유롭고 자신의 내면과 타인의 내면의 자유를 믿는다.

고정되고 정체된 죽은 존재를 믿는 사람은, 자기 자신이 죽어서 생명이 없기 때문에 그것을 믿는다. 그리하여 그가 일단 죽은 뒤에는, 자기 자신을 또렷하게 알자마자 이와 같이 믿는 수밖에 없다. 그 자신 및 처음부터 끝까지의 모든 인간은, 그에게는 전제가 되는 어떤 1차적인 것에서 필연적으로 생기는 결과이고 2차적인 것이다. 이 전제는 절대로 단순히 생각된 사유가 아니라 그의 참된 사유이고 의의이며, 그의 사유가 직접적으로 자신의 생명이 되는 점이다. 그리하여 인류에 대한 그 밖의 모든 그의 사유와 비판의 원천은 이렇게 하여 그의 과거, 즉 역사 속에서, 그의 미래 곧 그의 기대 속에서, 또한 그의 현재 곧 그와 타인의 실제 생활 속에서 구할 수 있다. 우리는 이러한 죽음의 신앙을 본연적이며 살아 있는 민족에 대비하여 외국풍이라고 불렸다. 이 외국풍이 먼저 독일인을 덮치면 그들의 실제 생활 속에도 나타나, 자기의 현존성을 변하지 않는 필연으로 생각하는 소극적인 체념이 되어 자유로써 자신과 타인을 개선하기를 단념하게 하고, 또 자신과 타인을 현재 그대로 전부 이용하여 그들의 이러한 존재 속에서 가능한 한 큰 이익을 자신에게 확보하려는 마음을 일으키게 한다. 요컨대 모든 인간의 일반적이고 한결 같은 죄업을 믿는 마음이 모든 생활 활동 속에 끊임없이 나타나는 것이다. 이 신앙에 대해서는 나는 다른 대목에서 충분히 말했다. 그것이 현재에 적용되는 부분을 스스로 다시 읽어 보고 비판하는 일을 나는 여러분에게 일임하고자 한다. 이러한 사유와 행위 방식은 이미 여러 번 주의한 바와 같이 내적으로 말라 죽은 상태에서 비롯되는 것으로, 그것을 뚜렷하게 의식함으로써 비로소 시작된다. 이에 비해 그 상태를 깨닫지 못하면 자유에 대한 신앙을 유지하는 것이다. 자유를 믿는 것은 그 자체로서는 옳은 일이지만, 다만 그것이 이러한 존재에 적용되는 것은 잘못이다. 여기서 내면의 악성(惡性)을 뚜렷하게 하는 것이 불이익임은 분명하다. 이 악성이 명확하지 않은 동안은, 사람은 자유에 대한 요구로써 끊임없이 불안을 느끼고 그것에 자극되고 촉진되어, 그것을 개선하려는 시도에 하나의 공격점을 준다. 그러나 자기의 악성이 명료해진 때에는 악성 자체가 굳어서 혼연하게 통합되고 만다. 여기에 더하여 사람은 그 악성을 기꺼이 단념하고 안도와 일종의 자기만족까지 느끼게 된다. 그들은 자기가 믿는 대로 될 수밖에 없다. 이러한 인간은 이제 실제로는 좋아질 전망이 없이 기껏해야 비교적 선한 것에 안주하여, 나쁜 것에 대한 가차 없는 혐오 또는 신의 의지에 순종하는 마음을 강하게 유지할 필요성을 느낄 뿐이다. 그런 사람은 이 세상에 아무런 도움도 되지 않는다.

그리하여 우리가 이제까지의 서술에서 독일인이란 어떤 존재인가를 이야기한 의미가 불충분하나마 명료해졌다고 생각한다. 본디의 구별점은, 사람이 인간 자신 속에 존재하는 절대적으로 제1차적이고 본연적인 것을 믿는가, 인류의 자유, 무한한 개선, 영원한 진보를 믿는가, 또는 그 모든 것을 믿지 않고, 오히려 그 반대를 목격하고 이해한다고 오해하는가에 있다. 창조적으로 새로운 것을 만들어 내면서 자주적으로 사는 모든 사람, 또는 새로운 것을 창조할 수는 없지만 적어도 가치가 없는 것을 단호하게 버리고 어딘가에서 본연적인 생명의 흐름이 자신들을 붙잡기를 기다리는 사람, 또 거기까지 가지 않더라도 적어도 자유를 조금이나마 예상하고 자유를 미워하거나 두려워하지 않고 오히려 자유를 사랑하는 사람, 이러한 사람이 본연적인 인간이다. 그들은 민족으로서 관찰할 때는 하나의 시원민족, 단적으로 말해 국민, 즉 독일인이다. 스스로 제2차적이고 낮은 계급이라고 단념하는 모든 사람, 명료하게 자기를 이러한 자라고 인정하고 이해하는 사람은, 실제로도 그렇고 또 이 신앙 때문에 더욱더 그렇게 된다. 그들은 그들 이전이나 그들과 같은 시대에, 자기 자신의 충동으로써 움직이는 생명의 부가물에 지나지 않는다. 또는 울려 퍼진 음향이 바위에 부딪쳐 메아리치는 여운에 지나지 않는다. 그들은 민족으로 보면 시원민족이 아니라 시원민족에 대한 이방인이고 외국인이다. 오늘에 이르기까지 자기를 단적으로 민중 또는 독일인이라고 부르는 국민은, 새로운 시대에 적어도 이제까지는 본연적인 것을 나타내고 또 새로운 것을 창조하는 힘을 보여주었다. 이제 마침내 이 국민에게는 자기 확인의 철학이라고 하는 하나의 거울이 주어졌다. 이 거울로 그들은, 지금까지 자신들이 명확한 의식이 없이 자연적으로 어떠한 존재가 되었는지, 또 자연에 의해 어떠한 사명이 주어졌는지를 명료하게 이해하고 인식해야 한다. 이 명료한 이해에 따라, 또한 숙고된 자유로운 수단으로 충분히 그리고 오롯이 자기를 자신의 본성에 합치되도록 하여, 그 연계를 새롭게 하고 결속을 강화하는 것이 그들의 앞으로의 임무이다. 그것을 위한 원칙은 그들의 눈앞에 주어졌다. 정신성(精神性)과 그 정신성의 자유를 믿고 자유로써 정신성을 영원히 진보 발전시키기를 바라는 사람은, 그가 어디서 태어났든 또 어떤 국어를 쓰든 똑같이 우리 민족이다. 그는 우리에게 속하고 또 우리에게 가담해야 한다. 정지, 퇴보, 선회를 믿는 자, 또는 죽은 자연이 세계를 지배하는 권력을 쥐고 있다고 믿는 사람은 어디서 태어났든, 어떤 국어를 말하든, 비(非)독일적이고 우리와 인연이 없다. 이러한 사람은 될 수 있는 대로 우리에게서 완전히 떠나기를 바란다.

이 기회에 앞에서 이야기한 자유에 대해 말한 것을 바탕으로 다음과 같은 사실을 뚜렷하게 해 두고 싶다. 귀가 있는 분은 경청하기 바란다. 즉 스스로 독일 철학이라고 부를 자격이 있는 철학은 본디 무엇을 원하는가, 또 죽음을 믿는 외국의 철학에 대해 독일 철학은 어떤 점에서 엄정하고 준열하게 반대하고 있는가 하는 문제이다. 이를 명백하게 밝히는 것은 정신적으로 죽은 사람을 이해시키기 위함이 아니다. 그것은 불가능하다. 우리는 정신적으로 죽은 자들이 그 말을 비틀어 자신들도 대체로 독일 철학과 같은 것을 바라거나 생각하듯이 거짓으로 꾸미는 것을 앞으로는 쉽사리 하지 못하게 하고자 한다. 이 독일 철학은 현실적으로 사유의 행위로써 일어난다. 실현할 힘도 없으면서 헛되이 '이렇게 되어야 한다' 따위처럼 단지 막연한 예상을 가지고 큰소리치는 것은 결코 아니다. ―이 철학은 스스로 항구적인 모든 '무한 그 이상의 것'에 이르러 오직 그 속에서만 참된 존재를 발견한다. 이 철학은 시간, 영원 및 무한이, 그 자체는 눈에 보이지 않고, 또 눈에 보이지 않는 상태에서만 올바르게 포착되는 일자(一者)의 출현과 시현(示現)으로 성립되어 가는 것을 목격하는 철학이다. 이 철학에 따르면, 무한이라고 해도 그 자신은 무(無)이며, 절대로 진정한 존재성은 주어지지 않는다. 무한은 눈에 보이지 않는 오직 하나의 존재가 눈에 보이게 되는 수단에 지나지 않으며, 그 존재 자체의 형상과 도식 및 영상을 구상성의 범위 안에 형성하는 재료일 뿐이다. 이 형상계의 무한 속에 다시 나타나는 모든 것은 무(無)의 무이고, 그림자의 그림자이며, 무한과 시간이라고 하는 제1의 무가 그 자체로 눈에 보이게 되는 수단, 비형상적이고 눈에 보이지 않는 존재에 이르는 날개를 사상에 부여하는 수단일 뿐이다.

그런데 무한의 이 유일한 아름다운 형상 속에, 그 눈에 보이지 않는 것이, 단지 본다고 하는 자유롭고 본연적인 생명으로서 또는 이성적 존재의 의사결정으로서 나타나며, 그 밖의 방식으로는 나타날 수가 없다. 정신적 생명으로서 드러나지 않는 응고된 존재는, 모두 본다고 하는 행위 안에 투사되고 온갖 무에 의해 매개된 헛된 그림자에 지나지 않는다. 이 그림자와는 반대로, 이 그림자를 여러 가지로 매개된 무라고 인식함으로써, 보는 것 자체가 자신의 무를 인식하고 눈에 보이지 않는 것을 유일한 참으로 인식하는 단계에 도달해야 한다.

그런데 저 죽음을 믿는 존재 철학은 이 그림자의 그림자에서 생겨난 그림자 속에 달라붙어 있다. 그것은 어쩌면 더 나아가 자연철학이 될 수도 있으리라. 이는 모든 철학 가운데 가장 말라 죽기 쉬운 것이고, 자신을 만든 존재를 두려워하며 엎드려 경배하는 것이다.

이러한 고수(固守)가 바로 이 철학의 참된 생명과 사랑의 표현이며, 그것은 거짓 없는 표현이라고 할 수 있다. 그러나 만일 그들이 더 나아가서, 그들이 이렇게 참된 존재로서 전제하는 것과 절대자가 완전히 같다고 주장한다면, 그들이 이것을 역설하고 어떤 맹세를 하더라도 우리는 그들을 믿어서는 안 된다. 그들이 실은 절대자라는 사실을 모르고, 다만 자기가 같은 지위에 오를 수 없는 다른 철학의 말투를 흉내 내어 적당히 그런 말을 하는 데 지나지 않는다. 만약 그들이 이것을 진정으로 안다면, 그들은 한편으로는 그 절대자라는 것을 내세워 이원(二元)을 부정하면서 다른 한편으로 이를 긍정하여, 이원을 틀림없는 사실로서 논의의 출발점으로 삼지 않고 먼저 일원에서 출발하여, 거기서 이원을, 또 이원과 함께 모든 현상을 뚜렷하게 이끌어낼 수 있었으리라. 그러기 위해서는 사색을 통한 철저한 성찰을 필요로 한다. 그런데 그들 가운데 어떤 사람은 이러한 사색의 방법을 배우지 않고, 또 일반적인 사색 능력도 가지지 않은 채 그저 열광만 할 수 있을 뿐이고, 어떤 사람은 생각하기를 싫어하여 그것을 시도조차 하지 않는다. 사색으로써 그들이 사랑하는 환상이 사라지는 것이 두려워서이리라.

이상이 우리 독일 철학이 저 이국적 철학과 완전히 다른 점이며, 이것을 우리는 이 기회에 가능한 한 또렷하게 표현하고 증명하고자 했다.

제8강 참된 국민과 조국애란 무엇인가

앞의 네 차례 강연은 '독일 사람과 다른 게르만 민족의 차이는 무엇인가' 하는 물음에 대해 대답한 것이다. 우리의 연구 전체에서 이 모든 것으로써 이루어지는 증명은, 국민이란 무엇인가 하는 또 하나의 문제에 대한 연구를 보탬으로써 완성된다. 이 물음은 또 하나의 다른 물음과 마찬가지로 두 번째 물음에도 동시에 해답을 제공한다. 두 번째 물음은 자주 제기되어 여러 해답이 주어져 있다. 즉 그것은 '무엇을 조국애라고 하는가'라는 물음이다. 더욱 정확하게 표현한다면 '개인이 자신의 국민에 대해 품는 사랑이란 무엇인가?'라는 물음이다.

이제까지의 모든 연구에서 우리가 말한 것이 정당하다면, 독일인―즉 본연적인 인간, 자의적인 신조를 긍정하거나 뚜렷이 규정하여 그 속에서 고사하지 않는 인간만이 진정으로 하나의 국민을 가질 수 있다는 것, 그리고 독일인만이 자기 국민에 대한 본래의 이성적인 사랑을 가질 수 있다는 것이 곧바로 명확해진다.

우리는 여기에 제기된 문제에 대답하는 데 있어서, 이제까지 이야기해 온 문제와는 전혀 관계가 없는 듯이 보이는 사항에 대한 설명부터 시작하고자 한다.

우리가 이미 제3강에서 말했듯이, 종교는 모든 시간과 현재의 관능적 생활을 완전히 넘어서고, 게다가 이 신앙에 사로잡힌 생명의 정의(正義)와 도덕 및 신성을 해치지 않는다. 우리는 인간의 모든 활동이 이 지상에 아무런 흔적도 남기지 못하고 어떤 성과도 이루지 못한다는 것을 확신할 뿐만 아니라, 신성이 역이용되어 악마의, 그리고 더욱 깊은 도의적 타락의 도구로 이용된다는 것을 확신하면서도 여전히 우리의 활동을 계속한다. 그것은 단지 우리 안에 분신으로 나타난 신의 생명을 소중하게 간직하고, 미래의 세계에 사물의 더욱 고상한 질서가 만들어져 신에게서 비롯된 것은 결코 멸망하지 않기를 바라기 때문이다. 따라서 사도와 초대 그리스도교도들은 천국에 대한 신앙으로써, 이미 생전에 현세를 벗어나 현세의 온갖 사건, 국가, 조국, 국민 등은 거들떠보지도 않고 그것을 주목할 만한 가치가 없는 것으로 여겼다. 우리가 현세에 조국을 가지지 않고 세상에서 추방당한 자, 노예가 되는 것이 신의 움직일 수 없는 의지라면, 우리는 기꺼이 거기에 순종해야 하며, 앞에서와 같이 현세를 가볍게 보는 것이 가능하고 또 신앙상으로 쉬운 일이기도 하지만, 이러한 것은 이 세계 발전의 자연적인 상태 및 법칙이 아니라 하나의 보기 드문 예외이다. 또 처음부터 이 인류사회의 상태에 완전히 무관심하고, 국가 및 국민의 생활로부터 은둔하는 것을 참된 종교적 생각이라고 북돋는 일도 종교의 심한 남용이며 특히 그리스도교가 자주 저지른 잘못이다. 만일 이러한 은둔적 상태가 참되고 실제적이며, 단순히 종교적 열광에 의해 비롯된 것이 아니라면, 현세의 생활은 모두 독립성을 잃고 오직 참된 생명의 전제, 우리가 신의 의지에 순순히 귀의함으로써 참고 견디는 가혹한 시련이 된다. 진실로 그렇다면 많은 사람들이 생각하듯이, 불멸의 영혼이 오로지 형벌을 받기 위해 현세의 육신을 감옥 삼아 그 안에 갇혀 있는 셈이다.

그러나 사물의 올바른 질서로 말하면, 현세의 생명 자체가 참된 생명이 아니면 안 된다. 우리는 이 삶을 기뻐하고 더욱 고상한 삶을 기대하면서 이 세상의 삶을 감사한 마음으로 누릴 수 있으리라. 종교는 부당하게 억압당하는 노예들에게 위안이 되기도 하겠지만, 사람이 이 노예적 처지에 맞서며 종교를 단지 노예의 위안으로 전락시키지 않는 것이야말로 그 무엇에도 못지않게 종교적인 행위이다. 종교적인 순종을 이야기하면서 현세에서 사람들에게 어떠한 장소도 주지 않고 그것을 천국으로 돌리는 것은 전제군주에게는 편리한 일일 것이다. 그러나 전제군주가 아닌 우리는 그가 권장하는 종교관을 쉽사리 받아들여서는 안 된다. 또 가능하면 이 지상을 지옥으로 여기게 함으로써 천국에 대한 갈망을 더욱 키우려는 것을 막아야 한다.

인간의 자연적인 충동은 이미 이 지상에서 천국을 찾아내고, 현세의 일상생활 속에 영원한 지속을 도입하여 일시적인 생명 속에 영원한 생명을 심고 육성하려고 한다. ―그것은 불가해한 방법, 육안으로는 볼 수 없는 간격을 곧 영원으로 보는 방법이 아니라, 인간의 눈으로도 볼 수 있는 방법을 통해 실현한다. 인간의 이러한 충동은 피할 수 없는 경우가 아니면 포기할 수 없다.

나는 일반인이 이해하기 쉬운 예를 들어 그것을 설명하고자 한다. 적어도 지조 있고 고상한 사람이라면, 자손에 의해 자신의 생명이 더욱 선화(善化)되어 새롭게 되풀이되기를, 그리고 자신이 세상을 떠난 뒤에도 자손의 생명 속에서 더욱 고상해지고 완전해져서 여전히 현세에서 삶을 이어가기를 바라지 않는 사람이 있을까? 그가 살아있을 때 세상의 부패와 타락을 훈계하고 정의를 고취하며 게으른 사람을 일깨우고 낙오하거나 패배한 사람을 격려하는 데 발휘했던 정신과 생각, 도덕을 영원히 살리기를 원하지 않는 사람이 있을까? 그리고 그 정신과 생각, 도덕을 후세에 대한 자신의 최고의 유산으로서 자손의 마음속에 남기고, 그 자손이 그것을 미화하고 확장하여 다시 후세에 남기기를 바라지 않는 사람이 있을까? 적어도 지조 있고 고상한 사람이라면, 행위와 사유로써 자신의 민족이 끝없이 발전하고 완성될 수 있도록 씨앗을 뿌리고, 이제까지 없었던 새로운 것을 자신의 시대에 투입하여, 그것이 거기에 머무르며 새로운 창조의 마르지 않는 샘이 되기를 희망하지 않는 사람이 있을까?

이 지상에서 자기가 차지했던 자리와 이 지상에서 주어진 얼마 안 되는 시간에 대한 대가로서, 이 지상에서도 영원히 상속해야 할 무언가를 남기고, 한 개인으로서 역사에 이름을 남기지는 못하더라도—왜냐하면 사후의 명예를 간절히 바라는 일은 경멸해야 할 허영심이므로—자신의 의식과 신념 속에 나 또한 이 세상에서 살았다는 뚜렷한 기념비를 남기기를 바라지 않는 사람이 있을까? 지조가 높고 고상한 사람이라면, 이라고 나는 말했다. 그런데 사람은 이렇게 생각하는 것이 마땅하므로, 이러한 사람을 상례(常例)로 하여 그들의 욕구에 따라서만 이 세계는 관찰되고 조직되어야 한다. 게다가 세계는 그들을 위해 존재한다. 그들은 이 세계의 핵심이다. 그들과 생각을 달리하는 사람은 이 덧없는 세계의 작은 일부분이며, 그 생각을 고치지 않는 한, 단지 그들을 위해서만 존재하고 그들처럼 되지 않는 한, 그들의 뜻대로 되지 않으면 안 된다.

그런데 이 고상한 사람이 하는 사업의 영원불멸에 대한 요구와 신앙을 보증해 줄 수 있는 것은 무엇일까? 그것은 틀림없이 그가 스스로 영원이라고 인정하고 또 영원한 것을 받아들일 힘이 있다고 인정하는 사물의 질서이다. 이러한 질서는 본디 개념에 의해서는 포착할 수 없지만 실제로 존재하는 인간 환경의 특수한 정신적 자연이며, 그것은 그 자신이 그의 모든 사유 행위, 그리고 그것이 영원하다는 신앙과 함께 거기서 태어나는 원천, 즉 민족이다. 그는 이 민족에서 태어나 그 속에서 교육받고 오늘날과 같은 모습으로 성장했다. 그는 마땅히 자기 사업의 영원성을 요구하지만, 그 경우 그의 사업은 국민의 정신적 자연 법칙의 단순한 성과가 아니고, 또 그 성과로 끝나야 하는 것도 아니며, 그것보다 '더 이상의 어떤 것'이 된다. 이런 점에서 본연적인 신의 생명에서 흘러나오는 것은 의심할 여지없이 진리라고 할 수 있지만, 이 '더 이상의 것'이 눈으로 볼 수 있는 현상으로 형성되자마자, 그 특별한 정신적 자연 법칙에 준거하고 자연 법칙에 따라서만 일종의 감각적 표현이 되는 것도 마찬가지로 진리이다. 그리하여 이러한 국민이 존속하는 한, 이 국민 사이의 다른 모든 신성(神性)의 계시도 마찬가지로 이 자연 법칙에 따라 나타나고, 이 자연 법칙으로써 만들어진다. 지조가 높고 고상한 사람이 이 세상에 존재했고 그러한 일을 했다는 것으로 말미암아 이 자연 법칙은 더욱 확장되어, 그 활동은 그것의 항구적인 요소가 되었다. 그 뒤에도 계속해서 일어나는 모든 것은 이 자연 법칙에 근거를 두고 그것과 연계되어야 한다. 그렇게 되면 지조 높고 고상한 사람은, 그가 이룩할 수 있었던 진보와 발달이 국민이 존재하는 한 그곳에 남아 그 뒤의 진보와 발달을 영속적으로 규정하는 원인이 되어야 한다는 것을 확신할 수 있다.

정신적 세계 일반을 관찰하는 관점에서 본 고상한 의미에서는, '민족'이란 사회에서 협동 생활을 계속하면서 자신을 자기 안에서 자연적으로, 그리고 정신적으로 끊임없이 창조하는 인간 전체, 모든 것을 자기 자신 안에서 이루는 신성전개(神性展開)라는 하나의 특별한 법칙 아래 선 전체를 말한다. 이 특별한 법칙의 공통성은 영원한 세계에서, 따라서 이 현세에서도 민중을 결합하여 하나의 자연적이고 자기 자신에 의해 관철되는 전체가 되게 하는 것이다. 이 법칙 자체가 그 내실에 따라 전체로서 포착할 수 있음은, 우리가 하나의 시원 민족으로서의 독일인 속에서 그것을 포착할 수 있었던 것을 보아도 분명하다. 그뿐만이 아니라, 이러한 민족의 여러 현상을 살펴봄으로써, 한 걸음 더 나아가 그 민족의 앞으로의 사명에서 어떻게 작용할 것인지 이해할 수 있다. 그러나 이러한 법칙이 존재한다는 것은 일반적으로는 명확하게 통찰할 수 있지만, 언제나 자신이 의식하지 못하는 영향 아래 있는 사람은 절대로 이 개념을 완전히 파악할 수가 없다. 이 법칙은 형태가 있는 '더 이상의 것'이며, 형태가 없는 '더 이상의 것'과 현상에서 직접적으로 녹아들어 있다. 이 둘은 일단 현상에 나타난 이상 다시 분리될 수 없다. 위에서 말한 본연성 및 신성의 전개 법칙은 우리가 한 민족의 국민성이라고 부르는 것을 완전히 그리고 충분히 결정한다. 이 마지막에 말한 것으로부터 우리가 이제까지 외국풍이라고 서술한 것, 즉 본연적인 것과 그 끊임없는 발전을 전혀 믿지 않고 오직 가상적인 생명의 영원한 선회만 믿는 인간, 그 신념 때문에 마침내 실제로 그것에 대한 믿음에 빠지는 인간은, 고상한 의미에서는 결코 민족이 아니고, 또 이러한 인간은 실제로는 존재하지 않으므로 국민성이라고 부를 만한 것을 가질 수 없는 것이 틀림없다.

지조 높은 고상한 인간이 이 지상에서도 자기가 하는 일이 영원히 이어지리라고 믿는 것은, 자기 자신을 키운 원천인 민족의 영원한 지속을 기대하고, 그 민족의 특성이 저 숨어 있는 법칙에 따르면서, 입법 전체에 속하지 않는 어떤 외국적인 것으로 말미암아 자기의 순결이 더럽혀지거나 타락하지 않고 영원히 지속되는 것을 믿기 때문이다. 이 특성은 그가 자신 및 자신이 하는 일의 끝없는 영원성을 믿고 맡길 수 있는 영원한 것, 또 그가 자신의 영원성을 맡겨두는 사물의 영원한 질서를 말한다. 그는 이 특성의 영원한 존속을 바라지 않을 수 없다. 그에게는 오직 이 특성만이, 자신의 이 세상에서의 짧은 생명을 영원한 생명으로 이을 수 있는 해방의 수단이기 때문이다. 불멸한 것을 심으려는 그의 신념과 노력, 그로 하여금 자신의 생명이 영원하다는 것을 이해하게 하는 그의 통찰, 이 두 가지는 가장 먼저 그의 국민을, 이어서 이 국민의 매개에 따라서 전 인류를, 자신과 밀접하게 결합하고, 또 그 모든 욕구를 그의 확장된 마음속에 세상이 끝날 때까지 도입하는 유대이다.

그것은 민족에 대한 그의 사랑이며, 가장 먼저 존경하고 신뢰하고 이 민족의 일원임을 기뻐하며, 그 민족으로 태어난 것을 영광으로 여기는 마음이다. 민족 안에 신성이 나타난 것이다. 그리하여 본연성이 이 신성을 존중하여 그것을 자신의 겉옷으로 삼고, 자신이 이 세상에 나타날 때의 직접적인 수단으로 삼았다. 따라서 앞으로도 민족 속에서 이 신성이 드러날 것이다. 자기 민족에 대한 사랑은, 둘째로는 민족을 위해 활동하고 민족을 위해 자기를 희생하고자 하는 마음이다. 단순한 생명, 즉 언제나 변천하는 생존의 이어짐에 지나지 않은 생명은, 이러한 사랑을 지닌 사람에게는 처음부터 아무런 가치도 없는 것이었다. 그는 오직 마르지 않는 샘으로서의 생명을 원했다. 그런데 이 마르지 않는 희망의 샘을 그에게 주는 것은 국민의 독립적 존속 말고는 없다. 자기 국민의 독립적 존재를 구원하기 위해 그는 자신의 생명까지 버리는 것을 서슴지 않는다. 그것은 국민이 생존하고, 그 자신이 국민 속에 존재하며, 그가 살 수 있는 유일한 생명을 사는 것을 목적으로 한다.

사정은 그러하다. 진실한 사랑으로, 단순히 한때의 욕망이 아닌 이 사랑은, 절대로 일시적인 것에는 깃들지 않고 오직 영원한 것 안에서만 눈을 뜨고 불타오르고 또 쉬고 있다. 인간은 자기를 영원한 것으로 파악하지 않으면 자기 자신조차 사랑할 수가 없다. 뿐만 아니라 자신을 존경하고 인정할 수도 없다. 하물며 자기 자신 이외의 그 어떤 것도 사랑하지 못한다. 그렇게 할 수 있기 위해 그는, 그것을 자신의 신앙과 정서의 영원성 안에 들여와 영원과 결부해야 한다. 먼저 자기 자신을 영원한 것으로 보지 않는 사람은 일반적으로 어떠한 사랑도 가질 수 없고 조국도 사랑할 수 없다. 아니 그런 사람에게는 조국 자체가 없다. 자신의 눈에 보이는 생명은 가볍게 여기고, 눈에 보이지 않는 생명을 영원하다고 인정하는 사람이 있다. 이런 사람은 아마도 미래의 천국에서 자신의 조국을 발견할 것이다. 그러므로 그는 현세에서는 조국을 갖지 못한다. 왜냐하면 조국도 영원한 상(像) 안에서만, 그것도 눈에 보이고 감각할 수 있는 영원한 상 안에서만 볼 수 있기 때문이다. 따라서 이런 사람은 자신의 나라를 사랑할 수 없다. 물려받은 조국을 갖지 않은 사람은 불쌍하다. 조국을 물려받아 마음속에 하늘과 땅, 눈에 보이는 것, 보이지 않는 것과 함께 참되고 견실한 천국을 만들 수 있는 사람은, 이 귀한 보물을 조금도 손상하지 않고 다시 자손에게 전하기 위해 마지막 피 한 방울까지 아까워하지 않고 싸운다.

지금까지도 언제나 그러했다. 다만 전에는 그것이 이렇게 보편적으로 또 뚜렷하게 논의되지 않았을 뿐이다. 로마 사람들 가운데 고상한 사람들의 지조와 사고는 그들의 유물을 통해 아직도 우리 안에 살아 숨 쉬고 있는데, 그들을 감격시키고 조국을 위한 노고와 희생, 인내, 부담을 기꺼이 견디게 한 것은 무엇이었을까? 이에 대한 대답은 그들 자신이 자주 명료하게 말하고 있다. 그것은 로마의 영속에 대한 그들의 굳은 믿음, 그리고 이 영원 속에서 시간의 흐름과 함께 스스로 영원히 살 수 있다는 확신적인 희망이 바로 그것이었다. 이 믿음에는 근거가 있으며, 그들은 분명히 자신들이 자각한 경우에 신앙을 다졌으므로 이 믿음은 그들을 속이지 않았다. 그들의 이른바 영원한 로마에서 진실로 영원했던 것은 오늘날에도 아직도 살아 있다. 그리하여 그와 함께 그들 자신도 우리 안에 살아 있다. 그리고 이 세상 끝까지 내내 살아있을 것이다.

민족과 조국은 지상의 영원을 담당하는 것, 또 보증하는 것, 즉 현세에서 영원이 될 수 있다는 의미에서는, 일반적으로 말하는 의미의 국가를—단순히 명확한 개념으로 포착되고 이 개념의 힘으로써 만들어지고 유지되는 사회적 질서를 훨씬 넘어서고 있다. 이 개념은 어떤 종류의 법을, 국내의 평화를, 또 저마다가 부지런히 생계를 유지하며 하늘에서 준 육체의 수명을 다하기를 바란다. 이 모든 것은 조국애가 본디 원하는 것, 즉 세계에서 영원한 신성이 더욱더 순결하고 완전하게, 또 적절하게 한없이 번영하기 위한 수단이고 조건이자 설비에 지나지 않는다.

그러므로 자기의 나라를 사랑하는 마음은 첫째로, 국가의 가장 직접적인 목표, 즉 국내의 평화유지 수단을 선택할 때, 가능한 한 국가를 제한하고, 그리하여 절대적 최고이자 최후의 독립된 공공기관으로서 국가를 지배해야 한다. 이 목적을 위해 물론 개인의 자연적인 자유는 여러 가지로 제한되지 않을 수 없다. 만일 이 자연적인 자유 말고 고려할 것이 아무것도 없다면, 될 수 있는 대로 그것을 제한하여 그 발동을 단일한 규칙 아래 두고 끊임없이 감시하는 것이 좋다. 이를테면 그다지 엄격하게 할 필요는 없다 해도, 이렇게 엄격하게 하는 것은 적어도 이 일반적 목적에 대해서는 아무런 해도 미치지 않는다. 이처럼 제한적 고려를 확대하는 것은 인류와 민족을 더욱 높은 것으로 생각하는 견해 밖에 없다. 자유는 외적 생명이 발동하는 데에서조차 고상한 문화 발달이 싹트는 땅이다. 그것을 안중에 두는 입법, 비록 단조로운 평안과 안정이 줄어들더라도, 또 정치가 조금은 곤란해지더라도, 자유에 대해 가능한 한 큰 활동의 여지를 줄 것이다.

한 가지 예를 들어 설명해 보기로 하자. 어떤 국민이 다른 사람으로부터 문득, 당신들은 다른 여러 국민들이 가진 것처럼 그렇게 많은 자유를 가질 필요가 없다는 말을 들은 일이 실제로 있다. 이 말에는 일종의 위로와 관용까지 들어 있을지도 모른다. 즉 당신들은 그렇게 많은 자유를 감당할 능력이 없다, 그래서 엄중하게 단속하지 않으면 서로 분쟁과 마찰을 일으킬 것이라는 뜻이 본심일지도 모른다. 그러나 이 말을 글자 그대로 풀이한다면, 그것은 이러한 국민에게 본연적인 생명의 능력과 그 생명을 추구하는 충동의 능력이 완전히 결여되었다는 전제 아래에서만 진실이다. 만약 실제로 그런 국민이 있고 그 가운데 고상한 사람이 한 사람도 없다면, 그 국민은 진실로 털끝만큼도 자유를 가질 필요가 없을 것이다. 왜냐하면 자유는 국가를 뛰어넘어 한결 더 높은 목적을 위해 존재하기 때문이다. 이러한 국민은 저마다가 서로 평화롭게 생존하면서, 국민 전체가 그들 밖에 있는 타인의 자의적인 목적을 이루는 중요한 수단이 되도록 통제와 훈련을 받을 수밖에 없다. 우리는 어떤 한 국민을 실제로 그와 같은 것이라고 말할 수 있는지 없는지 여기서 결정할 필요는 없다. 다만 본연적인 국민은 자유가 필요하며, 이 자유는 그 국민이 본연적 존재로서의 지위를 확보하기 위한 담보이며, 또 그 국민은 그들이 존속하는 동안 차츰 커져가는 자유를 아무런 위험 없이 감당할 수 있는 것만은 분명하다. 이것이 곧 조국애가 국가를 지배해야 하는 주요 목표의 하나이다.

조국애는 또 다음처럼 국가를 지배해야 한다. 즉 조국애는 국가에 대해 국가의 평화 유지, 모든 민중의 소유, 개인적 자유, 생명 및 안녕 유지와 같은 일반적인 목적 이상의 높은 목적을 부여해야 한다. 그 높은 목적을 위해, 오직 그 목적을 위해서만 국가는 병력을 유지한다. 이 병력을 사용하는 문제가 일어나, 일반적인 의미에서의 국가의 모든 목적물, 즉 소유, 개인적 자유, 생명과 안녕, 나아가서 국가 자체의 존속까지 내걸 필요가 생기고, 더욱이 이러한 사태에서는 당연한 듯이, 그 목적이 과연 이루어질 것인지의 여부가 전적으로 불분명하며, 본연의 입장에서 신에게 그 성패를 맡겨야 하는 경우에 이르러 비로소 본연적이고 제1차적인 생명이 국가라는 배의 키를 잡게 되고, 그 지위에 비로소 정부의 지상권이 나타나 신처럼 높은 생명을 위해 낮은 생명을 걸게 된다. 이제까지의 제도와 법률 및 국민의 안녕을 유지하는 데 있어서는, 본래의 참된 생명과 본연적 결심은 존재하지 않는다. 이러한 것들은 이런저런 경우와 사정, 그리고 아마도 먼 옛날에 죽었을 입법가가 만든 것으로, 그 뒤의 시대는 처음 밟기 시작한 이 길을 그다지 의심하지 않고 앞으로 나아갈 뿐, 실제로는 자기 자신의 공적인 생명을 사는 것이 아니라 오직 이전의 생명을 되풀이할 뿐이다. 이러한 시대에는 진정한 뜻의 정부는 필요하지 않다.

그러나 이 획일적인 걸음이 위기에 처하여, 미증유의 사건에 대해 결정을 내릴 필요가 생겼을 경우에, 비로소 자기 자신의 힘으로 살아갈 생명이 필요해진다. 그런 경우에 국가의 키를 잡아야 하며 자기의 확신을 가지고 불안한 흔들림 없이 결정을 내릴 수 있는 것, 또 그 누구를 향해서도 필요에 따라 그 사람이 원하든 그렇지 않든 그의 모든 것, 그 생명까지 걸도록 명령하고, 그 어떤 반항도 허용하지 않을 정도의 의심할 수 없는 권리를 가진 것은 도대체 어떠한 정신일까. 그것은 제도와 법률 등을 조용한 시민적 사랑으로 지키는 정신이 아니라, 더욱 고상한 조국애의 불꽃, 닿는 것은 모조리 불태우지 않고는 못 배기는 조국애의 불꽃이다. 이 조국애에 대해 국민은 곧 영원한 그릇이다. 고상한 사람은 이 용기를 위해 기꺼이 자기를 희생하고, 고상하지 않은 사람 또한 자기를 희생하라는 명령을 받는다. 후자는 전자를 위해서만 존재한다. 그렇다면 이것은 제도 등에 대한 단순한 시민애가 아니다. 이러한 사랑은 상식의 범위를 벗어나지 않으며, 절대 앞에서 말한 원동력이 될 수 없다.

그런데 어떤 사정이 있어도 위정자가 없어서는 안 되므로 어느 경우에나 그들을 지배하는 통치자는 있다. 새로운 위정자가 노예적 상태를 바란다고 가정하자. (노예적 상태란 시원적 민족의 특징을 무시하고 압박하는 것을 말한다. 압제자에게는 민족의 특징과 같은 것은 존재하지 않는다) —위정자가 노예적 상태를 원한다고 가정하라. —노예 생활에서 수많은 노예에게서, 나아가서는 노예의 안녕과 부에서 위정자는 이익을 이끌어낼 수 있으므로, 만약 위정자가 조금이라도 타산적이라면 그의 지배 아래 있는 노예적 상태는 충분히 견딜 수 있을 것이다. 통치자에게는 적어도 생명과 생활을 위한 물자가 언제나 주어질 것이다. 그렇다면 피통치자는 무엇 때문에 싸운다는 말인가? 생명, 생활 물자에 이어 그들이 무엇보다 중요시하는 것은 안정이다. 투쟁이 지속되면 이 안정은 방해받게 된다. 그들은 전쟁이 하루 빨리 끝나도록 모든 수단을 강구할 것이다. 그들은 귀순을 마다하지 않고 복종도 마다하지 않으리라. 그것은 결코 무리한 일이 아니다. 그들은 견딜 수 있는 조건 아래에서 그때까지의 타성적인 생존을 이어가는 것 말고는 아무것도 할 수 없고, 생활에서 그 이상 어떤 것도 기대할 수 없기 때문이다. 이 지상에서 현세의 삶을 초월하여 영생을 얻는다는 약속— 자기 나라를 위해 죽음도 마다하지 않는 감격을 주는 것은 이 약속뿐이다.

지금까지도 그러했다. 참된 통치가 이루어지고, 엄숙한 전쟁을 참고 견디며, 강력한 저항에 맞서 승리를 거둔 곳, 거기에는 반드시 이러한 영원한 삶에 대한 약속이 있고, 그것이 지배하고 싸우고 승리를 얻은 것이다. 이 약속에 대한 확신으로써 내가 이야기한 독일의 신교도들은 싸웠던 것이다. 구교에 의해서도 여러 민족이 지배당할 수 있고 정당한 질서 안에 통합될 수 있으며, 구교를 믿으면서도 충분한 의식주를 구할 수 있다는 사실을 과연 신교도들이 몰랐을까? 결코 그렇지 않다. 그렇다면 무엇 때문에 그들의 군주들이 무기를 들고 싸울 결심을 했을까. 왜 여러 민족이 감격에 겨워 이 싸움을 수행했을까. —그들이 기꺼이 피를 흘린 것은 천국 때문이었다. 영원한 구원을 위해서였다. —그런데 세상의 어떠한 권력이 그들의 마음의 성소(聖所)에 침입하여, 일단 그 마음에서 일어나 구원에 대한 희망의 바탕이 된 신앙을 말살할 수 있었을까. 따라서 그들이 싸운 것은 그들 자신의 구원을 위한 것만도 아니었다. 그들 자신의 것은 이미 그들에게 확보되어 있었다. 그들이 싸운 것은 그들의 자식들, 아직 태어나지 않은 손자들, 아직 태어나지 않은 모든 후손들을 위해서였다. 그들은 자신들이 유일한 고마운 가르침이라고 여겼던 교훈 속에서 자신들의 후손도 자라기를 원했고, 그들에게 나타나기 시작한 복지가 자신들의 자손에게도 주어지기를 바란 것이다. 적에게 위협을 받은 것은 오직 이 희망뿐이었다. 그 희망 때문에, 즉 자신이 죽은 뒤에도 오랫동안 자신의 무덤 위에 영원히 번창하기를 바라고 질서를 위해 이러한 기쁨을 가지고 피를 흘린 것이다. 그들은 자신의 처지를 충분히 이해하지 못하고, 마음속에 간직한 가장 귀한 것을 표현할 말이 서툴러 입으로는 자신의 마음을 제대로 나타낼 수 없었음을 우리는 인정한다. 우리는 또한 그들의 신앙 고백이 무덤 저편에서 하늘의 은혜를 입을 수 있는 유일하고 절대적인 수단이 아니었다는 것도 기꺼이 인정한다.

그런데도 그들의 희생으로써 무덤 저편에 훨씬 더 많은 천국이, 또 이 세상에서 용감하게 기쁜 마음으로 천국을 올려다볼 수 있는 경지가, 또 더욱 자유로운 정신적 생동이, 후대의 모든 생명 속에 도래했다는 것, 그리고 그들의 자손인 우리와 마찬가지로 그들의 적의 자손들도 그들의 고난의 성과를 오늘날까지 누리고 있다는 것은 영원한 진리이다.

이러한 신앙을 안고 우리의 가장 오래된 공통 조상, 새로운 문화의 원천인 민족, 로마인이 게르만인이라고 불렀던 독일인은, 다가오는 로마인의 세계 지배에 용감하게 저항을 시도했다. 그들은 자신과 인접한 로마 각 주의 비옥한 경작지, 그곳에서의 갖가지 우아한 향락, 그밖에 완비된 법률, 사법관의 의자, 형벌을 위한 채찍과 도끼를 지겨우리만치 목격하지 않았던가. 로마 사람들은 모든 독일 사람들을 맞아들여 그 복지를 함께 나누려 하지 않았던가. 그들은 그 인류의 은인에 대한 싸움은 반역이라고 믿었다. 그들의 몇몇 군주에게 실제로 주어진 로마 위정자의 특별한 대우를 목격하지 않았던가. 즉 로마 위정자는 자신에게 순종하는 사람에게 왕의 칭호를 내리거나 로마 군대의 사령관이라는 지위를 주고, 또는 로마의 관(冠)을 보내어 표창하고, 또 독일 군주가 그 나라 사람에게 쫓겨난 경우에는 로마의 식민지에 피난처를 주어 생활을 영위할 수 있게 하지 않았던가. 독일인은 로마 문화의 장점, 예를 들면 로마 군대의 뛰어난 조직을 이해하지 않았던가. 아르미니우스 같은 대표적 영웅까지 로마 군대에 들어가 전술을 배우는 행동을 부끄럽게 여기지는 않았다. 독일인이 그러한 사실을 모르거나 주의도 기울이지 않았다고는 말할 수 없다. 오히려 그들의 자손은 자신의 자유를 잃지 않는 한, 자신의 특징을 손상시키지 않는 한, 로마의 문화를 배우지 않았던가. 그렇다면 그들은 왜 몇 세대에 걸쳐 끊임없이 새로운 힘으로 피비린내 나는 싸움을 되풀이했을까? 로마의 한 작가는 이 점에 대해 작품 속의 로마 사령관의 입을 통해 다음처럼 말했다.

"게르만 사람들에게는 노예의 처지에 빠지기에 앞서, 자유를 지키거나 그렇지 않으면 죽는 것 말고 무슨 길이 있단 말인가?"

자유란 곧 그들이 어디까지나 독일인의 위신을 지키고, 그들의 사건을 독립적이고 본연적으로 자신의 정신에 의해 결정하여 그 정신에 따라 그들을 발달시키고, 그 독립을 자손에게 전하는 것을 의미한다. 그들의 생각으로는 노예 상태란 곧 로마인이 그들에게 제공한 복지의 모든 것이었다. 그들은 그 때문에 본디 독일인과는 조금 다른 사람이 되어야 했기 때문이다. 즉 그들은 반쯤 로마인이 되지 않을 수 없었다. 누구든 이렇게 변하기보다는 차라리 죽는 것이 낫다. 또 참된 독일인은 오직 독일인으로서만 존속하고 그 자손도 마찬가지로 독일인으로서 교육하는 데서 삶의 보람을 느낄 수 있다. 이것이 그들의 자명한 전제였다.

독일인은 사멸하지 않았다. 그들은 노예의 처지가 되지도 않았다. 그들은 자손에게 자유를 남겨주었다. 그들의 고집스러운 저항 덕분에 오늘날 새로운 세계가 존재하는 것이다. 로마인이 독일인을 그들의 지배 아래 두고, 또 곳곳에서 그렇게 했듯이 그들을 국민으로서 말살시키는 데 성공했더라면, 인류 전체의 발전은 오늘과는 다른, 매우 달갑지 않은 방향으로 나아갔을 것이다. 그들의 대지에서 가장 가까운 후계자인 우리가, 오늘날에도 스스로 독일인라고 부를 수 있고, 본연적이고 독립적인 생명의 흐름을 따라 나아갈 수 있음은 모두 그들의 힘과 언어, 그들의 지조 덕택이다. 우리가 국민으로서 오늘날까지 보여 준 것은 모두 그들의 힘에 의한 것이다. 그리하여 우리가 멸망하지 않는 한, 또 그들로부터 전해지는 우리의 혈관의 피가 마지막 한 방울까지 마르지 않는 한, 우리가 미래에 실현할 수 있는 것도 모두 그들에게서 나왔다. 오늘날에는 외국이 되어버린 우리 이외의 게르만 민족, 과거로 거슬러 올라가면 우리의 동포였던 민족도 그들에게 생존의 빚을 지고 있다. 그들이 영원한 로마를 정복했을 때는 이들 외국적인 게르만 민족은 하나도 존재하지 않았다. 그러나 그때 그들은 이들 민족이 성립할 가능성까지 동시에 쟁취했던 것이다.

이러한 일들, 그리고 이와 똑같은 정신을 가졌던 사람들은 세계 역사상 모두 승리를 얻었다. 영원한 것이 그들을 감격시켰기 때문이다. 이 감격은 감격이 없는 이에 대해 언제나 필연적으로 승리를 거두기 마련이다. 승리를 쟁취하는 것은 강한 군대도 아니고 정예한 무기도 아니며, 오직 정신의 힘이다. 자기의 희생심에 한계를 두고 어느 정도 이상으로는 과감하게 자기 자신을 걸려고 하지 않는 사람은 도저히 버릴 수도 없고 단념할 수도 없는 점에 위험이 닥치면 그 저항마저 그만두고 만다. 어떤 한계도 두지 않고 모든 것, 자기가 이 세상에서 잃을 수 있는 으뜸의 것, 즉 생명을 거는 사람은 결코 저항을 그만두지 않고, 만일 적이 한계를 두고 있는 경우에는 반드시 그를 이긴다. 우리의 옛 조상들처럼 최고의 대표자 및 지도자만이라도 영계(靈界)로부터의 환영(幻影), 즉 독립을 늘 마음에 두고 그에 대한 사랑에 지배받고 있는 민족은, 로마 군대처럼 외국의 지배욕의 앞잡이가 되어 독립된 민족에게 정복 도구로 제공되고 있는 자들에게 승리를 거두게 되는 것은 너무나 확실하다. 왜냐하면 전자는 모든 것을 거는 입장에 있고, 후자는 단지 있는 것 가운데 얼마쯤을 얻으려 할 뿐이기 때문이다. 전쟁을 한순간의 이익 또는 손실을 거는 도박으로 보는 사고방식, 승부를 시작하기 전에 이미 거기에 거는 금액을 정해두려고 하는 사고방식에 대해서는 일시적인 변덕조차도 이기는 것이다.

예컨대 마호메트를 보라. —역사상의 실제 마호메트가 아니다. 나는 이 역사상의 마호메트를 비판을 하려는 것이 아니라, 어느 유명한 프랑스 시인이 쓴 마호메트에 대해 말하려고 한다. —이 마호메트는 스스로 어리석고 속된 세상의 민중을 지도하는 사명을 띠고 이 세상에 나온 비범한 인물의 한 사람이라고 생각하고, 이 첫 번째 전제에 따라 자신의 착상이 비록 실제로는 매우 빈약하고 편협하더라도 자신이 한 생각이라는 이유에서 필연적으로 위대하고 숭고하며 고마운 사상이라고 확신하고, 이 사상에 저항하는 모든 사람을 무지하고 비천한 국민, 그들 자신의 안녕과 행복의 적이요 악의에 찬 가증스러운 존재라고 보았다. 이러한 그의 자부심을 신성한 천직으로서 자기 자신에게 정당화하기 위해, 그의 모든 생명을 다해 이 사상에 몰입했기 때문에, 그는 거기에 모든 것을 걸고 마침내 그를 그 자신처럼 큰 인물로 생각하지 않는 모든 사람을 짓밟았다. 그는 자신의 천직에 대한 자신의 신앙이 시대를 같이 하는 온 세계의 인정을 받고, 그 반사 광선이 눈부시게 그의 눈앞에서 빛나기 전에는 마음을 놓을 수가 없었다. 만약 참되고 자각적인 정신적 환영이 실제로 그와 승부를 내기 위해 나타났다면 그는 과연 어떻게 되었을지, 그 문제는 잠시 제쳐두고, 자신의 입장을 한정하는 그 승부사에 대해 그가 승리를 거둘 것은 확실하다. 왜냐하면 모든 것을 걸지 않는 사람을 상대로 그는 모든 것을 걸었기 때문이다. 승부사는 그 어떤 정신에도 흔들리지 않는다. 그는 열광적인 정신, 자신의 힘찬 자부심에 따라서 움직이기 때문이다.

그렇게 본다면 평온한 일상, 평온하고 가정적인 인간 생활의 단순한 지배 기관으로서의 국가는 제1차적인 것도 아니고 그 자체가 독립된 존재를 갖는 것도 아니며, 국민의 순인간적인 생활의 영원한 발전을 이룩한다는 고상한 목적을 위한 수단에 지나지 않는 것은 틀림없다. 또 평화로울 때도 국가 행정에 관해 더욱 엄격하게 감독해야 할 사명을 가지고, 민족의 독립이 위기에 처했을 때에도 이를 잘 구할 수 있는 것은, 이 영원한 발전의 환영과 사랑인 것 또한 명백하다. 독일인은 시원민족으로서 이러한 조국애를 가질 수 있다. 또 우리가 분명히 알고 있는 바로는 오늘날에도 실제로 조국애를 가지고 있었으므로 민족의 가장 중대한 사건의 안전을 기할 수 있었다. 고대 그리스인들 사이에서만 그 유례를 찾아볼 수 있지만, 독일인에게는 국가와 국민이 나뉘어 따로따로 나타났다. 국가는 특별한 독일 왕국과 제후국(諸侯國)으로 나타나고, 국민은 유형적(有形的)으로는 연방 속에, 무형적으로는 모든 사람의 마음속에 사는 불문율로 작용하여, 그 결과 많은 관습과 제도가 곳곳에서 나타났다. 독일어가 통용되는 곳은 어디든, 그곳에서 이 세상의 빛 속에 태어난 사람은 모두 이중의 의미에서 공민으로 여겨졌다. 즉 하나는 자기가 태어나서 직접 보호를 받아야 할 왕국이나 제후국의 신하로서, 또 하나는 독일 국민 공통의 전체 조국의 국민으로 인정되는 것이다. 누구나 조국의 모든 영토에서 가장 마음에 드는 곳에서 교육받을 수 있고, 자기가 가장 적당하다고 생각하는 활동 범위를 국내 곳곳에서 구하는 것이 허용되었다. 재능이 있는 사람은 나무처럼 그 자리에 뿌리박히는 것이 아니라 자신의 자리를 찾는 것이 허용되었다. 누구나 자기가 받은 교육에 따라, 자신의 주위와 불화가 일어났을 때는 손쉽게 다른 지방으로 가서 환영을 받고 잃어버린 친구 대신 새로운 친구를 만들거나, 자신의 의견을 간곡하게 설명하여 화를 내는 이들의 마음을 돌이켜 그들과 화해하면서 전체를 결합시키는 시간과 여유를 찾아냈다. 독일에서 태어난 군주는 어느 누구도, 자신의 신민의 조국을 자신이 지배하는 산하 안에 제한하여 그들을 마치 그 땅에 묶인 것처럼 간주하는 일은 감히 하지 않았다. 한 지역에서 공표하기를 꺼리는 진리도 다른 지역에서는 허용되고, 반대로 거기서 금지된 일이 다른 장소에서는 허용되었다.

따라서 하나하나의 나라에서는 편견과 완고함이 있었지만, 독일 전체를 보면 연구와 발표에서 일찍이 어떤 민족도 누리지 못했던 자유가 있었던 것이다. 독일에서 꽤 고상한 문화가 발달하게 된 것은 곳곳에서 모든 독일 연방의 공민들이 서로 영향을 끼친 결과였다. 그리하여 이 비교적 높은 문화는 또한 같은 방법으로써 일반 민중 사이에도 차츰 퍼져갔고, 그리하여 일반 민중도 그 과정을 통해 스스로 자기 자신을 교육해 나갔다. 국정을 맡은 군주로서 독일적 심정을 지닌 사람은, 앞에서 말했듯이 독일 국민의 영속이라고 하는, 가장 중요한 담보라고 할 수 있는 것을 손상시키는 일이 없었다. 그리하여 다른 근본적인 결정을 내릴 때는 독일의 높은 조국애의 이상에 따르지 않는 일이 없지는 않았지만, 적어도 조국애에 어긋나는 일은 절대로 시도하지 않았다. 조국애를 뿌리째 무너뜨리거나 그것과 반대되는 사랑으로 대체하는 일은 한 번도 없었던 것이다.

그런데 만약 그 고상한 문화, 그리고 그 문화 및 그 문화의 유지를 목적으로 해서만 사용하는 것이 허용되는 국민적 세력의 근본적인 지휘가, 즉 독일인의 재산과 독일인의 혈액의 용도가, 독일적인 심정으로부터 생명을 받기를 그만두고 다른 명령에 따르게 된다면 그 필연적인 결과는 과연 어떻게 나타날까?

이것이 곧, 우리가 제1강에서 그 필요성을 이야기했던, 자신에 대해 자기 자신을 기만하지 않으려는 지향(志向)을, 또 진리를 똑바로 보고 그것을 자신에게 고백할 용기를 크게 필요로 하는 경우이다. 내가 아는 한 오늘날에도 독일어로 서로 조국에 대해 이야기하고 적어도 탄식하는 것은 허용된다. 생각건대 우리 스스로 미리 이러한 일을 삼가는 금령(禁令)을 만들어, 그렇지 않아도 그런 일을 모험으로 여기고 주저하기 쉬운 용기에 차꼬를 채우는 것은 절대로 옳은 일이 아닐 것이다.

그러나 이렇게 전제한 새로운 지배 세력을 아무리 호의적으로 생각하고 신처럼 선한 것으로 생각한다 해도 그 세력을 신과 같은 이해력을 가진 것으로 볼 수 있을까? 이 세력은 모든 사람의 최고의 안녕과 행복을 진지하게 바랄지도 모른다. 그러나 그들이 생각할 수 있는 최고의 안녕과 행복이 과연 독일인의 안녕과 행복일까? 여기서 나는 오늘 내가 여러분에게 말한 주안점을 여러분이 충분히 이해했으리라고 생각한다. 또 여러분 가운데 많은 사람들이 이미 이것을 생각하고 느꼈으리라고 본다. 나는 오직 여러분이 처음부터 마음속에 품은 것을 또렷하게 정리하여 말로 표현할 뿐이다. 뒷날 이 강연 노트를 읽는 여러분 이외의 독일인도 아마도 여러분과 마찬가지일 거라고 생각한다. 이미 내 앞에도 몇몇 독일인은 주로 나와 같은 이야기를 했다. 또 국가를 단순히 기계로 보는 제도나 생각에 대해 이제까지 늘 표현된 독일인의 저항의 밑바닥에도 무의식적으로나마 이러한 생각이 있었으리라.

그래서 나는 여기서 다른 나라의 근대 문학에 조예가 깊은 모든 사람에게 요구하는 바이다. 외국의 근대 철학자, 시인, 입법자 가운데 독일인의 생각과 비슷한 예감, 즉 인류를 영원히 진보하는 것으로 보고, 시간 속의 인류의 모든 활동을 오직 이 진보와 연관짓는 예감을 나타낸 사람이 있다면, 그 이름을 말해주기 바란다. 가장 대담하게 정치적 창조를 수행했던 시기에조차, 불평등의 철폐나 국내의 평화, 외부에 대한 국민적 명예, 또 기껏해야 국가의 가정적 행복, 이러한 것보다 차원 높은 이상을 추구한 이가 한 사람이라도 있다면 그 이름을 제시하기 바란다. 여기에 든 것들이 그들이 좇는 최고의 것처럼 보이지만, 정말 그렇다면 그들은 우리의 인생에 대한 욕구나 요구도 그 이상의 것이 아니라고 추측한 것이 틀림없다. 따라서 그들이 언제나 우리에게 호의를 보내고, 또 그들에게 어떠한 이기심이나 우리를 뛰어넘으려는 야심이 없다 해도, 그들 자신이 바람직한 것으로서 알 수 있는 모든 것을 우리에게 주기만 한다면 그것으로 충분히 우리를 위해 애썼다고 생각할 것이다. 우리 국민들 가운데 고상한 사람이 생활의 유일한 목적으로 삼는 것은 이렇게 해서 공공 생활 속에서 제거되어 버릴 것이다. 그리하여 그 고상한 사람들의 지도에 대해 늘 충분한 감수성을 보여주고 있었던 민중, 또 그 다수가 고상한 사람으로 높아질 수 있는 가능성을 보여주었던 민중도, 외국인에 의해 외국인처럼 지배되기 때문에, 마땅한 계급에서 지위가 떨어져 품위를 잃고, 저급한 민족과 동화된 끝에 마침내 독립적인 존재를 잃게 될 것이다.

그래도 삶에 대한 높은 요구와 그 요구의 신성함을 마음속에 생생하고 힘차게 간직하는 사람은, 그리스도교가 들어온 초기에 '나는 너희에게 이르노니 악한 자를 대적하지 말라. 누구든지 네 오른편 뺨을 치거든 왼편도 돌려 대며, 또 너를 고발하여 속옷을 가지고자 하는 자에게는 겉옷까지도 가지게 하라'고 한 가르침을 들은 사람들과 마찬가지로, 자신이 핍박받고 있음을 깊은 울분과 함께 느낄 것이다. 속옷을 달라고 하면 외투까지 벗어 주라는 말은 지당하다. 당신에게 아직 외투가 남아 있는 동안에는 그는 그 외투를 빼앗기 위해 싸움을 걸어올 테고, 당신이 완전히 알몸이 되었을 때 비로소 그의 눈길에서 벗어나 그에게 시달리지 않게 될 것이기 때문이다. 사람은 자기 자신을 귀하게 높이고자 하는 마음을 갖고 있으므로 오히려 이 세상을 지옥으로 바꾸고 혐오스러운 것으로 바꾼다. 그는 하루라도 빨리 눈을 감아 이런 세상을 더는 보지 않게 되기를 바란다. 무덤에 이를 때까지 끝없는 슬픔이 그의 생애를 따라다닌다. 사랑하는 사람에 대해서는, 그가 어리석고 욕심 없는 마음을 가지고 태어나 이러한 고통을 크게 느끼지 않고 무덤 저편의 영원한 삶을 향해 살아가기를 바라는 수밖에 없다.

우리의 미래에 나타날지도 모르는 모든 고귀한 생명력을 이처럼 파괴하고, 우리 국민 전체를 이렇게 해서 타락시키는 것을 막기 위해 온갖 수단이 강구되었으나 모두 실패로 돌아간 오늘날, 아직도 단 하나 남아 있는 수단을 여러분에게 전하는 것이 이 강연의 목적이다. 이 강연은 우리 민족을 영원한 국민, 우리 자신의 영원성에 대한 보증인으로 보고, 참되고 전능한 조국애를 교육의 힘을 통해 모든 사람의 마음속 깊이 영원한 것으로 심어 놓을 방법을 여러분에게 제시하려고 한다. 어떤 교육이 이를 능히 할 수 있는지, 어떠한 방법으로써 그것을 수행할 것인지에 대해서는 다음 강연에서 이야기하겠다

제9강 독일인의 새로운 국민교육은 현실의 어떠한 점과 결합되어야 하는가

지난번 강연에서는 이미 제1강에서 약속한 몇 가지를 충분히 설명하고 완전히 증명했다. 앞으로는 이미 말한 바와 같이, 독일인 자체의 생존을 구제할 으뜸가는 방법은 무엇인가 하는 문제를 살펴보겠다. 독일 국민 사이에 존재하는 다른 차별은 이러한 높은 전체적 관점에서는 없애 버리는 것이 좋다. 몇 사람이 스스로 유지하고 있다고 믿는 특별한 결합들이 그 때문에 방해받는 일은 없을 것이다. 우리가 국가와 국민 사이의 구별을 어디까지나 잊지 않는 한, 이전에도 이미 이 둘이 결코 모순에 빠지는 일이 없었다는 것도 분명하다. 또 그렇지 않더라도 공통된 독일 민족의 드높은 조국애는 독일 여러 나라의 어디에서나 최고의 지배력이 되어야 한다. 독일 연방의 어느 곳에서나 이 드높은 조국주의를 잃어버렸을 때는 필연적인 결과로서 모든 고귀함과 유능함을 잃고 자신의 멸망을 재촉하지 않을 수 없었다. 이 드높은 조국주의에 고무되었던 사람은, 독일 안의 특수한 한 나라의 공민으로서도 뛰어나고 선량한 공민이었다.

특별한 전통적 정의를 옹호하여 독일 연방의 나라들이 서로 다투는 일도 있었다. 전통적 상태가 지속되기를 바라는 사람은, 적어도 분별이 있는 사람이라면 누구나 앞으로의 결과를 위해 틀림없이 그것을 바라겠지만, 그들은 정의가 누구의 손에 있든지 정의가 승리하기를 원했다. 독일 안의 특수한 한 나라가 기도할 수 있었던 것은, 기껏해야 독일 국민 전체를 자신의 통치 아래 통합하여 그때까지의 연방 조직 대신 전제를 펼치려는 것이었다. 이 연방적 조직이, 이를테면 나는 그렇게 믿는데, 그야말로 독일 문화의 가장 뛰어난 원천이고, 그 특징을 확보하는 가장 좋은 수단이었다는 것이 진실이라고 하자. 그때 만약 그 전제가 되는 지배의 통일이 연방제가 아니라 군주적 형태를 취하고, 그 권력자에게도 그가 살아 있는 동안 독일 전역에 펼쳐진 본디의 문화에서 무언가가 싹트는 것을 억압하는 일이 어떻게든 가능할 경우—나는 단언한다, 위의 사실이 진실이라면 권력자의 이 의도가 성공하는 것은 독일의 조국애에는 매우 큰 불행이 될 것이다. 그렇다면 모든 고상한 마음의 소유자는 독일 전체에 걸쳐 그에 맞서야 할 것이다. 그러나 이처럼 가장 슬퍼해야 할 경우에도 독일인을 지배하고 독일을 근본적으로 지도하는 것은 여전히 독일 사람일 것이다. 그리고 비록 한때 독특한 독일적 정신이 망각되는 일이 있더라도 그 정신이 다시 살아날 희망은 여전히 남아 있어서, 독일 전역에 걸쳐 존재하는 강인한 마음의 소유자는 그 누구라도 자기가 하는 말에 귀를 기울이게 하고 자신의 뜻을 이해시키려는 희망을 가질 것이다.

그리하여 하나의 독일 국민이 여전히 존재하고, 스스로 자기를 지배하여 절대로 저급한 다른 나라에 흡수되어 사라지는 일은 없을 것이다. 여기서 우리가 고려해야 할 중요한 점은, 독일의 조국애 자체가 국가라는 배의 키를 잡고 적어도 그 세력에 의해 움직일 수 있다는 것이다. 그런데 만일 우리가 앞에서 가정했듯이 이 독일이라는 나라가—이 나라가 지금 한 나라를 이루고 있는가, 여러 나라로 나타나 있는가는 문제가 아니다. 실제로는 역시 한 나라이다—독일의 지배를 떠나 다른 나라의 손에 들어간다면, 그때는 다음과 같은 운명을 피할 수 없게 된다. 그리고 그 반대는 사물의 자연에 어긋나며 또한 단적으로 불가능한 일이다. 즉 단언하건대, 이제부터는 독일이 주가 되지 않고 모든 것이 외국 본위로 결정되는 운명을 피할 수 없게 될 것이다. 독일인의 모든 국민적인 사항이, 이제까지 그것이 차지했던, 국가의 키를 잡는 지위로 표현되어 온 위치에서 쫓겨나고 마는 것이다. 그와 함께 독일적 사항이 이 지상에서 완전히 말살되는 것을 막기 위해서는, 시비 자체에 대해 다른 도피처가 마련되어야 한다. 그것도 남아 있는 사람 안에, 즉 피지배자들 사이에, 국민 속에 마련될 수밖에 없다.

만약 국가를 짊어지는 정신이 국민 속에, 국민의 다수 속에 이미 존재한다면, 우리는 오늘날처럼 서로 협의해야 하는 처지가 되지는 않았으리라. 즉 이 정신은 아직 국민 속에 없다. 우리는 지금부터 이것을 국민의 마음속에 도입하지 않으면 안 된다. 다시 말해 우리는 다수의 국민들이 이 정신을 품도록 교육해야 한다. 그리하여 많은 사람들이 이 정신을 확실하게 품을 수 있도록 모든 사람에게 이 교육을 실시해야 한다. 이로써 우리가 이전에 증명하기로 약속한 주장이 정당하다는 것이 의심할 여지없이 명확해졌다. 즉 독일의 독립을 구할 수 있는 길은 오직 이 교육뿐이며, 그밖에는 어떠한 수단도 있을 수 없다. 이로써 만일 사람들이 아직도 이 강연의 본디 내용과 의도, 또 이 강연에서 한 말의 본디 의미를 이해할 수 없다면 그것은 강연자인 나의 잘못은 아닐 것이다.

이것을 다시 요약해 보겠다. 우리의 그러한 전제를 끝까지 유지하는 경우의 이야기지만, 여기에 미성년자들이 아버지 또는 친척인 후견인을 잃고 그들의 주인이 후견을 맡게 되었다고 가정하자. 이 미성년자가 노예가 되지 않으려면 그 후견인의 손에서 벗어나는 수밖에 없다. 거기서 벗어나기 위해서는 무엇보다 먼저 성년(成年)이 되는 교육을 받아야 한다. 독일의 조국애는 이미 그 자리를 잃었다. 앞으로 조국애는 전보다 더 넓고 깊은 자리를 얻어 그곳에 조용히 숨어서, 자기의 바탕을 다지고 자신을 단련한 뒤 알맞은 시기에 젊은 힘을 가지고 나타나 국가의 잃어버린 독립을 되찾아야 한다. 이 독립의 회복에 대해서는 외국인도, 또 우리 가운데 소심하고 편협한 비관론자도 더는 걱정할 필요가 없다. 우리는 그들을 안심시키기 위해 다음처럼 증언할 수 있다. 즉 이와 같은 독립 회복은 그들이 살아 있는 동안에는 실현되지 않을 것이고, 그것이 실현될 시대의 사람들은 그들과는 생각이 다를 것이라고.

이제까지 우리가 시도한 논증의 여러 부분들은 서로 밀접한 관련을 갖고 있지만, 이 논증이 과연 많은 사람들을 움직여서 그들의 실행을 촉구할 수 있는지 여부는 독일의 특징, 독일의 조국애라는 것이 실제로 존재하는가, 또 그것을 유지하고 번성시키려고 노력할 가치가 있는가 하는 점에 달려 있다. 외국인이—국내에 있는 사람이나 국외에 있는 사람이나—이에 대해 부정할 것은 물론이다. 그러나 우리는 외국인을 상대로 협의하는 것이 아니다. 또 이때 일반적으로 주의해야 할 것은, 이러한 문제의 확답은 개념으로써 증명될 일은 결코 아니며(개념은 문제점을 명확하게 할 수 있지만, 실재 또는 가치에 대해 해명해 줄 수 있는 것은 아니다), 실재 또는 가치는 저마다 자신의 직접 경험으로써 증명될 수밖에 없다는 점이다. 이러한 경우에 비록 몇 백만 명의 사람들이 그렇지 않다 해도, 그것은 오직 그들 자신에게 그렇지 않은 것이지 전체가 그렇지 않은 것은 아니다. 그리고 단 한 사람이 백만 명에 대해 반대하고 나서서 그렇다고 확언한다면, 그들은 이것을 어떻게 할 도리가 없다. 그런데 바로 지금 논의를 펼치고 있는 내가 바로 그 단 한 사람이며, 이것을 방해하는 것은 아무 것도 없다. 여기서 나는 확언한다. 하나, 나는 나 자신의 직접 경험으로써 독일의 조국애가 실제로 존재한다는 것을 알고 있다. 둘, 나는 이 사랑의 대상이 가진 무한한 가치를 알고 있다. 셋, 오늘날 언론 말고는 아무것도 남지 않았는데 이 언론마저 여러 방면으로 제한과 방해를 받고 있을 때, 내가 모든 위험을 무릅쓰고 이제까지 이야기해왔고 또 앞으로도 할 말을 하는 것은 오직 이 조국애가 시켜서 하는 일이다. 마음속으로 같은 것을 느끼는 사람은 내 말이 이해가 갈 것이고, 그것을 느끼지 못하는 사람은 이해되지 않을 것이다. 왜냐하면 나의 증명은 그러한 전제 위에 서 있기 때문이다. 이것을 느끼지 못하는 사람에게는 나의 말은 헛수고에 지나지 않는다. 그러나 말(言)과 같은 사소한 것을 내거는 것을 꺼리는 사람이 누가 있을까?

우리는 이미 제2강과 제3강에서, 독일 국민을 구제하는 수단이 될 일정한 교육에 대해 그 대강을 이야기했다. 우리는 이 교육을 인류의 전면적인 개조라고 불렀다. 그 말에 대해 여기서 다시 한 번 전체를 개관해 보는 것도 좋으리라.

지금까지는 일반적으로 감각 세계가 본디의 참다운 실재 세계로 여겨졌고, 그것이 교육 대상인 학생에게 제시되는 첫 번째의 것이었다. 학생은 먼저 감각 세계에서 출발하여 사유(思惟)로 이끌려졌다. 그 사유는 주로 감각 세계에 대한 것으로 감각 세계를 위해 이루어졌다. 새로운 교육은 바로 이 순서를 뒤집는다. 새로운 교육에서는 사유를 통해 포착되는 세계만이 참된 실재 세계이다. 새로운 교육은 교육을 시작하자마자 학생을 이 세계로 끌어들이려 한다. 새로운 교육은 학생의 전적인 사랑과 쾌감을 이 실재 세계에만 연결지어, 하나의 생명이 오직 이 정신적 세계 안에서만 필연적으로 일어나기를 기대한다. 이제까지 많은 사람의 마음속에는 오로지 육체, 물질, 자연만이 살아 있었다. 새로운 교육은 많은 사람, 가능하면 모든 사람 속에 정신만이 살아서 그들을 움직이게 한다. 내가 앞에서 정리한, 국가의 유일한 기초라고 할 수 있는 건실한 정신을 일반인들의 마음속에 일어나게 하려는 것이다.

이러한 교육에 따르면 우리가 처음에 전제한 목적이자 우리 강연의 출발점인 목적이 틀림없이 이루어질 수 있다. 그리하여 탄생되는 정신은 고상한 조국애, 즉 자신의 현세의 생명을 영원한 것으로 보고, 조국의 생명이 이 영원성을 짊어진다는 깨달음을 직접적으로 자기 안에 도입한다. 이 정신이 독일인 사이에 수립될 경우에는, 독일인의 조국에 대한 사랑을 자신의 필연적인 구성 부분으로서 직접 자기 안에 끌어 들이는 것이다. 이 사랑에서 자연적으로 용감한 조국의 수호자, 그리고 법을 지키는 온화한 공민이 태어난다. 이 교육이 이루어질 수 있는 것은 단지 첫 번째 목적뿐만이 아니다. 큰 목적이 철저한 수단으로 추구될 때에는 늘 그렇듯이 더 많은 일들이 달성된다. 즉 인간 전체가 그의 모든 부분에 걸쳐 완성되어, 안으로는 충실하게 완결되고 밖으로는 그의 모든 일시적 및 영구적 목적을 이루기에 충분한 능력이 갖춰진다. 정신적 자연은 우리를 국민으로서, 또 조국의 아들로서 건전해지게 하는 동시에, 여태까지 우리를 압박하던 모든 불행으로부터 벗어나게 해준다.

이 순수한 사상의 세계에 비해 감각 세계는 아무 가치도 없는 것이다. 그런데 이 사상의 세계가 자기를 주장하는 것을, 게다가 유일하게 가능한 세계로서 자기를 주장하는 것을 어리석게 의심하고, 이러한 세계를 일반적으로 부정하거나 단순히 대중의 대다수가 이 세계로 유도되는 것을 불가능하게 보는 사람이 있다 해도, 우리는 그런 사람들을 여기서는 문제시하지 않는다. 우리는 이미 앞의 강연에서 이러한 사람들을 배제했다. 사상의 세계를 아직 모르는 사람은 다른 곳에서 실제로 존재하는 온갖 수단에 의해 가르침을 받는 것이 바람직하다. 우리는 지금 그것을 가르칠 틈이 없다. 다만 대다수의 대중을 어떻게 해서 이 사상의 세계로 끌어올릴 것인지, 그 수단을 여기에 제시하고자 한다.

우리 자신이 깊이 생각한 바에 따르면, 이러한 새로운 교육 사상은 결코 단순히 기지나 토론 연습을 위해 그려진 그림으로 봐서는 안 되며, 일단 실행되어 생활 속에 끌어 들여야 하는 것이므로, 우리는 가장 먼저 실제 세계에 이미 존재하는 요소 가운데 어떤 것을 단서로 하여 이 사상을 실천해야 할지를 이야기해야 한다.

이 문제에 대해 우리는 다음처럼 대답한다. 우리는 요한 하인리히 페스탈로치가 시작하고 주창하여 그의 감독 아래 이미 실효를 거두고 있는 교육법을 단서로 삼아야 한다. 내가 이렇게 주장하는 근거를 더욱 깊이 살펴보고 더욱 자세히 설명해 보겠다.

먼저 우리는 그의 저서를 읽고 충분히 생각해 본 결과, 그의 수업과 교육법을 꽤 이해할 수 있었다. 그러나 우리는 학계의 잡지나 신문 등이 그것에 대해 보고하고 비판하거나 비평의 비평을 하는 것은 참고하지 않았다. 나는 마찬가지로 이 문제를 연구하고자 하는 사람에게, 꼭 나와 같은 연구 방법을 선택하고 반대되는 방법은 절대로 선택하지 않도록 충고하기 위해 특별히 미리 말해 두는 것이다. 우리는 또 이제까지 이 교육법이 실시된 상태를 보려고 하지 않았다. 이것은 감히 그 실시 상태를 가벼이 여겨서가 아니다. 실제로 시행된 상태는 창안자의 계획보다 못한 경우가 있을 수 있으므로, 다만 창안자의 진정한 계획에 대해 확실한 개념을 얻고자 하기 때문이다. 이와 달리, 계획 자체의 참된 개념을 얻으면, 그 실천과 필연적 성공에 대한 개념은 어떤 실험이 없어도 저절로 생겨난다. 이 개념이 없으면 실시 상태를 진실로 이해하고 올바르게 비판할 수가 없다. 페스탈로치의 교육법은 몇몇 사람이 주장하듯이 어떤 점에서는 맹목적이고 실험적인 모색에 빠져 헛된 유희나 강압적인 면이 있다 해도 그것이 창안자인 그의 근본 사상은 아닐 거라고 나는 생각한다.

그 기본 사상은 무엇보다 먼저, 그가 자신의 저작 안에서 가장 충실하게, 그리고 자애롭고 솔직하게 드러내고 있는 그의 특성에 의해 뚜렷하다고 생각한다. 그와 루터, 그 밖에 그들과 견줄 만한 모든 인물들에게서 우리는 독일적 정서의 특징을 볼 수 있다. 또 독일어가 사용되는 영역에서는 이러한 정서가 영묘한 힘으로 오늘날까지 여전히 지배하고 있음을 증명할 수 있다. 페스탈로치도 자신의 고난에 찬 생애 동안 수많은 장애와 싸우면서, 자기 안에서는 자신의 관점이 분명하지 않은 점과 실제적 수완의 부족함을 고민했고, 게다가 보통의 학문적 교육을 받지도 않고 외부로부터의 끊임없는 오해와 모든 고난 속에서 단순히 예상만 했을 뿐 자신도 전혀 의식하지 못했던 목적을 좇아서 노력했다. 이때 그를 굴하지 않도록 끊임없이 독려한 것은 메마르지 않는 전능하고 독일적인 충동, 가엾게 버림받은 독일 국민에 대한 사랑이었다. 이 전능한 사랑은 이전에 루터를 자신의 도구로 썼듯이 지금은 페스탈로치를 그것과는 다른 현 시대에 더욱 적절한 방법으로 이용하여, 그의 생명 안에 살아 숨 쉬며 나타난 것이다. 이 사랑은 페스탈로치도 깨닫지 못했지만 튼튼하고 영원한 바탕이 되어 그의 주위의 암담한 어둠을 지나 그를 이끌었다.

이러한 사랑이 어떠한 보상도 받지 못한 채 이 땅에서 사라지는 일은 있을 수 없어서, 그의 만년에는 참된 정신의 발견자로서 그에게 월계관을 씌워 주는 것으로 보답한 셈이다. 이 생각은 페스탈로치가 이전에 가장 대담하게 예견했던 것보다 훨씬 많은 성과를 올렸다. 페스탈로치는 오직 민중을 도와주려고 생각했을 뿐이었다. 그런데 그의 생각은 전체적인 결과로 본다면, 민중을 향상시키고 민중과 교육 계급의 구별을 없애며, 그가 추구한 민중 교육 대신 하나의 국민 교육을 가져왔다. 더욱이 그것은 여러 민족과 인류 전체를 그 무렵의 비참한 밑바닥으로부터 끌어올리는 힘까지 가졌을 것이다.

그의 바탕 사상은 자신의 저술에 완전히 뚜렷하게, 오해할 여지없이 명료하게 드러난다. 먼저 형식에서는, 그는 그때까지의 거리낌 없는 행동이나 어림짐작을 원하지 않고, 우리가 바라는 것처럼, 또 독일식의 철저성이 바라지 않을 수 없는 견실하고 확실한 전망을 가진 교육법을 원했다. 그는 자신의 교육을 기계적이라고 평가했던 어느 프랑스인의 말 덕분에 자신의 교육 목적이 크게 계발되었다고 솔직하게 말했다. 내용에서는 학생의 어디에도 얽매이지 않는 자유로운 정신 활동을, 나아가서는 학생의 마음속에 사랑의 세계를 펼치기 위한 사유를 자극하고 북돋는 것이 내가 말하는 새로운 교육의 첫걸음인데, 페스탈로치의 저서에도 이 첫걸음이 훌륭하게 서술되었다. 우리가 그의 교육의 취지를 살펴보고자 할 때는 먼저 이 점에 주목해야 한다. 여기서 그가 이제까지의 교육법을 비난하고, 그것이 학생을 안개와 그림자 속으로 몰아넣어 실제의 진리와 현실에 이르지 못하게 한다고 말한 것은, 우리가 지금까지의 수업법을 가리켜 생명에 작용하지도 못하고 생명의 뿌리를 만들지도 못한다고 말한 것과 같은 뜻이다. 페스탈로치가 이 결점을 도와줄 수단으로, 학생을 직접적인 관찰의 길로 이끌어야 한다고 말한 것은, 우리가 학생의 정신적 활동을 자극하여 스스로 모든 형상을 만들게 하고, 오직 그 자유로운 형상으로써 그들이 배워야 할 모든 것을 배우게 하라고 주장하는 것과 같은 의미이다.

왜냐하면 형상을 자유롭게 만들어야만 참된 관찰이 가능하기 때문이다. 페스탈로치는 실제로 그런 생각을 했으므로, 그가 말한 관찰이란 절대로 대략적으로 헤아리는 지각(知覺)을 말하는 것이 아님은 그 뒤에 서술된 실행법이 잘 보여준다. 그는 교육을 통해 학생의 관찰력을 자극할 필요가 있다고 주장하는 동시에, 이 경우에 발달시켜야 할 학생의 능력의 발단과 진보에 정밀하게 보조를 맞춰야 한다는, 일반적이고 매우 기초적인 원칙을 설명한다.

그러나 페스탈로치의 교수법의 결점은 취지와 방법이 같은 근원에서 나온 것이다. 그것은, 그가 처음에 취한 빈약하고 좁은 목적, 즉 일반적인 많은 사람들은 움직이지 않는다고 가정하고, 그때까지 매우 소홀하게 여겨졌던 서민의 자제들에게 얼마쯤의 구제를 베풀고자 하는 한 가지 목적과, 다른 한편으로 그보다 훨씬 고상한 목적을 좇기 위한 수단이 서로 뒤섞여 모순을 면치 못한 데서 비롯되었다. 그러므로 우리는 전자와 그것을 고려하는 데서 생기는 모든 결과를 제외하고, 오직 후자에만 중점을 두어 그것을 한결같이 실행해 나아가면 모든 오류를 피하고 하나의 통합되고 모순이 없는 개념을 얻게 된다. 페스탈로치의 사랑의 마음속에 읽고 쓰는 것에 대한 무거운 책임이 생겨, 그가 이 두 가지를 거의 평민 교육의 으뜸 목적으로 삼고, 그것을 학생을 가르치는 가장 좋은 재료라고 본 과거 수천 년 동안 전해 내려온 말을 무턱대고 믿는 것은, 의심할 여지없이 매우 가난한 자제들이 가능한 한 빨리 학교를 떠나 밥벌이를 할 수 있게 하고, 그들이 중단된 수업에 대해 나중에 보충할 수 있는 수단을 주고자 하는 바람에서 나온 것이었다. 페스탈로치도 이 읽기와 쓰기야말로 인간을 안개와 그림자로 감싸서 잔재주를 부리게 만드는 수단으로 쓰여 왔다는 사실을 깨달았을 것이다. 학생이 직접 관찰하게 해야 한다는 자신의 원칙과 모순되는 여러 실행 방법, 특히 언어로 인류를 모호한 관찰에서 뚜렷한 개념으로 나아가게 하는 수단으로 삼은 완전히 잘못된 그의 의견은, 틀림없이 위의 잘못된 생각에서 비롯된 것이다.

우리가 주장하는 민중 교육이란 상류계층의 교육과 대립하지 않는다. 우리는 민중을 천민으로 생각하기를 바라지 않으며, 독일 국민에게도 그것은 앞으로도 용납할 수 없는 일이다. 우리가 제창하는 것은 국민 교육이다. 적어도 국민 교육을 실시하려면, 가능한 한 빨리 교육을 끝내고 어린이를 하루라도 빨리 생계의 길로 나아가게 하려는 경멸스러운 생각을 멈추고 이 교육을 논의하기에 앞서 그것을 버려야만 한다. 나의 생각으로는 이 국민 교육은 많은 비용이 들지도 않는다. 학교는 경비의 대부분을 자신의 수입으로 꾸려갈 수 있을 것이다. 또 학생이 일하는 데에도 방해가 되지 않을 것이다. 이에 대한 나의 생각은 그때에 가서 말할 작정이다. 그러나 이를테면 비용이 많이 들고 실제 생활의 노동에 해가 된다 해도, 무조건적으로, 또 학생이 받는 어떠한 위험을 무릅쓰고라도, 그 교육이 완성될 때까지는 교육을 멈추지 말아야 한다. 어중간한 교육은 무교육과 다를 바가 없다. 그것은 자제들을 여전히 뒤떨어진 예전 그대로의 모습에 머무르게 한다. 옛 모습 그대로를 바란다면 반쪽짜리 교육도 할 필요가 없다. 그럴 바에는 차라리 처음부터 인류의 교육은 필요 없다고 단언하는 편이 낫다.

그런데 이러한 전제 아래 단순한 국민 교육에서는, 그 교육이 지속되는 한 읽기와 쓰기는 아무 소용이 없을 뿐더러, 아마도 매우 해가 될 수도 있다. 왜냐하면 그것은 직접 관찰에서 단순한 기호로, 주의에서 산만으로 이끌기 때문이다. 주의력은 때에 임하여 그 자리에서 붙잡지 않으면 아무것도 포착할 수 없음을 알고 있지만, 산만한 마음은 필기로 만족하고 언젠가 그 필기에서 배우려고 한다. 그러나 아마도 결국 배우지 않고 지나가 버릴 것이다. 그리하여 일반적으로 그것은 문자와 관련이 있는 일에 따르기 쉬운 몽상으로 흐르기 쉽다. 또 지금까지도 그러한 일이 있었다. 실은 교육이 모두 끝났을 때 교육의 마지막 선물로서 비로소 문자를 다루는 것을 작별 선물로 주면 된다. 그러면 학생은 자신이 이미 완전히 소유한 언어의 분석으로 이끌려 문자를 발견하고 사용할 것이다. 이미 다른 교육을 받은 학생에게는 이러한 일은 놀이처럼 쉬울 것이다.

단순한 일반적 국민 교육은 위와 같다. 그러나 미래의 학자를 교육한다면 그 취지가 조금 다르다. 학자는 단순히 세상의 일반적인 사항을 자기의 마음에 있는 것을 그대로 말하는 것에 그쳐서는 안 된다. 그는 또한 고독한 명상을 통해, 숨어 있는, 그 자신도 깨닫지 못하는 자신의 깊은 마음속을 언어의 빛으로 비춰내지 않으면 안 된다. 그렇기 때문에 그는 일찍부터 언어가 되어 나타나는 이 고독한 사유의 도구인 문자로 그것을 조립하는 법을 배워야 한다. 그러나 이제까지처럼 서둘 필요는 없다. 이것은 나중에 가서 국민 교육과 학자 교육의 구별을 논할 때 명확하게 밝혀질 것이다.

위와 같은 견해에 따라, 우리는 페스탈로치가 소리와 말이 정신력을 발달시키는 수단이라고 이야기한 것을 정정하고 제한해야 한다. 개별적인 문제로 들어가는 것은 이 강연 본디의 예정이 허락하지 않는다. 다만 전체에 깊이 관여하는 다음과 같은 사항에 대해서는 언급해 두고자 한다. 모든 인식을 발달시키는 것에 대한 그의 주장의 근거를 그는 《어머니들에게 보내는 편지》에서 밝히고 있다. 이 책에서 그는 특히 가정교육에 큰 기대를 걸었다. 우리는 물론 가정교육 자체에 대해 그가 세상의 어머니들에게 크게 기대하는 것을 비난하려는 것은 아니다. 그러나 우리가 말하는 높은 뜻의 국민 교육은 특히 노동 계급의 경우, 부모 슬하에서는, 아니 일반적으로 어린이들을 가정으로부터 완전히 떼어놓지 않고는, 시작할 수도 계속할 수도 완성할 수도 할 수 없다고 우리는 굳게 확신한다. 일상생활의 압박과 불안, 그에 따르는 자질구레한 인색함과 욕심이 필연적으로 어린이들에게 감염되어 그들의 마음을 저하시키고, 그들이 사상의 세계로 자유로이 날아오르는 것을 방해할 것이다. 이 우려를 없애는 일은 우리의 계획을 실행하는 데 반드시 필요한 하나의 전제이다. 만약 인류가 전체적으로, 다음 시대에도 앞선 시대를 그대로 되풀이한다면 어떤 결과가 나올지는 우리가 충분히 관찰했던 문제이다. 인류를 완전히 개조하려면, 먼저 인류를 자기 자신으로부터 오롯이 분리하여, 이제까지의 그들의 생활과 앞으로의 생활을 뚜렷하게 구별 지어야 한다. 한 시대가 새로운 교육을 받은 다음에야 비로소 국민 교육의 어떤 부분을 가정에 맡길 수 있는지가 논의의 대상이 될 것이다. ―그러나 이 점은 일단 덮어 두고 페스탈로치의 《어머니들에게 보내는 편지》를 오직 교수법을 바탕으로 관찰하건대, 이 책의 내용과 어린이의 신체에 대한 생각 또한 잘못되었다. 그는 어린이의 인식의 마지막 대상은 아동 자신이어야 한다는, 전적으로 올바른 명제에서 출발한다.

그러나 어린이의 신체가 과연 어린이 그 자체일까. 인간의 신체가 문제라면 어린이에게는 어머니의 신체 쪽이 훨씬 가깝고 또 눈에 잘 보이지 않을까? 또 어린이가 먼저 신체를 사용하는 것을 배우지 않고 어떻게 자신의 신체를 또렷하게 인식할 수 있을까? 그렇게 하지 않고 얻은 지식은 참다운 지식이 아니라 언어의 자의적인 부호를 암기하는 데 지나지 않는다. 이러한 암기는 말을 과대평가하기 때문에 일어난다. 수업과 인식의 참된 기초는, 페스탈로치의 말을 빌린다면 문자의 'ABC'가 아니라 감각의 'ABC'가 되어야 한다. 어린이가 말소리를 듣고 불완전하나마 스스로 그것을 발음하기 시작하듯이, 어린이가 지금 배가 고픈지 졸리는지 이러저러한 말로 표현되는 현재의 감각은 그것을 눈으로 보고 있는지, 또는 듣고 있는지, 또는 그저 생각만 하는지, 그런 것을 충분히 명확히 하도록 어린이를 이끌어야 한다. 특별한 말로 표현되는 여러 인상이 같은 감각 기관으로 향해져서, 예컨대 여러 가지 물체의 색깔과 소리가 눈과 귀에 어떻게 온갖 감각을 일으키고, 또 어떻게 이런저런 강약의 느낌을 일으키게 하는지를 어린이로 하여금 스스로 명확하게 알게 해야 한다. 그리고 그 모든 일들이 올바른 순서로, 또 감각 능력을 규칙적으로 발달시키는 순서에 따라 지도되어야 한다. 그리하여 비로소 어린이는 '나'를 얻고, 그것을 충분히 사고된 자유로운 개념으로 독립시켜 '나'에게 그 개념을 스며들게 한다. 그가 생명을 자각하면 그 생명에 일종의 심안(心眼)이 주어져 그때부터는 두 번 다시 잃는 일이 없게 된다. 또 이로써 그 뒤 관찰을 연습할 때도, 양이나 수처럼 그 자체로는 헛된 형식에 저마다 명료하게 인식되는 내실(內實)이 주어지는 것이다. 그런데 페스탈로치의 교수법에서는 이러한 내실은 단지 강제에 의해 수량의 형식에 부가되는 데 지나지 않는다. 페스탈로치의 저서 속에 그의 부하인 교사 한 사람이 이 점에 대해 주목할 만한 고백을 한 대목이 이 실려 있다. 이 교사는 페스탈로치의 교수법을 실행하는 동안, 눈에 들어오는 것이 단지 기하학적 형태가 되기 시작했다고 한다. 이 교수법으로써 교육받는 학생은, 만일 정신적 소질이 무의식적이 되더라도 그것을 방지하지 않으면 모두가 그렇게 될 것이다. 자기가 본디 감각한 것을 명확하게 포착하는 이 경우에도, 인간을 만들고, 그를 모호함이나 혼란으로부터 맑은 단계로 높이는 것은 문자의 힘이 아니라 말을 하는 것과 자기를 남에게 전달하려는 욕구이다. 처음으로 자의식에 눈을 뜨는 어린이에 대해서는, 그를 둘러싼 자연의 모든 인상이 동시에 다가와, 총체적인 혼란 속에서 확연하게 구별되지 않는 하나의 혼돈 상태를 만든다. 어떻게 하면 어린이는 이 몽롱한 상태에서 벗어날 수 있을까, 이 점에서 어린이는 다른 사람의 도움을 필요로 한다. 그 도움을 얻기 위해서는 어린이가 이 욕구를, 그가 이미 언어 형태로 비축한 다른 비슷한 요구와 구별하여 명확하게 발표하는 수밖에 없다.

　어린이는 이러한 구별법을 배운 다음, 자기 안으로 물러나 마음을 집중해서 자기를 관찰하고, 또 자기가 실제로 느끼는 것을, 자기가 이미 알면서도 그때 느끼고 있지 않은 다른 인상과 비교하고 구별하도록 촉진된다. 그리하여 그의 내부에 하나의 사려 깊고 자유로운 '나'가 생기는 것이다. 인간이 필요와 자연에 이끌려 선택하는 이러한 과정을 사려 깊고 자유로운 기술로써 멈추지 않고 나아가는 것이 교육의 임무이다.

　외계의 대상으로 향하는 객관적 인식의 분야 가운데 언어의 지식은, 인식하는 사람 자신의 내적 인식의 명료성과 확실성에 아무것도 덧붙이지 않고 오직 이 인식을 남에게 전달하는, 전적으로 다른 방면에서 효력을 가질 뿐이다. 즉 인식의 명확성은 모두 직접적인 관찰에 근거를 둔다. 그리하여 우리가 마음대로 사물의 모든 부분을 상상력에 의해 실제로 재현할 경우에는, 비록 그것을 표현하는 말은 몰라도 이미 완전히 그것을 인식한 것이다. 우리의 확신에 따르면, 관찰의 완성은 문자의 지식에 앞서야 한다. 만일 이 순서가 바뀌면 우리는 그림자와 안개의 세계에 빠져 말만 앞서게 된다. 이 두 가지는 페스탈로치도 당연히 싫어했다. 또 우리의 확신에 따르면 되도록 빨리 말을 알려고 하고, 말을 알자마자 자기의 지식이 늘어났다고 생각하는 사람은 바로 그 안개의 세계 속에 살며, 오로지 그 세계를 확장하려고 몹시 애쓴다. 페스탈로치의 사상 체계를 훑어보면 그가 정신 발달의 첫 번째 바탕으로서, 또 그의 저서인 《어머니들에게 보내는 편지》의 내용으로서 꾀한 것은 바로 이 감각의 'ABC'였다고 나는 믿는다. 이는 페스탈로치가 언어에 대해 말할 때 막연하게 예감하지만 단지 철학적 지식이 부족해 명료하게 인식할 수 없었던 것이다.

이러한 감각으로써 인식의 주체 자체가 발달하는 것을 전제하고, 그것을 우리가 주장하는 국민 교육의 첫 번째 바탕으로 삼는다면, 페스탈로치의 이른바 관조의 'ABC', 즉 수량(數量)과 관련된 이야기는 모두 목적과 합치되는 적절한 결론이다. 이 관조에는 감각 세계의 임의의 부분을 결부할 수 있어서 관조를 수학의 영역으로 이끌 수 있다. 학생이 자신의 교양의 중요한 두 번째 걸음, 즉 인류의 사회적 질서의 기획과 그 질서에 대한 사랑으로 충분히 인도되기 위한 예비 연습은 이렇게 해서 이루어진다.

교육의 첫걸음에서 또 하나 그냥 지나칠 수 없는 것이 있다. 그것도 페스탈로치가 주장한 문제, 즉 학생의 육체적 능력의 발달로, 그것은 반드시 정신적 능력과 함께 진보해야 한다. 페스탈로치는 기술, 즉 육체적 능력의 'ABC'를 요구했다. 이에 대한 그의 가장 뚜렷한 주장은 다음과 같다. 곧 '치기, 짊어지기, 던지기, 찌르기, 끌기, 돌리기, 비틀기, 도약하기 등은 가장 간단한 힘의 연습이다. 이 연습의 초보에서 원숙한 기술에 이르기까지 즉 타격, 충돌, 도약, 투하 등을 무수한 변화에 따라 정확하게 할 수 있고 또 팔다리의 움직임을 확실하게 하는 신경 운동의 최고도에 이르기까지, 자연적인 단계가 점진적으로 이어진다.' 이때의 모든 문제는 이 자연적 단계를 어떻게 지키느냐에 달려 있다. 우리가 닥치는 대로 어떤 기준이나 원칙 없이 연습법을 도입해서는, 우리도 그리스인과 같은 체육을 갖게 되었다고 자신 있게 말할 수 없다. 이 점에서 모든 것은 앞으로 이루어질 날을 기다려야 한다. 왜냐하면 페스탈로치는 기술의 'ABC'를 제공하고 있지 않기 때문이다. 우리는 먼저 그 'ABC'를 제공해야 한다. 그러기 위해서는 인체의 해부와 과학적 구조에 정통하여 그 지식에 고도의 철학적 정신을 결합할 사람이 필요하다. 그런 사람에 의해 모든 방면이 완성됨으로써 인체가 도달해야 할 이상적인 기계를 찾아내고, 또 그 기계가 서서히 유일하고 가능한 올바른 순서에 따라 발달하여, 그 한 걸음 한 걸음이 다음 단계의 준비가 되어 그것을 더욱 쉽게 만들어, 단순히 신체의 건강과 아름다움, 그리고 정신력을 해치지 않을 뿐 아니라, 오히려 강화하고 향상하는 과정을 나아가게 되며, 저마다의 건전한 신체는 반드시 그렇게 해서 이 기계로 발달시킬 수 있다는 것을 뚜렷이 할 필요가 있다. 전체적 인간의 양성을 약속하는 교육, 특히 독립을 회복하여 앞으로 이를 유지하려는 국민에게 실시될 교육에 이 체육이 꼭 필요한 요소임은 여러 말을 하지 않아도 분명하다.

독일의 국민 교육에 대한 우리의 개념을 더 자세히 결정하기 위해 할 말이 더 있지만 그것은 다음으로 미루기로 한다.

제10강 독일 국민 교육에 대한 더 상세한 설명

학생을 지도하여 먼저 감각을, 이어서 관조를 명석하게 하고 이 교육과 함께 계통적 기능교육을 나란히 하는 것, 이것이 새로운 독일 국민 교육의 첫 번째 요소이다. 관조의 양성에 대해 우리는 페스탈로치로부터 알맞은 지침을 얻을 수 있다. 그러나 감각적 능력의 양성에 대해서는 아직 적절한 지침이 부족한데, 페스탈로치와 그의 협력자로서 이 문제를 해결하기 위해 맨 먼저 선출된 사람들이 그것을 쉽게 제공할 수 있을 것이다. 합리적으로 체력을 발달시키는 데 필요한 실제 지도도 아직은 모자르다.

그러나 이 문제를 해결하는 데 무엇이 필요한지와, 만일 국민이 이 해결에 대해 필요성을 느낀다면 그에 대한 해결을 얻을 수 있다는 것은 이미 말한 바 있다. 교육의 이러한 부분은 모두 두 번째로 중요한 부분, 즉 공민 교육과 종교 교육의 수단이나 예비에 지나지 않는다. 이에 대해 지금 이야기할 수 있는 대략적인 내용은 이미 제2강과 제3강에서 언급했으므로 그 점에서 더 이상 덧붙일 말은 없다. 이 교육의 실제적 기술에 대해 명확한 지침을 제시하는 것은—마땅히 언제나 페스탈로치의 본디 교육법을 협의하여 이루어져야 하므로—독일 국민 교육 일반을 제의하는 것과 똑같은 철학 사항이다. 그리하여 교육의 제1부가 완전히 이루어지고 이와 같은 철학의 지도에 대한 요구가 생기면, 철학은 물론 그 지도를 하는 데 주저하지 않을 것이다. 이들 사항에 대한 수업은 말하자면 가장 깊은 형이상학을 포함하고 또 가장 추상적인 사색의 획득물로서, 이를 이해하는 것은 현재 학자나 사색적인 사람에게도 거의 불가능할 텐데, 모든 학생이, 이를테면 비천한 계급에서 태어난 사람이라도—태생의 귀천은 사람의 소질에 어떠한 영향도 주지 않는다—이 수업을 받고 이해할 수 있을까, 게다가 쉽게 이해할 수 있을까하고 미리 걱정할 필요는 없다. 교육의 첫 걸음의 취지를 따르면 그것은 경험이 가르쳐 줄 것이다. 다만 우리 시대는 일반적으로 공허한 개념에 사로잡혀, 어디서나 참된 현실과 관찰의 세계에 들어가 있지 않으므로, 지금 바로 그러한 최고의 정신적 관조의 경계선에 있는 그들, 더욱이 이미 지나치게 영리한 그들에게 관조를 시작하라고 요구할 수는 없는 실정이다. 철학은 그들에게 이제까지의 세계를 버리고 완전히 새로운 세계를 획득하라고 요구하는 수밖에 없다. 게다가 이러한 요구가 아무런 효과를 나타내지 않는 것도 이상한 일이 아니다. 그러나 우리가 교육하는 학생은 이것과 취지를 달리하여 처음부터 관조의 세계와 친숙하고 그 밖의 세계는 아직까지 본 적이 없다. 즉 학생은 자기의 세계를 변경할 필요가 없이 다만 그것을 향상시키면 된다. 더욱이 그것은 자연적으로 할 수 있는 일이다. 이러한 교육은 동시에 우리가 이미 앞에서 제시했듯이 철학을 위한 유일하고 가능한 교육이고 철학을 일반화하기 위한 유일한 수단이다.

이 공민적이고 종교적인 교육으로써 교육은 곧 끝나고, 우리는 학생을 학교로부터 해방시킬 수 있다. 여기에 이르면 우리가 주장하는 교육의 내용은 우선 충분히 발휘된 셈이 된다.

학생의 인식 능력을 자극할 때는 반드시 그와 동시에 인식 대상에 대한 사랑도 환기시켜야 한다. 그렇지 않으면 인식은 죽은 것이 된다. 또 사랑을 환기시킬 때는 동시에 인식을 뚜렷하게 해야 한다. 그렇지 않으면 사랑은 맹목적인 상태를 면치 못한다—는 것이 우리가 주장하는 교육의 주요 원칙의 하나로, 여기에는 페스탈로치 또한 그의 사상의 체계상 일치할 것이다. 그런데 이러한 사랑을 자극하고 발달시키는 것은, 감각과 관조의 줄을 타고 순서 바르게 교육의 길을 걸어감으로써 저절로 이루어져, 우리의 기획이나 가공을 전혀 필요로 하지 않는다. 어린이는 명료함과 질서를 원하는 자연적인 충동을 갖고 있다. 이 충동은 앞에서 말한 교육 과정을 밟음으로써 언제나 충족되며, 그로 말미암아 어린이의 마음은 기쁨과 즐거움이 가득 차게 된다. 이 기쁨 속에서 새롭게 나타나는 미지의 사항에 어린이는 다시 자극을 받고, 그 자극에서 또다시 만족을 느낀다. 이렇게 해서 어린이의 생활은 학문의 사랑과 즐거움 속에 흘러간다. 이것이 곧 저마다를 사상의 세계로 연결해주는 사랑이고, 감각 세계, 심령 세계 일반을 이어주는 끈이다. 우리의 교육에 따르면 이 사랑으로써, 확실하게 예정대로 지금까지 소수의 뛰어난 학생만이 다다를 수 있었던 인식 능력이 손쉽게 발달하고 학술 분야도 개척될 수 있다. 확실하게, 예정대로, 손쉽게, 좋은 성적으로 도달할 수 있는 것이다.

그밖에 다른 종류의 사랑이 하나 있다. 그것은 인간과 인간을 결합시켜 모든 개인을 똑같은 사상의 이성적 공동체로 묶는 사랑이다. 앞에서 말한 사랑은 인식을 만들지만 이 사랑은 행위적 사랑을 만든다. 그리하여 인식된 것을 자기와 타인 속에 표현하고자 하는 마음을 자극한다. 단순히 학자적인 교육을 개선하는 것은 우리의 본디 목적에는 거의 도움이 되지 않으며, 또 우리가 뜻하는 국민 교육은 학자의 양성이 아니라 인간을 인간으로서 길러내는 것을 목적으로 하기 때문에 첫 번째 사랑과 함께 이 두 번째 사랑도 발달시키는 것이 우리 교육에서 빼놓을 수 없는 의무임은 이미 분명해졌다.

페스탈로치는 이 문제에 대해 사람의 마음을 떨쳐 일으키는 감격적인 어조로 자신의 의견을 말한다. 그러나 우리는 다음과 같이 고백하지 않을 수 없다. 그가 말하는 것은 우리에게는 조금도 명료하지 않다는 점이다. 특히 이 사랑이 첫 번째 사랑을 기술적으로 발달시키는 기초가 될 수 있다는 것이 가장 불분명하다. 그렇다면 우리는 이 문제에 대한 우리 자신의 사상을 여기서 이야기할 필요가 있다.

인간은 본성적으로 이기적이고 어린이도 그 이기심을 갖고 태어난다는 생각, 또 인간에게 도덕적 원동력을 심어 주는 것은 오직 교육의 힘뿐이라고 하는 일반적인 생각은 매우 천박한 관찰로서 완전히 잘못되었다. 무에서 유가 생길 수는 없고, 여러 해 동안 내내 발달해 온 근본적 본능은 인간을 완전히 반대의 것으로 만드는 것은 불가능하므로, 만약 어린이가 처음부터 본능적으로, 또 교육을 받기 전에 이미 도덕심을 갖고 있지 않다면, 그들의 마음에 도덕심을 심어주는 것이 과연 교육의 힘으로 가능할까? 실제로 도덕심은 이 세상에 태어나는 모든 인간에게 존재하며, 교육의 임무는 오직 이 도덕심이 발현하는 가장 본연적이고도 순결한 형상을 밝히는 데 있다.

철저한 사색도 전체의 관찰도, 이러한 가장 본연적이고 순결한 형상이 존경을 얻고자 하는 충동이라는 것, 또 존경의 유일한 대상으로서의 도덕, 선, 진실성, 극기력 등이 이 충동으로 말미암아 비로소 인식으로 승화한다는 점에서 일치하고 있다. 어린이의 경우 이 충동은 먼저 자기가 가장 존경하는 사람으로부터 존중받고 싶어 하는 충동이 되어 나타난다. 보통 이 충동은 자기 곁에 있으면서 사랑을 베풀어 주는 어머니보다 오히려 엄격하고 때로는 함께 있지 않으며 그다지 직접적으로 사랑을 베풀어주지도 않는 아버지에 대해 훨씬 강하게, 그리고 결정적으로 향해진다. 이것은 사랑이 절대로 이기심에서 생기는 것이 아님을 확실하게 증명한다. 어린이는 아버지의 인정을 받고 싶어 한다. 아버지의 동조를 구하려고 한다. 그리하여 아버지가 자기에 대해 만족을 느껴주는 한, 어린이도 스스로 만족한다. 이것이 어린이의 아버지에 대한 자연적 사랑으로, 어린이가 아버지를 사랑하는 것은 자신의 감각적인 행복의 옹호자로서가 아니라 자신의 가치 또는 무가치를 뚜렷하게 비추는 거울로서 사랑한다. 그런데 아버지는 어린이의 이 사랑을 바탕으로 하여 어려움이 따르는 순종으로, 또 모든 극기로 손쉽게 인도할 수 있다. 반대로 어린이가 아버지에게서 얻고 싶어 하는 사랑은 이런 것이다. 즉 어린이가 착해지려고 노력하는 것을 아버지가 인정해 주는 것, 또 어린이의 행동을 인정할 수 있을 때는 기뻐하고 그렇지 않을 때는 마음속 깊이 슬퍼하는 것, 어린이의 행동에 대해 만족할 수 있을 때 말고는 아무런 희망도 없으며 어린이에게 바라는 것은 더욱더 선량하고 존경할 만한 사람이 되는 것뿐임을 어린이가 인정하게 해주는 것이다. 어린이가 그것을 알면 그의 사랑은 더욱더 활발해지고 강해져서 앞으로의 모든 노력에 새로운 힘을 줄 것이다. 이에 비해 아버지가 자식을 인정하지 않거나 끊임없이 부당한 오해를 하는 것은 어린이의 사랑을 죽이는 행동이다. 만약 어린이를 다루면서 이기심을 보여줄 때는, 예를 들어 어린이의 부주의로 일어난 손실을 중대한 죄로 간주할 때는 어린이는 오히려 증오감까지 느끼게 된다. 그런 경우 어린이는 자신은 단지 하나의 도구로 여겨진다고 느낀다. 이것은 어린이가 자신은 하나의 가치를 가지고 있다고 생각하는 감정, 막연하나마 엄연하게 존재하는 이 감정을 해치게 된다.

이를 실례로써 증명해 보기로 하자. 어린이가 꾸지람을 들을 때 고통 말고도 수치를 느끼는 것은 무엇 때문일까? 또 그 수치심은 어떤 감정일까? 이것은 분명히 자기 멸시의 감정이다. 그는 자신의 부모와 교육자의 불만을 샀다는 사실을 뼈저리게 알게 되어 자기를 경멸하지 않을 수 없다. 처벌이 수치심을 일으키지 못하는 관계에서는 교육은 이미 그 힘을 잃은 것이다. 그리하여 처벌은 단지 폭행으로 여겨지고 어린이는 초연하게 이를 얕잡아보고 비웃게 된다.

이처럼 인간을 정신적으로 통합하는 유대는 결코 관능적인 사랑이 아니라 상호 존경의 충동이다. 이러한 충동을 발달시키는 것이 인간 교육의 중요한 요소의 하나이다. 이 충동은 두 가지 방식으로 만들어진다. 어린이는 먼저 자기 이외의 어른에 대한 무조건적인 존경에서 출발하여, 어른으로부터 존중받고자 하고, 또 자신에 대한 어른의 존중의 정도를 보고 자기를 얼마쯤 존경해도 되는지를 측정하려는 충동을 갖게 된다. 이렇게 자기 이외의 척도를 믿고 자기의 가치를 결정하려는 것이 소년 및 미성년 시기의 특징으로, 이 특징이 있으므로 인간적 완성을 향해 자라는 후진 소년에 대한 모든 훈계와 교육이 가능해진다. 성인은 자기 존중의 표준을 자기 자신 안에 갖고 있다. 그리하여 자기가 존경할 만하다고 인정하는 사람이 아니고는 타인으로부터 존경받기를 크게 바라지 않는다. 성인의 이러한 충동은, 타인을 존경할 수 있고 또 존경할 만한 것을 자기의 외부에 만들어내려고 하는 욕구의 형태를 취한다. 만일 인간 속에 그러한 충동이 없다면, 악인은 아니라는 정도의 선인도, 타인이 자기 생각보다 열등하다는 사실을 발견했을 때 슬픔을 느끼고, 사람을 경멸하지 않을 수 없을 때 깊은 고통을 느끼는 현상은 과연 어디서 오는 것일까? 이기심에서는 자기가 거만하게 남을 내려다볼 수 있다는 것은 기분 좋은 일일 것이다. 교육자는 이러한 성인의 특징을 반드시 잘 알고 있어야 한다.

한편, 미성년자의 특징은 학생에게 확실히 갖춰져 있다. 그런 의미에서의 교육의 목적은 우리가 지금 말한 의미의 성인의 특징을 만들어내는 데 있으므로, 이 목적이 이루어져야만 교육은 진정으로 완성되어 종결될 수 있다. 이제까지는 많은 인간들이 평생 동안 미성년자와 같았다. 즉 자기만족을 위해 남의 갈채를 필요로 하고, 다른 사람의 칭찬이 없으면 어엿한 일을 이루었다고 믿을 수 없는 인간은 실은 미성년자인 것이다. 세상 사람들은 이러한 미성년자를 남의 비판에 초연하게 혼자 자족할 수 있는 소수의 인간과 대비시켜, 이러한 인간을 미워하는 동시에 그 미성년자적인 인간을 존경은 못할망정 사랑스러운 사람으로 생각해왔다.

모든 도덕적 교육의 기초는 먼저 어린이에게 이러한 충동이 있음을 알고 그것을 확실하게 전제하는 데 있다. 다음에 이 충동의 형태로 나타나는 것을 올바르게 인식하여 알맞은 방법으로 그 충동을 자극하고, 충동이 원인이 되어 자기를 발휘할 재료를 공급하여 충동을 서서히 발달시키는 데 있다. 그리하여 첫 번째 규칙은 우리가 이 충동을 단 하나의 충동에 적합한 대상, 즉 도덕적 방면을 향하게 하여 결코 이 충동과 관련이 없는 다른 재료로 만족을 구하지 않도록 하는 것이다. 예를 들어 배운다는 행위는 그 자체 안에 흥미와 보상이 들어 있다. 매우 부지런하다는 것은 기껏해야 극기심의 연습으로서 칭찬할 만하다. 그러나 요구 이상으로 나오는 근면은 저마다의 자유이기는 하지만 단순한 일반 국민 교육에서는 설 자리가 없을 것이다.

그렇다면 학생이 배워야 할 것을 배우는 것은 마땅한 일이지 특별히 내세울 일은 아니라고 보아야 한다. 비교적 재능이 있는 어린이가 다른 어린이에 비해 빨리 그리고 잘 배우는 것도 단순히 자연적인 일로 보아야 하고, 어린이 자신에 대해 칭찬하거나 표창할 만한 일이 아니며, 하물며 다른 결점을 보완하는 이유도 되지 않는다. 위에서 말한 충동의 영역은 오직 도덕적인 면에만 주어져야 한다. 그런데 도덕의 바탕은 자제심이고 극기심이며, 자기의 이기적 충동을 전체라는 개념 속에 종속시키는 일이다. 학생은 그 밖의 다른 어떤 일에 의해서가 아니라 오직 이것에 의해서만 교육자의 칭찬을 받아야 한다. 학생이 그 칭찬을 바라는 것은 그의 정신적 본성이며, 그것은 교육으로써 길러진다. 우리가 이미 제2강에서 살펴본 것처럼 개인적 자아를 전체에 종속시키는 데는 매우 다른 두 가지 방법이 있다.

첫째는 절대적이고 누구에게나 모든 일에 없어서는 안 될 복종, 즉 전체의 질서를 위해 세워진 법률 규정에 따르는 일이다. 이를 위배하지 않는다면 그리 칭찬할 일은 아니지만 다른 사람의 불쾌감도 자아내지 않는다. 이를 어기는 사람은 불쾌감과 비난을 초래하는 것은 물론이고, 공공연하게 위배하는 사람은 공적인 비난을 받아야 하며, 그 비난도 효과가 없을 때는 처벌까지 받아야 한다. 두 번째 복종은, 요구받지 않아도 개인이 자유 의지로 자기를 전체에 복종시키는 일이다. 즉 자기를 희생하여 전체의 복리를 증진시키는 것이다. 단순히 규칙에 따르는 것과 그보다 더 고상한 덕행의 상호관계를 학생들이 어릴 때부터 마음속에 충분히 새겨 넣기 위해서는, 얼마 동안 첫 번째 복종을 잘 이행한 학생에게 준법에 대한 대가로 두 번째 것, 즉 헌신적 희생 행위를 허락해야 하지만, 첫 번째 준법과 질서 면에서 아직 충분하지 않은 학생에게는 이 희생적 행위를 금하는 것이 올바른 방법일 것이다. 이러한 자유의지에 따른 사업의 대상에 대해서는 일반적으로는 이미 앞에서 말했지만 뒤에 더 자세히 설명할 생각이다. 이러한 종류의 희생적 행위에 대해서는 적극적으로 시인하고 진정으로 그 공적을 인정하되 절대로 보란 듯이 칭찬해서는 안 된다. 공공연하게 칭찬하면 오히려 마음가짐을 해쳐서 허영심을 일으키게 하고 독립적인 정신을 깨뜨리게 되므로, 다만 조용하게 본인에게만 알리는 것이 좋다. 이 칭찬은 학생에게도 외부에 나타나는 학생 자신의 양심에 만족을 주어 스스로 자기 자신에게 만족하게 하고, 자기를 존중하는 마음을 확고히 하여 미래를 향해 자신감을 갖게 하는 정도에 그쳐야 한다. 여기에 교육이 의도하는 온갖 이익은 다음과 같은 장치로 말미암아 크게 늘어날 것이다. 일반적인 학교에는 원칙적으로 여러 명의 남녀 교사가 있으므로 학생이 자유롭게 자신이 믿을 수 있고 마음이 가는 교사를 선택하여 자신의 특별한 친구로서 양심의 상담역으로 삼게 한다. 어린이가 올바른 일을 하려다 어려움을 느끼게 되면 언제나 이 교사에게 의논하고, 교사는 진지한 조언으로 학생을 돕도록 한다. 학생이 자발적으로 맡는 희생적 사업은 오직 이 교사만 알고 있는 것이 좋다. 또 그가 하는 일에 대해 칭찬하는 것도 마찬가지로 이 교사가 하는 것이 좋다. 그렇게 하면 교육은, 이들 상담역인 교사의 실천으로써 각 교사의 특색을 발휘하면서 학생의 극기심과 희생정신을 더욱 강하게 키울 수 있다. 이렇게 해서 차츰 학생의 건전한 마음과 독립심이 생기게 된다. 이 둘을 만들어 냄으로써 교육은 미래를 위한 소임을 다하고 물러나게 된다. 자기의 행위에 의해 비로소 도덕의 영역이 가장 뚜렷하게 우리에게 제시된다. 이렇게 하여 인정할 수 있는 영역이야말로 참다운 도덕의 영역이다. 사람은 이 도덕적 세계에 들어있는 모든 것을 스스로 볼 수 있으며, 더는 자기 위에 증언자를 필요로 하지 않고 스스로 자기 행위의 선악을 판정할 수 있게 된다. 그리하여 그는 성인이 되는 것이다.

방금 한 말에 의해 이제까지의 설명에서 모자랐던 점을 보충하여 우리의 제안을 모두 실행 가능한 것으로 만든 셈이다. 앞으로의 교육에서는 지금까지 관용적으로 사용되었던 관능적 희망과 공포를 정의와 선에 대한 쾌락으로 대치해야 한다. 이 쾌락이 유일한 실제적 원동력으로서 미래의 모든 생명을 움직이게 해야 한다. 이것이 우리가 제안하는 것의 요점이다. 이에 대해 가장 먼저 일어날 수 있는 의문은 어떻게 하면 그 쾌락을 만들어낼 수 있는가 하는 것이다. 그러나 엄밀한 의미에서 만들어내는 것은 물론 불가능하다. 인간은 결코 무에서 유를 만들어낼 수 없기 때문이다. 즉 우리의 제안이 실행 가능하기 위해서는 이러한 쾌락이 근본적으로 존재해야만 한다. 모든 사람에게 빠짐없이 존재하지 않으면 안 된다. 실제로도 그렇게 되어 있다. 어린이는 모두 예외 없이 올바르고 선량해지기를 바라고, 결코 작은 동물처럼 단순히 육체의 쾌락만 원하지는 않는다. 사랑은 인간의 근본 요소이다. 사랑은 인간이 실재하듯이 완전히 실재하며, 그 사실에 그 무엇도 덧붙일 수 없다. 왜냐하면 사랑은 감각적 생명의 전화적(轉化的)인 현상을 초월하여 감각적 생명으로부터 완전히 독립된 것이기 때문이다. 이 감각적 생명으로써 결부되어 그것과 함께 생성되는 것은 오직 인식뿐이다. 인식은 시간이 진행하는 동안 서서히 발달할 뿐이다. 그렇다면 정의와 선의 개념의 질서 있는 전체가 생기고 거기에 원동력이 되는 쾌감이 결부될 수 있을 때까지, 이 선천적인 사랑은 어떻게 그 무지(無知)의 기간을 넘어 전개되고 연습되어야 할까? 이성적 천성은 우리가 손을 댈 필요도 없이 이 어려움을 없앨 수 있었다. 어린이의 마음속에 아직 부족한 의식은 성인들의 비판으로 그에게 외적으로, 또 구체적으로 나타난다. 어린이의 마음속에 독립적인 비판 능력이 생길 때까지 어린이는 자연적인 본능에 따라서 성인의 비판에 의존한다. 그리하여 그의 마음속에 아직 양심이 나타나기 전까지는 바깥에서 하나의 양심이 그에게 주어지는 것이다. 새로운 교육은 지금까지 그다지 알려지지 않은 이 원리를 인식하여, 특별히 손을 대지 않고 이미 존재하는 사랑을 올바른 길로 이끌어야 한다. 미성년자의 천진난만함과 어른들에 대한 믿음은 지금까지 언제나 그들을 타락시키는 데 제공되어 왔다. 그들의 순진함과 어른에 대한 자연적인 신뢰가 있으므로 오히려 어린이가 내적으로 바라고 있는 선을 보여주지 않고, 그들에게 만일 그것을 아는 능력이 있으면 틀림없이 기피했을 부덕(不德)을 아동의 아직 선악을 구별하는 능력이 생기지 않은 마음속에 심어줄 수 있었던 것이다.

이는 우리 시대가 저지르고 있는 가장 큰 죄악이다. 일반적으로 인간이 나이를 먹을수록 더욱 악화되고 이기적이 되어 선량한 충동을 잃어버리고 선량한 일에서 멀어지는 것, 선을 실천하려고 마음먹은 천진난만한 소년의 마음이 나이를 먹어감에 따라 차츰 희미해지는 것은 우리가 늘 목격하는 일이지만 위에서 말한 것으로 더욱 뚜렷해진다. 따라서 현대의 인간이 만약 이제까지의 생활과 미래의 생활에 확연한 구획을 짓지 않으면, 다음 시대는 더욱 타락하여 한결 더 타락한 인류의 시대를 만들게 되리라는 것도 증명된다. 이에 대해서는 어느 존경할 만한 인류의 스승이 다음처럼 말한 바 있다.

"더 늦기 전에 인류의 목에 무거운 맷돌을 매달아 바다의 가장 깊은 곳에 가라앉혀야 할 것이다."

그러나 인간이 태어날 때부터 죄인이라고 하는 것은 인간 본성에 대한 어리석은 비방이다. 과연 인간이 타고난 죄인이라면 어떻게 해서 인간에게 죄라는 개념이 생길 수 있었을까? 죄의 개념은 죄가 없다는 개념의 대조로서만 가능하다. 인간은 자신의 생활로써 죄인이 된다. 이제까지 인간의 생활은 일반적으로 더 무거운 죄를 향해 걸어가는 면이 있었다.

앞에서 말한 것에 의해, 잠시도 지체하지 않고 참다운 교육에 착수해야 할 필요성이 더욱 뚜렷해졌다. 소년들이 어른과 전혀 접촉하지 않고 교육이 없이 성장할 수 있다면, 잠시 그 자연적 결과를 방관해도 무방하리라. 그러나 소년을 우리의 사회에 넣어두는 것만으로도, 우리의 희망이나 의지를 가하지 않아도 저절로 일종의 교육을 할 수가 있다. 그들은 우리를 본보기로 삼아 자신을 교육한다. 즉 우리와 같이 되고자 하는 것이 그들의 본보기로서 그들에게 다가가, 그들은 우리가 요구하지 않아도 우리를 모방하여 오로지 우리처럼 되기를 바란다. 그런데 우리는 보통, 더욱이 대다수는 전적으로 선악을 거꾸로 행동하고 있다. 그것은 자신도 모르거나 우리 자신이 어린아이처럼 순진하게 잘못된 것을 옳다고 생각하는 데서 비롯된다. 또는 그것을 알고 있다 해도, 우리가 어떻게 어린이와 함께 어울리기 위해 오랫동안 우리의 제2의 천성이 된 것을 버리고 우리의 낡은 생각과 정신 전체를 새로운 것과 바꿀 수 있겠는가? 우리와 접촉하면 어린이는 타락할 수밖에 없다. 그것은 피할 수 없는 일이다. 그러므로 어린이를 조금이라도 사랑하는 마음이 있다면, 그들을 우리의 유독(有毒)한 기운에서 멀리 떼어놓고 그들을 위해 오롯이 순결한 집을 마련해주어야 한다. 우리는 어린이로 하여금 다음과 같은 사람들의 사회로 들어오게 해야 한다. 즉 그들은 주위의 사정이 어떻든 끊임없는 연습과 관습에 의해, 어린이가 우리를 관찰하고 있다는 사실을 깨달을 만한 달견을 얻은 사람이어야 한다.

그리하여 적어도 어린이 앞에서만은 언행을 삼가는 능력이 있고, 또 어린이 앞에 어떠한 태도로 나서야 할 것인가 하는 지식을 가진 사람이어야 한다. 우리는 어린이가 우리의 타락을 혐오하는 것을 배워 그것에 감염될 우려가 완전히 사라지기 전에는 어린이를 그런 사람들의 사회에서 데리고 나와서는 안 된다.

이상은 우리가 도덕 교육에 대해 일반적으로 여기서 이야기할 필요가 있다고 인정한 사항들이다.

　어린이가 어른들과 완전히 격리되어 교사와 그 윗사람하고만 공동 생활을 해야 한다는 것은 이미 자주 강조해 왔다. 이 교육은 남녀 양성에 모두 같은 방법으로 실시되어야 하는 것은 더 말할 것도 없이 분명하다. 남녀를 저마다 다른 교육 기관에 두는 것은 교육의 목적에 어긋나며, 또 완전한 인간으로 교육하기 위한 몇 가지 중요한 사항을 쓸모없게 만들 것이다. 수업 과목은 남녀 공통이다. 근로 작업에서 볼 수 있는 남녀의 구별은 그 밖의 합동 수업을 유지하면서도 쉽게 참작할 수 있다. 어린이가 인간이 되는 교육이 주어지는 작은 사회는, 나중에 그들이 완전한 성인이 되어 들어가야 할 커다란 사회와 완전히 똑같이 남녀 양성으로 조직되어야 한다. 둘은 서로의 차이에 주목하게 되고, 또 남편이 되고 아내가 되기 전에 먼저 서로 공통된 인간성을 인지하고 사랑할 줄 알게 되어 남자 친구와 여자 친구를 가져야 한다. 또 전체에서의 남녀 양성의 관계, 즉 한쪽에서는 용감한 보호를 제공하고, 다른 한쪽에서는 다정한 조력을 제공하는 것을 학교 안에서 실현하고 학생들 사이에 길러야 한다.

　우리의 제안을 실행할 때 가장 먼저 할 일은, 이 학교의 내부 조직에 대한 법규를 만드는 것이다. 이것은 우리가 말한 근본 개념이 매우 철저한 경우에는 아주 쉬운 일이므로 특별히 구체적으로 이야기할 필요는 없을 것이다.

　이 새로운 국민 교육의 하나의 큰 요구는, 학습과 노동이 결부됨으로써 학교는 학생의 노동으로써 경비를 충당해 가는 것처럼 학생들이 생각하게 하여, 학생이 그러한 자각을 가지고 이 목적을 위해 온 힘을 다하게 하는 것이다. 이것은 외면적 실행성의 목적과 세상 사람이 우리의 제안을 듣고 틀림없이 요구할 경비 절감의 목적에 관한 것은 잠시 제쳐 두고라도, 이미 교육의 임무에 의해서도 직접적으로 요구되는 사항이다. 그 이유의 하나는 일반적인 국민 교육만 받는 사람은 모두 노동계급에 속하게 될 사람들이고, 이들을 유능한 노동자로 만드는 것은 틀림없이 이 교육의 임무이기 때문이다. 특히 인간이 늘 자신의 힘으로 세상을 살아갈 수 있고, 자기를 유지하기 위해서는 절대로 남의 자비를 필요로 하지 않는다는 자신감을 만드는 것은 인간의 물질적 독립심을 기르는 데 없어서는 안 되는 것이며, 지금까지 생각했던 것보다 훨씬 더 인간의 도덕적 독립을 제약하기 때문이다. 이러한 교육법은 또 이제까지 일반적으로 맹목적인 흐름에 맡겨져 있었던 교육의 한 면을 제공하게 될 것이다. 바로 경제 교육이라고 할 수 있는 것으로, 세상 사람들이 가끔 비웃는 뜻으로 말하는 '경제'라고 하는 빈약하고 좁은 의미가 아니라, 더욱 고상한 도덕적 관점에서 관찰되어야 할 교육이다. 우리 시대의 사람들은 살아가기 위해 아부하고 납작 엎드려서 온갖 일에 이용당하는 것을 감수해야 한다. 그밖에는 방법이 없다는 것을 부정할 수 없는 원칙으로 생각하기 쉽다. 정말 그렇다면 그들은 그렇게 살기보다는 차라리 죽는 것이 낫다는 것이 영웅적이고 진실한 항변이지만, 이러한 비평을 가하는 것은 허용한다 해도, 그들은 인간의 품위를 지키면서 살아가는 방법을 배워야 할 여지는 남아 있다. 시험 삼아 부도덕한 행위로 지탄받는 사람들을 자세히 관찰해 보라. 그런 사람은 어느 누구도 노동을 배우지 않고 싫어할 뿐만 아니라, 경제의 길을 모르는 사람들임을 알 수 있다. 그렇다면 우리의 교육에서는, 학생을 근로에 익숙해지게 하여 뒷날 생활을 위해 부정한 유혹에 빠지지 않도록 하고, 인간의 긍지의 가장 중요한 원칙으로서 자신의 생활을 자신의 근로가 아니라 다른 사람의 노동에 기대어 유지하려는 것은 더 없이 부끄러운 일이라는 의식을 마음속 깊이 새기게 해야 한다.

페스탈로치는 학습과 아울러 온갖 수공도 가르쳐야 한다고 주장했다. 이렇게 양자를 결합하는 것은 어린이에게 수공 능력이 있는 경우에는 물론 가능하다. 그러나 이러한 제안은 첫 번째 목적이 빈약한 데서 비롯되었다고 생각하지 않을 수 없다. 내가 생각하기로는, 수업은 될 수 있는 한 신성하고 존엄하며 비상한 주의력과 힘의 집중을 필요로 하기 때문에 다른 일을 하면서 동시에 할 수 있는 일이 아니다. 어린이가 실내에만 갇혀 있어야 하는 계절, 근로 시간에 편물이나 방적 같은 일을 부과하여, 교사의 감독 아래 공통된 정신력의 연습을 일과 연결짓는 것은 어린이의 정신을 이완시키지 않는다는 목적에 매우 부합된다고 하겠다. 그러나 그 경우에는 일이 중심이 되어 정신력의 연습은 이미 수업이 아니라 단순히 여흥에 지나지 않게 된다.

이 모든 저급한 일은 일반적으로 부업으로 간주되어야지 절대로 주요 노동으로 여겨져서는 안 된다. 주요 근로는 경작, 원예, 목축, 그리고 학교라고 하는 작은 국가 안에서 필요한 노동의 연습이다. 그리하여 학생마다 부과되는 노동의 난이도나 분량은 그 나이의 체력과 균형이 맞도록 하고 부족한 힘은 새로 기계나 도구를 고안하여 보충해야 함은 물론이다. 이때 주의해야 할 점은, 학생으로 하여금 되도록 자신들이 하는 일을 근본적으로 이해하고, 자신들의 직업에 필요한 지식과 식물의 배양, 동물체의 성질 및 욕구, 기계학의 원칙 등을 이미 학교 안에서 획득하게 하는 일이다. 그리하여 이 교육은 학생이 앞으로 몸담을 직업에 대한 일관된 수업이 되어, 생각이 깊고 이해 능력이 있는 농업인을 직접적인 관찰로써 기르게 되고, 또 그들의 기계적 노동이 고상해지고 정신화되기도 한다. 이 교육은 또 생활 유지를 위한 근로와 마찬가지로 학생이 파악한 자유와 관조의 증명이 되기도 한다. 그리고 학생은 동물이나 흙과 어울리면서도 정신적 세계 속에 남아 동물이나 흙으로 전락하는 일이 없다.

이 학교, 즉 작은 경제 국가의 원리는 다음과 같다. 여기서는 그곳에서 생산되고 제조된 것 말고는 그 어떤 것도 음식이나 옷 따위에 쓰이지 않고, 가능하면 도구류도 그곳에서 만들어진 것 말고는 사용하지 않는다. 이 학교의 살림을 위해 외부에서의 보급이 필요할 때는 모두 현물로 공급하고, 그것도 학교 자체가 갖고 있는 것과 종류가 같은 것으로 한다. 그리고 학생들이 자신들의 수익이 늘어났다는 사실을 알지 못하게 하고, 때에 따라서는 그것을 일종의 부채로서 일정한 기간 안에 다시 갚게 해야 한다. 이러한 전체의 독립 및 자급자족을 위해 모든 학생이 전력을 다해 일하되, 전체에 대한 자기의 노동을 계산하거나 스스로 무언가를 소유하고자 하는 요구를 일으키지 않도록 해야 한다. 각 학생은 전체에 대해 완전히 책임을 느끼고 전체와 괴로움과 즐거움을 함께 해야 한다. 그렇게 함으로써 학생이 언젠가 가담하게 될 국가 또는 가정의 견고한 독립과, 이들 단체에 대한 각 구성원의 관계가 생생한 관조로 제시되어 학생의 가슴 속에 흔들리지 않는 뿌리를 내리는 것이다.

여기까지 기계적 노동에 대해 설명했는데, 여기서는 일반적인 국민 교육 안에 근거를 두고 이에 의해 뒷받침되고 있는 학자 교육을 전자와 분리시켜 그 학자 교육에 대해 몇 마디 언급하지 않을 수 없다. 학자 교육은 일반적 국민 교육 속에 바탕을 두고 있다고 나는 말했다. 학문을 연구하는 능력을 스스로 충분히 갖추고 있다고 믿는 사람, 또는 어떤 이유 때문에 스스로 이제까지의 이른바 상류계급에 속하고 있다고 생각하는 사람에게, 앞으로도 이전처럼 학자 교육의 길을 가도록 허락할 것인가 하는 문제는 여기서는 미결로 남겨 두기로 한다. 다만 앞으로 이 국민 교육이 실행 단계에 이르렀을 때 이들 학자의 다수, 그러나 새 교육으로 양성된 학자를 가리키는 것이 아니라 저열(低劣)한 인간—새로운 교육에서도 나타날 그런 사람까지 포함하여—, 어쨌든 이러한 학자의 다수가 자신들이 획득한 박학한 지식을 가지고 어떻게 존립해야 하는지는 실제의 경험이 가르쳐줄 것이다. 그러나 나는 그것을 말하려는 것이 아니다. 여기서는 주로 새로운 방법에 따른 학자 교육을 말하고자 한다.

새 교육의 원칙에 따르면, 앞으로 학자가 되고자 하는 사람도 일반적인 국민 교육을 통과하여 이 국민 교육의 제1부, 즉 감각, 관조 및 관조에 따른 모든 것에 바탕한 인식을 충분하고 명료하게 발달시켜야 한다. 다만 새로운 국민 교육은 특별한 학문적 재능을, 또 개념의 세계에 대한 특별한 기호를 나타내는 남아에게만 이 학자 계급에 들어가는 것을 허용해야 한다. 그렇다, 적어도 이러한 특징을 보이는 남아에게는 태생의 귀천 같은 것은 고려하지 않고 예외 없이 이 진로를 허용해야 한다. 왜냐하면 학자는 절대로 자기 자신을 위해 존재하는 것이 아니고, 모든 재능은 국민의 고귀한 소유물로서 국민은 그것을 결코 잃어서는 안 되기 때문이다.

학자가 아닌 사람은 인류가 쟁취한 발달 단계 위에서 자신의 힘으로 유지해 갈 임무를, 학자는 명확한 개념에 따라 또 사려 깊은 기술로 인류를 더 높은 곳으로 나아가게 할 임무를 띠고 있다. 학자는 자기의 개념을 가지고 언제나 현재에 앞서 미래를 포착하고, 그것을 미래의 발전을 위해 현재 속에 심는 힘을 가져야 한다. 이를 위해서는 이제까지의 세계의 상태에 대한 명확한 달관, 현상에 사로잡히지 않고 순수하게 사색하는 자유롭고 뛰어난 재능이 필요하다. 더욱이 학자가 자기의 사상을 전달하기 위해서는, 언어를 그 살아 있는 창조적 밑바닥까지 소유할 필요가 있다. 그 모든 것을 수행하기 위해서는 다른 지도에 의존하지 않는 정신적 독립과 깊고 고독한 사색이 필요하다. 그러므로 앞으로 학자가 되고자 하는 사람은, 그것을 결정한 순간부터, 사색을 연습하기 위해 학자가 아닌 사람처럼 언제나 스승 밑에서 스승의 감독 속에 그것을 연습해서는 안 된다. 그에게는 또 학자가 아닌 사람에게는 전혀 필요 없는 온갖 보조 지식이 필요하다. 학자의 근로와 그의 일과란 바로 이 고독한 사색일 것이다. 그에게는 곧 그것에 대한 지도가 주어져야 한다. 따라서 그에게는 다른 기계적 작업이 면제된다. 즉 미래의 학자라 할지라도 인간으로서의 교육에 대해서는 일반적인 국민 교육의 길을 따라 그때까지 받는 수업에 다른 사람과 함께 출석하지만, 다른 학생의 노동 시간에 해당하는 시간만은 그의 미래의 직업에 필요한 과목을 연습하는 시간이 되는 것이다. 이 점이 차이의 전부이다. 농업과 기타 기계적 기술 및 요령에 대한 일반적인 지식은 단순히 인간으로서도 마땅히 요구되는 지식이므로, 미래의 학자도 국민 교육의 제1부에 있는 동안 반드시 그것을 배워야 하고, 만일 제1부에서 배우지 않을 때는 나중에라도 보충해야 한다. 그에게도, 채용된 체육 과목을 다른 학생과 마찬가지로 부과해야 하는 것은 물론이다. 이 학자 교육의 특별한 과목과 이에 대해 주의해야 할 수업의 실제를 설명하는 것은 이 강연의 목적이 아니다.

제11강 이 교육의 실행은 누가 맡아야 할까

새로운 독일 국민 교육안에 대해서는 내가 뜻한 범위 안에서 충분히 설명되었다. 이어서 일어나는 문제는, 누가 이 교육안을 실행할 주무자가 될 것인가, 우리는 그것을 누구에게 기대할 수 있는가, 또 이제까지 그것을 누구에게 기대해 왔는가 하는 것이다.

우리는 이 교육을 독일 조국애의 최고이자 한동안 유일한 긴급 과제라고 말했다. 우리는 전 인류의 개량과 개조를 이 조국애의 방향을 따라 먼저 세상에 도입하고자 한다. 그러나 이러한 조국애가 무엇보다 독일 국가를, 곧 독일인이 통치하는 모든 곳을 감격시키고 독일 국가의 모든 결심을 정함에 있어 최고의 권위이자 원동력이 되게 하지 않으면 안 된다. 그렇다면 우리가 먼저 기대하는 눈빛을 보내는 것은 이 국가 자체가 될 것이다.

우리의 이 희망은 과연 충족될 수 있을까? 우리가—이것은 물론 마땅한 일이지만—독일 연방의 어떤 특별한 나라가 아니라 독일 전체에 착안하여, 이제까지의 실적에서 입각해 이 독일 전체에 품을 수 있는 기대는 어떤 것일까?

근대 유럽에서는 교육은 본래 국가에 의해 실시되지 않고 일종의 다른 권력에서 나왔다. 이러한 권력으로서는 각국이 대개 자기 나라의 특유한 것도 갖고 있다. 즉 천국적이고 영적인 국가인 교회이다. 교회는 자신을 이 세계 단체의 한 요소로 간주하지 않고 그와는 전혀 관계가 없는 천국의 식민지이며, 이 지상, 즉 이국에서 스스로 뿌리를 내릴 수 있었던 모든 장소에서 천국의 시민을 모집할 임무를 띤 것으로 생각하고 있다. 그 교육은, 오로지 인간들이 저 세상에서는 고통이 아니라 구원만 얻게 되는 것을 목표로 하고 있었다. 종교개혁으로 이 교회적 권력은 다른 점에서는 몰라도 자신에 대한 이러한 견해는 줄곧 유지했지만, 어쨌든 지금까지 반목해 온 현세적 국가와는 일치했다. 종교개혁이라는 사건의 결과로서 전과 달라진 것은 이 정치적 일치라는 것뿐이었다. 따라서 교육에 대한 옛날의 생각은 여전히 유지되었다. 최근에도, 아니 오늘에 이르기까지 유산 계급의 교육은 부모의 개인적인 사업으로서 부모가 알맞게 할 수 있는 것으로 여겨졌고, 그들의 자녀는 대체로 단지 그들의 생활에 유용하도록 교육되었다. 유일한 공공 교육 즉 민중 교육은 천국에서 구원을 얻게 하려는 교육에 지나지 않았다. 그 주요 과목은 그리스도교에 대한 얼마쯤의 지식과 독서였고, 거기서 좀 더 과감한 교육을 실시한다면 쓰기를 더하는 정도인데, 그 또한 오직 그리스도교를 위해서였다. 그리하여 그 밖에 인간으로서의 모든 발달은 어린이가 살아가는 사회의 우연적이고 맹목적인 영향과 실제 생활 자체에 맡겨져 있었다. 학자를 교육하는 시설도 오로지 성직자를 키우기 위한 것이었다. 성직자를 양성하는 신학부가 주된 학부였고, 다른 학부는 오직 거기에 부속되어 신학부에서 겨우 분리될 수 있었다.

국가의 상위에 속하는 사람들이 국정 본디의 목적에 어둡고, 또 자기 스스로는 자신과 타인의 구원을 위한 양심적인 배려에 사로잡혀 있는 동안에는, 이러한 종류의 공공 교육에 열중하여 그것을 위해 노력하는 것에 안주할 수 있었다. 그러나 그들이 국가 본디의 목적을 뚜렷이 알고 국가의 활동 영역이 가시적 현세에 있다는 것을 알자, 민중의 구원에 대한 배려는 그들의 책임이 될 수 없고, 그것을 얻으려는 저마다가 노력해야 하는 것임을 깨닫지 않을 수 없었다. 그 뒤 그들은 신앙심이 불타올랐던 시대에 만들어진 학교들을 설립 목적 그대로 내버려두어도 된다고 보고, 이들 학교가 변화하는 시대의 요구에 응할 수 없게 되어도 그들의 다른 비용을 줄여서 그것을 도울 책임은 없다고 생각했다. 또 적극적으로 손을 써서 낡았거나 소용이 없는 것 대신 목적에 맞는 새로운 것으로 대체하는 일은 오히려 자신의 직권이 미치지 않는 일로 여기고, 그러한 의미의 제안에 대해서는 언제나 국가에는 그러한 비용이 없다는 천편일률적인 대답을 하게 되었다. 만약 드물게 학교를 위해 힘을 쓰는 일이 있다 해도 그것은 고등한 학교의 경영에 한정되고, 그로써 단지 세상의 평판을 얻고자 한 것으로, 실제로 인류의 바탕이 되는 계급의 교육, 즉 고등 교육도 거기서 자신의 이익을 취하고, 고등 교육이 늘 영향을 되돌려 주어야 하는 교육, 즉 일반 민중의 교육은 완전히 등한시되어, 종교 개혁부터 오늘에 이르기까지 쇠퇴일로를 걷고 있는 것이다.

그런데 우리가 미래를 위해, 그리고 지금 당장 우리의 관심사를 위해 국가에 더 큰 기대를 걸기 위해서는, 국가는 지금까지 품고 있었던 것으로 여겨지는 교육의 목적의 근본 개념을 완전히 새로운 다른 개념과 바꾸지 않으면 안된다. 또 국가는 이제까지 민중의 구원에 대한 배려를 자기의 직권 밖이라고 해서 거절해 온 것은 지당한 일이며, 이러한 구원을 위해서는 특별한 교육이 필요하지 않다는 것, 또 교회—그 권력은 결국 국가에 위양되었지만—와 같은 천국의 식민학교는 본디 존재하지 않는 것으로, 모든 유익한 교육에 방해가 되므로 활동을 중지해야 한다는 것, 국가는 따라서 이 지상의 생명에 대한 교육을 더욱 필요로 한다는 것, 또 이 교육을 철저히 하면 천국에 들어가기 위한 교육 같은 것은 예기치 않게 이루게 된다는 것을 깨닫지 않으면 안 된다. 이제까지 국가는 계몽 국가로 자임하면 할수록 민중의 종교 및 도덕의 힘에 의하지 않아도 단지 강제로써 국가의 목적을 달성할 수 있다는 확신을 더욱 강화하여, 종교와 도덕 같은 것은 민중 저마다에게 맡겨도 된다고 생각한 것 같다. 그러나 이번의 새로운 경험에 의해 국가는 적어도 이제까지와 같은 주의(主義)로는 본래의 목적을 이루는 것은 불가능하고, 국가가 현 상태에서 멈춰선 것은 그야말로 종교와 도덕의 결여 때문임을 배웠을 것이다.

국가가 일종의 국민 교육에 필요한 비용을 지출할 재원이 과연 있는가 하는 걱정에 대해, 국가는 이 교육의 경비를 지불함으로써 그 밖의 대부분의 비용을 경제적으로 정리할 수 있고, 또 국가가 이 경비까지 아깝게 생각하지 않는다면 이 경비만이 유일한 주요 지출이 되리라는 것을 국가로 하여금 확신하게 하고 싶다. 오늘날까지 국가 수입의 대부분은 상비군 유지에 쓰였다. 그리하여 이 지출의 성과를 우리는 실제로 보았다. 그로써 충분하다. 그 까닭은 군대 조직이 이 결과를 가져온 이유를 자세히 설명하는 것은 우리의 예정 밖의 일이기 때문이다. 이와 달리, 만일 국가가 우리가 주장하는 국민 교육을 널리 채택하면, 다음 세대의 국민인 청소년은 이 교육을 통과함으로써 국가는 그 순간부터 특별한 군대가 필요하지 않게 될 뿐만 아니라, 이 교육을 받은 젊은이들이 어떤 시대에도 볼 수 없었던 훌륭한 군대가 될 것이다. 그들 저마다는 체력을 모든 경우의 용도에 적응할 수 있도록 완벽하게 훈련하여 그 체력을 언제라도 바로 쓸 수 있도록 준비가 되어 있고, 또 어떠한 긴장이나 노고도 견딜 수 있도록 단련이 되어 있다. 직접적인 관조 속에서 성장한 그의 정신은 언제나 깨달음 속에 엄존하며, 그 가슴 속에는 자기가 속하는 전체에 대한 사랑, 또 국가와 조국에 대한 사랑이 살아 있어서 다른 모든 이기적인 충동을 억제한다. 국가는 그가 바라는 대로 이러한 사람들을 언제라도 소집하여 그 손에 무기를 쥐어줄 수 있고, 게다가 이러한 군대가 그 어떤 적에게도 지지 않음을 확신할 수 있다. 국가의 배려와 지출의 다른 부분은, 사려 깊은 정부 아래에서는 이제까지의 매우 넓은 의미의, 또 매우 다양한 부문에 걸친 국가 경제의 개선에 쓰여 왔다. 그러나 평민 계급은 배운 것이 없고 사리에 어두워 많은 배려와 지출이 무익하게 소비되는 일이 많아서, 곳곳에서 진보는 매우 미미했다. 우리가 주장하는 교육에 따르면, 그 업무에 대한 고려를 이미 소년 시절부터 연습하여, 자력으로 길을 개척하는 능력과 기호를 갖춘 노동계급을 얻는 것이다. 국가가 그들을 더욱 적당한 방법으로 돕는다면, 그들은 국가의 뜻을 이해하고 감사하는 마음으로 국가의 지도에 따를 것이다.

경제의 모든 부문은 큰 노력 없이 짧은 시일 안에 일찍이 없었던 번영을 가져와, 만일 국가가 계산을 바란다면, 그리고 국가도 그때까지 사물의 진정한 근본적 가치를 알게 된다면, 국가가 지출한 적은 비용의 수천 배나 되는 수익을 얻게 될 것이다. 이제까지 국가는 사법과 경찰을 위해 많은 일을 했지만 늘 충분한 성과를 올리지 못했다. 교도소와 감화원은 국가로 하여금 엄청난 경비를 지출하게 했고, 양로원 같은 곳은 비용을 들이면 들일수록 더 큰 비용을 요구해서, 이제까지의 전체적인 상태를 보면 마치 빈민을 만들어 내기 위해 세운 시설처럼 보였다. 국가가 새로운 국민 교육을 보급한다면 사법과 경찰의 비용이 눈에 띄게 줄어들어 빈민을 돕기 위한 비용이 전혀 필요하지 않게 될 것이다. 이른 시기부터 훈육하면 뒤늦은 징계와 개선의 수고를 덜 수 있다. 또 이렇게 교육받은 국민들 사이에는 빈민이 전혀 존재하지 않는다.

국가 및 국정에 참여하는 모든 사람들이 국가의 현재의 진정한 상태를 직시하고, 있는 그대로 인식하기를 바란다. 우리의 국가는 실제의 국가로서는 다음 세대의 국민을 교육하는 것 외에, 본연적이고 독립적으로 행동하거나 그 어떤 결정을 내릴 수 없도록 다른 모든 활동 범위를 빼앗기고 있다는 것, 또 국가가 일반적으로 아무것도 하지 않기를 바라는 게 아니라면 이 교육 사업만은 할 수 있다는 것, 그리고 이 교육에서 성과를 올리는 것은 어떠한 제한이나 시기심도 부를 염려가 없음을 절실히 깨달아 주었으면 한다. 우리가 이미 적극적인 저항을 할 수 없는 지위에 있음은 너무나 명백하여 각자가 인정하는 바이고, 또 우리가 이미 일찌감치 전제한 일이다. 그렇다면 우리가 이렇게 삶의 보람을 빼앗긴 생활이 지속되기를 여전히 바라는 것은 비겁하고 삶에 대한 무분별한 사랑이라는 비난에 대해 우리는 무엇으로 변명할 수 있을까? 우리에게는, 우리 자신을 위해 살지 않기로 결심하고 그것을 행동으로 보여주는 것, 그리고 우리보다 더욱 뛰어난 자손의 씨앗이 되어, 오로지 그 자손들이 세상에 어엿하게 일어설 때까지 살아남으려 한다는 것을 보여주는 것 말고는 다른 길은 없다. 삶의 첫 번째 목적을 잃는다면 우리는 그 일 외에 무엇을 할 수 있겠는가? 우리의 제도와 법률을 타인이 결정하고 있다. 우리의 욕구와 우리 군대의 용도를 타인이 우리에게 지시한다. 타인이 우리를 위해 법을 만들고, 재판과 판결 및 그 실시에서도 가끔 타인이 우리의 지위를 빼앗고 있다. 우리는 이러한 배려를 당장은 너그럽게 받아들이고 있다. 다만 그 타인은 교육 문제만은 전혀 생각하지 않고 있다. 우리가 무슨 일을 하고자 한다면 곧 이 사업을 시작해야 한다. 이 사업에서 우리는 아무런 방해도 받지 않으리라고 예상할 수 있다. 나는 다음과 같은 희망을 품고 있다―아마도 이 희망은 나 자신을 기만할지도 모른다. 그러나 나는 오직 이 희망 때문에 오래 살기를 바라고 있으므로 이 희망을 놓칠 수가 없다―그것은 바로 내가 몇몇 독일인을 설득하여 우리를 압박하는 모든 불행에서 우리를 구할 수 있는 것은 오직 이 교육뿐이라는 통찰로 이끄는 일이다. 나는 특히 고난이 우리를 깨닫게 하고 진지한 사색으로 이끌었음을 확신한다. 외국은 이와는 다른 위안과 다른 수단을 누리고 있다. 외국은 내가 주장하는 사상을 접해도 조금의 관심이나 믿음도 두지 않을 것이다. 나는 오히려 외국인들은 누군가가 교육의 효과에 대해 이렇게 큰 기대를 하고 있다는 이야기를 듣고 그들의 신문의 우스갯거리로 재미있어할 뿐일 거라고 생각한다.

국가 및 국정에 참여하는 사람들은 이러한 교육의 효과가 빨리 오지 않으리라 생각하여 이 사업의 실행을 늦추는 일이 없기를 바란다. 만약 그들이 오늘날 우리의 운명을 초래한 매우 복잡한 여러 원인 가운데 특히 위정자와 관련된 부분을 떼어놓고 생각한다면, 어느 누구보다 미래를 생각하고 그것을 극복할 책무를 짊어지고 있는 그들은, 중대한 시국문제가 그들에게 닥쳐오기 때문에, 눈앞에 닥친 문제만을 직접 해결하려 하고 미래의 일에 대해서는 현재의 조치에 직접 맡기지 않고, 인과의 관계를 끊어버리는 우연에 의지하게 될 것이다. 그러나 기대는 반드시 우리를 속이게 마련이다. 하나의 동력이 일단 시대 안에 도입되면, 이것은 그 작용을 언제까지나 계속하여 끝까지 가게 된다. 부주의하게 이를 방임해버리면, 뒤늦게 후회해봤자 그 동력을 막을 수 없다. 첫 번째의 경우, 즉 단순히 현재를 생각하면, 우리의 운명이 그것을 당장 우리의 손에서 빼앗아버린다. 현재는 이미 우리 것이 아니다. 우리는 단지 우리 자신의 힘 말고 다른 것을 의지하여 더 나은 미래를 만들려고 하는 두 번째 경우가 없기를 바란다. 생활을 위해 의식주 외에 또 구해야 할 것이 있다는 사실을 아는 사람은, 단순히 생존의 의무를 구실로 삼아 현재의 상태에 만족할 수 없다는 것은 명백하다. 미래를 개선할 희망만이 우리가 거기서 아직도 숨을 쉴 수 있는 생활권이다. 그러나 미래의 발달을 위해 스스로 현대 속에 도입할 수 없는 것에 입각하여 이 목적을 이루려는 것은 공상가나 할 일이다. 우리 위에서 지배하는 사람들이, 우리가 서로 생각하고, 또 뛰어난 사람이 자신의 힘을 느끼듯이, 우리가 그들을 생각하고 있다는 것을 알았으면 한다. 그들이 솔선하여 우리에게 매우 명료한 이 사업의 선두에 서서, 우리가 보는 앞에서 독일이라는 이름에 가해진 굴욕을 우리의 기억에서 씻어주는 것이, 우리가 살아 있는 동안 우리 눈앞에 나타나도록 노력해 주기를 바란다.

국가가 여기에 주어진 임무를 떠맡을 마음이 있다면, 국가는 이 교육을 다음 세대의 모든 국민에게 예외 없이 보급시킬 것이다. 부분적인 단서를 열거나 시험적으로만 할 뿐이라면 착실한 마음을 가진 개개인의 힘으로도 충분하겠지만, 그것을 국민 전체에 미치게 하려면 아무래도 국가의 힘에 기대지 않을 수 없다. 그런데 모든 부모가 자신의 아이들을, 그들의 대부분이 참뜻을 이해하지 못하는 새로운 교육에 맡기는 것을 바랄지는 의문이다. 아니, 지금까지의 경험에 따르면, 그 아이들을 가정에서 교육할 수 있는 재산이 있는 부모라면, 일반적으로 공적 교육, 특히 오랫동안 부모와 떨어져서 엄중한 공교육을 받는 일에 대해서는 아마도 반대할 것이다. 이러한 반대에 대처할 예방책을 찾기를 요구하면, 이제까지의 정치가들은 으레, 국가에는 그와 같은 목적을 위해 강제할 권리가 없다고 대답했다. 그런데 사람들이 자연히 새로운 교육에 호감을 갖게 되기를 기다리려 해도, 일반인이 이 교육에 호감을 품게 하는 것은 오직 이 교육의 힘이기 때문에, 그들은 언제까지나 개선되지 않은 채 세상이 끝날 때까지 구태의연한 상태로 머무를 것은 틀림없다. 교육을 일반적으로 사치라고 여기고 교육에 대한 비용은 가능한 한 절약해야 한다고 생각하거나, 우리의 제안을 하나의 신기한 인류 개선의 모험적 시도로 보고 그 성공 여부를 의심하는 사람이 그러한 상태에 머물러 있는 한, 매우 진지한 그들을 도저히 어떻게 할 수가 없다. 이제까지의 공공 교육 상태를 찬양하고, 그 공공 교육이 자신의 지도로 말미암아 여기까지 발전했다고 기뻐하는 편견에 사로잡혀 있는 사람들에게는, 그들이 전혀 모르는 교육을 채택하라고 요구하는 것은 전적으로 불가능하다. 위와 같은 사람들은 모두 우리의 목적과 무관하다.

그리하여 우리 제안의 채택 여부가 그런 사람들에 의해 결정된다면 매우 난처한 일이 되고 만다. 그러나 그 가운데에는 반드시 우리와 함께 일을 의논할 수 있는 정치가도 있으리라. 그 정치가는 주로 철학과 과학을 근본적으로 깊이 연구하여 자신을 교육한 사람으로, 매우 진지한 마음으로 직무에 종사하면서, 인간과 그 사명에 대해 확실한 개념을 가지고 현재를 이해하고 또 현재의 인류에게 꼭 필요한 긴급과제가 무엇인지 통찰할 수 있는 사람일 것이다. 만일 이러한 정치가로서, 위와 같은 생각에 의해 지금 시대에 끊임없이 닥쳐오는 야만과 퇴폐 상태로부터 우리를 구할 수 있는 것은 오직 이러한 교육이라는 사실을 깨닫는다면, 또 이 교육으로부터 만들어질 새로운 인류의 모습을 그들이 상상한다면, 그리고 그들이 우리가 주장하는 수단이 확실하고 잘못이 없다는 것을 확신한다면, 그들은 반드시 국가가 인간 관심사의 최고 관리자로서, 또 신으로서, 그리고 미성년자를 위해서는 자신의 양심에 대해서만 책임을 갖는 후견인으로서 미성년자를 그들의 행복을 위해 강제할 권리를 충분히 갖는다는 것을 깨달으리라고 기대해도 무방할 것이다. 현재 어느 국가든 국민에게 병역의 의무를 강제하고, 부모 또는 아들이 이를 바라거나 바라지 않거나 장정을 부모의 슬하로부터 소집할 권리를 갖고 있다는 것을 의심할 사람이 누가 있단 말인가? 더욱이 이러한 강제는 자신의 의지에 반하는 생활을 오랜 기간에 걸쳐 하도록 강요하는 것이어서 우려할 만한 일이고, 그 강제된 사람의 도덕적 상태와 건강 및 생명에 때때로 매우 해로운 결과를 가져다준다.

그런데 우리가 주장하는 강요는, 교육이 완성된 뒤에는 완전히 개인적 자유가 반환되고 오직 복된 결과만 가져오게 된다. 이전에는 병역 의무는 개인의 자유 의사에 맡겨졌다. 그러나 그것으로는 군대의 본디 목적을 충분히 이룰 수 없다는 사실을 알게 됨에 따라 망설임 없이 강제에 의해 이를 보충하게 되었다. 이것은 우리에게 매우 중대한 사항이어서 강제가 필요했기 때문에 그렇

게 한 것이다. 우리가 강제 교육에서도 그 긴박성을 깨닫고 그것이 병역에 못
지않게 중요함을 인식하면 위에서 말한 망설임 따위는 저절로 사라지리라. 즉
이 교육의 강제는 오직 한 시대에서만 끝나고, 이 교육을 받은 사람은 강제가
없어도 자신의 아이들을 이 교육의 손에 맡길 것이다. 또 이러한 교육을 받은
사람은 모두가 스스로 조국을 위해 무기를 잡을 것이기 때문에 징병 의무를
강제할 필요가 사라지게 된다. 만일 처음의 맹렬한 반대를 누그러뜨리는 수단
으로, 지금까지 징병 의무의 강제가 제한되었던 것처럼 이 공공적 국민 교육
의 강제 범위를 얼마쯤 제한하여, 징병이 면제되었던 계급에 대해서는 교육의
강제 또한 면제해도 그다지 큰 폐해가 따르지는 않을 것이다. 왜냐하면 이 계
급 사람들 중에서도 사리를 이해하는 부모는 자진해서 자녀를 이 교육의 손
에 맡길 것이기 때문이다. 이 계급 가운데 그것을 이해하지 못하는 부모—전
체적으로는 극소수—의 자녀들은 여전히 이제까지의 인습에 따라 자라서, 그
공교육이 효과를 나타내는 더 나은 시대에는 구시대의 진기한 기념물이 되어,
새 시대가 자신의 행복을 통감할 수 있는 좋은 자료가 되리라.

　이러한 교육이 독일인의 국민 교육이 되어, 단지 몇몇 독일 연방의 국민뿐만
아니라 적어도 독일어를 쓰는 사람의 대다수가 전적으로 새로운 인류가 되기
위해서는, 모든 독일 연방이 한결같이 저마다 독립적으로, 다른 것과 무관하
게 이 문제를 다룰 필요가 있다. 독일인에게는 언어—그 언어로 이 제안이 주
장되고, 이 제안의 수단이 지금 또는 앞으로 기록되며, 이 언어로써 교사가 단
련되는 것이지만—가 그 모든 것을 관통하는 표현 방법이며, 이는 모든 독일에
공통된다. 나로서는 모든 교육 수단이, 특히 내가 이 계획에 부여한 범위에서
는 어떤 수단이나 어떤 변화에 의해서도 외국어로 번역된 차용물이나 번역물
같은 것이 아니라, 그 나라 본디의, 그리고 그 나라 자신의 언어 속에서 나온
것처럼 되리라고는 도저히 생각할 수 없다. 독일인은 그러한 곤란으로부터 벗
어나 있다. 독일인에게는 이에 대한 준비가 되어 있다. 오직 시작하는 일만 남
아 있을 뿐이다.

　여기에 독일이 여러 독립국으로 나뉘어 있는 것은 뜻밖에 다행스러운 일이
라고 할 수 있다. 이러한 상황은 우리에게 불이익을 가져다줄 때도 있었지만,
이 중대한 국민 교육의 문제에서는 어쩌면 우리에게 이익이 될 수 있을 것이
다. 여러 나라 사이의 경쟁심과 서로 남보다 앞서려고 하는 욕망으로, 낱낱의

국가가 스스로 자족하고 만족하는 상태에서는 도저히 이룰 수 없는 일도 성취할 수 있다. 왜냐하면 독일 연방 가운데 이 교육 사업을 앞장서서 실시한 국가는, 독일 전체로부터 존경과 감사를 받고, 독일 국민의 최고의 은인이자 창시자로서 그들이 우러러보는 대상이 될 것이기 때문이다. 이 국가는 다른 나라에 용기를 주고 교훈적 본보기로서 모범을 보여줄 것이다. 그들은 다른 나라를 가로막고 있던 망설임을 한번에 없애버릴 것이다. 이 국가를 모태로 하여 교과서나 일류의 교사들이 나타나 그들이 다른 나라에 퍼질 것이다. 이 국가에 이어 성공을 거둔 나라는 이 국가에 이은 명성을 얻을 것이다. 독일인들 사이에서 언제나 더 높은 것을 좇는 마음이 아직도 사라지지 않았음을 기뻐할 수 있는 증거로 이제까지 독일 종족들 사이에 또는 국가 사이에 서로 더 훌륭한 문화를 갖는 긍지를 겨루는 경쟁이 있었다. 이 경쟁의 결과는 서로 다른 나라를 넘어서는 언론의 자유가 되어 옛 사상을 타파하고, 더욱 정돈된 학교와 대학을 갖춰, 한 나라가 지난 시절의 명성과 공적을 자랑하면 다른 나라는 또 다른 장점을 내세우는 등, 어느 쪽으로도 우열을 가릴 수 없었다.

그러나 이번 일이 계기가 되어 그들의 우열이 결정될 것이다. 자기를 보급시켜 모든 인간을 차별 없이 파악하려는 노력을 과감하게 할 수 있는 문화가 아니면 생명의 참된 요소가 될 수 없고, 또 스스로 의지할 수도 없다. 그 밖의 문화는 오로지 외관의 아름다움을 보여주기 위해 외부를 꾸민 것에 지나지 않는다. 양심이 있는 사람은 그런 짓은 하지 않는다. 이번 기회에 사람들이 스스로 자랑으로 삼았던 문화가, 어떤 나라에서는 이 문화를 저작으로 발표하는 중간 계층의 근소한 사람들—그런 인물은 독일 어느 국가에서나 열거할 수 있다—에게만 한정되었다는 것과, 어떤 나라에서는 이에 반해 이 문화가 국사를 다스리는 상류 계층으로 확대되어 있음이 저절로 밝혀지리라. 또 지금까지 가끔 제시되었던, 이들 나라에서의 학교 설립과 발전의 노력에 대한 열정을 어떻게 비판할 것인가. 그것이 과연 인간 교화의 순수한 사랑에서 비롯되었는지, 아니면 단순히 외관을 꾸미려는 욕망, 또는 빈약한 재정적 투기에 바탕을 둔 것인지는 그때 밝혀질 것이다. 만약 인간을 교화하고자 하는 순수한 사랑에서 비롯된 것이라면 교화의 어느 부문도, 특히 교화의 첫 번째 바탕을 동일한 열성으로 붙잡을 것이다.

독일의 어느 나라든 이 제안을 가장 먼저 실시하는 나라가 최고의 영광을 누리게 되리라고 나는 말했다. 그러나 더 나아가서, 이 나라는 언제까지나 혼자 서 있지는 않고 틀림없이 후계자와 경쟁자를 발견할 것이다. 다만 앞장을 선다는 것이 중요하다. 어느 나라인가가 앞장을 서기만 하면 명예심, 질투심, 또는 다른 나라가 가진 것을 나도 가지고, 가능하면 더 좋은 것을 얻으려는 욕망이 잇달아 일어나 다른 나라들을 자극해서 그 모범을 따르게 할 것이다. 이 교육을 위해 국가가 큰 이익을 얻을 것임은 이미 말했지만, 현재로서는 많은 국가가 그 이익을 충분히 인식하지 못하고 있다. 그러나 앞에서 말한 사태가 일어나면, 그것이 눈에 선명하게 들어와 그 이익이 더욱 뚜렷하게 보일 것이다.

만일 지금 당장 모든 독일 연방들이 진지하게 이 계획의 실행을 시작한다면, 25년 뒤에는 우리가 바라는 사람이 완성될 것이다. 그때까지 살 수 있는 사람은 그러한 인물을 직접 눈으로 보게 될 가능성이 있다.

현재의 모든 독일 연방 가운데, 앞에서 전제한 모든 것을 통찰하고 그에 따라 움직일 능력을 갖춘 사람을 최고의 요직에 한 사람이라도 갖고 있는 나라, 또 요직자의 다수가 적어도 이러한 한 사람에게 반대하지 않는다고 말할 수 있는 나라는 하나도 없다는 것을 충분히 각오하지 않으면 안 된다. 그 경우에는 물론 이 문제 해결의 임무는 사려 깊은 개인에게 맡기는 수밖에 없다. 우리는 이러한 개인이 우리가 제창하는 새 교육의 앞장을 서주기를 바라는 것이다. 그때 우리가 먼저 주목하는 것은 영주이다. 영주는 자신의 소유지에서 영민의 자녀를 위해 이러한 학교를 세울 수 있을 것이다. 독일이 새로운 유럽 각국에 대해 자랑할 만한 것은, 독일의 영주 가운데 이제까지 영지 안의 자녀들에 대한 교육을 진지하게 생각하고, 자기가 할 수 있는 데까지 진력하는 사람이 늘 곳곳에 있었다는 점이다. 그렇다면 이 영주들이 우리가 주장하는 완전한 교육을 이해하고, 그때까지 그들이 작은 일, 불완전한 일을 할 때 보여준 것과 같은 기쁜 마음으로, 더 큰 일, 더욱 철저한 일을 위해 힘써 주리라고 기대할 수 있다. 그러한 일은 어쩌면 교육받은 신민을 가지는 쪽이 교육을 받지 않은 신민을 가지는 것보다 영주 자신에게 훨씬 더 유리하다는 통찰에서 비롯된 경우도 있었을 것이다. 만일 국가가, 영주와 그 영민 사이의 주종 관계를 폐지하여 이러한 교육의 동기를 빼앗은 경우에는, 국가는 더욱 더 진지하게 영주와 영민의 밀접한 관계 속에서 영주의 선한 마음으로 이루어진 이 유일한 좋은 일을 이 관계의 폐지와 함께 잃지 않는 것을, 면제받을 수 없는 자신의 의무로 생각해야 한다. 그리고 이러한 경우에 국가는 그를 대신하여 스스로 행한 자로부터 그 임무를 거둬들인 뒤, 망설임 없이 그 일을 스스로 수행해야 한다. 그것을 하는 것은 바로 그의 책무이기 때문이다. 더 나아가서 도시에 대해서는, 우리는 이 목적을 위해 사려 깊은 시민들이 스스로 서로 협동할 것을 기대한다. 자선을 베풀려고 하는 사람은, 우리가 관찰하는 한, 세상의 압박이 심했을 때도 여전히 독일인의 마음에서 사라지지 않고 남아 있었다. 현대의 설비가 보여주는 다수의 결함은 모두 교육을 등한시한 결과인데, 이러한 자선 사업은 그 결함을 보완하는 경우는 거의 드물고 오히려 그것을 부추기는 느낌마저 있다. 자선 사업을 하려는 칭찬할 만한 뜻을, 바라건대 앞으로 모든 자선 사업을 불필요하게 만들 사업, 즉 교육 사업으로 돌렸으면 하는 것이다. ―그런데 우리는 거기서 만족하지 않고 또 다른 종류의 자선 사업과 희생을 기대한다. 이것은 금품의 기부가 아니라 노동의 기부이다. 즉 젊은 학자는 사정이 허락하는 한, 대학을 졸업한 뒤 공직에 오를 때까지의 기간 동안, 새 교육을 실시하는 학교에 가서 교수의 실제를 배우고 자신도 스스로 교편을 잡는 것이다. 그들은 공공을 위해 이것으로 크게 공헌할 수 있는 것은 물론이고, 그밖에도 그들 자신도 크게 이득을 얻게 될 것이 틀림없다. 그들이 일반적인 대학 교육에서 얻는 모든 지식은 때때로 생명을 잃은 것이지만, 이 학교에 가서 일반적 관조의 활동 무대에 올라가면 그것은 명확성과 활기를 획득하게 된다. 그들은 이 지식을 전하고 또 쓰는 데에 익숙해진다. 어린이는 인간의 본성을 순수하고 적나라하게 보여주므로, 그런 어린이와 접촉함으로써 진정으로 인간의 지식이라고 할 수 있는 귀중한 보물을 얻을 수 있다. 그들은 대학에서는 좀처럼 제공해 주지 않는 생활과 활동의 큰 기술을 여기서 얻게 된다.

국가가 자신에게 위임된 교육의 임무를 돌아보지 않는다면, 스스로 이 임무를 맡는 개인은 더욱 큰 명성을 얻을 수 있다. 우리는 미래를 추측에 의해 먼저 취하거나 미래를 비관하고 의심하는 말을 하려는 것은 절대로 아니다. 우리가 당장 바라는 것이 무엇인지는 앞에서 명확하게 말했다. 여기서 우리가 양해를 얻어 덧붙이고자 하는 것은, 만약 국가 및 군주가 교육 사업을 개인의 손에 위임한다면, 이것은 앞에서 실례를 들어 설명한, 독일의 발전과 문화에 대한 이제까지의 과정을 밟게 되며, 그 경로는 언제까지나 변하는 일이 없을 거라는 사실이다. 이런 경우에도 국가는 시기가 오면 따라올 것이다. 먼저 자신의 책임이 되는 부분은 스스로 떠맡아 수행하고, 나중에 가서야 자신은 부분이 아니라 전체라는 것, 그리고 전체를 위해 힘을 다하는 것이 자기의 의무이자, 권리임을 깨닫는 개개인과 마찬가지로 행동할 것이다. 국가가 이것을 깨달은 그때부터 개인의 독립 경영은 끝나고 국가 전체의 공통 경영에 편입되는 것이다.

교육 사업이 위와 같은 경로를 따른다면, 우리가 뜻하는 인류의 개선은 매우 서서히, 그리고 전체에 대한 확고한 달관이나 대체적인 예정도 없이 진행될 것이다. 그렇다 해도 우리는 이 사업을 시작하겠다는 용기를 잃어서는 안 된다. 이것은 일 자체의 성질상 결코 사라지지 않고, 일단 시작하면 자력으로써 존속하면서 더욱더 활발하게 보급되어야 하는 일이다. 일단 이 교육을 받은 사람은 이 교육의 증인이 되어 열성적으로 앞장서게 될 것이다. 그리하여 자신이 받은 교육에 대해 보답하기 위해 스스로 교사가 되어 가능한 한 많은 학생을 양성할 것이다. 그리고 그 학생들 또한 교사가 되어 이 교육이 차츰 확대되면 마침내 모든 사람이 거기에 참여하게 될 것이다.

국가 자체가 이 국민 교육을 맡지 않고 개인이 교육 경영을 하게 되면, 조금이라도 재산이 있는 사람들은 자신들의 자녀를 이 교육에 맡기지 않을지도 모른다는 걱정이 생긴다. 그런 경우에는 우리는 결연하게 그리고 충분한 확신을 가지고, 불쌍한 고아와 초라하게 방황하는 소년 등, 성인 사회가 몰아내고 돌보지 않는 모든 사람에게 우리의 교육을 베풀 뿐이다. 이전에도 실례가 있었던 일이지만, 특히 독일의 여러 나라 가운데 신을 매우 공경하는 조상들이 많은 학교를 늘리고 충분한 설비를 갖춘 나라가 있다. 다른 직업으로는 의식주를 해결할 돈을 벌 수 없지만, 여기서는 동시에 의식주가 주어지므로 빈민들은 그것 때문에 자녀를 이러한 학교에 입학시켰다. 이와 마찬가지로 우리도 어쩔 수 없는 경우에는 순서를 바꿔, 다른 데서 빵을 얻을 수 없는 자에게 빵을 주고, 그들이 빵과 함께 정신 교육도 받을 수 있도록 대책을 찾기로 하자. 우리는 이들의 빈곤과 이전의 황폐했던 상태가 우리의 교육 목적에 방해가 되지 않을까 염려할 필요는 없다. 그리고 그들을 이전의 상태에서 순식간에 완전히 빼내어 하나의 새로운 세계로 끌어들이자. 그들이 옛 상태를 떠올릴 만한 일은 하나도 경험하지 못하도록 하자. 그러면 그들은 자기 자신을 잊고 새로운,

완전히 새로 태어난 인간으로 서게 되리라. 이때 그들은 마치 신선하고 순결한 조각 재료와 같은 것으로, 여기에 오직 선(善)만을 새겨 넣는 것은 우리의 수업법과 우리의 경영법으로써 틀림없이 가능하리라고 믿는다. 만일 우리의 시대가 버린 이들이 이렇게 버림을 받았기 때문에 오히려 더 좋은 인간의 기원이 되는 특권을 얻는다면, 또 이 시대 사람들이 자기와 자리를 함께 하기를 원하지 않는 이들이 이 시대 사람들의 자녀들에게 훌륭한 교양을 가르쳐 우리 미래의 영웅, 현인, 입법자, 인류의 구제자의 시조가 된다면 그것은 후세를 영위하는 실례가 될 것이고, 그때 우리의 시대는 나쁜 선례로 인용될 것이다.

교육 사업을 시작할 때 무엇보다 유능한 교사와 교육자들이 필요하다. 이들은 페스탈로치의 학교가 이미 양성하고 있고, 앞으로도 더욱 많이 양성될 것이다. 처음에 주안점으로 삼아야 하는 것은, 이런 학교는 동시에 교사 양성소로 출발하여, 이미 완성된 교사 외에, 가르치는 일을 배우고 동시에 실제로 연습함으로써 더욱 잘 배우고자 하는 젊은 사람들을 모으는 일이다. 그렇게 하면, 학교 개설 초기에 재정상의 어려움이 있더라도 교사의 봉급에 관한 지출은 뚜렷하게 절약할 수 있다. 대부분의 젊은이들은 스스로 배운다는 생각으로 이곳에 오므로, 그 보답으로 일정 기간 동안 돈을 받지 않고 자신이 배운 지식을 학교를 위해 활용하는 것이 좋다.

그 밖에 이런 학교는 건물과 반드시 필요한 설비, 그리고 꽤 많은 토지가 필요하다. 그러나 경영이 진척될수록 이미 상당한 연령에 다다른 일부 소년들이 학교의 일꾼으로서 의식(衣食)을 제공받으며 기꺼이 일을 하고, 더욱 성장하여 상당한 연봉을 받을 수 있는 나이에 이르렀을 때 그 일을 어린 사람에게 물려주는 등, 효과적인 경제정책을 쓰면 학교는 대부분 자체의 수입만으로 유지해 갈 수 있을 것이다. 다만 위와 같은 학생이 아직 양성되기 전인 초기에는 그 비용으로 매우 많은 돈이 지출되겠지만, 그 기간은 길지 않을 것이므로 그 정도의 지출은 기꺼이 하는 사람도 반드시 있으리라고 생각한다. 본디의 목적에 방해가 되는 지나친 절약은 피해야 한다. 그 정도로 절약을 할 바에는 차라리 처음부터 시작하지 않는 편이 낫다.

선량한 의지만 있으면, 이 계획을 실행하는 데 몇 사람의 집중적인 공동노력으로 극복하지 못할 어려움은 거의 없으리라고 나는 믿는다.

제12강 우리의 뜻을 관철하기 위한 수단에 대하여

우리가 독일인의 미래를 위한 국민 교육에 대해 제의하는 교육이 어떤 것인지는 이미 충분히 설명했다. 이 교육으로 양성된 사람들—정의와 선에 대한 관심으로써 움직이고 다른 그 어떤 것에도 흔들리지 않는 사람들, 자신의 관점에서 언제나 확실하게 선을 인식하는 힘을 가진 사람들, 자기가 결심한 일을 관철할 수 있는 모든 정신력과 체력을 갖춘 사람들—이 일단 완성되면, 우리가 무엇보다 간절히 바라는 모든 것은 이들 사이에서 자연히 생겨나 발달해갈 것이다. 이러한 시대에는 우리의 지도가 필요치 않으며, 오히려 우리가 거기서 배워야 할지도 모른다.

그러나 그런 사람들은 아직 나타나지 않았고, 우리가 앞으로 그들을 만들어 내지 않으면 안 된다. 따라서 우리의 계획이 예상 밖으로 성공한다 해도 그러한 시대가 출현할 때까지는 꽤 오랜 시간이 필요할 것이고 바로 거기서 문제가 발생한다. 우리는 그때까지 어떻게 지내야 할 것인가, 우리는 그 개선을 위한 바탕으로서, 또 그러한 개선이 이루어질 수 있는 출발점으로서 살아가는 것 이상의 일은 할 수 없겠지만, 적어도 그런 삶을 유지하기 위해서는 어떻게 해야 하는지, 앞으로 우리의 교육으로 길러진 사람들이 그 격리에서 벗어나 우리의 사회 속에 들어왔을 때, 그들이 스스로 옳다고 여기는 사물의 질서와는 전혀 다른 질서가 우리 사이에 존재하고 있음을 인정하게 되는 일이 없도록 하기 위해서는, 또 그들이 옳다고 생각하는 질서를 아무도 이해하지 못하거나 바라지도 않고, 오히려 기존의 질서만을 오롯이 자연스러우면서도, 유일하고 가능한 것으로 생각하지 않도록 하기 위해서는 어떻게 해야 할까? 하나의 다른 세계를 가슴에 품고 있는 그들은 당장 무엇을 어떻게 해야 할지 몰라 헤매게 되지 않을까? 그리고 이제까지의 교육이 사라진 것처럼 참다운 교육도 생명에 아무런 이익도 주지 못한 채 헛되이 사라지지나 않을까?

많은 사람들이 지금까지의 부주의와 무관심, 방만한 상태를 여전히 이어간다면, 필연적으로 앞에서 지적한 사태가 닥쳐올 것은 틀림없다. 아무런 관심도 기울이지 않고 그저 흘러가는 대로 내버려둔 채, 주위 환경이 원하는 대로 살아가는 인간은 어떠한 조직에도 곧 익숙해지게 된다. 그의 눈은 처음에 그것을 보았을 때는 아무리 불쾌감을 느끼더라도, 그것이 날마다 되풀이되면 마침내 그에 익숙해져서 나중에는 그것을 마땅하고도 으레 그런 일로 생각하여 마침내 그것을 사랑하는 마음까지 일어나게 된다. 그런 사람에게는 처음의 좋은 상태가 회복되어도 아무 소용이 없다. 왜냐하면 그는 그 좋은 상태에서 곧 끌려나올 것이기 때문이다. 그리하여 사람들은 자신의 관능적 생활만 방해하지 않는다면 노예 상태에도 익숙해져서 시간이 지날수록 그것을 사랑하게 된다. 복종 상태의 특히 무서운 점은 모든 인간의 긍지를 마비시키고 특히 온갖 배려와 번거로운 생각에서 벗어나게 하여 게으른 사람을 기쁘게 하는 면을 지니고 있다는 점이다.

우리는 복종이 지닌 이러한 달콤한 맛을 경계해야 한다. 왜냐하면 그것은 우리의 후손으로 하여금 미래의 독립에 대한 희망을 잃게 할 우려가 있기 때문이다. 우리의 외적인 활동에 장애가 가해지면, 우리는 우리의 정신 안에 자유로운 사상을, 또 그 사상 안에서 사는 생명을, 그리고 오직 이 생명만을 얻고자 하는 소망과 욕구를 더욱 대담하게 불태워야 한다. 우리는 가시적인 세계에서 자유를 잠시 사라지게 하고, 우리의 사상 속 깊숙한 곳에 이 자유의 피난처를 마련하여, 이 사상을 밖으로도 드러낼 수 있는 힘을 가진 완전히 새로운 세계가 우리 주위에서 성장하기를 기다리기로 하자. 우리는 오늘날에도 뚜렷이 우리의 생각에 자유롭게 위임되어 있는 것, 즉 우리의 심정을 가지고 우리를 앞으로 이루어질 모범과 예언과 증인이 되게 하자. 그리고 우리의 육체와 함께 정신까지 굴복당하고 예속당한 채 갇히는 일이 없도록 하자!

어떻게 해서 그것을 이룰 수 있느냐는 물음에 대해 모든 것을 포괄하는 유일한 대답은 다음과 같다. 우리는 당장 우리가 그렇지 않아도 되어야 하는 것, 즉 독일인이 되는 것, 바로 이것이다. 우리는 우리의 정신을 굴복하게 해서는 안 된다. 그렇기 때문에 무엇보다도 하나의 정신을 획득해야 한다. 그것도 견고하고 확고한 정신을. 우리는 모든 것에 진지해야 한다. 경솔하게 유희하는 기분으로 살아서는 안 된다. 우리의 모든 사고와 행동의 확실한 규범이 될 흔들림 없는 원칙을 만들어야 한다. 우리의 삶과 사고는 하나의 일체를 이루고, 또한 하나의 철저하고 견실한 전체를 이루어야 한다. 우리는 이 두 가지가 자연과 진리에 합당한 것이 되게 하고 밖에서 가해지는 인위적인 것은 버려야 한다. 한마디로 우리는 독자적인 성격을 만들어내야 한다. 성격을 가진다는 것과 독일인이라는 것은 의심할 여지없이 동의어이다. 그것을 표현하는 특별한 말은 우리 국어에는 없다. 왜냐하면 그것은 우리가 조금도 생각하거나 의식하지 않아도 우리의 존재로부터 직접 나와야 하는 것이기 때문이다.

우리는 무엇보다 먼저 현대의 큼직한 사건, 우리와 그 사건의 관계, 그리고 거기서 발생하게 될 모든 것에 대해, 우리의 사상을 스스로 작용시키고 성찰하여 모든 것에 대한 뚜렷한 의견을 정하고, 거기서 일어날 수 있는 문제에 대한 결정적이고 움직일 수 없는 찬성과 불찬성을 정할 수 있어야 한다. 교양에 대해 조금이라도 요구하는 바가 있는 사람은 마땅히 그렇게 해야 한다. 인간의 동물적 생활은 모든 시대에 걸쳐 같은 법칙에 따라 경과하고, 그것은 어느 시대에나 변하지 않는다. 온갖 시대의 차이는 오직 오성에 의해서만 존재한다. 다양한 시대를 개념을 갖고 살아가는 사람만이 이 시대를 함께 살고 또 자신의 시대에 생존하며, 동식물의 삶과는 전혀 다른 삶을 살아야 한다. 세상에서 일어나는 모든 것을 염두에 두지 않고 헛되이 지나쳐버려, 이러한 것들이 우리에게 닥쳐오는 것을 눈을 감고 귀를 막고, 더 나아가 이러한 사려 깊지 못함을 매우 현명한 짓인 것처럼 자랑하는 일은, 성난 파도가 거세게 부딪쳐도 느끼지 못하는 바위와 같고 폭풍에 이리저리 마구 흔들리면서도 전혀 알지 못하는 나무와 다를 바가 없다.

그러나 사유하는 사람에게는 결코 어울리지 않는 일이다. ─높은 사유의 세계로 날아오른다 해도 자신의 시대를 이해한다는 모든 사람에게 공통된 의무를 면할 수는 없다. 고귀한 사람이라면 저마다의 방식에 따라 직접 현재의 세계에 작용하고자 하지 않으면 안 된다. 진실로 고귀한 세계에 사는 사람은 동시에 현재의 세계에도 사는 사람이다. 만일 현재의 세계에 살지 않는다면, 그것은 이윽고 이상의 세계에도 살지 않고 단지 그곳에서 꿈을 꾸고 있다는 증거가 될 뿐이다. 현재 우리의 눈앞에서 일어나는 일을 외면하고, 자연적으로 생기는 관심을 일부러 다른 곳으로 돌리는 것은 우리의 적이 가장 바라는 일일 것이다. 우리의 적이 우리가 모든 일에 아무것도 생각하지 않는다는 것을 확인하면, 그는 생명이 없는 도구를 다루듯이 그가 바라는 것을 감히 우리에게 강요하기 시작할 것이다. 방심한다는 것은 우리로 하여금 어떠한 일에도 익숙하게 만들어 의심하지 않도록 만드는 것이다. 이에 반해 명확하고 총괄적인 사상이, 또 마땅히 있어야 할 것의 모습이 이 사상 속에 늘 깨어 있는 경우에는, 익숙해져서 의심하지 않는 일은 절대로 있을 수가 없다.

이 강연은 먼저 여러분을 초청했다. 그러나 이윽고 모든 독일 국민을 초청하게 될 것이다. 단, 그것은 이 강연을 인쇄물로 만들어 독일 국민을 그 앞에 모아 스스로 굳게 결심하고, 다음의 몇 가지 문제에 대해 내면적으로 일치하는 것이 현재의 사정 안에서 가능한 경우이다. 그 몇 가지 문제란 첫째, 독일 국민이라는 것이 과연 존재하는가, 또 독일 국민이 독자적이고 자주적인 본질을 가지고 존속하는 것이 지금 위태로운 상태에 있지는 않은가, 둘째로, 독일 국민을 유지하기 위해 노력할 가치가 있는가. 셋째, 이를 유지하기 위한 확실한 수단이 있는가, 있다면 그 수단은 어떠한 것인가?

이전에는 어떤 말이 구두 또는 인쇄에 의해 발표되면, 그것을 일상적인 잡담으로 알고 심심풀이용 농담거리로 삼는 일이 우리 나라 사람들의 습관이었다. 그러나 나의 주위에서는 이번에도 그렇고 지난해에도 나의 이 강연을 그러한 용도로 이용한 흔적을 찾아볼 수가 없다. 문학잡지나 그 밖의 정기 간행물 같은 출판과 관련된 사교적 모임에서 내 강의에 대한 평론이 있었다는 이야기는 들은 바가 없다. 따라서 내 강연이 진지하게 받아들여지고 있는지, 아니면 여흥거리로 제공되고 있는지 분명치가 않다. 어쨌든 적어도 나의 의도는 농담을 하거나 우리의 시대에 특유한 기지(機智)를 동원하려는 것도 아니다.

우리 인간들 사이에 깊이 뿌리내려 거의 제2의 천성이 되다시피 한 독일인의 습관은, 어떤 일이든 새로 시작된 것을 보면, 적어도 입을 가진 사람은 최대한 빠르고 즉각적으로 찬성이든 반대이든 자신의 의견을 말하지 않으면 안 되는 것으로 생각하여 한바탕 떠들썩하다가 곧 그 일은 끝난 것으로 돌리고, 세간의 대화는 벌써 새로운 화제를 찾아 서두르는 것이다. 그리하여 독일인 사이의 모든 문필상의 소통은, 옛 우화 속에 나오는 메아리처럼 아무런 형태도 없고 구체적인 내용도 없이 단순한 목소리로 변할 뿐이었다. 사람과 사람이 소통하는 경우의 나쁜 교제에서 곧잘 볼 수 있듯이 문필상의 소통에서도 다만 사람의 목소리만 계속 오가게 되어, 저마다가 지체 없이 그 소리를 받아서 이웃에게 전달하면 그만이었고, 그 소리의 내용은 아무도 돌아보지 않았다. 이런 것이 바로 무성격적이고 비독일적인 것이 아니고 무엇이겠는가? 이러한 풍속을 찬양하고 문단의 말 많은 혀를 자극하는 일은 내가 뜻하는 바가 아니다. 나는 처음부터 그런 일을 바라지 않았으므로 사람들의 흥을 돋우는 일에는 일찍부터 개인적인 관계를 끊었고, 따라서 세상 사람들도 나를 그런 사람으로 보는 것을 단념할 수 있었다. 나는 사람들이 내가 제기한 문제를 어떻게 생각하는지, 즉 그는 이제까지 이 문제를 어떻게 생각해 왔는지, 또는 아예 생각조차 하지 않았는지를 지금 바로 알고자 하는 것은 아니다. 그는 스스로 깊이 생각하여 자신의 비평을 완전하고 확고하게 정리하는 것이 좋다. 그러기 위해서는 필요한 시간을 충분히 들여야 한다. 만약 그가 이 문제를 비평하는 데 필요한 예비지식이나 수양이 부족하다면, 시간이 걸리더라도 먼저 그것을 얻기 위해 노력해야 한다. 자신의 비평을 명확하게 정리한 경우에도 반드시 그것을 공표할 필요는 없다. 그 비평이 내가 여기서 말한 것과 맞아떨어진다면, 그것은 이미 발표된 사항이므로 굳이 다른 사람이 되풀이해서 공표할 필요는 없다. 다만 이와 다른 의견, 더 좋은 의견을 말할 수 있는 사람이 있다면 그것은 꼭 발표해야 할 일이다. 어쨌든 저마다는 어떤 경우에도 자신의 방식에 따라 또 그 지위에 맞게 참되게 살고 참되게 활동해야 한다.

끝으로 나의 강연을 통해 독일의 여러 대가들에게 교훈과 논설을 위한 문장 연습의 기회를 주어 그들의 문장을 개선하는 동시에, 그들이 나에게 어떤 기대를 품고 있는지를 알려고 하는 것은 나의 뜻과는 가장 거리가 먼 일이다. 이 점에 대해서도 나는 그들로부터 교훈과 충고를 이미 충분히 받았다. 만일 개선의 여지가 있다면 이미 그것은 나타났을 것이다.

나의 첫 번째 의도는, 의문이나 연구의 소용돌이와 그에 대한 서로 모순되는 의견의 홍수 속에서 교육받은 사람들이 부평초처럼 흔들리는 것을 도와서, 가능한 한 많은 사람을, 그들이 확고하게 설 수 있는 한 점, 특히 우리와 가장 긴밀한 관계에 있고 우리 모두에게 공통된 문제로 인도하여, 그들을 흔들리지 않는 확고한 의견과 명확한 신념을 향해 끌어올리는 데 있다. 또 그들이 다른 점에서는 아무리 반대 의견을 갖고 있다 해도, 적어도 이 문제에서만큼은 마음이 일치하도록 그들을 결합시키는 데 있다. 그리하여 마침내 독일인의 확고한 특징을 만들고 그 특징으로써 각 독일인들이 독일인 전체의 문제에 대해 하나의 의견을 갖고자 마음먹게 하려는 것이다. 이에 반해, 이 문제에 대해 아무엇도 들으려고 하지 않고 아무것도 생각하려 하지 않는 사람은 이제부터 마땅히 독일인에 속하지 않는 사람으로 간주해도 무방하리라.

이렇게 확고한 의견을 갖고 또한 많은 사람들이 이 문제에 대해 서로 일치하고 이해하는 것은, 직접적으로는 우리의 성격을 지금의 멸시할 만한 방만 상태에서 벗어나게 할 뿐만 아니라, 우리의 주된 목적, 즉 새로운 국민 교육을 실시하기 위한 유력한 수단이 되기도 한다. 특히 우리 자신이 자기에 대해서나 다른 사람에 대해서나 결코 마음의 일치를 얻지 못하고, 오늘은 이것을 바라고 내일은 다른 것을 원하며 저마다가 이 혼돈된 사상계에 각기 제목소리를 내고 있었기 때문에, 이에 대해 너무나 많이 귀를 기울인 우리 정부는 이를 효과적으로 관리하지 못하고 우리의 사상과 마찬가지로 정처 없이 방황하고 있었다. 이제 공통사항에 일단 확고한 진로를 잡아주는 단계에서 먼저 우리 자신부터 확고하고 견실한 실례를 보여주는 데 그 어떤 방해가 있겠는가. 우선 많은 사람들이 변하지 않는 일치된 의견을 말해야 한다. 모든 사람에게 공통된다고 인정되는 확고한 요구, 예를 들어 우리가 전제로 하는 국민 교육에 대한 요망을 호소하면, 정부는 반드시 이에 귀를 기울이고 우리가 그의 협조를 구할 때는 틀림없이 우리를 도와줄 것이다. 만일 정부가 그렇게 하지 않을 때에는 우리는 적어도 정부의 처사를 비난할 권리를 얻게 될 것이다. 현재 우리 정부는 주로 우리가 바라는 정부이므로 이에 대해 불평하는 것은 부당하다.

독일 국민을 유지하기 위해 확고하고 철저한 수단이 있는가, 만약 있다면 그 수단은 무엇인가—하는 것은, 우리가 독일 국민에 대한 결정적인 해답을 구하는 몇 가지 문제 가운데 가장 중요한 것이다. 나는 스스로 이 물음에 답하고 또 그렇게 답하는 근거도 밝혔다. 그러나 이것이 최종적인 결론은 아니다. 왜냐하면 이러한 것은 결국 아무런 도움이 되지 않고, 이 문제를 다루는 저마다가 마음속으로 자신의 행위로써 확신을 가져야 하기 때문이다. 나는 이제부터는 각자의 반성과 비판에 맡기지 않으면 안 된다. 다만 내가 경고할 수 있는 것은, 사람들이 이 문제에 대해 갖고 있는 천박하고 피상적인 사상으로 자신을 속이고 깊은 반성을 방해하며 한때의 위안에 만족하지 말라는 것이다.

예를 들어 우리가 독립을 잃기 훨씬 이전에 마치 위안이라도 하듯이 자주 듣고 독립을 잃은 뒤에도 되풀이해 들은 이야기는, 비록 우리가 정치상의 독립은 잃어도 우리의 언어와 문학은 잃지 않고 그 부분에서는 여전히 하나의 국민으로 존재할 것이므로 다른 모든 손실은 쉽사리 단념할 수 있다는 것이었다.

　정치적 독립은 잃더라도 여전히 우리의 언어를 유지할 수 있다는 희망은 도대체 어디에 근거를 두고 있는 것일까? 그런 이야기를 하는 사람도 그들이 하는 말과 훈계가 자자손손 몇 백 년 뒤까지 언어의 불가사의한 힘을 발휘할 것을 믿는 것이 아닌가. 지금 살아 있는 기성세대로서 독일어로 말하고 쓰고 읽는 데 익숙한 사람은 틀림없이 그것을 유지할 것이다. 그러나 곧 이어지는 다음 세대 또 그 다음 세대는 무엇을 할 것인가? 이 차세대 독일인들이 모든 영광의 소유자이자 모든 은총을 나누어 주는 정복자를 향해, 자기의 언어를 희생하면서까지 영합하려는 마음을 일으키리라고 예상하는 것은 그리 어렵지 않다. 이것을 견제할 요소를 어떻게 그들의 마음속에 심어줄 것인가? 도대체 우리는 세계 제일의 언어(독일어를 가리킨다)가 무엇이며, 또 널리 알려졌듯이 이 언어로 쓴 일류의 저작이 아직 나타나지 않은 것에 대해 아직도 들은 바가 없는 것일까? 이 언어로 권력에 아부하는 내용을 쓴 글들이 현재 우리 눈앞에 나타나고 있지 않은가? 세상 사람들은 두 개의 다른 언어, 하나는 고대의 언어(그리스어), 또 하나는 근대어(라틴계 언어)를 예로 들어, 이들 언어를 사용한 국민은 정치적으로 멸망했음에도 불구하고 아직도 살아 있는 언어로서 존속되고 있다고 말한다. 나는 그 존속 방법을 깊이 파고들 생각은 없다. 그러나 다만 이 두 언어는 우리의 언어에서는 찾아볼 수 없는 무언가를 가지고 있으며 그로 말미암아 정복자의 은총을 얻었지만, 우리의 언어는 절대로 그 은총을 얻을 수 없다는 것은 분명한 사실이다. 이렇게 애써 자위하는 말을 하는 사람들은 시선을 좀 더 넓혀 주위를 살펴본다면, 우리의 경우에 잘 들어맞는 실례를 발견하게 될 것이다. 즉 벤트족의 언어가 그것인데, 이 언어 또한 그 민족이 자유를 잃은 뒤에도 몇 백 년 동안 존속하고 있다. 그러나 흙덩이를 쌓아올린 비참한 노예의 오두막 속에서, 노예가 정복자에게 이해받지 못하는 자신의 운명을 한탄하는 용도로만 쓰이고 있다.

　이를테면 우리의 언어가 생명을 지니고 글을 쓰는 언어로 존속하면서 자신의 문학을 유지하고 있다고 생각해 보자. 정치적으로 독립하지 않은 민족의 문학이 도대체 무엇을 할 수 있겠는가? 이성이 있는 저술가는 도대체 무엇을 바라고 또 무엇을 원할 수 있겠는가? 그는 일반 민중의 삶에 작용하여 그것을 자신의 형상으로 만들고 개조하기를 바랄 것이다. 만일 그가 그것을 원하지 않는다면 그가 하는 모든 말은 무료한 귀를 간질이는 공허한 소리에 지나지 않는다. 이러한 저술가는 근원적으로, 또 정신생활의 바탕에서, 마찬가지로 근원적으로 작용하는 사람, 즉 지배하는 사람을 대신하여 사유하기를 바란다. 그렇다면 그는 단지 지배자가 사유할 때 쓰는 언어, 지배가 그것에 의해 행동하는 언어, 독립 국가를 형성하고 있는 민족의 언어로만 저작할 수 있다. 가장 추상적인 과학에 대한 우리의 모든 노력조차 결국은 무엇을 바라는 것일까? 그 노력의 직접적인 목적은 과학을 다음 세대에 전하여 그것을 세계 속에 유지하는 일일지도 모른다. 그러나 도대체 무엇 때문에 이렇게 과학을 유지하지 않으면 안 되는가. 틀림없이 알맞은 시기에 일반 생활과 인성에 적합한 모든 질서를 만들기 위해서일 것이다. 그것이 궁극의 목적이다. 즉 모든 과학적 노력은 간접적으로는 비록 후세에라도 국가에 봉사하는 것이다. 만일 과학이 이 목적을 버린다면 과학의 품위와 독립은 사라지고 말 것이다. 따라서 이 목적을 가진 사람은 반드시 지배하고 있는 국민의 언어를 써야 한다.

특별한 언어를 쓰는 곳은 어디나 반드시 독립적으로 자신의 문제를 처리하고, 스스로 자기를 지배할 권리를 가진 특별한 국민이 존재하는 것이 진실인 것처럼, 반대로 스스로 지배하기를 포기한 민족은 자기의 언어를 버리고 정복자와 융합해야 할 의무가 있다. 이것은 더는 존재하지 않는 사정을 완전히 잊어버리고, 통일과 내부의 평화를 가능하게 하는 데 필요하다. 정복 국민과 피정복 국민의 혼합체를 이끌고 있는, 얄팍한 지식만 가진 정치가는, 틀림없이 이러한 통일과 평화와 망각을 강요하게 될 것이다. 따라서 우리의 경우에도 이러한 요구가 주어질 것을 예상하고 기다려야 한다. 그런데 이러한 융합이 이루어질 때까지는 정복자가 공적으로 허가한 교과서가 야만인—즉 정복 국민의 언어를 배우기에는 너무나 재능이 없고 또 바로 그 때문에 모든 공적인 일에서 제외되어 어쩔 수 없이 평생 굴종하게 되는 자—의 말로 번역되어 존재할 것이다. 또 현실적인 사건에 대해 자신에게 침묵을 부과한 그들은 겨우 공상소설처럼 정치적 사건을 묘사하여 문장을 연습하거나 옛날의 낡은 형식을 모방하는 것이 허락될 뿐이다. 전자의 경우는 방금 예를 든 낡은 언어(그리스어), 후자의 경우는 새로운 언어(라틴어)가 그 실례이다. 이렇게 가련한 문학은 우리도 한동안은 유지할 수 있을지 모른다. 그 이상의 위안을 모르는 자는 그 정도에 만족하는 것도 좋을 것이다. 그러나 진실을 보고, 진실의 모습을 통찰한 뒤 자신에게 결심과 실행을 촉구할 용기와 힘을 가진 사람까지 이러한 가치 없는 위로, 우리의 독립의 적이 좋아할 게으른 꿈속에서 삶을 이어가는 것만은 가능한 한 막고 싶다.

그런데 세상 사람은 독일 문학이 후세에도 존속하리라고 기대한다. 이에 대해 우리가 가질 수 있는 기대를 더욱 자세히 비판하기 위해서는, 오늘날까지 과연 참다운 의미의 독일 문학이 있었는가 하는 문제를 먼저 생각해 보아야 할 것이다. 작가의 가장 고귀한 특권과 가장 신성한 직무는, 자국민을 자기 주위에 모아 그들과 함께 그들의 가장 중요한 문제를 의논하는 것이다. 특히 독일에서는 이전부터 이것은 오직 작가들의 임무였다. 왜냐하면 이 나라는 여러 작은 연방으로 나뉘어 작가의 무기, 즉 오직 언어와 문장에 의해서만 전체의 통일을 유지하고 있었기 때문이다. 그러나 독일인을 결집했던 마지막 외적 유대, 즉 헌법의 유대까지 단절된 오늘날에는 작가의 이 임무는 더욱 긴요해졌다. 우리는 여기서 우리가 알고 있는 것이나 우리가 걱정하는 것을 말하는 것이 아니라, 우리가 미리 고려해 두어야 하는 만일의 경우를 이야기하고 있는 것이다. 만일 독일 연방의 굴종적인 당국자가 불안과 우려 및 공포에 사로잡힌 나머지 독일 국민을 아직도 존재하는 것으로 가정하고 이를 향해 경고하려는 소리에 대해, 먼저 그 발언을 금지하고 금령으로 그 확대를 막는다면, 이것이야말로 독일에는 이미 독립적인 문단이 없다는 것을 실증하는 것이고, 또 앞으로 독일 문단이 존속할 것이라는 전망도 사라지게 될 것이다.

이들 당국자가 두려워하고 꺼려하는 것은 과연 무엇일까? 그들은 단지 이러한 경고의 말을 듣기를 바라지 않는 것일까? 그들은 자신들의 소심하고 허약한 신경으로 적어도 시대를 잘못 선택했다고 해야 할 것이다. 그들은 조국을 비방하고 외국 것을 쓸데없이 칭찬하는 사람이 있어도 그것을 방지할 수가 없지 않은가. 그렇다면 이 물음에서 겨우 들리기 시작한 한 가닥의 애국적 언론에 대해 지나치게 엄격한 단속은 삼가주기 바란다. 물론 모든 사람이 같은 말에 귀를 기울일 수는 없지만, 우리는 지금 그런 것을 생각할 여유가 없다. 우리는 눈앞에 닥친 시급한 필요성에 쫓기고 있다. 이 당면한 필요가 우리에게 말하라고 명령하는 것을 우리는 그대로 전하지 않을 수가 없다. 우리는 우리의 생명을 위해 몹시 어렵게 싸우고 있다. 당국자들은 우리의 급한 발걸음이 먼지를 일으켜 자신들의 화려한 예복을 더럽힐까봐 우리의 걸음을 제지하려는 것인가. 우리는 지금 홍수에 빠져 허우적거리고 있다. 우리의 구원을 외치는 목소리가 신경이 예민한 사람들을 놀라게 할까봐 금지하는 것인가?

우리의 말을 기꺼이 들을 수 없는 사람은 과연 누구인가. 도대체 어떤 조건 때문에 그 소리에 귀 기울이기를 싫어하는가? 공포를 일으키는 것은 어디서나 불확실성과 어리석음이다. 그 어떤 공포의 환상도 그것을 직시하면 곧 사라지게 마련이다. 우리는 이제까지 우리의 강연에 제기된 모든 문제를 분석할 때 취한 진지한 태도와 솔직한 마음으로 이 공포의 환상을 직시하기로 하자.

사람들은 지금 세계적 사건의 대부분을 처리하고 있는 인물을 참으로 위대한 마음을 가진 사람으로 가정하거나 그 반대로 가정한다. 제3의 경우란 없다. 먼저 전자의 경우, 본디 인간으로서의 위대함은 그 인물의 독립성과 본연성 외에 어떤 점에 있을까? 그 인물이 시대의 인공적인 산물이 아니라, 영원하고 근원적인 정신계로부터 나와 우뚝 서서 완전히 새롭고 특유한 우주관의 눈을 뜨고, 그 우주관을 실현시킬 확고한 의지와 강철 같은 힘을 갖추고 있는 것 말고 그 어떤 점에 인간으로서의 위대함이 있을까? 그리고 이러한 사람이 자기 이외의 것에 있어서도, 민족이나 개인에 대해서도, 그 내부에서 자기를 위대하게 만드는 것, 즉 생존의 독립과 견실성과 특징을 존중하지 않는 것은 단적으로 있을 수 없는 일이다. 이런 사람은 자신의 위대함을 깨닫고 그것을 믿기 때문에, 가엾은 노예근성을 가진 자만을 지배하면서 소인국의 거인이 되는 것은 오히려 탐탁하게 여기지 않는다. 그는 인간을 지배하기 위해 먼저 그들을 인간으로서 가치가 없는 것으로 만들어야 한다는 생각을 경멸한다.

이러한 인물은 자기 주위에서 타락을 보면 일종의 압박을 느끼고, 인간을 존경하지 못하는 것에 대해 비애를 느낀다. 그의 동포인 인류를 향상시키고 고귀하게 만들어 더 훌륭한 빛에 비춰볼 수 있도록 하는 것은, 그의 고상한 정신에 쾌감을 주고 그의 가장 큰 즐거움이 된다. 이러한 마음을 가진 사람은, 이 시대가 초래한 커다란 소동이 독일 국민과 같은 유서 깊은 국민—근대 유럽 대부분의 민족의 모국이자 모든 민족의 형성자—을 깊은 잠에서 깨어나 움직이게 하기 위해 이용된다는 것을, 또 국민을 타락 일보 직전에서 구원할 수 있는 확고한 수단을 통해 미래의 타락이 확실하게 방지되는 동시에 모든 다른 민족이 향상된다는 것을 듣고 어찌 기뻐하지 않을 수가 있겠는가?

이러한 기도는 절대로 평화를 해치는 폭동을 선동하는 것이 아니라 오히려 반드시 파멸을 불러올 것이라 하여 폭동을 경계하는 것이다. 한 국민 안에 최고의 도덕심이 형성되어 다음다음 세대까지도 이것이 확보되고, 나아가서 세계의 다른 민족에게도 미치게 되는 확고한 기초가 제시된다. 세속적이고 관능적인 인간을 순결한 정신적 인간으로 만드는 인류 개조의 길이 여기에 있다. 이러한 훌륭한 시도에 대해, 적어도 스스로 고상하고 위대한 인물, 또는 적어도 그것을 이상으로 여기는 인물이 불쾌감을 느낄 이유는 없을 것이다.

　이에 반해 앞에서 말한 공포를 안고 실천으로 그것을 증명한 그 당국자들은 어떻게 이해하고, 또 그들이 이해하는 것을 어떻게 세상 사람에게 선언하고 있을까? 그들은 조금이나마 독립적인 힘이 움직이는 것을 보고는 불안을 느끼고, 도덕과 종교와 정서를 고상하게 높이려는 계획을 듣고는 곧 우려를 품으면서, 인간을 가치 없는 것으로 만들어 방심하도록 내버려두는 것이 자신의 복지이자 자신을 유지하는 희망이라는 식의, 비인도적인 비천한 이념이 우리를 지배한다고 믿고 있음을 고백할 것이다. 그들의 이러한 신앙은, 우리가 그런 비천한 인간에게 지배되고 있다는 견딜 수 없는 굴욕감을 불러일으켜, 우리의 커다란 재앙을 더욱 더 참혹하게 만든다. 우리가 어떻게 확실한 증명도 없이 무턱대고 이러한 신앙에 솔깃하여 그 신앙에 따라 행동할 수 있겠는가?

　가장 극단적인 경우를 가정하여, 당국자가 믿는 것이 옳고, 그 반대, 즉 실천을 통해 신앙을 드러내는 우리의 생각이 잘못되었다고 치자. 그런 경우, 이렇게 봉사를 받고 있는 정복자를 위해, 또 그토록 두려워하고 있는 당국자를 위해, 인류는 자신의 품위를 떨어뜨리고 또 타락해야 할까? 누군가가 마음의 소리에 따라 그들에게 경고를 발해서는 안 되는 것일까? 이를테면 당국자들이 믿는 바가 옳을 뿐만 아니라, 우리가 현대 및 후세에 대해 그들이 정당하다는 것을 고백하고 우리가 잘못되었다는 비난을 달게 받아야 한다고 가정한 경우, 우리, 즉 그들에게 환영받지 못하는 경고자가 받아야 하는 극도의 박해와 마지막 처벌은 무엇일까? 그들은 과연 죽음 이상의 것을 알고 있을까? 우리는 죽음은 누구에게나 조만간 찾아온다는 사실을 알고 있다. 이미 인류의 시초부터 고결한 사람은 우리의 사건보다 더 작은 사건—현재의 사건보다 더 큰 사건이 어디에 있을까—을 위해 생명을 걸고 저항을 시도했다. 죽음을 각오하고 시작하는 기도에 대해 그 누가 마땅히 방해할 권리를 가질 것인가.

아마도 우리 당국자들 중에는 그런 몰상식한 사람은 없으리라. 그러나 만약에라도 그런 당국자가 있다면, 그들은 누가 부탁하거나 고맙게 여기지도 않는데 배척을 당하면서까지 목을 뻗어 정신적 굴레에 머리를 내미는 것과 같다. 그들은 진정으로 위대한 인물의 참뜻을 이해하지 못하고 자신의 보잘것없는 마음으로 남을 헤아리기 때문에, 그것이 정복자의 마음에 들 거라고 믿고 온 힘을 다해 자국의 문단을 박해하고 정복자에게 제물로 바칠 다른 마땅한 것이 없어서 먼저 자기 나라의 문학을 희생양으로 삼아 제단에 바칠 것이다. 이와 달리, 우리는 우리의 신뢰와 용기를 실천으로 나타냄으로써 단순히 말로 하는 것 이상으로 권력자의 위대한 심정을 찬양하고 있다. 독일어가 통용되는 모든 영역을 통해 우리의 목소리가 어떤 방해도 받지 않고 자유롭게 울려 퍼지는 곳에서는, 이 목소리는 그것이 존재한다는 사실만으로 모든 독일인에게 다음처럼 호소할 수 있다.

"어느 누구도 그대들의 압박, 그대들의 노예근성, 그대들의 노예적 복종을 바라지 않는다. 오히려 그대들의 독립, 그대들의 참다운 자유, 그대들의 향상을 바란다. 보라, 우리가 공공연하게 이것을 그대들에게 알리고 올바른 수단을 그대들에게 제시하는 것을 방해하는 것은 어디에도 없지 않은가."

만약 이 목소리가 독일 사람의 귀에 들어가 예정된 성공을 거둔다면, 이는 권력자의 위대한 마음과 이에 대한 우리의 신앙의 훌륭한 기념비를 영원히 남기는 일이다. 이 기념비는 어느 시대에도 파괴되지 않고, 오히려 시대를 거듭함에 따라 더욱더 높이 뻗어가고 더욱더 멀리 퍼져갈 것이다. 이러한 기념비를 세우려는 시도에 대해 그 누가 감히 반대할 수 있으랴.

그렇다면 우리의 잃어버린 독립에 대한 위안으로서 우리 문학의 미래의 번성을 주장하고, 또 우리의 잃어버린 독립을 회복할 수단의 연구를 이러한 위로로 가로막으려는 사람에게 동의할 수는 없다. 우리는 오히려 독일 문학에 대해 일종의 감독자의 임무를 띠고 있는 독일사람, 즉 우리의 당국자들에게 묻고 싶다. 그들은 그들 이외에 독일어를 쓰고 읽는 독일인에 대해 참된 의미의 독일 문학을 허용할 것인가, 또 이와 같은 문학이 현재 독일 안에서 허용되고 있음을 보장할 수 있는가—하고. 그들이 이 문제를 진정으로 어떻게 생각하고 있는지는 그들의 말을 들은 뒤에 결정될 것이다.

그렇게 본다면, 독일 민족의 근본적인 개선이 이루어질 때까지 우리의 존재를 유지하기 위해 가장 먼저 해야 할 일은 우리 자신의 확고한 성격을 만들고 그 성격을 실증하는 것이다. 그러기 위해서는 자기반성을 통해 우리 자신의 진정한 위치와 상황에 대한 확고한 의견을 정하고 그것을 개선할 확실한 수단을 찾아야 한다. 우리의 언어와 문학의 존속을 주장하며 위안으로 삼는 것이 무가치한 일임은 이미 말한 대로이다. 그러나 그 밖에도 이번 강연에서는 아직 이야기하지 않았지만, 그러한 의견을 확립하는 것을 방해하는 그릇된 환상이 있다. 우리는 마땅히 그것도 함께 연구해야 한다. 이 점에 대해서는 다음 강연으로 미루기로 한다.

제13강 지난 강연에 이어서

여러 민족의 사건에 관한 온갖 가치 없는 사상과 기만적인 주장이 국내에 널리 퍼져, 그것이 독일인을 방해하여 현재의 위치와 상황에 대해 그들의 특성에 알맞은 견해를 형성하지 못하고 있다는 것을 지난번 강연 마지막에 이야기했다. 이 그릇된 환상이 비상한 열기 속에 일반적 숭배의 대상으로 선전되고 있고, 또 다른 많은 환상들이 떠도는 지금, 이 환상이 많은 사람들에 의해 상상계의 공백을 메우는 유일한 재료가 될지도 모르는 실정에 비추어 이 그릇된 환상을 철저히 파헤쳐볼 필요가 있다.

무엇보다 먼저 나라와 나라의 가장 근원적이고 자연적인 경계는 의심할 여지없이 내적인 경계라는 점을 말하고 싶다. 같은 언어를 쓰는 모든 사람은, 모든 인공이 가해지기 전에 이미 눈에 보이지 않는 다수의 유대로써 자연적으로 서로 결합되어 있다. 그들은 서로를 이해하고 또 더욱 또렷하게 이해할 능력을 갖고 있다. 그들은 서로 연관을 맺고 자연히 일체를 이루어 서로 분리할 수 없는 하나의 전체이다. 다른 혈통과 다른 언어를 가진 민족이 이러한 전체를 자기 안에 받아들여 자신과 융합하려는 것은 결코 허용되지 않는다. 만일 그것을 감행한다면 적어도 처음에는 자신을 혼란에 빠뜨리고, 자기 문화의 균형 잡힌 진보를 뚜렷하게 해치게 된다. 이 내적인 인간의 정신적 천성에 의해 그어진 한계로부터, 그 결과인 사는 곳이라고 하는 외적 한계가 처음으로 생긴다. 그렇다고 해서 이 산과 저 강 사이에 살고 있는 사람들이 그 주소 때문에 비로소 같은 민족이 되는 것은 아니다. 그와 반대로 그들은 처음부터 거주지보다 더욱 고차적인 자연 법칙에 따라서 동일한 국민이 되었기 때문에, 다행히 같은 곳, 즉 같은 산과 같은 강에 에워싸여 살게 되었다고 보아야 할 것이다.

그리하여 독일 국민은 공통된 언어와 사상으로써 서로 충분히 결합하여 다른 민족과 뚜렷하게 구분되는 가운데 유럽 한복판에 자리 잡았고, 혈통이 다른 민족들 사이에 경계벽이 되어 살면서, 외국의 침략에 대해 국경을 지키기에 충분할 만큼 다수인 데다 용감한 자신들의 힘을 믿으며, 자신의 사상적 경향에서 주변에 있는 다른 민족의 동정을 살피려 하지도 않고, 또 다른 민족을 간섭하여 그들을 불안하게 함으로써 그들의 적의를 자극하는 일도 없이 생활하고 있었다. 여러 시대에 걸쳐 그들의 행복한 운명은 그들이 다른 여러 대륙의 약탈에 직접 관여하는 것을 면하게 해주었다. 이 여러 대륙의 침략 사건은 근대사의 방향에 가장 큰 영향을 주었고, 여러 민족의 운명과 그 개념 및 사상의 대부분은 이 사건으로 말미암아 형성되었다. 이 침략적 사건 이후 그때까지는 명료한 의식도 없이 하나로 뭉쳐 공동 경영을 하고 있었던 그리스도교적 유럽이 비로소 몇 개의 부분으로 분열되었다.

이 사건 이래 처음으로 하나의 공통적인 먹잇감이 생기자 어느 나라나 똑같이 그것을 차지하려고 했다. 이 먹잇감을 이용하는 것은 어느 나라에나 유리한 일이어서, 그것이 다른 나라의 손안에 있는 것을 보면 부러움을 금할 수 없었기 때문이다. 이렇게 해서 비로소 모든 나라가 모든 나라에 대해 속으로 적의를 품고 남몰래 전쟁을 준비하는 원인이 생겼다. 또 이것으로 해서 비로소 여러 민족이 혈통과 언어가 다른 민족을 정복에 의해, 정복이 어려운 경우에는 동맹으로 합병하여 그 힘을 자기의 것으로 만드는 것이 민족적 이익이 되었다. 자연에 충실한 민족은 팽창한 결과 거주지가 비좁아지면 이웃나라를 침략하여 영토를 넓히고, 침략당한 주민은 자신들의 땅에서 쫓겨났다. 어떤 민족은 자신들의 거칠고 메마른 땅을 기후가 온화하고 기름진 땅과 바꾸기 위해 본디의 소유자를 몰아낸 일도 있었을 것이다. 또 도덕적으로 퇴폐한 민족이 단순한 약탈을 위해 침략하여, 그곳 주민은 돌아보지 않고 그저 쓸 만한 것을 모조리 빼앗은 뒤 황폐해진 토지를 버리는 일도 있었을 것이다. 또 점령한 토지의 주민을 물건처럼 각자의 노예로 나눠가진 일도 있었다.

그러나 다른 나라의 민족을 그대로 자기 나라의 구성요소에 보태는 것은 아무런 이득도 되지 않는다. 그러므로 앞으로도 그런 일은 시도되지 않을 것이다. 그러나 자기와 마찬가지로 우세한 경쟁자와 하나의 먹잇감을 놓고 다투는 경우에는 사정이 달라진다. 자신이 정복한 민족이 다른 점에서는 자신에게 적합하지 않더라도, 최소한 그들의 완력을 자신의 경쟁자에게 이기는 데 이용할 필요가 있다. 그럴 경우 그 누구도 자기의 전투력을 더욱 좋게 하기 위해 그들을 동맹자로 환영하지 않을 수 없다. 제아무리 평화와 안정을 바라고 구하는 철인(哲人)이라 할지라도 이러한 실상을 눈앞에서 똑똑히 보고는 어디에서 평화를 기대할 수 있을 것인가? 인간의 소유욕을 자연적으로 제한하고, 남는 것은 필요 없다는 원칙에 따라 평화를 유도하는 것은 물론 불가능하다. 누구에게나 소유욕을 자극하는 먹잇감이 거기에 있기 때문이다. 사람이 스스로 욕망을 제한하는 것은 누구에게도 기대하기가 어렵다. 될 수 있는 대로 모든 것을 긁어모으려고 하는 사람들 사이에서 자신의 욕망을 제한하는 사람은 반드시 파멸을 면치 못하기 때문이다. 누구나 자기가 현재 가지고 있는 것을 남에게 나누어 주기를 원치 않는다. 될 수 있으면 남이 지닌 것까지 빼앗으려고 한다. 한 민족이 손을 놓고 있는 일이 있다면, 그것은 단지 그가 전쟁을 시작할 힘이 없다는 것을 스스로 알기 때문이다. 만약 필요한 힘이 자신에게 있다는 것을 스스로 깨달으면 곧바로 전쟁을 시작하지 않고는 배기지 못할 것이다.

그렇다면 평화를 유지하는 유일한 수단은, 어떠한 나라도 평화를 해칠 수 있는 힘을 가지지 않게 하고, 어느 나라나 자신의 공격력에 상당하는 방어력이 다른 나라에도 있음을 알게 하는 것, 즉 각국 사이의 세력 균형을 유지하는 것이다. 다른 모든 수단이 사라진 뒤에는 오직 이 균형에 의해서만 각국이 자기의 현상을 유지하면서 모든 나라가 평화롭게 존속할 수 있다. 그러므로 이 두 가지, 즉 그 누구도 다 같이 가지지 않고, 그러면서도 누구나 가지려 하는 하나의 먹잇감과, 끊임없이 생동하는 현실의 일반적인 약탈욕을 전제로 하여, 유럽의 국제 균형에 대한 이념이 생겨났다. 이러한 전제 아래, 균형은 평화를 유지하는 유일한 수단이 된다. 단, 이 균형을 이룬다는 공상을 사실로 변화시키는 제2의 수단이 발견된다면 말이다.

그러나 위와 같은 전제는 과연 일반적으로 아무런 예외 없이 해당되는 것일까? 유럽의 중심에서 매우 우세했던 독일 국민이 이와 같은 먹잇감을 조금도 탐내지 않고 그러한 약탈욕에 감염되지 않은 채, 그리고 거의 그 약탈욕의 능력도 요구도 없이 존재해 오지 않았던가? 이 독일 국민이 만일 여전히 공통된 의지와 공동의 힘으로 결합되어 있었다면, 다른 유럽 국민이 모든 해상과 군도에서, 또 연안에서 살육전을 벌이려 하더라도 유럽 한복판에서 독일인의 견고한 장벽이 그들의 상호 공격을 가로막았을 것이다. 또한 그곳에는 평화가 있었을 것이다. 그리하여 독일인은 자신의, 그리고 자신과 함께 다른 일부 유럽 민족의 안녕과 행복을 유지했으리라.

독일인이 이러한 상태에 있는 것은 단지 눈앞의 일만 생각하는 외국의 이기심에는 바람직한 일이 아니었다. 외국인은 독일인의 용감한 기질을 이용해 그들의 정쟁을 수행했고, 독일인의 손을 이용해 그들을 위해 그들의 경쟁자에게서 먹잇감을 빼앗는 것을 좋은 방법으로 여겼다. 그들은 이 목적을 이루기 위해 어떤 수단을 강구할 필요성에 쫓겼다. 더욱이 그들의 교활한 지혜는 독일인의 진지하고 순진한 마음을 속이기가 매우 쉬웠다. 종교 다툼으로 독일인 사이에 일어난 의지의 분열을 처음으로 이용한 것은 바로 그 외국인들이었다. 그들은 그것을 이용해 그리스도교적인 전 유럽을 소규모로 구현하는 동시에, 그 정수인 독일을 긴밀하게 뭉친 통일체에서 개별적인 부분으로 인공적으로 분할하려고 했다. 그것은 그들이 공통된 약탈로 말미암아 저절로 분열하게 된 것을 모방한 것이었다.

독일은 한때 다른 나라 말고는 적이 없었고 협력하여 외국의 유혹과 간계를 막는 공동 과업 외에는 어떠한 과업도 가지지 않은 통일된 국민이었다. 그런데 이렇게 하여 몇 개의 작은 나라로 분열하게 된 것이다. ―외국은 이 독일 연방을 교묘하게 다루었다. 서로를 본디의 적으로 생각하게 하여 서로 적의를 가지고 경계하게 하고, 자신들은 그들 편에 서서 같은 나라 사람들로부터 받는 위험에 대해 외부에서 그들을 구원하는 동맹국인 것처럼 행세하여 자기와 존속과 멸망을 같이 하지 않을 수 없는 동맹국으로 느끼게 했다. 그리하여 그들의 갖가지 계획에 대해 전력을 기울여 돕지 않을 수 없게 했다. 이와 같은 인공적인 결합 수단에 의해 구대륙 또는 신대륙에서 어떤 문제에 대해 여러 외국 사이에 다툼이 일어나면, 그것은 곧 독일 연방끼리의 다툼의 형태를 취하게 되었다. 그리하여 어떤 원인으로 일어난 전쟁도 독일 땅에서 독일의 피를 흘려 수행되었고, 여러 외국 간의 균형의 모든 변동은 그 사건과 본디 관계가 없는 독일 국민의 희생으로 정돈해야 하는 처지가 되었다.

독일 연방이 이렇게 작은 나라들로 갈라진 까닭은 자연의 이치와 이성에 위배되기 때문에, 외국에 이용되어 유럽 열강의 세력을 재는 저울의 균형을 유지하는 분동의 부분동(副分銅)이 되어, 생각도 없고 의지도 없이 자신을 열국이 이용하는 대로 내맡긴 것이다. 다른 나라에서는 그 나라의 공민 가운데 외국에 호의를 가진 사람을 가리켜, 누구는 어느 나라 당이고 누구는 어느 나라 당이라고 구별하지만, 자기 나라에 가장 호의를 갖는 사람에게는 특별한 명칭을 붙이지 않는 것이 보통이다. 이처럼 우리 독일인도 이미 오래 전부터 누구를 가리지 않고 모두가 어느 나라 당엔가 속해 있으면서, 독일 당원 즉 이 나라가 나 자신과 결부되어야 한다고 생각한 사람은 거의 볼 수가 없다.

인공적으로 유지되어야 하는 유럽 열강의 균형, 이 평판이 좋지 않은 이념의 기원과 의의는 바로 그러한 것이었고, 그것이 독일 및 세계에 대해 거둔 성공도 실은 그와 같았다. 그리스도교적 유럽이 마땅히 그러해야 하고 전부터 그러했듯이, 통일을 깨지 않았더라면 열강 균형이라는 사상은 일어날 기회가 없었으리라. 만약 통일이 유지되었다면, 통일을 이룬 전체는 서로 평화롭게 살며 스스로 책임을 져서 절대로 서로 다투는 세력으로 나뉘어 일부러 균형을 구할 필요가 없었을 것이다. 유럽이 올바르지 못하고 분열되었기 때문에 열강 균형이라는 사상이 어쩔 수 없이 하나의 의미를 가지게 된 것이다.

만약 적어도 독일 한 나라만이라도 통일을 유지했더라면, 독일은 마치 태양이 세계의 중심에 서 있듯이 찬연하게 유럽의 중심에 섰을 것이다. 독일은 자국 안에서 안녕을 유지하고 이로써 이웃의 안녕도 유지하면서, 어떠한 인공적 수단도 부리지 않고 오직 그의 자연적인 존재에 의해 모든 나라에 균형을 가져다줄 수 있었으리라. 다만 여러 외국의 음모가 독일을 꾀어 그들의 불의와 투쟁 속에 뛰어들게 함으로써, 독일로 하여금 진정한 이익에 대해 잘못 생각하게 하고, 그 잘못된 생각을 줄곧 유지하게 하는 가장 유력한 수단의 하나로서 그 교활한 이념을 심어 넣은 것이다. 그들의 이러한 목적은 지금 충분히 이루어졌고 그들이 의도한 성공은 그대로 우리의 눈앞에 펼쳐져 있다. 우리는 지금 비록 그 결과를 바꾸지는 못하더라도, 적어도 그 결과의 원인이 된 것을 우리의 마음속에서 없애는 일이 왜 나쁘다는 것인가? 우리가 가진 모든 것을 빼앗긴 지금 우리가 마음대로 할 수 있는 것은 오직 우리의 마음밖에 없지 않은가? 우리는 이미 현실의 재난으로 말미암아 미몽에서 깨어났는데 왜 지난날의 그릇된 환상을 우리 눈앞에 그대로 두고 있어야 한단 말인가? 우리가 적어도 지금은 진리를 보고, 우리를 구할 수 있는 오직 하나의 수단을 찾는 것이 왜 나쁘다는 것인가? ―비록 우리가 오늘 통찰하는 것이 겨우 우리 자손 대에서 결실을 맺는다 해도 늦었다고 생각할 필요는 없다. 우리가 지금 고민하는 것은 우리의 조상들이 꿈꾸었던 것에 대한 재앙이 아니던가. 인공적으로 유지되어야 하는 열국 균형의 사상은, 그들의 양심을 압박하는 죄과와 재난을 경감해주려는 한때의 위안으로서 열국을 위해서는 유용할 것이다. 그러나 그러한 사상은 모두 외국의 산물이지 결코 독일인의 마음속에 바탕을 둔 것이 아니다. 독일인은 그러한 사상이 마음속 깊이 자리 잡는 처지에 빠져서는 안 된다. 우리는 적어도 지금 이 사상이 지닌 근원적인 허무를 알아차리고, 우리 전체의 복지를 그러한 사상에서 찾을 것이 아니라 오로지 우리 자신의 통일에서 구해야 함을 충분히 통찰해야 한다.

오늘날 자주 주장되는 바다의 자유라는 것도 독일인과는 상관이 없는 일이다. 그것은 진정한 바다의 자유라는 뜻에서도, 또는 바다를 독점하려는 뜻에서도 우리와는 관계가 없다. 몇 백 년 동안 다른 모든 나라의 국민들이 경쟁하는 동안 독일인만은 적극적으로 거기에 관여하려는 욕망을 드러내지 않았다. 앞으로도 마찬가지일 것이다. 실제로 독일은 바다의 자유를 필요로 하지 않는다. 독일의 풍요로운 경지와 독일인의 부지런함은 문명 국민의 생활에 필요한 모든 것을 독일인에게 공급해준다. 독일인은 국토를 그런 목적을 위해 이용하는 능력과 기술도 지녔다. 또 세계 무역이 가져다주는 얼마쯤의 이익, 세계와 그 주민에 대한 과학적 지식의 확장을 얻고자 하는 경우에는, 우리 독일인의 과학적 정신으로 하면 교역 재료에 부족함이 없을 것이다. ─아! 하다못해 독일인에게만은 그 행복한 운명이 다른 대륙의 먹잇감 분배에 참여하는 것을 면하게 해준 것처럼, 간접적으로도 이것을 면하게 하고 싶다. 다른 나라 민족과 똑같은 우아하고 귀족적인 생활을 하려는 욕망과 경솔함으로 말미암아 다른 대륙이 산출하는 사치품을 우리에게 없어서는 안 되는 필수품으로 여기는 일이 없도록 하고 싶다. 정말 없어서는 안 되는 물자에 대해서는, 바다 저편의 불쌍한 노예의 피땀에서 착취하는 것보다 자유로운 자국민에게 응분의 이익을 주고 만들게 하는 것이 낫다.

그러면 우리는 적어도 우리의 현재와 같은 운명을 스스로 불러왔다는 비난을 면하고, 외국의 고객이 되어 재산을 탕진하고 외국 물품의 시장이 되어 멸망을 부르게 되는 일은 없을 것이다. 거의 10년 전 우리의 오늘의 운명을 아무도 예상하지 못했을 때, 세계 무역과 손을 끊어라, 상업국이 되는 것을 단념하라는 권고가 독일인에게 들려왔다. 이 충언은 독일인의 그때까지의 관습에 어굿나고, 특히 화폐에 대한 우상적 숭배에 알맞지 않았으므로 거센 반대 속에 완전히 묻히고 말았다. 그 무렵에 우리가 자유를 가지고, 또 우리의 최고의 명예로서 반드시 필요하다고 주장했던 물건 또는 그 이상의 물건을 이제는 외국의 압박에 못 이겨 불명예스럽게 그 사용을 단념하지 않을 수 없게 되었다. 향락이 적어도 우리의 마음을 농락하는 일이 없는 이 기회를 이용하여, 우리는 영원히 우리의 생각을 바로잡고자 한다. 세계 무역과 세계를 위한 제조업이라는 말은 듣기에는 매우 그럴듯하다. 그것은 다른 나라에 이익을 주어 그들의 무기의 하나가 될 것이다. 그것을 두고 그들은 예부터 우리와 싸워왔다. 그러나 그것은 독일인에게는 전혀 소용이 없다. 독일인의 행복을 증진하고 그로 인해 유럽인의 행복을 더 늘려나갈 첫 번째 수단은 우리 상호간의 통일이고, 두 번째 수단은 독일인의 내적인 독립과 상업상의 독립이다. 이러한 사실을 우리는 충분히 통찰해야 한다.

끝으로 우리는 과감하게 세계 왕국이라는 망상을 한꺼번에 없애버리고, 그 나쁜 점과 반이성적인 면을 꿰뚫어 봐야 한다. 열국의 균형이라는 사상이 최근에 차츰 신뢰를 잃어왔기 때문에 세계 왕국이라는 사상이 그것을 대신하여 일반의 숭배를 받기 시작했다. 그러나 인류는 오직 다양한 색조를 지니고, 개인 및 전체로서의 개체, 즉 민족이라는 형태에서만 그 정신성을 발현할 수 있다. 이러한 민족이 저마다 자신에게 몸을 맡기고 자신의 개성에 따르며, 민족 안의 각 개인이 그 민족의 공통성과 자신의 특성에 따라 자기를 발전시키고 형성할 때만, 신성이 그 본디 거울에 본연의 모습으로 발현할 수 있다. 법칙성과 신의 질서를 생각한 적이 없는 사람, 또는 분명히 그 적이 되는 일을 감히 하는 사람이 아니면, 이 영계 최고의 법칙을 방해하는 폭거를 자행할 수가 없다. 자신의 눈에 보이지 않는 국민의 특성, 국민을 본연적 생명의 근원과 연결짓는 특성 안에서만, 그 국민의 현재 및 미래의 품격, 덕행 및 공적이 보장된다. 만약 이 특성이 혼란과 마찰로써 소모되면, 정신성은 이 천박한 상태로부터 이탈하여 모든 국민은 한결같이 상관적인 타락에 빠지는 것이다.

우리는 지금 고민하고 있는 우리도 이윽고 나타나게 될 세계 왕국의 신민이 되어야 한다고 해서, 즉 어떤 사람이 인류가 지닌 인성의 모든 싹을 모조리 짓이겨 그것을 새로운 모양으로 다시 만들려 하고 있다고 해서, 또 인류에 대한 이러한 무서운 폭력과 박해가 우리 시대에 가능하다고 해서 우리의 오늘의 불행을 위로하려는 저술가의 말을 믿어야 할까? 이 믿을 수 없는 일을 믿는다 해도 무슨 방법으로 그 계획이 실행될 수 있을까? 현재와 같은 유럽의 문화 상태에서 새로운 세계 왕국을 세우기 위해 전 세계를 침략하는 것은 도대체 어떤 민족일까? 이미 몇 백 년 이래, 유럽의 민족들은 야만인이라는 이름을 좋아하지 않고 또 파괴를 위한 파괴를 기뻐하지 않게 되었다. 모든 민족은 전쟁 뒤에는 궁극적인 평화를, 고된 업무 뒤에는 휴식을, 혼란 뒤에는 질서를 찾는다. 그들은 모두 가정적이고 조용한 생활로 생애를 장식하려 한다. 눈앞에만 그리는 국민의 이익은 국민으로 하여금 잠시 감격의 마음을 품게 할지도 모른다. 그들을 선동하는 일이 늘 똑같은 방법으로 되풀이된다면, 환상은 사라지고 그 환상이 준 열기도 식게 마련이다. 평화로운 질서에 대한 동경이 되살아나서 우리가 무엇 때문에 전쟁을 하고 무엇 때문에 이 모든 고통을 참는가 하는 의문이 생기게 된다. 그렇다면 세계의 통일을 꿈꾸는 사람은, 먼저 인간의 이러한 감정을 모조리 파괴하고 또 자연의 성질로 보아 이미 야만 민족이 사라진 현시대에 무언가 특별한 기술을 가지고 하나의 야만 민족을 만들어 내야 한다. 어릴 때부터 잘 경작된 토지와 번영과 질서에 익숙해진 눈에는, 사람들이 그를 조금만 안정시키기만 하면 자기가 만나는 그러한 경치가 곳곳에서 기분 좋게 느껴지고, 그 전망이 자신의 절대로 포기할 수 없는 동경의 배경을 보여주므로, 그것을 파괴하는 일을 자신의 고통으로 느끼지 않을 수 없게 된다. 세계 침략자는, 사교적인 인간의 마음에 깊이 뿌리박힌 이러한 호의와 전쟁으로 황폐화된 토지의 불행을 보고 슬퍼하는 인정도 어떻게 해서든 견제해야 하는데 그 수단은 약탈욕밖에 없다. 약탈욕이 군인을 지배하는 원동력이 되어 그들이 풍요한 토지를 황폐화할 때도 약탈만을 생각하게 되고, 그 약탈은 사람들에게 불행을 안겨줌으로써 자기에게 이득을 주는 것이므로 그들의 마음에 동정과 연민의 정이 싹틀 여지가 사라지게 된다.

따라서 오늘날의 세계 침략자는 부하들을 야만인적이고 난폭한 사람으로 키워낼 뿐만 아니라, 냉혹하고 조직적으로 약탈욕을 가지도록 양성하지 않으면 안 된다. 즉, 약탈적 행위를 처벌하기는커녕 오히려 북돋는다. 또 약탈 행위에 자연히 따르게 마련인 수치심을 먼저 모두 없애고 약탈을 고상하고 오성이 풍부한 마음의 증거로 여겨 위대한 사업의 하나로 여기고, 명예와 품위를 얻는 길로 생각하게 해야 하는 것이다. 그러나 근대 유럽의 국민 가운데 훈련으로써 그렇게까지 파렴치해질 수 있는 사람이 과연 있을까? 이를테면 그러한 개조가 가능하다 해도 세계 침략자는 자신의 수단 때문에 오히려 계획에 차질을 가져오게 될 것이다. 왜냐하면 그러한 야만 국민은 앞으로 사람과 토지 및 재물의 약탈을 손쉽게 부자가 될 수 있는 비결로 삼고 더욱 적극적으로 더 많은 부를 얻으려고 할 것이기 때문이다. 그들은 닥치는 대로 약탈하고 약탈당한 사람이 어떤 운명에 빠지는지는 돌아보지 않고 이를 내동댕이쳐버린다. 마치 과일을 얻으려고 나무를 뿌리째 뽑아버리는 것과 같다. 이러한 수단을 쓰는 사람은 유혹과 감언, 기만술을 사용할 수 없다. 그들은 다만 먼 곳에서만 속일 수 있다. 가까운 곳에서는 그 짐승처럼 난폭하고 뻔뻔스러운 약탈욕은 아무리 둔한 사람이라도 알 수 있기 때문에 전 인류는 노골적으로 이러한 사람에 대한 혐오를 드러낸다. 이러한 수단을 사용하면 세계를 약탈하고 황폐화시켜 어쩌면 일종의 혼돈 상태에 빠뜨릴 수도 있다. 그것을 수습하여 하나의 세계 왕국으로 만드는 것은 결코 불가능하리라.

결국 이러한 사상, 그리고 이와 비슷한 사상은 유희적 사유와 망상에 사로잡힌 사유의 산물로, 독일적인 철저하고 진지한 생각에서 보면 아무런 가치가 없다. 기껏해야 이와 같은 허위의 그림 가운데 어떤 것, 이를테면 열국의 세력 균형을 나타내는 그림 같은 것은, 폭넓고 복잡한 현상을 정리하는 하나의 보조선으로서 편리할 수도 있을 것이다. 그러나 그러한 것이 자연적으로 존재한다고 생각하고, 그 실현을 위해 노력하는 것은, 마치 지구 위에 편의상 설정된 자오선, 회귀선, 양극 따위가 실제로 그려진 듯이 생각하고 그것을 찾으려는 것과 마찬가지이다. 단지 유희를 위해 사유하거나 유희적인 사유에서 무엇이 생기는지 시도해 보는 것과 같은 사유는 그만두고, 실제 생활에서 진정으로 그러해야 하고 진실로 타당한 것을 생각하는 것을 국민의 습성으로 만들고 싶은 것이다. 그렇게 되면 본디 외국의 산물로서 우리 독일 사람을 기만할 뿐인 정책적 환상에 대해 군이 경고할 필요가 없어질 것이다.

이러한 독일적 사고법의 철저하고 진지하고 신중한 성격은, 우리가 그것을 지닌 이상 우리 생활 속에도 반드시 드러나게 될 것이다. 우리는 피정복자이다. 우리가 동시에 또 멸시를 당할 것인지, 그리고 멸시를 당하는 것이 마땅한 일인지, 다른 모든 손실과 함께 우리의 자긍심까지 잃게 될 것인지는 앞으로 우리의 마음 하나에 달려 있다. 무기를 들고 싸우는 전쟁은 끝났다. 앞으로 우리는 가능하다면 이념과 풍속과 성격의 새로운 싸움으로 들어갈 것으로 생각한다.

우리는 우리의 새로운 손님에게 조국과 동포에 대한 충실한 애착심, 유혹에 굴복하지 않는 정의심과 의무심, 모든 공민적이고 가정적인 덕행의 모범을 보여주자. 그들도 결국은 고향으로 돌아갈 것이므로 그때의 작별 선물로 그들에게 이것을 선사하자. 우리는 그들의 멸시를 부르는 것을 피하도록 하자. 그런데 우리가 지나치게 그들을 무서워하거나, 우리의 독특한 방식을 버리고 그들의 방식을 따르려고 노력할 때 그들의 멸시를 부르게 될 것은 확실하다. 물론 우리는 개인적으로 그에게 도전하여 그들의 감정을 해치는 부당한 행위는 피해야 한다. 우리가 택해야 할 가장 확실한 원칙은, 마치 우리뿐인 것처럼 우리 자신의 길을 나아가면서 어쩔 수 없는 경우 말고는 그들과 관계를 맺지 말 일이다. 이 목적을 달성하는 가장 확실한 방법은, 우리가 저마다 지금까지의 조국의 사정이 우리에게 해줄 수 있는 것만으로 만족하면서 서로 힘에 알맞게 공동 책임을 지고, 외국으로부터 받는 모든 혜택을 치욕으로 생각하는 것이다. 그러나 우리는 유럽 일반의 나쁜 습관, 따라서 독일의 악풍으로서 우리가 자기 포기와 자기 발휘의 둘 중 하나를 선택할 경우, 대개는 기꺼이 전자를 고른다. 그리하여 선량한 풍속이라고 일컫는 전체의 경향은 모두 전자의 원칙의 통일로 돌린다. 우리 독일 사람은 현재의 상태에서는 무언가 더 높은 것에 저항하기보다는 이러한 일상의 습관에 저항해야 한다.

우리는 현재 있는 그대로의 우리를 유지하고 싶다. 또 가능하면 더 나아가서 이 본성을 강하고 철저하게 가꾸고 싶다. 즉 우리가 마땅히 그러해야 할 모습이 되고 싶은 것이다. 그것이 위에서 말한 저항이 될 것이다. 독일인은 일반적으로 신속성과 기동성이 부족하고 모든 일에 지나치게 신중하고 답답하며 때로는 무겁다는 비판을 듣는데, 바라건대 그것을 부끄러워할 필요는 없으며 오히려 그런 비판을 더욱 당연한 것으로 만들고 더욱 확대해 갔으면 한다. 우리가 아무리 자신을 괴롭히면서 그들의 뜻을 받아들이려 해도, 우리의 존재를 완전히 포기하고 그들에게 있으나마나한 존재가 되기 전에는 그들의 만족을 얻을 수 없을 것은 뻔한 이치이므로, 그러한 확신으로 이 결심을 굳혔으면 한다. 여러 민족 중에는 자신의 특성을 유지하면서 그에 대한 상당한 경의를 요구하는 동시에, 다른 민족의 특징도 인정하고, 그것을 그들에게 허용하여 발휘하게 하는 민족이 있다. 물론 독일인도 그러한 민족에 속한다. 이 특징은 독일인의 현재와 과거의 세계적 생활 속에 매우 깊이 뿌리내리고 있어서, 고대나 다른 나라에 대해 정당한 태도를 유지하기 위해 자기 자신에게는 부당한 경우가 너무나 많았다. 이에 반해 자기 안에 고착된 자아 때문에 타인의 특징을 냉정하게 관찰하는 분별의 자유가 없는 민족이 있다. 이런 민족은 필연적으로 문명인으로서 존재하는 방법이 단 한 가지밖에 없으며, 더욱이 그 방법이라는 것은 바로 그 시대에 그들이 우연히 채택하게 된 방법에 불과하다고 생각한다.

따라서 세계의 모든 사람은 그들이 하는 일에 따라야 하는 천명(天命)을 가진 자이고, 만약 그들이 이러한 인간들을 그들의 방식에 따라 교육하는 수고를 할 때는, 이들로부터 커다란 감사를 받으리라고 생각하게 된다. 제1종에 속하는 민족과 민족 사이에서는 인류 일반의 발달에 매우 유익한 문화와 교육의 교환과 침투가 이루어진다. 그러나 서로 호의에 의해 저마다는 어디까지나 자기를 유지한다. 제2종의 민족은 아무것도 만들어낼 수가 없다. 그들은 현재의 존재에서는 아무것도 파악할 수 없기 때문이다. 그들은 다만 현재에 존재하는 것을 파괴하고, 자기 밖의 곳곳에 빈터를 만들어 거기에 자기 모습만을 복제하려고 한다. 그들도 처음에는 다른 민족의 풍속과 습관을 배우는 것처럼 보이는데, 그것은 마치 교사가 아직 어리지만 앞날이 유망한 학생에 대한 호의에서 그를 잠시 상대해 주는 것과 같은 태도이다. 그들은 지나간 이전 세계의 사람들에게조차 자신의 옷을 입히지 않으면 성에 차지 않는 것이다. 그들은 할 수만 있다면 이전 세계 사람들을 무덤에서 일으켜 자신의 방식대로 교육하고 싶어 할 것이다.

우리는 현대의 모든 국민들이 예외 없이 이러한 편협함에 빠져 있다고 나무라는 주제 넘는 짓을 감히 하려는 것은 결코 아니다. 우리는 오히려 우리가 모르는 민족에게 선량한 면이 있다고 상상하고 싶다. 그러나 우리 앞에 나타나 자신을 표현한 민족들을 그들이 보여준 언행으로 판단한다면, 그들은 어느 누구나 제2종에 속하는 것처럼 보인다. 이러한 결론을 내리기 위해서는 증거가 필요할 것이다. 따라서 나는 현대 유럽의 눈앞에 존재하는, 이러한 정신의 다른 발로는 특별히 언급하지 않더라도 다음의 한 가지 실정은 여러분에게 소개하고 싶다. 그것은 바로 이렇다. ―우리는 서로 전쟁을 했다. 그리고 우리 독일인은 패배자이고 그들은 승리자이다. 이는 사실이어서 그대로 인정하는 수밖에 없다. 이로써 틀림없이 외국은 만족할 수 있을 것이다. 그러나 만약 우리 가운데 몇 사람이 우리 쪽에 정당한 이치가 있고 마땅히 승리를 얻을 이유가 있었는데, 그 승리가 오히려 적에게 돌아간 것은 유감이라는 생각을 끝까지 바꾸지 않는다면, 그것이 그렇게 나쁜 일이고 외국인—그들도 자신들이 바라는 대로 믿겠지만—의 감정을 심하게 해치는 것이 될까? 아니다. 그렇지만 우리는 그와 같은 생각은 감히 하지 않는 것이 좋다. 그리고 우리는 외국인이 바라는 것과 다른 것을 원하거나 그들에게 저항하는 것은 부정임을 인식해야 한다. 우리는 우리의 패배를 우리 자신에게 매우 이로운 사건으로 생각하고, 외국인을 우리의 가장 큰 은인으로 칭찬해야 한다. 그러는 수밖에 없다. 외국인도 우리에게 그만한 상식이 있으리라고 기대하고 있다. —아니, 나는 본의 아니게 쓸데없는 말을 한 것 같다. 왜냐하면 이런 것은 거의 2000년이나 전에 이미 더욱 명확하게, 이를테면 타티스의 역사책에서 한 말이다. 로마인이 자신과 자신이 정복한 야만인의 관계에 대해 가졌던 생각, 로마인에게 저항하는 것은 신과 인류의 법칙에 대한 반역이고 폭동이다, 로마인의 무기는 여러 민족에게 오직 복지만 가져다줄 수 있다, 로마인의 쇠사슬은 여러 민족에게 명예 말고는 아무것도 주지 않는다고 하는, 로마인들에게는 조금 변명이 되는 외관상의 모습에 근거를 둔 생각—이 생각이 마치 오늘날 외국인이 우리에 대해서 품고, 매우 관대한 태도로 우리에게 요구하며, 또 우리의 마음에 기대하는 생각이다. 나는 이러한 말을 교만한 비웃음이라고는 생각하지 않는다. 큰 자만심과 편협함을 가지면, 진지하게 그렇게 믿고 또 상대도 같은 신념을 가질 거라고 생각할 수 있다고 본다. 실제로 로마인 같은 사람들은 확실히 그렇게 믿었다고 나는 생각한다. 다만 나는 우리 사이에서 도저히 이와 같은 것을 믿고 싶어 하지 않는 사람이, 이것을 대치할 어떤 다른 신념을 가질 수 있을까, 막연하게 생각해 볼 뿐이다.

외국인이 독일인을 경멸하는 것은 그들 앞에서 독일의 어떤 종족, 어떤 계급, 어떤 인물을 우리의 공통된 운명을 초래한 책임자로 책망하고 서로 격렬하게 비난하기 때문이다. 본디 이러한 문책은 부당하고 올바르지 않으며 또 사실무근이다. 독일인이 이번의 운명을 초래한 원인이 무엇인지에 대해 우리는 이미 말한 바 있다. 그것은 몇 백 년 동안 모든 독일의 여러 종족에게 예외 없이 잠재해 있었다. 이번 사건은 절대로 개개의 종족이나 그 정부의 어떤 특별한 실책에 따른 것이 아니다. 그것은 전부터 충분히 준비되었으며, 우리의 내부에 존재하는 근거만이 관계하는 바에 의하면, 오래 전에 오늘날과 마찬가지로 우리에게 닥쳐오지 않으면 안 되었던 것이다. 이 점에서는 그 잘잘못이 모두 독일인 전체의 책임이며, 그것을 분리하는 것은 불가능하다. 마지막 결과가 초래될 때는, 개개의 독일 연방이 자기 자신과 그 힘과 그 진정한 위치까지 알지 못하고 있었음이 밝혀졌다. 그렇다면 과연 어떤 나라가 자신을 다른 처지에 놓고 다른 나라의 책임에 대해 근본적인 지식에 입각한 최종 판결을 내릴 수 있을 것인가?

독일을 조국으로 하는 모든 종족을 통해 어쩌면 어떤 하나의 계급이 특별히 비난받을 만하다고 할 수 있을지 모른다. 그것도 그 계급이 다른 계급보다 눈앞이 어두웠거나 무력했기 때문이 아니다. (그 점에서는 공동책임이 된다.) 다만 눈앞이 보이고 힘이 있는 것처럼 가장하고 다른 계급을 정치에서 배제해버린 점이 비난받는 것이다. 이러한 비난이 일리가 있다고 해도 일부러 이것을 입에 올릴 필요는 없을 것이다. 특히 이제 와서 큰소리로 떠들어대고 날카로운 언성으로 논의할 필요가 어디 있겠는가?

그런데 지금의 논객들이 그렇게 하고 있다. 그들이 만약 이전에, 그 계급이 아직 모든 권력과 성망을 가지고 있었고 다른 계급의 결정적 다수가 그것을 묵인했을 때, 지금처럼 이를 공격했더라면, 그들의 말이 사실에 의해 확인된 것을 알리기 위해 이렇게 거리낌 없이 논하는 것을 누가 마다할 것인가. 어떤 논객은 그 무렵에 중요한 지위에 있었던 그 계급의 두세 명을 지명하여 국민 재판에 회부하고, 그들의 무능, 그들의 태만, 그들의 악의를 적발하여, 이와 같은 원인에서 필연적으로 오늘과 같은 결과가 일어난 것을 지적하려 하고 있다. 이들 논객이, 이 문제에 대해 아직 권력이 있고 그 권력의 행사에서 필연적으로 다가올 화를 미리 막을 수 있었을 때, 그들이 오늘 깨달은 것을 그 당시에 깨달아 오늘과 똑같이 절규하고, 오늘과 똑같은 힘으로 그들 피고의 죄를 묻고, 조국을 그들의 손에서 구하기 위해 모든 수단을 다 썼는데도 그들의 말을 들어주지 않았다면, 오늘날 그들이 그 무렵에 자신들의 말을 들어주지 않았다는 사실을 지적하는 것도 무리가 아닐 것이다. 그러나 그들이 사건의 결과를 보고나서야 비로소 깨달았다면, 다른 일반 민중도 그들과 마찬가지로 알고 있는 일일 터이니, 굳이 지금, 누구나 알고 있는 것을 특별히 내세워 주장할 필요가 어디 있단 말인가. 그렇지 않으면 그들은 그즈음에 아마도 사사로운 욕심 때문에 그 계급이나 사람들에게 아부하고 또 이를 두려워하여 침묵하고 있다가, 지금은 이들이 권력을 잃은 것을 보고 심하게 그들을 힐난하는 것일까?

만약 그렇다면 우리 국민의 불행의 원인 중에는, 귀족과 무능한 장관 및 장군 외에 선견지명이 없는 정치 평론 기자도 추가해야 할 것이다. 그들은 지나고 나서야 사건이 그렇게 되어서는 안 되었다는 것을 안다는 점에서 어리석은 백성과 조금도 다를 바가 없으며, 권력 있는 자에게는 아부하고 권력을 잃은 자는 야비하게 매도하는 무리이다.

그렇지 않으면 그들은 과거의 잘못을—그들이 아무리 힐난해도 그 잘못이 지워지지는 않지만—앞으로 되풀이하지 않기 위해 비난하는 것일까. 그들로 하여금 분별도 예의도 잊고 대담한 말을 감히 하게 하는 것은 국민의 처지를 뿌리부터 개량하려는 열의뿐일까. 정말 그렇다면 우리는 그 선량한 의지는 칭찬할 만하지만, 이러한 방면에서 선의를 갖는 것이 과연 취해야 할 길인지 아닌지에 대해서는 면밀한 관찰과 분별을 갖고 판단해야 한다.

우리의 불행을 초래한 원인이 된 것은 그때 중요한 자리를 차지했던 몇몇 인물이 아니다. 전체의 결합 및 혼란 때문이었다. 우리의 불행을 가져온 것은 시대의 모든 정신, 미망, 무지, 천박함, 두려움, 그리고 그것과 불가분의 관계에 있는 불안한 행동, 시대의 모든 습속이다. 그렇다면 사람의 행동에서 나오는 죄라기보다는 그 처지에서 오는 죄이다. 누구든 지금 거세게 비난하는 사람들도 그들과 같은 지위에 있었다면 환경의 영향을 받아 똑같은 처지에 빠지지 않을 수 없었을 것이다. 당국자에게 특별한 악의와 배신에 대한 인식이 있었을 거라고는 도저히 생각할 수 없다. 무지와 게으름—이 두 가지에 의해 이제까지 일어난 사건의 원인은 충분히 설명된다. 게다가 이 두 가지에 대해서는 그 누구도 조금만 생각하면 스스로 책임의 일부를 느끼지 않을 수 없을 것이다. 특히 국민 전체가 매우 게으른 상태에 있었으므로 개개의 인간이 그 사이에서 대세를 구하기 위해서는 매우 큰 활동력을 필요로 하는 사정이 있었음을 생각해야 한다. 그렇다면 쓸데없이 개별적인 당국자의 결점을 폭로한다고 해도 불행의 근원이 밝혀지는 것은 아니다. 또 비록 앞으로 이 결점을 피할 수 있다고 해도 그 근원이 없어지지는 않는다. 인간에게 여전히 결함이 있다면 인간은 역시 과실을 범하지 않을 수 없다. 비록 과거와 똑같은 과실은 피할 수 있다고 해도 과실을 범할 무한한 소지는 그대로 존재하므로 쉽사리 새로운 과실을 저지르게 될 것이다. 정신을 모두 개조하여 완전히 새로운 정신을 일으키지 않으면 구제책을 세울 수가 없다. 만약 논객들이 우리와 협력하여 이와 같은 정신의 발전책을 세운다면 우리는 그들에게 선량한 의지가 있음을 기뻐할 뿐만 아니라 그들에게 유익한 분별이 있다는 것을 인정할 것이다.

동일한 국민이 내부에서 비난이나 막말을 교환하는 것은 지금 말한 바와 같이 올바르지 않고 불필요한 일이다. 뿐만 아니라 매우 어리석은 짓으로, 틀림없이 외국인으로 하여금 우리의 내분을 간파하는 재료를 더욱 풍부하게 제공하여 우리를 더욱 얕잡아보게 되는 결과를 가져올 뿐이다. 우리가 외국인을 향해 우리의 처지가 얼마나 혼란스럽고 황폐한 것인지, 또 우리가 얼마나 무참한 지배를 받고 있었는지를 지치지도 않고 계속 이야기한다면, 그들은 필연적으로 우리에게는 어떠한 태도를 취하든 그것은 우리에게 좋은 일이고, 우리에게는 어떤 짓을 해도 부끄러워할 것이 없다고 생각할 게 아닌가. 그들은 우리가 자신의 무력함과 졸렬함을 돌아보고, 무슨 일에도 불평하지 않고, 그들의 정책과 행정 및 입법의 풍부한 기술로 이미 우리에게 주거나 앞으로 주려 하는 것을 감사하는 마음으로 받아들일 거라고 믿을 게 아닌가? 그렇지 않아도 자신을 중히 여기고 우리를 가볍게 보는 그들의 견해를 우리 쪽에서 스스로 구할 필요가 있을까? 그렇게 함으로써, 독일 연방에는 지금까지 조국이라는 것이 없었던 것을 새롭게 하나의 조국을 주고, 독일 연방에서는 인간 자체가 다른 인간에게 노예로 예속되는 법이 실시되었던 것을 제거해 주었다는 외국인의 명분이—그것은 신랄한 조소로도 들어야 하지만—우리 자신의 말을 그대로 되풀이하고 우리가 아첨하는 말을 그대로 되돌려주는 것이 될 것이 아닌가. 우리 같은 피정복자의 운명을 맛본 다른 유럽 민족도 있지만, 정복국의 권력이 우리를 지배하기 시작하자 마치 기다리기라도 한 것처럼 늦기 전에 호의를 나타내기 위해, 전에는 저열한 방식으로 아첨했던 우리의 통치자에게 온갖 비방을 퍼붓고 자국의 모든 것을 악랄하게 매도하는 추태를 부리는 것은 오직 우리 독일 사람뿐이다.

그들과 다른 우리, 아무런 죄도 없는 우리가, 이 수치를 씻고 죄 있는 자를 고립시킬 수 있는 방법은 무엇일까? 여기에 한 가지 수단이 있다. 조국을 비방하는 인쇄물을 사는 사람이 없다는 것이 확실해지면, 또 태만과 헛된 호기심과 쓸데없는 말, 또는 한때 자신들이 지겹도록 존경했던 인물들이 공격당하는 것을 보고 기뻐하는 고약한 마음에 유혹당하는 독자를, 집필자도 발행자도 고객으로서 기대할 수 없게 되면, 그 순간부터 폭언과 비방의 서적은 자취를 감출 것이다. 수치를 아는 사람은 읽을거리로 제공되는 이러한 책은 당연한 경멸과 함께 배척하라. 그렇게 하는 것이 자기 혼자뿐임을 확실하게 알더라도 단호하게 그 태도를 지켜나가라. 마침내 적어도 꽤 식견이 있는 사람들은, 모두 그것이 습관이 되어, 발매 금지라는 강행 수단을 쓰지 않더라도 가까운 장래에 이러한 비방 문서를 모조리 없애버릴 수 있을 것이다.

끝으로, 외국으로 하여금 우리를 가장 멸시하게 만드는 것은 우리가 외국인에게 아첨하는 일이다. 우리 가운데 어떤 사람은 이미 전부터 기회가 있을 때마다 자기 나라의 유력자에게 노골적인 아첨의 향불을 바치고, 적어도 아첨할 기회라고 생각하면 이성도 예의도 미풍양속도 거들떠보지 않고 경멸스럽고 우스꽝스러운, 그리고 속이 메스꺼워지는 나쁜 행동도 마다하지 않고 온갖 추태를 부리곤 했다. 이러한 관습은 최근에 와서야 그치고, 이 아부와 찬사의 언사는 공격적인 말로 변해갔다.

그러나 향불을 가득 채우는 기술이 퇴보할까봐 우리는 이 향불을 완전히 새로운 방향, 즉 새로운 권력자 쪽으로 가게 만들었다. 이미 첫 번째 경우의 그칠 줄 모르는 아부 자체만으로도 진지한 생각을 가진 독일인은 고통을 느끼지 않을 수 없었다. 그러나 그것은 어디까지나 우리 내부의 일이었다. 그런데 이제 우리는 외국인 앞에서도 이 비천한 악습을 폭로하고 거기에 더하여 그 졸렬한 방법으로 오직 우리의 추한 마음을 멸시하게 만들 뿐만 아니라 우리의 어리석음을 외국인의 웃음거리로 제공하려는 것인가? 독일인은 아부를 해도 외국인처럼 교묘하게 눈에 띄지 않게 하는 방법을 모른다. 내가 한 말이 혹시 아무런 효과 없이 끝날까봐, 꼴사납게 과장하여 처음부터 상대를 신처럼 떠받들고 하늘처럼 우러러본다. 이러한 아부를 하는 동기가 오로지 공포심에서 일어났음이 뻔히 들여다보이는 것이다. 실제로는 괴물로 여기는 사람을 아름답고 우아하다고 찬양하고, 그 괴물에게 먹히지 않기 위해 아부하는 비겁한 태도처럼 우스꽝스러운 것은 없다.

그게 아니면, 이러한 찬사가 아부가 아니고 인류를 지도하는 천직을 띤 대천재에게 마땅히 바쳐야 할 숭배와 찬탄의 진정한 표현일까? 정말 그렇다면 그들은 이 큰 인물의 성격에 대해 얼마나 모르고 있단 말인가? 큰 인물은 어떠한 시대, 어떠한 국민 속에서도 허영심에 사로잡히지 않는 공통된 특징을 갖고 있다. 이에 반해 허영심을 드러내는 사람은 처음부터 명백하게 비천하고 작은 인물이다. 진실로 자신감을 가진 큰 인물은 같은 시대 사람들이 세우는 기념상이나 위인이라는 호칭, 대중의 박수갈채와 찬양을 좋아하지 않고 오히려 당연한 경멸로 물리치며, 자신의 마음속 판관이 내리는 무언의 판결을, 또 후세의 역사적 비판의 소리 높은 판결을 기다린다. 또 이러한 큰 인물의 공통된 특징으로서, 알 수 없는 수수께끼 같은 운명을 존중하면서도 두려워하고, 운명의 수레바퀴가 멈추지 않고 돌아감을 명심하며, 관 뚜껑이 덮일 때까지 절대로 자신의 행운 또는 위대함을 승인하지 않는다. 따라서 찬양자들은 자기 모순에 빠져 있다. 그리고 그들의 언행으로써 그 말의 내용을 거짓으로 만들고 있다. 세상 사람들도 자신이 숭배하는 인물을 진실로 위대하다고 생각한다면, 그 인물이 그들의 갈채와 칭찬을 초월한 사람이라는 것을 먼저 생각해야 한다. 그리하여 속으로 그를 존경함으로써 진심으로 경의를 표할 일이다. 그들이 찬양을 일삼고 있다는 사실은, 그들이 그 인물을 실제로는 작고 비천하며, 그들의 찬사를 기분 좋게 여겨 그들에게 해를 끼치지 않거나 어떤 호의를 베풀 만큼 허영심이 있는 사람으로 생각하고 있음을 나타낸다.

저 감격적인 외침, 즉 얼마나 숭고한 천재인가! 얼마나 깊은 지혜를 가졌는가! 얼마나 웅대한 계획인가!―이러한 말들을 깊이 음미해 본다면 과연 어떤 뜻이 될까. 그 천재는 우리도 충분히 이해할 수 있을 만큼 위대하고, 그 지혜는 우리도 충분히 헤아릴 수 있을 정도로 깊으며, 그 계획은 우리가 완전히 모방할 수 있을 정도로 웅대하다는 뜻이다. 다시 말하면, 그 찬사를 받은 인물은 찬양하는 사람만큼의 크기라는 이야기가 된다. 그뿐만이 아니다. 찬사를 보내는 사람은 찬사를 받는 자를 완전히 이해하고 꿰뚫어 보는 만큼 상대보다 좀 더 뛰어나다고 할 수 있으므로, 만약 온 힘을 다해 노력하면 그 사람 이상의 일을 할 수 있다는 뜻도 된다. 즉, 남에 대해 이러한 아부를 감히 할 수 있다고 믿는 사람은, 자신을 매우 위대한 사람으로 자신하고 있는 것이다. 또 칭찬받는 사람이 그 찬사에 흡족해 한다면, 그는 자기 스스로 매우 소인임을 자각하고 있는 셈이 된다.

청렴하고 침착하고 건실한 독일인 여러분! 우리의 정신에 대한 이러한 무지, 그리고 진실을 표현하기 위해 만든 우리의 언어에 가하는 이러한 모독은 단연코 물리쳐야 한다. 새로운 현상을 접할 때마다 놀라고 환호하거나, 10년마다 위대함에 대한 새로운 기준을 정하고 새로운 우상을 만들고, 또 사람을 찬미하기 위해 신을 모독하는 행위는 모두 외국인에게 맡기기로 하자. 위대함에 대한 우리의 척도는 결코 변하지 않아야 한다. 우리의 기준으로 보자면, 오직 여러 민족을 위해 행복을 가져다줄 수 있는 이념의 힘을 가지고, 그 이념으로써 감격하는 자만이 위대하다. 그리하여 현존하는 인물의 크기를 결정하는 것은 후세의 판단에 맡겨야 한다.

제14강 맺음말

오늘로 끝나는 이 강연은 당장은 여러분에게 호소가 되었겠지만 사실은 온 독일 국민을 염두에 둔 것이다. 이러한 의도에서는 적어도 독일어가 퍼져 있는 한, 이 강연을 이해할 수 있는 모든 사람들이 이 자리, 즉 여러분이 현재 있는 이 자리에 모여 있는 거라고 생각한다. 만약 내가 지금 내 눈앞에서 고동치는 몇 분의 가슴속에 불꽃을 던져, 그것이 거기서 끊임없이 빛나면서 생명을 얻게 했다면, 바라건대 그 불꽃이 거기서 그칠 것이 아니라, 온 국토에 번져서 똑같은 의기로 결심한 사람들을 모아 그 가슴에 연결하고, 그것이 중심이 되어 이 나라 전체에, 산간벽지에 이르기까지 조국을 생각하는 단결의 불꽃이 번져 활활 타오르기를 바란다. 그 불꽃은 게으른 사람의 귀나 눈요기 거리가 되어서는 안 된다.

나는 여기에 우리 말고도 우리와 같은 생각을 가진 사람이 과연 있는지 알고 싶다. 나와 뜻을 함께 하는 사람은 모두 나와 같이 알고 싶어 할 것이다. 오늘도 여전히 자신을 국민의 한 사람이라고 믿고, 이 국민을 위대하고 고상하다고 생각하며 이 국민에게 희망을 걸고 이 국민을 위해 자신을 바쳐 참고 견딜 수 있는 사람이면 누구나 이번만큼은 신념의 흔들림으로부터 구출되어야 한다. 그는 자신에게 정당한 도리가 있는지, 또는 자신은 단지 어리석은 열광자에 지나지 않는지 뚜렷이 알아야 한다. 이것은 이제부터 확고하고 의연한 의식을 가지고 자신의 길을 계속 걸어 갈 것인지, 또는 단호한 결심으로 현세의 조국을 단념하고 오직 하늘의 조국에서 위안을 찾을 것인지를 결정해야 한다. 나는 일상의 제한된 삶 속에 사는 개인인 여러분이 아니라 국민의 대표인 여러분에게, 또 여러분의 청각기관을 통해 전 독일 국민에게, 이 강연으로 다음과 같이 호소하는 바이다.

오늘처럼 이렇게 중대하고 이토록 절박하며 이렇게 공통된 관심사에 대해, 이렇게 철저하게 국민으로서 또 독일인으로서 이토록 많은 사람이 한 자리에 모인 것은 수백 년 동안 처음 있는 일이다. 아마 앞으로도 다시는 없을 것이다. 여러분이 이번 기회에 주의를 집중하지 않고, 그저 막연한 상태에서 이 강연을 하나의 허무맹랑한 헛소리나 괴이한 말로 흘려듣는다면 누구도 여러분에게 기대를 걸지 않을 것이다. 이번만큼은 잘 새겨듣고 깊이 생각해주기 바란다. 이번만큼은 어떤 굳은 결심을 하지 않고서는 이 자리를 떠나지 말아주기 바란다. 그리하여 이 강연을 듣는 모든 사람들은 마치 자기가 오직 홀로 존재하고 혼자서 모든 일을 해야 하는 것처럼 스스로 자신을 위해 결심하기 바란다. 많은 사람들이 모두 이렇게 생각한다면 이윽고 하나의 커다란 전체가 만들어지고, 그 전체가 합류하여 유일하고 군건한 결합의 힘이 될 것이다. 이에 반해, 저마다가 자신은 제쳐두고 남에게 의지하고 다른 사람에게 책임을 돌려버린다면, 아무도 그것을 맡을 사람이 없어서 모두가 예전 그대로의 모습에서 벗어나지 못할 것이다. —그러므로 지금 당장 결심해야 한다. 곧 저절로 좋아질 것이니 잠시만 더 쉬게 해 달라, 잠시 더 자면서 꿈을 꾸게 해 달라고 말해서는 안 된다. 개선은 결코 저절로 찾아오지 않는다. 맑은 정신으로 생각할 수 있었던 어제를 이리저리 망설이느라 헛되이 보내놓고 오늘도 여전히 단행할 용기를 보여줄 수 없는 인간이라면 내일도 아무 일도 하지 못할 것이다. 늦추면 늦출수록 우리는 더욱더 게을러지고 우리의 불행한 상태에 익숙해질 뿐이다. 우리의 각성을 촉구하는 외부 정세가 오늘처럼 강하게 엄습해오는 일도 없을 것이다. 현재의 상태를 보고도 기운 차게 일어나지 못하는 자는 분명히 감정이 없는 사람이다. —여러분은 마지막 군은 결심과 결의를 하기 위해 여기에 초청되었다. 절대로 다른 사람에게 일종의 명령이나 위임, 일종의 요구를 하기 위해서가 아니라, 오로지 여러분 자신에게 요구하기 위해 초청했다. 여러분은 스스로 실천할 어떤 결심을 붙잡지 않으면 안 된다. 한가한 구상, 실행을 나중으로 미루는 무기력한 의욕, 언젠가 저절로 좋아지겠지 하는 태평한 기대는 오늘날 아무 짝에도 쓸모없다. 나는 여러분에게 직접적으로 생명이요 내면적인 행위인 어떤 결심, 목적을 이룰 때까지는 동요하거나 식지 않고 마음속을 지속적으로 지배할 어떤 결심을 호소하는 바이다.

여러분의 가슴속에서 이렇게 생명을 붙잡으려고 결심하게 할 유일한 뿌리는 흔적도 없이 뽑히고 만 것인가. 여러분의 모든 본질이 정말로 희박해져 밖으로 새어버린 채 체액도 없고 혈액도 없고 동력도 없는 헛된 그림자가 되어,

수없는 환상만 이리저리 바삐 움직이지만 신체는 죽은 것처럼 굳어서 누워 있는 것인가. 지금이 그런 시대라는 것은 이미 전부터 노골적으로 말해왔다. 또 세상 사람들도 그렇게 생각한다는 것이 은연중에 되풀이해 이야기되고 있다. 그렇게 말하는 사람은, 사람들이 그것으로 단지 헐뜯으려 한다고 믿고, 자기 쪽에서도 이에 대해 헐뜯지 않으면 안 된다고 생각한 것이다. 이러한 폭언의 교환은 마땅한 응수로서 이루어졌을 뿐, 그밖에는 어떤 변화, 어떤 개선도 이루어진 흔적을 찾아볼 수가 없다. 여러분은 이런 말을 듣고 분개하는 능력을 가지고 있는가. 만일 그렇다면 이렇게 여러분을 멸시하고 속이는 사람을 바로 여러분의 실천을 통해 거짓말쟁이로서 벌을 주어라. 이제까지와는 다른 여러분의 모습을 세상 사람들의 눈앞에 보여주어라. 그러면 모든 세상 사람의 눈앞에서 그 비난자의 말이 거짓임이 실증될 것이다. 또는 그들은 여러분이 반증해주기를 바라고, 즉 여러분을 자극할 모든 수단에 실패했기 때문에 일부러 여러분에게 그런 가혹한 말을 하는 것인지도 모른다. 정말 그렇다면 그들은, 쓸데없이 여러분에게 아첨하여 여러분을 게으른 안정과 어떤 것에도 무관심한 상태에 두려는 사람들에 비해, 여러분에게 얼마나 큰 호의를 품고 있는 것인가.

비록 여러분이 약하고 무력하더라도, 지금은 여러분이 조용히 명료한 사고를 하기에 가장 좋은 시대이다. 본디 우리의 처지에 대한 어수선한 소란스러움과 망연자실한 상태, 맹목적으로 방임하는 태도에 빠진 것은, 우리 자신과 우리의 삶에 대한 달콤한 독선 때문이었다. 이제까지 우리는 우리의 성찰을 촉구하는 사람에 대해서는 달리 논파하지 않고, 우리의 성찰 없이 이루어지고 있는 우리의 생활과 존속을 보여주고 의기양양해 했다. 그 까닭은 우리가 아직 시련을 겪지 않았기 때문이다. 그러나 우리는 그 뒤 철저하게 시련을 겪었다. 우리 모두를 서로 헤매게 한 모든 기만과 거짓 위안은 그 뒤로 완전히 사라지고 말았다. ―여기저기서 사라지는 일 없이, 자연의 안개처럼 우리의 머리 위로 퍼져서 모든 것을 어스름 속에 감싸고 있었던 타고난 편견, 이 또한 사라져 없어졌을까? 그 어스름 상태는 더 이상 우리의 눈을 가로막고 있지 않다. 따라서 앞으로 우리의 실책의 핑계가 될 일이 없다. 이제 우리는 모든 껍데기를 벗어던지고 어떠한 불순물도 없이 순결해지고 적나라해졌다. 이제 자신이 어떠한 존재인지 드러나지 않을 수 없는 것이다.

여러분 가운데 어떤 이는 나에게 이렇게 물을지도 모른다. 독일 남성 및 논객 가운데 단 한 사람인 당신에게, 우리를 불러 모아 우리에게 촉구할 특별한 위임과 사명 및 특권을 부여한 것은 도대체 무엇인가? 수천 명의 독일 논객들은 누구나 당신처럼 이렇게 할 권리가 있지 않은가? 그런데 그들은 그 누구도 이렇게 하지 않는데 당신만 나서는 이유는 무엇인가? 나는 이 물음에 다음처럼 대답하겠다. 물론 누구나 나와 마찬가지로 그럴 권리를 갖고 있을 것이다. 그런데도 그들 가운데 아무도 나보다 먼저 나서서 이런 일을 하지 않았기 때문에 내가 감히 나섰다. 만약 누군가가 나보다 먼저 이렇게 했다면 나는 침묵을 지켰으리라. 이것은 철저한 개선이라는 목적을 향한 첫걸음이며, 누군가는 해야 하는 일이다. 나는 이것을 처음으로 생생하게 통찰한 사람이다. 그러므로 나는 이 일을 처음으로 하는 사람이 되었다. 이에 이어 두 번째 수단으로서 또 무엇인가 할 일이 있을 것이다. 그리고 그것을 하는 데에도 누구나 똑같은 권리를 가지고 있다. 그런데도 실제로 그것을 하는 사람은 역시 한 사람뿐이리라. 무슨 일이든 누군가가 먼저 앞장서야 한다. 그리고 그것을 할 수 있는 사람이 앞장서야 한다.

그동안의 사정은 돌아보지 말고 잠시 내가 이미 예전에 여러분을 그곳으로 이끈 관찰로 눈을 돌리기 바란다. 즉 만일 독일이 그 행복한 지위를 이용하고 또 그 이익을 인식할 줄 알았더라면, 독일이, 또 전 세계가 얼마나 바람직한 상태가 되었을지 생각해 보기 바란다. 다시 여러분의 눈을 돌려, 독일과 세계가 지금 어떠한 상태에 있는지 관찰하고, 적어도 고결한 마음을 가진 사람이라면 누구나 느끼지 않을 수 없는 고통과 분노를 충분히 느낀 뒤, 마지막으로 여러분 자신에게 눈을 돌려 다음과 같은 사실을 통찰하기 바란다. 즉, 시대는 만일 여러분이 허락한다면 여러분을 이전 시대의 망상에서 해방하고 여러분의 눈에서 안개를 걷어 내려 하고 있다. 또 여러분에게는 여러분 이전의 그 누구에게도 허용되지 않았던 가능성이 주어지고 있다. 일단 일어난 일을 일어나기 이전으로 되돌리고, 이 불명예스러운 중간 사태를 독일 역사에서 완전히 지워 버리는 일을 여러분이 할 수 있다.

여러분이 그 어느 하나를 선택할 수 있는 다양한 상태를 여러분의 눈앞에 상상해 보라. 만약 여러분이 이제까지와 같은 망연자실한 상태와 부주의를 고치지 않으면, 여러분의 머리 위에 가장 먼저 떨어지는 것은 노예의 불행, 즉 부

자유와 굴욕, 정복자의 비웃음과 오만이다. 여러분은 가는 곳마다 곳곳에서 혹사당할 것이다. 이것은 여러분이 곳곳에서 정복자의 마음에 들지 않고 방해가 되기 때문이다. 이 방해는 여러분이 오롯이 여러분의 국민성과 언어를 희생하여 겨우 하나의 종속적인 지위를 얻고, 그리하여 마침내 여러분의 민족이 자멸할 때까지 멈추지 않을 것이다. 이에 반해 만약 여러분이 결연히 떨치고 일어난다면 여러분은 먼저 영광스럽게 존속할 것이고, 또 살아있는 동안 여러분 주위에, 여러분과 독일인에게 가장 명예로운 기념을 약속하는 훌륭한 시대가 꽃피는 것을 보게 될 것이다. 여러분은 이 새로운 국민을 통해 독일이라는 이름이 모든 민족 가운데 가장 영광스러운 민족으로 드높여지는 것을 마음으로 지켜보게 될 것이다. 또한 여러분은 이 국민을, 세계를 부활시키고 다시 일으켜 세우는 자로 보게 될 것이다.

다음의 두 가지는 여러분의 자유로운 선택에 달려 있다. 즉, 여러분은 도저히 존경할 수 없는, 또 후세에는 확실히 당연한 정도 이상으로 멸시당하게 될 민족의 마지막이자 종말이 되기를 바라는가. ―이렇게 존경할 수 없는 민족의 역사를 보고 후세의 자손은, 또 그 자손은 이 민족의 멸망과 함께 야만 상태에 가까워지고 마침내 완전한 야만 상태가 되어 버리겠지만, 그래도 역사책을 볼 수 있다면 이 민족이 멸망한 것을 기뻐하고 그 멸망을 가져온 운명을 마땅한 일로서 축복할 것이다. ―그렇지 않으면 여러분은 하나의 새로운, 그리고 여러분의 모든 표상을 넘어서는 훌륭한 시대의 바탕을 형성하여 그 출발점이 되고, 후세의 자손이 그들의 행복한 시대를 헤아리는 기점이 되기를 바라는가. 생각해 보라, 여러분은 이 후자로서, 이 위대한 변혁을 이끌어갈 힘을 손에 쥐고 있다. 여러분은 아직 독일인이 하나의 국민으로 불리는 것을 들은 경험이 있다. 여러분은 이 통일의 유형적 증거, 즉 국가와 연방을 본 적이 있다. 또는 그것을 듣기도 했다. 여러분들 사이에서는 여전히 때때로 이 고귀한 조국애에 감격하는 목소리가 들려왔다. 그런데 여러분 뒤에 오는 사람은 이와는 다른 관념에 익숙해질 것이다. 그리고 다른 나라의 형식 및 하나의 다른 영위와 삶의 길을 선택할 것이다. 그렇다면 독일인을 보거나 독일인에 대한 이야기를 듣는 사람이 하나도 없게 되는 것도 먼 미래의 일은 아니다.

여러분에게 요구하는 것은 결코 많지 않다. 여러분은 잠시 동안 정신을 집중하고 여러분의 눈앞에 분명하게 가로놓여 있는 문제를 진지하게 생각하도록 노력하면 된다. 그리하여 하나의 확고한 의견을 형성하여 충실하게 지키고, 또 여러분 주위에 그것을 전하기만 하면 된다. 이러한 사고의 결과가 여러분 모두에게 같은 형태로 일어나, 여러분으로 하여금 진정으로 사유하고 또 이제까지의 부주의에 빠지지 않게 한다면 여러분은 반드시 일치된 사상을 얻게 될 터이고, 또 만약 여러분이 일반적으로 정신을 구하고 단순한 식물적 생활에 머무르지 않는다면 정신의 일치와 조화는 저절로 이루어지리라는 것이 나의 전제이고 확신이다. 그리하여 먼저 그 경지에 이르면 우리에게 필요한 다른 모든 것은 저절로 주어질 것이다.

그런데 자신의 눈앞에 뚜렷하게 존재하는 것에 대해 자기의 인격에 따라 사유하는 것은, 여러분 가운데 적어도 사고능력이 있는 사람이라면 누구에게나 요구되는 것이다. 여러분은 그렇게 할 수 있는 시간이 있다. 쓸데없이 현재의 상태 때문에 마비되거나 놀라서는 안 된다. 여러분과 함께 의논하여 만든 조항들이 오늘 여러분 눈앞에 놓여 있다. 여러분 자신의 의견이 정리될 때까지 그것을 손에서 놓아서는 안 된다. 여러분은 결코 타인 또는 여러분 이외의 무언가를 신뢰함으로써 자신의 마음을 늦춰서는 안 된다. 또 시대라는 것은 인간이 손길을 가하지 않아도 어떤 불가사의한 힘으로써 만들어진다고 하는, 오늘날의 무지한 지혜에 의해 마음을 늦춰서도 안 된다. 나의 강연은, 여러분은 여러분 자신의 힘에 의하지 않고는 절대로 구제될 수 없다는 것을 끈질기게 여러분에게 역설했다. 그리고 이렇게 마지막 순간에 이르러서도 다시 그것을 되풀이해야 할 필요를 느낀다. 물론 비와 이슬, 풍년과 흉년은 우리가 알 수 없고 우리가 어떻게 할 수도 없는 불가해한 힘이 만들어내고 있다.

그러나 인간 각각의 특별한 시대, 또 인간의 처지는 오직 인간만이 만든다. 결코 인간 이외의 힘이 만드는 것이 아니다. 모든 인간이 다 함께 눈멀고 무지할 때만 인류에게 이 불가해한 힘이 엄습한다. 그러나 인간은 본디 눈멀고 무지한 존재가 아니다. 물론 우리의 크고 작은 불행의 일부분은 이러한 알 수 없는 힘에 따른 것이다. 그러나 그 대부분은 우리를 지배하는 사람들의 오성과 호의의 문제이다. 우리가 언젠가 행복한 처지를 회복할 수 있고 없고는 오로지 우리의 힘에 달려 있다. 우리 자신의 손으로 얻지 못하면 앞으로 우리가 다시 행복해질 길은 없다. 특히 우리 각자가 저마다 존재하는 것은 오직 나 한 사람뿐이며, 앞으로 다가올 시대의 행복은 오직 나의 두 어깨에 걸려 있는 것으로 생각하고 노력하는 길밖에 없다.

이것이 바로 여러분이 해야 할 일이다. 이 강연은 그것을 주저 없이 실행하기를 여러분에게 요청한다.

청년 여러분, 나는 이 강연으로 여러분에게 요청하고자 한다. 나는 이미 오래 전부터 여러분 같은 젊은이는 아니었지만, 여러분이 세속을 초월한 사상을 품을 능력이 뛰어나고, 또 모든 선행과 위업에 감동하기 쉽다는 것을 믿고, 이 강연에서도 그에 대해 언급했다. 여러분의 나이로 보아 여러분은 어린아이 같은 순진함이 있으며 자연에 더욱 접근해 있기 때문이다.

그러나 연장자의 대다수는 여러분의 이러한 특징을 색안경을 끼고 보고 있다. 그들은 여러분을 분수에 맞지 않는다고 꾸짖고, 여러분의 판단을 가리켜 엉뚱하고 무모하며 자신의 힘을 모른다 하고, 곧잘 남과 다투고 쓸데없이 새것을 쫓아다닌다고 비난한다. 그러나 그들은 너그럽게 여러분의 결점을 미소로 바라보고 있다. 그들은 생각한다. 이 모든 결점은 단순히 여러분의 세상에 대한 지식이 짧기 때문이라는 것이다. 그러나 그들의 세상이란 일반 인간의 타락한 세계를 가리킨다. 그들에게 그 이상의 세계를 보는 눈이 없기 때문이다. 그들은 생각한다. 지금 여러분은 동지를 얻기를 기대하고, 또 여러분은 세상 사람이 이른바 선량한 계획이 얼마나 완고한 저항을 받는 것인가를 아직 모르므로 이러한 저돌적인 용기가 있는 것이라고. 또 그들은 생각한다. 여러분의 젊은 상상력의 불꽃이 꺼져 여러분이 세상의 일반적인 이기심이나 게으름, 노동을 피하는 행동만을 느끼고, 그저 기존의 궤도를 따라 나아가는 안일함에 익숙해지면, 그때는 이미 다른 사람보다 더 선량하고 영리해지려는 마음은 더 이상 여러분에게 없을 것이라고. 그들이 여러분의 이러한 변화를 기대하는 것은 결코 근거 없는 일이 아니다. 그들은 그것을 자신의 몸으로 실증하고 있다. 그들 또한 이른바 무지했던 청년시절에는 오늘의 여러분과 마찬가지로 세계를 개혁하려는 꿈을 꾸고 있었음을 고백하지 않을 수 없다.

그러나 그들은 나이를 먹어감에 따라 지금 여러분이 보는 바와 같은 온건하고 조용한 사람이 되었다. 나는 그들의 말을 믿는다. 나 자신도 오랜 경험을 쌓은 것은 아니지만 처음에는 다른 희망을 가졌던 청년이 나중에는 어른들이 지금 말한 것처럼 예상한 것과 완전히 일치해버리는 것을 알고 있다. 그러나 청년 여러분! 이제는 그래서는 안 된다. 그렇게 해서 과연 언제 좋은 시절이 오겠는가. 여러분이 의식주에 몸담게 되면 여러분에게서 청년의 광채는 사라지고, 여러분의 상상력의 불꽃은 스스로 불타오르지 못하게 될 것이다. 그러므로 여러분은 이 불꽃을 놓치지 말고 명석한 사고로 더욱 불타오르게 하여 이러한 사유의 기술을 터득해야 한다. 그러면 여러분은 그와 아울러 인간의 가장 아름다운 장비, 즉 성격도 얻게 될 것이다. 그 명확한 사유를 통해 여러분은 저 영원한 청년의 활기의 원천을 지킬 수 있다. 여러분의 몸은 노쇠하고 무릎은 떨려도, 여러분의 정신은 언제나 재생되어 신선하게 유지되고, 성격 또한 확립되어 변하지 않을 것이다. 지금 여러분에게 주어진 기회를 망설이지 말고 붙잡기 바란다. 여러분의 숙고를 위해 제출된 문제에 대해 명료하게 사유하기 바란다. 하나의 문제에 형성되기 시작한 또렷한 인식은 차츰 다른 모든 것에도 파급되기 마련이다.

노장 여러분, 나는 이 강연으로 여러분에게 요청하고자 한다. 여러분이 지금 들은 바와 같이 세상 사람들은 여러분을 그렇게 생각하며, 또 여러분 앞에서 그것을 이야기하는 데 주저하지 않는다. 이 강연자 스스로 솔직하게 거기에 덧붙인다면, 존경할 만한 예외적인 인물을 제외하고 여러분 대다수를 말하자면 세상 사람들이 하는 말은 모두 옳다. 시험 삼아 최근 2, 30년 동안의 역사를 살펴보기 바란다. 여러분 이외의 모든 사람들은, 아니 여러분 자신조차도 자신과 직접 관계가 없는 분야에서는 다음과 같은 의견에 일치할 것이다. 즉, 모든 방면, 학문에서나 실제 생활에서 주로 무능하고 자만심이 강한 것은 여러분 같은 노장들이었다. 모든 동시대인들이 함께 경험하는 일이지만 누구든 더 나은 일, 더욱 온전한 일을 하려면, 자기 자신의 불확실성과, 또 주위의 다양한 사정과 싸워야 할 뿐만 아니라, 여러분과도 거세게 싸우지 않으면 안되었다. 여러분은 자기가 하는 일, 또 자기가 아는 것 말고 그 무엇도 이 세상에 일어나서는 안 된다고 고집스럽게 결심했다. 여러분은 모든 새로운 사유를 여러분의 이해력에 대한 하나의 모욕으로 여겼다. 여러분은 이와 같이 더 선한 것을 억제하기 위해 있는 힘을 다하고 있었다.

그리하여 대개는 여러분이 바라는 대로 승리를 거두었다. 그리하여 여러분은 은혜로운 자연이 언제나 청춘의 품으로부터 우리에게 제공한 모든 개선을 가로막는 세력이 되었다. 여러분은, 여러분이 죽어 흙으로 돌아가고 다음 세대가 여러분과의 전쟁에 지쳐서 여러분과 똑같은 인간이 되어 여러분의 이념과 방침을 이어나갈 때까지 그렇게 버티고 있었던 것이다. 여러분은 이번에도 이전과 마찬가지로 모든 개선의 제안을 저지하려 할지도 모른다. 여러분은 이번에도 또 하늘과 땅 사이에서 여러분이 모르는 것은 아무것도 없다는 허영심의 만족을 국민 전체의 복지보다 중히 여길지도 모른다. 정말 그렇다면 여러분은 이번을 끝으로 앞으로는 더 이상 싸울 필요가 없을 것이다. 앞으로는 그 어떤 개선도 이루어지지 않고 오직 개악(改惡)만이 이어질 것이다. 따라서 여러분은 여전히 온갖 만족을 맛볼 수 있을 것이다.

내가 노인을 오로지 늙었다는 이유만으로 가볍게 보고 얕잡아 본다고 생각해서는 안 된다. 오직 자유에 의해 본연의 생명과 그 발전의 원천이 생활 속에 도입되면 또렷한 인식이 생기고 따라서 힘도 생겨 그것이 평생 이어지게 된다. 이러한 생명은 살아갈수록 더욱더 개선되고 속세의 때를 벗으면서 마침내 영원한 생명으로 순화하여 구원을 향해 꽃을 피우는 것이다. 이러한 생명을 가진 노인의 경험은 악과 어울리는 일이 없이, 오히려 악을 훌륭하게 정복할 수단을 잘 알고 그 기술을 한결 교묘하게 만들어 준다. 인간이 나이를 먹어감에 따라 나빠지는 것은 오로지 우리 시대의 허물이다. 그리하여 사회가 매우 타락했을 때는 어디나 모두 이와 똑같은 결과를 낳지 않을 수 없다. 우리를 타락시키는 것은 자연이 아니다. 자연은 우리를 순진무구하게 만들었다. 우리를 타락시키는 것은 사회이다. 일단 이러한 사회의 세력에 굴복한 자는 이 영향을 오랫동안 받아 더욱더 나빠질 것은 마땅하다. 매우 타락했던 다른 시대의 역사를 이러한 관점에서 연구하여, 예컨대 로마 집정관의 통치 아래에서 한번 타락한 자가 나이가 들면서 더욱더 나빠진 과정을 살펴보는 것도 반드시 무익한 일은 아니리라.

오래 살아 경험이 있고, 또 보통 노인과 다른 노장 여러분! 이 강연은 먼저 여러분에게 요청하고자 한다. 존경하는 눈으로 여러분을 우러러보는 젊은이들에게 이 관심사에 대해 보장해 주고, 힘을 주고, 조언해 주기 바란다. 일반 노장 여러분! 여러분에게도 나는 이 강연을 통해 요청한다. 여러분은 아무런 도움도 줄 필요가 없다. 다만 이번만은 방해를 삼가주기 바란다. 여느 때처럼 여러분의 박학한 지식과 갖가지 걱정으로 앞길을 가로막지 말기 바란다. 이번의 이 일은 세상의 다른 모든 이성적 문제와 마찬가지로 여러 겹으로 복잡하게 얽힌 것이 아니라 간단한 것이고, 여러분이 아직 모르고 있는 수천 가지 일

가운데 하나이다. 만일 여러분의 지혜로 구제할 수 있는 문제라면 이미 구제했을 것이다. 왜냐하면 이제까지 우리에게 언제나 권고를 아끼지 않았던 사람들은 바로 여러분이기 때문이다. 그에 대한 여러분의 책임은 모든 다른 과오와 함께 더는 묻지 않겠다. 그것을 여러분에게 들이밀고 책임을 추궁하지는 않을 것이다. 그러니 이번에야말로 여러분도 자신을 충분히 인식하고 침묵을 지켜주기 바란다.

실무가 여러분! 나는 이 강연으로 여러분에게 다음과 같이 요청하는 바이다. 소수의 예외를 제외하고, 여러분은 이제까지 추상적 사고와 모든 학문에 대해 초연하게 경멸하는 듯한 태도를 가장하고 있었지만, 실은 마음속으로 이를 적대시하고 있었다. 여러분은 사색과 학문을 하는 사람과 그들의 제안을 될 수 있는 대로 멀리해 왔다. 그리하여 사색가나 학자가 일반적으로 여러분에게 기대할 수 있는 감사는 미쳤다는 비난과 정신 병원에 보내라는 권유에 지나지 않았다. 학자와 사색가 쪽에서는 자신들이 여러분에게 의지하고 있기 때문에 여러분을 드러내놓고 비판하지는 않았지만, 속마음은 여러분을 가리켜 소수의 예외를 제외하고는 천박한 잔소리꾼, 쓸데없이 호언장담하는 사람, 학교를 그저 통과한 것에 지나지 않는 어설픈 지식인, 낡은 궤도 위를 더듬으면서 기어가는 자, 그 이상은 아무것도 바라지 않고 또 할 수 없는 자라고 불렀다. 여러분은 그들의 이러한 허언을 사실에 따라 처벌해야 한다. 그리하여 지금 그 목적을 위해 주어지는 기회를 잡는 것이다. 근본적 사고와 학문을 얕잡아보는 생각을 고치고, 여러분이 모르는 일은 스스로 묻고 배워야 한다. 그렇지 않으면 여러분을 비난하는 사람들의 말이 옳은 소리될 것이다.

사상가, 학자, 문필가라고 불리고 있는 여러분! 나는 이 강연으로 여러분에게 요청하는 바이다. 실무가가 여러분에게 한 비난은 어떤 의미에서는 부당한 것이 아니었다. 여러분은 현실 세계를 고려하지 않고 실제 세계와의 관계도 돌아보지 않고, 때때로 너무나 무관심하게 단순한 사유의 세계를 나아가고 있었다. 여러분은 여러분 자신의 세계만 그리며 실제 세계를 지나치게 경멸하고 등한시했다. 본디 실제 생활의 모든 조직과 형성은 고상한 조직적 개념에서 출발해야 하며, 일반적인 궤도 위의 진행은 그 고상한 개념과는 관계가 없다. 이것은 하나의 영원한 진리로, 이것을 모르고 감히 실무에 임하려는 사람은 신의 이름으로 노골적인 경멸을 받게 된다. 그러나 이러한 개념과, 그것을 저마다 특수한 생활 속에 도입하는 것 사이에는 커다란 고랑이 가로놓여 있다. 그 고랑을 채우는 것은 실무가의 임무인 동시에 여러분의 임무이다. 실무가는 물론 여러분을 이해할 수 있는 소양을 미리 갖추고 있어야 하지만, 여러분도 사상의 세계에 몰두한 나머지 실제 생활을 잊어서는 안 된다. 이 점에서 여러분 둘은 합치한다고 볼 수 있다. 고랑의 양쪽에 서서 서로 흘겨보며 경멸하기를 그만두고 양쪽에서 저마다 그 고랑을 메워서 협력의 길을 열기 위해 힘써야 한다. 이번에야말로 여러분과 실무가는 서로 관계를 맺으면서 머리와 가슴처럼 필연적으로 서로 보완하는 사이임을 이해해야 한다.

　모든 사상가, 학자, 저술가 여러분! 이 강연은 또 다른 의미에서도 여러분에게 요청한다. 세상 사람들의 천박함, 무분별, 불명확함에 대한 여러분의 불평, 그들의 잔재주와 끝없는 쓸데없는 소리에 대한 여러분의 불평, 모든 계급의 사람들이 진지함과 철저함을 경멸하는 것에 대한 여러분의 불평은 마땅하다. 그러나 그 모든 사람을 교육한 것은 도대체 어떤 계급의 사람들인가? 그들로 하여금 학문적인 것을 하나의 유희로 만들고 하고, 그들에게 어릴 때부터 그러한 잔재주와 요설을 가르친 것은 어떤 계급의 사람들인가? 학교를 졸업한 사람들을 계속해서 교육할 임무를 맡은 것은 어떤 계급인가? 현 시대의 사람들이 몽롱한 상태에 있는 가장 확실한 원인은 여러분이 쓴 글을 읽고 오히려 헤매고 있기 때문이다.

　그럼에도 여러분은 왜 그 게으른 사람들에게 끊임없이 읽을거리를 제공하려고 애쓰는 것인가? 여러분은 그들이 아무것도 배우지 못했고, 또 아예 배우려고 하지도 않았다는 것을 잘 알고 있지 않은가? 무엇 때문에 여러분은 그들을 독자라고 부르며, 그들을 자신의 가치에 대한 비판자로서 아부하고, 자신의 동업자에게 그들을 부추겨서, 이 맹목적이고 무질서한 군중을 온갖 수단을 다해 자기 쪽으로 끌어들이려고 하는가? 무엇 때문에 여러분은, 여러분의 비평 기관이나 정기 간행물에서 그들에게 그 경솔한 비판 버릇을 만족시킬 수 있는 재료와 실례를 제공하는가? 여러분은 이들 기관에서 가장 저급한 독자라도 충분히 할 수 있을 만큼 지리멸렬하게, 붓 가는 대로 무책임한 비판을 시도하고, 또 주로 저급한 취미를 보여주고 있지 않은가? 만일 여러분 모두가 반드시 그렇게 생각하지는 않고, 여러분 중에도 아직 좋은 사상을 가진 사람이 있다면 왜 그들은 단결하여 이 악습을 없애려 하지 않는가? 특히 그 실무가들은 여러분 스스로 그렇게 말하듯이 여러분으로부터 교육받은 사람들이다. 왜 여러분은 그 교육을 통해 적어도 학문에 대한 무언의 적의(敵意)를 얼마쯤 그들에게 불어넣거나, 특히 상류사회 청년의 자만심을 적당한 시기에 꺾어버리고 그들에게 계급과 신분은 사유에 아무 쓸모가 없다는 것을 보여주지 못했을까? 여러분은 아마도 일찍부터 그들에게 아부하면서 그들을 부당하게 치켜세웠을 것이다. 그렇다면 여러분은 스스로 부른 재앙을 이제 그 어깨에 짊어져야 한다.

이 강연은 여러분이 자기의 직무가 중대하다는 사실을 이해하지 못했다는 전제 아래 여러분의 과오를 용서하고자 한다. 이 강연은, 여러분이 오늘부터 그 중요성을 잘 알고 여러분의 직무를 단순히 의식주를 위한 생업으로 삼지 말기를 요청한다. 여러분이 스스로 존중할 줄 알고 그것을 행위로써 보여준다면 세상은 여러분을 존경하게 될 것이다. 여러분이 과연 그것을 잘할 수 있는지 없는지에 대한 최초의 시험은, 여러분이 나의 제안에 동조하여 세상에 어떠한 영향을 미칠 수 있는가에 달려 있고, 또 여러분이 그때 어떠한 태도를 취하는가에 달려 있다.

나는 이 강연을 통해 또 독일 연방의 군주들에게 요청한다. 군주에 대해 무슨 말도 해서는 안 되는 것처럼, 또는 할 말이 아무것도 없는듯이 행동하는 사람은 경멸해야 할 아첨꾼이다. 그들은 오히려 군주를 비방하는 자들이다. 그러므로 그들을 멀리 물리쳐야 한다. 진실을 말하면, 군주들도 우리 모두와 마찬가지로 무지한 존재로 태어났으며, 그 타고난 무지로부터 벗어나기 위해서는 우리와 마찬가지로 가르침을 듣고 배워야만 한다. 국민과 군주에게 닥친 운명에 군주가 관여하는 것에 대해, 이 강연은 가장 온당하고, 또 내가 믿는 바에 따르면 유일하고 정당한 해석을 한 것이다. 군주로서 아부의 말이 아닌, 진실을 듣고자 한다면, 이 강연에 대해 불평하지는 않을 것이다. 우리가 분담하는 죄를 다른 사람들이 잊어주기를 우리가 바라듯이 우리도 군주가 분담하는 죄를 잊기로 하자. 바야흐로 우리 모두에 대해서와 마찬가지로 모든 군주에게도 새로운 생명이 시작되는 것이다. 바라건대 이 강연의 소리가 이제까지 언제나 군주에게 접근하는 통로를 가로막고 있었던 좌우 신하들을 밀어내고 직접 군주의 귀에 닿게 하라. 그 목소리는 긍지 있는 깨달음을 가지고 군주를 향해 어느 시대, 어느 나라의 군주도 할 수 없을 만큼 충실하고 정당하게 행복을 누릴 수 있도록 백성들을 통치하라고 호소할 수 있다. 국민은 자유를 이해하고 자유를 행사할 능력이 있다. 그러나 국민은 그들이 자유라고 생각하는 것을 적대하는 피비린내 나는 전쟁을 감행했다. 군주가 그것을 원했기 때문에 군주의 의지에 따른 것이었다. 군주 가운데 어떤 사람은 나중에 가서 그 의지를 바꾸었다. 그리하여 국민은 독일의 독립과 자주성의 마지막 뿌리 하나까지 뽑아버리는 것으로 여겨진 전쟁에도 충실하게 군주의 뒤를 따랐다. 그 또한 군주가 원했기 때문이다. 그 뒤부터 국민은 군주와 공통된 불행을 짊어진 채 견디고 있다. 더욱이 국민은 군주에게 충성을 바치고 진심으로 복종하면서 군주를 신이 보내준 보호자로서 사랑하는 것을 멈추지 않았다. 만약 군주가 국민을 은밀하게 관찰할 수만 있다면, 또 자신에게 반드시 언제나 인류의 가장 아름다운 면만 보여주지는 않는 측근들의 장막을 뚫고, 시민의 집으로 내려가고 농민의 오두막에 들어가서, 상류 사회에서는 찾아보기 힘든 신의와 충성을 아직도 간직한 이 계급의 조용하게 숨겨진 생활을 추적하고 지켜볼 수만 있다면 분명히, 그렇다, 틀림없이 어떻게 하면 그들을 도울 수 있을지 그 어느 때보다 진지하게 생각할 결심을 할 것이다. 이 강연은 군주에게 하나의 구제 수단을 제의했다. 이 수단은 확실하고 철저하며 또 결정적이라고 생각된다. 군주의 고문관들도 이와 의견을 같이한다면, 또는 이것처럼 결정적인 더 좋은 수단을 안다면 군주는 그들과 함께 의논해야 한다. 무엇인가를 시작하지 않으면 안 된다, 그것도 지금 당장 시작해야 한다, 무언가 철저하고도 결정적인 일을 시작해야 한다, 미온적인 수단이나 임기응변식의 수단이 통하던 시대는 지나갔다는 확신, 이 확신을 고문관들이 가능하다면 군주의 성실하고 정직한 마음을 신뢰하고 군주의 마음속에 일어나게 해주기를 바란다.

이 강연은 모든 독일인에게, 사회의 어떤 곳에 자리를 차지하든 사유할 능력이 있는 사람은, 먼저 여기에 제의된 문제를 생각하고, 각자가 자기의 지위에서 가장 절실한 문제에 대해 힘을 다해 줄 것을 요청한다.

여러분의 조상들도 이 강연과 한 목소리로 여러분에게 요청할 것이다. 여러분은 나의 목소리 속에 아득히 먼 조상들의 목소리도 함께 하고 있다고 생각해야 한다. 자신의 생명을 바쳐, 도도하게 밀어닥치는 로마의 세계적 지류에 저항하여, 지금 여러분의 시대에 외부인의 먹잇감이 되어버린 이 산과 들판, 이 강의 독립을 자신의 피로 쟁취한 여러분의 먼 옛날의 조상, 그들이 오늘 여러분에게 외치고 있다.

"우리의 대표자가 되라, 우리의 기념물을 너희가 이어받고, 또 너희가 우리의 후손임을 자랑스럽게 여기듯이 이 기념물을 후세에 전하라. 우리가 로마인에게 시도한 저항은 오늘날까지 고결하고 위대하고 또 현명한 것으로 간주되어 왔다. 우리는 신의 세계적 계획에 감격하는 자, 그 실행을 위임받은 자로 여겨져 왔다. 만일 너희를 끝으로 우리 민족이 멸망한다면 우리의 명예는 치욕으로 바뀌고 우리의 지혜로움은 어리석음으로 바뀌게 될 것이다. 그것은, 독일 민족이 결국 로마인의 손으로 돌아갈 운명이라면 새로운 로마인보다는 차라리 옛날의 로마인의 손으로 돌아가는 편이 나았을 것이기 때문이다. 우리는 옛 로마인에게 저항했고 그들을 정복했다. 너희는 새로운 로마인에게 유린당했다. 이렇게 된 이상 너희는 유형적 무기로는 그들을 정복할 수 없을 것이다. 오직 너희의 정신을 그들보다 훨씬 높고 의연하게 세워야 한다. 너희에게는 모름지기 정신과 이성의 국가를 건설하여 세계를 지배하고 있는 모든 육체적 폭력을 멸망시킬 운명, 우리의 운명에 비하면 한결 더 고상한 운명이 주어져 있다. 너희가 이 사명을 완수한다면 너희는 우리의 후손으로서 부끄럽지 않을 것이다."

이 목소리에는 또한 종교 및 신앙의 자유를 위한 신성한 싸움에서 쓰러진 최근 조상들의 목소리도 섞여 있다. 그들은 여러분에게 이렇게 외친다.

"우리의 명예를 구원하라! 우리는 무엇을 위해 싸웠는가를 분명히 이해하지 못하고 있다. 우리는 양심에 관한 한 다른 권력에 의해 좌우되는 것을 바라지 않는다는 정당한 결심 외에 또 하나의 고상한 정신에 의해 움직이고 있었지만, 우리는 그 정신을 끝내 이해하지 못했다. 이 정신은 너희가 정신세계를 볼 수 있는 눈을 가진다면 너희에게 나타날 것이다. 그리하여 높고 명석한 눈으로 그대들을 지켜볼 것이다. 관능적인 동기와 정신적인 동기가 복잡하게 얽힌 혼합은 일반적으로 세계 지배에서 배제되어야 한다. 모든 관능적 동기에서 벗어난 순결한 정신만이 인류 사회를 이끄는 키를 잡아야 한다. 우리가 피를 흘린 것은, 이 정신에 자유가 주어지고 이 정신이 발달 성장하여 하나의 독립된 실재가 되기를 원했기 때문이다. 이제 이 정신이 본디 그것에 돌아가야 할 세계 지배의 실권을 획득하여, 우리가 치른 희생에 의의와 정당성을 부여하는 것이 그대들의 임무이다. 지금까지 우리 국민이 그 발달을 위해 지향해야 할 마지막 목적으로 삼아왔던 이 사업이 만약 완수되지 않는다면 우리의 투쟁은 일시적이고 공허한 익살극이 되고 말 것이다. 만일 앞으로 정신과 양심이 이 세상에 널리 존재할 수 없게 된다면 우리가 쟁취한 정신과 양심의 자유는 하나의 헛된 잠꼬대가 되고 말 것이다."

아직 태어나지 않은 여러분의 자손이 또 여러분에게 요청한다. 그들은 여러분에게 이렇게 외치고 있다.

"여러분은 뛰어난 조상을 두고, 긍지를 가지고 여러분 자신을 이 고귀한 대열에 참여시켰습니다. 이 고리가 여러분의 시대에 끊어지는 일이 없도록 배려하십시오! 우리 또한 여러분을 자랑으로 여기고, 나무랄 데 없는 그 일원인 여러분을 통해 이 영광스러운 대열에 참여할 수 있게 해주십시오! 우리가 수준 낮고 야만적인 여러분의 자손인 것을 부끄럽게 여기는 일이 없도록 해주십시오. 우리가 여러분의 자손임을 숨기고 외국인의 이름이나 외국인의 혈통을 가장함으로써 간신히 배척과 유린을 면하려 하는 일이 없도록 하십시오!"

여러분은 여러분 바로 뒤에 올 후계자에 따라 역사적 평가를 받게 될 것이다. 만약 그들이 여러분의 명예를 증명하면 여러분은 명예로운 지위를 차지할 수 있다. 그러나 여러분이 바라는 자손을 두지 못해 여러분의 정복자가 여러분의 역사를 기록한다면 여러분은 실제 이상으로 폄하될 것이다. 정복자가 피정복자를 정당하게 평가하려는 의지 또는 지식을 보여준 적은 이제껏 한 번도 없었다. 정복자는 피정복자를 깎아내리면 내릴수록 자기의 입장을 정당화할 수 있기 때문이다. 전 세계 여러 민족의 위대한 사업, 뛰어난 제도, 고상한 풍속이 단지 그들의 자손이 독립을 상실함으로써 후세로부터 잊혀버리고, 정복자가 자기에게 유리하도록 그들에 대해 얼마나 제멋대로 보고하고 있는지는 상상을 뛰어넘을 정도이다.

외국인 가운데 적어도 자신을 이해하고, 자신의 진정한 이익을 보는 안목을 가진 사람은 여러분에게 이렇게 요청할 것이다. 그렇다, 모든 민족 중에는 아직도 인류에 대한 정의, 이성과 진리를 가져다줄 한 국가의 위대한 사명이 형체도 그림자도 없는 헛된 환상이라는 것을 믿지 못하고, 따라서 현대와 같은 말세적 시대는 더 나은 시대로 가는 과도기에 지나지 않는다고 믿는 사람들이 있다. 그러한 사람들과 그들 안에 존재하는 새 인류의 총체는 여러분에게 기대를 걸고 있다. 그러한 사람들의 많은 부분은 우리로부터 나온 자들이고, 다른 부분은 우리로부터 종교 및 모든 문화를 받은 자들이다. 전자는 공통된 조국의 땅을 걸고 또 그들이 우리에게 위임해서 남긴 그들의 요람을 걸고 우리에게 요청한다. 후자는 그들이 큰 행복을 담보로 하고 얻은 문화를 걸고—우리를 그들 자신을 위해서라도, 또는 오롯이 그들을 위해 이제까지와 같이 유지하도록, 새로 태어나는 시대에 있어 그들에게 매우 중요한 민족이 열국들 사이에서 사라지지 않도록 우리에게 요청한다. 그들은 앞으로 이 세상에서의 삶의 참된 목적을 위해 우리의 조언, 우리의 모범과 협력이 필요할 때, 그것을 구하지 못해 안타까워하는 일이 없기를 희망하는 것이다.

모든 시대, 일찍이 이 세상에서 숨을 쉰 모든 현인과 선인, 그리고 더 높은 것에 대한 그들의 모든 사상과 예감이 이 목소리 안에서 하나가 되어 여러분을 에워싸고, 여러분에게 탄원의 손을 뻗고 있다. 그뿐만이 아니라, 만약 이렇게 표현해도 된다면 하늘의 뜻도, 하나의 인류를 창조하려는 신의 세계적 계획도—그것은 인간에 의해 사유되고 실현되는 것으로만 존재하지만—그것까지도 그 명예와 존재를 구원해 줄 것을 여러분에게 요청하고 있다. 인류는 더욱더 개선되어야 하며, 인류의 질서와 품위를 생각하는 것은 결코 헛된 꿈이 아니라 미래의 현실에 대한 예언과 보장이라고 믿는 사람이 옳은지, 또는 동물적, 식물적 생활 속에 꿈꾸듯이 살면서 이상적인 세계로 뛰어오르려는 모든 시도를 매도하는 사람이 정당한지—이에 대한 마지막 판결의 기초를 제공하는 것은 여러분의 임무이다. 장려함과 위대함, 또 그 결점을 가진 구세계는 자신의 무가치와 여러분 조상의 무리한 힘으로 말미암아 몰락했다.

이 강연에서 내가 한 말에 진리가 있다면, 모든 새로운 민족 가운데 인류 완성의 싹을 확실하게 품고, 그 싹의 발전을 이끌 임무가 주어진 것은 바로 여러분이다. 여러분이 이 본질을 품고 있으면서도 헛되이 멸망한다면, 인류 전체가 비참한 불행으로부터 구원받으려는 희망도 여러분과 함께 사라지고 말 것이다. 옛 문화가 몰락한 뒤 그 폐허 위에 새로운 문화가 반쯤 야만적인 국민 속에서 일어날 것이라는, 마치 과거에 한번 있었던 일과 동일한 것으로 보이는 황당무계한 공상을 믿고 여러분 스스로 거기에 머물러서는 안 된다. 고대에는 이러한 사명에 필요한 모든 조건을 갖춘 국민(즉 독일 민족)이 실제로 존재하여 문화 국민(즉 로마인)에게 잘 알려졌었고, 그들에 의해 책에도 기록되었다. 그렇다면 이 문화 국민은, 만약 그들이 자신들의 멸망을 전제할 수 있었더라면 이 젊고 기운찬 국민에게서 부흥의 수단을 발견했을 것이다. 오늘날의 우리에게도 지구 표면 전체와 거기에 사는 모든 민족이 잘 알려져 있다. 그러나 새로운 세계의 근간 종족인 우리와 비슷한, 그 무렵에 우리에게 주어진 것과 같은 기대를 걸 수 있는 민족을 과연 우리는 알고 있는가. 나는 생각한다. 단지 열광적으로 생각하거나 기대만 하지 않고, 진정으로 근본적으로 탐구하고 사유하는 사람이라면 이 문제에 대해 그 누구도 아니라고 대답하지 않을 수 없을 것이다. 그렇다면 달리 면할 방법이 없다. 여러분이 멸망하면 인류 전체가 미래를 재건할 희망을 잃고 함께 멸망하는 것이다.

청중 여러분, 내가 국민을 대표하는 여러분에게 호소하고, 또 여러분을 통해 전 국민에게 호소하여, 이 강연 마지막까지 간절하게 강조하고 또 강조해야 하는 것은 바로 이것이다.

Die Bestimmung des Menschen

인간의 사명

요한 고틀리프 피히테

머리글

이 글은 요즈음 철학 가운데서 유익한 것을 자연스러운 방법으로 학교 밖에서 이야기한 내용을 다루고 있다. 지나치게 인위적인 오성(悟性)의 항의나 탈선에 대한 좀 깊은 조심, 철학을 제외한 실제적인 여러 학문의 기초에 지나지 않는 문제, 그리고 가장 넓은 뜻에서의 교육학, 다시 말해서 의식적인 인류의 교육에 관한 사항 등은 이 책의 범위에서 빼놓기로 했다. 앞에서 말한 그런 의미의 항의는 자연 그대로의 오성을 지닌 보통 사람은 하지 않는다. 또한 그들은 실제적인 학문은 학자에게 맡기고, 인류의 교육은 인간의 힘이 좌우할 수 있는 한도 안에서 교육가나 관리들에게 맡긴다.

따라서 이 책은 전문 철학자들을 위한 것이 아니다. 그리고 그들은 이 책 속에서 같은 저자의 다른 저서 가운데 언급되지 않은 것은 하나도 찾아볼 수 없을 것이다. 그리고 이 글은 적어도 책을 읽을 수 있는 독자라면 이해할 수 있으리라고 생각한다. 다만 이미 전에 외운 구절만을 조금 순서를 바꾸어 되풀이하는 것을 이해하고 생각하는 사람들에게는 물론 이해할 수 없는 것으로 여겨질 것이다.

이 책은 독자가 열중하게 되며, 독자를 감성(感性)에서 초감성적인 것으로 힘차게 끌어갈 것이다. 적어도 지은이는 열의 없이는 글을 쓰지 않았다. 저술의 목적을 파악했을 때 지녔던 열의가 글을 쓰는 동안에 사라져서 맥이 빠지는 경우가 가끔 있다. 이와 비슷하게 맥이 빠질 우려가 있는 것은, 글을 써 나가는 도중이 아니라 글을 다 쓴 바로 뒤, 지은이는 다 된 저서를 보잘것없는 것으로 여기기 쉽다. 요컨대, 지금 내가 말한 의도가 성공했는지 그 여부는, 독자가 이 책을 읽고 어떤 영향을 받았는가에 따라서만 결정되는 것이지 지은이에게는 이에 대한 권한이 없다.

그리고 나는—소수의 독자들에 한정되기는 하지만, 미리 주의해 두고 싶은 것은, 이 책 속의 '나'는 절대로 저자가 아니며, 독자 스스로 '나'가 되기를 바란다는 것이다—독자가 이 책의 내용을 역사적으로만 파악하지 말고, 읽어 가는 동안에 자신이 대표자가 되어 스스로 이야기하고, 또 여러 가지로 깊이 생각한 다음에 결론을 내려 마음에 새기기를 바란다. 또한 이 책에는 단순히 그 그림자만이 제시된 것에 지나지 않은 생각을, 자신의 노력과 성찰로써 펼쳐나가 이를 자기 안에 만들어 내기를 바란다.

1. 회의(懷疑)

　나는 지금 나를 둘러싼 대부분의 사물을 안다고 확신한다. 또 이를 위해서 무던히 애를 썼다. 나는 나의 감각기관이 한결같이 진술하는 것만을, 언제나 변함없는 경험만을 신용했다. 나는 눈에 보이는 것을 손으로 만졌다. 그리고 만진 것을 분해했다. 나는 관찰을 되풀이하고 또 되풀이했다. 나는 여러 현상들을 서로 비교했다. 그리고 밀접한 관련을 통찰한 뒤에, 하나의 현상을 다른 현상으로 설명하고 결론을 이끌어 내고 결과를 헤아린 다음, 이 계산대로 결과를 지각하고 나서 비로소 마음을 놓았다.

　이 노력의 대가로서, 이제 나는, 나 자신의 현존을 확신하듯이 내 인식이 갖는 정당성도 확신하고, 내 세계 속, 내가 아는 범위를 뚜렷이 파악하고, 언제나 내 안위를 내 확신의 정확성에서 찾는 것이다.

　그런데—나 자신은 대체 무엇인가, 그리고 나의 사명은 무엇인가?

　물론 나는 이 문제에 대하여 훨씬 전에 가르침을 받았다. 그리고 이 문제에 대해서 내가 널리 듣고 배우고 믿는 것을 모두 되풀이해서 이야기하려면 매우 많은 시간이 걸릴 것이다.

　그럼 대체 나는 어떤 길로 이러한 온갖 지식을 얻게 되었는가. 얼마나 불길 같은 지식욕으로 불확실성과 회의와 모순을 거쳐 왔던가. 또는 믿을 만한 것이 눈앞에 나타났을 때, 이에 곧바로 찬동하기를 미루고 그 분명한 듯이 보이는 것을 음미하고 또 다시 음미하여 순화함으로써 올바른 것을 파악하게 되었던가—어떤 내부의 목소리가 잘못 생각하지 않고, 또 저항도 느끼지 않고, '그렇지, 정말 그래. 그대가 살고 또한 존재하는 것이 진실인 것처럼' 이렇게 나에게 소곤거리게 될 때까지—아니, 나는 이러한 일이 전혀 없다. 그 가르침은 내가 필요하다고 생각하기 전에 주어졌다. 나는 묻기 전에 대답을 얻었다. 나는 귀를 기울였다. 그럴 수밖에 없었기 때문이다. 내 기억에는 다만 우연히 생긴 것만이 남게 되었다. 음미하지 않고 참견도 하지 않은 채 모든 것을 그대로 버려두었다.

그러니 내가 어떻게 이런 성찰 대상을 인식하고 있노라고 나 자신을 설득할 수 있겠는가. 만일 내가 스스로 발견한 것만을 알고 있으며, 또 그것을 확신한다면—다시 말해서 내가 만일 스스로 경험한 것만을 실제로 안다면, 사실상 나는 나의 사명을 조금도 알고 있다고 말할 수 없는 것이다. 내가 아는 것은 다만 남들이 내 사명에 대하여 알고 있다고 주장하는 것뿐이다. 그리고 내가 이 점에 대해서 실제로 단언할 수 있는 유일한 것은, 이런 여러 문제에 대하여 사람들이 이야기하는 것을 들었다는 것뿐이다.

그러므로 나는, 전에 그다지 중요하지 않은 것을 스스로 애써 탐구했지만, 가장 중요한 문제는 남들의 성질과 연구에 기대었을 뿐이다. 나는, 인류 최고의 임무에 대한 관심과 진지함, 면밀한 연구 같은 것을 나 자신 속에서는 결코 찾아볼 수 없었으며, 다른 이들은 이것들을 지녔다고 믿었다. 그래서 그들을 나 자신보다도 무척 높이 평가했다.

그들이 어떤 참된 것을 알고 있다면, 그들은 어떻게 이것을 자신의 생활을 통해서가 아니라, 다른 것을 통해서 알 수 있었을까. 어찌하여 나는 그들과 똑같이 성찰하는 데도 똑같은 진리를 찾아내지 못할까. 나도 인간이요 그 또한 인간이 아닌가. 나는 지금까지 나 자신을 얼마나 경멸해 왔던가.

나는 이러한 현상의 굴레에서 벗어나고 싶다! 이제 나의 권리를 손에 넣고 내게 어울리는 품격을 얻고 싶다. 다른 것은 모두 버려도 좋다. 나는 나의 힘으로 탐구하고 싶다. 그 결과가 어떻게 되리라는 은밀한 소망이나 주장의 치우친 경향이 내 속에서 꿈틀거릴지도 모른다. 나는 이것들을 아예 부인하려고 한다. 그리하여 나의 생각에 결코 영향을 주지 않을 것이다. 나는 엄격하고 치밀하게 해나가려고 한다. 모든 것을 솔직하게 인정하려고 한다—내가 진리라고 생각하는 것은 그것이 어떤 내용이든 기꺼이 받아들이려고 한다. 나는 알려고 한다. 내가 이 대지를 밟을 때 이것이 나를 지탱해 주기를 기대하고, 또 내가 이 불에 닿으면 이것이 나를 태워 버리리라고 예측하는 것과 같은 정확성으로, 나 자신이 현재 지녔으며 앞으로 지니리라고 생각되는 것을 기대하고 또 손에 넣고자 한다. 만일 이것이 불가능하다면 나는 하다못해 그것이 사실상 불가능하다는 사실이라도 알고 싶다. 그리고 이러한 '불가능'이야말로 탐구의 결론이며, 또 이것이 진리임이 판명된다면, 그러한 결론이라도 상관없다. 그리고 이에 따르려고 한다—나는 나의 과제 해결을 서두르기로 한다.

1

나는 질주하는 대자연을 약진하는 모습으로 파악하여, 이것을 한순간에 머물게 하고, 현재의 순간을 주시하며 성찰한다. 이 순간, 그리고 이 자연에 대하여! 지금까지 나의 생각하는 힘은 이 자연에 바탕을 두고 발전해 왔으며, 또 이 자연의 영역에 타당한 추리를 할 수 있도록 길러진 것이다.

나는 여러 대상에 둘러싸여 있다. 나는 이런 것들이 개별적으로 존립하고, 서로 타자로부터 구분된 온갖 전일체(全一體)라고 보지 않을 수 없다. 나는 풀이나 나무, 동물 등을 본다. 나는 이러한 개개의 사물이 성질이나 징표를 갖추고 있으며, 이에 따라서 그것들이 구별된다고 생각한다. 다시 말해서 이 풀은 이러한 형태를 지녔고, 다른 풀은 다른 형태를 지녔으며, 이 나무는 저러한 모양의 잎사귀를 가졌고, 또 다른 나무는 다른 모양의 잎사귀를 지녔다는 것이다.

각각의 대상은 일정한 수의 성질을 지닌다. 그 이상도 아니고 그 이하도 아니다. 하나의 대상이 A냐 아니냐 하는 물음이 그것이다. 그것이 B냐 아니냐 하는 저마다의 물음에 대하여, 그 대상을 모조리 다 알고 있는 사람은 '그렇다' 또는 '아니다' 하고 결정적으로 대답할 수 있으며, 이 대답으로써 어떤 대상이 A냐 또는 B냐 하는 흔들리는 상태는 뚜렷이 일단락 지을 수 있다.

현존하는 모든 것은 어떤 사물이거나, 또는 어떤 사물이 아니며, 빛을 띠거나, 아니면 그렇지 않다. 즉 어떤 빛을 갖고 있거나, 또는 그 빛을 지니지 않는 것이다. 또는 빛을 지녔거나 갖고 있지 않다. 맛이 좋거나 좋지 않고, 만질 수 있거나 만질 수 없다. 이러한 현상은 끝없이 계속된다.

저마다의 대상은 이런 여러 성질을 일정한 정도로 지닌다. 어떤 성질을 재는 기준이 있어 내가 이것을 적용할 수 있을 경우에는, 이 성질의 일정한 분량을 찾아볼 수 있으며, 그것은 이 분량을 조금이라도 남게 하거나 모자라게 하는 일이 없다. 여기 있는 나무의 높이를 잴 경우에, 그 높이는 일정하며, 이 나무는 실제보다 1리니에*1도 높거나 낮지 않다. 그 푸른 잎사귀를 관찰해 보자.

---

*1 1인치의 1/12.

그것은 일정한 녹색으로 실제보다 조금도 진하거나 연하지 않다. 또한 실제보다 조금도 선명하거나 어둡지 않다. 물론 이런 것을 헤아리기 위한 기준이나 명칭이 따로 있지는 않다.

다음엔 여기 있는 풀로 시선을 옮기기로 하자. 그것은 싹이 트면서부터 성숙하기까지 분명한 단계를 거친다. 그리하여 실제보다 눈이 트고 성숙하는 두 단계에 조금도 더 가깝거나 멀지 않다―현존하는 모든 것은 하나도 빠짐없이 한정된다. 그것은 실제로 현재 있는 그대로이며, 절대로 다른 것이 아니다.

이것은 서로 모순되는 여러 가지 한정의 중간에 동요되는 무한정한 것을 사유할 수는 절대로 없음을 의미하지 않는다. 나는 물론 무한정의 여러 대상을 사유하며, 내 사유의 반 이상은 이러한 생각으로 이루어진다.

나는 나무에 대해 사유한다. 이 나무는 열매를 맺었는가 아닌가, 잎사귀가 있는가 없는가, 이런 것들이 얼마쯤 있다면 그 수는 어떻게 되는가. 그리고 나무는 어떤 종류에 속하는가, 얼마나 큰가 등등. 이 모든 물음에 결국은 아무 대답도 얻을 수 없다. 그리고 내가 어떤 특정 나무가 아니라 나무 일반을 사유하려고 한다면, 내 사유는 이런 점에 대해서 제한을 두지 않는 것이 된다. 다만 나는 이 나무 일반을―현실적인 존재임을 거부하는 이 나무 일반이 무한정적이라는 이유로써 현실적인 것은 모두가, 그것이 현실적인 한, 현실적인 것 일반의 모든 가능적 성질을 일정한 수만 지니고, 또한 이들 가능적 여러 성질을 저마다 일정한 정도로 가지고 있다. 하긴, 나는 아마도 오직 한 대상의 온갖 성질이라도 이것들을 모조리 망라하거나, 또 이것들의 척도를 적용할 수 없을 테지만, 나는 그로써 족하다고 생각한다.

2

그러나 자연은 끊임없이 변화하며 빠르게 사라진다. 내가 파악한 순간에 대해서 아직 이야기하고 있는 동안에도 급히 사라지며 모든 것이 변하고 있다. 그리고 내가 이 순간을 파악하기 이전에도 마찬가지로 모든 것은 달랐었다. 만물은 그것이 존재했던 것처럼, 또는 내가 그것을 파악했듯이 언제나 존재하던 것은 아니다. 모든 것은 그때 그와 같은 모습을 하고 있었던 것이다.

그런데 모두는 어찌하여, 또 어떤 근거에서 그것이 이루어진 대로 존재하는가. 자연은 어찌하여 내가 파악할 수 있는 무한에, 다양한 한정 속에서 이 순간에는 실제로 내가 파악했던 온갖 한정을 취하고, 어떠한 여러 한정도 취하지 않았을까.

그것은 그 온갖 한정에 선행한 바로 그 여러 한정이 그것들에 선행했고, 다른 어떠한 가능한 여러 한정도 그것들에 선행하지 않았기 때문이다. 그리고 현재 이 여러 가지 한정이 바로 그 한정에 계속되고, 다른 어떠한 가능한 한정에도 계속되지 않았기 때문이다. 이를테면 선행하는 순간에 어떤 사물이 실제로 있었던 것과 아주 조금이라도 달라졌다면, 역시 현재의 순간에도 그 사물은 그것이 있는 것과 달라질 것이다. 그렇다면 어떠한 근거에서 만물은 '앞선 순간'에는 그것이 실제로 있었던 것처럼 존재하는가. 그것은 이것보다 더 앞선 순간에 그것이 실제로 있었던 듯이 존재하기 때문이다. 그리고 그보다 더 앞선 순간은, 다시 이에 앞선 순간에 기대었다. 또 이 후자는 다시 여기 앞선 순간에…… 이처럼 상승하여 끝이 없다.

이와 마찬가지로 자연은 바로 다음 순간에는 그것이 실제로 한정되어 있으리라고 여겨지는 것처럼 한정될 것이다. 왜냐하면 자연은 현재의 순간에는 그것이 한정된 그대로 한정되기 때문이다. 그리고 이 '바로 다음 순간'에서 어떤 사물이 그것이 실제로 존재하리라고 생각되는 것과는 필연적으로 다른 모습을 지녔을 것이다—만일 현재의 순간에서 매우 사소한 것이라도 그 실제로 존재하는 것과 다르다면, 그리하여 다시 그 '바로 다음 순간'에 계속될 그 순간에서는 모든 것이 존재하리라고 생각되듯이 있을 것이다. 왜냐하면 그 '바로 다음 순간'에서는 만물이 그곳에 있으리라고 생각되는 것처럼 존재할 것이기 때문이다.

이리하여 거기 이어지는 순간은 다시 거기에 의지할 것이다. 마치 그것이 그 선행된 순간에 의존하리라고 생각된 것처럼—이렇게 끝이 없다.

자연은 그 기능적 한정의 무한한 계열을 거쳐서 끊임없이 진행된다. 그리고 또한 이들 여러 한정의 교제는 법칙이 없는 게 아니라 엄밀히 법칙적이다. 현재 자연 속에 있는 것들은 반드시 그것이 실제로 존재하는 것처럼 있으며, 달리 존재할 수는 절대로 없다. 나는 그 각각의 계열에 따라서 한정되고, 여기서 이어지는 계열을 한정하는 온갖 현상의 끊임없는 연속의 한 계열이 된다. 다시 말해서 밀접한 관련을 가진 한 점을 차지한다. 이 관련에서, 나는 단지 성찰로써 주어진 각각의 순간을 바탕으로 삼아 주어진 순간을 설명해야 할 때,

그 순간을 현실로 만든 원인을 중점적으로 살펴보면 그 원인을 찾아낼 수 있을 것이다. 그리고 또 만일 내가 그것을 바탕으로 삼아 주어진 결과를 설명해야 할 때, 이 순간에 반드시 뒤따르게 되는 결과를 중점적으로 살펴보면 그 결과를 찾아낼 수 있을 것이다. 나는 각 부분에서 전체를 간파한다. 왜냐하면 각 부분은 전체에 의해서만 그것이 실제로 존재하며, 그리고 전체에 따라서 '필연적으로' 각 부분은 그것이 실제로 존재하기 때문이다.

3

그렇다면 방금 내가 찾아낸 것은 대체 무엇인가? 나의 주장을 전체적으로 훑어볼 때, 그 핵심은 다음과 같다. 즉 생성이 거기서부터, 또 그로써 이루어진 하나의 존재를 저마다의 생성의 전제로 삼을 것, 각각의 상태에 대한 또 하나의 상태를 예상하고, 또 낱낱의 존재에 대비되는 또 하나의 존재를 예상할 것, 그리하여 무(無)에서는 절대로 아무것도 생기지 않게 할 것—바로 이것이다.

나는 계속해서 이 문제를 깊이 파고들어 그 속에 포함된 것을 전개하여 뚜렷이 밝히려고 한다. 왜냐하면 나의 앞으로의 탐구가 잘되느냐 못되느냐 하는 것은 모두가 나의 성찰의 이점을 분명히 통찰하는 데 달려 있다고 생각하기 때문이다.

그렇다면 대체 어찌하여, 또 어떤 근거에서 이 순간에서의 온갖 대상들의 모든 한정은 정녕 있는 그대로의 것인가—하고 나는 추구하기 시작했다. 그리고 나는 더는 증명하지 않고 또 조금도 탐구하지 않은 채, 다음과 같은 것을 그 자체에서 알려진 것, 참된 것, 단적으로 확실한 것으로 예상했다—실제로 그렇고 지금도 그렇게 생각하며, 또 언제나 그렇게 생각할 테지만—되풀이해서 말하거니와 나는 여러 대상들의 모든 한정은 어떤 근거를 갖고 있으리라고 예상했다. 그것들은 자기 자신에 의해 현존과 현실성을 지닌 것이 아니라, 그런 것들 밖에 존재하는 어떤 것에 의해 현존과 현실성을 지니게 된다고.

나는 그러한 현존이 그 자신의 현존으로써 충분치 않다고 생각했다. 그리고 그것들 자신을 위해서는 또 다른 현존을 그것들 밖에 가정해야만 했다. 그런데 어찌하여 나는 그 여러 성질을, 모든 한정의 현존을 충분치 않은 것으로 여겼으며, 또 어찌하여 나는 그것을 불완전한 현존이라고 생각했는가? 나에게 결함을 드러내 보이는 것은 그것들 속의 무엇일까? 분명히 그것은 다음과 같은 것을 말해 준다. 우선 그 여러 성질은 그 자신만으로는 아무것도 아니다. 그것들은 다만 다른 것에 근거를 두고서만 어떤 무엇일 수 있다. 그것은 다른 사람에 의해서 미리 주어진 여러 성질이요, 온갖 형태이다. 이 여러 가지 성질을 짊어진 것은—학교 철학의 용어로 말하여 그 원체는—그 성질이 사유될 수 있도록 하기 위해 언제나 전제가 된다.

다음에 이러한 원체가 어떤 일정한 성질을 갖는 것은, 정지 상태 및 이 원체의 변이가 멈춘 상태, 그리고 생성의 억제를 나타낸다. 만일 내가 원체를 변화시켜 생각한다면 원체는 벌써 어떤 한정된 모습을 벗어나고, 하나의 상태에서 이와 반대의 다른 상태로 무한정하게 옮겨가는 것이다. 따라서 사물의 한정된 모습이라는 상태는 단지 수동의 상태이며 그 표현이다. 그리고 한낱 수동에 지나지 않는 것은 불완전한 현존이다. 이 수동에 어울리는 활동이 필요하다. 수동이 거기서부터 설명될 수 있고, 수동이 그것으로써 비로소 사유될 수 있는 활동 말이다. 또는 흔히 말하듯이 이 수동의 근거를 포함한 성질의 활동이 필요하다고 할 수 있다.

그러므로 내가 사유한 것, 또 사유할 수밖에 없었던 것은 결코 다음과 같지 않다. 즉 자연 속에서 온갖 모습을 띠고 일어나는 많은 한정이, 그 자신으로서 서로 산출한다는 것—현재의 성질이 자기 자신을 멸하여, 그것이 벌써 존재하지 않은 미래의 순간에는 자기도 아니고, 자신 속에 있지도 않은 또 하나의 성질을 자기 대신 생기게 하는 것은 아니다. 이러한 일은 전혀 생각할 수도 없다. 성질이란 자기 자신도 생기게 하지 못하고, 또 자기 이외의 다른 어떤 것도 생기게 하지 못한다.

활동적이고, 대상이 고유하며, 또한 이러한 본래의 성질을 이루는 힘이야말로 앞에서 말한 여러 한정의 점차적인 성립과 교체를 이해하기 위하여 내가 사유하고 사유해야 하는 것이다.

그리고 나는 이 힘을 어떻게 생각하는가, 이 힘의 본질과 드러나는 모습은 어떤 것인가를 말하면, 그것은 힘이 일정한 상황 아래서, 자기 자신에 의해서, 그리고 자기 자신을 위해 이 일정한 작용을—또한 절대로 다른 작용이 아니라, 틀림없이 낳게 하는 것 말고는 아무것도 아니다. 활동과 성립 및 생성 자체의 원리는 힘이 힘인 한, 힘 자체 속에 존재하고 힘 이외의 어떤 무엇에도 존재하지 않는다. 힘은 자극받거나 발동되거나 하지 않는다. 그것은 스스로 발동한다. 힘이 이렇게 일정한 방식으로 전개 되는 근거의 일부는 힘 자체 속에 존재한다. 왜냐하면 힘은 이 힘이고 다른 힘이어서는 안 되기 때문이다. 또 일부는 힘 자체 밖에, 다시 말해서 힘이 그로써 전개하는 상황 속에 존재한다. 힘이 지닌 바 그 자체에 따른 내적인 한정과 상황에 따른 그 외적인 한정은 변화를 낳기 위해 하나가 되어야 한다.

만일 내가 만물을 하나의 자연으로서 본다면 거기엔 하나의 힘이 있다. 그러나 만일 내가 만물을 낱낱의 사물로 본다면 거기엔 많은 힘이 있다. 다시 말해서 자기의 내적인 법칙에 따라 펼쳐나가고, 자기가 취할 수 있는 모든 가능한 여러 형태를 관통할 많은 힘이 있다. 자연에서의 모든 대상은 어떤 한정에서의 그 온갖 힘 자체임에 틀림없다. 대개 자연의 힘은 한정되어—그것이 실제로 존재하는 것이 된다. 그러나 낱낱의 자연의 힘은 자연의 연관적인 전체이므로, 모든 자연의 힘과 연결된다—개개의 자연의 힘의 출현은 이들 모든 것에 의하여 어쩔 수 없이 한정된다. 그것이 현재 그 내면적인 본질에 따라 바로 실제로 존재하는 그것이며, 또 이들 온갖 상황 아래서 나타나는 것이기 때문에 그것은 필연적으로 되어가는 그대로 나타나게 마련이며, 조금도 달리 나타날 수는 없다.

자연은 그 지속의 각 순간에서 하나의 연쇄적인 전체이다. 각 순간에서 자연 개개의 각 부분은 그것이 있는 것처럼 존재해야 한다. 왜냐하면 다른 모든 부분도 그것이 있는 것처럼 존재하기 때문이다. 아마도 당신의 눈에는 보이지 않지만, 이루 다 헤아릴 수 없는 전체의 모든 부분을 관통하여 무엇인가를 변화시키지 않고서는, 당신은 한 알의 모래도 그 위치에서 다른 곳으로 옮길 수 없을 것이다.

그러나 이러한 자연의 지속의 각 순간은 지나간 모든 순간에 의해서 한정되며, 또 미래의 모든 순간을 한정할 것이다. 당신은 모래알 위치의 모든 과거를 끝까지 올라가고 모든 미래를 끝까지 내려가서 따로따로 상상하도록 강요받지 않는다면, 현재의 순간에서도 이것이 실제로 존재하는 것과는 달리 생각할 수 없다.

4

나 자신은, 내가 나의 것이라고 말하는 모든 것과 함께 이 엄밀한 자연의 필연성의 사슬의 하나이다. 어떤 한때가 있었다—이때 생존했던 다른 사람들은 나에게 이렇게 말했다. 나 자신도 이러한 시간을 직접 의식하는 것은 아니지만 추리를 하면 이를 상정하지 않을 수 없다—내가 아직 존재하지 않았던 어느 때와 내가 태어난 어떤 순간이 있다. 나는 나 자신에 대해서도 아직 알지 못했고, 생존도 의식하지 못했으며, 타인에 의해서만 생존을 인정받았다. 그 뒤로 차츰 나의 의식이 싹터 왔다. 그리하여 나는 내 안에 어떤 능력이나 조직, 또는 요구나 자연적인 욕망을 발견했다—나는 어느 때 생긴 일정한 존재자이다.

나는 나 자신의 의지에 따라서 이 세상에 태어난 것이 아니다. 나는 나 자신을 현존시키기 위해, 내가 실제로 생존하기 전에 존재했다고 생각하는 것은 부당한 일이라고 하겠다. 나는 나의 밖에 있는 어떤 다른 힘에 따라서 현실화된 것이다. 그렇다면 일반적인 자연의 힘 말고 다른 어떤 힘에 의해 내가 현실화되었다고 생각할 수 있겠는가. 나는 두말할 것도 없이 자연의 일부가 아닌가. 내가 태어났을 때와 내가 태어났을 때 갖추었던 온갖 성질은 이 일반적인 자연의 힘으로써 한정된다. 그리고 모든 형태, 즉 내가 타고난 근본적 성질이 나를 나타내고, 또 내가 힘껏 나를 나타내려고 하는 모든 형태는 같은 자연의 힘으로써 한정된다. 나 대신에 다른 존재가 출생할 수는 없었다. 지금 여기 존재하고 있는 자가 그 현존의 어떤 순간에 그가 실제로 존재했고 또 있으리라고 생각되는 것과 다를 수는 없다.

나의 온갖 상태에 의식이 따르며, 또 나의 여러 상태 속의 일부—사상이나 결의 등등—가 단지 의식이 여러 형태로 한정된 것으로 생각된다고 해서, 추리를 잘못해서는 안 된다. 규칙적으로 성숙하는 것은 식물의 자연 규정이고, 목적에 따라 움직이는 것은 동물의 자연 규정이며, 또한 생각하는 것은 인간의 자연 규정이다. 마지막 세 번째 것을 첫째 또는 둘째 것과 똑같은 근원적인 자연의 힘의 출현이라고 생각하는 것을 망설일 까닭이 있을까. 이를 가로막는 것이 있다면, 그것은 경탄의 정(情) 말고는 없으리라.

하긴 사유는 식물의 형성, 동물 특유의 운동보다도 훨씬 고귀하고, 또 한결 정묘한 자연 작용이다. 그러나 그렇다고 해서 경탄이라는 정서가 냉정한 탐구에 영향을 주는 것을 어찌 허용할 수 있겠는가.

나는 물론 자연의 힘이 어떻게 사상을 낳게 되는지 설명할 수 없다. 그렇다면 나는 자연의 힘이 식물의 형성이나 동물의 운동을 낳게 한다는 것을 잘 해명할 수 있는가? 물질의 단순한 합성에서 사유를 이끌어내는 것—이 뒤바뀐 시도를 물론 생각해 낼 수 없을 것이다.

그럼 나는 대체 이 물질의 합성으로 가장 간단한 이끼의 형성만이라도 설명할 수 있는가? 저 근원적인 모든 자연의 힘은 절대로 설명될 리가 없고, 설명할 수도 없다. 왜냐하면 이것이야말로 설명할 수 있는 모든 것이 거기서 설명되어야 하기 때문이다. 사유는 사실상 현재 있다. 그것은 단적으로 존재한다. 마치 자연이 형성하는 힘이 사실상 현재 있고, 단적으로 존재하듯이, 사유는 자연 속에 있다. 왜냐하면 사유하는 것은 모든 자연 법칙에 따라서 생기고 발달하기 때문이다. 그러므로 사유는 자연에 의해서 존재한다. 자연에는 근원적인 사유의 힘이 존재한다. 마치 근원적인 형성의 힘이 존재하듯이.

5

나는 나 자신을 독립된 존재로서, 그리고 내 삶의 많은 사건에 자유의 존재자로서 의식한다. 그러나 이 의식은 앞에서 말한 원리에 따라서 훌륭히 설명할 수 있으며, 방금 내린 결론과 완전히 일치될 수 있다. 나의 직접의식, 즉 본래의 지각은 나 자신과 나의 온갖 한계를 넘어서지 못한다. 나는 직접으로는 나 자신에 대해서 알 뿐, 이 이상으로 내가 알 수 있는 것은 다만 추론에 의해서일 뿐이다. 즉 방금 내가, 나의 지각 범위에 결코 들어오지 않는 근원적인 자연의 힘을 추리한 그런 방법으로 알 수 있을 뿐이다.

그러나 나는, 즉 내가 나의 자아나 내 개인을 지칭하는 것은, 인간 형성의 자연의 힘 자체가 아니라 그 현상의 하나에 지나지 않는다. 그리고 나는 이 현상만을 '나의 자기'로서 의식하는 것이며, 내가 다만 나 자신을 설명할 필요에서 추리하는 그 힘을 의식하는 것이다.

그런데 이 현상은, 그 현실적인 존재라는 측면에서 말하면, 완전히 근원적이고 독립적인 힘에서 드러나는 어떤 무엇으로 이러한 것으로서 의식 속에 나타나야 한다. 그래서 나는 일반적으로 나를 '독립적'인 존재자로서 발견하게 된다. 바로 이런 근거에서, 만일 내 삶에서 일어나는 낱낱의 사건들이 개체로서의 나에 대하여 주어진 독립적인 힘의 현상이라면, 나는 이 개개의 사건에서 나 자신을 '자유'라고 생각한다. 그러나 만일 시간 속에 성립되어, 나의 개체의 근원적인 제한 안에는 존재하지 않는 외적 상황의 이어짐으로 말미암아, 나의 개체적인 힘의 관점에서 볼 때 아마도 할 수 있으리라고 생각되는 것조차 할 수 없다면, 그때는 억눌리고 제한 받는다고 생각하게 된다. 그리고 만일 이 개체적인 힘이 이에 대립되는 다른 힘의 우세로 말미암아 그 본래의 법칙에 위배되어서까지 자기를 드러내도록 강요된다면 압제 받는다고 생각하는 것이다.

한 그루의 나무에 의식을 주어 보라. 이 나무가 잘 자라고 가지를 뻗게 하여 그 나무에 독특한 잎사귀며 봉오리, 꽃, 열매를 맺게 하라. 이 나무는 바로 나무이고 또 그와 같은 종류에 속하는 나무이며, 그 종류의 한 나무로서 제한된다고는 생각하지 않을 것이다. 이 나무는 스스로 자유롭다고 생각할 것이다. 왜냐하면 그것은 그 모든 현상에서 본성이 요구하는 것 말고는 아무것도 하지 않기 때문이다. 그것은 달리 아무것도 하려고 하지 않을 것이다. 왜냐하면 그것은 본성이 요구하는 것만을 바랄 수 있기 때문이다.

그러나 이 나무의 성장을 거친 날씨나 영양 부족, 그 밖의 원인으로 억압해 보라. 그것은 스스로 제한당하고 방해를 받았다고 느낄 것이다. 왜냐하면 실제로 그 본성에 깃든 어떤 충동이 만족을 느낄 수 없기 때문이다.

그 자유롭게 뻗어가는 가지를 울타리에 비끄러매고, 접목으로써 다른 종류의 나뭇가지를 붙이면, 그 나무는 활동에 강제가 가해졌다고 느낄 것이다. 물론 그 가지는 내내 자라기는 한다. 그러나 다른 사람으로부터 간섭을 받지 않은 힘이 뻗어 갔으리라고 생각되는 방향은 아니다. 그 나무는 열매를 맺지만 그 근원적인 본성이 요구하는 열매는 아니다. 직접적인 자기 의식에서 나는 나를 자유라고 생각하지만, 모든 자연을 성찰하고 나면 내게는 자유가 전혀 불가능하다는 사실을 알게 된다. 즉 전자는 후자에 종속되어야 한다. 왜냐하면 전자 자체의 설명도 후자를 기다려서 비로소 가능하기 때문이다.

6

이러한 학설 체계가 내 오성(悟性)에 얼마나 커다란 만족을 주는 것일까! 이로써 어떤 질서, 어떤 긴밀한 관련, 어떤 쉬운 전망이 내 인식 전체에 주어진 것인가! 여기서 의식은 벌써 그것과 존재의 연관이 아예 동떨어진 자연계의 이방인이 아니라, 그것은 자연계의 토착민이며 자연의 필연적인 여러 가지 상정된 하나이기까지 하다.

승리하는 힘은 언제든 반드시 이기게 마련이다. 그 우월한 힘은 우주의 연관으로써 한정된다. 그러므로 같은 관련에 의해 각 개체의 덕과 부덕 및 사악이 분명히 한정되어 있다. 여기서 한 번 더, 또는 일정한 개체에서의 하나의 근육 운동, 한 가닥 머리칼의 곡선을 자연에 주었을 때 자연이 사유하고 또 당신에게 대답할 수 있다면, 그 근육의 움직임이나 머리칼의 곡선에 의해 그 개체의 전생애의 모든 선행과 그릇된 행동을 당신에게 보여 줄 것이다. 그러나 한정되었다고 해서, 덕이 더 이상 덕이 아닌 것이 아니고 사악이 더 이상 사악이 아닌 것은 아니다. 덕을 지닌 사람은 고귀한 자연이며, 사악한 자는 비천하고 물리쳐야 할, 그러나 우주와의 연관 속에서 필연적으로 나타나게 마련인 자연이다.

후회라는 감정이 있다. 이는 내 안의 인간성의 지속적인 노력의 의식으로, 이 노력이 패배한 뒤에도 패배했다는 불쾌감과 결합되어 나타난다. 즉 그것은 우리 안의 고귀한 자연을 되찾기 위한 저당물로, 이는 우리를 불안하게 만들기는 하지만 귀중한 저당물이다. 우리의 근본 충동의 이러한 의식에서 양심도 생긴다.

그리고 양심의 예리하고 민감함은 개체에 따라 여러 가지로 강약의 정도가 다르며, 심하면 양심이 아주 결여되기도 한다. 비천한 자는 후회할 수 없다. 왜냐하면 그의 마음속 인간성은 하급 충동과 싸울만한 힘도 결코 지니지 못하기 때문이다. 상과 벌은 덕과 사악의 자연스러운 결과이며, 새로운 덕과 사악을 낳기 위한 것이기도 하다. 왜냐하면 그들의 안에 있는 인간성은 하찮은 충동과 싸울 만한 힘도 갖고 있지 않기 때문이다. 상과 벌, 덕과 사악의 자연적인 결과이며, 또한 새로운 덕과 사악을 낳기 위한 것이다. 왜냐하면 잦은 큰승리로써 우리의 힘이 확대 강화되고, 모든 작용성의 결핍 또는 빈번한 패배에 따라서 그것은 조금씩 약해지기 때문이다. 그러나 범죄나 죄책이라는 개념은 외면적인 법률에 대한 의미 이외에 어떤 의미도 갖지 못한다. 죄를 저지르고 그 범죄의 책임을 져야 하는 사람은, 공공의 안전에 방해가 되는 그들의 충동을 막기 위해 사회가 인위적·외적인 여러 가지 힘을 행사할 수밖에 없는 이를 가리킨다.

7

나의 탐구는 이것으로 끝마쳤다. 나의 지식욕은 만족을 느낀다. 나는 대체 무엇인지, 인류의 본질은 어디에 있는지 나는 안다. 나는 나 자신에 의해서 한정된 자연력의 표현이요, 우주로써 한정된 표현이다. 나의 개인적인 특수한 여러 한정을 그 많은 근거를 매개로 하여 통찰하는 것은 불가능하다. 왜냐하면 나는 자연의 핵심을 밝혀낼 수 없기 때문이다.

그러나 나는 이 여러 한정을 직접 의식한다. 나는 현재의 순간에서 내가 무엇인가를 잘 안다.

나는 일찍이 내가 무엇이었던가를 대충 떠올릴 수 있다. 뿐만 아니라, 나는 내가 무엇일지 이것도 그때가 되면 알 수 있을 것이다.

활동을 위해 이 발견을 사용한다는 것은 생각도 못할 일이다. 결코 내가 활동하는 것이 아니라 내 안에서 자연이 활동하기 때문이다. 내가 자연으로써 정해진 것 이외의 어떤 것이 된다는 것은 엄두도 내지 못할 일이다. 왜냐하면 내가 나를 만들어 나가는 게 아니라, 자연이 나의 모든 것을 만들어 나가기 때문이다. 나는 후회하고 기뻐하며 보충하여 고치는 일을 행할 수 있다—그럼에도 엄밀하게 말하면, 이마저도 결코 할 수 없는 것이다. 모든 것은, 만일 그것이 나에게 일어나도록 정해져 있다면 자연히 나에게 생기게 마련이다—나는 분명히, 아무리 후회하더라도, 또 무엇을 계획하든 내가 실제로 있어야 하는 나를 조금도 바꿀 수 없다.

나는 엄밀한 필연성의 인정도 사정도 없는 위력 아래 놓여 있다. 그것이 나를 어리석고 사악한 자로 정한다면 나는 어김없이 어리석고 사악한 자가 될 것이다.

그것이 나를 현명하고 선량한 자로 정한다면 나는 별수 없이 현명하고 선량한 자가 될 것이다.

이는 저 필연성의 죄과도 공로도 아니고, 또 나의 그것도 아니다. 저 필연성은 그 자체의 법칙을 좇고 나는 그 법칙을 따른다. 내가 이것을 통찰한 이상, 나의 온갖 소원도 이 필연성에 따르게 하는 것이 나를 가장 안심하게 하는 길일 것이다. 왜냐하면 진실로 나의 마음과 뜻은 완전히 그에 복종하기 때문이다.

8

오, 지금 내 마음 속에 갈등을 일으키는 소망이여! 어찌하여 나는 슬픔과 미움, 그리고 두려움을 이 이상 자신에게 숨겨야 할까. 이것들은 이 탐구의 결과가 어떤 것이 된다는 것을 내가 통찰하자마자 내 마음 속을 뚫고 들어왔다.

나는 앞에서 경향성(傾向性)이 나의 성찰 방향에 어떠한 영향도 주지 못하도록 스스로 다짐했다. 그리고 나는 실제로 경향성으로 하여금 영향을 주지 못하게 했다. 그러나 그렇다고 해서 이러한 결론이, 나의 가장 깊고도 오묘한 소원과 욕구에 모순됨을 고백해서는 안 되는 것일까.

그리고 이 성찰 속에는 이런저런 증명의 정확성과 예리함이 깃들어 있다고 여겨지는데, 그렇지만 나의 현존에 대한 어떤 설명을 어떻게 믿을 수 있겠는가? 나의 현존의 가장 깊은 근원에 대하여, 그리고 그로 인해서만 내가 존재할 수 있고 그것 없이는 내가 현존을 저주할 것으로 보이는 목적에 대하여, 그와 같이 결정적으로 모순되는 나의 현존에 대한 설명을 어떻게 믿을 수 있겠는가.

내 마음은 어찌하여 상처를 받아야 하는가. 나의 오성을 그처럼 충분히 채워 주는 것에 따라서 어찌하여 내 마음은 난도질을 당해야만 하는가. 자연계에는 자기모순을 일으키는 것이 전혀 없으니, 오직 인간만이 모순되는 존재인가, 또한 인간이 그런 것이 아니라 나와 같은 유형에 속한 사람들만 그런 것인가.

어쩌면 나는 나를 둘러싼 친밀한 망상 속에 머물러 있어야 했고, 나의 직접적 의식의 테두리 안에 머물러 있어야만 했는지도 모른다. 그런데도 왜 내 존재의 근거에 대한 물음, 즉 그 해결을 얻어서 지금 내가 비참한 꼴을 당하게 된 물음을 굳이 던졌던 것일까.

그런데 만일 이 해답이 올바르다면, 나는 어떤 물음을 던져야만 했다. 내가 그 물음을 던진 것이 아니라 내 안의 사유적인 자연이 그런 물음을 던진 것이다. 나는 비참한 자가 되게끔 정해져 있다. 나는 내 정신의 잃어버린 순결을 위해 헛되이 한탄한다. 그것은 돌이킬 수도 없다.

9

그렇지만 용기를 내라! 용기만 남아 있으면 다른 것은 모두 잃어도 괜찮다.

그런데 나는 아마도 탐구 중에 미로에 빠져 있을 것이다. 나는 아마도 탐구가 거기서 이루어져야 했던 여러 원천을 다만 절반만 이해하고, 한 면만을 보았을 것이다.

나는 지금과는 반대쪽으로 돌아가서 탐구를 되풀이해야 할지도 모른다. 탐구의 한 출발점을 갖기 위해서이다. 그 결정에서 그처럼 나에게 심한 혐오감을 일으키며, 내 감정을 해치는 것은 과연 무엇인가. 내가 그 결정 말고 달리 내렸으면 하는 것은 도대체 무엇인가. 나는 먼저 그 경향성을 충분히 해명하려고 한다.

내가 현자나 선인, 또는 어리석은 자나 사악한 자가 되도록 결정되어 있어야만 한다는 것, 이 결정은 누구도 변경하려고 할 수 없으며, 전자에게서는 어떤 공로도 찾아볼 수 없고 후자에게서는 어떤 죄도 인정할 수 없다는 것—이것이야말로 나를 증오와 공포로 가득 채운다.

나의 존재와 내 존재의 여러 한정에서 오는 나 자신의 밖에 있는 그 근원, 그 표현이 다시 그 밖의 다른 근원으로써 한정된 그 근원—이것이야말로 나에게 그처럼 큰 혐오감을 일으키게 한 것이었다.

나 자신의 자유가 아니라 나 밖의 타력(他力)의 그 자유, 또 그 타력에서도 다시 제약된 절반의 자유에 지나지 않았던 자유—이것이야말로 나를 만족시킬 수 없다. 나 자신이, 즉 내가 그것을 나 자신으로서, 나라는 개인으로서 의식하며, 또 그 학설에서는 좀더 높은 것의 표현으로 생각되는 것이지만—즉 나 자신이 독립적 존재이며—타자에게서나 타자에 의해서가 아니라, 나 자신의 힘으로 어떤 존재이기를 바란다. 그리고 이러한 어떤 존재로서 스스로 나의 온갖 한정된 궁극의 근원이기를 바란다.

어떤 학설에서 각각의 근원적인 자연력이 차지하는 지위를 나 자신이 차지하기를 바란다. 그러나 나의 현존이 남의 힘에 의해 한정되지 않다는 구별은 있어야 한다.

그리고 나는 저 온갖 자연의 힘과 마찬가지로 나를 무한히 여러 방법으로 나타내는 내적인 특유한 힘을 갖기를 바란다. 그리고 나의 이 힘은, 그와 같은 자기를 나타낸다는 이유 이외의 이유에서가 아니라 그것이 자기를 나타내는 대로 자기를 드러내는 것으로, 저 여러 가지 자연의 힘처럼 이 외적인 이런저런 조건 아래서 나타나기 때문이 아닌 그런 힘을 나는 원한다.

나는 이러한 소망에 따라 어느 것을 나에게 특유한 힘의 중심점으로 인정하려고 하는가. 물론 그것은 내 신체가 아니다. 나는 신체를 그 더욱 상세한 한정에서가 아니라 하더라도, 적어도 그 존재로부터 말해서 모든 자연력의 표시라고 여기고 싶다. 그리고 나의 감성적인 모든 경향성도 아니다. 이것은 이 모든 자연력과 내 의식의 관계에서 비롯된다고 생각한다. 그러므로 그것은 내 사유와 의욕이다.

나는 자유롭게 세워진 목적 개념에 따라서 자유롭게 의욕을 내고 싶다. 그리고 이 의지는, 어떤 가능적인 높은 근원으로써도 한정되지 않는 절대적으로 궁극적인 근원으로서 먼저 내 신체를, 그리고 이것을 매개로 하여 모두를 둘러싼 세계를 움직여 만들어져야 한다.

나의 활동적인 자연력은 이 의지의 주권에만 복종해야 한다. 그리고 이에 따른 이외에 다른 어떤 것에 의해서도 절대로 움직여서는 안 된다―나는 다음과 같은 사태를 바란다―정신적인 법칙에 따라 어떤 최선이 존재해야 한다.

나는 이것을 찾아낼 때까지 자유롭게 추구하고, 이것을 찾아냈을 때 이를 인식할 만한 능력이 나에게 있어야 한다. 그리고 이것을 찾아내지 못했을 때에는 내 탓일 수밖에 없다. 나는 이 최선의 것을 내가 이것을 바란다는 이유만으로 원해야 한다. 만일 이것 대신에 다른 무엇을 바란다면 나는 죄책을 느껴야 한다.

이 의지에서 나의 행위는 어떤 결과를 가져와야 한다. 그것이 없다면 나에 의해서는 하나의 행위도 가져오게 해서는 안 된다. 왜냐하면 나의 의지 말고 나의 온갖 행위의 가능한 힘이 존재해서는 안 되기 때문이다. 의지로써 한정되고, 또 의지의 주권 아래 있는 나의 힘은 이제야 자연에 대해 간섭해야 한다. 나는 자연의 주인이기를 바란다. 자연은 나의 추종자여야 한다. 나의 힘에 부합되는 영향을 자연에 주고 싶다. 그러나 자연은 나에게 어떠한 영향도 주어서는 안 된다.

10

이와 같은 것이 나의 소원과 요구 내용이다. 앞의 탐구는 여기에 전혀 반대된, 그러나 오성은 이 탐구로 만족해 한다. 나는 전자에 따르면 자연에서 독립되고, 또 일반적으로 내가 스스로 나 자신에게 주는 것이 아닌 어떤 법칙에서 독립되어야 하지만, 한편 후자에 따르면 나는 자연의 연쇄 중의 한정된 어떤 하나이다.

그런데 내가 바라는 자유가 사유만이라도 할 수가 있느냐, 그리고 사유할 수 있다면 자유를 현실적이라고 인정하고 이것을 나에게 돌려 주기 위해 나를 강요하는—따라서 이런 탐구의 결론이 반박을 받게 될 이런저런 근거가, 성찰을 끝내고 완성했을 때 얻을 수 있느냐 하는 것이 문제이다.

내가 위에서 말한 대로 자유이고자 한다면, 이것은 내가 있으리라고 생각되는 나 자신으로 나를 만들고 싶다는 것을 뜻한다. 그러므로 나는—이는 이 개념에 포함되는 가장 기이하고 언뜻 불합리하게 보이는 것이지만—내가 될 수 있는 존재로 나를 만들기 위해서는, 그렇게 되기 전에 이미 그러한 존재여야 한다는 이야기가 될 것이다. 즉 나는 그중에서 첫째 존재가 둘째 존재의 어떤 한정된 근거를 포함한 이중의 존재 양식을 지니게 될 것이다.

지금 이에 대하여, 의욕에서의 나의 직접적인 자기 의지를 관찰하면 다음의 사실을 알 수 있다. 나는 여러 가능한 행위에 대한 지식을 갖고 있다. 그중에서 무엇이라도 내가 바라는 대로 선택할 수 있다고 생각한다.

나는 이 여러 행위의 영역을 훑어보고 하나하나 뚜렷이 밝히고, 비교하고, 깊이 생각해 본다. 그러고 나서 나중에 나는 그 모든 것 가운데 하나를 택하여 여기에 따라 나의 의지를 결정한다. 그리고 의지 결정에서 이에 어울리는 행위를 하게 된다.

이 경우에 아무래도 나는, 나의 목적의 단순한 사유에 의거하여 의욕과 작용으로써 나중에 현실적으로 내가 존재하는 것이다. 내가 나 자신을 만든다. 즉 나의 존재를 나의 사유에 따라서 나의 사유 자체를 사유함으로써—단순한 자연력의 표시, 예컨대 어떤 식물로서 그것의 일정한 상태에 앞서, 어떤 특정한 형태로 정해져 있지 않은 상태가, 즉 자연력이 간섭을 받지 않는다면 취할 수 있으리라고 생각되는 풍요하고 다양한 한정이라는 상태를 통해서 거기에 주어진 어떤 특정한 형태로 정해져 있지 않은 상태를 생각할 수 있다.

이러한 온갖 가능성은 아무래도 자연력 속에서 비롯되는 것이라고 보아야 한다. 그러나 그것은 자연력에 대하여 존재하는 것이 아니다. 왜냐하면 자연력은 개념 능력이 없기 때문이다. 그것은 선택할 수 없고, 자기의 무한정한 상태에 어떤 결말을 내리게 할 수 없다. 외부적인 근거야말로 자연력을 제한하여 모든 가능한 것 가운데 하나—자연력은 이 자기를 제한하는 것이 될 수는 없다—가 되게 하는 것이라야 한다.

자연력의 한정은 그 한정에 순응하여, 자연력 속에서 생길 수는 없다. 왜냐하면 자연력에 한정되는 방법은 하나뿐이기 때문이다.

위에서 요구한 바와 같은 자유는, 오직 지성 속에서만 사유될 수 있다. 그러나 지성 속에서는 자유가 분명히 사유될 수 있다. 이 전제 아래에서도 인간과 자연은 완전히 이해될 수 있다. 나의 육체와 감성계에서의 나의 작용 능력은 앞서 말한 체계에서의 경우와 마찬가지로 제한된 여러 자연 능력의 표현이다. 그리고 나의 자연적인 온갖 경향성은, 이 표현의 나의 의식에 관계된다. 내 힘을 빌지 않은 현존하는 것의 단순한 인식은 앞에서 말한 체계에서와 마찬가지로 이러한 자유의 전제 아래에서도 성립된다. 이 점까지는 두 체계가 일치된다. 그러나 전자에 따르면—여기에서 두 학설체계의 싸움이 시작된다—나의 감정적인 작용성의 능력은 어디까지나 자연의 주권 아래에 있으며, 이 능력을 발생하게 한 것과 같은 힘으로써 끊임없이 발동된다. 그리고 그때 사고(思考)는 언제나 방관할 뿐이다. 다음에 이 체계에 따르면 이 능력은 발생하자마자 곧 어떤 힘의 주권 아래로 돌아간다. 즉 모든 자연을 초월하여 자연의 모든 법칙에서 온전히 해방된 힘, 즉 목적 개념의 힘인 의지의 힘은 주권 아래로 돌아간다. 사고는 이미 방관할 뿐만 아니라 사고에서 작용 그 자체가 나타난다.

11

나는 이 두 가지 주장의 어느 쪽을 택할 것인가. 나는 자유롭고 독립적인 존재인가, 아니면 아무것도 아니고 다만 타력의 현상일 따름인가. 방금 뚜렷해진 일이지만 이 두 주장의 어느 하나도 충분히 바탕이 잡혀 있지는 않다. 앞의 주장을 변호하는 것은, 그것이 다만 사유할 수 있다는 것뿐이다. 나중의 주장을 변호하기 위해서는 나는 나 자신에 대해서나, 그리고 그 범위 안에 대해서나 참된 명제를 그 본래의 근거가 다다를 수 있는 한도를 넘어서 확대하는 것이다. 만일 지성이 단지 자연의 발현에 지나지 않는다면 내가 그 명제를 지성에까지 미치게 하는 것은 정당하다. 그러나 지성이 이와 같은 것인가 아닌가가 문제이다.

요컨대 이 두 가지 주장은 어느 쪽도 근본적으로 입증될 수 없다.

이 문제는 직접적인 의식도 결정하지 않는다. 보편적인 필요성의 체계에서 나를 한정하는 외부의 힘도, 그리고 자유의 체계에서 내가 나 자신을 한정하는 나의 힘도 스스로 결코 의식할 수 없다. 그러므로 내가 두 가지 주장의 어느 쪽을 선택하든 간에 내가 실제로 그것을 선택하기 때문이라는 이유로 언제나 그것을 선택할 뿐이다.

자유 체계는 내 마음을 만족시키지만 이와 반대의 체계는 내 마음을 죽이고 파괴한다. 싸늘하게 생기없이 서서 현상의 교체를 방관하는 데에 그치며, 변화무쌍한 여러 형상의 무표정한 거울에 지나지 않는 현존은 나로서는 감당할 수 없다. 나는 이것을 경멸하고 저주한다. 나는 사랑하고 싶다. 관심사에 몰두하고 싶다. 기뻐하고 또 슬퍼하고 싶다. 나에게 이 관심의 으뜸 대상은 나 자신이다. 그리고 이 관심을 언제나 채울 수 있는 유일한 것은 나의 활동이다.

나는 내가 하는 모든 일을 가장 잘하고 싶다. 만일 내가 올바른 행위를 했다면 나는 기뻐하고자 한다. 그러나 만일 내가 부정을 저질렀다면 슬퍼하고자 한다. 그리고 이 슬픔까지도 나에게는 유쾌한 것이라야 한다. 왜냐하면 그것은 나 자신이 대상이 되는 관심사이며, 앞으로 좀 더 나아질 수 있다는 것을 보장하기 때문이다. 사랑이 있어야만 삶이 있다. 사랑 없이는 죽음과 파괴가 있을 뿐이다.

그러나 반대의 체계는 냉정하게, 그리고 지각없이 나타나 이 사랑을 비웃는다. 그리하여 내가 여기에 귀를 기울이면 나는 존재하지 않고 또 살아 있지도 않다. 없는 것과 마찬가지이다. 나의 진실한 참된 숭배의 대상은 하나의 망상, 명백히 지적될 수 있는 큰 착각이다. 나 대신에 내가 전혀 알지 못하는 타력이 존재하고 또 활동한다. 그리고 이 타력이 어떻게 전개되는가는 나에게는 아무래도 무방하다. 충심으로부터 애정과 선한 의지를 갖고 있으면서도 나는 수치를 당하면서 현재 여기에 있다. 그리고 내가 최선이라고 생각하고 그 때문에 살고 싶다고 생각하는 것을 위하여, 우습고 어리석기 짝이 없는 일이라고 생각하고 얼굴을 붉힌다. 내가 지닌 가장 신성한 것은 비웃음거리가 되어 버림받고 있다.

지금 나를 곤혹에 빠뜨려 절망으로 이끄는 탐구를 내가 시작하기 전에, 나 자신을 자유롭고 독립된 존재로 생각하도록 무의식중에 자극한 것은 틀림없이 사랑을 사랑하는 것이고, 이 관심에 대해 관심을 가지는 것이었다.

마음이 건조하여 알맹이가 없는 대신에 설명에 궁하지 않는 이와 반대의 체계는 자유에 대한 나의 이 관심, 반대되는 견해에 대한 나의 이 혐오까지도 설명한다. 그것은 내가 거기에 반대하여 나의 의식에서 끄집어내는 모든 의식을 설명한다. 그리고 내가 이러이러하다고 말할 때마다 그것은 언제나 거침없이 망설이지 않고 나에게 대답한다—나도 같은 것을 말한다. 그리고 필연적으로 그렇게 될 수밖에 없는 근거도 당신에게 내세우는 것이라고. 이 체계는 나의 모든 불평에 대답할 것이다—당신은 당신의 마음, 당신의 사랑, 당신의 관심사에 대하여 이야기함으로써 당신을 직접적으로 의식하게 되는 처지에 놓이게 된다. 그리고 당신 자신이 당신의 관심사를 최고의 대상이라고 말함으로써 당신은 이를 고백하는 것이다. 또한 실제로 이 점에 관해서는 다음과 같은 것이, 즉 당신이 그처럼 큰 관심을 둔 이 '당신'은 당신의 특유한 내적인 자연의 작용성은 아니지만 적어도 그 충동이라는 것이 알려지고 또 밝혀졌다.

충동은 저마다 그것이 충동인 한 자기 안으로 돌아와 자기 자신을 내세워 작용성을 만들어 버린다는 것이 알려졌다.

그러므로 이 충동이 필연적으로 의식 속에서 사랑으로서 자유롭고 독특한 행위에 대한 관심으로 나타나야 한다는 것은 이해할 수 있는 일이다. 만일 당신이 자기 의식이라는 이 관점에서 벗어나 당신이 차지하려고 기대한 우주를 크고 넓게 보려는 좀 더 폭넓은 관점으로 옮아간다면, 당신이 당신의 사랑이라고 부른 것이 실은 당신의 사랑이 아니라 다른 사람의 사랑—당신 속에 근원적인 자연의 힘이 자기를 근원적 자연의 힘으로써 보유한다는 관심이 아니라는 사실을 당신이 알게 될 것이다. 그러므로 당신은 이 이상 당신의 사랑을 내세워서는 안 된다. 왜냐하면 만일 그 사랑이 아직은 다른 무엇을 증명할 수 있다고 하더라도, 여기서는 이것을 전제하는 일조차 옳지 못하기 때문이다. 당신은 당신을 사랑하지 않는다. 당신은 결코 '존재하지' 않으므로 자신의 보전에 관심을 둔 것은 '당신 속의 자연'이다. 식물 속에는 성장과 자기 형상이라는 독특한 충동이 있다고 하더라도 이 충동의 일정한 작용성은 식물 밖에 있는 온갖 힘에 의존한다는 사실을 당신은 인정할 것이다. 그런데 이 식물에 이를테면 의식을 부여한다고 생각해 보라. 그 경우에 이 식물은 성장의 충동을 관심과 사랑으로써 자기 자신 속에 느끼게 될 것이다. 이 충동은 그것만으로는 조금도 성취되지 않고, 그 표시의 정도는 그 밖의 무엇으로써 한정된다는 것을 합리적인 근거에 따라 식물로 하여금 확신케 하라. 이 식물은 아마도 당신이 지금 말하듯이 이야기할 것이다. 이 식물은 한 식물로서는 허용되어야 하겠지만 자연 전체를 사유하는 한결 높은 자연의 소산으로서의 당신에게는 결코 합당치 않게 행동할 것이다.

이 주장에 나는 무엇이라고 항의할 수 있는가. 만일 내가 그 처지에, 다시 말해서 우주를 크고 넓게 본다는 그토록 찬양된 관점에 선다면 틀림없이 나는 얼굴을 붉히고 입을 다물 수밖에 없다. 그렇다면 문제는 이러하다. 즉 나는 과연 이 관점에 서야 하는가, 아니면 직접적인 자기 의식의 범위에 그쳐야 하는가, 사랑이 인식에 아니면 인식이 사랑에 종속되어야 하는가.

후자는 분별 있는 사람들 사이에 평이 좋지 않고, 전자는 나 자신을 자기로부터 뿌리째 뽑아서 스스로 말할 수 없이 비참하게 만든다. 나는 나에게 분별 없이 어리석게 보이지 않고서는 후자의 관점에 설 수 없고, 나 자신을 부정하지 않고서는 전자의 관점에 설 수 없다.

그렇다고 아무런 결정도 내리지 않은 상태로 있을 수는 없다. 이 물음의 해답에 나의 안식과 품격이 모조리 달려 있다. 결정을 내리는 것도 나에게는 마찬가지로 불가능하다. 나는 결정을 내릴 근거가 전혀 없다. 한편의 그것도 다른 쪽의 그것도.

불확실과 결단을 내리지 못하는 이 참을 수 없는 상태여! 나의 생애 가운데서 가장 뛰어나고 또 가장 대담한 결심에 의해서도 나는 나의 손안에 떨어져야만 했다—어떤 힘이 나를 나 자신으로부터 건져낼 수 있는가.

2. 앎〔知〕

불만과 불안이 내 마음을 괴롭힌다. 나는 하루의 출현을 저주했다. 눈을 뜨면 살아 있음을 의식하지만, 과연 살아 있다는 데에 진실이나 의미가 있는지 의심하게 되었다. 밤마다 나는 불안한 꿈에서 눈을 떴다. 나는 이 회의의 미로에서 벗어나기 위해, 한줄기 희미한 빛을 찾았다. 나는 찾았지만 차츰 더 깊은 미궁에 빠졌다.

일찍이 한밤중에 어떤 이상한 모습을 한 사람이 내 앞을 지나가면서, '가엾은 인간이여'하고 외치는 듯한 생각이 들었다. 그는 이렇게 말했다─'당신은 번번이 그릇된 주장을 하면서도 자기 딴에는 현명한 사람인 줄로 아는군.'

당신은 애써 만들어 낸 무서운 초상을 보고 겁을 낸다. 참으로 지혜롭게 되려면 용기를 내야 한다. 나는 당신에게 새로운 계시를 주는 사람은 아니다. 내가 당신에게 가르칠 수 있는 것은, 당신이 벌써 알고 있는 일이리라. 그러므로 당신이 지금 그것을 떠올리기만 하면 된다. 내가 당신을 속이는 것은 있을 수 없는 일이다. 당신은 무슨 일이든지 내 말이 옳다고 생각하기 때문이다. 그럼에도 당신이 기만당하는 일이 있다면 그것은 당신 탓이다. 정신을 차려야 한다. 내 이야기를 듣고 내 물음에 대답하라.

나는 용기를 낸다─그는 나 자신의 오성에 대하여 말하는 것이다. 나는 오성에 의지하여 한번 겨루어 보려고 한다. 그는 내가 어떤 사유(思惟)도 하게 해서는 안 된다. 내가 생각해야 할 일은 어디까지나 나 자신이 해야 한다. 내가 가져야 할 확신은 나 자신이 내 안에서 만들어 내야 한다. 말해 보라, 이렇게 늘 외쳤다. 당신이 누구이건, 이상하기 짝이 없는 정령이여, 나는 듣고자 한다.

물어라, 나는 대답할 것이다.

1

정령 자네는 이 대상이 여기 있고 저 대상이 저기 있다고 생각할 테지. 즉 그것들이 실제로 자네 밖에 존재한다고 생각할 테지?

나 물론이지요.

정령 그럼 이 온갖 대상이 현재 있다는 것을 어디서 알게 되는가?

나 나는 그것들을 보고 있어요. 그것들을 만지면 감촉을 느끼게 될 거예요. 나는 그것들의 소리를 들을 수 있어요. 그것들은 나의 모든 감각기관을 통해 내게 나타나요.

정령 그래! 아마도 자네는 온갖 대상을 보거나 만지거나 듣거나 한다는 그 주장을 나중에 취소하게 될 걸세. 그러나 현재는 자네 이야기처럼 참으로 보거나 만지거나 하는 등등의 매개로써 여러 대상을 지각하네―그리고 눈으로 보거나 손으로 만지거나 그 밖의 외부 감각의 매개로써만 지각한다고 말해 두려고 하네. 그런데 어떤가. 감각기관 이외의 방법으로 자네가 지각하게 되는 것은 아닌가? 자네가 어떤 대상을 보거나 만지는 것이 아닌 다른 방법이 혹시 있나?

나 절대로 없어요.

정령 그러니까 지각될 수 있는 여러 대상은, 자네의 외부적인 감각기관이 한정하는 것으로서만 자네에게 현재 있다는 이야기가 되겠군 그래. 자네는 보거나 만지거나 하는 이런 한정된 지식의 매개에 의해서만 그것들에 대해서 아는 것일세. '나 밖에 여러 대상이 존재한다'는 자네의 말은 '나는 본다, 듣는다, 만진다 등등'의 진술에 따르는 걸세.

나 나도 그렇게 생각해요.

정령 그럼 좀더 알기 쉽게 물어보려고 하네―혹시 자네는 시각작용을 다시 보고, 촉각작용을 다시 느끼지 않는가? 또 자네는 그 밖의 특별한 고급 감각기관을 갖고 있어서 자네의 외부 감각기관이나 그 여러 가지 한정을 지각하는 일은 없는가?

나 그런 일은 절대로 없어요. 내가 보고 만진다는 것을 나는 직접 단적으로 알게 돼요. 나는 그것이 존재하기 때문에, 또 그것이 존재함으로써 그것을 알 수 있어요. 어떤 다른 감각기관의 매개나 통로로써 알게 되는 것은 아니지요―방금 당신의 질문이 나에게 이상하게 여겨진 까닭은 그것이 이 의식의 직접성을 의심하는 듯이 보였기 때문이에요.

정령 내가 묻는 것은 그것이 아니네. 다만 자네가 이 직접성을 충분하고도 명확하게 파악하도록 자네를 재촉하기 위해 물었던 걸세. 그러면 자네의 시각 작용이 촉각작용에 대하여 직접적인 의식을 갖고 있단 말인가?

나 그래요. 갖고 있어요.

정령 자네의 시각작용이나 촉각작용이라고 나는 말했네. 따라서 자네는 자네에게 시각작용으로써 보는 것이나 촉각작용으로써 아는 존재이네. 그리고 자네는 시각작용을 의식하고 있으므로, 자네 자신의 한정 또는 변형을 의식하는 셈이네.

나 물론 그렇지요.

정령 자네는 자네의 시각작용이나 촉각작용에 대한 의식을 지녔고 여기에 따라서 대상을 지각하네. 그런데 자네는 이 의식이 없더라도 대상을 지각할 수 없을까. 혹시 자네가 보거나 듣거나 하는 것은 알지 못하더라도 시각이나, 청각작용으로써 대상을 알 수 있지 않을까?

나 절대로 알 수 없어요.

정령 그렇다면 자네 자신과 자네의 여러 한정에 대한 직접적인 의식은 다른 모든 의식의 유일한 제약일 걸세. 그러니까 자네는 어떤 사물을 아는 한도에서만 그 어떤 사물을 알게 되는 걸세—자네 안에 있지 않는 것은 후자에게 나타날 수 없네.

나 나도 그렇게 생각해요.

정령 그러니까 여러 가지 대상이 있다는 사실을 자네는 다만 그것들을 보고 만져서 알 뿐이네. 그리고 자네가 보거나 만져서 아는 것은, 자네가 이것을 직접 안다는 사실을 알기 때문이네. 왜냐하면 자네가 직접 지각하지 못하는 것은 자네로서는 전혀 지각할 수 없을 테니까.

나 그것은 잘 알고 있어요.

정령 어떠한 지각에서도, 자네는 먼저 자신과 자네 자신의 상태만을 지각하네. 그리고 이 지각 속에 들어 있지 않은 것은 도저히 지각되지 않네.

나 내가 이미 인정한 당신의 주장을 당신은 되풀이하는군요.

정령 자네가 아직 그것을 이해하지 못하고 온전히 머리 속에 넣어 두지 않았다는 걱정이 앞서면, 나는 그것을 여러 말로 되풀이하기를 그치지 않을 걸세—자네는 말할 수 있나? '나는 외부의 여러 대상을 의식한다'고.

나 엄밀히 생각해 보면 그렇게 말할 수 없어요. 왜냐하면 나는 시각이나 촉각작용 등등으로 사물을 파악하지만 이러한 여러 작용은 의식 자체가 아니라, 내가 가장 먼저 직접적으로 의식하는 것에 지나지 않기 때문이며, 나도 엄밀한 의미에서 다음처럼 말할 수 있을 거예요. '내가 이런저런 사물을 보거나 만져서 안다는 것을 나는 의식한다' 라고요.

정령 그렇다면 지금 자네가 명확하게 이해한 것을 다시는 잊지 말게. 모든 지각에서 자네는 다만 자네 자신의 상태를 지각할 뿐이라네. 그러나 나는 자네에 대한 말을 계속 하려고 하네. 그것은 상식적인 이야기니까. 자네는 여러 사물을 보고 만지고 듣는다고 말했지. 그럼 어떻게 그것들을 보고 만지는가. 다시 말해서 그것들을 보고 만지는 그 작용의 성질은 어떤 것인가?

나 나는 저 대상을 붉게 보고 이 대상은 푸르게 보아요. 그리고 그것들을 만지면 이것은 부드럽게 저것은 까칠하게 느끼며, 또 이것은 싸늘하게 그리고 저것은 따뜻하게 느낄 테지요.

정령 그러니까 자네는 붉고, 푸르고, 부드럽고, 거칠고, 차고 따뜻한 것이 무엇인지 알고 있나?

나 물론이지요.

정령 그것을 한번 설명해 주지 않겠나?

나 그것은 설명할 수 있는 성질의 것이 못돼요—당신의 눈으로 이 대상을 보십시오. 당신이 이것을 보고 당신의 시각으로써 느끼는 것을 나는 붉다고 말하지요. 이 대상의 거죽을 만져 봐요. 그때 당신이 느끼는 것을 나는 부드럽다고 해요. 이렇게 해서 나는 이에 대한 지식을 얻을 수 있어요. 그러므로 이 지식을 얻으려면 이 밖에는 다른 방법이 없어요.

정령 그렇다면 이미 직접적인 감각에 의해 알려진 몇 가지 성질로 미루어 볼 때, 이것들과 다른 성질을 추리에 의해 찾아내는 것쯤은 될 수 있지 않겠나? 이를테면 어떤 사람이 붉고 푸르고 노란 색깔은 본 적이 없고, 매운 것과 단(甘) 것, 짠 것은 본 적이 있지만, 쓴 것은 맛본 적이 없을 경우에 이 사람은 단지 성찰이나 비교로써 무엇이 푸르고 쓴가를 인식할 수 없을까? 그런 종류의 무엇을 보거나 맛보지 않고 말이네.

나 그것은 절대로 불가능해요. 감각 내용은 오직 느낄 수 있을 뿐 사유할 수는 없어요. 그것은 파생적인 게 아니라 단적으로 직접적인 것이니까요.

정령 이상하군. 자네는 어떻게 얻게 되었는지 나에게 말할 수 없는 인식을 자랑하고 있네. 생각해 보게. 자네는 대상에서 이것을 보고, 또 하나를 만지고, 제삼의 것을 듣는다고 주장하네. 그러니까 자네는 시각작용을 촉각작용에서, 그리고 이 두 가지를 청각작용에서 구별할 수 있겠지?

나　물론이지요.

정령　그리고 자네는 이 대상은 붉게 그리고, 저 대상은 푸르다고 보며 이것을 부드럽게 느끼고 저것을 거칠게 느낀다고 주장하고 있네. 따라서 자네는 빨간 것과 파란 것, 부드러운 것과 거친 것을 구별할 수 있겠지?

나　물론이지요.

정령　그런데 자네는 자네 안에 있는 이런 여러 감각에 대해서 성찰하고 비교함으로써 이 구별을 안 것이 아니네. 이것은 자네가 방금 잘라서 말한 그대로일세. 그런데 자네가 자네 속에 빨갛고 푸른 것으로서, 또는 부드럽거나 거칠은 것으로서 느껴야 하는 것을, 아마 자네 밖에 있는 여러 대상을 그 붉거나 푸른 색깔, 또는 부드럽거나 거친 표면을 비교함으로써 알게 되었나?

나　그것은 불가능해요, 여러 대상의 지각은 나 자신의 상태에 대한 지각에서 생겼으며, 또 여기에 따라서 제약되지만 그 반대는 아니거든요. 나는 나 자신의 상태를 구별하여 비로소 온갖 대상을 구별하는 거예요. 이 일정한 감각이 멋대로의 빨강이라는 기호로써, 저 감각이 푸르고 부드럽고 거칠다는 기호로써 표시된다는 것은 알 수 있지만, 그것들이 여러 감각으로써 구별되거나 또는 이 구별을 짓는 방법은 알 수 없어요. 그것들이 다르다는 사실을 내가 나 자신에 대하여 알고 있다는 것과, 내가 나를 느끼는 것, 그리고 이 두 감각으로써 나를 달리 느끼는 것에 의해서만 알게 되지요. 그것들이 어떻게 다른가에 대해서는 설명할 수 없어요. 그러나 나는 이 두 감각에서 느낌이 다르다는 사실과 마찬가지로 그것들이 다르다는 것을 알고 있어요. 이러한 느낌의 구별은 직접적이며, 결코 배워서 얻게 된 파생적인 것은 아니지요.

정령　그것은 자네가 여러 사물에 대한 어떤 인식을 떠나서 판단할 수 있는 구별인가?

나　내가 거기서 따로 떨어져 할 수밖에 없는 구별이지요. 왜냐하면 인식 자체가 이 구별에서 독립되어 있거든요.

정령　그러니까 그것은 한낱 자기 느낌에 의해 직접 주어진 구별인가?

나　그럼요.

정령 그렇다면, '나는, 내가 빨갛고 파랗고 부드럽고 거칠다고 말하는 방법에서 촉발(觸發)*¹되어 있다고 느낀다'고 말하는 것으로써 자네는 만족해야 할 걸세. 자네는 이 온갖 감각을 자네 자신 속에 옮겨 놓아야 하네. 그러나 이것들을 완전히 자네 밖에 있는 대상에 옮기고, 자네 자신의 변한 모습에 지나지 않는 것을 이 대상의 성질이라고 해서는 안 되는 걸세. 그리고 자네가 대상을 빨갛다고 보고 부드럽게 만져진다고 생각한 경우에, 자네는 자네가 어떤 방법으로 촉발되었다는 것 이상으로 무엇을 알 수 있는가?

나 이제까지 말해 온 바에 따르면, 나는 사실상 당신이 말한 이상은 알 수 없음을 분명히 알게 되었어요. 그리고 오직 내 안에만 존재하는 것을 내 밖에 있는 어떤 사물에 옮긴다는 것은—아무래도 옮기지 않을 수 없지만—매우 이상하게 여겨져요. 그리고 나는 나 자신 속에서 느낄 뿐이지 결코 대상 속에서 느끼는 것은 아니지요. 왜냐하면 나는 나 자신일 뿐 대상은 아니거든요. 그러므로 나는 나 자신을, 그리고 내 상태를 느낄 뿐 대상의 상태를 느끼는 것은 아니지요. 만일 대상에 대한 의식이라는 것이 존재한다면, 그것은 적어도 감각이나 지각이 아니라는 것만은 분명해요.

정령 자네는 지나칠 정도로 성급하게 추론하는군그래. 본디 사물이란 여러 측면에서 깊이 생각해 보아야 하네. 나는 자네가 오늘 기꺼이 승인한 것을 나중에 가서 다시 취소하지 않으리라는 확신을 얻고 싶네. 그리고 대체 자네가 일반적으로 생각하는 대상에는 아직도 그 붉은 색깔과 그 부드러운 면말고 무엇이, 다시 말해서 자네가 직접적인 감각으로써 받은 여러 인상 그 밖에도 또 다른 무엇인가가 있다는 건가?

나 나는 있다고 생각해요. 그 여러 성질 이외에, 그것들을 자기 자신 외에 거느리는 것, 다시 말해서 그 온갖 성질을 짊어진 것이 있다고 봐요.

정령 그 성질을 짊어지고 있는 것 자체를 어떤 감각기관으로써 알 수 있나? 그것을 볼 수 있는가, 또는 만질 수 있는가, 들을 수 있는가? 아니면 그에 대하여 또 하나의 특수한 감각기관이 있다는 건가?

나 그런 건 없어요—아마도 나는 그것을 보고 만져서 알게 될 테지요.

---

*1 촉발—Affizieren(독). '자극한다'는 뜻으로 칸트에 따르면, 우리의 마음이 대상으로부터 촉발되는 데 표상이 생긴다고 한다. 촉발된 때의 마음이 수동적인 능력을 감성이라고 하며, 촉발의 원인은 결국 그 물자체(物自體)라고 한다.

정령 정말인가? 어디 그럼 이를 좀더 상세히 살펴보기로 하세. 자네는 때로 시각작용의 전체적인 범위 안에서 의식하는가, 아니면 언제나 어떤 일정한 범위 안에서의 시각작용을 의식하는가?

나 나는 언제나 어떤 일정한 시각을 갖고 있어요,

정령 그 일정한 시각은, 그 대상에 관하여 말하면 어떤 시각이었는가?

나 붉은 색깔이었어요.

정령 그리고 그 붉은 색깔은 어떤 현실적인 것, 어떤 단일한 감각, 자네 자신의 어떤 일정한 상태가 아니겠나?

나 그건 알고 있어요.

정령 그러니까 자네는, 그 붉은 색깔을 오직 단일한 것, 수학적인 점으로서만 보아야 할 걸세. 또 실제로 수학적인 점으로서만 보고 있는 거라네. 이 붉은 색깔이야말로 적어도 자네 속에서는 자네의 촉발된 모습으로서 분명히 단일하고 일정한 상태를 취하고 있네. 그리고 이 상태는 어떤 복합적인 것이 아니라, 이것을 수학적인 점으로서 생각할 수밖에 없을 걸세. 자네는 그렇게 생각하지 않는가?

나 동의하지 않을 수 없군요.

정령 그런데 자네는 이 단일한 붉은 색깔을 넓이를 가진 어떤 면 위에 펼쳐 놓았네. 그렇지만 자네에게는 여전히 빨갛게 보일 뿐이므로 이 면은 '보이지 않네' 그렇다면 자네는 어떻게 이 면을 얻을 수 있겠는가?

나 하긴 이상하군요—그렇지만 나는 그 설명한 내용을 알 수 있다고 생각해요. 나는 물론, 그 면은 보지 않지만 손으로 그 위를 만져 보고 알 수 있어요. 시각에 의한 나의 감각은 이처럼 만져 보고 아는 동안은 언제나 같아요. 그러므로 나는 내가 똑같은 붉은 색깔을 보면서 만져서 아는 전면에, 그 붉은 색깔을 확대시켜요.

정령 자네가 그 면을 만져서 알기만 한다면 그럴지도 모르네. 그러나 그것이 실제로 가능한지 생각해 보기로 하세. 자네는 결국 일반적으로 만져서 아는 것이 아니라 자네의 촉지작용을 알지 못한다, 이것을 의식하고 있다……이 말이지?

나 그래요. 감각은 저마다 어떤 일정한 것이지요. 다만 눈에 보이고 만져지고 들리는 것이 아닌 언제나 어떤 일정한 것, 즉 빨간 색깔이나 초록 색깔이나

푸른 색깔, 찬 것, 따뜻한 것, 부드러운 것, 거친 것, 바이올린 소리, 인간의 목소리 등등이 보이기도 하고 만져지기도 하고 들리기도 해요—이에 대해서는 이쯤 하지 않겠어요?

정령 그래. 그런데 자네는 면을 만져서 안다고 하는데, 다만 실제로 부드러운 것, 거친 것, 또는 그 밖의 이와 비슷한 것을 직접 만져서 알 뿐이겠지?

나 물론이지요.

정령 이 부드러운 것 또는 거친 것은 자네 생각에 따르면 틀림없이 붉은 색깔과 마찬가지로 단일한 것이며, 감각하는 당사자인 자네 안에 있는 한 점이겠군—그런데 자네는 어찌하여 시각적으로 단일한 자를 그렇게 처리하는가 하는 나의 물음이 정당하다고 했지? 마찬가지로 나는 다시 정당하게 물으려고 하네. 어찌하여 자네는 만져서 알 수 있는 단일한 자를 면(面) 위에 확대하는가?

나 그런데 이 부드러운 면은 모든 점에 한결같이 부드러운 것이 아니라, 각각의 점마다 그 부드러운 정도가 달라요. 그런데 그 정도를 정확하게 구별하는 솜씨와 이것을 보유하고 내세울 만한 언어가 나한테는 없어요. 아마도 무의식중에 구별하여 이것을 쭉 늘어놓음으로써 여기 나한테 하나의 면이 이루어진다고 생각해요.

정령 자네는 같은 순간에 서로 상반되는 방법으로 대상을 감각할 수 있는가. 또 서로 부정하는 방법으로 촉발될 수 있다고 생각하나?

나 절대로 안되지요.

정령 그런데 자네가 설명할 수 없는 것을 설명하기 위해 가정하려고 하는, '부드러운 여러 정도'란 이것들이 여러 가지인 한, 아무래도 자네 속에서 잇달아 일어나는 서로 대립된 온갖 감각이 아니겠나?

나 나도 그것은 확신할 수 없어요.

정령 자네는 그것들을 마치 자네가 실제로 느끼는 대로, 똑같은 수학적인 한 점의 계속적인 변화로 여겨야 하네—자네가 다른 경우에도 실제로 하는 것처럼. 그러므로 이는 하나의 면에서의 많은 점의 동시적인 여러 성질로서 병립적으로 간주해서는 안 되네.

나 그것은 잘 알겠어요. 그리고 내 전체에 의해서는 아무것도 설명되지 않다는 것도 알게 되었어요—그러나 나는 손으로 대상을 만지고 다시 이것을 덮어요. 이 손은 실제로 그 자체가 하나의 면이며, 이 손으로 대상을 면으로서 느껴요. 그리고 나는 이 손을 몇 번이고 대상 위에 펴놓을 수 있기 때문에 이 대상을 손보다 더 큰 면으로 알지요.

정령 자네 손이 면이라고? 그것을 어떻게 알 수 있는가? 대체 자네는 어떻게 자네 손에 대한 의식을 가질 수 있는가? 이런 의식을 가지려면 자네가 손으로 어떤 다른 것을 만져서 느낄 것, 즉 손이 도구가 될 것과 또 자네가 자네의 육체 밖의 부분에 의해 손 자체를 만져서 알 것, 다시 말해서 손이 대상이 될 것, 이 두 가지 말고 다른 방법이 있는가?

나 다른 방법은 없어요. 나는 손으로 어떤 일정한 것을 만지거나 또는 어떤 육체 밖의 부분으로써 손을 만지거나 둘 중의 어느 하나지요. 내 손 일반의 직접적이고 절대적인 느낌은 없어요. 마치 나의 시각작용 일반 또 촉지작용 일반의 그러한 느낌이 없는 것처럼.

정령 지금은 자네 손이 하나의 도구가 된 경우를 이야기하지 않겠나? 이것이 두 번째 경우에 대해서도 함께 결정하는 것이니까—손이 도구가 될 경우에, 손의 직접적인 지각 속에는 촉지작용에 속하는 것 이외에, 다시 말해서 여기서는 자네를, 특히 자네의 손을 촉지작용에서 만지는 것, 다시 말해서 촉지작용에서만 만져서 아는 것으로써 나타내는 그 밖의 아무것도 존재하지 않네. 그런데 자네가 만져서 알 경우에 하나의 방법이 있네. 첫째로, 자네는 같은 종류의 것을 만져서 안다면 자네가 이 단일한 감각을 만져서 아는 손의 면 위에 펼쳐서—만져서 아는 손의 한 점만으로는 만족하지 않는다는 것은 부당하네. 둘째로, 자네는 여러 사물을 만져서 알 수 있네. 이때 자네는 이것을 계속해서 만져서 알게 되는데, 자네가 이 만져서 안다는 것을 똑같은 점에서 계속하지 않는 것도 부당하네—자네에게 손이 면으로서 나타난다는 것은 자네 밖의 면이 나타난다고 말하는 경우와 마찬가지로 설명할 수 없네. 그러므로 전자를 설명하기 전에는, 후자의 설명을 위해 전자를 사용해서는 안 되네—자네의 손이, 물론 자네 신체의 어느 부분이라도 괜찮지만—만져서 알 수 있는 대상이라고 주장하는 두 번째의 경우는 첫 번째의 경우에서 손쉽게 알 수 있네. 자네는 신체의 이 부분을 다른 부분으로써 만져서 아는 것이라네. 그때 이 다른 부분이란 만져서 아는 부분을 가리키네. 이 후자에 대하여 방금 내가 자네의 손에 대해 물은 것과 같은 질문을 하면 자네는 조금 전과 마찬가지로 대답할 수 없을 걸세. 자네 손의 면이나, 그 밖에 자네 육체의 어떤 면에 대해서도 똑같은 말을 할 수 있네.

2

나　이로써 충분해요. 나는 여러 물체의 많은 성질의 면—연장을 보지 않고 만져서 알지 않고는 그 밖의 다른 감각기관으로도 파악할 수 없다는 것을 분명히 알게 되었어요. 실제로 나는 기하학자가 자기의 도형을 내게 그리게 하는 것과 같은 방법을 취하여, 점을 선으로 연장하고 선을 면으로 연장한다는 것을 깨닫게 되었어요. 어찌하여 그렇게 되었는지 이상한 일이군요.

정령　자네는 더 많은 일에 더 이상한 짓을 하고 있네. 자네가 물체에서 상정한 이 표면은 물론 볼 수 없고, 또 다른 감각기관으로 지각하거나 만져서 알 수 없네. 그럼에도 자네는 어떤 각도에서는 겉으로 드러난 붉은 색깔을 볼 수 있거나 또는 부드러움을 느낀다고 말할 수 있네. 그런데 자네는 이 표면도 계속 연장하여 수학적인 입체에 이르게 하네. 마치 방금 자네가 선을 면으로까지 연장하는 것을 승인한 것처럼. 뿐만 아니라 자네는 입체의 현존하는 내실(內實)을 그 표면 뒤에 가정하여 생각하네. 대체 자네는 이 표면 뒤에 있는 무엇인가를 보거나 만지거나 또는 어떤 감각기관으로 느낄 수 있는가?

나　그것은 어려워요. 표면 뒤에 있는 공간을 나는 볼 수 없고 알 수도 없어요. 또 나의 어떤 감각기관으로도 느끼지 못해요.

정령　그처럼 자네는 전혀 알 수 없는데도 그런 내실을 가정하고 있군그래.

나　사실 그래요. 그래서 점점 더 이상하게 생각돼요.

정령　그럼 대체 자네가 표면 뒤에 있다고 생각하는 것은 무엇인가?

나　글쎄요—나는 이러한 표면과 비슷한 것을 생각하고 있어요. 어떤 감각적으로 알 수 있는 것 말이에요.

정령　우리는 그것을 정확히 알아야 하네. 자네는 물체를 이루는 실질(實質)을 분할할 수 있는가?

나　나는 그것을, 물론 어떤 도구를 사용해서가 아니라 사고로써 무한히 분할할 수 있어요. 어떤 부분도 그것이 다시 나눠질 수 없을 정도로 작지는 않아요.

정령　자네는 그 분할에서 벌써 그 자신에서 지각할 수 없고, 볼 수 없고,

만질 수 없다고 생각하는 어떤 부분에 도달할 수 있는가—나는 그 자신에서라고 특히 강조하여 말하는 거네. 어쩌면 자네의 감각기관으로 지각할 수 있을지도 모르지만 말이네.

나 절대로 그런 일은 있을 수 없어요,

정령 일반적으로 볼 수 있고 만질 수 있다는 건가, 아니면 어떤 일정한 성질·색깔·부드러움·거칠음, 그 밖의 이와 같은 것으로 말미암아 볼 수 있고 만질 수 있다는 건가?

나 후자이지요. 볼 수 있는 것 일반, 만질 수 있는 것 일반은 존재하지 않아요. 왜냐하면 시각작용 일반이나 촉지작용 일반이 존재하지 않거든요.

정령 그러니까 자네는 감각적으로 느낄 수 있는 것을, 더구나 자네 자신의 그것을, 다시 말해서 자네가 익히 알고 있는 바 감각적으로 느낄 수 있는 것을, 그러니까 색채로서의 가시성이나, 또는 부드럽거나 거친 것으로서의 촉지성 등등을 실질을 통하여 확대하는 셈이라네. 그리고 이 실질 자체는 어느 부분이라도 감각적으로 알 수 있는 것이라고 하겠네. 안 그런가?

나 절대로 그렇지 않아요. 내가 말하는 것은 내가 방금 이해하고 당신에 대해서 승인한 것에서 내린 결론이에요.

정령 그런데 정말 자네는 표면 뒤에 그 무엇이 있음을 느끼지 못하는가? 또 느낀 적이 없는가?

나 내가 그 표면을 뚫어버리면 감각적으로 느낄 수 있겠지요.

정령 자네는 이 일을 미리 알고 있었군그래. 자네는 끝없는 분할에서, 감각적으론 전혀 알 수 없는 것과 맞닥뜨릴 수 없다고 주장하지만, 자네는 끝없는 분할을 해 본 적이 없는 모양이군.

나 나는 그렇게 할 수 없어요.

정령 그러니까 자네는 자기가 실제로 지닌 감각에, 자네가 실제로 가진 적이 없는 다른 감각을 첨가하는 걸세.

나 나는 다만 겉으로 나타난 것만을 감각한 것뿐이지요. 그 뒤에 있는 것은 감각적으로 알 수 없어요. 그러나 거기에도 감각적으로 알 수 있는 것을 가정해서 생각해요—당신이 말한 그대로이지요.

3

정령 실제의 감각은 자네가 경험하기 전에, 자네가 이에 대하여 미리 예언한 것과 얼마쯤 일치된단 말이지?

나 내가 물체의 표면을 뚫을 때에는 내가 미리 말한 것처럼 감각적으로 알 수 있는 것을 실제로 표면 뒤에서 찾아낼 수 있어요—이 점도 당신이 이야기한 그대로지요.

정령 그러나 일부는, 실제의 지각을 통해서는 절대로 나타나지 않는 것을 감각과 비교하여 말하는 것이 아닌가?

나 나는 이를테면 물체적인 실질을 무한히 나눈다고 한다면, 그 자체에서 감각적으로 느낄 수 없는 부분은 절대로 없을 거라고 말하는 거예요. 나는 실질을 무한히 나누는 것은 도저히 불가능한 일이라고 생각하거든요—이 점 또한 당신이 말한 그대로지요.

정령 그러므로 자네의 대상에서는 감각적으로 알 수 있는 것—즉 성질 자체 말고는 아무것도 남지 않네. 자네는 이 감각적으로 알 수 있는 것을, 무한히 분할할 수 있는 공간을 통하여 죽 늘어놓고 있네. 자네는 사물의 온갖 성질의 참된 근거를 추구했지만, 그것은 사물이 차지하는 공간이라는 거군.

나 나는 그것으로써는 도저히 만족할 수가 없어요. 오히려 감각적으로 알 수 있는 것과 이 공간 그 밖의 다른 무엇을 대상으로 삼아 생각해야 한다고 마음 속으로 느끼지만, 이 '다른 무엇'을 당신에게 제시할 수 없어요. 그래서 나는 이제까지의 근거로써는 공간 이외의 아무것도 찾아볼 수 없다는 것을 당신에게 말하지 않을 수 없어요.

정령 자네가 방금 이해한 것은 고백해야만 하네. 아직 남아 있는 불투명한 점은 차츰 밝혀질 것이며, 아직 알려지지 않은 점 또한 알게 될 걸세—그러나 공간 자체는 알려지지 않았네. 그리고 자네는 어떻게 해서 공간에 다다를 수 있는지, 또 어떻게 해서 감각적으로 알 수 있는 것을 공간을 통하여 확대하기에 이르렀는지 모르고 있네.

나 그건 그래요.

정령 자네는 실제로 다만 자네 안에 존재하고 자네가 지닌 감각을, 사물의 성질로서가 아니라 자네 자신의 촉발된 형태로서 지각할 뿐이므로, 대체 어떻게 자네 밖에 있는 감각적인 것으로 알 수 있는 것을 상정하게 됐는지도 모르는 걸세.

나 그래요. 이제야 나는 뚜렷하게 알게 되었어요. 나는 오직 나 자신의 상태만을 지각할 뿐, 대상 전체를 지각하는 것은 아니지요. 그러나 나는 하나의 예감은 갖고 있어요. 나 자신의 촉발한 형태로서의 여러 감각은 절대로 연장된 것이 아니라 단일한 거지요. 그리고 이런저런 감각은 공간에 나란히 놓여 있는 것이 아니라 시간에 연속되어 일어나는 거예요. 그러나 나는 이것들을 하나의 공간을 통해 확대해요. 만일 이 확대로써, 그리고 직접 이 확대와 동시에 본래는 감각에 지나지 않던 것이 '감각될 수 있는 것'으로 옮아간다면 어떻게 될까요. 그리고 만일 이것이 내 바깥에 있는 대상의 의식의 출발점이라고 한다면 어떻게 될까요.

정령 자네의 예감은 어쩌면 들어맞을지도 모르네―그러나 만일 우리가 직접적으로 그 예감을 확신의 수준으로까지 높일 수 있다고 하더라도, 이것만으로는 여전히 충분한 이해를 할 수 없을 걸세. 대답해야 할 좀 더 복잡한 물음이 늘 남아 있기 때문이네. 어떻게 하여 감각을 하나의 공간을 통해 확대하게 되는가 하는 물음 말이네. 우리는 곧 이 물음을 정식화하세. 이것을 곧 보다 더 일반적인 것으로 다음과 같이―나에게는 그럴 만한 이유가 있네―방식을 정하세. 대체 자네는 어떻게 직접으로는 자네 자신의 의식에 지나지 않는, 의식을 가지고 자네 바깥에서 감각된 것과 감각될 수 있는 것을 지각도 하지 않는데, 이것을 자네가 인식할 수 있는 감각에 덧붙이기에 이르는 것인가?

4

나 사물에서 달다·쓰다·악취가 난다·향기롭다·거칠다·매끄럽다·차다·따뜻하다 하고 말하는 것은, 미각·후각·촉각 등을 내 안에 일으키는 것을 의미해요. 그리고 소리도 마찬가지예요. 소리는 언제나 나에게는 하나의 관계로서 나타나는 것이지요. 나는 단맛이나 쓴맛, 향기로운 냄새, 또는 악취 등이 사물 속에 있다고는 생각하지 않아요. 그것은 내 안에 있지요. 그리고 내가 보기에 그것은 어디까지나 사물에 의해 일어날 뿐이지요. 하긴 시각에 따른 여러 감각, 즉 색깔에 대해서는 사정이 다른 것처럼 보이기도 해요. 이것은 순수한 감각이 아니라, 중간물일지도 모르지만 말이에요. 그러나 깊이 생각해 보면, 붉은 색깔이나 그 밖의 색깔들은 한결같이 모두 어떤 일정한 시각을 내 속에 일으키는 것을 뜻해요. 그리고 이로 말미암아 나는 어찌하여 내 밖에 있는 여러 사물을 얻을 수 있는가 하는 까닭을 알 수 있어요. 나는 촉발된 상태지요. 이 것을 나는 단적으로 알고 있어요. 이러한 촉발된 상태는 어떤 근거를 갖고 있어야 해요. 그런데 이 근거는 내 안에는 없어요. 그러므로 그것은 내 밖에 있다고 보아야 해요.*² 이렇게 나는 성급하게 무의식적으로 추리해요. 그리고 이러한 근거를, 다시 말해서 대상을 정립해요. 이 근거가 되는 것은, 이 일정한 촉발태(觸發態)로서 설명될 수 있는 것이라야 해요. 나는 내가 달콤하다고 느낄 수 있는 형태로 촉발된 거지요. 따라서 대상은 달콤한 맛을 일으킬 수 있는 성질의 것이라야 해요. 요컨대 그 자체가 달콤해야 해요. 이렇게 나는 대상을 한정해요.

정령 자네 이야기에는 모든 진리를 대표한다고는 볼 수 없지만 어느 정도의 진리가 담겨 있을지도 모르네. 이는 물론 기회가 오면 우리가 알게 될 걸세. 그러나 어쨌든 자네는 다른 여러 경우에 명백하게 근거의 원리로써—여기서는 어떤 사물이 자네의 촉발태가 근거를 가져야 한다는 자네의 주장을 나는 '근거의 원리'라고 부르려고 하네—거듭 말하지만, 자네는 다른 여러 경우에 틀림없이 이 원리로써 어떤 사물을 생각하기 때문에 이런 방법을 충분히 알고 있을 터이니, 자네가 그것을 적용하여 무엇을 하는가 그 이유를 뚜렷이 밝히는 것은 부질없는 일은 아닐 걸세. 우리는 먼저 이렇게 전제하세. 자네의 설명은 정당하며, 자네는 근거가 되는 것에서 근거 일반에 대한 추리—하긴 이것은 의식하지는 않지만—에 따라서 사물을 상정한다는 것 말이네—그런데 자네가 자네의 지각으로써 의식한 것은 무엇이었나?

나 내가 어떤 일정한 방법으로 촉발된 상태라는 거지요.

정령 그러나 자네를 촉발하는 것을 적어도 지각으로써 의식하는 것은 아

---

*2 철학에서 말하는 인식론의 가장 기본적인 관점을 말하고 있다. 외부에 있는 어떤 사물을 우리가 알게 될 때, 그 색깔이나 모양 같은 것은 우리의 주관이 만드는 것이며, 따라서 외부에 있는 사람은 우리가 감각적으로 느끼는 그대로의 모습을 하고 있지 않고 우리 안에서 변형되게 마련이다. 예를 들어 책상 위에 붉은 사과가 놓여 있는 것을 감각적으로 의식할 때 이 붉은 사과에 대하여 색맹인 사람은 우리와 달리 의식한다. 이는 색맹인 사람의 의식구조와 색맹이 아닌 사람의 의식구조가 다르기 때문이다. 그러므로 책상 위에 붉은 사과 자체가 있는 것이 아니라 어떤 사물 자체가 있기는 하지만 이것이 우리 감각 기관을 촉발하여 어떤 인식을 준다고 보아야 한다. 이 사물 자체가 우리 감각을 자극하는 근본이다.

니었지?

나 그럼요. 나는 이것을 벌써 당신에게 이야기하지 않았나요?

정령 그러니까 자네는 자네가 지닌 지식에 자네가 갖고 있지 않은 다른 지식을 근거의 원리에 따라서 덧붙이고 있군그래.

나 이상한 말씀을 하시는군요.

정령 아마도 나는 그 이상한 것을 슬기롭게 없앨 수 있을 걸세. 어쨌든 내 말은 자네 생각대로 해석해 두게. 내가 이렇게 이야기하는 것은 내 안에서 이루어진 사상과 같은 사상을 자네가 내면적으로 자네 안에서 이루도록 자네를 이끌기 위해서라네. 자네가 일단 사상을 분명히 파악하면 그것을 마음대로 다양한 각도에서 잘 표현할 수 있을 걸세. 어떻게 그리고 무엇으로써 자네는 자네 자신의 촉발된 것을 알 수 있는가?

나 말로 표현하기가 어렵군요—주관적인 것, 나의 한정된 의식은 내가 지성인인 한, 직접적으로 이 촉발된 것에서 벗어나 지성을 통해서 의식된 것으로서의 이 촉발된 것으로 향하고 이것과 불가분으로 연결되어 있기 때문이에요. 그리고 나는 그런 촉발된 것에 대하여 알고 있어야만 의식을 갖게 되기 때문이에요. 내가 나에 대하여 알게 될 때, 그런 촉발된 상태에 대해서 아는 거지요.

정령 그러니까 자네는 이를테면 하나의 기관, 즉 의식 자체를 갖고 있어 그로써 자네가 촉발된 상태를 파악한단 말인가?

나 그래요.

정령 그런데 자네는 대상을 파악하는 기관을 갖고 있는 게 아닌가?

나 나는 대상을 보지도 만지지도 못하며,[*3] 또 어떤 감각기관으로써 파악하는 것도 아니라고 당신이 나를 설득한 뒤로는, 그러한 기관은 갖고 있지 않다고 고백하지 않을 수 없어요.

정령 잘 생각해 보게. 자네가 나에게 그렇게 고백하면 비난받을지도 모르니까—대체 자네의 외부 감각기관 일반이란 무엇인가? 그것은 외부의 여러 대상에 관계하지 않으면서도 여기에 대한 기관이라면 자네는 그것을 어떻게 외

---

*3 이 경우의 대상은 어떤 형태나 색깔이 없는, 다시 말해서 주관에 따라서 변형된 것이 아니라 본래의 사물 자체, 즉 감각을 촉발하여 인식에 이르게 하는 근거가 되는 것(Ding an sich)을 가리키며, 따라서 이것은 만질 수가 없다.

부 감각기관이라고 할 수 있는가?

나 나는 진리를 알기를 원해요. 나는 무엇이라고 비난받더라도 조금도 신경 쓰지 않아요—나는 푸른 색깔·달콤한 맛·붉은 색깔·매끄러움·쓰디씀·달콤한 향기·거칠음·바이올린 소리·악취·나팔소리 등을 구별하기 때문에 단적으로 구별하는 거예요. 그런데 이런 여러 감각 중에서 일부를 어느 각도에서 보고, 단적으로 동등한 관계에 두어요. 이를 다른 각도에서 보고 단적으로 구별하는 것과 마찬가지로 푸른 색과 붉은색을, 단 것과 쓴 것을, 매끄러운 것과 거친 것을 동등하게 느끼고, 이 동등성을 시각작용·미각작용·촉각작용 등으로써 느끼는 거지요. 시각작용과 미각작용 등등은, 실제로 그 자체가 현실적인 감각이라고 할 수는 없어요. 왜냐하면 나는 당신이 전에 주의시킨 것처럼, 오직 보거나 맛을 느끼거나 하는 것이 아니라, 늘 붉거나 푸른색 등을 보고, 또 언제나 단 것, 또는 쓴 것을 맛보기 때문이지요. 시각작용이나 미각작용 등은 현실적인 여러 감각의 좀 더 높은 한정이 아니라 갈래를 지어 놓은 것이지요. 즉 내가 이 여러 감각을 임의대로 나누어 놓은 것이 아니라, 직접적인 감각 자체에 딸린, 하위 단위로서의 갈래지요. 그래서 나는 이 온갖 작용을 '외부 감각기관'이라고는 절대로 생각지 않아요. 다만 내부 감각기관의 객관, 즉 나의 촉발된 상태의 '특수한 한정'이라고 생각해요. 어떻게 이러한 다양한 작용이 나에게 외부 감각기관이 되는가, 아니 좀 더 정확히 말하면, 내가 이 여러 작용을 외부 감각기관이라고 생각하고 또 그렇게 부르는 것은 무엇 때문인가 하는 것이 지금 문제라고 할 수 있지요—나는 대상을 파악하는 기관을 갖지 않는다고 말한 조금 전의 고백을 철회할 수는 없어요(주③참조).

정령 그렇지만 자네는 대상에 대하여 말하고 있지 않는가. 마치 자네가 실제로 대상에 대하여 말하고 있고, 또 마치 그 대상에 대한 지식의 기관을 지닌 것처럼 말이네.

나 그건 그래요,

정령 자네가 대상에 대해 그렇게 말하는 것은 자네의 아까 그 전제에 따르면, 자네가 실제로 갖고 있고, 그 기관을 지닌 데서 오는 지식에 의해서이며, 또 이것을 위해서가 아닌가?

나 그래요.

정령 자네가 실제로 지닌 지식—자네의 촉발된 상태에 관한 지식—은 자네에겐 이를테면 불완전한 지식으로, 자네의 주장에 따르면 다른 지식에 의해 보충되어야 하지 않겠나? 자네는 또 하나의 새로운 이 지식을, 자네가 실제로 갖고 있는 지식으로서가 아니라(왜냐하면 자네는 이것을 결코 갖고 있지 않으니까), 만일 그에 대한 기관을 갖고 있다고 한다면, 자네의 현실적인 지식 위에 본래 있어야 하며, 또 있으리라고 여겨지는 지식으로서 상상하고 서술하는 것일세. 그러니까 자네는 이렇게 말하는 듯싶네. '물자체(物自體 : Ding an sich)*4에 대해서는 분명 나는 아무것도 모른다. 그러나 물자체는 있어야 한다—그리고 내가 물자체를 찾아내기만 한다면, 물자체는 자기 자신을 발견하고 나타낼 것이다'라고. 자네는 절대로 장래의 것이 아닌 어떤 다른 기관을 생각하고 있네. 그리고 이것을 사물 자체에 관련시켜 이것으로써 사물 자체를 파악하는 걸세—두말할 필요도 없이 언제나 다만 사고를 통해서 말이네. 엄밀히 말해서 자네는 여러 사물의 의식을 갖지 않고, 온갖 사물의 의식에 관한 유일한 의식을 갖고 있을 뿐이네. 그래서 자네는, 자네의 전제에 따라 분명히 자네가 지닌 지식에 자네에게 없는 지식을 첨가하고 있다는 것을 이제야 알게 되었을 걸세.

나 그렇다고 봐야 겠지요.

5

정령 앞으로 우리는, 다른 지식으로서 받아들여진 이 두 번째 지식을 '매개된 지식'이라 부르고, 첫 번째 지식을 '직접적인 지식'이라고 부르기로 하세—어떤 학파에서는 방금 말한 방법을, 즉 우리가 그것을 서술한 범위 안에서 종합이라고 부르네. 그러나 여기서는 종합이라는 말을, 적어도 이미 결합되기 전의 현재 있는 두 개의 항(項)의 결합을 생각해서는 안 되며, 결합으로써 비로소 성립되는 새로운 하나의 항을 여기서도 독립시켜 현재 있는 또 하나의 항에 결합하고 덧붙일 것을 생각해야 하네. 자네가 이처럼 자기 자신을 확인할

---

*4 물자체—칸트 철학의 중심이 되는 용어. 인간의 경험과 관찰을 넘어서서 존재하는 실체를 뜻함. 칸트에 의식이 성립하는 바탕에는 내용과 형식이 있고, 그 형식은 선험, 즉 경험에 앞서 선천적으로 인식할 수 있는 능력에 바탕을 둔, 개인 차원을 넘어선 주관이 담겨 있지만, 내용은 외부에서 주어진 감각이다. 이 감각의 기원에 대해 칸트는 그 감각은 '물자체'에서 비롯된 것이라고 주장하여 물자체에서 찾음. 물자체는 의식론 뿐만 아니라 실천철학에서도 중요한 의의를 갖고 있다. 여기서는 물자체는 생각할 수 있는 이념이 아니고 의식 속에 살아 있는 엄연한 사실, 즉 순수의지이며, 칸트의 자유의 개념은 여기서 연역되었다.

때 거기에서 첫 번째 의식이 이루어진 것을 발견할 수 있으며, 그 의식이 없이는 자네 자신을 발견하지 못하네. 자네는 첫 번째 의식을 바탕으로 해서 비로소 두 번째 의식을 가질 수 있네.

나 그러나 시간적으로 첫째 것의 뒤는 아니지요. 왜냐하면 나는 나 자신을 의식하는 순간에 같은 사물을 의식하니까요.

정령 나는 그런 계속을 말하는 것은 아니네. 오히려 내가 이야기하려고 하는 것은, 만일 자네가 자네 자신과 사물의 그 다른 의식에 대하여 나중에 반성하고 둘을 구별하여 그 연관성에 대하여 묻는다면, 자네는 후자가 전자에 의해 제약된다는 것을 인정하게 된다, 이 말이네—즉 다만 전자를 전제해야만 가능하다고 생각해야 하며, 그 반대는 아니라는 걸세. 그렇지?

나 그렇다고 생각해요. 그리고 당신이 그것만을 말하고자 한 거라면 그 주장을 인정해요. 또 그것은 이미 인정받고 있어요.

정령 거듭 말하지만, 자네는 두 번째 의식을 만들어 내야 하네. 즉 자네 정신의 어떤 현실적인 활동으로써 그것을 만들어 내야 하는 걸세. 그렇지 않은가?

나 그것은 분명히 전에도 간접적으로 인정했어요. 나는 나 자신을 발견할 때 동시에 의식을 발견하지만, 이 의식에 또 하나의 의식을 덧붙이는 거지요. 그런데 이쪽은 내 안에서는 도저히 찾아볼 수 없어요. 그리고 이를테면 내가 실제 갖고 있는 의식을 보충하여 이중으로 만든 거예요. 이 또한 하나의 활동이지요. 그러나 나는 나의 고백이거나 또는 모든 전제이건 간에 어느 하나를 처리해야겠다는 유혹을 느끼고 있어요. 즉 나는 정신의 온갖 활동을 활동 자체로서 매우 뚜렷하게 의식해요. 나는 이것을 보편적인 개념을 구성할 때나, 의문을 느낄 때, 또는 내 앞에 있는 가능한 행위의 하나를 선택할 때 알게 돼요. 그러나 나는, 당신의 주장에 따르면 밖에 있는 대상의 표상을, 거기에 의해 생기게 마련인 활동은 결코 의식하지 않아요.

정령 그렇다고 해서 미궁에 빠져서는 안 되네. 자네는 무한정한 것과 아직 결단이 내려지지 않은 상태를 통과해야만, 자네의 온갖 정신적인 활동을 의식할 수 있을 걸세. 이러한 상태는 자네가 이 여러 가지 활동과 마찬가지로 의식하며, 또 이 다양한 활동이 여기에 어떤 결말을 내리는 것이네. 이러한 결정되어 있지 않다는 것은 우리의 경우에는 찾아볼 수 없네. 정신은 그 일정한 감각에 어느 대상을 부가해야 할 것인가를 미리 세밀하게 파악해 둘 필요는 없네. 그것은 정신이 스스로 생각해 낼 수 있다네. 철학 용어 중에는 이에 대한 구별을 짓고 있네. 우리가 의식하는 정신 활동은 자유라고 불리고, 이러한 의식이 따르지 않는 활동은 단지 자발성이라고 불릴 뿐이네. 이를 잘 유의하게. 나는 결코 활동 자체의 직접적인 의식을 자네에게 요구하는 것은 아니네. 다만 자네가 나중에 그것을 반성할 때 그것이 활동이었음을 깨달아 주기를 바랄 뿐이네. 자네 정신의 이러한 활동을 사유라고 하네. 나는 지금까지 이 말을 자네의 동의를 얻어 사용해 왔네. 그것은 단지 수용성인 감각과는 달리 자발성을 지니고 나타난다고 말이네. 그런데 자네가 아까 말한 전체에서 자네가 실제로 지닌 감각에 대하여 자네가 아무것도 모르는데, 어떻게 생각할 수 있겠나 하는 점이 문제이네.

나 나의 감각은 어떤 근거를 가져야 한다는 것을 전제하고 추론하는 거예요.

정령 그런데 그 근거란 무엇인가. 그것부터 말해 주게.

나 나는 어떤 사물이 어쨌든 한정된 것을 찾아보게 돼요. 그리고 나는 그것이 그런 상태에 있음을 아는 것만으로는 만족할 수 없어요. 그래서 그것이 자기 자신에 의해서가 아니라 어떤 타력으로써 그렇게 되었다는 것을 생각하게 돼요. 그리고 그것을 이렇게 만든 이 타력은 그 근거를 포함해요. 이 타력이 그것을 그렇게 만들어 내고 나타내 보여준 것이 사물을 이처럼 한정하는 근거지요. 그러므로 나의 감각이 어떤 근거를 갖는다는 것은, 나의 감각이 타력으로써 내 안에 생겨난다는 것을 의미해요(주 ③참조).

정령 그런데 자네는 이 타력을 자네가 직접 의식한 감각이라고 생각하네. 그리하여 대상의 표상이 자네에게서 성립된다는 거지—그렇다고 치세.

그런데 곰곰이 생각해 보게. 만일 감각이 어떤 근거를 가져야만 한다면 나는 자네의 추리가 옳다고 보네. 또 자네는 밖에 있는 온갖 대상에 대하여 전혀 알지 못하고 있으며 알 수도 없는데도 이러한 여러 대상을 상정하는 것은 정당하다고 생각하네. 그러나 여러 감각이 어떤 근거를 가져야 한다는 것을 대체 어떻게 알 수 있는가. 그리고 어떻게 그것을 나에게 증명하려고 하는가. 또는 일반적으로 말해서 방금 자네가 명제를 세웠을 때처럼 자네는 무엇 때문에 어떤 사물이 그렇다고 아는 것만으로는 만족할 수 없는가? 어찌하여 자네는 그것이 그렇게 '되었다'고 가정하여 생각하는가? 또 이것은 덮어두고라도 어째서 그것이 '어떤 타력에 의해' 그렇게 되었다고 상정하는가? 자네는 이것을 언제나 전제할 뿐이네.

나 하긴 그래요. 그러나 나는 실상 그렇게 생각할 수밖에 달리 도리가 없어요—그러나 방금 당신의 질문에 대답하려고 해요. 나는 어떤 사물이 그렇게 되었다. 더구나 어떤 타력으로 그렇게 되었다는 사실을 직접적으로 알고 있는 것 같아요.

정령 자네가 그것을 직접적으로 안다는 대답은, 만일 우리가 가능한 대답은 오직 이것뿐이라고 해서 이 대답을 시인해야 한다면, 이 대답이 무엇을 의미하는지 생각해 보지 않겠나? 지금은 먼저 우리가 어떤 사물이 어떤 근거를 가져야 한다는 주장을 끌어내기 위해, 다른 모든 가능한 길을 찾아보기로 하세. 자네는 혹시 그것을 직접적인 지각으로써 알게 된 것은 아닌가?

나 어떻게 그럴 수 있겠어요. 지각 속에 있는 것은 언제나 다만 내 안에 무엇이 '있다'는 것, 즉 본질적으로 말하면 내가 한정돼 있다는 것이지 그것이 되었다는 것은 아니에요, 하물며 그것이 모든 지각 밖에 있는 타력에 의해 되었다는 것은 아니거든요.

정령 그렇다면 자네 밖에 있는 온갖 사물(자네는 이 온갖 사물의 근거를 언제나 자신 밖에서 찾아내지만)의 관찰로써 자네가 만들어 내는 보편성이라는 수준으로까지 높여서, 지금도 자네 자신과 자네의 상태에 적용하는 명제인가?

나 나를 아이로 대접하거나, 분명한 불합리를 나에게 요구해서는 곤란해요. 나는 근거의 원리에 따라서 비로소 내 밖에 있는 여러 가지 사물에 다다른 거예요. 그럼 어떻게 그와는 반대로 내 밖에 있는 이런 다양한 사물에 의해 비로소 이 원리에 다다를 수 있겠어요. 그 반대 현상을 비유해 말한다면, 지구가 커다란 코끼리 등에 얹혀 있고, 그 커다란 코끼리가 거꾸로 지구에 얹혀 있을 수 있을까요?

정령 그렇다면 혹시 그 명제는 다른 어떤 보편적인 진리에서 비롯된 결론이라도 된단 말인가?

나 그 보편적인 진리는 직접적인 지각 속에나 외부 사물의 관찰 속에서도 찾아볼 수 없으며, 그 기원에 대해서는 당신이 또 질문을 던져야 하지 않아요

—나는 이 예산된 근본 원리도 실제로 직접적으로만 알 수 있을지도 몰라요. 아니 오히려 나는 곧 근거의 원리에 대해서도 같은 말을 하고 나서, 당신의 추측에는 옳다 그르다 결정을 내리지 않는 편이 좋겠군요.

정령 그래도 상관없을 테지. 한데 우리는 우리의 감각에 따른 첫 번째 직접적인 지식 이외에 보편적인 진리를 지향하는 두 번째 직접적인 지식을 갖게 되었네.

나 그런 것 같군요.

정령 여기서 문제가 되는 것은, 자네의 그 촉발된 것이 어떤 근거를 가져야 한다는 특수한 지식이라네. 그런데 이것은 온갖 사물의 인식으로부터 아주 독립되지 않겠나?

나 물론이지요. 실제로 후자는 전자로써 비로소 매개되지요.

정령 자네는 그 특수한 지식을 단적으로 자네 몸에 지니고 있단 말이지?

나 그렇지요. 나는 그것에 의해 비로소 나 자신 밖으로 나갈 수 있거든요.

정령 그러니까 자네는 자네 자신에 의거하여, 그리고 자네 자신에 의하여, 또한 자네의 직접적인 지식에 따라서 존재와 그 관련에 대해 법칙을 정하고 있군.

나 곰곰이 생각해 보면 나는 존재와 그 연관에 관한 표상에서만 법칙을 정하지요. 이렇게 말하는 편이 더 신중한 태도라고 생각해요.

정령 좋네—그런데 자네는 이 법칙에 따라 처리할 때의 방법과는 다른 방법으로 이 법칙을 의식하는가?

나 나의 의식은 나의 감각과 함께 시작돼요. 나는 여기에 대상의 표상을 근거의 원리에 따라 직접 연관지어요. 그 둘, 다시 말해서 나의 의식과 대상의 표상은 둘로 나눌 수 없는 한 덩어리이지요. 그리고 이것들 사이에는 어떠한 의식도 생기지 않아요. 이렇듯 둘로 나뉠 수 없는 의식 '앞에서는' 다른 의식은 생기지 않아요—이제 당신의 물음에 대답하려고 해요. 나는 이 법칙에 따라 처리할 때보다 이전에, 그리고 그때와는 다르게 이 법칙을 의식할 수는 없어요.

정령 그러니까 자네는 그 법칙을 특별히 의식하지 않고서도 그에 따라서 처리한단 말이지. 자네는 직접 단정적으로 거기 따라서 처리하네—그러나 방금 그것을 의식하고 또 그것을 보편적인 명제라고 말했네. 자네는 어떻게 이 특수한 의식을 얻을 수 있나?

나 나중에 나 자신을 관찰하면서 자신이 그렇게 처리하고 있음을 알게 되지요. 또한 나의 처리 과정에서 드러나는 공통점을 보편적인 명제에 나타내요.

정령 그러니까 자네는 자네의 그러한 처리를 의식할 수 있단 말이지?

나 물론이지요―당신이 왜 그렇게 묻는지 알아맞춰 볼까요―여기에 앞에서 말한 두 번째 직접적이고 능동적인 의식이 있어요. 마치 감각, 즉 나의 첫 번째 수동적인 의식이 있듯이요.

정령 옳은 말이네―자네는 나중에 자네의 그러한 권리를 자네 자신의 자유로운 관찰과, 자기에 대한 반성으로써 의식할 수 있다고 나는 말했네. 그런데 실제로 자네는 그것을 의식하지 못하는 것 같네―자네가 단지 내면적으로만 움직일 때에는 그것을 곧 직접적으로는 의식하지 못하는 것 같네. 그렇지?

나 그러나 나는 그것을 본래부터 의식했을 거예요. 왜냐하면 나는 대상의 표상을 직접 감각과 동시에 의식하거든요―이제 해답을 알게 됐어요. 나는 나의 능동적인 태도를 직접적으로 의식해요. 다만 그것을 '그것 자체'로서 의식하는 것은 아니지요. 그것은 '주어진 것'으로서 나의 눈앞에 나타나는데, 이 의식 대상이 곧 의식이죠. 나중에 나는 자유로운 반성으로써 그것을 능동적으로도 의식할 수 있어요. 나의 직접적인 의식은 나의 수동적인 의식인 감각과, 근거의 원리에 따른 대상을 생산하는 과정에서 이루어지는 능동적인 의식이라는 두 가지 요소의 합성으로 이루어져요. 후자는 전자와 직접적으로 연결돼요. 대상의 의식은, 그 표상을 내가 만들어 낸다는 의식에 지나지 않아요, 그리고 그 생산에 대해서는 다만 내가 그 생산자라는 것으로써 알 뿐이지요. 그러므로 모든 의식은 하나의 직접적인 의식, 즉 나 자신의 의식에 지나지 않는다는 거예요. 이제야 이 모든 것을 완전히 이해할 수 있겠죠? 당신은 내 추론이 옳다고 생각하지 않아요?

정령 올바르기가 이를 데 없네. 그러나 자네는 여러 명제를, 이를테면 여기서는 근거의 원리라는 명제를 필연적 및 보편적으로 진술하고 있는데, 그 필연성과 보편성은 어디서 왔는가?

나 내가 이성을 갖고 있는 한 달리 처리할 수 없으며, 또 내 바깥에 있는 이성적인 존재라는 그가 이성적인 존재자인 한, 달리 처리할 수 없다는 직접적인 느낌에서 오지요. 현재의 경우에, 나의 촉발태는 어떤 우연한 것이었지만 무릇 우연한 것은 어떤 근거를 갖는다고 나는 전부터 생각했어요. 그리고 적어도 생각을 할 줄 아는 사람이라면 누구든, 마찬가지로 어떤 근거를 생각하지 않을 수 없으리라는 것을 의미해요,

정령 그럼 자네는 다음과 같은 사실을 알게 되었군그래. 모든 지식은 단지 자네 자신에 대한 지식에 지나지 않고, 자네의 의식은 자네 자신을 결코 뛰어넘을 수 없으며, 또 자네가 대상의 의식이라고 생각하는 것은 자네가 자기 사유의 내면 법칙에 따라 감각과 동시에 필연적으로 성취하는 바 대상을 정립하는 의식이라는 것 말이네.

6

나 대담하게 추론을 이어나가지요. 나는 당신의 추론을 방해하려고는 생각지 않았어요. 오히려 원하는 추리를 잘 전개하도록 당신을 돕기까지 했어요—그런데 지금, 진지하게 말하지만, 나는 근거의 원리로써 내 밖에 있는 여러 사물에 이르게 된다는 전제를 모두 철회하겠어요. 그리고 나는 이 전제 때문에 우리가 틀림없는 잘못을 저질렀다고 판단했어요. 그래서 곧 마음 속으로 철회했던 거예요. 진실로 나의 세계는 이러한 사상으로써, 오직 힘의 사랑으로써 나에게 나타나는 것은 아니지요. 나의 세계는 연장된 어떤 무엇이에요. 즉 어디까지나 그 나타남으로써만 감각할 수 있는 힘과는 달리, 그 자체에서 감각할 수 있는 무엇이에요. 세계는 힘과 같이 온갖 성질을 만들어내지는 않아요. 그것은 여러 성질을 갖고 있거든요. 나는 단지 사유를 의식하는 것과는 완전히 다르게 세계를 파악하는 작용을 마음속에 의식하고 있어요. 이러한 작용을 나는 지각이라고 생각해요. 하긴 이것이 지각이 아니라는 것은 이미 입증되었으며, 또 이러한 의식을 서술하여, 다른 종류와 구분하는 것은 어려운 일일지 모르지만요.

정령 자네는 그래도 그와 같이 진술해야 하네. 그러지 않으면 나는 자네가 하는 말을 알아들을 수 없고, 또 우리는 절대로 의문을 해결할 수 없을 테니까.

나 나는 어떻게 해서든지 진술해 보려고 해요—정령이여, 만일 당신의 감각기관이 나와 같다면, 그대는 우리 앞에 있는 그 붉은 물체를 보고 사로잡히지 않고, 인상과 하나가 되어 그때의 추리를 잊도록 해요. 그리고 나서 당신

안에 일어나는 것에 대해서 솔직하게 말해 줘요.

정령 나는 자네의 감각기관의 형태에 완전히 몸을 옮겨갈 수 있네. 나는 실제로 눈앞에 나타난 어떤 인상을 부정할 수 없네. 내 속에 무엇이 일어난다는 건가?

나 그대는 직접적으로 면(面)을 전체적으로 살펴서 파악하지 않아요? 그 면은 단번에 모두 당신 앞에 나타나지 않아요? 당신이 아까 말한 단일한 붉은 점에서 선으로, 그리고 이 선에서 면으로 연장하는 것을, 당신은 가장 간접적이고 불투명한 방법으로만 의식하나요? 나중에 비로소 당신은 이 면을 나눠서, 그 위에 점이나 선을 생각하는 당신이나 그 밖의 사로잡히지 않고 자기를 관찰하는 자는 누구든지 현실적으로 이러저러한 색깔을 가진 면을 본다고—당신이 조금 전에 말한 추리와는 관계없이—주장하고 고집하지 않나요?

정령 그것은 전부 인정하네. 그리고 나의 관찰에서 바로 자네가 말하는 대로 자기를 발견하는 것도 인정하네. 그러나 첫째로, 자네는 의식 속에 일어나는 것을 잊어버리지는 않을 테지. 마치 인간의 정신이 신문에 나는 사건처럼 서로 이야기를 주고받는 것이 우리의 의도가 아니고, 의식의 온갖 사건을 연관지어 생각하고 나서, 그 하나를 다른 하나로써 설명하고 다른 하나에서 이끌어 내는 것이 우리의 의도이며, 따라서 자네의 이런저런 관찰(그것은 절대로 부정해서는 안 되며, 오히려 설명되어야 하네) 속의 어떤 것이든지, 나의 올바른 추리를 뒤집을 수 없음을.

나 나는 절대로 이 문제에 대한 주의를 게을리하지 않으려고 해요.

정령 그러면 자네 밖에 있는 여러 물체의 의식—자네는 아직 이것을 무엇이라고 부를 수 없지만—과 현실적인 지각이 매우 비슷하기 때문에, 둘 사이에 현존하는 커다란 차이를 놓쳐서는 안 되네.

나 나는 지금 그 차이를 말하려고 해요. 그 둘은 분명히 직접적인 의식으로서 나타나며, 결코 습득되었거나 만들어진 의식으로서 나타나지는 않지요. 그러나 감각은 나의 의식이에요. 나와의 관계는 전혀 포함되지 않은 물자체의 의식은 그렇지 않아요. 나는 그것이 존재한다는 것을 알고 있어요. 다만 그것뿐이에요. 그것은 나와 관계가 없어요. 나는, 감각에서 때로는 이런, 또 때로는 저런 형태를 가진 부드러운 점토로서 나에게 나타나면, 물자체의 의식에서 거울로써—그 앞을 여러 가지 대상이 단지 통과할 뿐, 그 자체는 이로 말미암아 조금도 바뀌지 않는 거울로써 나에게 나타나요. 그러나 이 차이는 나에게 꼭 맞아요. 그러므로 나는 차츰 나의 밖에 있는 어떤 존재의, 특수하고 나의 감각에서 완전히 독립된 의식을 실제로 갖고 있다고 생각되는 거지요. 왜냐하면 후자는 전자와는 종류부터 다르게 나타나기 때문이지요.

정령 자네의 관찰은 정당하네. 그러나 너무 성급하게 추리하지 않았으면 하네. 앞에서 우리가 의견의 일치를 본 것이 참이며—그리고 자네가 직접적으로 자기만을 의식할 수 있다면, 그리고 만일 여기서 문제삼는 의식이 실제로 자네의 수동적인 어떤 의식이 아니며, 또한 자네의 능동적인 어떤 의식이어서도 안 된다고 한다면, 그것은 다만 그것이라고 인식되지는 않는 자네 존재의 어떤 의식일 수 있지 않겠는가. 자네가 '아는' 것, 즉 지성인 한 자네 존재의 그것일 수 있지 않겠는가?

나 당신이 무슨 말을 하는지 잘 알아들을 수 없군요. 그러니 도와주세요. 나는 당신의 말을 이해하고 싶어요.

정령 자, 매우 중요한 부분에 이르렀네. 나는 자네가 주의를 기울이기를 바라네. 문제가 이런 경우로 들어섰으니 나는 전보다 훨씬 깊이 들어가 상세히 설명할 수밖에 없으니까. 도대체 자네는 무엇인가?

나 당신의 물음에 일반적으로 대답하자면 나는 나, 나 자신이지요.

정령 나는 그 대답으로 충분히 만족하네—자네가 '나'라고 말할 때, 그것은 무엇을 의미하는가? 그 개념에 포함된 것은 무엇인가? 또 어떻게 그것을 형성할 수 있는가?

나 그 점에 대해서는 다만 대비(對比)로써만 설명할 수 있어요—사물은 나, 즉 능지자(能知者) 밖에서의 어떤 존재여야 해요. 나는 능지자 자신이며, 능지자와 '하나'지요. 여기서 사물의 의식에 대하여 다음과 같은 의문이 생겨요. 사물에 관한 지식이 어떻게 생길 수 있는가. 왜냐하면 사물은 자신에 대해서 모르거든요. 그리고 또 나 자신은 사물이 아닌데, 어떻게 사물의 온갖 한정된 어느 하나까지도 내 속에서 일어날 수 있는가. 사물의 이러한 여러 가지 한정은 모두가 다만 물자체의 존재 범위로 돌아간 것이고, 나의 존재 범위로 돌아가는 것이 아닌데, 어떻게 사물의 의식이 '내 안에' 나타날 수 있는가? 어떻게 사물이 내 안에 들어오는가? 주관, 즉 '나'와 나의 지식의 객관, 다시 말해서 사물과 사물 사이의 유대는 어떠한가? 솔직히 말해서 이 물음은 '나'에 대해선 일어나지 않아요. 나는 지식을 나 자신 속에 갖고 있어요. 왜냐하면 나는 지성이거든요. 내가 존재하는 것에 대하여 나는 알고 있어요. 왜냐하면 나는 그것이거든요. 또 내가 존재한다는 것으로 하여 내가 직접으로 아는 것으로 '나'는 있어요. 왜냐하면 나는 직접 그에 대하여 알고 있기 때문이에요. 여기서는 주관과 객관 사이의 유대는 조금도 필요없어요. 나 자신이 본질의 유대가 되었기 때문이지요. 나는 주관이자 객관이에요. 그리고 이와 같은 주관·객관성, 이 지식의 자기 내부에의 귀환이야말로 내가 '나'라는 개념으로써 나타내는 것이지요.

정령 그러므로 그 둘, 즉 주관과 객관의 동일성이 지성으로서의 자네의 본질이란 말이지?

나 그렇지요.

정령 그럼 자네는 이것을, 즉 이 동일성을, 다시 말해서 주관도 아니고 객관도 아닌 둘의 근원—(여기서 비로소 양자가 생긴다)이 된 것을 파악할 수 있는가, 이를 의식할 수 있는가?

나 그것은 불가능해요. '의식하는 것'과 '의식되는 것'이 양자로서 나타나는 것은 나의 모든 의식의 제약이거든요. 다른 의식은 결코 생각할 수 없어요. 내가 나 자신을 발견하자마자 곧 나를 주관과 객관으로서 발견하는 거지요. 그러나 이 둘은 직접 결합되어 있어요.

정령 자네는 알 수 없는 하나가 이 둘을 분열하는 순간을 의식할 수 있는가?

나 그것은 불가능해요. 나의 의식은 그런 분열과 함께, 그리고 분열로써 비로소 가능하거든요. 그리고 내 의식 자체가 본래 그것들을 분열시키거든요. 그러나 의식을 넘어선 의식은 있을 수 없어요.

정령 그러니까 이 분열된 것은, 자네가 자기를 의식하자마자 곧 필연적으로 자네 안에서 발견하게 되겠지? 분열된 것이 자네의 본래의 근원적인 존재가 아니겠나?

나 그래요.

정령 그리고 이 분열된 것은 무엇에 의존하는가?

나 나는 지성이며 내 속에 의식을 갖고 있어요. 즉 분열된 상태는 의식 일반의 제약이며, 또한 성과지요. 그러므로 그것은 의식 일반과 마찬가지로 내 안에 의존해요.

정령 자네는 지성이라고 말했는데, 적어도 여기서는 주로 그것이 문제가 되네. 또 자네는 지성으로서 자네에게 객관도 된다고 이야기했네. 그러므로 자네의 지식은 객관적인 것으로서 자네 자신 앞에, 즉 주관으로서 자네 자신 앞에, 즉 주관적인 것으로서의 자네 지식 앞에 위치하여 그 앞에 나타나네. 이와 같은 위치를 자네는 물론 의식할 수 없네.

나 그건 그래요.

정령 주관적인 것과 객관적인 것을 더욱 충분히 추구하기 위해 어떤 설명을 덧붙일 수 없을까? 양자가 의식에 나타나는 모습을 설명할 수 없을까?

나 주관적인 것이 나타나는 모습은 이래요. 즉 그것은 자기 자신 속에 '형식상'은 의식의 근거를 포함하지만, 일정한 내용에 대해서는 이것을 포함하지 않는 것으로서 나타나요. 의식이라는 것, 즉 내면적인 직관작용 및 구상작용이 현존한다는 근거는 주관적인 것 속에 있어요. '이것이' 보여진다는 점에서 주관적인 것은 객관적인 것에 의존해요. 전자는 후자에 연결되어 있으며, 이를테면 이에 의해 납치된 격이지요. 이와 반대로 객관적인 것은 그 존재 근거를 자기 자신 속에 포함하지요. 그것은 그 자신에 존재해요. 그것은 사실상 현재 그러하기 때문에 그것이 존재하지요—주관적인 것은 객관적인 것의 수동적인 경지도 거울로서 나타나며 후자는 전자 앞에 드러나요—전자가 후자를 드러내는 근거는 전자 속에 있어요. 바로 이것이 그 속에 나타나고 다른 것이 나타나지 않는다는 근거는 후자 속에 있지요.

정령 그러니까 주관적인 것 일반은 그 내면적인 본체에서 말하는, 자네가 아까 특히 자네의 밖에 있는 존재라고 말한 것의 의식을 가리킨, 그러한 성질을 지녔을 것이다, 이 말인가?

나 그건 그래요. 이 일치는 주목할 만해요. 나로서는 다음과 같은 것이 반쯤은 믿을 만하다고 생각돼요. 즉 나의 의식 자체의 내면적인 온갖 법칙으로 말미암아 나와는 관계없이 나에게서 동떨어진 것의 표상이 생길 수 있지만, 이 표상은 틀림없이 여러 법칙 자체의 표상일 뿐이지요.

정령 어찌하여 '반쯤'이라는 말을 쓰는가?

나 내용으로 보아 바로 '이러한' 표상이, 즉 연속적인 공간을 통해 연장된 실질의 표상이 생기는 이유를 아직 알 수 없기 때문이지요.

정령 자네가 공간을 통해 확대하는 것은 반드시 자네의 감각에 지나지 않는다는 것을 자네는 이미 이해하지 않았는가. 이 감각은 그 공간에서의 연장으로써 감각적으로 알 수 있는 곳으로 옮겨갈지도 모른다고 자네는 예상했네. 그러므로 우리는 지금 다만 공간 자체만을 문제삼고, 오직 의식에 공간이 성립되는 과정만을 밝히면 그것으로 충분하다고 생각되네.

나 하긴 그래요.

정령 그럼 어디 살펴보기로 하세. 나는 자네가 자기의 지성적인 활동을 이것이 근원적으로 변함없이 하나를 이루는 한에서는, 이 존재와 함께 시작되고, 또한 이 존재까지도 함께 완전히 없어지지 않은 그런 상태에서는 완전히 의식할 수 없다는 것을 알고 있네. 그러므로 나는 이처럼 의식할 것을 자네에게 강요하지는 않겠네. 그러나 자네는 자네의 지성적인 활동을 이것이 불만인 상태의 범위 안에 있는 가변적인 상태에서 또 다른 형태의 가변적인 상태로 옮아가는 한에서는 의식할 수 있는 걸세. 지금 만일 자네가 이 지성적인 활동을 이러한 활동에서 어떻게 자네에게 나타나는가—자네의 이 내면적인 운동은?

나 나의 정신 능력은 내면적으로 여기저기 움직이며, 어느 하나에서 다른 하나로 빠르게 나아가는 듯이 생각돼요. 요컨대 그것은 선을 긋는 것으로써 나타나요—그리하여 일정한 사유가 이 선 위에 점을 찍지요.

정령 어찌하여 선을 긋는 것으로써 나타나는가?

나 나 자신의 현존에서 밖으로 나가지 않고서는 나는 외부의 사물에 대해서 근거를 제시할 수 없다는 것이 이유지요.

정령 그럼, 자네 의식의 특수한 활동은 자네에게 그와 같이 나타난다고 봐야 하겠네. 그런데 자네가 본래 갖고 있는 지식 일반(모든 특수한 사유는 이것의 부흥이며, 보다 나은 한정이다)은 자네에게 어떠한 형태로 나타나는가?

나 거기서 모든 방면에 선을 긋고 점을 찍을 수 있는 것으로서 나타나요. 그러니까 공간으로서 나타나는 거지요,

정령 이제 자네는 분명히 알게 되었을 걸세. 자네에게 나타나는 어떤 사물이, 자네 자신 밖의 존재로서 자네에게 나타날 수 있다는 것, 아니 반드시 나타나야 한다는 것 말이네. 자네는 자네 밖에 있는 온갖 사물로부터 오는 표상*5의 참된 원천에 이르게 되었네. 이 표상은 지각은 아니네. 자네는 자네 자신을

---

*5 표상—의식의 객관적인 내용, 다시 말해서 머릿속에 떠오르는 여러 형태나 생각 전체를 가리킨다.

지각할 뿐이네. 그리고 이 표상은 사상도 아니네. 여러 가지 사물은 단지 사유된 것으로만 자네에게 나타나지는 않네. 이 표상은 마치 지각이 자네의 직접의식인 것과 마찬가지로, 사실상 자네 바깥에 있는 어떤 존재에 직접적으로 나타나는 의식이네—궤변가나, 하나를 알고 둘은 모르는 철학자들의 떠들썩한 주장에 의해 귀가 먹어서는 안 되네. 온갖 사물은 어떤 대리자에 의해서 나타나지는 않네. 현재 있고 또 있을 수 있는 것을 자네는 직접 의식하네. 그리고 자네가 의식하는 것 그 밖의 사물은 존재하지 않네. 자네 자신이 이 사물이라네. 자네 자신이 자네의 본질의 가장 깊은 근거, 즉 자네의 유한성으로써 자네 자신 앞에 세워지고, 자네 자신으로부터 밖으로 던져지는 것이라네. 그리고 자네가 자네 밖에서 보는 모든 것은 언제나 자네 자신이라네. 이 의식은 매우 적절하게도 직관이라고 불리어 왔네. 모든 의식에서 나 자신을 직관하네. 왜냐하면 나는 나이기 때문에[6] 주관적인 것, 즉 의식하는 자에게 이 의식은 직관이네. 그리고 객관적인 것, 즉 직관되고 의식된 것 또한 나 자신이네. 다시 말해서 직관하는 자이기도 한 동일한 나이네—바로 객관적이고 주관적인 것의 앞에 나타난 나이네. 이 점에서 이 의식은—내가 직관하는 것을 활동적으로 '저 너머에서' 보는 것이며, 나 자신 속에서나 자신을 밖으로 보는 것이라네. 나에게 귀속되는 유일한 작용으로써, 다시 말해서 보는 것에 의해 나 자신을 자기로부터 밖으로 옮겨가는 것이라네. 그러니까 나는 살아 있는 시각작용이라네. 나는 보네. 이때 나에게 의식이 생기네. 나는 나의 시각작용을 보네—이것은 나에게 의식된 것이라네. 그러므로 이러한 '사물'도 자네 정신의 눈에 의해 샅샅이 관찰될 수 있어야 하네. 왜냐하면 그것은 자네의 정신 자체니까. 여러 가지 사물의 다양한 형태와 이런 온갖 형태의 관계를, 모든 지각에 앞서 자네는 한계를 짓고 한정하는 걸세. 이것은 전혀 이상할 것이 없네. 이러한 일로써 자네는 언제나 분명히 자네가 알고 있는 자네의 지식 자체를 구분 짓고 한정하는 것일세. 그래서 사물에 관한 지식을 얻게 되는 것일세. 그것은 사물 속에 있는 것이 아니고 사물 속에서 나온 것도 아니네. 그것은 자네로부터 비롯된 것이라네. 그것은 자네 속에 있으며, 자네 자신의 본질이네. 외부 감각기관은 존재하지 않네. 왜냐하면 외부 지각이 존재하지 않기 때문이네. 그러나 외부 직관은

---

[6] 피히테는 칸트의 물자체의 개념을 배제하고 자아중심의 철저한 관념론을 주장했다. 그러므로 이 대목은 그의 이러한 근본 사상을 바탕으로 하여 이해해야 한다.

존재하네—사물의 외부 직관이 아니라, 이 외부 직관은 주관적인 것의 밖에서 그 앞에 드러나 보이는 이 지식은—그 자신이 사물이라네. 그리고 이 밖의 것은 존재하지 않네. 이 외부 직관을 통해 실제로 지각까지도 외부 지각으로서 보이며, 또한 이 밖의 여러 감각기관도 외부 감각기관으로 보인다네. 이는 영원한 진리이네. 왜냐하면 나는 면을 보지도 못하고 만지지도 못하지만, 나의 시각작용이나 촉각작용을 면의 시각작용 또는 촉각작용으로써 직관한다는 것이 증명되었기 때문이네. 조명된, 들여다볼 수 있는, 선을 넣을 수 있는, 몸이 들어갈 수 있는 공간, 나의 지식의 순수한 모습은 직관되네. 그리고 그 속에서 나의 시각작용 자체가 직관되네. 빛은 내 밖에 있는 게 아니라 내 안에 있네. 그리고 나 자신이 빛이라네. 자네는 아까 '자네는 어떻게 자네의 시각작용이나 촉각작용 등등, 일반적으로 말해서 자네의 감각작용을 알 수 있는가?' 하고 내가 물었을 때 이렇게 대답했지. '직접 그것에 대하여 알 수 있다'고. 지금 자네는 아마도 나를 위해, 자네의 감각작용인 이 직접적인 의식을 더욱 세밀하게 한정할 수 있는 걸세.

나 그것은 이중의 것이라야 해요. 감각은 그 자체가 하나의 직접적인 의식이거든요. 그러니까 나는 감각작용을 '감각하는' 거지요. 그러므로 내게는 실제로 존재에 대한 어떤 인식은 결코 성립되지 않고 오직 나 자신의 느낌이 성립될 뿐이지요. 그러나 나는 근원적으로는 단지 감각할 뿐만 아니라 직관도 해요. 왜냐하면 나는 오직 실천적인 존재자일 뿐만 아니라 또한 지성이기도 하거든요. 나는 감각작용도 직관해요. 그리하여 나 자신과 나의 본질에서 존재의 인식이 나에게 성립돼요. 감각은 감각적인 것으로 옮아가요. 나의 촉발태(觸發態), 다시 말해서 붉은색·부드러움 등등은 나의 밖에 존재하는 붉은 것과 매끄러운 것으로 옮아가요. 이것과 이 감각들을 나는 공간에서 직관해요. 왜냐하면 나의 직관작용 자체가 공간이거든요. 이리하여 내가 사실상 보지도 만지지도 않은 면을 보고 또 만진 것처럼 느끼는 이유도 뚜렷해졌어요. 나는 나의 시각작용과 촉각작용을 하나의 면의 시각작용이나 촉각작용으로써 직관할 뿐이지요.

정령 자네는 나를, 아니 좀 더 정확히 말해서 자네 자신을 잘 이해하게 되었군.

나 그런데 그렇게 되면 사물은 나에게, 의식적이건 무의식적이건 간에 근거의 원리에 따른 추리로써는 결코 성립되지 않는군요. 그것은 어떤 추론도 필요로 하지 않고 직접적으로 내 눈앞에 드러나며, 단적으로 내 의식 앞에 있게 되는군요. 따라서 방금 내가 말했듯이 감각이 감각적으로 느낄 수 있는 것으로 옮아간다고 나는 말할 수가 없어요. 감각적으로 느낄 수 있는 것은 의식에서 최초의 것이지요. 붉은 색깔이나 부드러움 같은 촉발태에서가 아니라, 내 바깥에 있는 어떤 붉은 것, 또는 부드러운 것 등에서 의식이 시작된다는 거지요.

정령 그런데 자네가 붉은 색깔이나 부드러움이 무엇인가를 나에게 설명할 때, '그것은 내가 붉은 색, 또는 부드러움이라고 이름 짓도록 나를 촉발하는 것'이라고 대답할 수밖에 없지 않겠나?

나 그렇지 않아요. 만일 당신이 나에게 묻고 내가 당신의 물음에 설명하게 될 경우에는 달리 대답할 수 있어요—나는 직관에서 완전히 나 자신을 잊고 나를 잃어버려요. 다시 말해서 나의 상태는 전혀 의식하지 않고 나의 밖에 있는 어떤 존재를 의식해요. 붉거나 푸르다는 것은 사물의 성질이며, 그것은 그야말로 붉고 푸르다는 것뿐이지요. 그러므로 그것은 더 설명할 수가 없어요. 아까 우리가 의견의 일치를 본 바와 같이 그것이 촉발태로서 그 이상 설명할 수 없듯이—이런 점은 시각에서 가장 두드러지게 나타나지요. 색깔은 내 밖에 나타나요. 그리고 다른 간섭을 받지 않고, 스스로 자기에 대해 반성하지 않는 인간 오성은 붉은 색깔 또는 푸른 색깔이 어떤 일정한 촉발태를 자기 안에 일으키는 것이라는 설명에 생각이 미치지 못할 테지요.

정령 틀림없이 그렇네. 그런데 단 것 또는 신 것도 그런가?—시각에 의한 인상일반은 순수감각인가?—오히려 그것은 감각과 직관의 중간물로서, 우리의 정신 내부에서의 양자의 결합 수단이 아닌가 하는 것은 지금 탐구할 것이 못되네—그러나 나는 자네의 말을 완전히 긍정하네. 그리고 자네의 말은 나에게 매우 합당하네. 자네는 물론 직관에서 자네 자신으로부터 소실될 수 있네. 그리고 자네 자신에게 특별히 주의를 기울이지 않고, 또는 어떤 외부적인 작용에 대한 관심을 갖지 않고, 자연적으로 아니 필연적으로 자네는 자신으로부터 사라져 없어지네—이러한 일은 그 자체에서 우리 바깥에 현존하는 온갖 사물에 대한 '의식'의 변호자들이 만일, 누가 그들에게 '우리 밖에 있는 온갖 사물을 추리하는 데 필요할지도 모르는 근거의 원리는 오직 우리 안에만 있다'고 이야기할 경우에 꺼내는 말이라네. 이때 그들은 일반적으로 추리가 이루어지는 것을 부정하네. 그러나 그렇다고 해서 그들이 그때그때 일어나는 현실적인 의식을 말하는 한 그들을 결코 논란거리로 삼아서는 안 되네—이 변호자들은 직관의 본성을 지성 자체의 법칙에서 설명하는 자가 있으면, 이번에는 자신들이 추리를 하네. 그리고 그처럼 표상하도록 우리를 강요하는 무엇이 아무래도 우리 바깥에 있어야 한다는 주장을 사뭇 되풀이하는 걸세.

나　지금은 그들에게 분개할 것이 아니라 나에게 가르쳐 주세요. 나는 선입관을 전혀 갖고 있지 않아요. 오히려 참된 의견을 듣고 싶어요.

정령　그렇지만 직관은 자네 자신의 지각에서 비롯되는 걸세. 다만 앞에서 자네가 추리로써 이해한 것처럼, 자네는 이 지각을 언제나 뚜렷이 의식하지는 못하네. 그리고 자네가 객관 속에 자네 자신을 잃어버리게 할 때의 의식 속에도 무의식중에 자네 자신을 사유하고, 자네 자신을 충분히 관찰하는 데서만 가능한 어떤 사물이 늘 포함되어 있네.

나　그러므로 내 바깥에 있는 존재의 의식에는, 언제나 널리 퍼진 것으로나 자신의 의식이 따르지만 나는 이것을 깨닫지 못한다는 건가요?

정령　그렇지.

나　그럼 전자는 후자에 의해 그것이 있는 것처럼 한정된다는 건가요?

정령　그렇지.

나　그것을 설명해 주세요.

정령　자네는 여러 가지 사물을 주로 공간 속에 정립하는가, 아니면 저마다의 사물을 공간의 일정한 부분을 채우는 것으로서 정립하는가?

나　후자이지요. 각각의 사물은 부피가 일정해요.

정령　그 여러 사물은 공간의 같은 부분에 속한다고 생각하나?

나　그렇지 않아요. 그것들은 서로 배제하지요. 그것들은 서로 옆이나 위 또는 아래, 그리고 뒤나 앞에 있어요. 나에게 좀 더 가깝게, 또는 나로부터 보다 멀리 있는 거예요.

정령　그런데 어떻게 자네는 공간에서의 그 여러 사물에 대해 이처럼 측정하거나 질서를 유지한다는 생각에 다다를 수 있는가, 그것은 감각인가?

나 어떻게 그런 일이 있을 수 있겠어요. 공간 자체는 감각이 아니지요.

정령 그렇다면 그것은 직관인가?

나 그것도 있을 수 없는 일이에요. 직관은 직접적인 것으로 오류가 있을 수 없어요. 직관 속에 존재하는 것은 생성된 것으로서 나타나지 않으며, 또 나타날 수도 없어요. 그러나 나는 어떤 대상의 부피나 거리, 그리고 다른 여러 가지 대상에 대한 위치 등을 자기 나름대로 어림잡아 헤아려 측정하고, 깊이 생각하는 자기 자신을 발견하는 경우도 있어요. 그리고 우리는 본래 온갖 대상을 모조리 같은 선 위에서 나란히 놓고 보아요. 우리는 먼저 그것들이 더 멀리 있는가, 가까이 있는가를 헤아리는 법을 배워야 해요. 어린 아이는 먼 데 있는 대상을 마치 그것이 바로 눈앞에 있기나 한 것처럼 붙잡으려고 해요. 뱃속에서부터 눈이 먼 사람이 갑자기 눈을 떴다면, 이와 똑같은 동작을 할 테지요—이러한 점은 누구나 알고 있는 일이지요. 따라서 그 표상은 직관이 아니라 판단이라고 봐요. 나의 여러 가지 직관의 오성에 따른 정돈이지요*7—그리고 나는 부피나 거리 등을 헤아릴 경우에 실수할 수도 있어요. 그리고 잘못 보는 것은 시각에 따른 착각이 아니라 잘못 판단한 결과라고 생각해요. 다시 말해서 대상의 부피를, 또는 대상의 온갖 부분의 서로 간의 비례 관계에서 헤아린 부피를, 그리고 여기서 비롯되는 것이지만 대상의 참된 형상을, 또한 나와 다른 온갖 대상 사이의 거리를 잘못 판단한 것이라고 생각해요. 공간일반 속의 대상은 현실적으로 있어요. 내가 이것을 직관하기 때문이지요. 그리고 대상에서 내가 보는 색깔을 마찬가지로 현실적으로도 보며, 여기에는 절대로 착각이 있을 수 없어요.

정령 그렇다면 과연 이 판정의 원리는—나는 가장 명확하고 손쉬운 경우를 가정하려고 하네—여러 대상이 자네에게 가깝고 먼 것을 판정하는 원리는 무엇인가? 자네는 이 거리를 무엇을 기준으로 하여 말하는가?

나 물론 다른 점에서는 동질적인 여러 가지 인상이 보다 강하고 약한 것을 기준으로 하지요—나는 눈앞에 똑같이 붉은 두 개의 대상을 볼 수 있어요. 이 경우 색깔이 좀 더 분명한 대상이 나에게 더 가깝고, 색깔이 희미해 보이는 대상이 더 멀다고 느껴져요. 결국 색깔이 희미하게 보일수록 그만큼 멀리 있다

---

*7 사물의 원근을 우리 주관이 직접 받아들여 헤아린다는 뜻이다.

고 여기는 거지요.

정령　자네는 이처럼 강하고 약한 정도를 기준으로 거리를 판정하는데, 그러니까 그 강약 자체도 판정한다는 말인가?

나　물론 내가 나의 촉발태에 유의하고, 그것들에서 찾아볼 수 있는 매우 미묘한 차이에 주목할 때만 판정을 내리게 되지요—당신은 나를 이겼군요. 내 바깥에 있는 대상에 대한 의식은 모두가 나의 정확한 의식으로써 한정되어 있어요. 그리고 대상에 대한 의식에서는 늘 내 안에 있는 근거를 바탕으로 하여 내 밖에 있는 것을 추리하지요.

정령　자네는 쉽게 항복해 버리는군그래. 그럼 내가 자네 대신 나에 대한 논쟁을 계속할 수밖에 없겠군—틀림없이 나의 증명은, 대상의 부피와 거리 및 위치에 대한 참된 숙고와 반성이 이루어져서 그것을 자네가 의식할 때에만 타당할 수 있네. 그러나 자네는, 이것은 통례가 아니라 오히려 대부분은 대상을 의식하는 것과 같은 순간에 대상의 부피와 거리 등도 직접 동시에 의식한다는 것을 인정할 걸세.

나　만일 실제로 대상의 거리가 인상의 강도를 표준으로 해서만 판정된다면, 이 재빠른 판단은 이전의 숙고의 결과에 지나지 않아요. 나는 생애에 걸친 실습으로써, 인상의 강도를 빠르게 지각하고, 이 강도를 표준으로 해서 거리를 판정하는 것을 배웠어요. 벌써 이전의 작업으로써 감각적 직관 및 이전의 판단에서 나의 현재의 표상의 근원은 만들어진 것이지요. 나는 이 표상만을 의식해요. 나는 벌써 내 바깥에 있는 붉은 색깔이나 푸른 색깔 등을 파악하는 것이 아니라, 이러저러한 거리에 있는 하나의 붉은 것 또는 푸른 것을 파악하는 거예요. 그러나 나중에 덧붙인 말은 이미 그 이전에 반성에 의해 만들어진, 또는 한갓 판단의 회복에 지나지 않아요.

정령　자네는 자네 밖에 있는 사물을 직관하느냐 사유하느냐, 아니면 직관도 하고 사유도 하느냐, 그리고 서로의 감각을 얼마쯤 하느냐 하는 것이 지금 동시에 뚜렷해지지 않았나?

나　완전히 알게 되었어요. 지금 나는 내 밖의 대상의 표상이 어떻게 성립하는가를 완전히 이해했다고 생각해요,

1. 나는 나이므로 단적으로 나 자신을 의식하고 있어요. 게다가 실천적인 존재자로서, 또는 지성으로서 의식하는 거예요. 첫째 의식은 감각, 둘째 의식은

직관, 한계가 없는 공간이지요.

2. 한계가 없는 것을 나는 파악할 수 없어요. 나는 유한하니까요. 그러므로 나는 사유로써 어떤 공간을 일반적인 공간 속에서 한계를 지어요, 그리고 전자를 후자에 대한 어떤 관계 속에 두지요.

3. 이 한계를 지은 공간의 기준이 되는 것은 내 감각의 판단이지요. 이것은 어떤 원리에 의해서가 아니며 어떤 사람은 이 원리를 생각해 보고 다음처럼 말할 수 있을지도 몰라요. 즉 이러저러한 정도만큼 나를 촉발하는 것은, 공간에서 나를 촉발하는 다른 것에 대한 이러저러한 관계에 놓여져야 한다고.

정령 자네는 알고자 했네. 그러기에 매우 잘못된 길을 걷고 있네. 자네는 지식이 이르지 못하는 데서 지식을 구했네. 그리하여 모든 이해의 내적인 본질에 어긋나는 것을 이해할 수 있는 것이라고 생각해 왔네. 나는 자네가 이런 상태에 있음을 발견하고 자네를 이러한 그릇된 지식에서 해방시키려고 했지만, 그렇다고 해서 자네에게 참된 지식을 알게 하려고는 하지 않았네. 자네는 자네의 지식에 대해서 알고자 했네. 그리하여 자네가 경험한 것은—자네가 알려고 한 것, 즉 자네의 지식 자체에 대한 것 이상의 아무것도 아니었다는 사실을 알고 자네는 놀랍게 생각하는가? 그리하여 그렇지 않기를 바라는가? 지식에 의해, 또 지식에서 성립되는 것은 지식 뿐이라네. 그러나 온갖 지식은 원본을 베끼는 것에 지나지 않네. 그리고 거기서 언제나 그 표상에 어울리는 어떤 것이 요구되네. 그런데 이 요구는 어떤 지식으로도 만족될 수 없네. 지식의 체계는 필연적으로 어떠한 실재성도 의미도 목적도 없는 표상의 체계일 뿐이네. 자네는 좀더 다른 무엇을 기대했나? 자네는 자네의 내적인 본질을 바꾸어, 자네의 지식이 지식 이상의 것이 되기를 바라는가? 자네가 이미 보았다고 생각하는 실재(實在), 자네가 그 노예가 될까봐 두려워한 현재 자네에게서 독립되어 있는 감성계는 자네에게서 사라졌네. 왜냐하면 이 모든 감성계는 지식[8]으로써만 성립되고, 또 그 자체가 우리의 지식이기 때문이네. 그러나 지식은 실제가 아니네. 그것은 지식이기 때문이네. 지금 자네는 사실상 표상의 밖에 있는 실재적인 어떤 것을 구하고 있네. 그것이 정당하다는 사실도 내가 알고 있네. 그러나 이것을 자네의 지식에 의해, 또는 지식에서 만들어 내려고 하거나

---

[8] 지식—대개 의식의 인식적 방면을 말하지만 엄밀히 말하면 객관성, 보편타당성을 요구할 수 있는 판단 또는 체계를 의미한다.

자네의 인식으로 파악하려고 하더라도 그것은 헛수고에 그칠 걸세. 자네가 그것을 파악할 수 있는 어떤 다른 기관을 갖고 있지 않다면 자네는 절대로 그것을 찾아낼 수 없을 걸세. 그런데 자네는 그런 기관을 갖고 있네. 그것에 활기를 주고 열정을 주게. 그러면 자네는 가장 완전한 안식을 얻을 수 있을 걸세. 나는 자네 혼자 해 나가도록 맡기려 하네.

3. 믿음〔信〕

정령의 이야기는 나를 굴복시켰다. 두려운 정령이다. 그러나 정령은 나를 나 자신에게로 향하게 했다. 그런데 내 바깥에 있는 무엇이 나를 상심케 할 수 있다면, 대체 나는 무엇일까? 나는 정령의 충고에 따르려고 한다.

과연 나는 무엇을 요구하느냐, 나의 한스러운 마음이여, 나의 오성이 조금도 이의를 제기할 수 없는 학설 체계에 대하여 너를 격분케 하는 것이 무엇이냐.

그것은 이것이다. 나는 만일 표상이 없더라도, 지금 존재하며 전에도 있었으며 앞으로도 있을 표상 밖에 존재하는 무엇, 표상이 이것을 만들어 내지 못하고, 또 이것을 조금도 변화시키지 못하며, 오직 여기에 행하기만 하는 무엇을 바란다. 한낱 표상에 지나지 못한 것을 나는 기만이라고 간주하였다. 나의 온갖 표상은 무엇인가를 의미해야 한다. 나의 지식 밖의 그 무엇도 지식 전체에 맞서지 않는다면, 나는 나의 삶의 전체를 기만당하고 빼앗긴 것이라고 생각한다—나의 표상 밖에는 아무것도 존재하지 않는다는 것은, 자연스러운 이해력에서는 우스꽝스럽고 어리석은 사상으로, 아무도 진지하게 입 밖에 낼 수 없을 것이며, 따라서 그다지 반박할 필요도 없을 것이다. 이러한 사상은 단순한 이론만으로는 논박할 수 없는, 여러 깊은 근거를 알고 있는 판단력에서는 파괴적인 사상이라고 하겠다.

그렇다면 내가 가장 뜨거운 동경을 품은 이 표상 밖에 존재하는 것은 대체 무엇인가? 그것이 나를 누르는 강제력은 어떤 것인가? 그것이 도사리는 내 마음의 중심점은 무엇인가?

한갓 지식이 아니라 너의 지식에 따른 능동이 너의 사명이다—내가 순간이나마 나 자신을 주목하자마자 내 마음 한복판에서 이렇게 속삭인다. 너 자신을 오롯이 객관적으로 생각해 보기 위해서나, 또는 주로 감각을 생각하기 위해서가 아니라 행동하기 위해 너는 현재 존재한다. 너의 행동, 그리고 오직 그 행동만이 너의 가치를 결정한다.

진실로 목소리는 나를 표상에서, 한갓 지식에서, 지식 바깥에 존재하는 지식과 전혀 상반되는 것으로 이끈다. 모든 지식보다 더 많이, 더 높은 곳에 현존하며 지식 자체의 궁극의 목적을 자기 안에 내포하는 것으로 이끈다.

만일 내가 행동한다면, 나의 행동과 행동 방법을 알 수 있으리라. 그러나 이 지식은 행동 자체가 아니라 오직 이것을 방관할 뿐이다—그러므로 이 목소리는 내가 추구한 것을 알려 준다. 즉 지식 밖에 있는 것, 그리고 그 존재부터가 전혀 지식에 의존하지 않음을.

그렇다. 나는 이것을 직접적으로 안다. 그러나 나는 먼저 사색하여 본다. 그리하여 사색이 내 속에 일으킨 회의는 몰래 예속되어 나를 불안하게 만들 것이다. 현재 나는 이런 상태에 빠졌으니, 내가 상정하는 모든 것이 사색의 법관석 앞에서 증인이 되어야만 나는 만족을 얻을 수 있다. 그러므로 나는 내게 물어야 한다—어떻게 그렇게 될 수 있는가. 표상에서 헤어나도록 내게 명령하는, 내 안에서 들려오는 저 목소리는 어디서 비롯되었는가?

내 안에는 절대적, 그리고 독립적으로 자기 활동을 하고자 하는 충동이 있다. 다른 사람에 의해 존재하는 것처럼 참기 어려운 것은 없다. 나는 나 자신을 통해서 나 자신이 어떤 사람인지 알고 싶고, 또 어떤 사람이 되고 싶은지 깨닫고 싶다. 내가 나 자신을 깨닫는 순간 바로 이 충동을 느끼게 된다. 그리고 이것은 나 자신의 의식과 합치되어 있다.

나는 이 충동의 느낌을 사유로서 설명한다. 나는 이 충동에 따라서, 절대로 독립적인 존재자로서 행동해야 한다—나는 그 충동을 이처럼 파악하고 해석한다. 나는 독립적이어야 한다—나는 누군가. 한 사람으로서의 주관과 객관, 의식하는 사람인 동시에 의식된 사람, 직관하는 사람인 동시에 직관된 사람, 사유하는 사람인 동시에 사유된 사람이다. 이처럼 양자로서 나는 나 자신에 의해 나 자신이어야 하며, 또 나 자신으로써 개념을 내세우며, 단적으로 나 자신을 통해 개념 밖에 있는 상태를 만들어 내야 한다.

그런데 나중 것은 어떻게 가능한가? 절대 무(無)의 존재와 연관지을 수는 없다. 무로부터는 아무것도 생기지 않는다. 나를 객관적으로 보여 주는 사유는 반드시 매개적이다. 그러나 다른 존재와 연관지을 수 있는 존재는 바로 이 밖의 존재로써 규정되는 것으로, 계열을 시작하는 근본적인 존재가 아니라 파생적인 존재이다. 나는 결부되어야 한다. 그러나 나는 존재에 결부될 수는 없다.

그런데 나의 사유와 목적 개념의 제시는 그 본질상 절대로 자유이며, 따라서 무에서 사물을 만들어 내는 것이다. 만일 행동이 자유롭고 단적으로 나 자신으로부터 생기는 것이라고 보아야 한다면, 이러한 사유와 나의 행동을 연관 지어야 할 것이다.

그러므로 다음과 같은 이유로 나의 독립성을 나라고 생각한다. 나는 지성으로서의 나 자신의 절대권에 바탕하여 어떤 개념을 세우기 때문에 내게 그 절대적인 어떤 개념을 세우는 능력이 있다고 생각하며, 동시에 이 개념을 세우기 때문에 이 개념을 세울 능력도 있다고 생각한다. 그리고 이 개념을 실제적인 작용으로써 개념 밖에 나타내는 능력이 나에게 있으며 또한 단지 개념의 능력과는 전혀 다른 무엇, 실재적이며 활동적이고 어떤 존재를 발생케 하는 힘이 나에게 있는 것이다. 이러한 독립성을 그 충동에 따라서 현실적으로 내게 요구하는 것이다.

여기에 모든 실재성의 의식이 결부되는 점이 있다. 나의 개념의 실재적인 작용성과 이로써 내가 나에게 돌아가지 않을 수 없는 실재적 행동능력이 바로 이점이다. 내 바깥에 있는 감성계의 실재성이 어떤 모습을 하고 있건 관계없다. 나는 실재성을 지니고 이것을 파악한다. 실재성은 내 안에 존재하고 있다.

나는 나의 실재적인 행동력을 사유하지만 이것을 생각해 내는 것은 아니다. 자기 활동을 하고자 하는 충동의 직접적인 느낌이 이 사고의 바탕이 된다. 이 사고는 그 느낌을 모사하여 이를 자기 자신의 형식, 즉 사유의 형식 속에 넣는 것 말고는 아무것도 하지 않는다.

1

무엇이라고? 나는 알면서도 일부러 다시 자기를 속이려고 하는가? 이러한 태도는 준엄한 법정에서는 절대로 용납될 수 없다.

나는 내 안에서 다시 한걸음 앞으로 나아가려는 충동과 노력을 느낀다. 이는 진실이며, 사물의 진상을 접하고 나서 알게 된 진실이다. 나는 이러한 충동을 느끼기 때문에, 그리고 나의 모든 의식을 가지고서도, 또는 특히 느낌을 가지고서도 나 자신을 초월할 수 없기 때문에, 그리고 이러한 나 자신은 내가 그 충동을 파악할 경우에 궁극적으로 지향해야 하는 것이기 때문에 이 충동은 나 자신 속에 토대를 이루는 활동을 이끌어내는 충동이라고 생각한다. 그러나 그것은 오직 나로서는 의식하지 못하지만, 실은 나에게 보이지 않는 어떤 타력(他力)의 충동이며, 또한 그 독립성이라는 억지스러운 생각은 단지 나 자신에게 한정된 시야의 착각에 불과하지 않을까. 나는 이것을 상정할 만한 이유도, 이것을 부정할 만한 이유도 없다. 나는 이에 대하여 아무것도 모르며, 알 수도 없다는 사실을 인정해야겠다.

그렇다면 내가 거기 대하여 아무것도 알지 못하면서, 나한테서 기대하는 저 실제적인 생동력을 느낀단 말인가. 그런 일은 절대로 있을 수 없다.

위대한 정령이여, 나는 당신이 하는 말을 이제야 이해할 수 있다. 나는 이 실제성을, 동시에 아마도 다른 모든 실제성을 파악할 수 있는 기관을 발견했다. 이 기관이 파악하지 않은 어떠한 지식도 자기를 입증할 수 없다. 어떤 지식도 그 근거로서 좀 더 높은 것을 예상하며, 이 상승은 끝이 없다. 신앙이 바로 이 기관이다. 즉 우리에게 자연적으로 발생하는 견해의 자유의지적인 관점이 그것이다. 왜냐하면 우리는 이러한 견해에서만 우리의 사명을 수행할 수 있기 때문이다.

신앙이야말로 비로소 지식에 힘을 실어 주고, 그것이 없다면 하나의 착각일 수도 있는 것을 확실성과 확신의 수준으로 끌어올리는 것일 수도 있다. 신앙은 지식이 아니라 지식에 타당성을 부여하고자 하는 의지의 결심이다.

그렇다면 나는 이 어구를 언제까지나 고수하련다. 이것은 한갓 어구의 구별이 아니라 확실한 근거가 있는 참된 구별이며, 나의 모든 심정에 대하여 가장 중대한 결과를 가져오는 것이다. 나의 어떤 확신도 신앙처럼 될 수는 없다. 확신은 심정에서 비롯되는지 오성에서 비롯되는 것이 아니다. 이것을 알게 된 이상 나는 논쟁에 가담하지 않으리라, 이로 말미암아 아무것도 얻을 수 없음을 나는 예상하기 때문이다. 나는 또한 논쟁으로 미혹되지 않을 것이다. 나의 확신의 원천은 그 어떤 논쟁보다도 높은 데에 있기 때문이다.

나는 타인에게 이 확신을 합리적인 근거에 따라서 요구하지 않으려고 한다. 그리고 이러한 기도가 실패로 돌아가더라도 당황해하지 않을 것이다. 나는 내 주장을 무엇보다 나 자신을 위해 내세웠으며, 결코 남들을 위해서가 아니다. 그리고 나 자신에 대해서만 그 정당성을 증명하려고 한다.

성실하고 선한 의지를 지닌 사람은 확신도 갖게 될 것이다. 이런 의지 없이 이 확신은 도저히 생기지 못할 것이다. 이제야 비로소 이것을 알기 때문에 나는 안다—나와 타인의 수양은 의지에서 출발해야지 절대로 오성에서 출발해서는 안 된다는 것을.

의지가 확고히 서고 성실하게 선(善)을 향하기만 하면, 오성은 자연히 진리를 파악할 수 있다. 의지를 소홀히 하고 오성만을 갈고닦는다면, 따지고 캐며, 제법 현명한 체하여도 커다란 공허 속에 빠질 수밖에 없을 것이다. 그것은 영리한 것 이상의 아무것도 발생하게 하지 못한다—이제 비로소 이 사실을 알기 때문에 나는 나의 신앙을 흔들 수 있는 모든 그릇된 지식을 깨트려 버릴 수 있다.

나는 단지 사유로써 발견되고, 신앙의 토대 위에 설 리가 없는 진리는 분명히 허위요 기만을 당한 것임을 알고 있다. 왜냐하면 생각에서 얻은 한갓 순수한 지식은 마침내 우리로 하여금 아무 것도 알 수 없다는 견해로 이끌고 만다. 또 나는, 이러한 그릇된 지식은, 그것이 맨 처음 신앙으로써 그 여러 가지 전제 속에 넣은 것 이외의 아무것도 찾아 낼 수 없으며, 아마도 이러한 전제를 근거로 삼아 더욱 그릇된 추리를 계속하리라는 것을 안다.

나는 이제야 비로소 이것을 알기 때문에 모든 진리와 확신의 시금석을 갖게 된 것이다. 진리는 양심에서만 비롯된다. 양심과 양심에 따르는 가능성과 결심에 모순되는 것은 분명히 그릇된 진리이며, 이러한 것은 확실하게 믿을 수는 없다. 설령 이런 것을 조성하는 그릇된 추리를 내가 발견할 수 없더라도.

한번 이 세상에 태어난 사람들의 경우도 사정은 모두 이와 마찬가지이다. 그들은 무의식중에서나마, 그들에게 현존하는 모든 실재성을 오직 신앙으로써만 파악하게 된다. 그리고 이 신앙은 그들의 존재와 동시에 그들에게 다가오는 것으로서 그들 모두에게 타고난 것이다. 어찌 그렇지 않을 수 있겠는가.

한갓 지식 속에서는—단지 방관과 상념 속에서는, 우리의 여러 가지 표상을 필연성을 갖고 다가오는 온갖 심상 이상의 것이라고 생각할 수 있는 근거를 도저히 찾아볼 수 없다면, 대체 우리는 어찌하여 표상을 통틀어 심상 이상의 것으로 여기고 모든 표상에서 독립된 것을 그것들의 기초 위에 놓아두는가. 우리는 저마다 우리의 최초의 자연적인 견해를 넘어설 수 있는 능력과 충동을 지녔는데, 어찌하여 이것을 초월하는 사람은 이처럼 소수이며, 그들로 하여금 그것을 뛰어넘을 수 있도록 노력하는 사람에게는 생뚱맞다 싶을 정도로 저항하는가? 대체 무엇이 그들을 최초의 자연적인 견해 속에 가두어 놓는가?

합리적인 근거는 그런 것이 아니다. 그런 합리적인 근거란 존재하지 않는다. 그들이 찾아내려고 하는 실재성에 대한 관심으로 말하면 선한 사람은 주로 그것을 찾아내기 위해, 그리고 속인이나 감각적인 사람은 그것을 받아들이기 위해 이 실재성을 찾아내기를 바란다. 살아 있는 사람은 누구든 이 관심에서 떠날 수 없고, 이 관심에서 비롯된 신앙에서 떠날 수도 없다. 우리는 저마다 신앙에서 태어난다. 눈먼 사람은 희미한 신조를 맹목적으로 따라 간다. 눈뜬 사람은 눈을 뜨고 따른다. 그리고 신앙을 바라기 때문에 신앙을 갖는다.

2

보라. 자기 통일, 자기 완성, 그리고 인간적인 자연의 품격을! 우리의 사유는 우리의 충동이나 경향성에서 독립되어 그 자체 속에 따르는 것이 아니다. 인간은 병행된 두 부분으로 이루어지지 않았다. 그는 절대적으로 하나이다. 우리의 모든 사유는 본질적으로 충동 그 자체이다. 그리고 우리 개개인에게 온갖 경향성이 있듯이 그들은 저마다 인식을 달리한다. 이 충동은 우리에게 어떤 사고방식을 강요하지만, 그것은 우리가 그 강요를 미처 발견하지 못하는 동안의 일이다. 그런데 그 강요는 우리가 그것을 발견하자마자 사라져 버린다. 그리고 우리의 사유의 틀을 잡는 것은 충동 그 자체가 아니라 충동에서 자유로울 수 없는 우리 자신이다.

그러나 나는 눈을 떠야 하겠다. 나 자신을 샅샅이 알기 위해서이다. 나는 이 강요를 찾아내야 한다. 이것이 나의 사명이다. 그러므로 나는, 이 전제 아래에서 필연적으로 나의 사고방식을 이루어야 하며, 또 이루어 나갈 것이다. 이때에 비로소 나는 절대적으로 독립할 수 있으며, 나 자신으로서 완성되고 완료되는 것이다. 그 밖의 모든 내 사유와 내 삶의 근원, 내 안에서 나에 대하여, 그리고 나 자신이 있음으로써 존재할 수 있는 모든 것이 거기서부터 비롯되는 것, 즉 나의 가장 깊은 정신은 타자의 정신이 아니다. 그것은 절대로 나 자신으로서 가장 본질적인 의미에서 생겨난 것이다. 나는 나 자신의 창조물이다.

나는 나의 정신적인 자연의 이끌림에 맹목적으로 따를 수 있을지도 모른다. 그러나 나는 나 자신의 자연이 아니라, 나의 작품이기를 바란다. 그리하여 이렇게 바랐기 때문에 나 자신의 작품이 된 것이다. 나는 끝까지 지혜로운 체함으로써 내 정신의 자연적인 견해를 어지럽게 할 수 있을지도 모른다. 나는 이 자연적인 견해에 전념하고자 했기 때문에 거기에 전념했다. 내가 갖고 있는 사고방식을 나는 깊은 생각과 의도와 반성으로써 다른 가능한 사고방식 속에서 골라냈다. 나는 그것을 나의 품격과 나와 사명에 어울리는 오직 하나의 사고방식이라고 인정했기 때문이다. 나는 그 관점—거기서는 나의 자연도 나를 버렸다—에 자유로이 의식적으로 돌아갔다. 나는 또 나의 자연이 진술하는 것을 인정한다. 그러나 나는 그렇게 해야 하기 때문에 인정하는 것이 아니라, 믿으려고 하기 때문에 그것을 믿는다.

3

나의 오성의 숭고한 사명은 나를 경건한 마음으로 가득 차게 한다. 나의 오성은 무(無)에서 시작하여 무에 이르는 유희적이고 공허한 틀 속에 갇힌 사람은 아니다. 그것은 하나의 커다란 목적을 위해 나에게 주어졌다. 이 목적을 위해 나는 오성을 갈고닦으며, 따라서 이 과정은 오롯이 나의 몫이기 때문에 내 손이 그것을 요구할 것이다—어떻게 하든 그것은 내가 판단해야 하는 것이다. 나는 직접 안다. 그리고 나의 신앙은 내 의식의 이 진술을 있는 그대로 굳게 지킨다—나는 안다. 나는 또 나의 사상을 맹목적으로 터무니없이 휘젓도록 강요되는 것이 아니라, 나의 주의를 의식적으로 일깨워 이끌며, 이 대상에서 눈을 돌려 다른 대상을 주시할 수 없음을 안다. 나는 또 내가 이 대상에 관하여 제대로 이해하기까지는, 그리하여 가장 완전한 확신이 거기서 나에게 빛을 내기까지는, 이 대상을 꾸준히 밝혀 나가는 것은 오직 내 자신의 뜻에 달려 있음을 안다. 나에게 특정 사유 체계를 강요하는 것은 맹목적인 필연성도 아니며, 또한 나의 사유를 농락하는 것은 헛된 우연이 아니고, 나야말로 사유하는 사람이며 깊이 생각하기를 바라는 것에 대해서는 그렇게 할 수 있음을.

나는 지금도 성찰로써 더욱 많은 것을 발견했다. 나는 발견했다. 오직 나만이 나 자신을 통해, 나의 사고방식과 진리 일반에 대하여 내가 갖는 일정한 견해를 발견할 수 있음을. 왜냐하면 따지고 캐는 과정에서 진리에 대한 모든 감각을 잃어버리든, 신앙적인 복종으로 진리에 귀의하든 그것은 나의 뜻에 달려 있기 때문이다. 그리고 그렇게 갈고닦은 나의 사고방식과 오성은 내가 이해하고 깨닫고자 하는 온갖 대상과 마찬가지로 모두 나에게 딸린 것이다. 정당한 통찰은 하나의 공적이 될 수 있다. 나의 인식 능력을 잘못 갈고닦고, 사상의 무정부 상태에 이르며, 어둠 속을 헤매거나 오류에 빠져 신앙을 갖지 않게 되는 것은 죄악이다.

내가 언제나 나의 모든 성찰에 집중해야 할 점이 하나 있다. 즉 나는 무엇을 해야 하고 어떻게 하면 이 명령을 목적에 가장 알맞도록 실행할 수 있는가이다. 나의 사유는 모두가 내 능동에 관련되어야 한다. 그리고 이 목적을 위한 수단으로 여겨져야 한다. 그렇지 않으면 사유는 헛되고 목적이 없는 유희이자 힘과 시간의 낭비이며, 또한 고귀한 능력을 망치는 것이고, 전혀 다른 의도로 나에게 주어진 것이다.

나는 이러한 성찰을 하여 성과를 거두기를 원해도 괜찮을 것이다. 분명히 기대해도 좋다. 자연—그 속에서 내가 활동해야 할—은 나와는 관계없이 만들어진 낯선 존재이며, 나는 이 존재를 절대로 밝힐 수 없는 것은 아니다. 자연은 나 자신의 사유법칙으로써 형성되었다. 그러므로 자연은 이것과 일치되어야 할 것이다. 자연은 아마도 내가 어디서나 깊이 그리고 낱낱이 통찰할 수 있으며, 인식할 수 있고 정통할 수 있는 것이라야 한다. 자연은 어디서나 나 자신과의 관계와 교섭 말고는 아무것도 나타내지 않는다. 그리고 내가 나 자신을 인식하기를 분명히 바랄 수 있듯이 나는 자연을 규명할 것을 기대해도 좋다. 나는 좇아야 할 것을 좇을 것이다. 그리하여 나는 발견할 것이다. 나는 물어야 하는 것을 묻고자 한다. 나는 해답을 얻을 것이다.

4

나의 깊숙한 내면에서 들려오는 그 목소리를 나는 믿고, 또 내가 믿는 모든 다른 것을 그 때문에 믿고 있지만, 그 목소리는 다만 일반적으로 나에게 능동을 명령하는 것으로 그치는 것이 아니다. 이것은 불가능하다. 이 모든 일반적인 명제는 몇 가지 사실에 대한 나의 의식적인 주의와 성찰로써만 이루어지는 것이며, 결코 그 자체가 어떤 사실을 나타내는 것은 아니다.

'그것', 즉 내 양심의 목소리가 생존의 각각 특수한 상황 속에서 나에게 명령하는 것은, 이 상황 속에서 내가 해야 하는 일과 하지 말아야 하는 것의 선택이다. 내가 양심의 소리에 조심스럽게 귀를 기울이기만 하면, 양심은 나의 삶의 모든 일을 통하여 나를 따르며, 내가 행동할 때에는 가르침을 거부하지 않는다. 그 양심은 나에게 직접적인 확신을 주고, 저항할 수 없게 만든다.

양심의 소리에 귀를 기울이는 것, 성실하고 공정하게, 두려움도 느끼지 않고 잘난 체할 것도 없이 그에 따르는 것이 나의 유일한 사명이다. 이것이 나의 삶의 목적 자체이다. 나의 삶은 진리도 의미도 없는 공허한 유희에서 벗어나게 된다. 어떠한 사물은, 사실 현재 생겨나야 하기 때문에 반드시 생겨나야 한다. 어떠한 사물이란 양심이 지금 나에게, 이 상황 속에 있는 나에게 요구하는 것이다. 이것이 생겨나도록 하기 위해 나는 지금 존재한다. 이를 인식하기 위해 나는 오성을 갖는다. 그리고 이를 수행하기 위해 힘을 갖는다.

나의 표상은 양심의 이러한 명령을 통해서만 진리와 실재성을 얻는다. 나는 나의 사명을 버리지 않고서는 이것들에 대한 주의와 복종을 거절할 수 없다.

그러므로 나는, 이러한 명령이 내려지는 실재성에 대해서는 나의 사명을 거부하지 않는 한 신앙을 거부할 수 없다. 내가 그 목소리에 따라야 한다고 하는 것은, 더 이상 음미나 검토를 하지 않아도 단적으로 참이다. 그것은 첫째 진리이며, 다른 모든 진리나 확실성의 근거이다. 그러므로 이러한 사고방식에서는, 이러한 복종의 기능성이라는 점에서 그것이 참되고 확실하다고 예상되는 것은 모두 나에게 참되고 확실하다.

공간 속의 여러 현상이 내 눈앞에 나타난다. 나는 나 자신이라는 개념을 그것들에 옮긴다. 다시 말해서 나는 그것들을 나와 같은 부류의 존재자로 여긴다. 나는 사색을 거쳐서 진실로 다음과 같은 것을 배웠거나 배우게 될 것이다. 나의 밖에 있는 상상된 그들 이성적인 존재자는 다름아닌 나 자신의 표상작용의 산물이라는 것, 나는 사실상 현재, 나중에 제시된 나의 사유의 온갖 법칙에 따라서 나 자신의 개념을 자기 밖에 나타내도록 강요당하고 있다는 것, 그리고 이 여러 법칙에 따르면 이 개념은 오직 어떤 일정한 직관으로만 옮겨갈 수 있다는 것을.

그러나 내 양심의 목소리는 나에게 호소한다. 이 온갖 존재자가 그 자체로서는 무엇이든, 그대는 그들을 스스로 존재하는 자유롭고 독립된, 그대에게 전혀 의존하지 않는 존재자로서 다뤄야 한다. 그것들이 전혀 그대에게 의존하지 않고 혼자의 힘으로 여러 목적을 좇을 수 있다는 것이 이미 알려진 사실이라 전제하고, 이 여러 목적의 실행을 훼방놓지 말고 오히려 그대의 모든 능력을 다하여 차라리 이것들을 장려하라.

그것들의 자유를 존중하라. 그것들의 목적을 그의 목적과 마찬가지로 사랑으로 받아들이라—이러한 행동에 따라 나는 행동해야만 한다—이 행동에 따라, 일단 내가 나의 양심의 목소리에 따르기로 결심한 이상—나의 모든 사유는 반드시 이루어져야 한다. 그리고 이루어질 것이며, 이루어지고 있음이 틀림없다.

그러므로 나는 언제나 온갖 존재자를, 독자적으로 스스로 존재하며 목적을 설정하여 실행하는 모든 존재자라고 보아야 할 것이다. 나는 그것들을 이와 달리 볼 수 없을 것이다. 그리하여 그 사색은 헛된 꿈처럼 내 눈앞에서 사라지리라. 나는 그것들을 나와 같은 부류의 존재자라고 생각한다고 방금 이야기했다. 그러나 미리 말하면, 그것들이 처음으로 나의 이러한 것으로서 나타나는 것은 사상이 아니다. 그것은 양심의 목소리이다. '여기서 그대의 자유를 제한하라, 여기서 타자의 목적을 감찰하고 헤아려 존중하라'는 명령—이것이야말로 '여기 분명히, 참으로 독립적이고 자존적으로, 나와 같은 부류의 한 존재자가 있다'는 사상으로 비로소 풀이될 수 있다. 그것들을 이와 달리 여기기 위해 나는 먼저 양심의 목소리를 삶에서는 부정하고 사색에서는 무시해야 한다. 위에서 말한 것과는 다른 온갖 현상이 내 눈앞에 나타난다. 나는 그것들을 나와 같은 부류의 존재자로 생각지 않고 이성이 없는 사물로 생각한다. 이러한 사물의 표상이 단지 나의 상상력과 그에 반드시 따르게 되는 작용에서 전개됨을 지적하는 것은, 사색에서 조금도 어려운 일은 아니다. 그러므로 나는 이 온갖 사물을 요구와 욕망과 향유로써 파악한다. 개념을 통해서가 아니라, 오히려 배고픔과 목마름, 배부름을 통해 어떤 사물은 나에게 먹거리와 마실거리가 된다. 실은 나는, 나의 감성적인 현존을 위협하며, 또는 주로 이것을 유지할 수 있는 것의 실존을 믿도록 강요된다. 거기에 양심이 더해진다. 양심은 이 자연 충동을 신성한 것으로 만드는 동시에 제한하기 때문이다.

그대는 그대 자신과 그대의 감상적인 힘을 유지하고 연마하며 강화해야 한다. 왜냐하면 이성의 계획에서는 이 힘도 함께 예견되기 때문이다. 그러나 그대는 이것을 목적에 어울리는 쪽으로 사용하는 동시에 이런 사물들의 고유한 내적인 법칙에 어울리게 사용할 때에만 유지할 수 있다. 그리고 그대 밖에는 또한 그대와 같은 많은 이들이 있다. 그들의 힘은 그대의 힘과 마찬가지로 예견된 것으로, 그대의 힘과 같은 방법으로써만 유지할 수 있다. 나의 세계는 객관적 대상이자 나의 온갖 의무의 영역이다. 그리고 다른 것은 절대로 아니다. 다른 세계나, 내 세계의 다른 여러 성질은 나를 위해서 존재하지는 않는다. 나의 모든 능력과 모든 한정된 능력은 다른 어떤 세계를 파악하기에 충분치 못하다. 현재 나에게 존재하는 모든 것은 이러한 관계를 통해서만 현실 존재성과 실재성을 내게 요구한다. 그리고 이 관계를 통해서만 나는 그것을 파악한다. 그리고 나는 어떤 다른 현실 존재성을 지각할 수 있는 기관이 완전히 없다.

그렇다면 내가 표상하는 세계가 실제로 존재하는가 하는 물음에 대하여, 나는 다음과 같은 대답만을 근본적인, 모든 의혹을 넘어서는 대답으로써 줄 수밖에 없다. 즉 이러한 객관과 맞서고, 이러한 객관 속에 그 자신을 의무로서 나에게 나타내는 이 일정한 의무를, 나는 틀림없이 실제로 갖고 있다. 내가 표상하는 세계의 내부에서 표상하는 방법과 다른 방법으로는 표상할 수 없고, 다른 방법으로는 실행할 수 없는 의문을 갖고 있다—도덕과 관련된 자기의 사명을 생각해 본 적이 없는 사람(만일 이런 사람이 있을 수 있다면)—또는 그것을 생각한 적이 있더라도 언젠가 한번 그것을 이루려는 아주 희미한 소망까지도 품고 있지 않은 사람들이 받들고자 하는, 그들의 감성계와 그 실재성에 대한 신앙은 도덕이라는 관념에 근거를 둔 세계관을 가질 때에만 구할 수 있다. 설령 그가 이 도덕이라는 관념에 근거를 둔 세계를 자기의 의무로서 파악하지 않고 있더라도, 분명히 그의 권리의 요구로서 파악하는 것이다. 그는 자기 자신에게는 결코 요구하지 않는 것을 자기와 어울리는 다른 사람들에게는 요구하는 법이다.

우리 밖에 있다고 여기는 온갖 사물(우리가 이미 그것들에 관하여 알고 있는 한에서만 그것들은 우리와는 상대되는 것으로서 존재하며, 우리 또한 그것들과는 상대되는 것으로서 존재하는 것이다)의 작용도 아니고, 또는 우리의 구상력*1이나 사유에 의한 공허한 구상작용도 아니고, 진실로 우리의 자유와 힘, 현실적인 행위, 그리고 인간 행위의 일정한 법칙 등등의 필연적인 신앙이야말로 현재 우리 밖에 있는 실재성에 대한 의식을 모조리 입증하는 것이다. 이 실재

---

*1 구상력—경험의 도움을 받지 않고 개념의 연역으로써만 인식을 얻고자 하는 힘, 또는 현상을 개념으로부터 연역하려고 하며 사변적이고 종합적 방법으로써만 사상을 이루어 내고자 하는 힘. 칸트 이후의 피히테, 셸링, 헤겔 등의 사변철학의 특징의 하나이다.

성에 대한 의식은, 의식 자체가 하나의 신앙이다. 왜냐하면 그것은 하나의 신앙에 의거해 존재하기 때문이다. 그러나 그것은 우리의 자유와 힘에 대한 신앙에서 필연적으로 비롯되는 신앙이다. 우리는 일반적으로 행동과 그 행동 방법을 상정하지 않을 수 없다. 다시 말해서 이러한 행동의 어떤 영역을 가정하여 생각하지 않을 수 없기 때문이다. 이 영역은 우리가 접하는 그대로 실제로 현재 존재하는 세계이다. 그리고 반대로 이 세계는 이 영역 밖의 것이 절대로 아니며, 이를 넘어서 확대되는 것도 아니다.

행동에 대한 요구에서 현실 세계에 대한 의식이 비롯되는 것이지, 세계에 대한 의식에서 행동에 대한 요구가 나오는 것은 아니다. 행동에 대한 요구야말로 최초의 것으로, 세계에 대한 의식이 최초의 것이 아니다. 세계에 대한 의식은 파생적이다.

우리는 인식하기 때문에 행동하는 것이 아니라, 행동하도록 정해졌기 때문에 인식한다. 다시 말해서 실천적 이성은 모든 이성의 근원이다. 여러 존재자에 대한 이성에 근거한 모든 행동 법칙은 직접적으로 확실하다. 그들의 세계는 이 모든 법칙이 분명하기 때문에 확실한 것이다.

우리가 이 모든 법칙을 버리면, 우리는 세계와 함께, 그리고 우리 자신이 절대적인 무(無)에 침몰될 수밖에 없다. 우리는 다만 우리의 도덕성에 의해서만 이 무에서 벗어날 수 있고, 이 무 위에서 몸을 가눌 수 있다.

5

지금도 우리 인류는, 인류의 생계와 존속을 무력화시키고자 하는 자연으로부터 애써 쟁취하고 있다. 아직도 인간들의 과반수는 그들 자신, 그리고 그들 대신에 사유하는 소수자에게 생계 수단을 제공하기 위해 그 생애를 통해 고달픈 노동에 시달린다. 불멸의 정신을 소유한 인간들은 모든 노력과 그들의 모든 분발을 그들의 생계 수단을 산출하는 대지 위에 쏟도록 강요받는다. 이제야 노동자가 일을 마치고 고생한 대가로 그들 자신의 생명과 그들의 고생을 겪은 일이 지속되기를 바라고 있을 때, 적의에 찬 거친 날씨가 그들이 오랫동안 서서히 신중하게 가꾸어 온 것을 눈깜짝할 사이에 파괴하며, 부지런하고 치밀한 사나이를 죄없이 굶주림과 참혹 속으로 몰아넣은 경우가 요즘도 때때로 일어난다. 지금도 홍수와 폭풍과 화산이 여러 나라의 땅을 완전히 황폐하게 만들어 버리고, 이성적인 정신을 아로새긴 많은 작품을 제작자들과 함께 죽음과 파괴의 어지러운 혼돈 속으로 빠뜨리는 것을 자주 볼 수 있다. 지금도 병마가 인간을 빼앗듯이 갑자기 무덤으로 데리고 간다. 지금도 병마가 국운이 번영하는 여러 나라에 퍼져, 여기서 벗어난 소수의 사람들을 의지할 길 없는 신세가 되게 하고, 친지의 도움도 받지 못하고 고독 속에 머무르게 하며, 또 인간이 부지런히 쟁취하여 자기 것으로 삼은 토지를 무참하게 짓밟아 버리기도 한다. 그러나 언제까지 이런 형태가 이어지지는 않는다. 이성이 아로새겨져 있고, 그 권능을 넓히기 위해 창작된 어떠한 작품도 시대가 지남에 따라서 흔적도 없게 된다는 것은 있을 수 없다.

터무니없이 침략하고 해를 끼친 힘은, 이미 이처럼 행패를 부릴 수는 없을 것이다. 그 힘은 부활되도록 정해져 있을 리가 없다. 그것은 오직 한번의 돌발로서 앞으로는 영원히 소멸되어야 한다. 사나운 위력의 온갖 돌발 앞에서는 인간의 힘은 무(無)로 돌아가고 만다. 겁탈에 능한 태풍, 지진, 화산은 법칙에 맞게 진행되고 생기를 주는 목적에 어울리는 말과 행동에 대한 포악한 물질 덩어리의 마지막 반항일 뿐이다(저 포악한 물질 덩어리는 그 충동에 어긋나는 움직임에 따르도록 강요당하는 것이다)―그것은 우리의 지구가 이제 비로소 마무리 되어가는 성숙의 마지막 단계에서 나타나는 저항일 뿐이다. 그 저항은 점차 약해져서 나중에는 없어져야 한다. 왜냐하면 목적에 어울리는 움직임 속에는 이 저항의 힘을 되살리는 것이 전혀 존재할 수 없기 때문이다. 그 성숙은 마침내 끝나고, 우리가 살도록 예정된 집은 준공되어야 한다.

자연은 그런 신속한 움직임이 분명히 예견되고 기대할 수 있는 상태로, 그리고 자연을 지배하게 되어 있는 세력인 인간의 세력과 자연의 힘이 일정한 관계를 빈틈없이 유지하는 상태로 차츰 나아가야 한다. 이와 같은 관계가 이미 성립되고, 자연의 목적에 어울리는 성숙의 기초가 이미 확립된 한 인간의 작품 자체는 그것이 단지 현존한다는 것만으로, 그리고 그 제작자의 의도가 깃들지 않은 여러 작용에 의해 다시 자연에 영향을 미침으로써 새로운 생기의 원리를 자연 속에서 드러내야 한다. 잘 일구어진 온갖 땅은, 태곳적의 산림과 황야의 태만하고, 인간에게 우호적이지 않은 늪에 생기를 불어넣고 반감을 누그러뜨리게 해야 한다. 가지런한 여러 경작지는 부근의 새로운 삶의 충동, 결실의 충동을 공중에 널리 퍼뜨려야 한다. 그리고 태양은 건강하고 부지런하며 슬기로운 민중이 숨을 쉬는 대기 속에 가장 생기에 넘치는 햇살을 쏟아부어야 한다. 학문은 위급할 때가 되어서 떨쳐 일어난 뒤에 신중하고 냉정하게 흔들리지 않는 자연의 법칙을 밝히고, 이 자연의 모든 위력을 살펴보고 그 가능한 개발을 계획할 수 있어야 한다. 어떤 새로운 자연이 개념 속에 이루어져 생기에 넘치는 활동적인 자연에 긴밀히 적응되면 여기에 발을 맞춰 가야 한다.

이성이 자연으로부터 빼앗은 여러 인식은 시대의 흐름 속에 보존되어, 우리 인류의 공통된 오성에 새로운 인식의 기초가 되어야 한다. 그리하여 자연을 통해서 우리 인류는 그 가장 은밀한 깊은 곳을 더욱 더 파고 들어가서 통찰할 수 있어야 한다. 그리하여 얻은 온갖 발명으로써 무장된 다양한 인간의 힘은 손쉽게 자연을 지배하고 그것을 통해서 손에 넣은 정보를 평온한 가운데 유지해 나가야 한다. 인간의 신체가 그 발육과 성장과 건강 등을 위해 필요로 하는 것보다 더 많은 기계적인 노동의 소비는 조금씩 줄여 나가야 하고, 또한 이러한 노동이 무거운 짐은 되지 말아야 한다. 이성적인 존재자는 무거운 짐을 짊어지도록 정해지지 않았기 때문이다.

그러나 우리 인류 사이에 가장 두려운 무질서를 일으키는 것은 자연이 아니라 자유 그 자체이다. 인간의 가장 잔인한 적은 인간이다. 지금도 사나운 야만인 무리는 드넓은 벌판을 휩쓸고 있다. 그들은 거친 사막에서 서로 만나게 되며 상대를 살육해서 승리를 기념하는 축하연의 안주로 삼는다. 또는 국민의 법을 앞세운 문화에 의해서 마침내 야만족들이 국민으로 하나가 된 곳에서는, 국민들이 그 법과 통합이 부여한 힘으로써 서로를 공격한다. 고난과 결핍을 신경 쓰지 않고 여러 나라의 군대는 산과 들을 나아간다. 그들은 서로 상대를 만나야 된다. 이때 자기들과 같은 부류의 사람을 힐끗 쳐다보는 것이 살육의 신호가 된다. 인류의 지능이 고안해 낸 최고의 무기를 갖춘 온갖 함대는 한바다를 지나는 풍파를 가르고, 인간들은 거친 바다 가운데서 인간들을 찾아서 돌진한다. 그들은 인간을 발견한다. 그리고 자기들의 손으로 그들을 죽여버리기 위해서는 하늘과 땅이 진노해도 대수롭지 않게 여긴다. 여러 국가 자체의 내부에서—거기서는 사람들은 하나의 법률 아래서 평등한 듯이 보인다—법률이라는 존경할 만한 이름 아래 지배하는 것은 주로 권력과 책략이다. 여기에서는 싸움이 싸움으로서 선언되지 않고, 공격당한 자는 부당한 권력에 맞섬으로써 자기 방어를 할 기회조차 빼앗기므로 그만큼 비열한 양상을 띠게 된다.

몇몇 인간들은 패거리를 조직하고, 그들 다수의 동포가 무지·우매·죄악·참혹에 빠지게 된 것을 크게 소리내어 기뻐하며, 그들을 이러한 상태에 머물러 있게 하고 영원히 노예로 놓아두기 위해 그들을 더욱 깊은 나락으로 떨어뜨리며, 그들을 계몽하고 개선하려는 사람이 나타나면 그를 파멸시키는 것을 가장 중요한 목적으로 삼고도 아무렇지 않게 생각한다. 어느 곳에서든, 어떤 식으로든 개선을 꾀하고자 하면 아주 다양하고 이기적인 목적 때문에 싸움이 격렬해지게 마련이다. 그리고 가장 동떨어지고 가장 모순된 생각까지도 저마다 결합되어 서로 싸우게 된다.

선(善)은 언제나 한결 약하다. 왜냐하면 그것은 단순하고, 그 자신을 위해서만 자주 쓰일 수 있기 때문이다. 악은 한 사람 한 사람을 그에게 가장 유혹적인 약속으로써 끌어들인다. 그리고 사악한 무리들은 서로 영원한 싸움에 몸담으면서도 선의 모습을 힐끗 보기만 하면, 그들의 타락된 힘을 모아서 선에 맞서기 위해 휴전조약을 맺는다. 그러나 그들의 저항은 거의 필요가 없다. 왜냐하면 선한 자들은 여전히 오해와 과오 및 불신, 그리고 자신 속에 존재하는 자기애로 말미암아 서로 싸우기 때문이다. 그 싸움도 저마다가 최선이라고 생각하는 것을 관철하려고 서로 애쓸수록 더욱 그 정도가 심해지는 경우가 때때로 있다. 그리고 만일 결합하더라도 도저히 악에 맞설 수 없으리라고 생각되는 힘을 서로를 상대로 싸우는 데 다 써 버린다.

그리하여 한쪽이 다른 한쪽에게 너는 터무니없이 초조한 마음에서 모든 일을 너무 급히 서두르고 있다고, 성공을 거두기 위해 모든 준비를 할 때까지 참지 못한다고 비난하면, 비난을 받은 쪽은 너야말로 줏대가 약하고 비겁하여 아무것도 실행하려고 하지 않는다, 자기 소신에 어긋나기 때문에 모든 일을 그냥 내버려두려는 거냐, 네가 어떤 행동을 할 때는 끝내 오지 않을 것이다라고 되받아칠 것이다. 과연 이 둘의 말다툼이 옳은 것인가, 만일 한쪽이 옳다면 어느 쪽이 옳은가에 대하여 올바로 말할 수 있는 것은 전지자 뿐이리라.

당신은 대부분의 사람들에게 가장 필요한 것인데다 조심스럽게 다루어야 하며, 다른 모든 개량이 필요한 때에 가장 중요한 재능이 필요한 사업을 진행하고 있다. 자신의 목적을 좇아 응하여 모여든 모든 선한 사람들에게 하나가 되어 자신의 뜻에 따를 것을 요구할 때, 그들이 그것을 거부하면 좋은 일을 배신하는 것으로 받아들인다. 어떤 사람들은 같은 요구를 했을 때 거부당하면 배신을 이야기하면서 나쁘게 말한다. 따라서 사람들 사이의 좋은 의도는 그들의 뒤에 흔적을 남기지 않는 허망한 것이 되어 사라지는 것처럼 느껴진다. 그러나 모든 것들은 이러한 열망이 없는 자연의 맹목적인 기제(機制)를 통해 이루어지기에 좋게 되거나 나쁘게 될 수 있으며, 또한 영원히 사라질 것이다.

영원히 사라질 것인가? 모든 인간의 현존이 목적이 없고 의미가 없는 도박이 아니라면 결코 그렇지가 않다. 이들 야생 부족들이 언제나 야생으로 남아 있을 수는 없다. 이러한 믿음에 어떠한 영향도 줄 수 없는 운명을 타고났으며, 거짓된 인간성의 본질을 넘어설 수 있는 온전한 인간성의 개발을 위한 모든 재능을 갖추었을 뿐만 아니라 본성을 완전히 충족시키는 종(種)을 결코 사람들이 뜻대로 만들 수는 없다. 그 야생 부족들은 강력하고 교육을 받았으며, 당당한 세대의 조상이 될 운명을 타고 났을 뿐만 아니라 이성으로 충만한 세계 속에서 이러한 존재의 가능성을 생각한다거나 존재의 목적을 인식할 수 없다. 야생 부족들은 이미 교화되었기에 교화될 수 없으며, 새로운 세계의 교양을 갖춘 사람들은 그들의 후손이다. 교육이 인간 사회에서 자연스럽게 발달되었는지, 아니면 가르침과 본보기를 통해서 바깥에서 왔는지를 헤아림으로써, 그리고 초인적인 가르침 속에서 모든 인간 문화의 근원을 찾는다. 그러한 방법을 통해서 이전의 야생 부족들이 어떻게 문명 부족이 되었는지는 알 수 있을 것이며, 지금의 야생 부족들은 점차적으로 보호를 받게 될 것이다.

그러나 그들은 교육받은 사람들이 현재 억압받고 있는 초기의 순수한 감각적인 문화가 겪은 것과 똑같은 위험과 부패를 겪게 될 것이다. 그러나 그렇게 함으로써 그들은 인류 전체와 연합하게 될 것이고, 같은 몫으로써 진보에 참여할 수 있다.

하나가 되는 것은 우리 인간의 운명이며, 모든 분야에서 계속해서 자신들을 잘 알게 되고, 똑같은 방법을 통해서 교화된 인간이 될 것이다. 자연, 심지어 인간의 열정과 사악함까지 처음부터 이 목적과는 어긋나는 쪽으로 인간을 내몰았고, 이미 먼 길을 지나왔다. 그리고 이러한 조건이라면 인간들이 살아 있는 동안에 이렇게 공동체가 진보할 수 있을 것으로 예상할 수 있다. 만약 사람들이 오롯이 도덕적으로 순수하다면 그들의 역사에 대해서는 묻지 마시오! 그들은 널리 퍼져 있고, 포괄적이며, 자신의 생각을 강력하게 드러낼 수 있을 정도로 발전했는데, 그러나 현실 상황 때문에 자신의 생각을 좋은 쪽으로만 적용할 수는 없다. 만약 고대 미학 교육이 현대 미학 교육보다 시작부터 앞섰던 것이 아니었는지를 그들에게 물어보라! 그럴 때 남부끄러운 대답을 들을 수 있을 것이니, 이러한 관점에서 본다면 인간은 시간이 지나면서 앞으로 나아갔다기보다는 뒤로 물러난 듯이 보인다. 그러나 만일 당신이 그들에게 물어본다면 이 이야기는 과거 어느 때부터 많은 개인들이 교육을 받는 지금 이때까지 널리 퍼져 나갔을 것이고, 역사가 시작되어 오늘날 우리 시대에 이르기까지 문화의 몇 가지 분명한 요점이 그 중심부로부터 주위로 널리 퍼져나갔다는 사실을 확실하게 찾아내게 될 것이며, 따라서 이러한 교육은 차례대로, 한 민족에서 시작해서 다른 민족들에게도 퍼져 나가는 식으로 끊임없이 더 널리 퍼뜨려야 하는 끝없는 과정을 거쳐야 하는 인류의 첫 번째 목표였다. 이 목표를 이룰 때까지는, 또한 지나온 시대와 대비되는 현 시대의 구조(構造)가 사람들이 사는 지구 전체에 보급될 때까지는, 그리고 우리 인류가 아무런 제한 없이 서로 의사소통을 할 수 있어서 한 국가가 다른 국가와 연대함으로써 마땅히 세계의 안녕을 기다려야 했을 것이나, 오로지 자신만의 안전을 위한 동맹을 맺는 과정에서 빚어진 희생 때문에 수세기 동안 세계는 눈에 띄게 정체되거나 몰락했다. 이는 첫 번째 목표를 이루고 난 뒤에 지구 한쪽 끝에서 일어난 쓸모가 있는 모든 일이 곧바로 끊임없이 지구 전체로 알려지고 전달되었더라면 결코 정체되거나 쇠퇴하는 일 없이 인류는 공동체의 힘으로써 한 걸음 더 앞으로 나아갈 수 있었을 것이나, 그것에 대한 이해가 모자랐다.

그런 이상한 연대는 안으로는 국가주의라고 일컫는, 이성에 어긋난 새로운 연대를 낳았는데 시간이 지나면서 여기에 맞서는 저항이 이어지면서 국가주의는 누그러졌다. 다양한 권력의 상호 연대와 끊임없는 확대, 널리 받아들여지면서 단단하게 자리 잡은 형식, 지배계급들이 아무런 제한을 받지 않고서 누리는 그들만의 특권 등을 통해서 지배계급의 범위가 확장된 것이 아니라 권력이 확장되었다. 탐욕스러운 그들은 대대로 권력을 확장하려 들 것이고, 이 정도면 충분하다고 말을 할 일은 결코 없다. 마침내 지배계급의 억압이 가장 높은 정도에 다다라 더 이상 참을 수 없게 되었을 때 수세기 동안 쥐 죽은 듯이 지내던 사람들이 들고일어날 것이다. 그들은 모든 사람들을 똑같이 대하는 것을 마뜩잖게 여기는 사람들에게 더 이상 참지 않을 뿐만 아니라 그대로 있지도 않을 것이다. 서로에게 가하는 폭력과 새로운 억압으로부터 자신들을 지키기 위해서 그들은 서로에게 똑같이 의무를 지라고 요구할 것이다. 그들의 약속은 모든 사람들이 스스로 결정하는 것으로서, 그 결정은 어떤 것에 종속된 것, 그들을 괴롭힐 고통, 스스로가 맞게 될 운명 따위도 아니다. 아무도 지킬 수 없는 이러한 약속을 지키라는 당당하지 못한 요구를 할 것이 아니라 그것을 모든 사람들이 참고 견뎌야 한다는 것을 두려워해야 한다.

연합한 영주들이 자신들이 거느리고 있는 수많은 노예 무리들에게 내리는 명령과는 전혀 다른 입법이라는 명분 아래에 이루어지는 이러한 약속들은 반드시 바르고 옳은 것이어야 할 것이며, 모든 개인이 자신의 안전을 돌보기 위해서는 다른 모든 사람들의 안전에도 관심을 가지는 것과 아울러 예외 없는 보호를 강제로 규정하는 진정한 국가를 세워야 하고, 그런 과정을 거쳐서 이루어진 합의에 따르면 그가 다른 사람에게 끼치고자 하는 손상은 그 사람에게 가해지는 것이 아니라 자기 자신에게 되돌아오는 결과를 낳게 된다.

이러한 진정한 국가를 세우는 것이나, 진정한 국가라고 하는 외국과의 전쟁을 통해 정신의 평화를 이루어 낸다는 근거를 함께 세울 가능성은 분명히 가로막히게 된다. 자신만의 이익이나, 심지어 자신의 시민을 위해서라면 부정(不正)이나 도둑질, 폭력이 발생하는 것도 상관하지 않으며, 법으로 규정된 범위 안에서 부지런하게 일을 하는 것 이외의 불로소득의 가능성을 인정하지 않으며, 모든 국가는 이웃국가 국민들에게 해를 끼치는 것을 어떤 경우에도 엄격하게 금지하고, 정당하게 보상하도록 하며, 그 국민이 당한 것과 똑같이 가혹하게 처벌한다. 이웃국가의 안전에 관한 이러한 법률은 도둑의 국가가 아닌 모든 국가에 필요하다. 그래서 이 때문에 한 국가가 다른 국가에 정당한 불만을 털어놓는다거나 민족들 사이에서 있을 수 있는 정당방위에 찬성하는 운동의 가능성까지 완전히 사라지게 된다.

그러나 국가와 국가 사이에서 끊임없이 이어지는 직접 충돌이 모두 전쟁으로 이어지는 것은 아니다. 대체적으로는 한 국가의 개별 국민들과 다른 국가의 개별 국민들 사이의 이해관계가 있을 뿐이며, 오직 그 국가의 국민만이 그 국가의 국법을 어길 수 있다. 그러나 이러한 법위반을 그 자리에서 바로 잡게 되면 모욕을 당한 국가는 만족하게 된다. 그러한 국가에는 법을 어기는 국민도 없거니와 침해될 야망도 없다. 어떠한 공무원도 다른 국가의 내정에 간섭할 수 없지만, 자기 자신에게 이득이 되는 쪽으로 영향력을 행사함으로써 언을 수 있는 이익이 없더라도 내정간섭의 유혹에서 자유로울 수는 없다. 하나의 국가가 이웃 국가를 약탈하기 위한 전쟁을 일으키는 것을 마음대로 결정할 수는 없다. 그러나 모든 것이 평등한 상황에서 그 약탈이 소수를 희생양으로 삼는 것이 아니라 사람들에게 저마다의 몫을 나누어 주어야 하는 상황에서 벌어진 것이라면 전쟁에서 비롯된 어려움은 더 이상 어떠한 값어치도 없는 것이 될 것이다. 약탈 전쟁을 통해서 압제자들이 얻을 수 있는 것이 많지 않고 외려 불리해지게 되는데다 수고를 끼치고 비용이 들게 되며, 수많은 노예병사들만 희생되는 경우는 가능성이 있고 이해할 수 있다. 국력이 비슷한 국가는 국가와 국가 사이의 전쟁을, 오로지 전쟁을 통해서 부(富)를 쌓고자 어리석은 짓을 부추기는 이방인이나 야만족, 또는 주인들 때문에 약탈을 해야 하는 처지로 내몰린, 그들 자신은 결코 어떠한 것도 누릴 수 없는 노예족들은 전쟁을 두려워하지 않는다.

　모든 개별 국가가 문화와 예술을 통해서 강해지는 것은 분명하다. 후자는 연대를 통해서 스스로를 강하게 만들고, 그것은 모두에게 이익으로 돌아온다. 어떠한 자유국가도 정복한 이웃국가 국민에게 자기 국가의 법률을 받아들이라고 강요할 수는 없으며, 그것을 내세워 이웃국가의 평화를 끊임없이 위협할 수 없다. 모든 자유국가는 자신들의 안전이 걱정된다는 이유로 이웃국가 국민들에게 모든 것을 자유국가와 똑같은 수준으로 바꾸라고 강요할 수도 없으며, 자신들의 이익을 위해 야생 부족과 노예족, 그 주변 족속들에게 문화에 바탕을 둔 통치와 자유를 보급하고자 하지만, 그들은 머지않아 이웃한 야생 부족이나 노예족들처럼 예전 처지로 되돌아가게 될 것이다. 최근에 한때는 자유로웠던 국가들에게도 그와 똑같은 일이 일어나고 있다. 이렇게 한 국가가 세워지고 시간이 지난 다음에야 참된 문화와 자유를 누리는 자유국가가 되고, 지구 전체가 점차적으로 평화를 누리게 된다. 그리고 국내에서, 그리고 국민들 간의 관계 소통을 통한 유일한 적법성과 국가의 평화 전반을 아우르는 튼튼한 법률 제도가 성립된다. 참된 해방인 제1국민의 해방은 지배를 하는 계급들이 지배를 받는 계급들을 날이 갈수록 더 강하고 끊임없이 억누르는 결과를 낳고, 마침내 두 계급은 서로를 적으로 대하게 된다. 이는 그 계급에게는 뜨거운 애정인 동시에 속임수가 될 수도 있다는 경고를 보내는 것에서 한 걸음 더 나아간 것으로, 이러한 유일하고도 참된 국가 내부에서는 사람들이 스스로의 이성에 근거한 결심으로써 악한 짓을 할 수 있는 모든 유혹과 가능성을 현명하게 아주 끊어낼 것이며, 자신의 의지를 되도록 좋은 쪽으로 이끌도록 충분히 장려할 수 있다.

6

악을 악이라고 해서 좋아하는 사람은 없다. 그는 오직 악이 자기에게 약속하는 이득을 좋아하고, 악은 이런 것을 주로 그에게 제공한다. 이러한 상태가 이어지는 한, 다시 말해서 악에 상(賞)이 걸려 있는 한 인간 일반의 근본적인 개선은 바라기가 어렵다. 그러나 시민법—마땅히 있어야 할 것이 있고, 이성으로써 요구되며, 사상가가 그것을 오늘에 이르기까지 아무데서도 발견하지 못했지만 쉽사리 말할 수 있고, 참으로 자기 자신을 해방시킨 최초의 민족 사이에 반드시 제정되리라 생각되는 시민법—이런 법 아래에서 악은 이익을 가져오지 않고 오히려 틀림없이 손실을 가져오게 마련이다. 그러므로 자기애 때문에 부정행위를 저지르는 것은 오직 자기애를 통해서 억제해야 한다. 이러한 국가의 확실한 조직에 따르면 남을 압제하거나 희생시켜 자기 배를 불리는 것은 무익한 일이며, 또한 그때는 모든 노력이 물거품으로 돌아갈 뿐만 아니라 이 모든 행위는 그 행위자에게로 돌아오게 마련이고, 그가 타인에게 주려고 한 해악은 반드시 그 자신에게로 간다. 그가 살고 있는 나라 안팎에서, 온 지구상에서 그가 만나는 사람을 모욕하면 그는 반드시 벌을 받게 된다.

그러나 단지 악을 결의하기 위해 악을 결의하는 사람이 앞으로 나타나리라고는 예상할 수 없다. 설령 그가 이것을 실행할 수 없고, 또 거기에서 비롯되는 것이 그 자신의 손해 이외의 아무것도 아니라 하더라도. 또한 악을 저지르기 위해 자유를 행하지 않으며, 인간은 그들의 이러한 자유를 완전히 버리고 참을성 있게 전체라는 커다란 기계의 수동적인 한 바퀴가 되든, 아니면 자유를 선으로 행하든 어느 하나를 택해야 한다—그리하여 이렇게 마련된 기반 위에서만 선은 쉽사리 번영할 수 있다. 이기적인 의도가 사람들 사이를 갈라놓을 수 없고, 사람들의 힘을 그들 사이에서 일어나는 싸움에 모두 다 쓸 수 없게 될 때 사람들에게 남은 것은, 그들의 단결된 힘을 아직도 그들에게 남아 있는 하나뿐인 공동의 적인 야생의 자연을 향해 사용할 수 있을 뿐이다. 그들은 사사로운 목적으로 대립하지 않고 하나뿐인 공동의 목적을 위해 뭉치게 되면서 하나의 조직체가 생긴다. 그리하여 하나의 정신과 사랑이 조직체 곳곳에 생기를 불어 넣는다. 개인의 손실이 다른 개인의 이익이 될 수 없으므로 모두의 손실이며 각 성원의 손실이다. 그러므로 모든 성원은 같은 고통을 느끼고 같은 활동으로써 보상한다.

여기에서는 개인들의 작고 비좁은 자기가 법으로써 보존되므로 저마다 다른 사람을 참된 자기 자신이자 하나의 커다란 자기 성분으로서, 다시 말해서 그가 아직도 사랑해야 할 하나뿐인 것이지만 그 성분에 지나지 않아 이득이나 손실을 다만 전체와 함께 나눌 뿐인 저 커다란 자기의 성분으로서 사랑하게 된다. 여기서는 선과 악의 다툼은 없다. 왜냐하면 악은 성장할 수 없기 때문이다. 선한 이들 사이에서 벌어지는 다툼은 물론 선한 일에 관한 다툼까지도 없어진다. 그들은 선 그 자체가 선이기 때문에 사랑하고 선을 행한 자로서의 자기들을 위해 사랑하지 않는 경우가 흔하기 때문이다. 그리고 그들에게는 다만 선이 생기는 것과 진리를 발견하는 것, 그리고 하나뿐인 행동을 하는 것만이 문제될 수 있다. 왜냐하면 그것이 다른 사람을 통해서 생기는 경우는 없기 때문이다. 여기서는 저마다가 자기의 힘을 다른 사람의 힘에 연결시키고 종속시킬 마음의 준비가 언제나 되어 있다. 모든 사람들은 판단에 따라 최선의 일을 가장 슬기롭게 행하는 사람을 지지할 것이다. 그리고 그 성공을 똑같이 즐거움으로써 받아들일 것이다.

7

이것은 이성이 우리에게 설정하고 그 확실한 달성을 보장하는 우리 지상의 삶의 목적이다. 이것은 우리의 힘을 위대한 것으로 갈고닦기 위하여 노력해야 하지만, 현실에서는 경우에 따라 단념해야만 하는 목표가 아니다. 그것은 당연히, 그리고 반드시 현실로 만들어야 하는 것이다. 이 목표는 진실로 감성계가 있고, 또한 이성적인 인류가 시간 속에 있는 한 정해진 시간 안에 이루어 내야 한다. 이성적인 인류에게는 이 목적 밖의 어떤 진지한 것, 이성적인 것도 사고의 대상이 될 수 없으며 또 그들의 현존을 다만 이 목적을 통해서만 이해될 수 있다.

무릇 인간의 삶이, 가련한 인간들에게서 끊임없이 멀리 떠나는 것을 통해 그들의 끝없는 싸움과 노력, 그들의 손에서 다시 빠져나갈 나쁜 정령에 대해 언제나 되풀이되는 갈망, 그리고 돌고도는 원둘레 위에서 되풀이되는 그들의 방황 등등으로 스스로 즐기고, 터무니없고 상식을 벗어난 말을 일삼는 그들의 태도를 비웃기 위해 변하지 않는 것에 대한 끊임없는 노력을 그들의 마음 속에 심어 놓은 어떤 독한 마음을 품은 정령을 위한 연극으로 만들지 말아야 한다면, 그리고 지혜로운 이가 마침내 이 연극을 알아차리고, 이 연극 속에서 자기 역할을 계속하는 것에 분노해서 삶을 버리는 일이 없고, 또 이성에 눈뜨는 순간이 지상의 죽음의 순간이 되어서는 안 된다면 그 목적은 마땅히 이루어져야 한다. 오, 그것은 삶은 삶으로써 목적을 이룰 수 있다. 왜냐하면 이성은 삶을 나에게 명령하기 때문이다. 그 목적은 이룰 수 있다. 왜냐하면 내가 살아 있기 때문에.

8

그런데 앞으로 그 목적이 그대로 달성되어 인류가 목표에 다다랐을 때 인류는 무엇을 해야 하는가? 그 상태보다 좀 더 높은 상태는 지상에 존재하지 않는다. 비로소 이 상태에 다다른 인류가 할 수 있는 일은, 이 상태에 머물러 이것을 분명히 굳게 지키며 죽은 뒤에 자손을 지상에 남기는 일뿐이다. 이 자손이 또한 그들이 이미 한 것과 같은 일을 하고 나서 마찬가지로 자손을 남길 것이다. 그리고 그 자손 또한 같은 일을 할 것이다. 이리하여 인류는 그들의 궤도 위에 머물러 있게 될 것이다.

그러므로 그들이 지상에서 이루어 낸 목표는 그들의 마지막 목표일 수 없다. 이 지상의 목표는 이해할 수 있고, 다다를 수 있으며, 그리고 마침내 다다른 것이다. 우리는 앞선 세대를 마지막의 완성된 세대를 위한 수단으로 생각해도 무방하다. 그러나 '그런데 대체 이 마지막의 완성된 세대는 왜 존재하는가?' 하는 진지한 이성의 앞선 반문에서 자유로울 수 없다.

사실상 인류가 지상에 현존하는 이상, 인류는 물론 이성을 거스르는 현존이 아니라 이성에 충실한 현존이라야 하며, 그들은 지상에서 될 수 있는 모든 것이 되어야 한다. 그런데 대체 인류는 왜 현존해야 했던가? 그리고 왜 인류는 무(無)의 자궁 안에 머물러 있지 않았던가? 이성이 인간을 위해 있는 것이 아니라, 인간이 이성을 위해 존재하는 것이다. 자기 자신을 통해 이성을 만족시키지 못하고, 또 이 모든 물음을 해결하지 못하는 인간은 참된 존재일 수 없다. 그리고 양심의 목소리로써 그 진술에 이의를 제기해서는 안 되며, 묵묵히 거기 복종해야 할 이 양심의 목소리로써 명령된 여러 행위는 인류의 현실적 목적을 이루기 위해 유일한 수단이 되는가? 나는 온갖 행위를 이 목적과 서로 연관시킬 수밖에 없으며, 또 내가 그것들에 대하여 이런 의도 말고 어떠한 의도도 가져서는 안 된다는 것은 더 말할 필요가 없다.

그런데 대체 나의 이 본뜻은 언제 이루어지는가? 최선의 일이 이루어지기 위해서는 이것을 이루어내고자 하는 욕망 말고 아무것도 필요하지 않은가? 선한 결의는 이 세상에서 완전히 사라지고, 그 밖의 결의는 그것이 결의되었을 때 품은 목적을 방해하는 것처럼 보이기까지 하지 않는가?

이와 달리 인간이 갖는 가장 경멸해야 할 격정과 사악과 그릇된 행위는 악을—만일 그 악에서 선이 비롯되는 경우가 있더라도—행하기를 원치 않는 정의의 인사의 노력보다도 분명히 매우 큰 선을 가져온다. 그리고 세상의 최고선(最高善)은 인간의 모든 덕, 또는 사악에서 완전히 독립하여 그 자신의 법칙에 따라서 눈에 보이지도 않고 알려지지도 않은 어떤 힘으로써 성장하고 번성하는 듯이 보인다. 마치 온갖 천체가 인간의 모든 노력에서 독립되어 그들의 지정된 궤도 위를 운행하는 것처럼.

그리고 이 힘은 인간의 모든 선한 의도나 악한 의도를 그 자신의 좀 더 높은 계획 속으로 함께 앗아가며, 다른 여러 목적을 이루기 위해 꾀한 것을 모조리 그 자신의 목적을 위해 쓰는 듯이 보인다.

그러므로 현실에 충실한 목표의 달성이 우리의 생존의 의도일 수 있고 동시에 이성에게는 아무런 물음을 남기지 않더라도 이 목적은 적어도 우리의 목적이 아니라 저 알려지지 않은 힘의 목적일 것이다. 우리는 이 목적을 어떻게 촉진해야 할지 전혀 모른다. 우리에게 남은 것은 우리 행위로써 저 힘에 어떤 소재를 제공하는 것과, 이 소재를 목표에 비추어 가공하는 것은 그 힘에 맡길 수밖에 없다.

우리는 우리와 관계없는 것을 위해 수고하지 않고 그때그때의 정세에 맡기고 살며, 결과를 조용히 그 힘에 맡기는 것이 최고의 지혜가 될 것이다. 우리의 가장 깊은 도덕 법칙은 공허하고 쓸데없는 것이 될 것이다. 그리고 이 도덕과 관련된 법칙은 현실에 충실한 생활을 누리는 것 이상의 능력도 없고, 보다 높은 것이 되도록 정해지지도 않은 존재자에게는 전혀 알맞지 않게 될 것이다.

우리는 자기와 일치하기 위해 그 도덕 법칙의 목소리에 따르기를 거부하고, 이 것을 우리 속의 어리석은 망상으로 억눌러야 한다.

9

아니, 나는 반드시 그 목소리에 따르기를 거부하지 않을 것이다. 나는 오직 그것이 명령하기 때문에 그것에 복종하려고 한다. 이 결심은 내 정신의 첫째 가는 것, 최고의 것이며 다른 모든 것은 여기로 향하지만 그 자신은 다른 것 으로 향하지 않고, 또 다른 것에 의존하지 않기를 바란다. 그리고 이 결심은 내 정신적인 삶의 가장 깊은 원리이기를 바란다.

그러나 오직 결심을 통해 이미 어떤 목적을 앞세운 이성에 충실한 존재자로 서의 나는 어떤 무엇을 위한 것도 아니요, 또 어떤 무엇도 목적으로 삼고 행 동할 수는 없다. 만일 내가 그 복종을 이성에 충실한 것이라고 인정해야 하고 나에게 그대로 따르기를 명령하는 것이 실제로 나의 본질을 이루는 이성이며, 나 자신이 하나의 거짓, 또는 어디선가 던져진 망상이 아니라면 이 복종은 아 무래도 어딘가 쓸모 있는 결과를 가져올 것이다. 그러나 그것은 지상 세계의 목적을 위해서는 쓸모가 없을 것이다. 그러므로 그것이 그 목적에 쓸모 있는, 현실을 넘어선 세계가 존재해야 한다.

10

내 눈에서 미혹의 안개가 사라지고, 나는 새로운 기관을 얻는다. 그리고 새 로운 세계가 나의 이 기관에 나타난다. 이 세계는 오직 이성의 명령으로써만 나에게 나타나며 오직 이것만이 나의 정신과 연결된다. 나는 이 세계—나는 감성에 충실한 관찰에 의해 제한되므로 무엇이라고 짚어서 일컬을 수 없는 것 을 이렇게 불러야 한다고 생각한다.

만일 우리의 모든 의도가 인류의 지성에 충실한 어떤 상태를 만들어 내는 데 있다면, 우리 외부의 힘을 규정하는 분명한 기구가 필요하게 될 것이다. 그 리고 우리 자신은 기계 전체에 잘 들어맞는 바퀴 이상의 것이 될 필요는 없다. 이렇게 되면 자유는 아무런 도움이 되지 않을 뿐만 아니라 목적에 어긋나는 것이 될 것이며, 선한 의지는 전혀 쓸모가 없게 될 것이다. 세계는 말할 수 없 이 옹졸하고 비겁하여 낭비를 거듭하면서 먼 길을 돌아 그 목표로 나아가게 될 것이다.

강대한 세계정신이여, 그대는 차라리 우리에게서 이 자유를 빼앗아 우리가 그대의 계획을 위해 움직이기를 강요했더라면 좋지 않았겠나! 그렇게 했던들 그대는 가장 짧은 거리를 지나서 목표에 이를 수 있었을 것이다. 이런 손쉬운 이치는 그대 여러 세계의 주민들 중에서 가장 어리석은 사람이라도 이해할 수 있을 것이다. 그러나 나는 자유이다. 그러므로 거기서 자유가 전혀 쓸모없고 목적을 잃어버린 이러한 인과관계가 나의 모든 사명을 다 할 수는 없다. 나는 자유를 누려야 한다. 왜냐하면 그것은 기계적인 행동이 아니라 주로 명령을 위한 자유의 자유로운 정의(定義)─양심의 내면적인 목소리는 우리에게 이렇게 말한다─만이 우리의 참된 가치를 구성한다. 법칙이 나를 구속하는 사슬은 살아 있는 정신을 속박하기 위한 사슬이다─법칙은 죽은 기구를 지배하는 것을 경멸한다. 그리하여 주로 살아 있는 것, 스스로 활동하는 것으로 바뀐다. 이 법칙은 이런 복종을 요구한다. 이 복종은 쓸모가 없는 것일 수 없다.

<h2 style="text-align:center">11</h2>

여기에서 영원한 세계는 한층 더 분명히 내 앞에 나타나며, 그 질서의 원칙은 내 정신의 눈앞에 뚜렷하다. 이 영원의 세계에서는 오직 내 마음과 뜻의 은밀한 어둠으로 말미암아 죽어야 할 눈에서 가려져서 존재하는 것 같은 의지만이 온갖 정신의 보이지 않는 나라를 스쳐가는 여러 연속된 결과의 하나이다. 마치 지상 세계에서 행동, 즉 물질의 어떤 운동이 물질의 모든 체계를 꿰뚫고 흐르는 물질적 연쇄의 하나가 되듯이 의지는 이성계가 작용하는, 살아 있는 것이다. 마치 운동이 감성계에서 작용하는, 살아 있는 것이듯.

나는 정반대되는 두 개의 세계─눈에 보이는 세계(거기에서는 의지가 결정한다)─의 중간지점에 서 있다. 나는 이 두 세계에 대하여 온갖 원동력의 하나이다. 나의 의지는 이 두 세계를 파악한다. 이 의지는 이미 그 자신이 감성을 넘어선 세계의 요소이다. 마치 내가 어떤 결심으로써 의지를 움직이는 것처럼, 나는 이 세계의 무엇인가를 움직이고 또 변화시킨다. 그리고 작용하고자 하는 나의 의지는 전체에 흘러들어 현재 존재하고 만들 필요가 없는 새로운 것, 영원히 이어지는 것을 낳게 된다. 이러한 의지가 움직여 물질과 관련된 행동이 되고 이 행동은 감성계에 속한다. 그리고 감성계에서만 그것이 창조할 수 있는 것을 만들어 낸다.

나는 지상의 세계와의 연관에서 자유로워진 뒤에 비로소 지상을 넘어선 세계에 들어가는 것이 허용되는 것은 아니다. 나는 지상의 세계 안에서보다 훨씬 진실하게 이미 현재 지상을 넘어선 세계 속에 살고 있다. 현재 그 세계는 나에게는 하나뿐인 확고한 발판이며, 내가 이미 차지한 영원한 삶은 내가 지상의 삶을 앞으로도 이어가야 하는 까닭을 알려 주는 하나뿐인 근거이다. 사람들이 천국이라고 부르는 것은 무덤 저쪽에 있지 않다. 그것은 이미 우리의 이 자연 주변에 널려 있으며, 그 빛은 모든 깨끗한 마음 속에 나타난다.

나의 의지는 나의 것이다. 그 하나만이 온전히 나의 것이며, 오롯이 나 자신에게 달려 있다. 의지로써 나는 이미 자유와 자기 자신이 이성에 충실한 활동을 하는 나라의 일원이 된다. 내 의지—내가 이 티끌 세상에서 이 나라에 관여하는 오직 하나—의 어떤 한정이 이 나라의 질서에 알맞은 것인가 하는 점은, 내 양심이 순간마다 그 세계가 끊임없이 나를 받쳐 주고, 나와 결합하는 유대가 내게 말해 준다. 그리고 명령된 한정을 나에게 주는 것은 오직 내가 하기 나름이다. 그때 나는 이 세계를 위해 나 자신을 만들어 낸다. 따라서 이 세계의 일원을 만들어 내면서 이 세계에서, 그리고 그것 때문에 일하는 것이다. 나는 이 세계에서, 그리고 여기에서만 동요가 없고 의혹이 없으며, 확고한 규칙에 따라 내 목적을 좇는다. 나는 여기서 성공을 확신한다. 왜냐하면 이 경우에 어떤 가로막는 세력도 내 의지를 훼방하지 않기 때문이다. 내가 감성계를 위해 힘쓰는 까닭은 다만 그 다른 세계를 위해서이며, 또한 나는 이 세계를 위해 적어도 활동할 것에 의지할 때만 비로소 다른 세계를 위해 행동할 수 있다.

12

나는 나의 사명에 대한 이러한 전혀 새로운 견해에 이르러 머무르고 싶다—현재의 삶이 나와 인류의 생존의 모든 의도라고는 도리상 생각할 수 없다. 내 안에는 '어떤 무엇'이 있다. 그리고 나에게 어떤 무엇이 요구된다. 그 어떤 무엇이란 절대로 이 삶 전체 속에 적용되지 않고 지상 최고의 것에 대해서도 목적하는 바는 아예 없고, 있다고 해도 쓸모가 없다. 그러므로 인간은 이 삶을 넘어서서 존재하는 어떤 목적을 가져야 한다.

그러나 그럼에도 현재의 삶은 인간에서 주어졌으며, 또한 이미 눈뜬 이성은 현재의 삶을 유지하고 최고의 목적에 있는 힘을 다하여 촉진해야 한다고 명령하므로, 오직 이성을 발전시키는 것만이 사명일 수는 없지만—이 삶이 우리 생존의 과정에서 아무 짝에도 쓸모없는 것이 아니라면, 적어도 그것은 미래의 삶이라는 관점에서 목적의 수단이어야 한다.

그런데 선한 의지 말고는, 이 현재의 삶에는 마지막 결과로서 이 지상에 머물지 않는 어떤 것도 존재하지 않으며, 또 현재의 삶에 미래의 삶과 관련될 수 있는 어떤 것도 존재하지 않는다.

그러나 이 세계의 원칙에 따르면 선한 의지는 이 세계에서는 아무 소용도 없다. 선한 의지는 다만 어떤 다른 삶을 위해, 그리고 거기에 비로소 세워야 할 가장 가까운 목표를 위해 힘이 될 수 있고, 또 힘이 되어야 한다. 이 선한 의지의 눈에 보이지 않는 결과야말로 우리가 다른 삶 속에서 비로소 확고한 발판을 얻어 여기서 출발하여 다시 그 삶 속에서 발전을 거듭하게 되는 것이다.

13

우리의 선한 의지 자체로써 어떤 결과를 가져야 한다는 것을 이미 이 세상의 삶 속에서 알게 되었다. 왜냐하면 이성은 목적이 없는 것은 절대로 명령하지 않을 테니 말이다. 그런데 그 결과는 어떠한가. 단지 의지로써 무엇인가를 만들어 낼 수 있다는 사실이 어떻게 가능한가 하는 점에 대해서는, 우리가 아직 이 물질에 사로잡혀 있는 한 아무것도 생각할 수 없다. 그것이 실패로 끝나리라는 것을 미리 알 수 있는 연구는 하지 않는 것이 현명하다.

그러므로 이러한 여러 결과의 성질을 두고 볼 때, 현재의 삶은 미래의 삶과의 관계에서는 '신앙에 근거한' 삶이다. 미래의 삶에서 우리는 이 모든 결과를 갖게 될 것이다. 왜냐하면 우리는 우리의 작용성을 갖고 거기서 출발하여 그 위에 계속해서 건설해 나갈 것이기 때문이다. 따라서 이와 같은 다른 삶은 현재의 삶에서의 우리들의 선한 의지와 여러 결과의 관계에서는 관조의 삶일 것이다. 우리가 현재의 삶에서 가장 가까운 목표를 가진 것처럼 이런 다른 삶에서도 마찬가지로 가장 가까운 목적을 세워 둘 것이다. 왜냐하면 우리는 끊임없이 활동적이어야 하기 때문이다.

그러나 우리는 어디까지나 유한한 존재이다—유한한 존재로서는 행동은 저마다 한정되게 마련이다. 그리고 한정된 행동은 한정된 목표를 갖는다. 현재의 삶에서는 그 목표에 대하여 현재 찾아 볼 수 있는 세계, 우리에게 주어진 노동에 대한 이 세계의 목적에 어울리는 조직, 인간 사이에서 이미 달성된 문화와 선량함 및 우리 자신의 다양하고 감성적인 힘이 관계하는 것과 마찬가지로, 미래의 삶에서는 그 목표가 현재의 삶에서의 우리의 선한 의지의 온갖 결과와 관계될 것이다. 현재의 삶은 우리의 실재의 시작이다. 현재 삶의 자료와 그 확고한 기반은 우리에게 자유로이 주어진다. 미래의 삶은 이 실재의 계속이다. 우리는 미래의 삶에 관한 하나의 실마리와 일정한 발판을 얻어야 한다.

이제 비로소 현재의 삶은 쓸모없는 것이라고 생각하지 않게 되었다. 오늘의 삶은 미래의 삶의 확고한 근거를 마련하기 위해, 그리고 오직 이것을 위해서만 우리에게 주어졌으며, 그리고 오직 이 근거로써만 현재의 삶은 우리의 영원한 삶과 연결된다―이 두 번째 삶의 가장 가까운 목표도 유한한 여러 힘에 의해 뚜렷이, 그리고 어떤 규칙에 따라서 현재 삶의 목표와 마찬가지로 이룰 수 있으며, 또한 거기에서도 선한 의지는 쓸모없는 것이고 목적이 없는 것처럼 보일 수 있다.

그러나 선한 의지는 여기에서와 마찬가지로 거기에서도 쓸모없는 것일 수 없다. 왜냐하면 그것은 이성의 명령이기 때문이다. 이것은 필연적으로 오랫동안 이어지며 이성에서 떼어낼 수 없다. 그러므로 선한 의지의 필연적인 작용성은, 이 경우에 우리에게 또 다른 삶을 가르쳐 줄 것이다. 이 세 번째 삶에서 선한 의지의 온갖 결과가 두 번째 삶에서 나타나며, 또한 이에 이어지는 세 번째 삶은 두 번째 삶에서 다만 멀어질 뿐이다. 그런데 우리가 이성의 진실됨을 이미 행동에 의해 알고, 또한 깨끗한 마음의 여러 결실이 그대로 저장되는 것을 다시 발견한 뒤에는 더욱 흔들림 없는 확신을 갖게 될 것이다.

현재의 삶에서, 오직 일정한 행위의 명령에서만 일정한 목표의 개념이 생기고, 이 개념에서 우리에게 주어진 감성계의 모든 직관이 생기는 것처럼, 미래의 삶에서 가장 가까운 목표의 개념은 현재의 삶에서의 명령과 비슷하고, 또한 현재 우리로서는 전혀 생각할 수 없는 어떤 명령에 따르며, 또한 이러한 명령에 어떤 세계―현재의 삶 속에서 우리의 선한 의지의 온갖 결과가 미리 주어지는 세계―의 직관이 비롯될 것이다. 현재의 세계가 의무의 명령으로써만 우리에게 현존하듯이, 다른 세계도 마찬가지로 어떤 다른 의무의 명령으로써

만 우리에게 성립될 것이다. 왜냐하면 다른 방법으로는 어떠한 이성적인 존재자에게도 세계라는 것이 존재하지 못하기 때문이다.

14

따라서 이것이 나의 숭고한 사명, 나의 참된 본질이다. 나는 두 가지 질서의 성원이다. 순수한 정신적인 질서—단지 나의 순수한 의지로써 지배한다—와, 감성적인 질서—나의 행동으로 작용한다—를 말한다. 이성의 궁극적인 목적은 절대로 자기 자신에 의한, 그리고 자기 이외의 도구를 필요로 하지 않는 이성의 순수 활동성—그 자신이 이성이 아닌 모든 것으로부터의 독립성인 절대적인 무제한성이다. 의지라는 이성의 살아 있는 원리이다. 이성을 순수하게 독립적으로 해석한다면, 의지는 그 자신이 이성이다. 이성은 자기 자신에 의해 활동적이라고 말할 때, 그것은 순수한 의지가 오직 의지로서 작용하고 지배한다는 뜻이다. 직접 주로 이 순수한 정신적인 질서 가운데 사는 것은 무한한 이성뿐이다. 유한한 인간은 이성계 자체가 아니라 이성계의 많은 성원 가운데 하나에 지나지 않으므로, 반드시 동시에 어떤 감성적인 질서 속에 살게 마련이다. 다시 말해서 순수한 이성적인 활동 외에 또 하나의 목표를 그에게 보여 주는 어떤 질서 속에 산다는 뜻이다.

그 목표란 하나의 물질적인 목표로—하긴 의지의 직접적인 주관 아래에 있지만, 그 작용성은 그 자신의 자연법칙으로도 제약을 받는 도구나 힘 등에 따라서 촉진되어야 한다. 그러나 이성이 이성인 한 의지는 절대로 자기 자신에 의해, 그리고 행동이 한정되는 자연법칙과는 무관하게 작용해야 한다. 그러므로 유한한 인간의 감성적인 삶은 저마다 보다 높은 삶을 가리킨다. 이와 같은 좀 더 높은 삶 속에서 의지는 오직 자기 자신으로써 그 하나를 인도하고 또 그 소유를 그에게 준다—이 소유 또한 우리에게 감성적으로, 즉 나의 상태로서 나타나며 절대로 한갓 의지로서 나타나지는 않을 것이다.

이 두 개의 질서, 즉 순수한 정신적인 질서와 감성적인 질서(후자는 특수한 여러 삶의 무제한한 하나의 계열에서 성립된다)는, 활동적인 이성이 발전하는 최초의 순간부터 내 속에서 병행된다. 후자의 질서는 나 자신, 그리고 나와 함께 똑같은 삶을 누리는 사람들에 대한 하나의 현상에 지나지 않는다. 그러므로 전자만이 후자에게 의미, 다시 말해서 목적에 어울리는 성질과 가치를 부여한다. 내가 이성의 법칙에 따르려고 결심하는 순간, 나는 죽지도, 변하지도 않으며, 영원한 존재가 된다. 앞으로 그렇게 되는 것이 아니다. 감성을 넘어선 세계는 미래의 세계가 아니라 현재적이다

나는 어떤 결심으로써 영원성을 파악한다. 그리고 티끌 세상의 삶이나 앞으로 죽은 다음에 올지도 모르는 모든 감성적인 삶을 벗어나 이것들을 높이 넘어선 곳으로 옮긴다. 나는 나 자신에게 나의 모든 존재와 모든 현상의 유일한 원천이 된다. 그리고 지금부터는 외부의 제약을 받지 않고 나 자신 속에 삶을 갖게 된다. 나의 의지를 그 세계의 질서에 적응시키는 것은 다른 사람이 아니라 나 자신이며, 나의 의지야말로 참된 삶과 영원성의 원천이다.

이 의지를 도덕적인 선량함의 본래의 거처로 인정하고, 또 의지를 실제로 이 선량함으로 높일 때만 나는 저 감성을 넘어선 세계의 확실성과 소유를 얻게 된다.

이해되고 내다보이는 목적 없이, 그리고 나의 의지에서 의욕 말고 어떤 무엇이 나타나는가를 탐구하지 않고 법칙에 어울리는 쪽으로 의지해야 한다. 나의 의지는 자기 이외의 모든 것에서 떠나 그 자신으로서 그 자신만으로 하나의 세계를 이루고 독립된다.

15

영원한 삶을 파악할 수 있는 감각은, 행동이 아니라 오직 의지만을 요구하는 법칙에 따라 감성적인 것과 그 온갖 목적을 실제로 버리는 데서만 얻을 수 있다. 여기서 감성적인 것을 버린다는 말은, 이러한 방법이 합리적인 것이라는 확고한 믿음에서이다. 그런데 지성적인 것에 대한 이러한 단념을 통해서 비로소 영원한 것에 대한 신앙이 우리 마음 속에 나타나며, 우리가 다른 모든 것을 버린 뒤에도 여전히 의지할 수 있는 유일한 지주로서 우리의 가슴을 두근거리게 하고, 우리의 삶을 북돋는 유일한 생기를 주는 원리로 받아들여야 된다. 실로 인간은 어떤 신성한 가르침에 따르자면 하늘나라에 들어가기 위해서는 이 세상에서 죽었다가 다시 살아나야 한다.[2]

나는 이제야, 오, 나는 이제야말로, 종교 문제에 대하여 전에 내가 무관심하

---

[2] 그러자 예수께서는 "정말 잘 들어두어라. 누구든지 새로 나지 아니하면 아무도 하느님의 나라를 볼 수 없다." 하고 말씀하셨다. (요한의 복음서 3장 3절)

고 눈이 어두웠던 근거가 눈앞에 놓인 것을 뚜렷이 볼 수 있다.

우리의 철학은 우리의 마음과 삶의 역사로 이루어지며, 우리는 우리 자신의 현재의 모습대로 인간 전체와 그 사명을 사유한다. 이 지상의 세계에서 현실로 만들 수 있는 것에 대한 욕구로써가 아닌 다른 방법으로써 우리는 참된 자유를 누릴 수 없다. 우리의 자유는 고작해야 자기를 이루는 식물의 자유이다. 본질이라는 관점에서 볼 때 한결 더 높은 것이 아니며, 결과라는 관점에서 볼 때 좀 더 정교한 것으로, 뿌리와 잎사귀 및 꽃 등을 갖는 하나의 물질을 만들어 내는 것이 아니라, 충동과 사상과 행위 등을 갖는 하나의 심성을 만들어 내는 것이 다를 뿐이다.

참된 자유에 대하여 우리는 아무것도 알 수 없다. 왜냐하면 우리가 그것을 소유하지 않기 때문이다. 참된 자유를 이야기할 때 우리는 그 말을 우리 나름의 의미로 끌어내리거나, 또는 그 이야기를 간단히 의미가 없다고 비난한다. 우리는 자유의 인식을 잃어버리는 동시에 어떤 다른 세계에 대한 감각도 잃어버린다. 이러한 종류의 모든 것은 우리 앞에서 사라져 버린다. 예를 들면 우리가 우리에게 전혀 건네지 않는 말처럼 또는 우리가 어느 한 끝도 잡지 못하는 색깔도 의미도 없는 잿빛 그림자처럼, 우리는 전혀 관여하지 않고 모든 것을 내버려 둔다. 또는 이 모든 것을 언젠가는 진지하게 고찰해 보려는 매우 큰 열의가 우리를 자극한다면 모든 이념은 근거가 없는 망상이며, 분별 있는 인사라면 물리쳐야 하는 것임을 분명히 이해하고 밝힐 수 있다.

그리고 우리의 출발점인 우리 자신의 가장 깊은 경험에서 얻은 온갖 전제에 따르면 우리는 어디까지나 정당하며, 이론은 깨어지고 시정될 수 없다─우리가 현재 있는 그대로인 동안은.

요컨대 나의 의지가 근본적으로 개선되어야만 새로운 빛이 내 생존과 새 사명 위에 비쳐 온다. 이 개선이 없었던들 아무리 성찰을 거듭하고 또 하늘이 주신 재질을 지녔더라도, 내 안에나 내 주위에는 오직 어둠이 있을 뿐이다. 마음의 개선만이 참된 지혜를 가져온다. 이제 나의 삶은 이 유일한 목적을 향해 멈추지 않고 나아가기를!

16

법칙에 어울리는 나의 의지는 다만 법칙에 어울리는 의지로서 자기 자신에게, 자기 자신을 통해서 분명히 예외없이 온갖 결과를 갖게 되어야 한다. 내 의지의 의무로써 만일 아무런 행동도 하지 못하게 된다 하더라도, 나에게는 이해할 수 없는 어떤 다른 세계에 작용해야 한다. 그리고 이 의무적인 의지의 결정 그 밖의 어떤 것도 이 세계에 작용해서는 안 된다—그러나 이렇게 생각할 때 대체 나는 무엇을 생각하는 것일까, 나는 무엇을 전제하고 있을까.

그것은 틀림없이 하나의 법칙이다. 그것을 통해 의무적인 의지가 여러 결과를 불러와야 하는 절대로 예외 없이 타당한 하나의 규칙이다. 이것은 마치 내가 나를 에워싼 지상 세계에서 다음과 같은 어떤 법칙을 가정해서 생각하는 것과 마찬가지이며, 그 법칙에 따르면 여기 있는 하나의 공은 이 일정한 힘을 가진 나의 손으로 일정한 방향을 향해 밀면, 반드시 그 방향으로 어떤 일정한 속도를 갖고 운동을 계속하여 이와 같은 강한 힘을 갖는 또 하나의 공에 부딪치며, 이번에는 이 공이 일정한 속도를 가지고 계속 운동한다—등등, 어디까지나 끊임없이 이어지는 것이다. 여기서 나는 내 손의 방향과 운동 속에, 거기에서 이어지는 모든 방향과 운동이 인식되고 파악되는데, 이와 때를 같이하여 정신적인 세계에서의 필연적이고 또 피할 수 없는 여러 결과의 하나의 과정을, 이것이 이미 현실에서 존재하는 것처럼 나의 의무적인 의지 속에서 파악된다. 오직 나는 이것을 물질세계에서의 온갖 결과처럼 한정할 수 없다—다시 말해서 나는 그것들이 존재한다는 것을 알 뿐이고 어떻게 있는지는 알지 못한다—그리고 이렇게 행동하는 나는 정신세계의 어떤 법칙에 대하여 생각하고 있다. 이 정신세계에서 나의 순수한 의지는 다양한 동력의 하나이다. 마치 내 손이 물질세계에서 다양한 동력의 하나이듯이.

내 확신의 견고성과 정신세계의 이러한 법칙의 사상은 같은 것이다. 그 중에서 하나가 타자를 통해 관계를 맺게 되는 두 개의 사상이 아니라 완전히 똑같은 사상이다. 마치 어떤 운동을 미리 생각하고 기다리는 확실성과 기계적인 자연법칙이 똑같은 것이듯이—법칙이라는 개념은 어떤 명제를 다루는, 이성에 확고부동하게 근거하는 것, 그리고 반대되는 경우는 절대로 불가능하다는 사실을 나타낼 뿐이다.

나의 의지 및 모든 유한한 존재자의 의지는 두 가지로 볼 수 있다. 하나는 단지 '의욕'으로서, 다시 말해서 자기 자신의 내부로 향하는 활동으로서, 또 하나는 '어떤 사물', 즉 하나의 '사실'로서, 의지는 이를 내가 완결한다고 보는 한 무엇보다 나에게는 하나의 사실로 된다. 그러나 나의 밖에 대해서도 하나의 사실이 되어야 한다. 즉 '감성계'라는 관점에서는, 예컨대 내 손(그 운동에서 다시 다른 운동이 생긴다)의 운동 원리가 되고 감성계를 넘어선 세계에서는 여러 정신적인 결과(나는 이것들에 대해서 아무런 개념도 없다)나 어떤 계열의 원리가 되어야 한다. 단순한 활동이라는 관점에서 보는 의지는 오롯이 내가 지배할 수 있다. 그리고 의지가 후자의 일반이 되는 것, 그나마 첫 번째 원리로서의 그것이 되는 일은 나를 통한 것이 아니라 나 자신이 그 아래에 있는 법칙, 즉 감성계에서의 자연법칙과 감성계를 넘어선 세계에서의 감성을 넘어서는 법칙에 따른 것이다.

그렇다면 대체 내가 생각하는 이것은 정신세계의 어떠한 법칙인가, 여기서 말하는 법칙이란 물론 나의 감성계에 또는 어떤 감성계에서처럼 의지 이외의 기능과 관련된 어떤 것이, '존립하여 정지하고 있는 존재'가 상대되는 것으로서 전제되는 것 같지는 않다. 왜냐하면—다음이 내 신앙 내용이다—나의 의지는 절대로 자기 자신을 통해, 자기의 표현을 약화시키는 연장을 전혀 사용하지 않고, 자기와 똑같은 종류의 어떤 영역에서 이성으로써 이성에, 정신적인 것으로써 정신적인 것에, 따라서 자기 활동적인 이성에 작용을 미쳐야 하기 때문이다. 그런데 자기 활동적인 이성은 의지이기 때문에 감성계를 넘어선다. 세계의 법칙은 아마도 '하나의 의지'일 것이다.

17

이 의지는 나를 그 자체로서 결부시킨다. 그리고 그것은 나를 나와 같은 부류인 모든 유한 존재자와 결부시킨다. 그것은 우리 모든 사람들 사이의 일반적인 매개자이다. 저 '보이지 않는 세계가 많은 개개의 의지의 세계', 또는 체계인 한 '독립되고 의존되지 않은 여러 의지 상호간의 합일, 서로 번갈아서 일어나는 직접 작용'이야말로 이 세계의 큰 비밀이요 원칙이다. 이미 현재의 삶에서 모든 사람의 눈앞에 분명히 존재하는 비밀이다. 그렇지만 아무도 이것을 깨닫거나 경탄하지 않는다—각자에게 특수한 의무를 지우는 양심의 목소리는, 그것을 들으면 우리가 무한자에서 비롯되어 개개의 존재자, 특수한 존재자로서 세워질 빛이다. 그 목소리는 우리의 개성의 한계를 구분한다. 그러므로 우리의 참된 구성 요소이며, 우리의 모든 삶의 근거이자 소재이다. 의지의 절대적인 자유는 우리 삶의 원리이다.

다음에 우리의 감각, 우리의 감성에 근거한 직관, 우리의 개념과 관련된 사유법칙—우리가 그것을 보고 있으며, 또 거기에서 서로 작용을 미친다고 생각하고 있는 감성계는 이 모든 것에 근거해 있다—은 대체 어디서 비롯되는가. 나중의 양자, 즉 직관과 사유법칙에 관하여 '이것들은 이성 자체의 법칙이다' 하고 대답하는 것은 만족스러운 대답이라고 할 수 없다. 물론 이성적인 법칙의 영역에서 한걸음도 떠날 수 없는 우리로서는 다른 법칙이나 다른 법칙에 따르는 이성은 생각조차 할 수 없다. 그러나 이성 자체의 고유 법칙은, 다만 실천과 관련된 법칙, 감성계를 벗어난 세계의 법칙, 또는 저 숭고한 의지가 있을 뿐이다—이것은 당분간 덮어두기로 하고, 감각은 아무래도 어떤 현실적인 것, 직접적인 것, 설명할 수 없는 것이지만, 대체 감각에 대하여 저마다 일치하는 것은 무엇에서 비롯되는가. 우리 전체가 똑같은 감성계를 본다는 것은, 감각, 직관, 사유법칙에 대한 이러한 일치에서 비롯되는 것이다.

우리는 인류라는 유한한 이성적인 존재자가 한결같이 지닌 이해할 수 없는 제한이다. 그리고 그들이 한결같이 제한되어 있음으로써 그들은 '하나의 유 (類)'가 된다—단지 순수한 지식으로서 철학이 줄 수 있는 대답은 기껏해야 여기에 그칠 수밖에 없다. 그러나 그 자신 이성인 것 이외의 무엇이 이성을 제한할 수 있을까, 또한 무한한 이성 이외의 무엇이 모든 유한한 이성을 제한할 수 있을까? 밑바탕에 놓여야 할, 이를테면 미리 주어진 감성계, 즉 우리의 의무의 영역으로서의 감성계에 대하여 우리의 생각이 모두 이와 같이 일치되어 있다는 것은, 사태를 세밀히 살펴본다면 우리 상호간의 자유의 소산에 관한 생각의 일치와 마찬가지로 이해할 수 없는 것이지만—이러한 일치는 하나의 무한한 의지의 결과이다. 이러한 일치와 관련된 신앙은 앞에서 고찰한 바이지만, 이 신앙은 우리에게는 의무에 대한 신앙으로서 본래 우리의 신앙, 우리 이성에 대한 신앙, 우리의 성실에 대한 신앙이다.

그러면 대체 우리가 감성계에서 상정하고 또 믿는 있는 본래적으로 순수하게 참된 것은 무엇인가? 그것은 이 지상세계에서 우리가 의무를 성실하고 진실하게 실행하는 것과, 우리 자유와 도덕성을 촉진하는 삶이 영원히 이어져 나가는 것이다. 이때 우리의 지상세계는 진리를, 즉 유한존재자에게 가능한 하나의 진리를 갖게 된다. 이런 일은 반드시 생겨나야 한다. 이 세계는 우리 안에 있는 영원한 의지의 결과이기 때문이다. 그러나 이 의지는 본질의 법칙에 따라서, 앞에서 말한 그 밖의 궁극적인 목적을 유한존재자에 대하여 가질 수는 없는 것이다.

그 까닭에 영원한 의지는 진실로 세계의 창조자이다—유한한 이성 속에서—다만 이렇게 해서 그 의지는 세계의 창조자일 수 있고, 또 오직 이 때문에 창조가 필요하다. 그 의지가 생기 없는 물질에서 하나의 세계를 이루어 나간다고 생각하는 사람—이 경우에는 이 세계도 인간의 손으로 만들어진 여러 기구처럼 생기가 없고, 그럴 수밖에 없다—자기 자신으로부터 전개되는 영원한 진행일 수는 없다—또는 무에서 물질적인 '어떤 물건'이 생긴다고 생각하는 이는 세계나 자기 자신을 모르는 사람이다. 만일 물질만이 어떤 무엇이라야 한다면 물질은 어디에도 존재하지 않는다. 그리고 영원히 아무데도 물질은 없고 이성만 있을 뿐이다. 무한한 이성은 그 자체에 있으며, 유한한 이성은 무한한 이성 속에, 그리고 그 덕분에 있는 것이다. 오직 우리의 마음속에서만 하나의 세계를 만들어 낸다.

부를 수 있는 이름도 없고 파악할 수 있는 개념도 없는 숭고한 살아 있는 의지여, 그대는 나와 가까이 있으므로 내가 나의 심정을 그대에게까지 북돋는 것을 쾌히 승낙해 줄 것이다. 그대의 목소리는 내 안에서 울려 퍼지고, 내 목소리는 그대 안에 메아리친다. 내 모든 사상은, 적어도 그것이 참이고 선인 한 그대 속에서 사유된다—그대가 이해할 수 없는 것에서 나는 나 자신을 완전히 이해할 수 있고, 세계는 완전히 내가 이해할 수 있는 것이 되며, 나의 현존에 대한 수수께끼는 모두 풀리고, 가장 완전한 조화가 나의 정신 속에 이루어진다. 이처럼 그대에게 돌아가 의지하는 단순한 것이 그대를 가장 잘 이해한다. 이러한 단순한 사람에게 그대는 그 마음속을 통찰하는 '사람의 마음속을 아시는 하느님'[*3]이며, 그의 심정의 성실한 증인이다. 이러한 증인으로서 그대는 그가 성의를 다하고 있음을 알고, 만일 전 세계가 그에 관해서 잘못 생각하더라도 그대만은 그를 안다. 그대는 언제나 그에게 호의를 베풀고 모든 것을 그에게 도움이 되도록 하는 아버지이다. 그는 그대의 길인 자애로움에 몸과 마음을 다 바친다. 그는 말한다—지금 말씀대로 저에게 이루어지기를 바랍니

---

*3 사도행전 15장 8절 참조.

318 인간의 사명

다. 그것이 그대인 한 내가 하는 일이 선함을 나는 아노라 하고.[*4]

나는 그대 앞에서 얼굴을 가리고 입에 손을 댄다. 그대가 그대 자신에게 어떠한 존재이며, 그대 자신에게 어떻게 나타나는가 하는 것은, 내가 그대 자신이 될 수 없는 한 절대로 이해할 수 없다. 나는 죽은 다음에 천의 천 갑절 영계(靈界)의 생활을 보내겠다고 하더라도, 지금 이 땅 위의 작은 집에서 지낼 때처럼 그들을 이해하지 못할 것이다. 내가 이해하는 것은 그 자체로써 유한한 것이 되어 버린다. 그리고 이 유한한 것은 또한 무한한 상승과 북돋음을 통해서도 무한한 것으로 바뀌지 못한다.

그대와 유한한 것의 차이는 정도의 차이가 아니라, 범주를 달리한다. 사람들은 상승을 통해서 그들보다 큰 인간이 되게 하지만, 그대를 절대로 신으로, 저울질할 수 없는 무한자로 만들지는 못한다—나는 오직 이 개념이라는 관점에서 앞으로 나아가는 의식을 가질 뿐 다른 의식은 생각할 수 없다. 그런데 어떻게 내가 이런 의식이 그대에게서 비롯된다고 할 수 있겠는가. 인격성이라는 말에는 제한이 포함된다. 내가 어떻게 이 개념을 제한없이 그대에게 옮길 수 있겠는가? 그대는 행동한다. 그대의 의지 자체가 활동하는 것이다. 그러나 그대가 활동하는 방법은 나만이 사유할 수 있는 것과 정반대이다. 그대는 유한한 이성에게 널리 퍼져 살고 또 존재한다. 왜냐하면 그대는 알고 의지하며 활동하기 때문이다.

18

그대와 유한자인 나 사이에서 이루어진 이러한 교섭의 직관을 통해서, 나는 평화와 행복을 누리고 싶다. 나는 직접적으로 무엇을 해야 할 것인가를 알고 있고, 또한 이것을 천진난만하게 기꺼이 행하고 싶다. 왜냐하면 이를 나에게 명령하는 것은 그대의 목소리며, 그 명령은 정신세계 계획이 나에게 내리는 지령이기 때문이다. 그리고 내가 이것을 실행하는 힘은 그대의 힘이다. 목소리를 통해서 나에게 명령이 내려지고 힘을 통해서 실행되는 것은 그 계획에서 틀림없는 진실이요, 또한 선이다.

[*4] 루가의 복음서 1장 38절 참조.

오, 나는 분명히 지난날에는 어둠 속에서 살았다. 분명히 나는 잘못을 거듭하면서도 나 스스로를 지혜로운 존재로 알았다.

인간은 결코 감성계의 사물이 아니다. 인간이 이루고자 하는 궁극의 목적은 감성계에서는 이루어질 수 없다. 인간의 사명은 시간과 공간, 감성과 관련된 모든 것을 넘어선다. 인간은 무엇인가, 그는 스스로를 무엇으로 만들어야 하는가에 대하여 알아야 한다. 그의 사명이 숭고하듯이, 그의 사상도 감성과 관련된 모든 제한을 넘어설 수 있어야 한다.

다른 사람들, 즉 우리 모든 사람들에게 타고난 감성과 관련된 행위와 다른 사유를 통해서 계속 감성을 고집하고, 여기에 말려들어 이것과 밀착된 사람들은 사유를 멈추지 않고 끝까지 밀고 나가야만 이를 영원하고 완전하게 넘어설 수 있다. 그렇지 않으면 그들은 도덕과 관련된 아주 순수한 심정에도, 언제나 오성에 의해 아래로 끌어내려지고 그들의 본질은 해명할 수 없는 모순을 늘 드러낼 것이다. 이런 사람들에게 그 철학—나는 지금 비로소 이것을 샅샅이 이해하지만—은 심령에서 껍질을 깨뜨리고 그 날개를 펴는 최초의 힘이 된다. 심령은 이 날개로 먼저 하늘 높이 올라가 버린 심령의 껍질을 한 번 더 내려다보고, 더욱 높은 경지에 살면서 지배하게 된다.

19

내가 나 자신 및 나의 사명에 대하여 성찰하고자 결심한 순간은 축복이 내릴지어다! 나의 모든 의문은 해답을 얻는다. 나는 내가 알 수 있는 것은 알고 있으며, 내가 알 수 없는 것에 대해서는 걱정할 필요가 없다. 나는 만족한다.

나는 나의 사명 모두를 충분히 이해하는 것은 아니다. 내가 무엇이 되어야 하는가, 나는 무엇일까 하는 것은 나의 모든 사유를 넘어선다. 이 사명의 일부는 나 자신 속에 숨겨져 있다—그것은 오직 하나뿐인 존재에게, 즉 모든 정신의 아버지에게만 보일 뿐이다. 나의 사명은 그에게 맡겨져 있다. 내가 아는 것은 오직 나의 사명이 나에게 확실하며, 그 자신처럼 영원하고 빛난다는 것뿐이다. 그리고 나의 사명 가운데서 나에게 맡겨진 부분을 나는 모두 안다. 그리고 그 부분은 나의 모든 인식의 뿌리이다. 나는 내 삶의 각 순간에 내가 해야 할 일을 분명히 알고 있다. 그리고 이것이 나에게 의존하는 한 나의 사명의 전부이다. 나의 지식은 사명보다 뛰어날 수 없기에 나는 이것을 떠나서는 안 되고, 이보다 더 알려고 생각해서도 안 된다. 나는 이 유일한 중심점을 굳게 지켜서 여기에 뿌리를 굳게 내리도록 해야 한다. 나의 모든 염원과 능력은 이 중심점에 집중되어야 하고, 이 중심점 안에 나의 온 생존을 짜 넣어야 한다.

나는 반드시 나의 오성을 갈고닦아 지식을 얻어야 한다. 그러나 그렇게 함으로써 나의 의무를 위한 좀 더 큰 범위와 더욱 넓은 활동 영역을 마련한다는 유일한 기도를 통해 나에게 많은 것을 요구할 수 있도록 나는 많은 것을 소유해야 한다. 나의 힘과 재능을 모든 점에서 갈고닦아야 한다. 그러나 그것은 오직 나의 의무에 더욱 쓸모 있고 알맞은 도구를 제공하기 위한 것으로서, 나라는 개인으로부터 명령이 나와 외부 세계에 스며들기까지는 나의 양심이 책임질 일이기 때문이다.

나는 내 안에 할 수 있는 한 인간성을 풍부하게 나타내야만 한다. 그러나 그것은 인간성 자체를 위해서가 아니라―인간성 그 자체로서는 조금도 가치가 없다―그 대신 인간성 안에 덕(이것만이 그 자체로서 가치를 갖는다)을 가장 완전히 나타내기 위해서이다. 나는 육체와 정신 및 내 몸에 달려 있고, 내 안에 있는 모든 것과 함께 나를 의무의 수단으로만 여겨야 한다. 그리하여 오직 내가 할 수 있는 한 의무는 수행하도록 노력해야 한다.

나의 정신은 영원히 혼미와 혼란, 불안과 의혹과 초조로 말미암아 닫혀져 있다. 나의 마음은 슬픔과 후회와 욕망으로 말미암아 닫혀져 있다. 내가 알고 싶은 것은 오로지 내가 해야 할 일이며, 나는 이것을 언제나 분명히 알게 된다. 나는 다른 모든 것에 대해서는 아무것도 모르며, 오로지 이러한 것들을 통해서 아무것도 모른다는 것을 알 뿐이다. 그리고 이러한 나의 무지를 믿고 일어나, 내가 모르는 것에 대하여 그릇된 견해를 갖고 억측하는 자기 분열을 일으키는 것을 억제한다. 세상에서 일어나는 어떠한 사건도 기쁨이나 슬픔으로써 나를 움직일 수 없다. 나는 모든 사건을 냉정한 마음으로 내려다본다. 왜냐하면 나는 오직 한 가지 일도 알 수 없고, 또한 그것이 나에게 어떤 중대한 관련을 갖는가를 통찰할 수 없음을 알기 때문이다. 일어나는 모든 일은 영원한 세상의 계획에 속해야 하며, 그 안에서만 선이다. 내가 아는 것은 이뿐이다. 이 계획에서 무엇이 이득이 되고, 무엇이 해악을 물리치기 위한 수단에 지나지 않은가, 따라서 많든 적든 나를 기쁘게 할 수 있는 것을 나는 모른다. 모든 것이 그 세계 속에서 번영한다. 그리고 이것이 나를 만족시킨다. 또한 나의 이 믿음은 반석 위에 확고히 서 있다. 그러나 그 세상에서 무엇이 싹이고, 무엇이 꽃이며, 무엇이 열매인지 나는 모른다.

나에게 중대하고 유일한 것은, 여러 거짓된 존재자의 나라에서 일어나는 이성과 도덕성의 진보이다. 그러나 그 또한 오직 진보를 위한 진보이다. 내가 그때문에 도구가 되는가 아니면 어떤 타자가 되는가, 성패를 가져오는 것은 내 행동인가 아니면 어떤 타자의 행동인가—그것은 나로서는 아무래도 상관없다. 나는 언제나 목적을 위한 여러 도구들 가운데 하나일 뿐이다. 또 이런 것으로서만 나를 존경하고 사랑하며 나에게 관계된다. 그리고 나의 행동이 이 목적을 지향하는 동안에는 성공을 바란다.

그러므로 나는 이 세상에서 일어나는 일은 모두가 나로부터 비롯되건 타자로부터 비롯되건, 또는 나와 직접 관계되건 다른 사람들과 관계되건 똑같이 오직 이 하나의 목적에 비추어 고찰할 뿐이다. 개인과 관련된 모욕이나 해를 끼치는 일에 분격하고 개인이 세운 공적을 자랑삼는 일에 내 마음은 닫혀 있다.

비록 지금 진리가 침묵하고 덕이 사라진 것처럼 보이고, 또 불합리와 사악이 모든 힘을 발휘하여 이성이나 참된 지혜로서 널리 쓰이는 것처럼 보이더라도, 그리고 만일 모든 선한 사람들이 인류가 좀더 잘될 것을 바랐는데 일찍이 보지 못한 정도로 악화되더라도, 그리고 비록 순조롭게 시작된 사업이 선량한 사람들의 눈이 희망의 눈초리로 지켜보고 있는데도 갑자기 추악하게 변모되더라도, 그 때문에 나는 낙심하지 않을 것이다. 마치 다른 때에 느닷없이 광명이 나타나 자유와 독립이 확대되고 온후한 마파람과 너그러움, 사람들 사이에서 정의(正義)가 퍼져 나가는 등등의 겉모습 때문에 그런 생각이 든다. 그리고 나는 이 두 가지 경우에 놓였을 때 내가 해야 할 일을 알고 있다. 나는 나머지 모든 일에 관해서는 아는 바가 전혀 없기 때문에 완전히 마음의 평정을 유지하고 있다. 나에게 슬프기 이를 데 없는 온갖 사건들은, 영원한 자의 계획 속에서 매우 선한 결과를 낳는 가장 슬기로운 방법일지도 모른다. 저 선에 대한 악의 투쟁은 악의 최후의 중대한 투쟁일지도 모른다. 그리고 이번에는 악이 그 힘을 모두 동원하는 것이 허용되었을지도 모르지만, 마침내 힘을 잃어버리고 무기력함을 모조리 드러낼 것이다. 나에게 기쁘기 짝이 없는 저 여러 현상은, 매우 의심스러운 바탕에서 비롯된 것일지도 모른다. 내가 빛이라고 생각한 것은 아마도 다만 하나의 고집이며 모든 이념에 대한 혐오일지도 모른다. 내가 독립이라고 생각한 것은 갈망이요, 오만함일지도 모른다. 내가 온후와 유화라고 생각한 것은 피로와 이완일지도 모른다. 사실 나는 이것을 모른다.

그러나 그럴지도 모른다. 만일 그렇다면 나는 전자를 슬퍼하거나 후자에 대해 기뻐할 아무런 이유도 없다. 그러나 나는 자기가 계획을 온전히 통찰하여 이것을 틀림없이 수행하는 최고의 지혜와 선량함이 세상에 있음을 안다. 나는 확신에 안주하여 정복을 누린다.

이성과 싸우고 불합리와 악을 촉진하기 위해 힘쓰는 사람이 이성과 도덕성을 사명으로 여기는 자유로운 존재자라고 할 수 없으며, 또 그것 때문에 실망하거나 분노를 할 것도 없다. 그것이 선을 선이기 때문에 미워하고, 악을 악이기 때문에 순수하게 아끼는 마음에서 촉진되는 부조리함—이것만이 나의 정당한 분노를 불러일으킬 것이다—나는 인간의 이러한 부조리함을, 인간의 탈을 쓴 자연 탓으로 돌리지는 않는다. 이러한 부조리함은 인간의 탈을 쓴 자연에는 존재하지 않는다는 사실을 내가 알기 때문이다. 그렇게 행동하는 모든 인간에게는, 그들이 그렇게 행동하는 한 결코 악이나 선은 존재하지 않으며, 오직 유쾌함과 불쾌함만이 존재할 뿐이라는 것과, 그들은 절대로 그들 자신의 주권 아래에 있는 것이 아니라 자연의 위력 아래에 있는 한편으로, 선과 악은 문제삼지 않고 온 힘을 다해 유쾌함을 추구하고 불쾌함을 회피하는 사람은 그들 자신이 아니라 그들 속에 있는 자연임을 나는 안다. 그들이 현재 그대로 인 한, 그들의 행하는 것과 조금도 다르게 행할 수 없음을, 그리고 필연성에 분노하거나, 맹목적이고 의지가 없는 자연에게 화를 낸다는 것은 생각도 못할 일이라는 것을 나는 안다. 진실로 그들의 허물과 무가치는, 그들은 그들이 있는 그대로일 수밖에 없다는 것과, 그들이 자유이고 어떤 사물 자체인 대신에 맹목적인 자연의 흐름 속에 몸을 내맡기고 있기 때문이다.

이것만이 나의 분노를 자아낼 수 있다. 그러나 여기서 나는 절대 이해할 수 없는 상태에 빠지게 된다. 즉 그들은 스스로 자유를 누리기 위해 이미 자유라는 것을 전제하지 않으며, 나는 자유가 결핍된 탓을 그들에게 돌릴 수 없다. 나는 그들에게 화를 내고 싶지만 실상 화를 낼 대상이 없다. 있는 그대로의 그들의 모습은 화를 낼만한 것이 못된다. 그리하여 나의 분노는 뚜렷한 대상에 특정되는 것은 아니다—실제로 나는 언제나 마치 그들은 그런 대상이 아님을 내가 잘 알듯이 그들을 대하고 그들과 이야기해야 한다.

육체적이고 정신적인 고통과 질병이 나에게 닥치면, 나로서는 이것들을 느낄 수밖에 없다. 그것은 자연스러운 일인데다, 나 자신이 살아 있는 동안에는 자연에서 자유로울 수 없기 때문이다. 그러나 그런 것 때문에 슬퍼할 필요는 없다. 그것은 어떤 엉뚱한 방법으로 자연을 건드리는 것이지, 모든 자연을 넘어선 존재로서의 나 자신을 건드리는 것은 아니기 때문이다.

모든 고통과 그 느낌의 끝은 죽음이다. 그리고 자연에서 비롯된 인간이 불행이라고 곧잘 생각하는 모든 것 가운데 죽음은 그에게 가장 가벼운 것이다. 나는 결코 나 자신을 위해서 죽지 않을 것이다. 오직 다른 사람들을 위해서만—나와의 관련이 끊기고 살아 남은 자들을 위해서만 죽을 뿐이다. 나 자신으로서는 죽음의 순간이 어떤 새롭고 더 나은 삶을 얻는 때이기 때문이다.

이처럼 내 마음은 세속과 관련된 것에 대한 욕구에 달려 있으므로, 또 실제로 벌써 나는 변해 가는 것에 애착을 느끼지 않으므로 우주는 광명에 가득 찬 형태로 나타난다. 공간을 틀어막는 데 지나지 않았던 무거운 죽은 물질의 덩어리는 사라지고, 그대신 삶과 힘과 행동의—근원적인 삶의 무한자여, 그대 삶의 흐름이 끝없이 물결치고 있다. 왜냐하면 모든 삶은 그대의 삶이며, 신앙의 눈만이 진정한 아름다운 나라를 통찰할 수 있기 때문이다.

나는 그대와 겨레붙이다. 그리고 내 주위에서 바라볼 수 있는 것은 모두 나와 겨레붙이다. 만물은 살아 있고 병을 갖고 있으나 맑은 눈으로 나를 바라본다. 그리고 신묘한 목소리로 내 마음에 말을 건넨다. 나는 취미가 아주 다양하게 나뉘고 분리된 자기를 다시금 나 밖에 있는 온갖 사물 속에서 본다. 그리고 그것들로부터 나에게 반사한다. 마치 아침 햇살이 이슬에 산산이 부서져 자기 자신에게 비추듯이.

그대의 삶은—죽어야 할 육체의 눈에는 마땅히 감성화되어—나를 관통하여 헤아릴 수 없는 모든 자연 구석구석으로 흘러내린다. 또는 여기서는 그것이 자기 자신을 창조하고 만드는 물질로서, 나의 혈관이나 근육을 관통하여 흐르며, 내 바깥에서, 나무와 숲과 풀속에서 충만한 삶을 이어 나간다.

하나의 흐름을 이루는 삶은 여러 사물 가운데를, 내 눈이 이것을 파악할 수 없는 데까지도 흐른다. 그리고 내게 나타난다—우주의 각각의 점에서 다른 모습으로—그것이 몰래 암흑 속에서 내 신체를 이루는 것과 같은 힘으로서. 또는 거기에서 그것은 동물에게 자기 형성의 운동으로서 자유롭게 파도치며 날뛴다. 그리고 새로운 체내에서는 다른 특수한 독립된 세계로서 자기 자신을 드러낸다. 이것은 내 눈에 보이지 않고 내 팔다리 속에서 발동하고 운동하는 힘과 같다. 발동하는 모든 것은 이 보편적인 끌어당기는 힘에, 즉 우주의 끝에서 끝으로 조화 있는 진동을 전하는 유일한 운동 원리에 따른다―동물은 자유 없이 이에 따르고, 나는 자유롭게 이에 따른다. 눈으로 볼 수 있는 세계에서는 운동은 나로부터 일어나지만, 그렇다고 이것이 자유롭게 나를 따르는 것은 아니다.

그러나 순수하고 신성하게, 그리고 인간의 눈에는 그대의 본질에서 한껏 가까이, 그대의 이 삶은 여러 정신을 결합시켜 '하나'로 만드는 유대이자, 하나의 이성계의 신령스러운 기운으로서 흘러간다―그것은 이상하고 알 수 없는 것이지만, 정신의 눈에는 틀림없이 현존한다. 사상은 이 빛의 흐름 속을 지나 거침없이 마음에서 마음으로 하나를 유지하며 옮아간다. 그리고 더욱 순수하게 되고 빛에 충만하여 혈통이 같은 이의 가슴으로 돌아온다. 이러한 비밀로써 개개인은 타자 속에서만 자기 자신을 발견하고 이해하고 사랑한다. 이 비밀에 따라서 보이지 않는 세계에서의 여러 정신의 혈연성은, 그들의 신체적인 자연으로까지 끊임없이 흘러가고, 양성되어 나타나며(양성은 만일 정신적인 유대가 다 끊기는 일이 있더라도 이미 자연적인 존재자로서 서로 사랑하도록 강요된다) 흘러넘쳐서, 부모와 자식 및 동포에 대한 애정으로 발전한다(그러므로 마치 마음은 육체와 마찬가지로 한 피에서 생긴 것처럼, 의지는 같은 줄기의 가지나 꽃처럼 여겨질 수 있다). 그리고 거기서 크고 작은 애정의 모든 세계를 이해하게 된다. 그들은 미움까지도 사랑에 대한 갈망을 바탕으로 삼으며, 불화도 거절된 우애에서 비롯된 것으로 생각한다.

내 눈은 감성적 및 정신적인 자연의 모든 맥박 속에 깃든 이 영원한 삶과 움직임을―다른 사람들에게는 죽은 물질의 덩어리라고 보이는 것을 통찰한다. 그리고 이 삶이 끊임없이 상승하고 성장하여 빛으로 가득 차게 되면 자기 자신이 더욱 정신적인 표현으로 나타나는 것을 목격하게 된다. 우주는 이미 나에게는 저 자기 내부로 돌아가기를 되풀이하는 둥근 원이나, 끊임없이 반복되는 유희나, 또는 자기 자신을 벌써 존재했던 것처럼 재생하기 위해 자기 자신을 비웃는 괴물이 아니다. 우주는 정신과 관련된 것으로서 내 눈앞으로 다가

오며 정신 자체가 거기 새겨져 있다. 즉 우주는 한결 완전한 것을 지향하는 끝없이 이어지는 직선을 이루는 끊임없는 전진이다.

태양은 떴다가 진다. 별은 사라졌다가 다시 나타난다. 모든 천체는 둥그렇게 춤을 춘다. 그러나 그것들이 다시 나타날 때에는 사라졌을 때와 같지 않다. 그 찬란한 삶의 원천 속에는 삶과 형성이 계속된다. 모든 천체에서 비롯되는 시각, 즉 아침과 밤은 저마다 새로운 번영을 동반하고 세계로 내려온다. 새로운 삶과 사랑은, 구름에서 떨어지는 이슬방울처럼 천체에서 떨어지고, 싸늘한 밤이 지구를 감싸듯이 자연을 둘러싼다.

자연에서의 모든 죽음은 출생이며, 죽음으로써 삶이 분명히 고쳐된다. 자연에는 죽음의 원리는 없다. 왜냐하면, 자연은 오직 처음부터 끝까지 철저하게 삶이기 때문이다. 죽음이 죽이는 것이 아니다. 노쇠한 삶의 등 뒤에 숨어 있던 더욱 생생한 삶이 시작되고 펼쳐짐으로써 죽이는 것이다. 죽음과 태어남은, 삶이 차츰 빛으로 가득하고 자기 자신에게 점점 더 가까이 나타나기 위해 삶이 자기 자신과 투쟁하는 데 지나지 않는다. 나의 죽음 또한 이와 다를 수 있을까—결코 삶의 단순한 표시나 묘사가 아니라 근원적이고 오직 참되고 본질적인 삶을 지닌 나라는 존재의 죽음이—자연이 자기에게서 비롯되지 않는 삶을 거부해야 한다는 것은 도저히 생각할 수 없다. 자연을 위해 내가 사는 것이 아니라 자연이 나를 위해 살고 있는 것이다.

그러나 나의 자연적인 삶까지도—유한한 자의 눈앞에 있는 이 내면적이고 거짓으로 꾸밀 수 없는 삶의 단순한 표시까지도 자연은 부정할 수 없다. 그렇지 않으면 자연은 자기 자신을 부정할 수 있을 테니까. 오직 나의 편이 되고 나를 위해 존재하고, 만일 내가 없으면 자연도 없다. 자연이 나를 죽이기 때문에 자연은 나를 되살려야 한다. 나의 현재의 삶은 오직 자연 속에서 펼쳐지는 나보다 더 높은 삶 앞에서 사라질 뿐이다. 그리고 죽어야 하는 자가 죽음이라고 부르는 것은 눈에 보이는 재생의 현상이다. 이 세상에서 삶을 꾸려나가는 이성적인 존재자(인간)가 절대로 죽지 않는다면, 새로운 하늘과 땅을 바라는 이유는 없을 것이다. 이성을 나타내고 보존한다는 이 자연의 유일한 의도는 지상에서 실현되며, 자연의 범위는 정해져 있을 것이다.

그런데 자연이 자유와 독립을 누리는 존재자를 죽이는 작용은, 자연이 이 작용으로 하여금, 그리고 자연이 이 작용으로써 한계를 짓는 모든 범위를 넘어서는 것이다. 이성이 알고 있는 엄숙한 넘어섬이다. 죽음이라는 현상은 안내자로서, 내 정신적인 눈이 죽음을 통하여 나 자신과 나를 위한 어떤 자연의 새로운 삶으로 옮아가는 것이다.

지상의 결합에서 벗어나고 또 내 정신으로는 무(無)로 돌아간다고는 생각될 수 없는 그는 나와 동류이므로—동류자의 뒤를 따라 죽은 이에 대한 나의 상념은 피안으로 달린다. 다만 그는 아직 있고, 그에게는 주소가 주어져야 한다고 생각한다. 이 지상에서는 우리는 그의 죽음을 애도하지만—무의식의 몽롱한 나라를 생각해 보면, 이러한 나라에서 지상의 햇빛을 향해 한 인간이 사라질 때 이 나라에 있으리라고 여겨지는 슬픔(만일 그런 것이 있을 수 있다면)과 같은 슬픔으로 그를 애도하지만—피안에는 인간이 그곳 주민으로 태어났다는 기쁨이 있다—우리 지상의 주민들이 같은 지상의 인간이 태어난 것을 반가이 맞이하듯. 나는 언젠가는 그들을 따라 피안에 가게 될 테지만 그때 나에게는 오로지 기쁨만이 있을 것이다. 왜냐하면 슬픔은 내가 뒤에 남기고 가는 이 지상에 머물러 있기 때문이다.

이제까지 내가 경탄하며 살아 온 세계는 내 눈앞에서 사라지고 가라앉는다. 이 세계에서 내가 충만한 삶과 질서, 번영 등을 눈으로 보게 되더라도 이 세계는 결국 무한하고 보다 완전한 세계가 나의 눈을 가리는 장막일 뿐이며, 또한 이런 완전한 세계가 비롯될 싹에 지나지 않는다. 내 신앙은 이 장막 뒤에 가서 이 싹을 따뜻이 품고 키운다. 나의 신앙은 정해진 어떤 것도 전혀 눈에 띄지 않는다. 그러나 그것은, 그것이 지상에서 파악할 수 있고, 언젠가는 시간의 세계에서 파악할 수 있으리라고 생각되는 것보다 더 많은 것을 기대한다.

나는 이렇게 살고, 이렇게 존재하며, 이렇게 영원히 변하지 않는 완성체이다. 왜냐하면 이 존재는 밖에서 받아들인 것이 아니라, 나 자신의 유일한 참된 존재이자 본질이기 때문이다.

Der Kampf ums Recht

권리를 위한 투쟁

루돌프 폰 예링

당신은 투쟁으로 당신의 권리인 법을 찾아야 한다

존경하는 친구
교수 부인 아우구스테 폰 리트로우 비쇼프에게
변함없는 감사와 친애의 증표로
빈과의 이별(1872년)을 맞아
이 책을 바친다

루돌프 폰 예링

머리글

나는 1872년 봄 오스트리아 빈 법조인 협회에서 강연을 했다. 그리고 그해 강연 내용을 크게 보완해 더욱 많은 독자들이 읽을 수 있도록 《권리를 위한 투쟁》이라는 책을 펴냈다. 강연 내용을 보내고 수정해서 책으로 출판한 까닭은 이론보다는 윤리적이고 실천적인 면을, 따라서 권리를 학문으로 보기보다는 권리가 가진 힘을 최대한 드러낼 수 있는 마음가짐, 즉 권리를 용감하게 발휘하고 꺾이지 않는 태도를 가지도록 하기 위해서였다.

이 작은 책은 판을 거듭하여 계속 출판된다는 사실로 하나의 성과를 보였다. 나는 독자들이 새로운 것에 호기심을 느껴서가 아니라 내가 이 책을 통해 주장한 기본 견해가 정당하다는 확신을 가졌기 때문임을 증명해주었으리라 생각한다. 이 책이 여러 나라에서 번역된 성과 또한 이러한 믿음을 더욱 굳건하게 해준다.

이 책은 1874년에 다음 나라에서 출간되었다.

1. 벤첼(G. Wenzel)이 옮긴 헝가리어 번역판(부다페스트)

2. 모스크바에서 정기적으로 간행된 법률 잡지에 실린, 옮긴이 미상의 러시아어 번역판

3. 볼코프(Wolkoff)의 두 번째 러시아어 번역판(모스크바)

4. 라파스(M. A. Lappas)의 그리스어 새로운 번역판(아테네)

5. 하멜(G. A. van Hamel)의 네덜란드어 번역판(레이덴)

6. 부카레스트에서 간행되는 신문 〈로마눌루(Romanulu)〉 6월 24일자부터 기고된 루마니아어 번역판

7. 크리스티(Kosta Christie)의 세르비아어 번역판(벨그라드)

이어 1875년 다음 나라들에서 출간되었다.

8. 메듀(A. F. Meydieu)의 번역판(빈, 파리)

9. 마리아노(Raffaele Mariano)의 이탈리아어 번역판(밀라노, 나폴리)

10. 그레베(C. G. Graebe)의 덴마크어 번역판(코펜하겐)

11. 옮긴이 미상의 체코어 번역판(브륀)

12. 마타키에비치(A. Matakiewicz)의 폴란드어 번역판(렘베르크)

13. 힌코비츠(H. Hinković)의 크로아티아어 번역판. 처음에는 잡지 〈프라보 (Pravo)〉에 기고되었으며 뒤에 단행본으로 출간(아그람)

1879년 다음 나라들에서 출간되었다.

14. 아프셸리우스(Ivar Afzelius)의 스웨덴어 번역판(웁살라)

15. 랄로(J. J. Lalor)의 영어 번역판(시카고)

1881년 스페인에서 출간되었다.

16. 비아스카(A. P. y Biasca)의 스페인어 번역판(마드리드)

1883년 다음 나라들에서 출간되었다.

17. 고메스(A. de P. Gomez)의 두 번째 스페인어 번역판(마드리드)

18. 아시워스(P. A. Ashworth)의 두 번째 영어 번역판(런던)

1885년 포르투갈에서 출간되었다.

19. 아란조(J. V. de Aranjo)의 포르투갈어 번역판(브라질 레시페)

1886년 일본에서 출간되었다.

20. 니시 아마네(西周)의 일본어 번역판(도쿄)

1890년 프랑스에서 다시 출간되었다.

21. 묄레네르(Octave de Meulenaere)의 두 번째 프랑스어 번역판(파리)

그 뒤에 출간된 책에서는 이 책 시작 부분을 아예 빼버렸다. 지면상의 문제도 있었지만 일반 독자들이나 법률 전문가들에게도 그다지 도움이 될 것 같지도 않아서 그렇게 했던 것이다. 그러나 수많은 독자들에게 보급하는 판본에서는 법률가가 읽을 것을 염두에 두고 기술한 부분, 특히 로마법과 근대법 이론을 다룬 결론 부분은 삭제하지 않았는데, 이편이 더 나은지 아닌지는 판단하기 어렵다. 이 책이 이처럼 널리 읽힐 줄 알았더라면 처음부터 다른 형태로 썼을 것이다. 그런데 이 책은 오로지―실제로 그랬듯이―법률가를 대상으로 한 강연을 바탕으로 했기 때문에 처음 구상에 따라 먼저 법률가에게 초점을 맞추었다.

따라서 이 책의 어떤 부분도 바꿔서는 안 된다고 생각했다. 그리고 이런 상황이 일반 독자들에게 널리 퍼지는데 방해가 되지 않았다는 사실은 이미 입증되었다.

그 뒤에 출판된 모든 개정판 또한 핵심 내용은 하나도 고치지 않았다. 여전히 이 책의 뿌리가 되는 사상이 의심할 바 없이 바르며 반론의 여지가 없다고 생각하기 때문에 나는 이 사상을 비판하는 모든 말을 무시해왔다. 자신의 권리가 모욕받으며 무시당하고 짓밟힌 경우에 그 권리의 객체뿐만 아니라 자신의 인격이 훼손될 위험에 처했다는 사실을 느끼지 못하는 자, 그리고 그런 상황에서 자아와 자신의 정당한 권리를 주장할 욕구를 느끼지 못하는 자, 이들을 도울 수 있는 방법은 전혀 없으며, 그런 사람들을 바로잡을 필요가 없다고 생각하는 자. 이런 유형의 사람들을 나는 법률속물주의자라 부르고 싶은데 이런 법률속물주의자가 있다는 사실을 알기만 하면 된다. 몸에 밴 이기주의와 물질만능주의가 그들의 특징이다. 만일 이 유형이 자신의 권리를 주장하는 경우, 평생 소중히 간직한 배낭 속 이익과는 다른 형태의 한결 차원이 높은 이익을 좇는 모든 사람들을 돈키호테(몽상가)로 인식하면서 스스로 법의 산초 판사(시종)가 될 수밖에 없다. 그런 이들을 위해서 나는 이 책이 출판되고 나서야 알게 된 칸트(Immanuel Kant)의 말, 즉 "스스로를 벌레라고 생각하는 사람은 짓밟히더라도 나중에 불평할 수 없다"는 말 말고는 달리 해줄 이야기가 없다. 칸트는 다른 곳에서 이를 "자신의 권리를 타인의 발아래 내던지는 것", "자기 자신에 대한 인간의 의무위반"이라 했으며, 따라서 그는 〈우리에게 주어진 인간의 존엄성과 관련한 의무(Pflicht in Beziehung auf die Würde der Menschheit in uns)〉에서 아래와 같은 원칙을 추론해냈다. "너희의 권리를 짓밟은 타인이 처벌 받지 않고는 편안하게 지내지 못하게 하라." 이는 내가 이 책에서 줄곧 설명했던 사상과 같다. 이 사상은 강인한 모든 개인과 국민의 마음 깊이 새겨졌고 수없이 입에 올려졌다. 내가 내세울 수 있는 유일한 업적은 이 사상을 체계적으로 확립하고 올바르게 설명했다는 점이다.

내 책에 대해 슈미들(Adolf Schmiedl) 박사는 한 편의 흥미로운 연구 논문을 기고했다. 1875년 빈에서 쓴 〈유대교와 고대 기독교의 관계에서 권리를 위한 투쟁 이론(Die Lehre vom Kampf um's Recht im Verhältniss zu dem Judenthum und dem ältesten Christenthum)〉이다. 그가 이 논문 15쪽에서 언급한 유대인 법학자의 격언, 즉 "권리의 객체가 1페니히(Pfennig)이든 100굴덴(Gulden)이든 마찬가지로 생각해라"는 내가 이 책에서 설명한 내용과 정확하게 일치한다. 프란조스(K. E. Franzos)는 자신의 소설 《권리를 위한 하나의 투쟁(Ein Kampf ums Recht)》에서 이 주제를 시적으로 다루었는데, 나 또한 그 작품을 이 책에서 다뤘다. 국내는 물론 외국 문헌에서도 내 책에 대한 서평을 자주 볼 수 있어서 하나하나 언급하기 어렵다.

이 책에서 주장하는 견해가 정당한지 독자들에게 확신시키는 작업은 이 책 자체에 맡겨두고 여기서는 나의 견해를 비판해야 할 사명을 가졌다고 생각하는 사람들에게 두 가지 사항을 부탁하고자 한다. 첫째, 반박을 하려면 미리 나의 견해를 왜곡하고 비틂으로써 나를 논쟁과 다툼, 소송과 트집 잡기를 좋아하는 사람으로 해석하지 말아달라는 것이다. 나는 '권리를 위한 투쟁'을 하되 모든 경우를 대상으로 할 것이 아니라 권리의 침해가 인격의 침해로 이어지는 경우에만 투쟁하라고 요구하기 때문이다. 양보와 용서, 화합, 관용과 온유, 조정과 권리 주장의 포기 등은 나의 이론에서도 충분히 인정한다. 내 이론이 비판 받을 만한 점은 오직 비겁과 안락 그리고 무관심 때문에 불법을 참을 때 뿐이다.

둘째, 진실로 내 견해를 정확히 이해하고자 한다면 내 견해가 펼치는 적극적인 실천 방침에만 얽매이지 말고 자신의 처지에서 끌어낼 수 있는 다른 적극적인 방침을 생각해보라는 것이다. 그러면 어떤 결과에 이르게 될지 곧바로 알 수 있을 것이다. 만일 자신의 권리가 짓밟힌다면 권리자는 어떻게 해야 할 것인가? 이 문제에 내 견해와는 다른 이해할만한 대답, 즉 법질서의 존립과 인격의 이념을 조화시킬만한 대답을 할 수 있는 사람이라면 나의 견해를 반박할 수 있다. 그러나 그런 대답을 할 수 없는 사람은 나를 인정하든지 아니면 머리가 나쁜 사람들처럼 오직 불만과 부정으로 가득 차 자신의 의견을 적극 주장하지 못하는 어중간한 태도에 만족할지를 두고 선택해야 한다. 순수한 학문상 문제라면 비록 그것을 대체할 실증적인 진실을 제시하지 못해도 단순히 이제까지의 착오를 지적하는 것만으로도 의미가 있을 수 있다. 그러나 어쨌든 행동해야 하는 것은 틀림없지만 어떻게 행동할지 생각해야 하는 실천적 문제라면 다른 사람이 제시한 적극적인 지시를 부당하다고 물리치는 것만으로는 부족하고, 다른 적극적인 지시로써 이를 대신해야 한다. 나는 내가 제시한 지시를 대체할 수 있는 지시가 나타나기를 기대하지만 이제까지 어떠한 조짐도 보이지 않는다.

사람들은 내 견해의 핵심과는 아무 관계가 없는 오직 곁딸린 문제를 몇 마디 언급하는데, 거기서 그들은 자신이 이야기한 말로 스스로를 비판한다. 그것이(셰익스피어의 희곡 《베니스 상인(The Merchant of Venice)》 주인공인) 샤일록에게 가해진 불법에 대한 나의 견해다.

나는 재판관이 샤일록의 증서를 유효한 것으로 인정했어야 한다고 주장하려는 것이 아니라 재판관이 그 증서를 먼저 유효하다고 인정했다면 나중에 판결을 집행할 때 비열한 술수를 써서 그것을 무효로 만들어서는 안 된다고 이야기하려 한다. 재판관은 그 증서를 유효 또는 무효로 선고할 수 있는 선택권을 가지고 있다. (따라서) 재판관은 그 증서를 유효하다 선고했고, 셰익스피어는 이 판단만이 법을 따른 것처럼 묘사했다. 베니스에 거주하는 어느 누구도 그 증서가 유효하지 않다고 의심하는 사람은 없었다. 안토니오의 친구들, 안토니오 자신과 베니스 총독, 법원 등 모두들 유대인이 합법적인 권리를 가졌다고 인정했다. 샤일록은 누구나가 인정하는 권리를 굳게 믿었기 때문에 법원에 제소했고, '현명한 다니엘'은 복수를 갈망하는 채권자가 그 권리를 버리도록 만들려다 실패한 뒤에야 이 권리를 인정했다. 그리고 판결이 선고된 뒤에는, 유대인 권리에 대한 모든 의심을 재판관 자신이 제거했고 그 권리와 관련해서는 더는 어떤 이의도 제기되지 않게 됐다. 그리고 총독을 포함한 출석자 모두가 거부할 수 없는 판결의 힘에 복종하고 난 뒤에는, 승자가 판결이 인정한 자신의 권리를 자신 있게 행사하고자 하는 그 순간 바로 조금 전에 그의 권리를 엄숙하게 인정했던 재판관이 진지하게 항변할 가치도 없는 너무도 비열하고 얄팍한 술책을 주장하며 그 권리를 무너뜨렸다. 피 없이도 살이 존재하는가? 샤일록에게 안토니오의 몸에서 1파운드만 살을 베어낼 수 있는 권리를 준 재판관은 피 없이 살은 존재할 수 없기 때문에 피까지도 인정한 것이 된다. 따라서 1파운드 살을 베어낼 권리를 가진 자는 자신이 원한다면 그보다 적게 베어낼 수도 있다. 그러나 유대인에게는 이 두 가지가 모두 허락되지 않았다. 그는 피 없이 오로지 살만 베어내야만 하며, 그것도 정확히 1파운드의 살만을 베어내야 했다. 유대인이 이 상황에서 자신의 권리를 속아서 빼앗겼다고 말하면 지나친 표현일까? 물론 이것은 인도적인 관점에서 행해졌다. 그런데 인도적인 관점에서 행해진 불법은 더는 불법이 아닌가? 그리고 신성한 목적이 수단을 정당화할 수 있다면 어찌하여 판결을 통해서가 아닌 판결이 내려진 뒤에야 비로소 행해지는가?

이 머리글은 책에서 기술한 견해이기도 한데 이미 초판본을 발행한 뒤 이런저런 반론이 제기되었다. 특히 제6판이 출간된(1880) 뒤에는 법률가 두 사람이 자신들의 짧은 논문에서 이의를 제기했다. 그중 하나가 지방법원장인 피처(August Pietscher)의 〈법률가와 시인, 예링의 권리를 위한 투쟁과 셰익스피어의 '베니스의 상인' 연구 Jurist und Dichter, Versuch einer Studie über Jhering's Kampf um's Recht und Shakespeare's Kaufmann von Venedig〉이다. 나는 저자의 말을 직접 인용하여 그의 핵심 견해를 설명하고자 한다. "더 큰 술수를 가지고 술수에 승리하는 이야기. 사기꾼은 제 꾀에 넘어간다." 이 문장의 첫 구절에서 그는 오로지 나의 견해만 인용했다. 나는 샤일록이 술책으로써 자기 권리를 빼앗겼다는 점 말고는 주장하지 않았다.

그렇다면 그런 술책을 사용하면서까지 법을 지키는 것이 옳은 일일까? 저자는 이 문제에 답하지 않지만 나는 그가 재판관으로서 그러한 수단을 적용할 수 없다고 생각한다. 이 문장의 두 번째 구절과 관련해서 다음처럼 질문하고자 한다. 만일 베니스 법률이 그 증서를 유효하다고 선언했다면 그 증서를 증거로 제시한 유대인을 나쁜 사람으로 몰아가는 것이 옳은가? 그리고 그것을 하나의 덫이라고 생각한다면 그 책임은 유대인에게 있는가, 아니면 법률에 있는가? 피처는 나의 견해를 비판하기는커녕 오히려 더욱 힘을 실어줬다. 두 번째 논문은 바로 뷔르츠부르크 대학의 콜러(Josef Kohler) 교수의 〈법률학 법정 앞에 선 셰익스피어(Shakespeare vor dem Forum der Jurisprudenz)〉라는 논문이다. 콜러 교수는 《베니스의 상인》에서 재판 장면은 "법의 가장 깊은 본질과 형성에 대한 핵심 내용을 담고 있으며, 10권의 《판덱텐 교과서(Pandekten lehrbücher)》보다 심오한 법률학이 들어 있고, 사비니에서 예링에 이르기까지 모든 법제사 서적보다 더 깊이 있게 법제사에 대한 심오한 지식을 제공했다"(〈법률학 법정 앞에 선 셰익스피어〉, 6쪽) 말한다. 우리가 만약 셰익스피어가 법률학에서 이룬 이 위대한 업적의 일부분이 이제까지 법학계 전체에 알려지지 않은 새로운 법의 세계를 최초로 발견한 콜럼버스의 몫이라고 말할 수 있다면 충분하다. 토지 소유자와 보물을 발견한 사람이 반씩 나눠가진다는 규칙에 따라 그 절반은 그에게 주어야 한다. 이는 그가 보물의 가치를 측정할 수 없을 만큼 크다고 평가했으니 절반만 받아도 만족할 것이다. 나는 "셰익스피어가 그의 작품에 쏟아 부은 풍부한 법률 이념"(〈법률학 법정 앞에 선 셰익스피어〉, 92쪽)을 독자가 그 작품을 통해 배우길 바란다. 더욱이 나는 법률을 공부하는 학생에게 포샤 선생님으로부터 새로운 법 세계를 배우라고 권하고 싶지는 않지만 어쨌든 포샤는 위대하다! 그녀의 말은 "이제까지 법의 상태를 압박하던 칠흑 같은 어둠에 대한 빛나는 법의식의 승리이자, 필요하다는 이유로 주어진 승리, 가면을 쓴 궤변 뒤 정당화한 승리다. 그리고 그것은 크고도 위대한 승리, 즉 단순히 소송에서 거둔 승리가 아니라 법제사 전반에 걸친 승리이자, 따스한 햇살을 재판정에 다시 한번 비추어준 진보의 태양이니, 모차르트 오페라 〈마술피리〉에 나오는 구절처럼 사라스트로(태양) 제국은 밤의 권세를 물리치고 승리하리라."

저자 콜러가 도입한 새로운 법학이 포샤와 사라스트로라는 이름으로 새로운 법률학 세계를 축하하는 데 여기에 또 한 사람 베니스 총독의 이름도 추가해야 한다. 그 전까지는 아직 옛 법률학 테두리에서 벗어나지 못하고 밤의 힘에 사로잡혀 있던 총독은 포샤의 말로 구원받고 세계적인 사명에 눈떠 스스로 그 사명을 짊어졌다. 그는 이전 자신의 실수를 철저하게 보상했다. 먼저 그는 샤일록에게 살인미수라는 유죄를 선고했다. "만일 그 안에 정의롭지 못한 점이 있다면, 그러한 점은 세계사를 보는 관점에 바탕하여 정당한 것으로 되어야 할 것이다. 셰익스피어는 세계사를 살펴보았을 때 이러한 요소들이 필요하다는 것을, 그리고 그것들을 기록으로 남겨야 한다는 것을 어느 누구보다도 잘 알고 있었던 훌륭한 법률사학자였⋯⋯새로운 법관념이 당당하게 등장하도록 승리의 월계관을 씌워주기 위해서는 샤일록의 신청이 기각되어야 할 뿐만 아니라 형사처벌까지 받아야 한다."(《법률학 법정 앞에 선 셰익스피어》, 95쪽) 그러고 나서 그는 유대인에게 그리스도인이 되라고 명한다. "이러한 요구는 보편적인 역사적 사실을 담고 있다. 이러한 요구는 우리들의 감정과 표현의 자유와 어긋나는 것으로서, 개종을 권하는 부드러운 말이 아닌, 사형집행인의 손짓으로써 수많은 사람들을 신앙 고백의 수용소로 내몰았던 세계사의 흐름과 일치한다."(《법률학 법정 앞에 선 셰익스피어》, 96쪽) 그것은 "진보의 태양이 재판정에 비춰주는 따스한 햇살"이다. 유대인과 이교도들은 언젠가는 토르케마다(Thomas de Torquemada)의 화형 장작더미 위에서 진보라는 태양의 따스한 힘을 경험하게 되리라! 그래서 사라스트로 제국은 밤의 권세를 물리치고 승리할 것이다. 지혜로운 다니엘로서 이제까지의 법을 뒤집은 포샤, 그녀의 행적을 따른 총독, 그리고 자신들의 주장을 '세계사적'이라는 상투적인 말로 정당화하면서 더욱 심오한 법률학과 법의 본질 및 형성에 대한 핵심 내용을 민감하게 받아들이는 법률가(콜러)가 있다.―모든 것이 완성된다! 이것이 바로 콜러가 나를 이끌어간 '법률학의 법정'이다. 그러나 그가 우리에게 열어준 법률학의 새 시대에 동참하기에는 판덱텐 교과서로써 익힌 낡은 법학의 찌꺼기가 너무도 많이 남아 있기에, 내가 그를 따르지 않더라도 그는 이를 감수해야만 한다. 그리고 나는 법제사 영역에서 아무리 틀렸다고 해도 이제껏 걸어왔던 길을 믿고 나아가고 싶다. 만일 내가 콜러처럼 통찰력이 뛰어났다면 실정법에 대한 모든 자료와 사비니에서부터 현재에 이르는 우리 시대 법제사의 모든 문헌들보다 더 심오한 권리를 《베니스의 상인》을 통해 이해할 수 있었으리라.

시카고에서 출간된 내 책의 영어판에 대한 서평이 미국의 한 잡지에 실렸다. 1879년 12월 27일자 《올버니 법률 잡지(Albany Law Journal)》는 내가 본문에서 포샤의 판결에 대해 주장한 것과 같은 견해를 이 잡지 공동 발행인이 오래전 이 잡지에 나보다 앞서 발표했다는 사실을 알려주었다. 그리고 그 글을 쓴 저자는 내가 표절했다고 추측하는 것 말고는 달리 설명하지 않았다(그는 '훔쳤다'고 표현했다). 나는 독일 독자들에게 이 흥미로운 발견을 서둘러 알리고 싶었다. 그들이 표절이라고 밝힌 내용은 그야말로 터무니없다. 왜냐하면 나는 책을 쓸 무렵 그 잡지를 본 적이 한 번도 없을 뿐 아니라 그러한 잡지가 있다는 사실조차 알지 못했다. 어쩌면 나중에는 내 책 또한 직접 쓰지 않고 미국에서 출간된 영어판을 독일어로 옮겼다는 말을 듣게 될지도 모른다. 참고로 《올버니 법률 잡지》 편집부는 내가 반박하자 나중(1880년 2월 28일자, 제9호)에 이 모든 것을 농담이라고 설명했는데—대서양 건너 사람들은 참으로 이상한 농담을 주고받는다.

나는 이 작은 책을 처음 출간했을 때 헌정했던 리트로의 오귀스트(Auguste von Littrow) 여사에 대해 몇 마디 추모의 글을 덧붙이는 것으로 초판에서부터 변함없이 써온 이 머리말을 끝맺고자 한다. 이 책 제9판(1889)이 발간된 뒤 죽음은 내게서 그녀를 빼앗아갔으며 아울러 친구라 부를 수 있는 사람 또한 앗아갔다. 그녀는 내가 살아오는 동안 만났던 가장 훌륭한 여인 중 한 사람이다. 그녀는 총명함과 특출한 교육 과정 그리고 박학다식뿐만 아니라 고결한 성품을 통해서도 뛰어난 역량을 보여주었다. 나는 빈에 초빙되면서부터 그녀와 가까워졌는데, 그것이 내 삶에서 가장 큰 행운이었다.

그녀의 이름을 내건 이 작은 책이 계속 발간되는 동안 그녀와 나의 이름이 함께 세상에 알려지기를 기대한다. 그녀가 전문적인 문학사에 이름을 남기는 데에는 그녀의 친한 벗인 그릴파르처(Franz Grillparzer)를 다룬 훌륭한 수기가 충분히 역할을 다하리라 생각한다.

1891년 7월 1일 괴팅겐에서
루돌프 폰 예링

제11판 서문

이미 고인이 된 친구를 위해 추모의 말을 쓴 날로부터 정확히 1년 뒤《권리를 위한 투쟁》의 지은이를 몇 달만에 죽음으로 몰아갈 병의 징후가 처음 나타났다. 루돌프 폰 예링은 1892년 9월 17일에 세상을 떠났지만 그가 남긴 업적의 생명력은 여전하다. 그 생명력은 눈에 보이는 형태로 그동안 그의 저서 대부분이 새롭게 출간되었다는 점에서 확인할 수 있으며, 그의 이름을 지구상에 널리 알렸을 뿐만 아니라—지은이에게 바친 수많은 헌사가 보여주듯이—곳곳에서 명예와 권리를 깨우는 외침으로 불붙이듯 파급 효과를 일으킨 이 작은 책 속에서도 나타난다.

이토록 박력 있게 설명한《권리를 위한 투쟁》에서 한 인물의 긍지 높은 자기주장이 굳건한 민족의 후손이 선조로부터 물려받은 특이성을 보인다고 생각한 데는 이유가 있다. 그는 이를 전혀 알지 못했다. 그는 활기찬 정신과 폭넓은 시야를 가졌고 그 때문에 프리슬란트 민족이 수세기 동안 변하지 않고 유지해온 작고 폐쇄된 세계로부터 멀리 떨어져 있었다. 그럼에도 예링은《권리를 위한 투쟁》에서 자신도 모르는 사이에 그가 속한 용감한 민족정신을 위해 뛰어난 업적을 남겼다.

1894년 11월 괴팅겐에서
V. 에렌베르크

권리를 위한 투쟁

법의 목적은 평화이며, 평화를 얻는 수단은 투쟁이다. 법이 부당하게 침해받는 경우를 예상해 거기에 맞서지 않으면 안 되는 한—그리고 세상이 존속하는 한 이러한 현상은 계속되리라.—법은 이러한 투쟁을 감수해야 한다. 법의 생명은 투쟁이다. 즉 민족과 국가 권력, 계층과 개인의 투쟁이다.

이 세상의 모든 권리는 투쟁을 통해서 쟁취했으며, 중요한 모든 법규(Rechtssatz)는 먼저 이러한 법규에 반대하는 사람들에 맞서 싸워 쟁취해야만 했다. 또한 모든 권리는, 민족의 권리든 개인의 권리든, 언제든 그 권리를 행사하기 위해 끊임없이 투쟁할 것을 전제로 한다. 권리는 단순한 사상이 아니라 살아 있는 힘이다.

그러므로 정의의 여신은 한 손에는 권리를 재는 저울을 들고 다른 한 손에는 권리를 관철하기 위해 칼을 쥐고 있다. 저울이 없는 칼은 적나라한 폭력(Gewalt)에 지나지 않으며, 반대로 칼이 없는 저울은 그야말로 아무 힘 없는 법일 뿐이다. 저울과 칼은 함께 있어야 하며, 완전한 법 상태란 정의의 여신이 칼을 휘두르는 힘과 저울을 다루는 능숙한 기술이 서로 균형을 이룰 때에만 나타난다.

법은 끊임없는 노동이기도 하다. 더욱이 이것은 국가 권력뿐만 아니라 세상 모든 국민에게 요구되는 노동이기도 하다. 법의 총체적인 생명은 경제와 정신 생산 영역에 몸담고 있는 모든 국민의 끊임없는 투쟁과 노동의 생생한 모습을 우리 앞에 보여준다. 자신의 권리를 주장해야만 하는 상황에 이른 개인은 누구든 이러한 국가 차원의 노동에서 자신의 몫을 담당하고, 지상에서 법이념을 실현하는 데 이바지하게 된다.

물론 이러한 요구는 모든 사람에게 똑같이 적용되지 않는다. 수많은 사람들의 생활이, 이미 시행중인 법률의 궤도 안에서 아무런 저항과 충돌 없이 움직인다. 또한 우리가 그들에게 "법은 투쟁이다(Recht ist Kampf)."라고 말해준다 해도 그들은 우리의 말을 이해하지 못한다. 왜냐하면 그들은 법을 평화와 질서 상태로만 알기 때문이다. 그들 자신의 경험에 비추어 볼 때 그 생각은 완전히 옳으며, 어떤 수고도 없이 타인의 노동 결실(재산)이 자기 주머니 속으로 굴러 들어온 부유한 상속인이 "소유권은 노동이다(Eigentum ist Arbeit)."라는 말에 귀를 기울이지 않는 것과 같다. 이 둘의 착각은 소유권과 법 안에 존재하는 두 가지 측면이 제멋대로 분리돼 어떤 이에게는 향유와 평화만, 어떤 이에게는 노동과 투쟁만 주어지는 경우가 있다는 사실이 원인이다.

소유권도 법과 마찬가지로 두 얼굴을 가진 야누스(Janus)와 같다. 즉 어떤 이에게는 이쪽 면만을, 어떤 이에게는 저쪽 면만을 보여주기 때문에 저마다 받아들이는 야누스의 얼굴은 완전히 다른 모습이다. 법을 받아들이는 방법은 저마다 다를 뿐만 아니라 시대에 따라서도 다르다. 어떤 이의 삶은 전쟁이며, 어떤 이의 삶은 평화다. 그리고 국민 차원에서도 어느 한쪽 면만 접하면서 개인의 경우와 마찬가지로 착각에 빠진다. 오랜 평화의 시대가 이어지고 영원한 평화를 믿는 사상은 최초의 포성이 아름다운 꿈을 깨뜨릴 때까지 찬란하게 피어 있다. 그러나 아무런 수고도 없이 평화를 누리던 세대 대신에 전쟁의 고역으로써 평화를 되찾아야만 하는 세대가 다시 나타난다. 법의 경우와 마찬가지로 소유권에서도 노동과 향유는 이처럼 나뉜다. 그러나 향유를 누리며 평화속에서 사는 사람을 위해 다른 이들은 일하며 싸워야만 한다. 투쟁이 없는 평화, 노동이 없는 향유란 에덴동산(낙원) 시대에나 가능하며, 역사는 평화와 향유의 끊임없는 노력의 결과로 알고 있다.

투쟁은 법의 과제이며, 투쟁이 실제로 필요하다는 점에서도, 투쟁이 윤리로볼 때 가치가 있다는 점에서도 소유권과 법이 다르지 않다는 사실을 더욱 상세히 설명하고자 한다. 나는 이러한 작업이 쓸데없는 일이 아니라 오히려 우리의 이론(이는 단순히 법철학 이론뿐만 아니라 실정법 이론을 뜻하기도 한다)이 저지른 게으름을 속죄하는 일이라고 생각한다. 법학이 이제까지 정의의 여신이 가진 칼보다는 저울에 더 많은 관심을 두었다는 것은 틀림없는 사실이다.

법학은 순수 학문 관점에서 법을 생각했다. 즉 법을 현실에서 힘 개념으로 파악한 것이 아니라 논리 측면에서 추상적인 법 명제 체계로 파악했다. 바로 이런 치우친 견해 때문에 법의 투박한 현실을 전혀 반영하지 않는 방식으로 법을 이해하게 만들었다─이러한 비판과 관련하여 앞으로 나는 그 원인이 어디에 있는지를 밝히는 데 최선을 다해 설명하고자 한다.

독일어 'Recht' 라는 말은 모두 잘 아는 바와 같이 객관적 의미의 법과 주관적 의미의 권리라는 두 가지 뜻으로 쓰인다. 객관적 의미의 법이란 국가가 운용하는 여러 법원칙의 총체, 즉 생활의 법적 질서다. 주관적 의미의 권리란 추상적인 규정을 개인의 구체적 권한과 연결해준다. 이 두 방향에서 법은 저항에 부딪히고, 그것을 극복해야만 한다. 즉 법은 투쟁으로 자신의 존재를 쟁취하거나 주장해야만 한다. 나는 내가 연구하고자 하는 대상으로 두 번째 방향의 투쟁을 선택했다. 그러나 투쟁이 권리의 본질에 속한다는 나의 주장이 첫 번째 방향에서도 정당하다는 점 또한 입증해 보이고자 한다.

첫 번째 방향과 관련된 문제 가운데 국가가 이끄는 법 실현이 투쟁을 동반한다는 사실에는 논란의 여지가 없으며 따라서 더는 설명할 필요가 없다. 즉 국가의 관점에서 법질서 유지란 법질서를 침해하는 무법 상태에 끊임없이 투쟁하는 것에 지나지 않는다. 그러나 이것은 법의 성립에 관련해서는 좀 사정이 다르다. 역사 시작 단계의 원시적 성립에서도, 날마다 우리 눈앞에서 반복되는 법 개혁, 기존 제도 폐지, 기존의 낡은 법규를 새로운 법규로 바꾸는 현상인 법 발전에서도 다른 양상을 나타낸다.

그런데 법의 형성 또한 모든 법의 존재를 지배하는 법칙을 따른다는 나의 견해에 반대하는 의견이 있다. 그것은 적어도 오늘날 로마법학자 연구에서는 널리 받아들이게 된 견해로서, 나는 그것을 간단히 대표적인 두 학자의 이름을 따서 법 형성에 대한 '사비니-푸흐타 이론'이라고 부르고자 한다. 이 이론에 따르면 법의 형성은 마치 언어가 만들어지듯이 우리가 모르는 사이에 아무런 고통도 없이 이루어지며 어떠한 노력이나 투쟁도, 더 나아가 탐구하려는 노력조차 필요로 하지 않는다. 새로운 법규는 마치 언어 규칙처럼 손쉽게 형성된다고 한다. 이 견해에 따르면 채권자가 빚을 갚을 능력이 없는 채무자를 외국에 노예로 팔아버린다거나 소유권자가 자신의 소유물반환청구권을 어느 누구에게나 행사할 수 있다는 고대 로마법의 원칙은, 마치 옛 로마에서 '와(cum)' 라는 뜻을 지닌 전치사를 명사의 속격으로 쓸 수 있다는 규칙과 거의 다르지 않은 방식으로 만들어졌다고 보는 견해다.

이것이 내가 대학에서 배운 법 형성 견해였으며 졸업한 뒤에도 오랫동안 여기서 벗어나지 못했다. 이러한 견해가 과연 정당한가? 이 견해에 의하면 법도 언어와 마찬가지로, 의도하지 않은 무의식 속에서 자주 사용하는 표현에 따르면 '내부에서부터 인식할 수 있는 유기적인 발전'으로 행해진다는 사실을 시인해야만 한다. 이러한 법의 유기적 발전은, 거래 관계에서 평등하며 자율적인 법률 행위를 행사할 때 생기는 모든 법규와 학문이 기존의 법을 바탕으로 분석하면서 개발되고 인식되는 모든 추상적 개념과 결론, 규칙들을 포함한다. 그러나 거래와 학문이라는 두 요소가 지닌 힘은 제한적이므로 이미 존재하는 궤도 안에서 활동을 규율하고 촉진할 수는 있지만 새로운 방향으로 나아가려는 흐름을 막는 제방을 무너뜨리지 못한다. 오직 법률, 즉 일정한 목표를 지향하는 국가 권력의 의도적인 행위만이 가능하다.

그러므로 소송 절차와 실체법에 대한 모든 강력한 개혁이 법률에 의존하는 것은 절대로 우연이 아니며, 법의 본질 속에 깊이 뿌리박혀 있는 필연이다. 물론 법률이 기존의 법을 바꾸는 경우에도 되도록 현행법의 기초 위에 새로운 원칙을 더하는 데 그치며 기존 법을 바탕으로 이루어진 구체적인 관계는 침범하지 않는 경우가 있다. 이는 결국 망가진 나사못이나 롤러만 완전한 부속품으로 대체하듯이, 법이라는 기계를 살짝 손보는 것에 지나지 않는다. 그러나 법은 기존의 법이나 개인의 이익을 크게 침범할 때야 비로소 개정된다. 시간이 지남에 따라 수많은 개인의 이익이나 모든 신분 계층의 이익은 그것을 심각하게 침해하지 않고는 현행법을 폐지할 수 없을 만큼 현행법과 매우 가깝게 결합되었다. 따라서 법규나 제도에 문제를 제기하는 행위는 이러한 모든 이해관계자들에게 선전포고를 하는 것과 같으며, 수많은 촉수로 단단히 들러붙은 해파리를 없애는 것과 같다.

그러므로 이러한 모든 시도는 자기 보존 본능이 자연스럽게 작용하는 가운데, 위협받는 이해관계자들의 강력한 저항을 불러일으키고 또한 그 결과로서 투쟁을 낳는다. 이 투쟁에서는 모든 투쟁에서와 마찬가지로 힘을 드러내는 것은 이론이 아니라 두 세력의 힘 관계이며 마치 힘이 부딪혔을 때처럼 처음 나아가던 방향이 아니라 평행사변형 대각선 방향으로 힘이 나아가는 경우도 많다. 이렇게 보면 여론이 이미 오래전에 사형선고를 내린 온갖 제도들이 때때로 그 생명을 오랫동안 유지하는 현상도 이해할 수 있다. 이러한 제도의 명맥은 제도 안에 있는 관성 같은 힘이 아니라 현재 상태를 지키려는 여러 이해관계자들이 보여주는 저항력이다.

344 권리를 위한 투쟁

이처럼 현행법이 이해관계를 배경으로 하는 모든 경우에 새로운 법이 등장하려면 투쟁에서 승리해야만 한다. 이 투쟁은 몇 세기 동안 이어지기도 한다. 이러한 투쟁은 이익이 기득권 형태를 가졌을 때 그 강도가 최고조에 이른다. 이때 자신의 신성한 법을 구호로 내건 두 진영이 부딪히게 된다. 즉 한쪽은 역사적인 권리, 즉 과거 권리를 주장하는 반면, 다른 한쪽은 줄곧 새로이 만들어 젊음을 유지하는 권리, 즉 늘 새로운 것을 바라는 인류의 권리를 주장한다. 이는 권리 이념이 둘로 나뉘어 부딪히는 경우이며 둘이 저마다 자신의 확신 때문에 서로의 모든 힘과 존재를 쏟아붓고 역사가 신성한 심판을 할 때 비로소 끝이 나는 비극적인 경우이다. 법의 역사가 보여주는 모든 위대한 업적, 즉 노예제나 농노제 폐지, 토지소유권의 자유나 영업 또는 신앙의 자유와 같은 이러한 모든 성과는 치열하게 그리고 수세기에 걸쳐서 이어진 투쟁으로써 얻어졌다. 법이 걸어온 길은 많은 피로 물들었으며 늘 짓밟힌 권리가 깔려 있다. 왜냐하면 "법은 자기 자식을 잡아먹는 사탄"이기 때문이다. 법은 자신의 과거를 청산할 때만 다시 젊어질 수 있다. 먼저 법으로 성립했다는 이유로 영원히, 즉 영구적으로 존속하기를 바란다면 이는 마치 자기를 낳아준 어머니에게 주먹을 휘두르며 맞서는 어린아이와 똑같다. 이는 법의 이념을 끌어내 오히려 그것을 모욕하는 행위이다. 법의 이념은 끊임없이 변한다. 왜냐하면 이미 끌어내 오히려 새롭게 만든 법에게 밀려날 수밖에 없기 때문이다. 생성된 모든 것들은 그것이 사라지기 때문에 가치를 지닌다(Alles was entsteht, Ist wert, dass es zu Grunde geht).

이처럼 법은 역사적 활동 안에서 탐구와 쟁취, 투쟁, 간단히 말하면 힘겹게 노력하는 모습을 우리 눈앞에 보여준다. 언어는 무의식 속에서 형성해 나가는 인간 정신에 어떤 저항도 일으키지 않으며, 예술은 자기의 과거, 즉 이제까지 지배하던 양식을 극복하기만 하면 된다. 그러나 인간의 온갖 목적, 노력, 이익의 복잡한 소용돌이 안에 깊숙이 빠져 있는 목적 개념인 법은 바른 길을 찾기 위해 끊임없이 모색하며 탐구해야만 한다. 그리고 일단 바른 길을 발견했을 때는 이를 가로막는 저항을 깨트려야만 한다. 이처럼 법의 발전은 예술과 언어의 발전과 마찬가지로 법칙이 있으며 어디서든 볼 수 있다는 점은 의심할 여지가 없다. 그러나 발전이 이루어지는 방법과 형식은 크게 다르다. 그러므로 우리는 이러한 의미에서 사비니가 지적한 뒤로 빠르게 일반에게 승인받은(사비니—푸흐타 이론상의) 법과 언어, 예술이 비슷하다는 견해를 단호히 물리쳐야만 한다. 사비니의 견해는 이론상 잘못되어도 크게 위험하지 않으나 정치 원칙으로서는 우리가 상상할 수 있는 가장 치명적인 오류를 범하는 학설을 포함한다. 왜냐하면 이 학설은 인간이 행동해야만 하는 영역, 즉 완전히 뚜렷한 목적 의식을 가지고 혼신의 힘을 다해 행동해야만 하는 영역에서, 아무것도 하지 않아도 문제가 저절로 해결된다고 말하며 그들이 말하는 법의 원천, 즉 국민적인 법적 확신에서 점차 세상에 나타나게 된다고 믿으며 기다리기만 하라고 사람들을 잘못 이끌기 때문이다. 사비니와 그의 모든 제자들이 입법 개입에 반대하는 이유가 여기에 있으며, 여기에 푸흐타의 관습법 이론에서 관습의 참된 의미를 전체적으로 오해하는 이유가 있다. 푸흐타는 관습이란 법적 확신의 단순한 인식 수단에 지나지 않는다고 보았다. 즉 법적 확신은 관습이 행동할 때 비로소 만들어지며, 관습은 행동으로써 비로소 힘을 보여주며 생활을 지배하는 사명을 수행한다. 간단히 말하자면 법이 힘과 이어진 개념이라는 명제는 관습법에도 적용된다. 이에 대해서 푸흐타는 완전히 모르는 척했다. 그렇게 하면서 그는 오로지 자기 시대의 흐름을 따랐다.

그 시대는 독일 문학에서 낭만주의 시대였다. 낭만주의라는 개념을 법학에 적용하고 또한 이 두 영역에서 비슷한 경향을 비교해보는 수고를 아끼지 않는 사람은 내가 역사학파는 낭만파로 불러도 된다고 주장한다 하더라도 나를 비난할 수 없다. 법이 들판의 식물처럼 아무 고통과 노력 없이 그리고 어떤 행위도 없이 형성된다는 생각은 완전히 낭만주의 개념, 즉 과거 상태를 잘못 이상화하는 데 사로잡힌 관념이다. 그러나 가혹한 현실이 가르쳐 주는 것은 그와는 전혀 다르다. 우리가 직접 보는, 오늘날 곳곳에서 여러 민족이 치열하게 각축을 벌이는 모습을 보여주는 이 현실이 앞에서 말한 견해를 부정하기 때문만이 아니다. 우리가 시선을 과거로 돌렸을 때 받는 인상에는 변화가 없으며 사비니의 이론을 적용할 수 있는 것은 아무 자료도 없는 선사 시대 부분이라는 말이다.

그러나 선사 시대를 추측하는 것을 허락해 준다면 나는 선사 시대는 민족 확신에서 법이 아무런 장애 없이 평온하게 이루어진 무대라는 사비니의 이론과는 정반대의 이론을 제기하고자 한다. 나의 이론은 적어도 역사로 기록되기 시작한 법 발전 과정에서 유추했으며 내가 믿는 바와 같이 이렇게 과거로 거슬러 올라가 유추하는 방법은 인간심리의 연속성에서 볼 때 바른 결론에 이를 개연성이 크다고 생각한다. 선사 시대! 이 시대를 진실, 공명, 성실, 천진난만, 경건한 신앙 등 아름다운 모든 성질로 수식하는 일이 한때 유행했다. 그리고 이러한 바탕 위에서 법은 법적 확신 말고 다른 어떤 추진력 없이도 번영을 누렸다. 주먹이나 칼은 필요없었을 테니까 말이다. 그러나 오늘날 누구나 이 경건한 선사 시대에 정반대되는 거칠고 잔혹하다든지, 냉혹하고 교활하다든지, 간사하다든지 등의 성질이 존재한다는 사실을 안다. 그리고 그 시대가 모든 나중 세대보다 법을 더 쉽게 얻었으리라는 추정은 더 이상 믿기 어렵다. 나는 다음과 같이 확신한다. 그 시대가 법을 얻기 위해 치러야만 했던 수고는 오히려 훨씬 무거웠고, 가장 간단한 법규들, 예컨대 자기 물건을 돌려달라고 요구하는 소유권자의 권능이나, 빚을 갚을 능력이 없는 채무자를 외국에 노예로 팔아버리는 채권자의 권능을 다루는 고대 로마법 법규조차 치열한 투쟁으로 쟁취해야 비로소 널리 승인을 받을 수 있었다. 선사 시대를 어떻게 추정하든지 간에 이 시대 이야기는 여기서 그치기로 한다. 문서로 기록된 역사가 법 성립에 대해 우리에게 전해주는 자료만으로도 충분하기 때문이다. 이 자료에 따르면 법의 형성은 사람의 출생과 마찬가지로 언제나 매우 심한 산고를 동반했다.

그렇다면 상황이 이렇다고 한탄해야만 하는가? 법은 어느 민족이든 어떠한 수고 없이 주어지지 않으며, 여러 민족이 법을 위해 노력하고 싸우고 투쟁하여 피를 흘려야만 했기에 민족과 법은 마치 출산할 때 어머니와 자식이 서로의 생명을 위험에 처하게 하는 행위와 똑같은 굳은 유대로 결합되어 있다. 어떤 수고도 없이 얻은 법은 황새가 물어온 아이와 같다. 황새가 물어온 아이는 언제 여우나 매가 다시 채갈지 모른다. 그러나 아이를 몸소 낳은 어머니는 아이를 절대 빼앗기지 않는다. 이와 마찬가지로 어떤 민족도 피나는 노력으로써 쟁취한 법과 제도를 빼앗기는 일은 거의 없으리라. 다음처럼 주장할 수도 있다. 한 민족이 자신들의 법에 애착을 느끼고 그 법을 지지하는 사랑의 힘은 그 법을 얻기 위해 치른 수고와 노력 크기에 비례한다고 말이다. 단순한 관습이 아니라 희생이야말로 민족과 민족의 법 사이에 가장 강력한 유대를 맺어준다. 그리고 신은 축복을 내리더라도 그 민족이 필요로 하는 것을 거저 주지 않고 또한 그것을 얻는 수고를 줄여주지도 않으며 오히려 더 가중시킨다. 이러한 의미에서 나는 다음과 같이 말하기를 망설이지 않는다.

"법이 탄생하기 위해 필요한 투쟁은 저주가 아니라 축복이다."

나는 (이제부터) 주관적 또는 구체적 권리를 위한 투쟁을 언급하고자 한다. 이 투쟁은 권리가 침해받거나 빼앗겼을 때 시작된다. 개인의 권리든 민족의 권리든 그 어떤 권리도 이러한 위험에서 벗어날 수 없기에—권리자가 주장하는 이익은 언제나 이를 무시하려는 타인의 이익과 서로 대립하기 때문이다—권리를 위한 투쟁은 아래로는 사법부터 위로는 헌법과 국제법에 이르기까지 모든 법률 분야에 걸쳐 반복된다. 전쟁이라는 형식으로 침해받은 권리에 대한 국제법적 주장—국가 권력 차원에서 자의적 행위와 헌법 침해에 맞서는 봉기와 폭동, 혁명 형식으로 행해진 국민의 저항, 중세에서 권리를 실현하기 위한 실력행사권 및 오늘날 그 유물인 결투라는 형태의 사적인 거친 실현, 정당방위 형태의 자기방어, 여기에 민사기소라는 규제된 형태의 권리주장, 이러한 모든 것은 비록 분쟁 대상이 다르고 그 투쟁의 형태, 차원이 전혀 다른데도 권리를 위한 투쟁이 보여주는 형식과 모습일 뿐이다. 내가 이런 모든 형식 가운데 가장 이성적 형식, 즉 소송으로 행해지는 사권을 위한 합법적 투쟁을 선택한 이유는 이 투쟁이 법률가인 나와 매우 가깝기 때문이 아니라 민사소송이 법률가와 일반인 모두 이해하기 어렵기 때문이다. 이 밖의 모든 경우에는 사건의 진상이 명명백백하며 자신의 이익을 위해 온 힘을 기울일 만한 가치가 있다는 사실을 아무리 어리석은 사람일지라도 알 수 있다. 따라서 이 경우에는 어느 누구도 왜 투쟁해야 하는지, 또는 왜 양보하지 못하는지를 묻지 않는다.

그러나 사법 투쟁의 경우에 사정은 완전히 다르다. 투쟁 목적인 이해관계는 상대적으로 가볍다. 그런 문제를 처리할 때 따라오기 마련인 지루한 법률 이론을 보면 이런 투쟁은 오로지 이성적 계산과 인생관 영역에 속하는 것처럼 보인다. 또한 민사투쟁이 행해지는 방식과 그 방식의 기계적 성향, 그리고 개인의 모든 자유롭고 강한 주장을 물리치는 일은 민사소송의 차가운 인상을 누그러뜨리는 데 거의 도움을 주지 못한다. 물론 민사소송이라도 당사자가 직접 재판장에서 주연을 맡고 이로써 투쟁의 참된 의미가 뚜렷하게 드러난 시대도 있었다. 칼로 내 것과 네 것의 소유 분쟁을 해결하던 시대나 중세 기사가 상대에게 결투 요구서를 보내 결투를 신청하던 시대에는 결투에 참여하지 않는 사람이라 할지라도 이 분쟁에서 단순히 물건의 가치, 즉 경제적 손실에 대한 방어뿐만 아니라 인격 자체, 즉 개인의 권리와 명예가 중요했으며 또한 그것을 주장했다는 사실을 짐작할 수 있다.

그러나 오늘날에는 형식은 다르지만 내용면에서는 그 시절과 똑같은 해석을 이끌어내기 위해 이미 오래전에 사라진 상황을 되살릴 필요는 없다. 오늘날 온갖 생활 현상을 살펴보고 우리 자신의 심리를 스스로 돌아보는 것으로 같은 효과를 거둘 수 있다.

권리 침해가 있을 때 모든 권리자에게는 다음과 같은 문제가 발생한다. 자기 권리를 주장해서 상대에게 저항할 것인가, 그러니까 투쟁할 것인가 또는 다툼을 피하기 위해 권리를 포기할 것인가? 그는 스스로 결단을 내려야 한다. 어떤 결정을 내리든 희생을 감수해야만 한다. 권리를 희생하고 평화를 선택할지 아니면 평화를 희생해 권리를 선택할지. 따라서 이 문제는 결국 사실관계와 당사자의 구체적인 사정에 따라 어느 쪽을 희생하는 편이 견딜만한지 골라야 한다. 부유한 사람이라면 평화를 위해 그에게는 그다지 중요하지 않은 소송비용을 포기할 것이며, 이와 달리 소송비용이 꽤 중요한 가난한 사람은 그 때문에 평화를 포기할 것이다. 그러므로 권리를 위한 투쟁 문제는 결국 순전히 계산 문제로 바뀌며 이 문제를 해결하려면 저마다가 장단점을 저울질해봐야 한다.

그러나 이러한 일이 실제로는 절대로 일어나지 않는다는 사실을 모든 사람들이 잘 알고 있다. 일상생활에서는 소송물의 가치가 수고와 감정 소모와는 비교할 수도 없이 하찮은 소송이 얼마든지 존재한다. 1탈러(Taler) 은전 한 닢을 물속 깊이 빠뜨렸을 때 어느 누구도 그것을 건져내기 위해 2탈러를 투자하지 않는다. 이때 그에게 그것을 찾기 위해 얼마의 대가를 치를 수 있느냐는 문제는 오롯이 계산 문제다. 그런데 왜 사람들은 소송을 할 때에는 마찬가지로 헤아리지 않는 것일까? 누구도 그가 소송에서 이길 것이며 따라서 소송비용은 상대가 부담할 거라고 말하지 않는다. 소송에서 이기기 위해 값비싼 대가를 치러야 하는 때에도 많은 이들이 소송을 포기하지 않는다는 사실을 법률가들은 알고 있다. 더욱이 의뢰인에게 해당 사건이 불리하다고 알려주면서 소송을 포기하도록 권유하는 변호사들조차 어떤 희생을 치르더라도 소송을 계속하겠다는 말을 자주 듣는다.

합리적인 이해타산의 관점에서 볼 때 더없이 모순된 이러한 행동 양식을 과연 어떻게 설명할까?

이러한 질문과 관련하여 자주 듣는 대답은 다음과 같다. 비록 소송을 수행하는 일이 소송 상대와 같은 대가, 어쩌면 그보다 훨씬 비싼 대가를 치러야만 하더라도 소송을 제기하는 이유는 소송을 좋아하는 사람이거나 어떤 버릇처럼 자신의 권리를 주장하는 질병, 순전히 다투기 좋아하는 버릇과 상대에게 화풀이하고 싶어 하는 충동 때문이라는 것이다.

우리는 잠시 어느 두 사람의 소송에서 벗어나 두 민족의 분쟁을 생각해보자. 한 민족이 다른 민족에게 1평방마일의 척박하고 쓸모없는 땅을 불법으로 빼앗았다면 이때 땅을 빼앗긴 민족은 전쟁을 일으켜야만 하는가? 이 문제를 이웃사람이 자신의 땅 몇 피트를 짓밟거나 밭에 돌을 굴려 넣어서 피해를 입은 농민이 그것에 대해 소송을 제기한 것을 두고서 무슨 일이든 소송으로 해결하려 든다고 보는 경우와 똑같은 관점에서 살펴보자. 수천 명의 생명을 빼앗고 민가와 궁궐에 근심과 비탄을 가져왔으며 수백만 또는 수억의 국고가 손실되고 경우에 따라서는 국가의 존립마저 위협받는 전쟁과 견주어볼 때 과연 1평방마일의 황무지는 얼마나 가치가 있을까! 이러한 〔사소한〕 전쟁에서 승리하기 위해 그 같은 〔엄청난〕 희생을 치르는 행위는 얼마나 어리석은가!

물론 농민과 민족을 같은 잣대로 측정한다면 위와 같은 판단을 내려야 한다. 그러나 어느 누구도 농민에게 소송을 그만두라 권하듯 민족에게 권고하지 않는다. 또한 사람들은 권리 침해를 묵인하는 민족은 스스로 사형선고에 서명했다고 생각한다. 이웃나라에게 1평방마일의 땅을 아무런 저항도 하지 못하고 빼앗긴 민족은 마침내는 자기 토지라고 주장할 만한 땅은 모두 빼앗기고 국가로서 존립하기를 포기한다. 그러므로 이러한 민족은 그보다 더 나은 것을 기대할 자격이 없다.

그러나 만일 이 민족이 1평방마일의 땅 때문에, 즉 가치의 높고 낮음을 떠나서 스스로 방어해야만 한다면 왜 농민에게도 한 이랑의 땅을 위해 방어하라고 권하지 않는가. 아니면 "주피터에게 허용되는 것이 소(牛)에게는 허용되지 않는다(Qoud licet Jovi, no licet bovi)"는 격언에 따라서 농민을 내버려 둬야 하는가. 그러나 민족은 단순히 1평방마일을 위해서가 아니라 민족 자신을 위하여, 즉 자기의 명예와 독립을 위하여 투쟁하며 마찬가지로 원고가 권리를 침해받는 굴욕을 막으려는 소송에서는 사소한 소송의 목적물을 위해서가 아니라 이

넘인 목적을 위해, 그러니까 인격 자체와 그 권리 감각을 나타내기 위해 투쟁한다. 이 목적에 비추어볼 때 소송에 따르는 모든 희생과 번거로움은 이미 권리자의 눈에는 전혀 중요하지 않다—목적은 수단을 정당화한다. 피해자가 소송을 제기하는 까닭은 단순한 금전 이익 때문이 아니라 오히려 불법으로 침해받은 도덕적 고통 때문이다. 그의 목적은 단지 소송물을 다시 찾는 것이 아니라—어쩌면 그는 이러한 때에 소송의 참된 동기를 파악하는 과정에서 자주 발생하듯이 처음부터 그 소송물을 복지시설에 기부할 생각이었는지도 모른다—오히려 자신의 정당한 권리를 주장하기 위해서다.

내면의 소리는 그에게 자신의 권리를 포기해서는 안 된다고 말하며 그에게 중요한 것은 가치 없는 소송물이 아니라 자신의 인격, 명예, 정의감, 자존심 등을 위해 소송하라고 강조한다—간단히 말하면 처음에 소송은 그에게 단순한 이익 문제(Interessen Frage)였다가 인격 문제 또는 인격을 주장하느냐 포기하느냐 하는 성격의 문제(Charakter Frage)로 바뀐다.

그러나 많은 사람들이 이와 똑같은 상황에서 전혀 다른 결정을 내린다는 사실을 우리는 경험상 잘 알고 있다—그들에게는 수고스럽게 주장해야 하는 권리보다는 오히려 평화가 더 낫다는 말이다. 이와 관련하여 우리는 과연 어떠한 판단을 내려야만 하는가? 우리는 단순히 이렇게 말해야만 하는가? "그것은 개인적인 성향과 기질 문제다. 어떤 사람은 소송을 좋아하며 또 어떤 사람은 평화를 좋아한다. 권리라는 관점에서 볼 때 두 사람은 똑같이 정당하다. 왜냐하면 법은 자기의 권리를 주장할 것인지 또는 포기할 것인지 선택을 권리자에게 위임했기 때문이다." 나는 우리가 생활 속에서 이따금 접하는 이러한 견해가 권리의 가장 내적인 본질을 오해한 것이라고 생각한다. 만일 이런 견해가 세상 어딘가에서 일반화되었다고 가정한다면 마침내는 권리가 소멸되고 말 것이다. 왜냐하면 권리가 존재하려면 불법에 용감히 저항할 필요가 있는 반면에 이러한 견해는 불법으로부터 비겁하게 달아나도록 이끌어내기 때문이다. 나는 이러한 견해에 다음과 같은 원칙을 제시한다. 인격 그 자체에 도전하는 무례한 불법, 즉 권리를 가볍게 여기고 인격을 모욕하는 성질을 가진 권리 침해에 맞서는 것은 의무다. 이는 권리자가 자신에게 해야 하는 의무다—이것은 도덕적으로 자기를 보존하라는 명령이며 또한 공동체를 위한 의무다—왜냐하면 권리를 실현하기 위해서는 불법에 저항할 필요가 있기 때문이다.

권리를 위한 투쟁은 권리자 자신을 위한 의무다. 자신의 생존을 주장하는 것은 생명을 가진 모든 피조물의 최고 법칙이다. 모든 생물은 자기 보존 본능을 지닌다. 그러나 인간에게는 한낱 육체의 생존뿐만 아니라 도덕 생존도 문제가 되며 도덕 생존을 위한 여러 조건 가운데 하나가 바로 권리 주장이다. 권리 안에서 인간은 자기의 도덕 존재 조건을 권리라는 형태로 보유하며 방어한다. 인간은 자신의 권리를 갖지 못할 때 마치 로마인이 추상적 법 관점에서 노예를 짐승과 똑같이 다뤘듯이 짐승 수준으로 떨어지게 된다. 따라서 권리 주장은 도덕적으로 자기를 보존하는 의무이며, 오늘날에는 전혀 불가능하지만 과거에는 한때 가능했던 권리를 완전히 포기하는 것은 도덕적 자살에 해당한다. 그러나 권리란 오직 개별적 제도의 총체이며, 모든 제도는 저마다 독자적인 물리적 또는 도덕적 존재 조건을 내포한다. 즉 소유권과 혼인, 계약과 명예와 마찬가지로 이들 가운데 하나를 포기하는 것은 마치 권리 전체를 포기하는 것처럼 법률상 불가능하다. 그러나 이러한 존재 조건을 타인이 침해하는 것은 확실히 가능하며, 이러한 침해를 물리치는 것이 권리 주체가 짊어져야 할 의무다. 왜냐하면 이러한 생존 조건들을 권리가 추상적으로 보증하는 것만으로는 권리 측면에서 볼 때 부족하기 때문에 권리 주체가 구체적으로 주장해야만 한다. 이러한 동기를 제공해주는 것은 이 조건을 감히 침해하려는 타인의 자의 (恣意, Willkür)다.

그러나 모든 불법이 자의, 즉 법의 이념에 저항하지는 않는다. 내 소유물을 차지한 사람이 이를 자신의 소유물이라고 믿는 경우 그는 내 인격에 상처를 주는 방법으로 소유권 이념을 무시하려는 게 아니라 자기 자신을 위해 소유권 이념을 주장한다. 두 사람 사이에서 일어난 분쟁은 단순히 소유권자를 따지는 문제에 지나지 않는다. 그러나 절도나 강도는 소유권 범주 밖에 있으며, 이들은 내 소유권을 무시하면서 소유권 이념, 그러니까 내 인격에서 중요한 생존 조건을 무시한 것이다. 만일 이들의 행동 방식을 일반적이라고 생각한다면 소유권은 원칙적으로나 실제로나 모두 부정되어버린다. 그러므로 그들의 행위는 오직 내 물건을 침해한 것뿐만 아니라 내 인격을 동시에 침해한 것이 된다. 그리고 만약 내 인격을 주장하는 것이 내 의무라면 인격 존립을 위해서 반드시 필요한 조건을 주장하는 것도 의무다—침해받은 사람은 소유권을 방어하면서 자신과 자신의 인격을 지킨다. 강도가 피해자에게 생명과 금전 사이에서 선택을 강요하는 때와 같이 소유권을 주장하는 의무가 생명 보존이라는 더욱 높은 의무와 충돌할 때만 소유권 포기가 정당화된다. 그러나 이러한 때 말고는 인격을 해치는 형태로 권리를 무시받은 사람은 모든 수단을 동원해 싸우는 것이 자기 자신을 위한 의무다. 이러한 침해를 용인한다면 자기 생애 가운데서 한 순간이나마 무권리 상태(Rechtslosigkeit)를 허용하는 것이 된다. 그러나 어느 누구도 이러한 상태를 스스로 부추겨서는 안 된다. 다만 자기 물건을 다른 사람이 선의로 차지한 경우 타인과 소유권자의 관계는 완전히 다르다. 이때 소유권자가 무엇을 해야 하는지는 그의 정의감이나 성격, 인격 문제가 아니라 순수한 이익의 문제다. 왜냐하면 이 경우에는 오직 자기 물건의 가치만 문제가 되기 때문이다. 그리고 그가 여기서 소송을 했을 때 이익과 손실, 그리고 패소 가능성을 비교한 다음에 소송을 제기할 것인지 포기할 것인지 그렇지 않으면 화해할 것인지를 결정하는 일은 아주 정당하다. 화해는 이처럼 두 당사자들이 제시한 확률계산과 일치했을 때 이루어지고, 내가 여기서 가정한 전제 아래에서는 단순히 허용되는 분쟁 해결 방법이 아니라 가장 정당한 해결 방법이기도 하다.

그럼에도 이따금 화해를 이루는 일이 무척 어려울 때가 있고 또 두 당사자가 변호사와 함께 법정에서 변호사에게 이야기할 때 처음부터 모든 화해 교섭을 거절하는 일도 드물지 않다. 그런데 이는 두 당사자가 모두 소송을 하면 자신이 이기리라 믿기 때문이며, 저마다 상대는 의도적으로 불법을 저지르고 나쁜 목적을 가진 사람이라고 생각하기 때문이다.

따라서 이러한 문제가 소송에서는 객관적인 불법으로 제기된다고 할지라도(소유물반환청구소송 reivindicatio) 심리적으로는 당사자에게 위 사례에서처럼 고의적인 권리 침해 형태를 취한다. 그리고 권리 주체 처지에서 볼 때 이 경우에 그가 자기 권리를 침해한 행위에 맞서는 완강한 태도는 도둑을 대할 때와 완전히 같은 동기로 일어나고 또한 마찬가지로 윤리적으로도 정당하다. 이러한 경우에 소송 비용과 그에 따르는 온갖 수고, 그리고 소송 결과가 불확실하다고 지적해 소송에서 물러나기를 기대한다면 이는 당사자의 심리 상태를 잘못 파악한 것이다. 왜냐하면 이 문제는 당사자 처지에서는 이익 문제가 아니라 침해받은 법감정(Rechtsgefühls) 문제이기 때문이다. 당사자를 효과적으로 움직이는 오직 한 방법은 그를 소송으로 이끈, 상대가 가졌으리라 생각하는 악의에 있다. 만약 이러한 추정에 반증을 제시한다면 반감은 누그러질 것이며 당사자는 이익의 관점에서 사건을 돌아보게 되고 이에 따라 화해가 성립된다. 당사자가 가진 선입견이 곧잘 이러한 화해의 시도에 매우 큰 방해가 된다는 점을 실무에 종사하는 법률가들은 너무나 잘 알고 있다. 그래서 나는 심리적으로 접근하기 어려운 이 극심한 불신감이 더없이 개인적이며 우연히 당사자가 된 인물 성격에서 나온 것이 아니라 오히려 교양과 직업 차이 때문에 생겨났다고 주장한다 해도 실무에 몸담은 법률가는 반대하지 않으리라. 이 불신감은 농민에게 가장 강하게 나타난다. 농민에게 자주 나타난다는 소송으로써 문제를 해결하고자 하는 이러한 버릇은 무엇보다 농민에게 존재하는 두 가지 요소, 즉 탐욕이라고까지는 말할 수 없지만 강한 소유욕과 불신감의 산물에 지나지 않는다. 어느 누구도 농민만큼 자신의 이익에 민감한 사람은 없으며, 자기 소유물에 애착을 지닌 사람도 없다. 그리고 잘 알고 있는 바와 같이 농민처럼 하나의 소송에 온 재산을 과감하게 쏟아 붓는 사람도 없다. 이는 언뜻 모순처럼 보이지만 사실은 아주 쉽게 이해할 수 있다. 왜냐하면 농민은 소유 의식이 견고하기 때문에 자신의 소유권이 침해당했을 때 그 고통을 누구보다 뼈저리게 느낀다. 따라서 그럴 때 반응이 그만큼 더 격렬해진다. 농민의 이러한 병적인 버릇은 불신감에서 일어난 그릇된 소유 의식에서 비롯한다. 이는 사랑하는 남녀 관계처럼 소유하고자 하는 것을 질투로 파괴하고 끝내 그 화살촉을 자신에게 돌리는 뒤바뀐 사랑방식과 비슷하다.

고대 로마법은 이제까지의 내 언급에 흥미로운 확증을 제공해준다. 고대 로마법에서는 모든 권리 분쟁 시에 상대의 악의를 찾아내는 농민의 불신감을 법규 형식으로 채택했다. 분쟁 당사자가 모두 선의를 가진 권리 분쟁에서조차 패소자는 그가 상대의 권리에 맞서 제기했던 저항을 형벌로 속죄해야 했다. 한번 세차게 부딪힌 정의감은 단순히 권리 회복만으로는 만족될 수 없고 상대의 책임 유무를 떠나서 그 권리를 다투었다는 사실을 근거로 특별한 배상을 요구했다. 만약 오늘날 농민이 법률을 제정해야 하는 처지라면 아마 그 법은 고대 로마의 농민이 만든 법률과 똑같을 것이다. 그러나 이미 로마에서도 법률상의 불신감은 두 종류의 불법, 즉 일부러 저지른 불법과 그렇지 않은 것, 주관적 불법과 객관적 불법(헤겔 용어에 의하면 '악의 없는 불법(Unbefangenen Unrechts)')

이라는 정확한 구별에 따르는 문화로 원칙적으로 극복했다.

이러한 주관적 불법과 객관적 불법의 대립은 입법이나 학문 관계에서나 무척 중요하다. 법이 정의의 관점에서 사물을 어떻게 관찰하며 서로 다른 불법 저마다 그에 따르는 효과를 어떻게 측정하는지 보여주기 때문이다. 그러나 권리 주체가 받아들일 때 추상적인 체계 개념으로 움직이는 게 아닌 권리감각이 불법으로 받은 자극에서는 앞에서 말한 구별은 전혀 중요하지 않다. 구체적인 사건, 경우에 따라 법률상 단순한 객관적 권리 침해로 보이는 권리 분쟁에서도 권리자가 상대의 악의적 의도나 일부러 저지른 불법을 추측하는 데 충분한 근거가 있다고 생각하기도 한다. 이때, 권리자가 자신의 판단을 바탕으로 상대를 어떻게 대할지 정하는 것은 아주 정당하다. 내 채무자가 사망하고 그 상속인이 채무 존재를 전혀 모르며 채무가 존재한다는 사실이 밝혀지면 갚겠다고 말한 경우도, 채무자 자신이 파렴치하게 돈을 빌린 사실을 부정하거나 이유 없이 변제를 거부하는 경우에도 법이 이를 객관적 권리침해라고 인정하는 한 내게도 법이 대금반환청구소송권(condictio ex mutuo)을 부여하는데 그렇다고 해서 내가 앞에서 말한 선의의 상속인과 뒤에서 말한 악의적인 채무자의 태도를 구별하고 그에 따라 자신의 태도를 정하는 일이 방해받는 것은 아니다. 악의적인 채무자는 짐짓 내 물건을 빼앗으려는 절도범과 같으며 그것은 동시에 법에 어긋나는 고의적 불법이다.

이에 반해 위에서 언급한 채무자의 상속인은 내 소유물을 선의로 차지하는 사람과 같은 처지에 놓이고 채무는 갚아야 한다는 원칙을 부인하지는 않으나 자신이 채무자라는 나의 주장만을 부정한다. 그러니 내가 선의의 점유자에 관련해 말한 모든 것은 그에게도 그대로 적용된다. 나는 그 상속인과는 화해할 수도 있고 결과가 확실하지 않다고 생각될 때는 소송 제기를 단념할 수도 있다. 그러나 채무자, 즉 나의 정당한 권리를 침범하려고 하며, 소송을 제기하는 나의 두려움과 안일함과 나태함, 유약함을 시험하려고 드는 채무자에게는 비용이 들더라도 내 권리를 찾아야 하고 또 그렇게 해야만 한다. 왜냐하면 내가 내 권리를 찾지 않는다면 나는 단순히 이 권리만 포기하는 게 아니라 모든 권리를 포기하는 것이 되기 때문이다.

나는 이제까지의 설명과 관련하여 다음과 같은 반론을 제기할 수 있다고 생각한다. 국민은 인격의 도덕 생존 조건인 소유권과 채권이라는 권리에 대해 무엇을 알고 있는가? 과연 알고 있기는 한가?—아니다. 모르고 있다! 그러나 국민들이 그런 권리를 인격의 도덕 생존 조건으로 느끼느냐고 묻는다면 나는 국민들이 그렇게 느낀다는 점을 보여 줄 수 있다고 생각한다. 국민은 육체적 생존 조건인 신장, 폐, 간을 얼마나 알고 있는가? 모르더라도 모든 사람들은 폐가 찔릴 때의 아픔이나 신장이나 간의 통증을 느낄 수 있고 그 통증이 자기에게 전하는 경고를 이해한다. 육체적 고통은 생명이 보내는 고장 신호이며 유기체에 해로운 영향이 존재한다고 알리는 신호다. 즉 이러한 육체적 고통은 우리를 위협하는 위험에 맞서 우리의 눈을 뜨게 하고 우리에게서 발생하는 통증으로 조심하라고 경고한다. 이는 고의적인 불법과 자의가 불러온 도덕적 고통에서도 마찬가지다.

도덕적 고통은 나중에 상세히 이야기하겠지만 권리 침해에 대한 주관적인 감수성과 그 형식 그리고 대상의 차이에 따라 강도가 다른데 감각이 완전히 둔해져버린 사람, 말하자면 권리를 잃은 상태에 익숙해진 사람을 제외하고 모든 사람에게 도덕적 고통은 육체적 고통과 마찬가지로 다양한 강도로 동시에 나타난다. 그리고 이것은 사람들에게 육체적 고통과 똑같이 경고해준다. 이것은 통증을 느끼는 일을 멈추게 하는 일차적인 경고보다는 오히려 어떤 조치도 취하지 않고 그 통증을 견디고만 있으면 위험해지는 건강을 유지하기 위한 고차원적인 경고인데 어쨌든 육체적 고통이 육체적 자기 보존 의무를 일깨워주는 경고인 한편 도덕적 자기 보존 의무를 다하라는 경고이기도 하다. 이에 대한 가장 명확한 사례인 명예 훼손의 경우와 명예 감정이 가장 예민하게 발달된 집단인 장교 계층을 생각해보자. 명예 훼손을 참는 장교는 더 이상 장교로서 자격이 없다. 왜 그런가? 명예를 주장하는 것은 모든 사람의 의무인데 대체 어떤 이유로 장교 계층에게 이 의무 이행을 더욱 엄격하게 강조하는가? 왜냐하면 〔장교는〕 인격을 용기 내어 주장하는 것이 바로 그의 지위 보존을 위해 반드시 필요한 조건이며, 직업 성격상 인격을 용감하게 주장하는 상징적인 존재이어야 할 장교는 권위를 떨어뜨리지 않으려면 비겁한 동료를 받아들여서는 안 된다는 올바른 감정을 지녔기 때문이다. 이러한 장교와 농민을 비교해보자. 아주 집요하게 자기 소유권을 지키는 농민은 명예와 관련해서는 특이하리만큼 무관심하다.

이를 어떻게 설명할 것인가? 〔이러한 경험은〕 장교의 경우와 마찬가지로 자신의 생존 조건 특성에 따른 올바른 직업 감정에서 비롯된다. 농민이라는 직업은 당사자에게 용기가 아닌 노동을 요구한다. 농민은 자기 소유권을 보호하는 것으로 노동을 지킨다. 장교의 명예처럼 노동과 소유권 취득은 농민의 명예다. 자기 농토를 제대로 일구지 못한다든지 또는 경솔하게 재산을 낭비하는 게으른 농민은 마치 자기 명예를 실추시킨 장교가 동료들에게 경멸당하는 것과 마찬가지로 동료 농민들에게 멸시를 받는다. 그런데 농민이 모욕을 당하고도 결투에 나서거나 소송을 제기하지 않았다고 해서 다른 농민들이 이 농민을 비난하지 않는 것은 마치 장교들이 동료에게 집안일에 능숙하지 못하다는 이유로 비난받지 않는 것과 같다. 농민에게는 자신이 경작하는 토지와 몸소 기르는 가축이 자기 존재의 바탕이 된다. 그리고 경계를 넘어와 내 땅까지 몇 평 경작해버린 이웃사람이나 또는 소를 팔았는데 그 값을 치르지 않는 상인에게 농민은 자신의 방법으로, 다시 말해서 죽을 각오로 치열하게 제기하는 소송으로 자기 권리를 위한 투쟁을 시작하게 된다. 마치 장교가 자기 명예를 훼손한 사람에게 칼을 휘둘러 결판을 내려고 하듯이 말이다. 이들은 모두 나중에 자신에게 다가올 결과를 조금도 고려하지 않고 이 투쟁에 맹목적으로 온 힘을 다 한다. 그들은 반드시 그렇게 해야만 한다.

왜냐하면 그들은 그렇게 하면서 도덕적 자기 보존 법칙을 따르기 때문이다. 만약 그들을 배심원석에 앉혀놓은 다음 먼저 장교에게는 소유권 침해를, 농민에게는 명예 훼손을 심판하게 하고 그 다음에는 둘의 역할을 서로 바꾸어 심판하게 한다면―이 두 경우 판결은 과연 얼마나 다르게 내려질 것인가! 소유권 침해에는 농민보다 더 엄격한 재판관이 없다는 사실을 모두 안다. 비록 나 자신이 이와 관련한 경험은 없지만 나는 감히 다음처럼 장담하고 싶다. 농민이 명예 훼손을 이유로 기소한 매우 드문 사건에서 법관은 화해를 권유하면 농민이 제기한 소유권 분쟁 소송과는 비교할 수 없을 만큼 쉽게 사건을 처리할 수 있다. 고대 로마 농민은 손바닥으로 따귀를 맞았을 때는 25아스를 받으면 만족했으며 누군가 자신의 눈을 때려 눈알이 빠졌을 경우에는 상대에게 똑같은 보복을 할 수 있는데도 상대의 한쪽 눈알을 빼내는 대신에 상대와 대화하고 협상하여 화해했다. 이와 달리 고대 로마 농민이 절도 범인을 현장에서 붙잡았을 때는 그를 노예로 삼고 반항할 때는 잡아 죽여도 좋다는 권한을 법률에 요구했고 법률도 이를 허용했다. 앞선 경우에는 명예나 신체가 피해를 입었다면 뒤의 경우에는 재산이나 소유물이 피해를 입었기에 다른 결과가 나왔다.

세 번째 예로 나는 이 두 인물 무리에 상인을 더하고자 한다. 장교에게는 명예, 농민에게는 소유권이 있다면 상인에게는 신용이 있다. 상인은 신용을 지키는 일에 자신의 생사가 걸려 있으며, 누군가가 어떤 상인에게 신용 유지라는 상인의 의무 이행을 게을리 했다고 비난한다면 그 누군가는 상인의 인격을 모욕하거나 그의 재산을 훔친 사람보다 더 심하게 그 상인을 모독한 것이 된다. 오늘날 새로운 법전이 경솔한 데다가 기만이나 마찬가지인 파산의 처벌 규정을 상인과 상인에 준하는 사람들에게 더 강하게 적용하는 것은 이러한 상인의 특수한 지위 때문이다.

내가 상인을 이처럼 설명하는 까닭은 권리 침해의 민감한 성격을 오직 계층 사이의 이해관계 기준에 따라 측정해서 정의감이 계층과 직업에 따라 예민한 정도가 변한다는 간단한 사실을 확인하기 위해서가 아니다. 이 사실 자체는 내게 그 사실을 이용하여 비교할 수 없이 큰 의미를 지니는 진리, 즉 모든 권리자는 자기 권리를 지킴으로써 자신의 도덕적 생존 조건을 지킨다는 원칙을 명백하게 밝히기 위해서였다. 왜냐하면 앞에서 말한 장교, 농민, 상인 세 계층의 경우에서 볼 수 있듯이 정의감이 가장 예민할 때는 계층의 특수한 생존 조건이 훼손되었을 때인데 이로 미루어 보면 권리 감각이 드러내는 반응은 평소에 보이는 분노와는 다르게 기질이나 성격 같은 개인적인 요소에서 나온 것이 아니라 한 사회의 요소, 그러니까 신분 저마다가 가진 독특한 생활 목적에 따라 해당되는 법 제도가 꼭 필요하다는 감각이 바탕을 이룬다는 사실을 알 수 있다. 나의 관점에 따르면 정의감이 권리 침해에 반응하는 힘의 정도는 개인, 계층 또는 국민이 자신 및 자신의 특별한 생존 목적을 위한 권리의 의미, 즉 권리 자체뿐만 아니라 구체적인 법규 의미를 얼마나 잘 이해하느냐를 측정하는 확실한 기준이다. 이 원칙은 내게 보편적 진리이며 사법과 마찬가지로 공법에도 그대로 적용된다. 여러 계층이 저마다 존재의 본질적인 기초를 이루는 제도가 훼손됐을 때 날카롭게 반응하듯이 많은 국가는 저마다 고유한 생존 조건을 구체적으로 구현하는 제도에 민감하다. 얼마나 예민한지를 보여주는 지표는 국가에게 위와 같은 제도가 가진 가치가 얼마나 되느냐는 지표가 되는데 이것이 바로 형법이다.

여러 형사입법들 가운데 관대함이나 엄격함이 두드러진 차이를 보이는데 이는 주로 앞에서 언급한 생존 조건의 관점에 근거를 둔다. 어떤 국가든 자신의 특수한 생존 원리를 위협하는 범죄를 가장 엄하게 처벌한다. 반면에 기타 범죄는 뚜렷한 대조를 이룰 만큼 자주 관대하게 다룬다. 신정국가(Theokratie)는 신을 모독하거나 우상을 섬기는 행위는 사형에 처할 만큼 중죄로 다루면서도 국경선 침범은 아주 가벼운 죄로 다스렸다(모세의 율법). 이에 반해 농업 국가에서는 땅을 침범한 범죄를 중죄로 처벌하는 한편 신을 모독한 사람에게는 아주 너그러운 형벌로 다스렸다(고대 로마법). 상업 국가에서는 화폐 위조와 다른 위조죄를, 군사 국가에서는 불복종과 복무 위반 등을, 전제 국가에서는 대역죄를, 공화국에서는 왕권 복구 운동을 무엇보다 중한 죄로 다루었다. 그리고 이들 국가에서는 다른 일반 범죄에 비해 이런 범죄를 매우 대조적으로 엄격하게 처벌했다. 요약하면 국가와 개인의 정의감 반응은 특수한 생존 조건이 직접 위협을 당한다고 느낄 때 가장 강하게 나타난다.

　계층과 직업의 고유한 조건이 특정한 법률 제도에 한결 더 높은 의미를 부여하고 또한 그 결과 마땅히 이런 법률 제도를 침해했을 때 정의감이 더 예민해지듯이 이러한 법률 제도가 반대로 계층과 직업의 고유한 조건에 따라 덜 민감하게 반응하기도 한다. 피지배 계급은 그 밖의 다른 사회 계층과 같은 명예 감각을 갖지 못한다. 왜냐하면 그들의 사회 지위는 낮은 계층이라는 감각이 따라오며 피지배 계층 저마다가 자신의 계층이 전체적으로 낮은 계층이라고 받아들이는 한 이를 벗어날 수가 없다. 이러한 지위에 있으면서 투철한 명예 의식을 지닌 사람은 자기와 같은 계층이나 직업에서 곧잘 보게 되는 정도로 자기의 명예 욕구를 낮추든지 아니면 직업을 포기하는 일 말고는 다른 방법이 없다. 그가 가진 욕구가 보편적인 욕구가 될 때에만 비로소 피지배 계층 저마다는 자신의 힘을 쓸모없는 투쟁에 헛되이 쓰지 않고 같은 생각을 지닌 사람들과 함께 단체를 만들어 같은 계층의 명예 수준을 높일 수 있는 희망이 생기게 된다. 내가 생각하는 계층의 명예 수준이란 단순히 명예에 느끼는 주관적 감정뿐만 아니라 사회의 다른 계층 및 입법 차원에서 객관적으로 승인받는 일을 뜻한다. 이러한 방향으로 피지배 계급의 지위는 최근 50년 동안 놀랄 만한 개선을 보였다.

　이제까지 명예를 이토록 길게 이야기한 까닭은 소유권에도 그대로 적용되기 때문이다. 소유권에 얼마나 민감한지 즉 정당한 소유권 의식—나는 이 소유권 의식이라는 말을 영리욕이나 금전과 재물 추구가 아니라 물건의 가치가 높다는 이유 때문이 아닌, 자신의 것이라는 이유로 자기 소유물을 지키는 소유자를 말한다. 그 전형적인 예로 농민을 들었다—이러한 의식도 불건전한 상황이나 특수한 사정의 영향 아래에서는 줄어들 수 있다. 사람들은 자기에게 속한 물건이 자신의 인격과 어떤 관련이 있는가라는 질문을 자주 한다. 물건은 생계, 영리, 향락 수단으로 쓰인다. 그러나 돈을 좇는 일이 윤리 의무가 아니듯이 사소한 금액 때문에 비용과 시간을 투자해 우리의 평온을 해치는 소송을 제기하는 것도 윤리적인 의무라고 생각하기 어렵다. 재산을 주장하게 하는 하나뿐인 동기는 재산 취득과 사용을 하게 만드는 동기, 즉 나의 이해관계다—내 것과 네 것이라는 소유권 분쟁 소송은 순수한 이해관계 문제다.

내 생각에 따르면 이러한 소유권 견해는 건전한 소유 감각을 잃어버렸다는 말이다. 그 원인은 오직 본디 소유권이 지닌 관계가 변질되었을 때 찾아볼 수 있다. 더욱이 나는 부와 사치에 책임을 돌리지 않고—부와 사치에는 국민의 법의식을 해칠 만한 어떤 위험도 찾을 수 없다—비윤리적인 재산 취득 탓이라고 본다. 소유권의 역사적 원천과 윤리적 정당성의 근거는 노동이다. 여기서 노동은 단순히 손이나 팔을 움직이는 육체적 노동뿐만 아니라 정신과 재능 노동까지 포함한다. 그리고 나는 노동에서 비롯된 권리를 노동자 자신뿐만 아니라 상속인에게도 인정해야 한다고 생각한다. 나는 상속권이 노동 원리에서 나오는 필연적 결과라고 생각한다. 왜냐하면 노동자가 노동의 산물을 자신을 위해 누리는 일을 스스로 단념하고 이것을 그의 생전 또는 죽은 뒤 타인에게 넘기는 일을 금지해서는 안 된다고 생각하기 때문이다. 소유권은 노동과 끊임없이 이어져야만 신선하고 건전하게 유지될 수 있다. 그리고 소유권은 계속 새롭게 생겨나고 갱신되는 소유권 원천에서만 인간에게 소유권이 어떤 의미를 지니는지 뚜렷하게 나타난다.

그러나 소유권이 이 원천에서 멀어질수록, 그리고 손쉽게 또는 아무런 수고 없이 취득하는 경우에 가까워질수록 혼탁해지며 마침내는 투기나 주식 사기라는 흙탕물에 빠져 본디 모습은 흔적도 남지 않는다. 소유권에 대한 윤리적 이념의 잔재가 하나도 남지 않고 소멸되어버린 곳에서는 소유권을 지켜야 한다는 윤리적 의무 감정이 존재할 수 없다. 왜냐하면 땀을 흘려 자신의 빵을 얻지 않으면 안 되는 사람 모두가 가진 소유권 의식을 여기서는 전혀 이해하지 못하기 때문이다. 그러나 이와 관련하여 가장 나쁜 점은 유감스럽게도 이러한 원인으로 드러난 생활 수준과 습관이 다른 사람들과 접촉만 하지 않으면 그런 것과는 인연이 없었을 사회에까지 퍼진다는 점이다. 투기로써 얻은 거대한 부가 쌓이는 모습을 보며 초라한 집에 사는 사람이 나쁜 영향을 받고 본디 노동에서 나오는 축복을 알았을 사람이 이런 분위기 물들어 노동을 저주로만 느낄 뿐이다—공산주의는 소유권 이념이 사라져버린 진흙탕 속에서만 번창하며 소유권 이념이 제대로 작용하는 곳에서는 찾아볼 수 없다. 지배 계층의 소유권 개념이 사회 다른 여러 계층에도 전파된다는 사실이 농촌에서는 정반대 방향으로 나타난다. 줄곧 농촌에 살면서 농민과 조금이라도 접촉한 사람은 비록 그 처지나 성격으로 볼 때 그렇게 될 것처럼 보이지 않아도 무의식적으로 농민의 소유권 의식과 절약 정신의 영향을 받게 된다. 완전히 같은 상황에 처한 평범한 사람들은 농민과 함께 살아가는 농촌에서는 근검절약하고 백만장자와 함께 사는 오스트리아 빈 같은 도시에서는 낭비하게 된다.

  그 대상의 가치가 높지 않다면 맞서 싸우지 않고 쉽게 권리를 위한 투쟁을 회피하려는 미온한 감정이 어디에서 나오든지 간에 우리에게 중요한 것은 그러한 태도가 존재한다는 사실을 인식하고 실태를 분명하게 밝혀야 한다는 것이다. 그것이 말하는 처세술은 비겁한 술책과 다를 바 없다. 전투에서 도망가는 비겁한 자는 다른 사람이 희생한 것, 즉 자신의 생명을 구한다. 그러나 비겁한 자는 그 대신 자신의 명예를 망가뜨리는 희생을 치른다. 다른 사람들이 열심히 싸웠기에 그 자신도 국가 공동체도 비겁자의 행동으로 나왔을 마땅한 결과인 멸망을 피할 수 있다. 즉 모든 사람들이 비겁자와 똑같이 생각한다면 그들은 멸망한다. 이와 마찬가지로 비겁하게 권리를 포기하는 태도에도 그대로 적용된다. 권리 포기가 개인의 행위로 끝날 때에는 피해가 없지만 보편적인 행위가 된다면 그것은 곧 권리의 파멸을 의미하게 된다. 이 경우에도 그 같은 행동이 피해를 주지 않는듯이 보이는 까닭은 불법에 대항하는 권리 투쟁과 직접 관련이 없기 때문이다. 왜냐하면 권리를 위한 투쟁은 개인의 과제에서 그치지 않고 발달하는 국가에서는 큰 폭으로 국가 권력의 과제가 되기 때문이다. 국가 권력은 개인의 권리, 그러니까 생명, 신체, 재산을 훼손한 중대한 침해 행동을 나서서 단속하며 처벌한다. 경찰과 형사 재판관은 처음부터 권리 주체가 해야 하는 가장 중요한 일을 맡아 처리한다.

그런데 완전히 개인에게만 맡겨진 권리 침해 문제에서도 투쟁을 어쩔 수 없이 포기하는 일이 없도록 국가 권력이 배려한다. 왜냐하면 누구나 비겁한 사람이 되지는 않으며 비록 비겁자라 하더라도 최소한 아무것도 하지 않는 것보다 소송물의 가치가 중요할 때는 투쟁하러 일어나기 때문이다. 권리 주체에게 경찰과 형사 사법 제도라는 근거가 사라져버린 상태를 생각해보자. 고대 로마처럼 절도나 강도 범죄자 검거를 오로지 피해자 책임으로 맡겼던 시대로 돌아가 생각해보자―여기서 권리 포기가 어떤 결과를 가져올지 모르는 사람이 있을까? 절도나 강도를 장려하는 방향으로 흘러가지 않겠는가? 이와 똑같은 일이 국제관계에서도 일어난다. 여기서는 어떤 민족이든 오롯이 혼자서 스스로를 지켜야 하며 더 높은 어떤 권력이 자신의 권리 주장을 대신해주지 않기 때문이다. 그러므로 소송물의 물질 가치로 불법에 얼마나 저항하는지 측정하려는 생활관이 국가 생존에 어떤 의미를 갖는지를 알려주기 위해서 앞에서 말한 몇 평방마일의 땅 사례(360쪽)를 떠올리는 것으로 충분하다. 그리고 어디든 전혀 생각할 가치도 없이 권리 해체와 말살을 가져올 것이 마땅한 원칙은 비록 이로운 환경 덕분에 불행한 결과를 불러오지 않을 때라도 바른 원칙이라 할 수 없다. 그런 원칙은 꽤 유리한 상황에서조차 해로운 영향을 미치는데 이는 나중에 말할 기회가 있을 것이다.

그러므로 우리는 이 원칙을, 즉 건전한 정의감을 지닌 민족이나 개인이면 누구도 윤리라 인정한 적 없는 이 안일한 원칙을 제거하자. 이 안일함은 권리 감각이 병들고 마비됐다는 증거이며 그래서 나온 산물이다. 또한 법 영역에서 극단적이고 적나라한 물질주의에 지나지 않는다. 물질주의도 법 영역에서는 충분히 정당하지만 그것은 일정한 한계 안에서만 그렇다. 권리 취득과 행사, 그리고 객관적으로 봤을 때 부당하기에 제기한 권리주장조차 순수한 이익 문제라고 할 수 있다(364, 368쪽)―주관적 의미의 권리에서 실제로는 이익이 핵심이다. 그러나 권리에 맞서 손을 올리는 자의에 직면하면 권리문제를 이해문제와 혼동하는 물질주의 견해가 정당하다고 인정할 수 없다. 적나라하게 자의가 권리에게 휘두른 폭력은 권리를 향한 폭력이며 아울러 권리를 구현한 인격을 향한 폭력이기도 하기 때문이다.

권리의 대상이 무엇이든 단순한 우연으로 어떤 물건이 내 권리가 되었다면 내 인격을 침해하지 않고 그것을 빼앗아 내 권리가 미치지 않는 대상으로 만들 수도 있다. 그러나 나와 그 물건 사이의 유대는 우연이 아니라 나의 의지이며, 그 의지는 나 자신 또는 타인이 과거에 행한 노동의 대가로 생겨났다—내가 그 물건을 소유하고 주장하는 까닭은 그것이 나 자신 또는 타인의 과거 노동의 일부분이기 때문이다. 나는 그 물건을 내 소유로 만들면서 내 인격의 도장을 그 물건에 찍는다. 따라서 그 물건을 침해하는 사람은 내 인격을 침해하는 사람이 되며, 그 물건에 가하는 타격은 그 물건의 형태를 한 나 자신에게 타격을 가하는 것이 된다—소유권은 물질로 확장된 내 인격의 겉모습이다.

인격과 권리의 이러한 관계는 모든 권리에 그 종류를 떠나서 헤아릴 수 없는 큰 가치를 부여하는데, 나는 이러한 가치를 권리의 이익이라는 관점에 따른 순수한 물질 가치와는 다르게 이념 가치라고 표현한다. 이 이념 가치에 따라 내가 앞에서 말한 권리를 주장하는 헌신적인 태도와 힘이 생겨난다. 권리를 이념이라 생각하면 엘리트의 특권이 아니라 누구보다 야만스러운 사람도 가장 교양이 풍부한 사람과 마찬가지로, 가장 부유한 사람 또한 가장 가난한 사람과 똑같이, 야만적인 미개 민족 또한 문명 국민과 마찬가지로, 이러한 견해에 이를 수 있다. 바로 여기에 이 이상주의가 얼마나 깊이 법의 가장 내적인 본질 속에 뿌리박고 있는지가 드러난다—이 이상주의는 정의감의 건전성을 보여준다. 그러므로 인간을 오직 이기주의와 이해타산이라는 낮은 단계로 이끄는 듯 보이는 권리도 한편으로는 인간을 이상적인 높은 곳으로 끌어올리려 하며, 이곳에서 인간은 예전에 배웠던 모든 억지이론과 타산을 잊어버리며 평소라면 모든 것을 재는 효용 기준을 내버리고 오로지 이상을 향해 나아간다. 법은 순수한 물질 영역에서는 산문이 되지만 인격 영역, 즉 인격 주장을 목적으로 하는 권리를 위한 투쟁에서는 시(詩)가 된다—권리를 위한 투쟁은 개성의 시다(der Kampf um's Recht ist die Poesie des Charakters).

그렇다면 이러한 모든 기적을 행하는 것은 과연 무엇인가? 그것은 지식이나 교양이 아니라 단순한 고통 감각이다. 고통은 위협받은 사람이 구해달라 외치는 비명이다. 이것은 꼭 필요하듯 육체를 가진 생명체뿐만 아니라 윤리적인 존재인 생명체에도 적용된다. 의사에게 인체의 병리학이 반드시 필요하듯이 법률가와 법철학자에게는 정의감의 병리학이 꼭 필요하다. 더 정확하게 말하면 없어서는 안 된다. 이 병리학 속에는 권리의 모든 비밀이 담겨 있다. 인간이 자기 권리를 침해당했을 때 느끼는 고통은 그 권리가 그에게 어떤 의미를 지니는지, 그리고 사회에서 어떤 의미를 지니는지에 따라 강하고도 본능적으로 나타나는 반응이다. 이 한순간에 격정이라는 형태를 빌린 권리의 참된 의미와 본질을 직접적인 감정 형식과 오랫동안 침해당하지 않고 권리를 누려왔기에 잘 몰랐던 사실이 뚜렷하게 나타난다. 권리 침해로 자기 자신이 몸소 또는 다른 사람이 얼마나 심한 고통을 받는지 겪어보지 못한 사람은 《로마법대전(Corpus Juris)》을 모조리 암기한다고 하더라도 권리가 무엇인지 알 수 없다. 이해력이 아니라 오직 감각만이 이 문제에 답할 수 있다. 그러므로 모든 권리의 심리적 원천을 정의감이라는 말로 표현하는 것은 타당하다. 법의식, 법적 확신 등은 일반 국민은 알지 못하는 학자가 만든 추상적 개념이다—법의 힘은 사랑의 힘과 마찬가지로 감정 속에 깃들어 있다. 왜냐하면 이해력과 통찰력은 감정을 대신하지 못하기 때문이다. 그러나 곧잘 사랑을 스스로가 사랑임을 알지 못하듯이, 물론 사랑을 완전히 의식하는 데는 단 한순간만으로도 충분하지만, 정의감이 상처받지 않은 상태에서는 그것이 무엇인지 그리고 그 속에 무엇이 숨겨져 있는지 알지 못한다. 그러나 권리 침해라는 고통으로 물을 때야 비로소 권리 감각의 존재와 내용을 깨닫고 진실이 드러나면서 함께 그 힘이 나타난다. 이 진실이 무엇인지는 내가 앞에서 이미 이야기한 바와 같이, 권리는 인격의 도덕적 생존 조건이며 권리 주장은 인격 자체의 도덕적 자기 보존이다.

정의감이 자신이 받은 침해에 실제로 얼마나 반응하는지는 그 정의감의 건전성을 측정하는 시금석이다. 정의감이 느끼는 고통의 정도는 위협받은 가치를 얼마나 크게 생각하는지를 알려준다. 그러나 고통을 위험으로부터 몸을 지키라는 경고로 받아들이지 않고 고통을 참으면서 맞서싸우지 않은 행위는 정의감을 부인하는 것이며 이는 때때로 용인될 수도 있다. 그렇지만 그런 행동이 오래 지속되면 정의감은 그 자체에 최악의 결과를 불러올 수밖에 없다. 왜냐하면 정의감의 본질은 행위이기 때문이다—행위가 이루어지지 않는 곳에서 정의감은 위축되며 차츰 둔화되고 마침내 고통을 전혀 느끼지 못하게 된다. 나의 견해로는 민감성, 즉 권리 침해에 고통을 느끼는 능력과 실천력, 다시 말하면 공격을 물리치는 용기와 결단이 바로 건전한 정의감을 판단하는 두 가지 기준이다.

나는 여기서 정의감의 병리학이라는 흥미롭고 시사점이 많은 주제를 더 상세하게 설명할 수는 없지만 몇 가지 사항은 언급해도 좋으리라 생각한다.

정의감의 민감성은 모든 개인에게 똑같지 않고 해당 개인, 신분, 국민이 권리 의미를 얼마나 자신의 도덕적 존재 조건으로 느끼는지에 따라서 약해지기도 하고 강해지기도 한다. 그리고 이러한 권리의 의미는 단순히 일반적 권리의 의미뿐만 아니라 개별적인 법률 제도의 의미를 어떻게 받아들이냐까지 포함한다. 이것은 앞에서 소유권과 명예와 관련하여 이미 밝혔지만 나는 세 번째 예로 혼인제도를 추가하고자 한다—여러 개인과 민족, 입법이 간통을 다루는 태도는 생각하기 좋은 주제다.

정의감의 두 번째 요소, 즉 실천력(Tatkraft)은 순수한 성격 문제다. 권리 침해에 맞닥뜨린 어떤 개인이나 민족이 취하는 행동은 그의 성격을 평가하는 가장 확실한 기준이다. 만일 우리가 이 성격을 완전하고도 독립된 인격, 자기를 주장하는 인격으로 이해한다면 자의가 권리를 침해하면서 인격을 훼손하는 때가 이 성격의 특성을 시험해볼 수 있는 가장 좋은 기회이다. 침해된 정의감과 인격이 흥분한 상태로 거칠고 심한 행위로 반응하는지 또는 신중하면서도 지속적인 저항으로 반응하는지 이런 반응 형식은 정의감이 지닌 힘의 강도를 재는 기준이 되지 못한다. 그리고 첫 번째 반응 형식이 일반적으로 나타나는 야만족이나 교양 없는 사람들이 두 번째 반응을 보이는 교양 있는 사람보다도 더 적극적인 정의감이 있다고 생각하는 것보다 더욱 큰 착각은 없다. 이러한 형식은 어느 정도 교양과 기질에 따라 어떤 반응을 보낼지가 정해진다. 왜냐하면 거칠고 심하게 열정적인 저항과 단호하며 꺾이지 않고 지속되는 저항 사이에 우열은 없다. 그렇지 않다면 곤란하다.

왜냐하면 개인과 민족의 교양이 늘어날수록 정의감을 잃어버린다는 말이 되기 때문이다. 이러한 견해를 반박하기 위해서는 역사와 시민 생활을 살펴보는 것만으로도 충분하다. 마찬가지로 빈부격차도 정의감 정도에는 영향을 미치지 못한다. 부자와 가난한 사람이 사물을 측정하는 가치 기준이 너무 다르다 하더라도 그 기준은 이미 앞에서 말한 바와 같이 권리를 무시하는 경우에는 절대로 적용되지 않는다. 이 경우는 사물의 물질적 가치가 아니라 권리의 이념적 가치와 재산이라는 특별한 방향을 향한 정의감의 강한 정도를 묻는 질문이며, 재산이 아니라 정의감의 상태가 어떠한지가 결정적인 영향을 미치기 때문이다. 이를 가장 잘 보여주는 것이 바로 영국 국민이다. 그들의 부유함이 그들의 정의감을 절대로 훼손하지 않는다는 점과 영국 국민의 정의감이 단순한 소유권 문제에서도 얼마나 강하게 나타나는지 우리 대륙 사람들은 영국인 모습에서 충분히 확인해볼 수 있다. 영국인 여행자는 여관집 주인이나 그가 고용한 마부가 바가지요금을 요구하면 옛 영국에서 법을 지키던 때와 마찬가지로 매우 단호하게 대처한다. 다시 말하면 영국인은 필요하다면 출발을 미루고 며칠 그곳에 더 머무르면서 자기가 지급하기를 거절했던 액수의 10배나 더 많은 금액을 지출한다.

우리 독일 민족은 그러한 영국인을 비웃을 뿐 아니라 결코 이해하지 못한다—그러나 그를 이해할 수만 있다면 더 바랄 것이 없다. 왜냐하면 그가 이곳에서 지켜낸 몇 푼 안 되는 돈에는 사실 옛 영국이 깃들어 있기 때문이다. 그러므로 그의 조국에서는 모든 사람이 그를 이해하고, 그렇기에 쉽사리 바가지를 씌우려는 시도를 하지 않는다. 같은 지위와 재산을 보유한 오스트리아 사람이 이러한 상황에 처했다고 가정해보자. 그는 어떻게 행동할까? 만일 내가 이 경우에 내 경험을 적용해도 된다면 영국 사람과 같은 반응을 보인 사람은 100명 중 10명도 안 될 것이다. 그 밖의 많은 사람들은 말다툼해야 하는 불쾌감, 사람들의 이목, 그들이 오해받게 될 가능성을 두려워한다. 그러나 그런 가능성을 대륙을 여행하는 영국인은 조금도 두려워하지 않는다. 간단히 말한다면 오스트리아 사람은 부당한 요금을 낸다. 영국인은 거절하고 오스트리아인은 지급하는 몇 푼의 돈에는 사람들의 생각 이상으로 많은 것이 존재한다. 즉 거기에는 영국과 오스트리아의 한 부분이 깃들어 있다. 거기에는 수세기에 걸친 두 나라의 정치 발전과 사회생활이 존재한다.

나는 지금까지 앞에서 제기한 두 가지 원칙 중 첫 번째 원칙, 즉 권리를 위한 투쟁은 권리자 자신의 의무라는 점을 이야기했다. 나는 이제부터 두 번째 원칙, 즉 권리 주장은 사회공동체의 의무라는 점을 설명하고자 한다.

이 원칙의 기초를 확립하기 위해서는 객관적 의미의 법과 주관적 의미의 권리 관계를 좀 더 세밀하게 살펴봐야 한다. 어디에서 이 둘의 관계가 성립하는가? 만일 객관적 의미의 법이 주관적 의미의 권리를 인정하는 전제라면, 즉 구체적인 권리는 권리가 존재하기 위해 필요한 조건을 추상적 법규가 마련해줄 때만 존재한다면 나는 그것이 일반적 관념을 충실하게 묘사했다고 믿는다. 따라서 이러한 통설에 따른다면 둘 사이의 관계는 이 말이면 충분하다. 그러나 이러한 견해는 지나치게 일방적이다. 이 견해는 오직 추상적 법규에 구체적 권리가 의존한다는 사실만 강조하면서 이러한 의존 관계가 반대 방향에서도 존재한다는 사실을 간과한다. 구체적 권리는 추상적 법규에서 생명과 힘을 얻을 뿐만 아니라 추상적 법규에게 그가 받은 생명과 힘을 되돌려준다. 권리의 본질은 실제적인 실현(praktische Verwirklichung)이다. 실제 실현하지 않은 법규 또는 실현할 리가 없는 법규는 더는 법규범이라 불릴 자격이 없고 법이라는 기계 속에서 자기 기능을 잃어버린 부속품에 지나지 않으며 사람들이 이것을 제거한다 해도 아무런 변화가 생기지 않는다. 이 원칙은 법의 모든 영역, 즉 헌법(Staatsrecht), 형법, 사법을 가리지 않고 제한 없이 적용된다. 그리고 로마법은 '사용하지 않은 것(desuetudo)'을 법규 폐지의 원인으로 인정하면서 이 원칙을 명시적으로 승인했다. 그러므로 계속 '행사하지 않으면(nonusus)' 구체적 권리도 소멸한다. 공법과 형법의 법적 실현은 국가기관의 의무(Pflicht der staatlichen Behörden)인 데 비해 사법의 법적 실현은 개인의 권리다. 즉 오로지 그의 주도와 자발성에 맡겨진다. 앞의 경우 법규는 국가 기관과 공무원이 그 의무를 이행하느냐에 따라 좌우되고 뒤의 경우 개인이 자신의 권리를 주장하느냐에 따라 영향을 받는다. 개인이 어떤 관계에서든 계속하여 포괄적으로 이러한 자신의 권리를 행사하지 않을 때는, 그것이 권리를 모르거나 안일함 또는 비겁함 등 다른 이유에서 비롯된 것일지라도 사실상 효력을 잃어버린다. 따라서 우리는 다음처럼 말할 수 있다. 즉 사법상 여러 법규의 현실성과 실제 힘은 구체적인 권리를 주장하면서 그 주장을 분명하게 하고 구체적 권리는 그 생명을 법규로부터 부여받는 동시에 받은 생명을 법규에 되돌려 보낸다. 객관적 또는 추상적 법과 주관적 또는 구체적 권리의 관계는 심장에서 흘러나와 심장으로 다시 흘러들어가는 혈액 순환과 같다.

공법에서 법규가 얼마나 실행되느냐 하는 문제는 공무원이 자기 의무를 얼마나 충실하게 이행하느냐에 달려 있고 사법에서 법규가 얼마나 실행되느냐 하는 문제는 권리자에게 자신의 권리를 주장하게 하는 동기, 즉 자기 이익과 정의감이 얼마나 강한가에 따라 결정된다. 이러한 동기가 제대로 작용하지 않을 때 정의감은 둔감해지고 이익 문제는 부정과 싸움, 논쟁을 싫어하는 사람이나 소송의 두려움을 이겨낼 만큼 강하지 못한 경우에는 마침내 그 법규가 적용되지 못하는 결과에 이르게 된다.

그러나 이것이 어쨌다는 말인가? 이로 말미암아 고통받는 사람은 권리자 자신을 제외하면 아무도 없지 않느냐고 사람들은 나에게 항의할 것이다. 여기에 나는 앞에서 언급한 바 있는 비유, 즉 전투에서 몇 사람이 도망치는 비유를 다시 이야기하고자 한다. 수천 명이 전투를 치르는 경우에 사람들은 그중 한 사람이 달아나도 알아채지 못한다. 그러나 만일 이들 가운데 수백 명의 군인이 군기(軍旗)를 내던지고 도망친다면 충실하게 진지를 지키는 군사들의 상황은 차츰 나빠져 저항의 모든 부담이 달아나지 않은 사람들에게 주어진다. 나는 이 비유를 통해 사안의 진상을 적절하게 밝혔다고 생각한다. 이것은 사법 영역에도 불법에 맞서는 권리 투쟁과 모든 국민이 확고하게 단결해야만 하는 투쟁에도 그대로 적용된다. 여기서도 도망치는 사람은 반역죄를 저지른 것과 같다. 왜냐하면 도망치는 사람은 적들의 사기와 오만함을 높여주면서 적의 힘을 강화해주기 때문이다. 만약 자의와 무법(無法)이 대담하고 뻔뻔하게 머리를 치켜든다면 이는 언제나 법규를 지킬 의무를 짊어진 사람이 자신의 의무를 이행하지 않았다는 확실한 징표다. 그리고 사법에서는 누구나 저마다 자신의 처지에서 법률을 지키고 자신의 권리 영역 안에서는 법률의 수호자와 집행자가 되어야 한다는 의무를 지녔다. 그에게 주어진 구체적 권리는 자기 이익의 범주 안에서 법률을 위해 나서고 불법과 싸우도록 국가가 준 권한을 이해해야 한다. 이것은 공무원에게 주어진 무조건적이고 일반적인 임무와는 반대되는 조건적이며 특수한 임무로 이해할 수 있다. 자기의 권리를 주장하는 사람은 자신의 권리라는 좁은 영역 안에서는 권리를 방어한다. 따라서 그의 행동의 이익과 결과는 개인의 영역을 뛰어넘어 더 멀리 나아간다. 이러한 행동 방식과 이어진 이익은 단순히 법률의 권위와 존엄을 주장한다는 이념 수준에 그치지 않고 이는 매우 현실적이고 실제적인 이익이며 누구나가 느낄 수 있고 이념을 전혀 이해하지 못하는 사람이라도 알 수 있는, 즉 모두가 나름 관심을 갖는 확실한 사회 질서가 보장되고 제대로 유지되는 이익이다.

만일 고용주가 고용 규칙을 지키지 않고 채권자가 채무자의 재산을 압류하려고 하지 않거나 소비자들이 정확한 중량과 규정 가격을 준수하라고 요구하지 않는다면 법률의 이념 권위가 위협받는 수준에서 그치지 않는다. 이로 말미암아 시민 생활의 현실 질서까지 희생된다. 또한 여기서 비롯된 부정적 결과가 어느 범위까지 미치게 될지 상상할 수조차 없다. 예컨대 모든 신용 체계가 이로써 심각한 피해를 입을지 모른다. 왜냐하면 나의 명백한 권리를 실행하기 위해 논쟁과 싸움이 불가피한 경우 나는 이것을 가능한 한 피하려고 하기 때문이다—이렇게 되면 나는 재산은 고국에서 외국으로 옮기고, 상품을 국내에서 사는 대신 외국에서 수입하게 된다.

이러한 사정으로 법률을 지키려는 용기를 가진 소수자들의 운명은 고난으로 가득하다. 자의를 마주하고 도망치는 것을 허용하지 않는 강한 정의감이 자신에게는 저주가 되어버리기 때문이다. 그 소수자들은 그들의 본디 동료였을 모든 사람들에게 버림받고 보편화된 무관심과 비겁함으로 더욱 널리 퍼진 무법 상태에 홀로 맞선다. 그나마 최소한 자신에게는 충실했다는 만족감밖에 얻지 못하는 큰 희생을 치르며 그들은 세상으로부터 칭찬은커녕 조소와 경멸만 받는다. 이러한 상태에 이르게 된 책임은 법률을 어긴 사람이 아니라 법률을 지키려는 용기가 없는 사람들에게 있다. 불법이 권리를 밀어냈을 때 불법을 탓할 게 아니라 이를 허용한 권리를 탓해야 한다. 따라서 만약 내가 "어떠한 불법도 행하지 말라"와 "어떠한 불법도 감수하지 말라"는 두 가지 원칙을 두고 사회에서 저마다가 가지는 실제 의미에 따라 평가해야만 한다면 나는 "어떠한 불법도 감수하지 말라"를 첫 번째 원칙으로, "어떠한 불법도 행하지 말라"를 두 번째 원칙으로 삼고 싶다. 왜냐하면 인간 본성에 따라 권리자에게 확고하고 단호한 저항을 받을 거라는 확실한 예상 쪽이 단순한 도덕규범의 힘만 가진 [무기력한] 명령보다는 불법을 저지르려는 생각을 막을 가능성이 더 크기 때문이다.

내가 "침해받은 권리를 지키는 것은 단순히 권리자 자신의 의무일 뿐만 아니라 사회 공동체의 의무이기도 하다"라고 주장한다면 앞에서 살펴본 모든 것을 고려해 볼 때 지나친 말을 한 것인가? 만일 권리자가 자기 권리를 지키면서 동시에 법률을 방어하고, 법률을 지키면 사회 공동체에 꼭 필요한 질서를 방어한다고 이야기한 나의 말이 진실이라면 그는 그럼으로써 사회 공동체에 대한 의무를 수행한다는 사실을 누가 부인하겠는가? 사회 공동체가 저마다에게 목숨을 걸고 외부의 적과 투쟁하라고 명령할 수 있다면, 즉 모두가 공동체 이익을 위해 외부의 적에 맞서야 하는 의무를 가진다면 이것은 국내에도 고스란히 적용되지 않는가? 즉 외부의 적을 대할 때와 마찬가지로 내부의 적에 맞서 모든 사려깊은 사람과 용기 있는 이들이 한데 뭉치고 굳게 단결해야만 하지 않는가? 그리고 외부의 적과 투쟁할 때 비겁하게 도망치는 것이 공동체 임무를 배신한 행위라고 한다면 이러한 비판을 국내에서도 마찬가지로 할 수 있지 않는가? 한 국가 안에서 법과 정의가 번영하려면 재판관이 늘 준비된 상태로 의자에 앉아 있고 또 경찰이 수사관을 파견하는 행위만으로는 부족하다. 국민 저마다가 이를 위해 자기 몫을 다해 협력해야만 가능하다. 모든 국민은 자의와 무법이라는 히드라가 모습을 드러내면 그 머리를 베야 할 사명과 의무를 가지며 법의 혜택을 누리는 국민은 모두 법률의 위력과 위신을 올바르게 유지하는 데 이바지해야만 한다. 간단히 말한다면 국민 모두는 사회의 이익을 위해 권리를 주장하려고 태어난 투사다.

이러한 나의 견해에 따라 자신의 권리를 주장한다는 개인의 사명이 얼마나 고귀한지를 다시 언급할 필요는 없을 것이다. 나의 견해는 법에 대한 기존 이론이 가르쳐준 순전히 일방적이고 수용적인 태도 대신에 상호 관계를 설정했다. 그리고 그 관계에서 권리자는 법률이 주는 혜택을 누리는 대신 법률이 그에게 주는 임무를 오롯이 수행한다. 이것은 커다란 국가 과업에 협력하는 것을 뜻하며 국가 의무가 권리자에게 참가하라는 사명을 부여한다. 권리자 자신이 국가 사명을 이러한 의미로 이해하는지는 그다지 중요하지 않다. 왜냐하면 윤리적 세계 질서가 위대하며 숭고한 이유는 그 질서를 이해하는 사람들의 봉사만을 염두에 두는 것이 아니라 그 명령을 이해하지 못하는 사람들 또한 그들의 인식이나 의도와는 상관없이 협력시키는 효과적인 수단을 충분히 갖추고 있기 때문이다. 이 질서는 예를 들어 인간을 결혼시키기 위해 첫 번째 사람에게는 인간의 모든 욕구 가운데 가장 고상한 것을, 두 번째 사람에게는 거칠고 관능적 쾌락을, 세 번째 사람에게는 편안하려는 욕구를, 네 번째 사람에게는 소유욕을 움직이게 한다—이러한 동기는 모두 결혼에 이르게 한다. 마찬가지로 권리를 위한 투쟁 경우에도 첫 번째 사람에게는 계산적인 이익이, 두 번째 사람에게는 권리를 침해당한 고통이, 세 번째 사람에게는 의무감이나 법이념이 동기가 되어 그들을 투쟁의 현장으로 불러내는지도 모른다—그들은 모두 공동체의 일, 즉 자의에 대항하는 투쟁을 위해 손을 맞잡는다.

이로써 우리는 권리를 위한 투쟁의 이상적인 최고 정점에 이르렀다. 우리는 이익이라는 낮은 동기에서 시작하여 인격의 도덕적 자기 보존이라는 한 단계

높은 관점에 올라 마침내 공동체 이익을 위한 법이념을 이루기 위하여 개개인이 협력하는 가장 높은 경지까지 이르게 되었다.

나의 권리가 침해되거나 부정되면 법이 침해되고 부정되며 내 권리를 지키고 주장해 회복하면 법도 지키고 회복된다. 자기 권리를 위한 권리 주체의 투쟁은 이로써 얼마나 큰 의미를 가지게 되는가! 〔권리 행사의 의미를〕 알지 못하는 비전문가가 권리 분쟁의 유일한 동기로 인식하는 순수한 개별적인 영역, 즉 개인적인 이해관계, 목적, 감정 영역은 〔권리를 위한 투쟁에서 끌어올린〕 그 이상적인 높이에서 볼 때 얼마나 낮은 곳에 놓여 있는가!

많은 사람들은 이 높이가 너무 높아서 법철학자들만이 겨우 인식할 수 있다고 말할지도 모른다. 어느 누구도 법 이념을 위해 소송을 제기하지는 않기 때문이다. 나는 이러한 주장을 반박하기 위해서라면 이 이상적인 이념 감각이 실제로 존재한 공중 소송(Popularklagen)이라는 제도 안에서 가장 명백하게 표현된 로마법을 인용할 수도 있다.

그러나 만약 우리가 현 시점에서 이 이상적인 이념 감각을 부정하려고 한다면 그것은 오늘날에도 부당한 일이 된다. 자의를 통해 타인의 권리가 유린되는 장면을 보면서 격분하거나 도덕적 분노를 느끼는지는 모두 이 이념 감각을 보유하고 있다. 왜냐하면 자기가 당한 권리 침해가 불러온 감정에는 이기적 동기가 뒤섞여 있지만 앞에서 이야기한 이념 감각은 오직 인간의 마음을 지배하는 윤리적인 힘에만 근거를 두기 때문이다. 즉 이 감각은 권리 침해에 강력한 윤리 항의이며 정의감 존재를 증명하는 가장 아름답고 고귀한 증거다―이것은 윤리적 반응으로 심리학자의 관찰에서나 시인의 상상력에서도 마찬가지로 매력적인 시사가 넘쳐난다. 이처럼 인간에게 느닷없이 큰 변화를 불러일으키는 다른 감정은 내가 알고 있는 한 존재하지 않는다. 가장 온화하고 타협적인 사람들조차 갑작스러운 변화를 통해 평소에는 전혀 생각할 수 없는 열정을 보여주기도 한다―이것은 그들 마음속에 지닌 가장 고귀한 것, 그리고 가장 내면적 특성을 이루는 것에 충격을 주었다는 증거이기도 하다. 그것은 도덕 세계에 나타난 우레와 같은 현상이다. 그 모습은 숭고하며 훌륭하다. 갑자기 아무런 신호 없이 큰소리로 뒤덮으며 모든 것을 잊고 모든 것을 내던져 마음대로 휩쓸고 지나가는 도덕이라는 힘의 지배이다. 게다가 충격이 주는 효과로써 분노를 가라앉히며 아울러 윤리적으로 향상하게 만든다. 이것은 세상과 권리주체의 공기를 도덕적으로 정화시키는 폭풍이다. 본디 권리 주체의 힘에 한계가 있기 때문에 권리에 도움이 되지 않고 자의를 방임하는 제도라는 벽에 부딪혀 좌절하기도 한다. 이 경우 태풍을 일으킨 사람이 도리어 그 피해를 입으며 권리 감각에 상처를 입고 범죄자가 되는 운명을 선택하거나 이 일만큼 비극적이게도 힘이 부족해 물리치지 못했던 불법으로 가슴에 박힌 가시 때문에 윤리적인 피를 흘리며 죽음을 맞이해 마침내 법을 믿지 못하게 된다.

물론 법 이념이 당한 모독과 조소를 개인적으로 받은 침해보다 한결 더 민감하게 느끼고 자신과는 아무런 이해관계도 없음에도 억압당한 권리를 마치 자기 자신의 권리가 억압받은 것처럼 받아들이는 사람을 볼 때 그 이념과 권리 의식, 이상주의는 고귀한 성질을 가진 사람들의 특권처럼 보일지 모른다.

그러나 자신에게 가해진 불법만 느끼며 아무런 이상적 흥분을 느끼지 못하는 냉정한 정의감조차 내가 이미 증명한 구체적 권리와 법률의 관계를 충분히 이해한다. 이 관계는 앞에서 '나의 권리는 그 가운데서 침해받기도 하고 동시에 주장되기도 하는 권리다'는 말로 요약한 권리다. 다른 사람도 아닌 법률가에게 이러한 사고방식이 친숙하지 않다는 점이 역설처럼 들릴지도 모르나 이는 사실이다. 법률가들의 견해에 따르면 구체적 권리를 둘러싼 분쟁에는 법률이 조금도 도움이 되지 못한다고 한다. 즉 그 분쟁의 중심은 추상적 법률이 아니라 그 법률이 구체적 권리 형태로 나타나며 말하자면 인화된 사진과 같다. 그 사진에서 법률은 형태만 보일 뿐 법률 자체가 그곳에 있지 않다. 나는 법기술적으로 이렇게 생각할 수밖에 없다는 사실을 인정한다.

그러나 내가 그것을 인정한다고 해서 법률을 구체적인 권리와 같은 선 위에 올려놓고 구체적인 권리가 위태로우면 법률이 위태로워진다고 생각하는 반대 견해가 정당하지 않다고 해서는 안 된다. 편견 없는 정의감에 대해서는 후자의 견해가 법률가의 견해보다 훨씬 더 알기 쉽다. 독일어와 라틴어에 깃든 특징적인 표현이 가장 좋은 증거를 제공해준다. 독일 사람은 소송과 관련해 원고에 의해 "법률이 인용된다(Gesetz angerufen)"고 표현하며, 로마 사람은 '법률 소송(legis actio)'이라고 표현한다. [이 두 사례에서는] 법률 자체가 문제로 제기되었으며 그것은 저마다 사건에서 결정해야만 하는 법률을 둘러싼 분쟁이다―이것이 특히 '법률 소송'이라고 불린 고대 로마의 소송을 이해하는 데 필요한 가장 중요한 의견이다. 따라서 이러한 견해에 비추어볼 때 권리를 위한 투쟁은 동시에 법률을 위한 투쟁이기도 하다. 이러한 분쟁은 권리 주체의 이익, 법률이 구체화된 개별적인 관계, 다시 말하면 법률이라는 빛에 한 순간만 노출해 인화한 사진이며 찢어버릴 수도 있는 사진에서 생겨나는 게 아니다. 법률 그 자체가 멸시되고 유린당하는 문제다. 법률이 공허한 말장난이나 빈말이 되지 않으려면 스스로 자신을 주장해야만 한다―피해자의 권리가 훼손된 채로 있으면 법률도 함께 무너져버리기 때문이다.

나는 간단히 법률과 구체적인 권리가 주고 받는 관계라고 표현하고 싶은데 이러한 사고방식이 둘의 관계를 가장 깊은 곳에서 파악하고 재현한다는 점은 이미 상세히 설명했다. 그럼에도 이러한 사고방식은 모든 고차원적인 견해와는 전혀 인연이 없는 적나라한 이기주의가 쉽게 이해하기 어려울 만큼 심원하지는 않다. 오히려 이기주의야말로 이 사고방식이 옳다는 것을 꿰뚫어보는 가장 예리한 통찰력을 보여준다. 국가를 자기 분쟁 해결을 위한 아군으로 끌어들이는 것이 이기주의의 장점이기 때문이다. 그리고 이 경우 이기주의조차 자신도 모르는 사이에 자신과 자기 권리를 뛰어넘어 권리자가 법률의 대변자가 되는 이상적인 곳에 이르게 된다. 권리 주체가 진실을 오직 자기만의 이익이라는 좁은 관점에서 인식하고 방어한다 하더라도 진리는 여전히 진리로 남는다. 샤일록에게 안토니오의 몸에서 1파운드의 살을 떼어내기 위해 소송을 제기하도록 부추긴 것은 증오와 복수심이었지만 셰익스피어가 샤일록의 입을 빌려 말한 이 말은 샤일록의 입에서는 물론 다른 사람 입에서 나오더라도 똑같이 진리다. 그것은 장소와 시간을 떠나서 상처받은 정의감이 주장할 때 늘 사용하는 언어다. 또한 그것은 권리는 어디까지나 권리로 남아야만 한다는 확신이다. 그것은 이 사건에서 문제는 단지 자신뿐만 아니라 법률과 관련된 일이기도 하다는 점을 아는 사람의 입에서 나온 이념이다. 1파운드의 살과 관련하여 셰익스피어는 샤일록을 통해 〔다음과 같이〕 말한다.

1파운드의 살
내가 요구하는 그것은
비싼 값을 주고 샀다네. 그것은 내 것이며 나는 꼭 그것을 갖고 싶네.
만일 당신들이 거절한다면 당신들의 법률을 멸시할 것이네!
그러면 베니스의 법률은 어떤 힘도 가지지 못할 걸세.

—나는 법을 집행하네.
　　—나는 여기 증서가 있으니까.

"나는 법을 집행한다(Ich fordre das Gesetz)." 작가는 이 네 단어로 객관적 의미의 법과 주관적 의미의 권리의 참된 관계와 권리를 위한 투쟁의 의미를 어떤 법철학자도 이보다 더 적절히 표현할 수 없을 만큼 잘 나타냈다. 이 네 단어를 통해 샤일록의 권리 주장에서 비롯된 한 남자의 사건은 곧바로 베니스의 법률 문제가 되었다. 이 말을 할 때 그 남자는 얼마나 힘차고 당당했을까! 1파운드의 살을 요구하는 사람은 이제 단순한 유대인이 아니고, 법정의 문을 두드리는 것은 베니스 법률 자체다—왜냐하면 그의 권리와 베니스의 법률이 하나이기 때문이다. 따라서 그의 권리가 무너지면 베니스 법률 자체도 함께 무너진다. 그리고 샤일록이 비열한 기지(Witz)를 통해 그의 권리를 좌절시킨 판결에 무너졌다면, 즉 지독한 비웃음과 박해를 받으며 낙담하고 부서지며 비틀거리는 다리를 끌고 법정 밖으로 사라졌다면 그와 함께 베니스 법률도 굴복했으며 법정에서 달아난 사람은 유대인 샤일록이 아니라 중세 유대인의 전형적 모습, 그러니까 권리를 요구하며 울부짖어도 들어주지 않는 천민의 모습이라고 생각하지 않는 사람이 있는가?

　　샤일록의 가혹하고도 비극적인 운명은 그의 권리 행사가 거부된 데서 비롯되지 않고 오히려 중세의 한 유대인이었던 그가 법을 신뢰했다는 점—마치 한 기독교인이 예수를 믿는 신앙과 같이—, 무엇에도 현혹되지 않고 재판관이 가진 법을 굳게 믿은 마음에서 나왔다. 그런데 전혀 생각하지도 못했던 뜻밖의 재앙이 그를 덮치고 정신이 들게 만들었다. 이제 그는 자신이 중세 사회에서 버림받은 유대인에 지나지 않는다는 사실과 사람들은 자신의 권리를 거짓으로 빼앗는 방법으로만 인정해준다는 사실을 배웠다.

　　샤일록이라는 인물은 내게 또 다른 사람, 즉 클라이스트(Heinrich von Kleist)가 자기 이름과 같은 제목의 소설 속에서 매우 감명 깊고 진지하게 묘사해놓은 인물, 미하엘 콜하스의 시적이며 역사적인 모습을 떠오르게 한다. 샤일록은 기운을 잃은 채 법정을 빠져나갔고 힘을 잃은 그는 어떤 저항도 하지 못하고 재판관 판결에 굴복했다. 그러나 미하엘 콜하스는 다르다. 가장 비열한 방법으로 멸시당한 자기 권리를 되찾기 위해 모든 수단을 다 동원한 뒤 그리고 잔악한 내각 재판(Cabinetsjustiz)이 그에게 법적으로 구제될 방법을 차단하고 사법(司法)의 최고 대변인인 영주에 이르기까지 공공연하게 불법의 편이 되었다는 사실이 밝혀진 뒤에 자신에게 가해진 모욕 때문에 끝없이 비통한 감정으로 가득 차 "인간에게 짓밟히느니, 차라리 개에게 짓밟히겠다" 말하고 이어서 "내게서 법률의 보호를 거부하는 자는 나를 황야의 야만인들에게 내쫓는 자이며 스스로를 보호할 몽둥이를 내 손에 쥐어주는 자다" 라면서 결심을 굳게 다졌다. 그는 부패한 재판관 손에서 더럽혀진 칼(정의의 여신이 든 칼)을 빼앗은 다음 그것을 휘둘러 온 나라를 공포와 경악에 떨게 했고 부패한 국가제도를 무너뜨렸으며 왕위에 있는 군주를 떨게 했다. 그러나 그를 더욱 분노하게 만든 것은 거친 격정의 감정이 아니다. 그는 "하늘과 땅과 바다의 힘을 빌려 이리 떼와 맞서기 위해 온 천지에 폭동의 나팔(das Horn des Aufruhrs)을 불고 싶다"면서 훼손된 정의감 때문에 온 인류에게 전쟁을 선언한 카를 무어(Karl Moor) 같은 강도나 살인자가 아니다. 그를 움직인 것은 바로 윤리적인 이념 , 즉 "자기가 받은 침해를 배상받고 앞으로 일어날 침해로부터 동포를 보호하기 위해 모든 힘을 바쳐야 할 의무를 짊어졌다"는 이념이다. 그는 이 이념을 위해 모든 것, 즉 가족의 행복과 명예와 재산과 신체와 생명을 희생한다. 그리고 어떤 목적 없이 파괴적으로 싸우지 않고 오직 죄가 있는 자와 그의 동조자만 목표로 삼았다. 그래서 그는 자기 권리를 회복할 만한 전망이 보이자마자 스스로 무기를 버렸다.

그러나 그 무렵 무법과 파렴치가 어느 정도까지 치욕적인 상황인지를 보여주기 위한 실제 사례로 그를 선정했다는 듯 사람들은 그의 자유 통행권과 사면 약속을 파기했고 끝내 그는 형장의 이슬로 사라졌다. 그러나 그는 죽기 전 자신의 권리를 되찾았다. 따라서 헛된 싸움을 한 것이 아니며 다시금 법의 명예를 회복시켰고 인간으로서 자신의 존엄성을 주장했다는 생각이 그의 마음을 죽음의 두려움으로부터 벗어나게 만들었다. 그래서 그는 자신과 인간 세상, 그리고 신과 화해하고 태연하게 형리를 따라갔다. 이 희곡은 정말 많은 것을 가르쳐준다. 정직하고 친절하며 가족을 깊이 사랑하고 어린아이처럼 마음씨가 천진난만한 사람이 적이 달아나 숨어 있는 은신처를 찾아 불과 칼로 초토화시키는 아틸라(Attila) 왕 같은 사람으로 변해 버렸다.

그렇다면 무엇 때문에 그가 이런 상태에 이를 수 있었는가? 그것은 바로 마지막에는 그가 맞서 승리하게 될 모든 적들보다 그를 윤리적으로 훨씬 우월하게 만든 성품, 즉 법에 대한 높은 존경심, 법이 신성하다는 믿음, 정의감의 진실하고 건전한 실천력이다. 그리고 그의 운명의 참담한 비극은 바로 그의 빼어나고 고귀한 성품에서 비롯했다. 즉 윤리적인 차원에 이른 정의감, 영웅적이며 법이념을 위해 모든 것을 희생하려는 헌신이 그 무렵 비참한 세상과 권문귀족들의 방종 그리고 의무를 잊어버린 재판관을 마주하고 끝내 그를 파멸로 이끈다. 그가 저지른 범죄는 이중, 삼중의 무게로 그를 법의 바른길에서 무법의 그릇된 길로 내몬 군주와 그의 관리, 재판관 위에 되돌아 떨어진다. 인간이 참아야 하는 어떤 불법도, 그것이 아무리 중요하다 해도—최소한 편견 없는 윤리 감정을 위해서는—신이 임명한 군주가 스스로 법을 파괴하는 불법보다는 크지 않기 때문이다. 독일어가 적절하게 표현하는 '사법 살인(Justizmord)'은 법에서도 진정한 '대죄(Todsünde)'다. 법률의 수호자와 파수꾼이 살인자로 변한다—그들은 곧 환자를 독살하는 의사이며, 자신이 돌봐야 하는 사람을 교살하는 후원자이다. 고대 로마에서는 뇌물을 받은 재판관은 사형에 처했다. 법을 파괴한 재판소에게 손상된 정의감 때문에 범죄를 저지른 범죄자의 암담하고 비난에 가득 찬 모습보다 더 무서운 고발자는 없다—그것은 피 흘리는 사법의 그림자이다. 돈으로 매수할 수 있거나 한쪽으로 치우친 재판관에게 희생당하는 사람은 거의 강제로 법의 주류에서 밀려나 복수자가 되거나 스스로 자기 권리를 집행하는 집행자가 된다. 그리고 때로는 본디 목표에서 벗어나 한 사회에서 같은 하늘 아래 살 수 없는 원수인 강도와 살인자가 되는 일도 드물지 않다. 그러나 미하엘 콜하스처럼 자신의 고귀한 윤리적 성품이 이러한 그릇된 길로 빠지지 않도록 보호해주는 사람 또한 범죄자가 되어 형벌을 받고 자기 정의감에 충실했기 때문에 순교자가 된다. 사람들은 흔히 "순교자가 흘린 피는 헛되지 않다" 말한다. 그리고 이 말은 미하엘 콜하스의 경우에서는 진실하다고 할 수 있다. 그의 흔적은 그가 받았던 권리의 유린을 불가능하게 만들기 위해 그 뒤로도 오랫동안 남았다.

내가 이러한 겉으로 드러나지 않은 것을 언급하는 까닭은 법률 제도의 불완전성 때문에 이념차원까지 높아진 정의감이 만족을 얻지 못하는 경우 바로 그 정의감 때문에 탈선할 위험이 있다는 사실을 보여주기 위해서다. 여기에서 법률을 위한 투쟁은 법률을 적대시하는 투쟁이 된다. 정의감은 법의 보호를 받아야 하는 국민을 저버린 권력에 맞서는, 분별력이 없고 나쁜 마음에서 비롯된 행동이라는 자구책을 통해서 법률의 토대를 무너뜨리는 폭력을 추구하게 되는데, 이것은 한 개인의 성격이 눈에 띄게 난폭하다거나 원기가 왕성해서 그런 것이 아니다. 법을 집행하고 법에 저항하는 정의감으로 말미암아 이러한 현상이 되풀이되곤 하는데, 이러한 현상을 두고서 사람들이 어떤 관점에서 어떻게 받아들이고 적용하느냐에 따라 국가기관을 갈음하거나 보완할 수 있는 것이라고 부를 수 있다. 중세 민간 비밀재판소(Vehmgerichte)와 사투법(私鬪法 Fehderecht)이 여기에 속하는데 이것은 그 시절 형사재판소의 무기력과 편파성, 국가 권력 약화를 드러내는 중요한 증거다. 현대에서 결투 제도는 명예 훼손에 국가가 가하는 형벌이 사회의 일정한 계층의 예민한 명예 감정에 충분한 보상을 해주지 못한다는 산 증거다. 코르시카인의 피의 복수와 이른바 사형법(私刑法 Lynchgesetz)이라고 불리는 북아메리카의 민중 재판도 여기에 속한다. 이는 모두 국가 제도가 국민이나 특정 계층의 정의감과 조화를 이루지 못한다는 사실을 증명해준다. 왜냐하면 이 제도는 어떤 경우라도 국가와 관련하여 국가가 그러한 제도를 필요하게 만들었다거나 아니면 국가가 그것을 허용했다는 비난 중 하나를 포함하기 때문이다. 개인에게는 비록 법률이 이것을 금지하더라도 사실상 억제할 수 없을 때 이런 상황은 심각한 모순의 원천이 된다. 국가 명령에 따라 피의 복수를 거부하는 코르시카인은 동료들에게 멸시를 받게 되고, 동료들의 정의감 압박을 못이겨 피의 복수를 감행하게 되는 코르시카인은 사법의 심판을 받아야만 한다. 오늘날의 결투에서도 마찬가지다. 명예를 지키기 위해 결투를 해야 하는 사람이 결투를 거절하면 자기 명예를 먹칠하는 일이 되며 또 그렇다고 결투를 감행하면 처벌을 받게 된다—이는 결투 참가자는 물론 재판관에게도 똑같이 곤란한 상황이다. 고대 로마에서는 이와 비슷한 현상을 찾아 볼 수 없다. 왜냐하면 로마는 국가 제도와 국민의 정의감이 완전한 조화를 이루었기 때문이다.

나는 이로써 자신의 권리를 위한 개인의 투쟁을 고찰하는 일을 끝맺고자 한다. 우리는 권리를 위한 개인의 투쟁을 불러일으키는 동기를 단계별로 살펴보았다. 즉 순수한 이해타산이라는 가장 낮은 단계에서 출발하여 인격 주장과 인격의 도덕적 생존 조건이라는 이념 동기를 지나 마침내 정의 이념이 실현되는 관점까지 이르렀다. 이곳이 정점이며 여기서 한 발자국만 잘못 나아가면 훼손된 정의감으로 범죄자가 되어 무법 상태의 나락으로 떨어지게 된다.

그러나 이러한 투쟁에서 얻는 이익은 절대로 사법이나 사적인 생활에만 한정되지 않고 오히려 그것을 넘어서 훨씬 폭넓게 미친다. 국민이란 결국 모든 개인의 모둠일 뿐이며 모든 개인이 느끼고 생각하며 행동하는 대로 국민 모두도 느끼며 생각하고 행동한다. 만일 개인의 정의감이 사법 관계에서 둔감하고 비겁하며 무감각하게 보인다면 이 정의감은 부당한 법률 또는 나쁜 제도의 방해를 받아 자유롭고 힘을 발휘하지 못하고 정의감이 지원과 장려를 해주리라 기대해야 하는 곳에서 오히려 박해를 만나고 그 결과 정의감은 불법을 참아내고 그러한 불법 상태를 어찌하지 못하는 대상으로 인식하는 데 익숙해지게 된다. 그런데 어느 누가 이러한 위축되고 무감각해진 정의감이 개인이 아닌 국민 전체의 권리를, 예를 들어 정치적 자유 말살과 헌법 파괴, 전복, 외부의 침략과 같은 침해를 받는 경우에 갑자기 활기차고 민첩하게 변해 적극적인 행동을 불러일으킨다고 믿겠는가? 자신의 권리를 용기 내어 지킨 적이 한 번도 없는 사람이 어떻게 전체의 권리를 지키기 위해 자기 생명과 재산을 기꺼이 바치려고 생각하겠는가? 안일함과 비겁함 때문에 자기의 정당한 권리를 포기하고 자기 명예와 인격이 입은 정신적 손해를 전혀 이해하지 못하는 사람이나, 권리 문제를 오직 물질적 이익이라는 잣대로만 재는 데 익숙한 사람이 국민의 권리와 명예가 걸린 문제에 다른 기준을 적용하며 또 적극적이고 다르게 느낄 거라고 어떻게 기대할 수 있는가? 이제까지 한 번도 나타나지 않은 이상주의적 성향이 어디에서 갑자기 나타나겠는가?

결코 그렇지 않다! 헌법과 국제법상의 권리를 위해 싸우는 투사는 사법(私法)상의 권리를 위해 싸우는 투사나 마찬가지다. 사법을 위해 싸우는 투사가 가진 장점과 단점은 국민의 자유를 위한 투쟁, 외부 적에 맞서는 투쟁에서도 장점이나 단점으로 발휘된다. 사법 가운데 뿌려진 씨앗이 헌법과 국제법에서 열매를 맺는다. 사법이라는 낮은 곳, 즉 생활의 아주 사소한 여러 관계 속에서 한 방울 한 방울이 모여 힘을 이루고, 국가는 그 힘을 모아 목적을 달성하기 위해 필요한 힘과 사기를 축적해야만 한다. 사법이야말로 국민이 정치 교육을 받는 참된 학교다. 그리고 만약 한 민족이 유사시에 정치 권리와 국제법상의 지위를 어떻게 지키는지를 알고자 한다면 그 구성원이 저마다 사생활에서 자신의 권리를 어떻게 주장하는지를 관찰해보면 된다. 앞에서 이미 투쟁을 좋아하는 영국 사람들 사례를 이야기했으나 다시 한 번 반복하겠다. 영국 사람이 집요하게 다투는 몇 푼의 돈 속에 영국의 정치 발전이 깃들어 있음을 말이다. 국민 저마다가 아주 작은 일에서도 스스로의 권리를 대담하게 주장한다면 그런 민족에게서는 어느 누구도 그 민족이 지닌 가장 소중한 것을 빼앗지 못한다.

그러므로 나라 안으로는 최고의 정치 발전을 이룩하고 밖으로는 최대의 권력 신장을 보여준 고대 로마 민족이 동시에 가장 발달한 사법을 가졌다는 점은 결코 우연이 아니다. 아주 모순되는 말처럼 들릴지도 모르지만 법은 이상주의다. 이는 환상 속의 이상주의가 아니라 성격(Charakter)의 이상주의, 즉 자기를 목적으로 생각하면서 자신의 핵심 영역을 침해당했을 때는 다른 모든 것을 희생하는 사람의 이상주의다. 자신의 권리를 침해한 사람이 누구든—어느 한 개인이든 자기 나라 정부든 다른 민족이든—그에게 무슨 상관이 있겠는가? 그가 이러한 침해에 맞서 저항할지의 여부는 공격자가 누구인지에 달려 있지 않고 그 정의감의 원동력, 즉 그가 자신을 주장하기 위해 늘 이용하는 도덕적 힘으로써 결정된다. 그러므로 어떤 민족이 나라 안팎으로 갖는 정치적 위상은 늘 도덕적 힘과 일치한다는 원칙은 영원한 진리다—장성한 자녀들을 대나무로 매질하는 중국은 수억의 인구를 보유했는데도 작은 나라인 스위스가 국제법에서 받는 존경을 절대로 받지 못한다. 스위스 사람의 기질은 예술과 문학 면에서는 결코 이상적이라고 할 수 없지만 로마인의 기질처럼 진지하며 실용적이다. 그러나 내가 이제까지 법과 관련하여 '이념'이라는 표현을 쓴 그 의미에서 볼 때 이 표현은 영국인과 마찬가지로 스위스인에게도 아주 적합하다.

정의감에 바탕한 이러한 건전한 이상주의는 다른 법과 질서 유지에는 전혀 관여하지 않고 오직 자기의 권리를 방어하는 일에만 국한한다면 자신의 기초를 무너트릴 수도 있다. 이 이상주의는 그가 자신의 권리를 지켜 법을 지킬 뿐만 아니라 법의 보호를 받으면서 자신의 권리도 지킨다는 점을 안다. 엄격하게 법을 지키는 분위기와 감정이 지배하는 공동체에서는 그렇지 않은 다른 나라에서는 흔히 볼 수 있는 다음과 같은 서글픈 현상, 즉 국가 기관이 범죄자나 범법자를 체포 또는 구금하려고 할 때 국민이 이들의 편을 드는 현상, 다시 말하면 국가 권력은 마땅히 국민의 적이라고 생각하는 현상을 찾아볼 수 없다. 준법정신이 투철한 나라에서는 국민 모두가 법 문제는 곧 자신의 문제라는 사실을 잘 안다—이곳에서는 범죄자를 동정하는 사람은 오직 범죄자일 뿐 선량한 국민이 아니다. 선량한 국민은 오히려 기쁜 마음으로 경찰과 정부에 도움의 손길을 건넨다.

　나는 이제까지 언급한 내용의 결론을 길게 설명할 필요성을 전혀 느끼지 않는다. 왜냐하면 이는 간단한 원칙이기 때문이다. 나라 밖에서는 존경받고 나라 안에서는 확고부동한 위치를 누리고자 하는 국가에게 국민의 정의감보다 더 보호하고 장려할 만한 귀중한 자산이 없다는 점이다. 이러한 보호와 장려는 정치 교육에서 가장 중요한 임무 가운데 하나다. 국민 저마다의 건전하고 강력한 정의감은 나라 안팎에서 그 나라의 위상을 보장하는, 무엇보다 확실한 담보이며 자기 힘의 가장 풍부한 원천이다. 정의감은 나무 전체를 지탱하는 뿌리다. 만약 이 뿌리가 쓸모없게 되거나 바위나 사막의 모래땅 속에서 말라버린다면 다른 모든 것은 신기루처럼 쓸모없는 것이 되고 만다—폭풍이 불면 나무가 뿌리째 뽑히게 된다. 그러나 줄기나 잎사귀는 사람의 눈에 띈다. 이와 달리 뿌리는 땅속에 박혀 있기 때문에 사람의 눈에 띄지 않는다. 부당한 법률과 나쁜 법 제도가 국민의 윤리적 정신력에 미치는 엄청난 영향은 시답잖은 수많은 정치인들이 자신들의 관심을 기울일 만한 가치가 없다고 생각하는 영역인 땅 밑에서 작용한다. 따라서 그러한 정치인들이 문제로 삼는 것은 화려한 잎사귀뿐이며 뿌리에서 잎사귀로 올라가는 독은 전혀 알지 못한다.

　그러나 전제 정치는 나무를 넘어뜨리려면 어디서부터 일을 시작해야 하는지 알고 있다. 그는 잎사귀는 그대로 남겨 두고 뿌리를 잘라낸다. 전제 정치는 늘 곳곳에서 법을 침해하고 개인을 학대하는 일에서부터 시작한다. 왜냐하면 전제 정치가 여기서 작업을 마치면 그 나무는 저절로 넘어지기 때문이다. 그러므로 이 단계에서 무엇보다도 전제 정치에 맞서는 일이 필요하다. 로마인은 왕정과 십두정치를 끝내기 위해 먼저 여성의 순결과 명예를 침해할 기회를 잡았을 때 위와 같은 사실을 잘 알고 있었다. 농민의 자유로운 자존심은 가혹한 세금과 부역으로 파괴했고 시민은 경찰의 돌봄을 받아야 할 존재로 전락했으며 여행 허가는 여권 교부와 결부되고 세금은 마음대로 부과했다—마키아벨리라 할지라도 국민이 지닌 견고한 자존심과 모든 윤리적 힘을 뿌리 뽑고 전제 정치가 아무런 저항 없이 뿌리내릴 수 있도록 만들기 위해 이보다 더 효과적인 처방을 내리지 못한다. 전제 정치와 자의가 드나드는 문은 외부의 적에게도 열렸다는 점은 물론 고려하지 않았다. 외부의 적이 문 앞까지 왔을 때야 비로소 지식인들은 국민의 윤리적 힘과 정의감이 외부의 적을 막는 가장 강력한 방패가 된다는 사실을 뒤늦게 깨닫는다. 농민과 시민이 봉건적이며 절대주의적인 자의의 지배에 굴복한 그 시대에 로트링겐 지방과 알자스 지방은 독일 제국에서 사라져버렸다─이 지방 주민과 제국에 사는 그들의 동포는 이미 예전에 자존심을 잃어버렸는데 어떻게 제국이 중요하다고 느낄 수 있겠는가!

역사의 교훈을 때늦은 다음에야 비로소 깨닫는다면 그것은 우리 자신의 책임이다. 즉 우리가 제때에 교훈을 깨닫지 못한 것은 역사의 책임이 아니다. 역사는 언제나 소리 높여 분명하게 교훈을 설교한다. 민족의 힘은 곧 그들의 정의감의 힘과 같으며 국민의 정의감을 지키면 국가의 건전성과 힘을 보호하는 것과 같다. 나는 이러한 보호가 물론 학교나 강의에서 이루어지는 이론적인 수업이 아니라 모든 생활에서 정의의 원칙을 실천하는 것이라고 생각한다. 그런데 이는 법이라고 하는 외면적인 체제만으로는 부족하다. 그 체제가 완전히 정비되고 원만히 관리되어서 가장 훌륭한 질서가 지배하는 곳에서도 앞에서 언급한 요구를 완전히 무시하는 경우가 있다. 노예 제도, 유대인 보호관세, 기타 건전하고 강력한 정의감이 요구하는 것과는 완전히 모순되는 많은 지난날의 원칙과 제도 또한 법률이자 질서였다. 그러나 이러한 제도로 국가가 무거운 부역을 매긴 시민, 농민, 유대인들보다 오히려 더 큰 피해를 입었다. 국가가 국민의 정의감을 발달시키고 그것으로 국가 자신의 힘까지 완벽하게 발전하려면 다음과 같은 길을 선택할 수밖에 없다. 사법 분야뿐만 아니라 경찰, 행정, 조세입법의 모든 분야에서 실체법을 확실하고 명료하며 명확하게 만들고 건전한 정의감과 충돌하게 될 모든 원칙을 제거하면서 아울러 재판의 독립과 소송 제도를 최대한 완비해야 한다. 민족이 느끼는 부당한 규정 또는 악의에 찬 제도는 국민의 정의감을 망가뜨리며 이와 함께 국가의 힘을 훼손하고 법이념을 상대로 죄악을 저지르며 마침내 이러한 죄악은 국가에게 되돌아와 때때로 이자에 이자를 쳐서 죗값을 비싸게 치러야만 한다. 이 죗값의 이자는 경우에 따라서는 그 나라의 한 주(州)에 해당할 만큼 비쌀 수도 있다!

물론 나는 국가가 오직 그러한 의무 때문에 이러한 죄악을 피해야만 한다고 생각하지는 않는다. 나는 오히려 이러한 의무를 실천하는 것이 국가의 가장 신성한 의무라고 생각한다. 그러나 이것은 절대적 이상주의로 보일 수도 있으니 만일 현실적인 위정자나 정치가가 이러한 추론을 조롱하며 거절한다 해도 나는 그들을 욕하지 않겠다. 그러나 바로 이러한 이유 때문에 그들이 충분히 이해할 수 있는 현실 측면을 강조했다. 법의 이념과 국가의 이익은 손을 잡고 함께 나아간다. 아무리 건전한 정의감이라 하더라도 오랜 세월이 지나면 악법을 견디어내지 못하고 둔해지고 위축되며 쇠퇴한다. 이미 여러 번 이야기했듯이 법의 본질은 행위이기 때문이다―불꽃에게는 자유롭게 흐르는 공기가 필요하듯이 정의감에는 자유로운 행위가 필요하다. 정의감에 자유로운 행위를 금하거나 이를 방해한다면 정의감을 질식시키는 일이 될 것이다.

이상의 내용으로 이 글을 마칠 수도 있다. 왜냐하면 주제를 거의 다 이야기했기 때문이다. 그러나 독자들은 내가 이 책에서 언급한 내용과 밀접하게 관련된 한 가지 문제를 조금 더 말하는 것을 양해해주리라 생각한다. 그것은 바로 우리의 현행법, 더 정확하게 말하면 오늘날의 보통 로마법이, 내가 바른 판단을 내릴 자신이 있는 부분은 여기뿐인데 내가 이 책에서 말한 요청에 어디까지 부합하느냐는 문제다. 그런데 나는 이 문제를 망설이지 않고 아주 단호하게 부정하고자 한다. 현행법은 건전한 정의감의 정당한 요구에 훨씬 못 미친다. 물론 현행법 여기저기에 곤란한 점이 있기 때문이 아니라 앞에서 언급한 설명에 따르면 건전한 정의감의 본질을 이루는 것과―권리 침해를 목적물을 공격한 것뿐만 아니라 인격 자체를 공격했다고 받아들이는 이상주의―정반대의 사고방식에 지배되기 때문이다. 우리의 보통법은 이 이상주의에 전혀 도움이 되지 않는다. 보통법이 명예 훼손을 제외한 모든 권리 침해를 측정하는 기준은 오로지 물질 가치―저속한 물질 가치가 가장 저속한 형태를 갖는 무미건조하고 천한 물질주의(Materialismus)다.

그런데 만약 소유를 둘러싼 싸움에서 과연 법은 피해자에게 소송물 또는 소송가액 말고 무엇을 주어야 하는가? 만일 이러한 관점이 옳다면 절도범이 장물을 반환하면 그를 용서해줘야 한다. 그러나 사람들은 절도범이 단지 절도 피해자 개인뿐만 아니라 국가의 법률과 법질서 그리고 도덕규칙에도 죄를 저지른 자라고 항변한다. 자기가 빌린 돈을 일부러 부정하는 채무자 또는 계약을 파기하려는 판매주나 임대인, 내가 준 권한을 남용해 나에게 손해를 입힌 대리인도 이와 마찬가지가 아닌가? 만약 내가 이런 사람에 맞서 오랜 투쟁 끝에 되찾은 것이 본디 내가 소유하던 것에 지나지 않는다면 그것은 나의 훼손된 정의감을 충분히 보상해준 것인가? 그러나 내가 매우 정당한 요구라고 인정하는 데 조금도 주저하지 않는 이 보상 요구를 논외로 한다면 두 당사자 처지는 얼마나 균형이 무너진 것인가? 피해자가 재판에서 패배할 경우 겪게 되는 위험은 자신의 물건을 잃어버리는 것이지만 가해자에게는 불법으로 소지한 물건을 돌려줘야 한다는 것을 뜻할 뿐이다. 또한 피해자가 재판에서 승리했을 때 얻는 이득은 아무런 손해도 입지 않았던 상태로 돌아가는 것이지만 가해자는 상대의 희생으로 이득을 얻는다. 이것은 마치 파렴치한 거짓을 북돋고 배신 행위에 보상금을 주는 일이 아닌가? 그러나 이러한 점을 통해 나는 우리의 현행법을 있는 그대로 표현했을 뿐이다.

우리는 이에 대한 책임을 현대 로마법에 돌릴 수 있다. 이 문제를 이야기하기 전에 먼저 고대 로마법을 세 가지 발전 단계로 구분하자. 첫 번째 단계는 초기 로마법 시대에 정의감이 아주 격렬했으며 자기 억제의 힘을 갖추지 못한 단계다. 두 번째 단계는 로마 중기법에서 정의감이 적절한 힘을 지닌 단계다. 세 번째 단계는 후기 제정 시대, 특히 유스티니아누스법에서 정의감이 쇠퇴하고 위축된 단계다.

가장 낮은 발전 단계의 정의감에 관해 나는 이미 이전에 연구하여 발표했다. 따라서 여기서는 그 결론을 짧게 요약한다. 초기 로마의 민감한 정의감은 자기 권리의 모든 침해나 다툼을 상대가 고의로 그랬는지 얼마나 잘못했는지 고려하지 않은 채 상대가 일으킨 주관적 불법으로 파악하고 따라서 책임 있는 사람의 경우와 마찬가지로 책임 없는 사람에게 똑같은 배상을 요구했다. 명백한 채무(nexum) 또는 자기가 상대에게 가한 물건 훼손을 부인하는 자가 패소하는 경우에는 그 두 배를 배상하며, 마찬가지로 소유물 반환 소송에서 목적물을 점유한 사람이 목적물에서 나온 과실(果實)을 취득한 경우에는 그것을 두 배로 내야만 한다. 그 밖에도 피고가 소유권 소송을 하다 패소하면 소송담보금(sacramentum)을 잃어버리게 된다. 원고가 소송에서 패소한 경우에도 같은 형벌을 받는다. 왜냐하면 그가 다른 사람의 재물을 자신의 것이라 주장했기 때문이다. 만일 원고가 소송에서 주장한 채무액에 매우 적은 액수라도 잘못이 있으면 다른 점에서는 충분한 이유가 있을지라도 그 청구 모두를 상실하게 된다.

초기 로마법의 이러한 제도와 원칙에서 많은 부분을 중기 로마법이 물려받았다. 그러나 독자적으로 새롭게 태어난 중기 법률 제도와 원칙은 완전히 다른 정신으로 채워졌다. 그것은 '모든 사법 관계에 유책, 즉 고의과실이라는 기준을 마련해 적용했다는 점이다. 객관적 불법과 주관적 불법은 엄격하게 구분된다. 유책 기준은 오직 목적물의 단순한 반환이나 배상만을 요구할 뿐이지만 객관과 주관 구분은 그 밖에도 형벌까지 때로는 벌금형이나 명예를 박탈하는 징벌이 뒤따르게 된다. 그리고 정당한 한계 내에서 이 형벌을 남겨둔 점이 바로 중기 로마법에서 가장 건전한 사상 가운데 하나다. 신뢰를 어기고 공탁물(供託物)을 부인하거나 또는 이것을 반환하지 않는 수탁자 그리고 신뢰받는 자신의 지위를 자기 이익을 위해 악용하거나 그 의무를 일부러 게을리 행한 수탁자 또는 후견인이 단순히 물건을 반환하거나 단순한 손해배상만으로 면책될 수 있다는 점을 로마인들은 용납하지 못했다. 로마인은 상처 입은 정의감을 치료하기 위해 그리고 또 다른 사람이 같은 불법을 저지르지 않도록 본보기로 삼을 목적으로 반환이나 배상금에 더해 징벌까지 요구했다. 적용된 형벌 가운데 명예박탈(Infamie)이 가장 무서웠다—그것은 로마에서 생각할 수 있는 가장 무거운 벌 가운데 하나였다. 왜냐하면 명예박탈은 사회에서 배척될 뿐만 아니라 모든 정치 권리 상실, 그러니까 정치적 사망을 불러왔기 때문이었다. 명예박탈이라는 형벌은 권리 침해가 특별히 신뢰를 져버린 배신 행위일 때 언제든 내려졌다. 다음으로는 벌금형이 오늘날과는 비교할 수 없을 만큼 폭넓게 이용되었다. 부당한 일을 저질러서 피소당한 사람이나 스스로 부정을 저질렀으면서도 소송을 제기한 사람에게는 벌금형이라는 위협 수단을 활용했다. 벌금형은 소송물 가치의 일부에 해당하는 금액에서 시작하여(10분의 1, 5분의 1, 4분의 1, 3분의 1) 소송물 가치의 몇 배까지 올라갔으며 상대의 불만을 해결할 다른 방법이 없는 상황에서는 심지어 무제한으로 확대되기도 했다. 다시 말하면 원고가 충분한 보상이라고 선서하는 액수까지 올라갔다. 특히 이와 관련하여 피고에게 선택권을 준 두 가지 소송 제도가 주목할 만하다.

피고는 더 이상 피해를 입지 않기 위해 소송을 포기하든지 아니면 일부러 법률을 어긴 사람으로 처벌받게 될 위험을 각오하든지, 집정관의 금지 명령

(prohibitorischen Interdicte)과 소송을 중재하는 권한(actiones arbitrariae) 중에서 하나를 선택해야만 했다. 집정관 또는 재판관이 그에게 내린 명령에 따르지 않을 때는 이를 불복종과 반항으로 다루었다. 오늘날에는 원고의 권리만이 아니라 법률 대변자인 집정관과 재판관의 권위, 즉 법률 그 자체가 피고의 상대가 되는 것이며 법률을 무시한 피고는 존재하는 법률을 무시하는 것이었으며, 이러한 무시는 벌금으로써 죗값을 치러야 했다. 그 벌금은 원고의 소유가 되었다.

이러한 형벌의 목적은 모두 형법에서 형벌의 목적과 같다. 첫째로는 범죄 개념 속에 포함되지 않는 모든 침해로, 사생활의 이익을 보장해주려는 실제적 목적을 지녔고, 둘째로는 훼손된 정의감에 충분한 보상을 해주어 무시된 법률의 권위를 되찾아 명예회복을 시도하려는 윤리적 목적을 지녔다. 그러므로 이 경우에 금전은 목적 자체가 아니라 목적을 위한 수단에 지나지 않는다.

내가 보기에 이러한 중기 로마법은 모범적인 사례이다. 중기 로마법은 객관적 불법을 주관적 불법과 혼동한 초기 로마법의 극단적인 방법은 물론 민사 소송에서 주관적 요인을 객관적 요인 수준까지 끌어내리는 우리 현행법의 또 다른 극단적인 방법에서 완전히 벗어나 건전한 정의감의 정당한 요구를 충분히 보장해주었다. 이런 과정에서 중기 로마법은 불법의 두 종류를 엄격하게 구분했을 뿐만 아니라 주관적 불법을 권리 침해 형식과 종류, 침해 정도에 따라 세밀하게 구별할 줄 알았다.

이제 나는 유스티니아누스 황제의 법전 편찬 사업 속에서 끝난 로마법의 마지막 발전 단계를 다루면서 상속법이 개인과 국민 생활 속에서 지닌 의미를 이야기하고자 한다. 만일 국민 스스로가 상속법을 처음부터 제정해야만 했다면 도덕적으로나 정치적으로 완전히 타락한 그 시대의 상속법은 과연 어떠했을까? 그러나 자기 힘으로 삶을 꾸려가는 것조차 어려운 상속인이 큰 재산을 물려받은 덕분에 살아갈 수 있었듯이, 피폐하고 쇠약해진 세대도 그보다 앞선 활기 넘쳤던 시대의 정신 유산 덕분에 한동안 살아갈 수 있다. 나는 단순히 이런 세대가 아무런 수고도 없이 다른 사람의 노동 성과를 누린다는 의미에서가 아니라 어떤 특별한 정신에서 비롯된 과거의 업적, 창조물, 제도가 그 정신을 일정한 기간 동안 유지하고 다시 새롭게 창조하는 힘을 가졌다는 의미에서, 이런 현상을 이야기한다. 왜냐하면 과거 유산은 무궁무진한 힘을 지녔으며 이 힘이 그들과 닿기만 해도 또다시 살아나 활기를 되찾기 때문이다. 이러한 뜻에서 고대 로마 민족의 견실하고 강력한 정의감이 객관화된 로마 공화정 시대 사법이 제정 시대가 된 뒤에도 꽤 오랜 기간 동안 활기차고 생명력을 주는 원천이 된 것이다. 이러한 사법은 로마가 저물어갈 무렵의 광활한 사막 가운데서 홀로 신선한 물을 뿜어낸 오아시스였다.

그러나 전제 정치의 뜨거운 모래바람 앞에서는 결국 어떤 생명도 홀로 자랄 수 없었다. 또한 사법만으로는 곳곳에서 보호받지 못하는 정신을 지키고 이를 주장하기 어려웠다─예부터 이어져온 정신은 사법 분야에서 마지막까지 힘을 내기는 했지만 이 또한 새로운 시대 흐름에 길을 양보해야 했다. 그러나 이 새로운 시대 정신은 진귀한 특징을 지녔다. 사람들은 이 시대 정신이 전제 정치의 특성, 즉 엄격하고 냉혹하며 무분별한 성질을 지녔다고 생각하지만 실제로는 이와 반대로 온유하고 인간적인 겉모습을 가졌다. 그러나 이러한 온유한 성질은 전제 정치의 특징이다. 예컨대 누군가에게서는 빼앗고 누군가에게는 선물로 증여한다─이것은 자의와 방종에서 나오는 온유함이지 성격에서 비롯된 온유함이 아니다─자기가 저지른 불법을 다른 불법으로 복구하려는 폭력성의 또 다른 표현이다. 여기에서 이러한 주장을 뒷받침해줄 사례를 모두 열거하고 싶지는 않다. 나는 매우 중요하며 풍부한 역사 재료가 보여주는 눈에 띄는 특징을 지적하는 것으로 충분하다고 생각한다. 이것은 채권자가 희생하며 채무자에게 보여주는 온유함과 너그러움이다. 나는 채무자를 동정하는 일을 나약한 시대의 징표로 보는 매우 일반적인 견해가 가능하다고 생각한다. 나약한 시대는 이를 인간적이라 부른다.

이와 달리 강한 시대는 무엇보다도 채권자가 자신의 권리를 행사할 수 있게 배려하고 거래의 안전과 신뢰, 신용을 유지하기 위해 필요하다면 채무자에게 가혹한 태도를 취하는 것도 주저하지 않는다.

이제 마지막으로 〔고찰해야 할 내용은〕 우리가 사용하는 현행 로마법이다! 나는 오늘날 현행 로마법을 언급하게 된 것을 오히려 유감스럽게 생각한다. 왜냐하면 여기서 내가 바라는 만큼 그 근거를 충분히 제시하지도 못한 채 현행 로마법을 판단해야만 하는 처지에 놓였기 때문이다. 그러나 나는 나의 판단 자체를 조금도 망설이지 않겠다.

내 판단을 몇 마디로 요약하면 다음과 같다. 현대 로마법은 축적된 역사와 그것이 응용된 법의 특징을 로마법의 본질적인 범위 안에 포함시킬 수 있을 것이다. 국민의 정의감, 재판 실무, 입법이라는 로마법의 형성과 발전 과정을 살펴보라. 외국어(라틴어)로 된 외국법(로마법)은 학자가 들여왔으며 오직 그들만 제대로 이해했고 처음부터 서로 완전히 다른 두 종류, 그리고 곧잘 서로 대립하는 관점과 대체로 나타났다—법을 선입견이 전혀 없이 역사적으로 인식하려는 관점과 법을 실제 필요에 따라 발전시키려는 관점—그에 비해 법률 실무는 재료(로마법)를 완전히 익히는 데 필요한 힘이 없으므로 이론에 종속될 수밖에 없었다. 즉 미성숙 상태에서 벗어나지 못한 운명이었다. 또한 재판과 입법의 지역 분열은 통일을 바라는 얼마 되지 않는 싹을 꺾어버렸다. 그런데 국민의 정의감과 이러한 현행법 사이에 균열이 커지고 국민이 법을 이해하지 못하며 또한 법이 국민을 이해하지 못했다는 사실이 놀랍지 않은가? 로마에서 그곳 사정과 관습을 전제로 하면 잘 이해되던 제도와 원칙은 그런 전제 조건들이 완전히 사라진 이곳에서는 완전히 저주로 변했다. 그리고 이 세상이 존재하는 한 재판이 국민들 사이에서 이처럼 법에 대한 믿음과 신뢰를 흔들리게 한 적은 결코 없었다. 〔법률을 모르는〕 일반 국민이 100굴덴의 돈을 빌렸다는 채권증서를 가지고 재판관 앞에 나갔는데 재판관이 그 증서가 흠 있는 채권증서(cautio indiscreta)라며 무효라고 선언한다면, 또는 돈이 채무의 원인이라고 분명히 밝힌 증서가 2년이 지나기 전에는 아무런 증거 능력을 가지지 못한다고 재판관이 말한다면 그 문외한은 어떤 기분이 들까?

그러나 나는 〔이것을〕 세밀하게 살펴볼 생각은 없다. 왜냐하면 어디서 끝내야 할지 짐작할 수 없기 때문이다. 나는 오히려 우리 보통 법학의 두 가지 오류—나는 이것을 오류 말고 다른 말로 표현할 수 없다—를 지적하는 정도로 제한하고자 한다. 그것은 근본 성질에서 나왔으며 또한 불법의 진짜 씨앗을 그 속에 포함하기 때문이다.

첫째 오류는 권리를 침해할 때 한낱 금전 가치뿐만 아니라 훼손된 정의감에 충분한 보상을 해야 한다는 단순하고 명확한 사상이 오늘날 법학에서 완전히 사라져버렸다는 점이다. 현대 법학의 기준은 아주 저속하며 거친 물질주의 척도, 즉 단순히 금전 이익만 문제 삼는다. 어떤 재판관의 이야기에 따르면 다툼의 목적인 대상물의 액수가 아주 적은 사건에서 번거로운 소송을 하는 대신 재판관이 원고에게 자기가 그 금액을 내겠다고 제의했는데 원고가 이를 거절하여 재판관이 크게 화를 냈다고 한다. 원고에게는 돈이 아니라 자기 권리가 더 중요한 문제였음을 이 재판관은 헤아리지 못했다. 그렇다고 우리는 그 재판관이 큰 잘못을 저질렀다고 생각하지는 않는다. 왜냐하면 비난을 받아야 할 대상은 법학이기 때문이다. 로마 재판관이 권리 침해의 정신적 손해를 정당하게 배상해줄 가장 이로운 수단으로 쓴 금전 배상은 현대 증거이론의 영향을 받으며 정의가 불법을 막기 위해 시도해왔던 방법 가운데 가장 형편없는 수단으로 떨어졌다. 사람들은 원고의 금전 손해를 정확하게 1헬러(Heller)와 1페니히까지 증명하라고 그에게 요구한다. 그리고 금전 손해가 존재하지 않을 때 권리가 어떻게 보호될지 지켜보라! 임대인이 임차인에게 계약상 이용권한이 있는 정원을 폐쇄했다고 가정해보자. 이때 임차인은 먼저 정원을 이용할 때 얻는 가치를 돈으로 증명해야 한다. 또는 임차인이 그 집으로 이사 오기 전에 임대인이 타인에게 그 집을 임대해주는 바람에 임차인은 다른 집을 구할 때까지 거의 반년 동안을 초라한 숙소에서 지내야만 한다고 가정해보자. 아니면 여관 주인이 전보로 방을 예약한 손님을 거절했다면 손님은 숙소를 찾아 어두운 거리를 몇 시간이고 방황해야 한다. 사람들은 먼저 이것을 금전으로 평가한다. 또는 더 정확하게 말한다면 이 사건의 보상으로 법원에서 무엇을 받을 수 있는지 시험해 보라! 독일에서는 아무것도 얻을 수 없다. 왜냐하면 독일 재판관은 불쾌한 일이 아무리 크다고 하더라도 돈으로 평가될 수 없다고 하는 이론을 극복하지 못하기 때문이다. 이와 달리 이러한 일은 프랑스 재판관에게는 전혀 고민할 가치가 없다. 어떤 사설 재단에 채용된 개인 교사가 그 뒤 더욱 좋은 자리를 찾아서 계약을 파기했는데 곧바로 그의 후임이 될 사람이 없다고 가정해보자. 학생이 몇 주 동안 또는 수개월 동안 프랑스어나 미술 수업을 받지 못한 손해를 돈으로 확실한 가치 또는 그 사설 재단 교장이 입은 금전 손해를 계산해 보라. 또 어떤 요리사가 아무 이유도 없이 일을 그만두고 떠나가 버려서 대신할 사람을 그 지방에서 구하지 못한 주인의 처지가 아주 곤란하게 되었다고 하자. 이 상황에서 입은 손해를 돈으로 환산해 보라. 이러한 모든 경우에 보통법에 따르면 전혀 구제받을 길이 없다. 왜냐하면 법이 권리자에게 제공하는 보상은 일반적으로 입증하기 어려운 증거를 전제로 하기 때문이다. 그리고 비록 그 증거를 쉽게 제출할 수 있다 하더라도 단순한 금전 가치 청구로써는 상대의 불법을 충분히 막을 수 없다. 따라서 그것은 무법 상태나 마찬가지다. 그러므로 사람들이 불쾌하다고 느끼는 것은 억압과 침해가 아니라 정당한 권리가 짓밟혔음에도 아무런 도움을 받지 못한다는 억울한 상황이다.

우리는 이러한 결함에 대한 책임을 로마법에 돌려서는 안 된다. 왜냐하면 로마법이 마지막 판결은 오직 금전 보상을 명령할 수밖에 없다는 원칙을 고수했다 하더라도 금전 배상을 적용할 때는 경제적 이익뿐만 아니라 다른 모든 정당한 이익도 효과적으로 보호할 수 있게 판결을 내려야 하기 때문이다. 금전 배상 판결은 자신의 명령을 지키고 따르도록 만들기 위해 재판관이 가지는 민사 강제 수단이었다. 재판관이 내린 명령을 이행하지 않은 피고는 채무금액을 갚는다고 죄가 없어지지 않는다. 이때 금전 배상 판결은 징벌의 성질을 띠게 된다. 이러한 소송의 효과는 원고에게는 경우에 따라서 금전보다 훨씬 가치 있는 것, 즉 무례한 권리 침해에 대한 보상으로 윤리적 만족을 주었다. 이러한 충분한 보상 사상은 로마법의 현대 이론에서는 찾아볼 수 없다. 로마법의 현대 이론은 이 윤리적 만족을 전혀 이해하지 못하며 채무를 이행하지 않은 데서 발생한 금전 가치만 생각한다.

로마의 민사벌(民事罰)이 제거되었다는 사실은 오늘날의 법이 권리 침해의 정신적 손해에 둔감하다는 사실을 잘 보여준다. 믿음을 저버린 수탁자나 수임인은 더 이상 명예를 빼앗기는 벌을 받지 않는다. 가장 비열한 사람도 오늘날에는 형법의 그물망에 걸리는 일만 잘 피하면 아무런 벌을 받지 않고 줄곧 큰소리를 칠 수 있다. 법률 교과서에서는 무례한 거짓말을 벌금형과 그 밖의 형벌의 대상으로 삼을 수 있는 듯 기술하지만 재판에서는 그런 모습을 거의 볼 수 없다. 이는 무엇을 뜻하는가? 이는 주관적 불법이 객관적 불법 수준으로 낮아졌다는 뜻이다. 파렴치하게 자신의 빚을 부인하는 채무자와 선의로 이것을 부인하는 상속인을 구별하지 않으며, 나를 속인 수임인과 단순히 부주의로 불이행한 사람에 지나지 않은 수임인을 구별하지 않는다. 간단히 말하면 고의적인 무례한 권리 침해와 무지 또는 과실을 전혀 구별하지 않으며 소송에서 문제되는 점은 언제나 적나라한 금전 이익뿐이다. 정의의 여신 테미스의 저울은 형법과 똑같이 사법에서도 불법을 재야지 단순히 금전만을 재서는 안 된다고 하는데 오늘날 법학 사고방식과는 매우 동떨어진 사상이 되어버렸다. 또한 내가 그 사상을 꺼내면 바로 이 점에서 형법과 사법 사이의 구별이 존재한다는 항의를 받을 게 틀림없다.

오늘날의 법은 유감스럽게도 그렇다. 법 그 자체는 어떠한가? 이 질문에는 부정한다! 왜냐하면 정의 이념이 완전히 실현되지 않아도 좋은 법 영역이 존재할리 없지만, 정의 이념은 고의과실인지 그리고 정도가 얼마나 되느냐 하는 판단과는 떼려야 뗄 수 없는 관계에 있기 때문이다.

앞에서 언급한 현대 법학의 진실로 불행한 두 번째 오류는 바로 증거이론이다. 이 증거이론은 오로지 권리가 효과를 발휘하지 못하도록 만들었다고 생각하고 싶어지는 이론이다. 세상의 모든 채무자가 채권자의 권리를 빼앗으려고 계획했다고 하자. 그러한 목적을 이루기 위해 우리 법학이 증거이론으로 제공하는 것보다 더 효과적인 수단을 제시할 수는 없다. 어떠한 수학자도 우리 법학의 증명법보다 더 정밀한 입증 방법을 정립하지 못한다. 이 증명법은 손해배상 소송과 이익청구 소송에서 몰이해의 정점에 달했다. 로마의 한 법률가의 말을 인용해본다면 여기에서 '법의 겉모습 아래서 법 자체에 가해진(unter dem Schein des Rechts mit dem Recht selber getrieben wird)' 무서운 만행과 이와 대조를 이루는 프랑스 법원의 현명한 방법은 몇 권의 새로운 저서가 매우 분명하게 썼기 때문에 이에 덧붙여 설명하지 않기로 한다. 그러나 나는 '이러한 소송은 원고에게는 불리하며 피고에게는 유리하다(Wehe bei solchem Process dem Klaeger, wohl dem Beklagten!)'라는 한 마디를 할 수밖에 없다.

이제까지 말해온 모든 내용을 요약한다면 위와 같은 끔찍한 비명이 현대 법학과 실무의 신념이라고 표현하고 싶다. 이 신념은 유스티니아누스 황제가 개척한 길 위에서 힘차게 발전해왔다. 현대 법학과 실무에서 권리를 인정하고 보호해주어야 할 대상은 채권자가 아니라 채무자라는 말이다. 한 사람의 채무자에게 너무 엄격한 처벌을 내리느니 수백에 이르는 채권자들에게 명확한 불법을 가하는 게 낫다는 뜻이다.

문외한이라면 사법학자와 소송법학자의 잘못된 이론 때문에 발생한 이 부분적 무법성이 오히려 더욱 늘어날 거라고는 믿지 못한다. 그러나 실제로는 조금 전 사법학자의 오류 때 때문에 그런 일이 일어났다. 이 오류는 바로 권리 이념을 암살하며 학문이 권리감각에 저지른 죄 가운데 가장 무섭다. 굴욕적인 정당방위 위축이 바로 이것이다. 이 정당방위 권리는 키케로가 말한 바와 같이 인간이 나면서부터 갖는 자연 법칙이며 이것을 로마의 법률가들은 세상의 모든 법에서 인정해야 한다고 믿을 만큼 아주 순진했다(폭력으로 폭력을 물리치는 일을 허용했다 Vim vi repellere omnes legesomniaque jura permittunt). 로마 법률가들이 지난 수세기 동안 그리고 오늘날까지 살아 있었다면 이와는 정반대로 생각했을 것이다. 비록 요즘 법학자도 원칙적으로는 이 권리를 인정하지만 사법학자와 소송법학자들은 채무자를 가엾게 여긴 동정을 범죄자들에게도 똑같이 품게 되었다.

그래서 이 권리를 실제로 사용하는 것을 제한하고 축소했으며 그 결과 많은 소송에서 범죄자가 보호받았으며 피해자는 보호받지 못했다. 만일 사람들이 이러한 정당방위 이론 문헌을 읽어내려 간다면 인격감정이 왜곡되고, 유약함, 단순하고 건전한 정의감의 완전한 변질과 쇠퇴의 무서운 심연이 얼마나 활짝 열렸는지 알 수 있다—사람들은 윤리적으로 거세된 사회에 온 거라고 믿고 싶을지도 모른다. 위험에 처하거나 명예훼손 위협을 받는 사람은 뒤로 물러서거나 도망가야만 한다—불법에게 자리를 양보하는 일이 법의 의무다—다만 장교, 귀족, 고위직 관료들도 도망쳐야만 하는지 그 여부에 대해서는 현명한 사람들의 의견이 일치하지 않았다—달아나야 한다는 가르침에 따라 두 번까지는 물러났으나 세 번째는 그럼에도 쫓아오는 상대에게 저항해 그를 사살한 가련한 병사는 '자기 자신에게는 유익한 교훈을 주고 타인에게는 공포의 본보기가 되기 위해' 사형에 처해졌다.

특히 높은 지위나 이름난 가문에 속한 사람과 장교들에게는 자기들의 명예를 지키기 위해 합법적인 정당방위를 행사하는 일이 허용되었다고 한다. 그러나 다른 학자가 바로 보류를 주장하며 이런 사람들 또한 단순히 말로 한 명예훼손 경우에는 상대를 죽여서는 안 되었다고 말했다. 그리고 다른 모든 이들과 국가 관리에게조차 이러한 정당방위는 인정되지 않았다. 또한 민사 재판관은 "그들이 단순한 법률가로서 국법이 정한 틀 안에서 청구권을 요구할 수 있으며 그 밖의 어떠한 요구도 할 수 없다"는 것을 받아들이게 된다. 가장 비참한 사람은 상인이다. "상인은 아무리 부자라고 하더라도 예외 없이 자신의 신용을 명예로 생각하며 돈을 소유할 때만 명예를 가진다. 그들은 명예나 평판을 잃을 위험만 없다면 오명을 쓰는 일도 참아낸다. 또한 그들이 아주 낮은 계층에 속한다면 조금 아플 정도로 뺨을 맞는 일과 코끝을 퉁기며 책망을 듣는 일은 감수한다"고 한다. 만약 그 가련한 이가 일반 농부거나 유대인이라면 다른 사람들이 법규를 위반했을 경우에는 가능한 관대한 처벌을 받는데 이들은 자력으로 구제해서는 안 된다는 규정 위반으로 통상적인 처벌을 받는다.

특히 훌륭한 점은 사람들이 소유권을 주장하기 위해 정당방위를 금지한 방식이다. 어떤 사람들은 소유권은 명예와 마찬가지로 되찾을 수 있으며 소유권은 소유물반환청구 소송으로, 명예는 명예회복소송(actio injurarum)으로 되찾을 수 있다고 생각했다. 그러나 강도가 물건을 가지고 달아난 경우 그 강도가 누구이며 어디에 있는지를 알지 못할 때는 어떻게 해야 하는가? 이 경우 걱정할 필요가 없다고 한다. 소유권자는 법률상으로는 여전히 소유물반환청구권을 가지고 있으며 "만일 소송이 목적을 이룰 수 없어도 그것은 재산권 본질 자체와는 전혀 관계가 없는 우연한 사정에서 나온 결과에 지나지 않는다"고 한다. 유가증권으로 휴대하던 자기 전 재산을 어떤 저항도 하지 못한 채 강도에게 빼앗긴 사람도 이 답변을 들으면 위로받을지도 모른다. 왜냐하면 그는 여전히 소유권과 소유물반환청구권을 가지고 있으며 강도는 재산을 사실상 점유한 것에 지나지 않기 때문이다! 그러나 이는 도둑이 사용설명서가 없으니 훔친 물건을 쓰지 못한다고 위안을 삼는 것이나 마찬가지다. 또 다른 사람들은 매우 중요한 가치를 지닌 물건을 도둑맞은 경우에는 어쩔 수 없이 폭력으로 막는 행동을 허용하지만 피해자가 극도의 흥분 상태에 빠졌더라도 공격을 물리치기 위해 어느 정도의 힘이 필요한지 정확하게 고려해야 할 의무가 있다고 말한다. 피해자가 가해자의 두개골 세기를 미리 정확하게 측정하고 적당하게 때리는 방법을 충분히 연습할 수 있었으며 가해자에게 상처를 입히지 않고 반격할 수 있었던 경우에는 피해자의 공격이 심했다고 말하며(과잉방어) 그 책임을 져야 한다. 그들은 피해자 처지를 아이로스와의 결투를 준비하는 오디세우스의 처지라고 생각한다.

《오디세이아(Odyseia)》 제18권 90행에서는 다음과 같이 노래한다.

> 수난을 견딘 영웅 오디세우스는 이렇게 생각했다.
> 상대를 있는 힘을 다해 때려 목숨을 잃게 할 것인가
> 아니면 바닥 쓰러질 정도로만 가볍게 때릴 것인가.
> 고민 끝에 두 번째 방법이 최선으로 보였다.

이와 달리 훨씬 가치가 적은 대상, 예컨대 금시계 또는 몇 굴덴이나 고작 수백 굴덴이 들어 있는 돈지갑을 도둑맞을 경우 피해자는 상대의 신체에 어떤

해악도 가해서는 안 된다. [그런데] 어떻게 시계 한 개가 신체와 생명 그리고 온전한 팔다리와 비교될 수 있을까? 시계는 대체할 물건이 있지만 생명을 대체할 수는 없다. 이것은 논란의 여지가 없는 진리다!—다만 이 진리는 사소한 문제를 놓치고 있다. 먼저 시계는 피해자의 것이며 몸은 강도의 것으로, 몸은 강도에게 매우 큰 가치를 가지는 반면 피해자에게는 아무런 가치가 없다는 점이다. 그리고 두 번째로 시계는 분명 대체할 물건이 있지만 과연 누가 그 비용을 부담해주는가? 대체물이 있다고 가르쳐준 재판관이 배상해야 하는가?

학설이 얼마나 어리석고 주객이 뒤바뀌었는지 말하는 것은 이로써 충분하다. 건전한 정의감에 따르면 비록 그 대상이 시계 한 개에 지나지 않더라도 권리가 공격받고 침해당했다면 인간 그 자체와 인간이 가진 모든 권리, 그리고 인격이 공격받은 것이며 침해당했음을 의미하는데 이 단순한 생각을 학설은 완전히 간과했으며 자신의 권리를 버리고 불법 앞에서 비겁하게 도망치는 일이 법적인 의무라고까지 말한다. 이는 우리에게 얼마나 큰 수치인가! 이러한 견해가 학설에서 당당하게 돌아다니는 시대에 비겁한 정신과 불법을 불법이라 생각하지 않고 받아들이는 정신이 민족의 운명까지도 결정했다는 점이 놀랄 일인가? 시대가 변해버린 것을 경험해온 우리에게는 다행스러운 일이다— 이러한 견해는 현재 거의 불가능하다. 왜냐하면 그러한 견해는 정치적으로나 법적으로 타락한 국민 생활의 늪 속에서만 번성하기 때문이다.

나는 바로 앞에서 소개한 비겁함과 위협받는 권리를 포기하는 것이 의무라 말하는 이론을 통해 반대로 지지해온 견해, 즉 '권리를 위한 투쟁'을 의무로 주장하는 견해가 대립하는 모습을 살펴보았다. 법의 궁극적인 근거를 다룬한 근대 철학자 헤르바르트(Johann Friedrich Herbart)의 견해는 건전한 정의감의 높이에서 보면 아주 낮은 수준에 있다. 그는 법의 궁극적인 근거를 하나의 심미적—다른 말로는 표현할 수 없다—동기, 즉 분쟁에 대한 혐오감 속에서 찾는다. 여기서 이 견해가 전혀 근거 없다는 사실을 증명하는 일은 적절치 않다. 나는 한 친구의 서술(율리우스 글레이저 〈형법·민사소송·형사소송 논문집〉)을 참고해 달라고 부탁하겠다. 법을 평가할 때 심미적 관점이 정당하다고 해도 나는 법에서 아름다움은 법이 투쟁을 배제한다는 점에서 찾는 대신에 오히려 법이 투쟁을 포함한다는 점에서 찾아야만 한다고 생각한다. 투쟁의 윤리적 정당성을 완전히 논외로 한다고 하더라도 투쟁 그 자체가 아름답지 않다고 생각하는 사람은 호메로스의 《일리아스(Ilias)》와 그리스인의 조각 작품에서부터 오늘날에 이르는 모든 문학과 예술을 지워버리는 일이 되어버린다.

왜냐하면 문학과 예술에서는 다양한 모든 형식의 투쟁만큼 강한 매력을 지닌 소재가 없기 때문이다. 인간이 더없이 긴장된 힘으로 임하는 투쟁은 예술과 문학이 함께 찬미해온 아름다움인데 이를 보고 아름답지 않다고 느끼는 사람이 과연 어디에 있겠는가! 예술과 문학에서 무엇보다 고귀한 주제는 늘 인간이 이념을 위해 일어선 모습이었으며 앞으로도 그럴 것이다. 인간은 법, 조국, 신앙, 진리라고 불리는 이념을 위해 일어서야 한다. 이는 언제나 투쟁이다.

한편 미학만이 아니라 윤리학 또한 무엇이 법의 본질에 부합하고 혹은 모순되는지 그 해답을 우리에게 일러준다. 윤리학은 '권리를 위한 투쟁'을 비난하기보다는 오히려 내가 이 책에서 말한 조건이 마련된 곳에서는 개인과 민족에게 이 투쟁은 의무라고 표현했다. 헤르바르트가 법개념에서 제거하려고 한 투쟁 요소는 법의 가장 본질적이며 그 안에 영원토록 존재하는 요소다. 즉 투쟁은 법의 영원한 노동이다. 노동 없이 소유권이 존재할 수 없듯이 투쟁 없이 법은 없다. "이마에 땀을 흘리지 않고서는 빵을 먹을 수 없다"는 원칙이 사실이듯 "당신은 투쟁으로 자신의 권리를 찾아야 한다"는 원칙도 진리다. 권리가 투쟁 준비를 포기하는 순간부터 자기 자신을 포기한 것이다—권리에도 그 유명한 시인(괴테)의 말이 그대로 적용된다.

　　지혜의 마지막 결론은
　　날마다 자유와 생명을 쟁취하는 자만이
　　그것을 누릴 자격이 있다는 것이다.

피히테, 그리고 예링의 생애와 사상

피히테, 그리고 예링의 생애와 사상

관념론자 피히테

철학자 요한 고틀리프 피히테(Johann Gottlieb Fichte)는 1762년 5월 19일 독일 작센지방 람메나우(Rammenau)라는 작은 마을에서 가난한 레이스 제조공 집안의 여덟 남매 중 맏아들로 태어났다. 아주 어린 시절 그는 거위 돌보는 일을 하기도 했다. 그가 평생 존경하였던 아버지 크리스티안 피히테(Christian Fichte)는 성실하고 도덕적으로 매우 엄격했지만 넉넉하지 못한 경제사정으로 말미암아 피히테를 좋은 학교에 보낼 형편이 되지 못했다.

그러나 피히테에게 뜻밖의 기회가 찾아온다. 이따금 일요일 예배에 참석하지 못했던 지방 귀족 한 사람이 어린 피히테에게, 설교를 반복해서 차근차근 자기에게 들려줄 수 없겠는지 부탁하자 그는 기꺼이 응했다. 그 귀족은 보답으로 피히테를 자신의 슬하에 두고 좋은 교육을 받도록 배려해 주었다. 피히테의 자질을 일찍이 알아본 그 지역의 부유한 귀족 밀티츠 남작(Freiherrvon Miltitz)의 도움으로 피히테는 공부를 시작할 수 있게 된 것이다. 그는 마이센(Meißen)에 있는 시립학교를 거쳐 그 무렵 유명했던 포르타(Pforta)귀족학교에 1774년 10월에 입학하게 되고 이곳에서 1780년 가을까지 수준 높은 교육을 받았다.

이어서 그는 1780년 명문인 예나대학교 신학과에 입학, 이듬해인 1781년에 라이프치히대학교로 옮겨 1784년까지 학업을 계속한다. 대학 초 주로 신학만을 공부했던 피히테는 스피노자의 《윤리학》을 접한 뒤 곧 철학에 관심을 갖게되었고 본격적으로 철학공부에 몰두한다. 그러나 자신의 오랜 후원자였던 밀티츠 남작의 죽음으로 인해 피히테는 대학 시절 내내 경제적 어려움을 겪게 되고 가정교사를 하면서 어렵게 생계를 유지한다. 이 무렵에는 경제적인 어려움과 삶의 회의로 말미암아 여러 차례 자살을 기도하기도 했다.

피히테(1762~1814)

피히테는 예나대학교와 라이프치히대학교에서 공부하였다. 그곳에서 그는 독일 낭만주의를 접하게 된다. 그는 칸트의 윤리적 개념에 바탕하여 절대적 관념론 철학을 체계화한다.

1788년 피히테는 스위스로 떠난다. 취리히에서 가정교사 자리가 그에게 주어졌기 때문이다. 이곳에서 피히테는 1790년까지 머문다. 이 시기에 피히테는 클롭스톡(Klopstock)의 조카였던 요한나 마리아 란(Johanna Maria Rahn)을 만나 사랑에 빠지지만 어려운 경제적인 여건 때문에 두 사람의 결혼은 1793년까지 미루어진다.

칸트와의 만남

1790년 피히테는 라이프치히로 다시 돌아온다. 여기서 한 학생에게 칸트철학을 가르치게 되는 계기로 인해 칸트철학을 연구하게 된 피히테는 칸트의 《실천이성비판》과 《판단력비판》을, 그리고 드디어 《순수이성비판》을 읽게 된다. 칸트철학에 대한 연구는 그의 사유에 완전히 새로운 혁명을 일으키게 되고 그 뒤로 피히테의 사유 발전에 결정적인 영향을 미치게 된다.

이처럼 칸트철학을 접하게 된 일이 자기 삶의 결정적인 순간이었음을 피히테는 자신의 편지글 속에서 잘 표현하고 있다. 가장 오래된 학창시절 친구였던 바이스훈(Friedrich August Weißhuhn)에게 보낸 1790년 가을 무렵의 한 편지에서 피히테는 다음과 같이 말한다.

"《실천이성비판》을 읽고 난 이후 나는 새로운 세계에 살게 되었다네. 절대 변경할 수 없는 절대적인 것이라고 믿어 왔던 명제들이 나에게서 완전히 뒤집어졌다네. 결코 증명될 수 없을 것이라고 믿었던 것들, 즉 절대적인 자유의 개념이나 의무의 개념과 같은 것들이 내게 증명되었고, 이로 말미암아 나는 더욱더 기뻤다네. 인간성에 대해 어떠한 주목을 하게 하는지 그리고 이 체계가 우리에게 어떠한 힘을 제공해 주는지는 상상할 수 없을 정도라네. 그러나 나와 마찬가지로 이미 이 체계를 발견했을 자네에게 이렇게 말하고 싶군. 도덕이 그 근본에서부터 무너지고 의무라는 개념이 모든 사전에서 사라져버린 시대에 이것은 얼마나 축복인가."

1791년 초 피히테는 바르샤우(Warschau)로 간다. 가정교사 자리를 얻기 위해서였다. 그러나 그 자리를 얻는 데 실패한 그는 곧바로 쾨니히스베르크로 칸트를 찾아간다. 학자금 도움을 기대했던 피히테는 그해 짧은 기간(7월 13일부터 8월 18일까지)에 완성한 논문, 〈모든 계시에 대한 비판 시도 *Versuch einer Kritik aller Offenbarung*〉를 칸트에게 제출한다. 학자금을 얻는 데는 실패했지만 칸트의 호의로 피히테는 단치히에서 가정교사 자리와 자신의 첫 번째 작품을 출판해 줄 출판사를 소개받게 된다.

그 이듬해인 1792년 쾨니히스베르크의 이 출판사는 이 책의 지은이를 익명으로 출판한다. 그러자 그즈음 오랫동안 칸트의 종교철학에 대한 저술을 기다려왔던 독자들은 이 책이 칸트의 네 번째 비판서인 것으로 오해하고 갈채를 보냈다. 피히테가 이것을 의도했는지에 대해서는 의견이 다양하다. 그러나 칸트가 이러한 오해를 바로잡고 이 책의 원 저자의 이름을 밝힘으로써 피히테는 갑자기 유명해지게 된다.

1793년 6월 다시 취리히로 돌아온 피히테는 페스탈로치와의 적극적인 교제를 통해 자신의 교육관에 많은 영향을 받게 된다. 이곳에서 피히테는 자신을 괴롭혔던 프로이센의 검열방식에 대한 비판이 담긴 '소논문'(Flugschrift)을 작성하기도 했는데 여기서 그는 양도할 수 없는 권리로서 사상의 자유를 요구했다. 그해 10월 피히테는 드디어 그동안 미루었던 요한나 마리아 란과 결혼식을 올린다.

결혼 후 피히테는 본격적으로 철학 작업에 몰두한다. 이때 피히테는 〈알게 마이네리터라투어−차이퉁〉에 몇 편의 글을 싣는데 그중 하나가 아에네시데무스(Aenesidemus)의 책에 대한 서평이었다. 아에네시데무스는 독일 철학자 에른스트 슐체(Gottlob Ernst Schulze)가 자신의 글을 발표하면서 사용한 가명이었다. 슐체는 《라인홀드 교수에 의해 예나에 전해진 기초철학의 근본에 관하여. 덧붙여 이성비판의 월권에 반대하는 회의주의를 변호함》이라는 글에서 그 무렵 칸트철학 계승자로 자처했던 라인홀드(Reinhold)와 칸트의 철학 체계를 비판했고 피히테는 이 글에 대한 서평에서 슐체와의 논쟁으로 새로운 비판철학의 가능성을 모색한다. 아에네시데무스와의 논쟁을 통해 피히테는 칸트의 비판철학을 새롭게 바로잡고 하나의 유일한 원칙으로부터 전개된 보편적인 학문으로서의 철학을 서술해야겠다는 동기를 갖게 된다.

이처럼 아에네시데무스에 관한 연구를 통해 새롭게 깨닫게 된 사실에 대해 피히테는 1793년 끝 무렵 튀빙겐 신학교 교수였던 플라트(Johann Friedrich Flatt)에게 보낸 편지에서 다음과 같이 말한다. "우리 시대의 주목할 만한 작품 중 하나인 아에네시데무스의 글을 통해 나는 이전에 이미 예감했던 사실에 대해 분명한 확신을 갖게 되었습니다. 그것은 칸트와 라인홀드의 작업에 의해서는 철학이 아직 학문의 상태에 이르지 못했다는 것입니다." 또한 피히테는 이 편지에서 아직 철학이 참된 학문이 되지 못한 이유에 대해서도 이야기한다. "하나의 유일한 원칙으로부터 전개됨을 통해서만 철학은 학문이 될 수 있습니다. (…) 그리고 이러한 원칙이 있습니다. 그러나 이 원칙은 그 자체로 아직은 제시되지 않았습니다."

1793년 12월, 친구 하인리히 스테파니(Heirich Stephani)에게 보낸 편지에는 아에네시데무스로 인해 피히테가 새로운 철학적 시도를 계획하게 되었음이 잘 드러난다. "아에네시데무스를 읽어본 적이 있는가? 그는 나를 매우 오랫동안 혼란에 빠뜨렸다네. 라인홀드에 대한 생각을 무너뜨려 버렸고 칸트를 의심하게 만들었으며 나의 전 체계를 뿌리부터 흔들어버렸지. 자유롭게 사는 것은 이제 불가능해졌다네. 그 어떤 것도 도움이 되지 않는다네. 이제 다시 어딘가에 새롭게 정착해야만 하네. 그로부터 거의 6주가 지난 지금 나는 이제 충실히 그렇게 행하려 하네. 내가 얻은 이 수확을 나와 함께 기뻐해 주길 바라네. 나는 이제 전체 철학이 거기로부터 쉽게 발전될 수 있는 새로운 토대를 발견했네. 칸트는 정말 진정한 철학자이네. 그러나 단지 그 결과에서 볼 때 그러한 것이지 그 근본부터 그런 것은 아니라네. 이 훌륭한 사상가가 나를 놀라게 하는 까닭은 그가 진리의 근거를 제시하지 않고도 진리를 보여준 창조성을 소유하고 있었기 때문이지. 간단히 말해 나는 이제 우리가 몇 년 안으로 기하학과 같은 명증함을 가진 철학을 소유하게 될 것이라고 믿네."

또한 1794년 초 피히테는 드레스덴의 궁정설교자 라인하르트(Franz Volkmar Reinhard)에게 보낸 편지에서 아에네시데무스가 자신의 생각을 어떻게 바꾸어 놓았는지에 대해서 또렷하게 설명한다. "철학은 그 자신 현 상태에서는 아직

경험적 관찰 대 과학적 법칙
피히테는 칸트에게서, 과학적 법칙들은 경험적 관찰들로부터 연역될 수 없다는 것을 배웠다. 그러나 뉴턴 물리학을 영원한 진리라고 믿었던 피히테는 경험적 관찰들이 과학적 법칙들에게 연역될 수 있다고 생각했다.

학(學)이 아니라고 하는 생각을 아에네시데무스는 내게서 사라지게 했습니다. 그 대신 다른 생각, 즉 철학은 실재로 학이 될 수 있고 곧 될 것이라는 생각을 더욱 강하게 만들어주었지요. (…) 철학을 보편적인 학으로 근거 지우는 일이 가능해야만 하든지 그렇지 않든지 둘 중 하나입니다. 만일 그것이 가능하지 않다면 이 불가능성이 뚜렷이 설명돼야 합니다. (…) 그러나 만일 그것이 가능하다면 그것이 실재로 되어야 합니다. (…) 그러나 철학은 기하학이나 수학과는 달리 자신의 개념들을 직관 중에서 구성할 수 없지 않은가요? —그렇습니다. 만일 철학이 그렇게 할 수 있다면 정말 심각한 일일 것입니다. 만일 그렇다면 우리는 철학이 아닌 수학을 소유하게 되는 것이기 때문입니다.— 그러나 철학은 자신의 개념들을 누구나 인정해야 하는 하나의 유일한 원칙으로부터 사유를 통해 연역할 수 있고 또 해야만 합니다."

이처럼 체계적인 학문으로서의 철학을 바로 세우기 위한 계획에 몰두하던 1794년 초에 피히테는 예나대학에서 초빙을 받게 된다. 그 무렵 예나대학 교수였던 라인홀드가 킬(Kiel)로 옮겨가게 되면서 생겨난 자리였다. 자기 자신의 생각을 분명히 하기 위해 피히테는 일 년 동안의 유예 기간을 요구하기도 했지만 실제로 그는 바로 예나대학의 초빙을 받아들여 1794년 여름 학기부터 공식적인 강의를 시작한다.

예나대학교와 베를린 나날

피히테 사상은 윤리를 강조한 예나대학교 시기(1794~98)와 신비적·신학적 존재론이 나타나는 베를린 시기(1799~1806)로 크게 나눌 수 있는데, 이 두 시기에는 철학적 기본 견해에도 차이를 보인다. 그는 종교적 신념이 도덕적 이성을 능가한다는 견해를 받아들이면서 이제까지의 견해를 바꾸었다. 이것은 그즈음 사상이 낭만주의로 발전하는 일반 추세에도 영향을 받은 것으로 보인다.

1794년, 여름 학기를 시작하기 바로 전인 4월 끝 무렵 피히테는 체계적 학문으로서 철학의 기초에 관한 하나의 수고(Manuskript)를 이미 완성했는데 그는 이것을 예나의 학생들과 학자들을 위해 독일어로 쓴 일종의 강의에 관한 안내와 초대 글로 생각하여 《지식학 즉 소위 제일철학의 개념에 관하여. 이 학문에 관한 강의를 위한 초대의 글 *Über den Begriff der Wissenschaftslehre oder der sogenannten Philosophie, als Einladungsschrift zu seinen Vor- lesung über diese Wissenschaft*》이라는 제목으로 출판한다. 그리고 이 소책자는 1798년 '이 학문에 관한 강의를 위한 초대의 글'이라는 부제가 빠진 채 가블러(Christian Ernst Gabler)에 의해 2판이 출판된다. 피히테는 이 1794년 여름 학기에 학자들의 학문적인 노력의 의미와 정당성에 대해 한 시간씩 공식적인 강의를 했다. 그리고 이 기간 동안 그가 했던 처음 다섯 번의 강의는 같은 해 가블러에 의해 《학자들을 규정함에 관한 몇 강의들》이라는 제목으로 출판된다. 전체 지식학의 기초에 대한 그의 사적인 강의들 또한 그해 곧바로 출판된다. 그 강의가 진행되는 동안 수강자들에게 그때그때 제공되었던 수고(手稿)들을 《수강자를 위한 수고(手稿)로서의 전체 지식학의 기초》라는 제목으로 출판한 것이다.

피히테의 강의는 매우 뛰어났고 크게 호평받았다. 이는 그가 처음으로 이룬 큰 성공이었으나, 그의 까다로운 성격 때문에 주변 사람들로부터 가끔 소외되었다. 피히테는 엄격하고 완고한 교수였고 대하기 어려운 동료였다. 때문에 그 후 두 학기 동안 피히테는 대학 평의회뿐 아니라 학생조합과도 갈등을 빚어 소란스러운 시간을 보내게 되는데 그 결과 1795년 여름 학기에는 강의를 중단해야 하는 지경에 이르기도 한다. 그러나 다행히 다음 학기에 다시 강의를 계속하게 된 피히테는 그로부터 이른바 '무신론 논쟁'이 터질 때까지인 3년 동안 성공적인 강의를 하며 무사히 보내게 된다.

이 기간 동안 피히테는 《지식학의 제1론》(1797), 《이미 철학적 체계를 소유한 독자들을 위한 지식학의 제2서론》이라는 지식학에 관한 두 개의 서론뿐 아니라 지식학의 체계에 근거한 법철학과 도덕철학에 대해서도 저서를 내놓았다. 《지식학의 원칙에 따른 자연법의 기초》(1796)와 《지식학의 원칙에 따른 도덕이론의 체계》(1798)가 바로 그것이다.

이처럼 예나대학에서의 생활에 만족하며 평화롭게 지내던 피히테에게 새로운 변화를 불러온 사건은 앞서 말한 '무신론 논쟁'이다. 끝내 피히테가 예나대학을 떠나는 계기가 된 이 사건의 발단은 다음과 같다. 1798년 피히테의 친구이자 젊은 철학자 포베르크(Forberg)가 〈필로조피쉐 저널〉이라는 잡지에 〈종교개념의 발전〉이라는 논문을 기고하게 된다. 1797년 이래로 이 잡지의 편집자였던 피히테는 이 논문 내용이 불만족스러웠지만 게재를 허락한다. 대신에 그는 이 논문의 과격한 내용을 완화하고 오해를 방지하기 위해 〈신의 세계지배에 대한 우리들 신앙 근거에 관하여 *Über den Grund unseres Glaubens an eine göttliche Weltregierung*〉라는 짧은 서문을 썼는데, 그는 이 논문에서 신은 세계의 도덕적 질서이고 모든 인간 존재의 기초인 영원한 정의 법칙이라고 규정했다.

그러나 무신론이라는 비난이 쏟아지자 프로이센을 제외한 독일의 모든 주가 추종하는 작센 정부는 이 잡지의 출판을 금지했고 피히테와 포베르크의 처벌을 바이마르 정부에 요구한다. 이에 바이마르 정부는 피히테에게 편집자로서 경솔함의 책임을 물어 대학 평의회를 통해 적어도 형식적인 질책을 전달할 것을 결정한다. 그러나 이와 같은 질책이 자신에게 가해진 사실을 안 피히테는 강력한 어조를 담은 두 개의 변론서를 작성한다. 또한 그는 1799년 3월 22일 정부의 추밀 고문관이었던 포익트(Voigt)에게 편지를 보내 그가 대학 평의회로부터 받은 질책으로 말미암아 결국 사퇴 압력을 받았음을 설명했다.

그러나 피히테의 이러한 글들은 그가 법률적인 청원을 통해 문제를 해결하려고 한 것으로 오해받아 바이마르 정부를 더욱 화나게 만들었다. 이로 말미암아 피히테는 단순히 편집자로서의 부주의에 대한 질책을 받은 것에 그치지 않고 결국 해임된다.

이 일로 예나를 떠나게 된 피히테는 베를린으로 이주한다. 이는 그 무렵 프로이센의 왕이었던 프리드리히 빌헬름 3세가 바이마르 정부와는 달리 피히테에게 호의적인 태도를 보여 주었고 그에게 관용을 약속했기 때문이었다.

예나대학 교수시절에 피히테는 이 밖에도 《학자의 사명에 관한 몇 가지 강의》(1794) 《지식학의 원리에 따른 자연법 기초》(1796) 《지식학의 원리에 따른 인륜이론 체계》(1798) 등 몇 가지 중요한 저작을 발표했다.

예나대학교를 떠난 피히테는 1799~1806년에 베를린에서 지내며 자유기고가로 생계를 꾸려갔다. 이 시절에 그는 슐레겔 형제를 비롯해 프리드리히 슐라이어마허 등 독일 낭만주의 지도자들과 사귀었고, 사상적으로는 신비적·종교적 색채를 더해 갔다.

활발한 저술활동

베를린에서 머문 첫해 동안 피히테는 엄청난 저술활동을 한다. 이때 저술된 책들로는 《인간의 사명》(1800)과 그의 유토피아적 국가관에 관한 저서인 《완성된 상업국가》(1800)가 있다. 이 밖에도 피히테는 '지식학'에 관한 그동안의 해설들에서부터 생겨난 오해들을 없애기 위해 《가장 새로운 철학의 진정한 본질에 관해 위대한 독자들에게 보내는 명백한 보고. 독자들에게 이해를 촉구하려는 한 시도》(1800년)를 출판한다. 또한 1801년 이후부터는 베를린의 유력한 지식인들 모임을 상대로 피히테는 자신의 지식학에 관한 사적인 강의를 하는데 이들 중에는 그 무렵 오스트리아 외교사절로 베를린에 머물고 있었던 메테르니히(Metternich)도 포함되어 있었다.

그러나 다른 한편으로 피히테는 이 시기에 동시대 철학자들과의 관계에서 어려움을 겪는다. 이와 관련하여 먼저 주목할 만한 사건은 1794년 처음 알게 된 이후 줄곧 이어져 왔던 셸링(Schelling)과의 오랜 철학적 친분이 끝나고 말았다는 것이다. 초창기에 피히테는 셸링을 아주 높게 평가하여 셸링의 첫 작품이었던 《철학일반의 형식의 가능성에 관하여》(1795)를 줄곧 자신의 지식학에 대한 해설서로 추천했었다. 그러나 베를린에 머물던 시기에 와서 그는 셸링의 일련의 작품 들, 즉 《자연철학의 체계에 관한 첫 번째 구상》(1797) 뿐 아니라 《사변적 물리학의 개념과 학문체계의 내적 조직에 관하여》(1799), 《초월적 관념론의 체계》(1800)등을 공상(Schwärmerei)의 산물로 간주함으로 셸링 철학을 비판하게 되는데 이로 말미암아 셸링과의 관계는 단절된다. 이로써 피히테와 셸링은 서로 다른 관점에서 논쟁하게 되었지만 헤겔이 그의 저서 《피히테와 셸링 철학체계의 차이》(1801)에서 셸링의 편을 들어줌으로써 피히테를 더욱 곤란하게 만들었다. 이러한 둘 사이의 논쟁은 결국 피히테가 《지식학의 개념과 그것의 지금까지의 운명에 관한 보고》(1806)에서 그리고 셸링이 《자연철학과 개선된 피히테 이론과의 참된 관계와 자연철학 해설서에 관한 설명》(1806)에서 저마다 상대 이론을 평가하고 자기이론의 입장을 밝힘으로써 끝을 맺게 된다.

1805년 피히테는 그 무렵 프로이센에 속해 있던 에어랑엔(Erlangen)대학의 교수로 가기도 했지만 그곳에서 그는 그해 여름 학기 동안만 머물고 다시 베를린으로 돌아온다. 이듬해인 1806년에 피히테는 그동안 베를린과 에어랑엔에서 행한 자신의 강의록을 모아 다음의 세 권의 책으로 출판한다. 《현시대의 특징들 (…) 1804–1805년 베를린에서 행해진 강의 중에서》(1806), 《영적인 삶을 위한 지침들 혹은 종교론 (…) 1806년 베를린에서 행해진 강의 중에서》(1806), 《학자의 본질과 자유의 영역에서의 그의 모습들에 관하여. 1805년 여름학기 에어랑엔에서 행해진 공식적 강의 중에서》(1806).

그러나 그 사이 프랑스와의 전쟁이 일어나고 프랑스군이 베를린을 점령하자 베를린에서 피히테의 강의 활동은 1806년 여름 학기로 끝을 맺는다. 대신에 피히테는 자신이 1806년 겨울 학기 강의를 새롭게 맡게 된 쾨니히스베르크대학으로 떠난다. 그러나 쾨니히스베르크도 프랑스 군대에 의해 점령되자 피히테는 덴마크 코펜하겐으로 도피하고 그곳에서 그는 독일 국민을 향한 그의 유명한 글을 준비하게 된다. 이미 프랑스군에 의해 점령된 베를린에서 개인적인 위험에도 불구하고 라이프니츠에 의해 창설되었던 학술원에서 그가 1807년 겨울학기동안 행한 이 강의는 다음해 《독일 국민에게 고함》(1808)이라는 제목으로 출판된다. 이 글에서 피히테는 독일 민족에게 완전히 새롭게 변화된 교육으로만 성취될 수 있는 '도덕적 개혁'을 촉구한다. 그리고 이러한 '도덕적 개혁'을 새롭게 시작하고 실현해 나가기 위해 그는 완전히 새로운 교육의 시발점이 될 베를린대학 설립을 추진한다. 이렇게 하여 1810년 가을 베를린에 새로운 대학이 세워졌고 피히테는 교수진으로 초빙된다. 또한 그는 초대 총장으로 선출되지만 학내 불화로 인해 총장직을 1811년 겨울 학기에 그만둔다. 그러나 이곳 베를린 대학에서 피히테는 지식학과 관련하여 많은 강의들을 하며 자신의 사상을 꽃피웠다.

《독일 국민에게 고함》 애국심에 호소

앞서 살펴보았듯 1806년 나폴레옹전쟁에서 프랑스가 독일(프로이센)을 꺾고 승리하자 피히테는 베를린에서 쾨니히스베르크로, 다시 코펜하겐으로 가게 된다. 이듬해 8월 그는 베를린으로 다시 돌아왔고, 이때부터 출판된 피히테의 저작들은 실천적 성격을 지니게 된다. 이러한 마지막 사상의 모습은 그의《유작》《전집》등에 잘 드러난다. 1807년 그는 이미 제안되었던 베를린대학교 창설계획을 작성한다.

1807~08년 피히테는 조국이 위기에 처하자, 베를린에서《독일 국민에게 고함》이라는 우국적 강연을 결행하여 교육재건을 부르짖고 독일 국민의 애국심에 호소했다. 이 연설은 국권 회복과 영광을 위한 유일하고 올바른 길에 대한 실천적 견해들로 가득 차 있다. 그는 1810~12년 베를린대학교 초대 총장 자리에 올랐다. 1813년 국가 독립을 위하여 독일이 고투하는 동안《참된 전쟁 개념에 관하여 Über den Begriff des wahrhaften Krieges》를 강의했다.

1814년 1월 27일 쉰두 살의 나이로, 피히테는 독일 베를린에서 종군 간호사로 활약하던 자신의 부인이 옮긴 발진티푸스를 앓다가 죽었다.

피히테는 독일 관념론의 대표자로서, 실천적·주관적 관념론을 펼쳤다. 그의 사상은 칸트를 이어받아 셸링과 헤겔에게 이어져 철학사에 찬란히 빛나고 있다. 그의 대표적 저작으로는《모든 계시에 대한 비판 시도》(1792)《독일 국민에게 고함》(1807~1808)과 논문〈신의 세계지배에 대한 우리들 신앙 근거에 관하여〉(1798)가 손꼽힌다.

《모든 계시에 대한 비판 시도》에 대하여

피히테의 생애 초기에는 칸트의 사상이 중요한 영향을 끼쳤다. 인간의 선천적인 도덕 가치에 관한 칸트 학설은 피히테의 성격과 딱 들어맞았다. 그는 참된 철학을 완성하는 데 헌신하기로 결심했으며, 이 참된 철학의 원리는 선천적 격률이어야 한다고 보았다.

피히테가 칸트에게 논문〈모든 계시에 대한 비판 시도〉를 제출했을 때 칸트는 그에게 좋은 인상을 받고 출판업자를 구하는 일을 도왔다. 1792년 초판에

독일 국민에게 연설하는 피히테

피히테는 1808년 베를린에서 행한 연설인 '독일 국민에게 고함'을 통해 유명해졌다. 그 연설은 나폴레옹 군대에게 패배한 원인인 독일의 분열을 지적하고 국운의 회복과 영광의 재현을 위한 실천적인 관점을 제시하는 것이었다. 피히테는 독일 민족주의의 기틀을 다진 선구자로 기억된다.

서 피히테의 이름과 서문을 우연히 빠뜨렸는데, 이 책이 나오자마자 독자들은 칸트의 글이라고 여겼다. 다시 칸트가 이 글을 추천하면서 잘못을 바로잡아 피히테의 이름으로 알려졌다.

《모든 계시에 대한 비판 시도》에서 피히테는 계시종교가 가능한 조건들을 설명하려고 애썼다. 그의 설명은 도덕법칙의 절대적 필수조건에 초점을 맞췄다. 종교 자체는 이 도덕법칙을 신성한 것으로 믿는다. 그리고 이 믿음은 실천적 요청이며, 도덕법칙에 힘을 부여하기 위해 필요하다. 이 도덕성의 신성한 성격은 낮은 차원의 충동을 바탕으로 법칙에 대한 경외심을 극복한 사람들만이 볼 수 있다. 이러한 경우라면 계시는 도덕법칙에 위력을 더하기 위해 주어지는 것이라고 생각할 수 있다. 따라서 종교는 궁극적으로 실천이성에 의존하며, 인간이 도덕법칙 아래 있는 한 인간의 욕구를 채워 준다. 이러한 결론에서 분명히 드러나듯이 피히테는 실천적 요인을 부각시켰으며, 자아의 도덕적 요구를 실재에 대한 모든 판단의 근거로 삼으려는 경향이 있었다.

《프랑스혁명에 관한 대중 판단을 교정하기 위하여》

그는 1793년 익명으로 《프랑스혁명에 관한 대중 판단을 교정하기 위하여 *Beitrag zur Berichtigung der Urteile des Publikums über die französische Revolution*》라는 정치저작을 출판하여 주목받는다. 이 책의 의도는 프랑스혁명의 참된 성격을 설명하고, 자유권이 지성적 행위자로서 인간의 존재 자체와 얼마나 깊이 얽혀 있는지를 논증하며, 국가의 본질적인 진보 경향과 개혁이나 개정의 필연적 결과를 지적하는 데 있었다. 이 저작에서도 《모든 계시에 대한 비판 시도》처럼 인간의 합리적 본성과 그 실현을 위해 필요한 조건들이 정치철학을 위한 표준이 되었다.

예나대학교 시절 저작들

피히테가 1793년 예나대학교 철학교수로 임명된 후 아주 중요한 철학적 저작들이 발표된다. 이 시기에 출판된 저작으로는 수준 높은 지적 문화의 중요성과 이러한 문화가 부과한 의무들에 관한 강의록인 《학자의 사명에 관한 몇 가지 강의》(1794), 피히테가 평생 동안 끊임없이 수정하고 다듬은 지식학에 관한 여러 저작들, 예컨대 《지식학의 원리에 따른 자연법 기초》(1796)와 의무 개념에 기초한 그의 도덕철학이 가장 잘 표현된 《지식학의 원리에 따른 인륜이론 체계 Das System der Sittenlehre nach den Principien der Wissenschaftslehre》(1798) 등이 있다.

1794년 《학자의 사명에 관한 몇 가지 강의 Einige Vorlesungen über die Bestimmung des Gelehrten》는 피히테가 만들어낸 가장 독창적이고 특징 있는 저작이다. 이 체계는 칸트의 비판철학, 특히 《실천이성비판》(1788)에서 자극받았다. 이 저작은 칸트의 비판철학보다 더 체계적이었지만, 지식학과 윤리학이 긴밀하게 통일된 완벽한 학설을 목표로 삼았으므로, 처음부터 칸트의 비판철학보다 덜 비판적이었다. 피히테의 야심은 칸트가 암시만 하는 데 그친 실천(도덕)이성이 참으로 온전한 이성의 뿌리이고, 인류 전체뿐만 아니라 모든 지식의 절대적 근거임을 입증하는 일이었다. 이 점을 증명하기 위해 피히테는 최고 원리, 곧 독립적·절대적이라고 가정된 자아에서 출발하여 모든 다른 지식을 연역했다. 그는 이 최고 원리가 자명하다고 주장하지 않고 순수 사고에 의해 요청되어야 한다고 내세웠다. 이런 점에서 그는 순수 실천이성이 신의 존재를 요청한다는 칸트 학설을 따랐지만, 칸트의 합리적 신앙을 자신의 과학론과 윤리학을 뒷받침하는 사변적 지식으로 바꾸려 하였다.

베를린 시절 저작들

베를린 시절 피히테는 일반 독자들을 위해 《인간의 사명 *Die Bestimmung des Menschen*》(1800)이라는 짧고 명료하며 매력적인 책을 쓴다. 이 책에서 그는 신을 개인들 안에서 자신을 의식하게 되는 세계의 끝없는 도덕 의지로 정의한다. 이 책은 오늘날에도 그의 사상에 가장 효과적으로 입문할 수 있는 지침서가 되고 있다.

이 밖에도 이 때의 저작으로는 아래와 같은 것들이 있다. 《완성된 상업국가 *Der geschlossene Handelsstaat*》(1800)는 보호관세 무역제도를 찬성하는 매우 사회주의적인 논문이다. 1801년과 1804년에 각각 썼으나 유작으로 출판된 《지식학》에 관한 두 신판은 학설의 성격이 크게 변했음을 보여 준다. 《현대인의 특징》(1806)은 1804~1805년의 강의록으로 계몽주의를 분석하면서 일반적 인간 의식의 역사적 전개 과정에서 계몽주의의 지위를 규정할 뿐만 아니라, 그 결함도 지적하고 이성적 삶의 최고 양상으로서 신적인 세계 질서에 대한 신앙을 기대하고 있다. 《복된 삶을 위한 지침 또는 종교이론 *Die Anweisung zum seligen Leben oder auch die Religionslehre*》(1806)에서는 〈요한복음〉을 생각나게 하는 매우 종교적인 양식으로, 유한한 자기의식과 무한한 자아 또는 신의 결합을 다루고 있다. 신에 대한 지식과 사랑이 삶의 목적이라고 선언한다. 신은 모든 것이다. 독립적인 대상들의 세계는 반성 또는 자기의식의 결과이다. 이 반성 때문에 무한한 통일이 해체된다. 이와 같이 신은 주체와 객체의 구별을 넘어선다. 인간의 지식은 무한한 본질의 반영 또는 영상에 지나지 않는다.

《독일 국민에게 고함》에 대하여

《독일 국민에게 고함 *Reden an die deutsche Nation*》은 1806년 나폴레옹전쟁에서 패한 독일(프로이센)이 위기에 처하자, 피히테가 프랑스군의 점령하인 베를린에서 감행한 강연 내용을 모아 엮은 책이다. 이 강연은 1807년 12월 13일부터 이듬해 4월 20일까지 매주 일요일 오후마다 총 14회에 걸쳐 베를린학술원 강당에서 있었다. 피히테가 강연하는 강당 주위에는 프랑스 순찰병들이 삼엄한 감시를 하고 있었다.

《독일 국민에게 고함》의 구성을 보면 제1강은 서론, 제2~11강은 독일 국민교육론, 제12~13강은 독일 국민교육을 담당해야 할 독일 국민에 대한 계몽,

제14강은 결론이다.

피히테는 이 강연을 통해서 독일을 패망에 이르게 한 근본 원인을 국민들의 이기심에서 찾고, 이것을 새로운 국민교육으로 깨뜨려야 한다고 역설한다. 이 새 국민교육을 통해 독일 국민이 민족에 대한 참된 공동체 의식으로써 깨어날 때, 독일 국민은 나라를 되찾고 세계사에서 뛰어난 민족으로서 거듭날 수 있다고 강조한다.

이처럼 그는 나라의 앞날을 걱정하는 대강연을 통해서 프랑스문화에 대한 독일문화의 우수성을 설명하고, 이것을 국민 전체에게 알려 국민정신을 함양하는 것만이 독일재건의 길이라고 내세운다. 그의 주장에 들어 있는 민주주의적·공화주의적 요소 때문에 이 강연 내용은 오랫동안 재판(再版)이 금지되었다. 하지만 예나전투에서 패한 뒤 틸지트(지금의 소베츠크)에서 맺은 굴욕적인 강화조약으로 나폴레옹의 지배 아래 놓였던 그 무렵 프로이센과 독일의 상황에서는, 오히려 국민정신을 북돋워 반격을 준비하는 데 정신적으로 커다란 힘이 되었다.

결국 《독일 국민에게 고함》은 피히테의 용기와 신념, 양심과 조국애의 결실이라 할 수 있다. 더욱이 그는 조국이 위기를 맞았을 때 지식인이 마땅히 해야 할 일이 무엇인가를 몸소 실천한 인물이다.

존재하는 것 행동하는 것

피히테는 흄을 계승한 칸트에게서, 세계에 대한 우리의 과학적 지식은 관찰과 논리의 결합을 통해서는 설명될 수 없다는 사상을 배웠다. 이는 어떠한 관찰로도 과학적 법칙이 논리적으로 추론되지는 않는다는 뜻이다. 그래도 피히테의 마음을 흔들어 놓은 것은 연역적인 논리관계이다. 비록 과학적 법칙들이 경험적 관찰을 통해서는 추론될 수 없다고 해도, 경험적 관찰은 과학적 법칙에서 추론될 수 있는 것이다. 뉴턴 이후 모두가 그랬듯이 피히테는, 고전물리학 법칙들이 완전히 객관적이고 영원한 진리라고 믿었다. 곧 기존의 과학적 법칙들, 곧 경험세계에서 일어나는 특정한 사건들은 틀림없이 이러저러하게 될 것이고 한결같이 그러하리라는 절대적인 논리적 필연성을 따른다는 것이다. 이러한 출발점에서 피히테는 우주가 신의 창조물이라는 견해를 발전시켰다. 곧 우리는 우리 자신 안에 우주 질서를 바라보는 개념을 가지고 있으며, 논리적인 필연성에 따라 우주는 나라는 존재에서 비롯된 것이라는 견해이다.

피히테의 이러한 가르침은 다른 두 가지 중요한 이론을 통해 유지되었다. 그는 자아를 인식 대상으로 삼는 것이 불가능하다는 흄의 논증을 받아들였다. 하지만 그는 우리 능력 안에서 주체들을 아는 것으로서가 아니라, 도덕적 수행자로서 우리 자신의 현존에 대한 직접적 경험을 가진다고 주장했다. 우리는 자신이 선택하고 결정하는 대로 행동한다. 따라서 우리는 자기 존재를 경험적 세계의 대상이 아니라 도덕적 행위자로서 직접 경험한다. 그리고 행동에 따른 도덕적 책임을 스스로 깨닫고 있으므로 우리는 우리의 자아를 계속 고집하려는 것을 안다.

도덕성은 궁극적 실재

피히테는 모든 실재의 일차적이고 근본적 본성은 도덕적 특성으로 이루어진다고 믿었다. 그의 주장에 따르면 인간존재의 일차적이고 근본적 본성은 의식적으로 경험을 받아들인다는 것에 있지 않다. 따라서 인간은 '인식적 존재들'이 아니다. 곧 인간본성은 의식적 행위자라는 사실에 있다. 그러므로 인간은 '도덕적 존재들'이다. 우리 인간의 현존을 구성하는 기본 요소는 인식능력을 갖춘 정신이 아니라 도덕적 의지이다.

그러나 도덕적 행위자로서 존재하는 나에게, 나는 행위할 수 있고 선택할 수 있기를 요구한다. 그리고 이것이 가능하기 위해서는 내가 아닌 또 다른 실재 영역이 있어야 한다. 이 실재 영역은 어떤 뜻에서는 그 자체로 나와 대립한다. 그렇지만 그 안에서 나는 활동적이고, 그 위에서 나는 나 자신을 느낄 수 있다. 이것이 경험적 세계이다. 그리고 실재 본성이 도덕적이라는 사실은, 경험적 세계가 도덕적 요소로 창조될 수 있게 하며, 실로 궁극적으로 그밖의 어떤 것이 되도록 하지 않는다. 따라서 의지 그 자체인 자아는, 본질적으로 도덕적 존재에 대한 도덕적 자기만족을 위해 그 자아에 대한 인식을 가능하게 하는 영역인 경험적 세계를 창조한다.

이러한 철학은 늘 특정한 사람들에게는 종교와 비슷한 매력을 제공해 왔다. 어떤 사람은 이를 신에 대한 믿음과 결부시켰고, 또 다른 사람들은 이러한 철학에서 신을 믿지 않는 철저한 도덕적 관념론자의 존재방식을 발견하곤 했다. 이러한 주장들을 통해 피히테는 과학적 지식을 인간 역할에 관한 자유로운 창조로 설명한 최초 철학자이다. 그리고 과학 본성에 대한 이러한 견해는 21세기에 이르러 많은 지지를 받게 된다.

《인간의 사명》에 대하여

《인간의 사명》은 피히테가 종교에 대한 자신의 주장을 간단하게 서술하여 포괄적으로 전개한 것으로 모두 3장으로 이루어진다. 초판은 1800년 베를린에서 출판되었으며 그의 아들에 의해 편집된 11권의 전집 중 2권에 수록되어 있다. 《인간의 사명》은 1장 시작 부분에서 나는 무엇인가, 그리고 나의 사명은 무엇인가 하는 물음을 제기한다. 이 물음에 대한 대답이 이 책의 목적이다. 이 답은 경험과 외부로부터 주입된 지식들에 의해 규정되는 자신을 거부하고 내가 나 자신이 무엇인지를 탐구하는 과정에서 얻어질 수 있다. 때문에 먼저 나 자신이 근거하는 자연을 살핀다. 자연은 근원적 힘의 필연적 법칙에 의해 지배받는 자립적 대상들의 전체이다.

제1편 〈회의〉에서는 인간의 사명을 인간의 본질을 밝히는 데서 파악하고 있다. 그리하여 먼저 외적이고 직접적인 경험으로써 인간의 본질을 설명하기 시작한다. 인간은 여러 가지 외부적 사물인 세계의 일부로서 표상된다. 따라서 여러 사물의 본성을 통찰함으로써 인간의 본질을 밝힐 수 있다. 이리하여 첫째로 인간의 본질을 자연 개념에서 설명하는 실재론의 세계가 서술된다. 실재론에 따르면 여러 사물은 저마다 그 선행 원인에 따라 한정된다. 원인은 힘으로 간주되고, 그리하여 자연은 온갖 힘의 법칙이 지배하는 세계가 된다. 인간 또한 자연의 힘의 표시에 지나지 않는다. 인간의 의지가 양심, 그리고 도덕적인 행위도 이런 관점에서 설명된다.

그러나 이런 주장에 반대하여 우리는 단순한 자연의 산물이기를 원치 않으며, 독립된 자유로운 존재자이기를 바란다. 우리는 자유롭게 목적을 내세우고, 자유롭게 의지함으로써 신체와 세계를 움직이고 형성하는 주체이고자 한다. 그러나 이러한 소망도 하나의 큰 착각일지도 모른다. 자유 체계는 내 마음을 채워주고, 자연 체계는 내 오성을 만족시킨다. 나는 어느 쪽을 선택할 것인가를 판단하고 결정할 수 있는 근거가 없다. 그리하여 회의에 빠지게 마련이다. 이 괴로운 회의에서 헤어날 길은 없는가? 우리는 외적인 경험에서 출발하는 한 이 회의에서 벗어날 수 없다. 그러므로 자연에서가 아니라 자연의 표상에서 출발해야 한다. 그리하여 여기서 실재론에서 관념론으로 옮아가서 살펴보게 된다.

제2편 〈앎〉에서 '나'는 '정령'과의 대화를 통해 관념론을 배우게 된다. 우리는 어떤 대상이 현재 있다는 것을 감각을 통해서 알게 된다. 즉 우리는 시각이나 촉각 등으로써 직접 그것을 의식한다. 대상을 지각하는 것이 아니라 우리의 감각 상태를 지각하며, 또한 이 감각을 직관한다. 그리하여 사유는 감각과 직관을 결합해서 사물을 성립하게 한다. 물자체는 의식의 본성을 무시하는 데서 비롯한다. 그러므로 우리의 외부의 사

《인간의 사명》(초판 1800) 표지

물에 대한 의식은 우리 자신의 표상 능력의 소산이다. 즉 외부 사물은 우리에게 독립되어 존재하는 것이 아니며, 따라서 우리는 '이 체계의 연쇄 일환'은 아니다. 그리하여 여기서 우리는 회의의 괴로움에서 벗어나는 듯이 보인다.

그런데 그렇다면 사유의 능력이나 이 능력을 갖고 있는 것, 즉 우리의 지성이나 육체는 감각과 직관 및 사유로써 파악된 것이며, 의식이 생각해 낸 것에 지나지 않는다. 그리하여 실재라는 것은 사라지고 남아 있는 것은 표상뿐이다. 다시 말해서 실재의 그림자에 불과하다.

그리하여 지식 체계는 필연적으로 어떠한 실재성도 갖고 있지 않는 하나의 그림자 체계에 지나지 않는다. 그런데 이러한 그림자에 상응하는 실재는 지식의 체계에선 얻을 수 없다. 세계도 나도 실재가 아니라면 '인간의 사명' 자체도 문제가 될 수 없다. 그러므로 우리는 참된 실재, 나아가서 인간의 사명을 파악하려면 지식으로는 충분치 않음을 알게 된다.

제3편에는 〈믿음〉을 다룬다. 우리 인간은 독립된 실재자이며, 지성으로써 목표를 세우고, 이를 실현하려는 욕구를 갖고 있지만, 제1편의 자연체계에서는

감히 주장할 수 없었으며, 제2편에 와서 관념론의 체계에서는 세계도 나도 실재하지 않는다는 결론에 이르렀다. 다시 말해서 실재성을 파악하는 기관은 지식이 아니라는 결론이 내려졌다. 그리하여 제3편에서는 참된 실재를 파악하는 기관으로서 신앙을 내세운다.

양심은 우리에게 도덕적인 의무를 명령하며, 이 명령에 따르는 것이 인간의 사명이다. 모든 행위는 반드시 어떤 목적을 지향하게 마련이다. 그런데 행위는 지상의 세계에서 이루어진다. 그러므로 저마다의 행위는 이 세계의 개선을 목표로 삼으며, 이 목표의 분명한 달성은 양심에 의해 보장된다. 그러나 이러한 지상의 목표가 이루어진다고 하더라도 인간의 사명을 다할 수는 없다. 보다 나은 세계는 오직 인과의 연쇄로써 초래될 것이다. 그것은 인간의 자유 의지나 심정 등에 얽매이지 않고 필연적으로 생기게 된다. 이를 위해서 우리에게 요구되는 것은 정확한 기계뿐이며, 우리는 그 기계의 수레바퀴에 불과할 것이다. 따라서 도덕법칙도 무용지물이 되리라.

그러나 우리가 이성적인 존재자로서 이성과 의지의 목소리에 따라야 한다면, 이러한 복종은 어떤 결과를 갖게 되고 어디엔가 유용하게 된다.

그런데 그것은 분명히 지상적인 세계의 목적을 위해 유용하지는 않다. 그러므로 그 목적이 유용하리라고 생각되는 초지상적인 세계가 존재해야 한다.

이 초지상적인 세계는 도덕법칙으로서 요구되며, 그 실재성은 굳은 신앙이 되어야 한다. 이 초지상적인 세계는 의지가 지배하는 세계이다. 양심은 지상적인 목표를 이룰 것을 우리에게 명령하며, 우리는 이 명령에 복종하기만 하면 될 뿐, 행위의 결과는 문제가 되지 않는다. 도덕적 의지는 반드시 그 결과를 영원한 세계에서 갖게 된다는 것을 우리는 확신한다. 이러한 믿음, 즉 영원한 세계의 실재성에 대한 신앙은, 지상적인 것과 감성적인 것을 단념하고 현세에서 죽었다가 다시 살아남으로써 '의지의 근본적인 개선'에 의해 얻을 수 있다. 이리하여 의지가 감성적인 존재자를 초감성적인 질서에로 결합시키는 유대가 되며, 우리는 육신을 갖고 초지상의 세계에 살게 된다는 것이다.

우리는 양심의 목소리로 말미암아 초지상적인 세계의 존재를 믿게 되는데, 이 믿음은 동시에 이 세계의 법칙이 우리의 의지가 필연적으로 결과를 갖게 되는 것과 같다는 확신이다. 이 무한한 의지는 절대적인 실재, 즉 신으로서, 일체를 무한한 생명의 흐름이라고 보는 범신론적인 세계관이 펼쳐진다.

《인간의 사명》은 인간의 사명에 대한 한결 깊은 철학적인 연구로서, 피히테는 머리말에서 이 책은 전문적인 철학자들을 위해 씌어진 것이 아니라 일반 독자들이 알 수 있게 썼다고 했으나, 반드시 그렇지만은 않아 무척 난해한 대목도 나온다. 텍스트로는 Fritz Medicus 출판의 〈Die Bestimmung des Menschen〉임을 밝혀 둔다.

루돌프 폰 예링(1818~1892)

예링의 《권리를 위한 투쟁》에 대하여

루돌프 폰 예링은 1818년 8월 22일 독일 북부 동 프리슬란트의 작은 도시 아우리히에서 변호사의 아들로 태어났다. 하이델베르크, 괴팅겐, 뮌헨, 베를린의 대학에서 법률학을 배운 뒤 1845년에 바젤대학교 로마법 교수가 되었으며 로스토크(1846), 킬(1849) 대학을 거쳐 1852년에 기센대학교로 갔으며 온 힘을 기울여 쓴 《로마법의 정신》(1852~56)을 발표했다. 1868년에 빈 대학교의 초빙을 받아 1872년까지 강단에 섰지만 이 《권리를 위한 투쟁》은 서문에서 밝혔듯이 빈대학교에서 마지막 한 강연을 바탕으로 쓴 책이다. 1872년에 괴팅겐대학교로 옮긴 예링은 대작 《법의 목적》(제1권 1877년, 제2권 1883년)을 세상에 선보인 뒤 1892년 9월 17일 괴팅겐에서 세상을 떠났다.

이 책의 '제11판 서문'에서 에렌베르크가 시사했듯이 예링의 열정에 불타는 성격은 속박을 싫어하는 프리슬란트인의 특징으로 설명할 수도 있지만 프란츠 비아커는 예링을 이해하기 위해 그의 조울증 기질에 주의할 필요가 있다고 지적했다. 이 기질 때문에 예링은 체계적이기보다는 경구를 즐겨 쓰는, 추상적인 이론가라기보다는 경험주의자였으며 그의 강점은 논리적인 사고보다는 오히려 풍부한 착상에서 볼 수 있다. 실제 예링의 다채로운 작업은 자주 모순을 드러낸다. 예를 들어 《로마법의 정신》 제2권 제2부(1858)에서 법률구성의 기술 칭찬과 1861년 뒤에 발표한 익명의 평론(나중에 《법률가에 대한 농담과 진담》이라는 제목으로 저서에 수록)에서는 법률구성에 야유를 보내는 등 모순이 있다고 봐야 하는지, 아니면 그 사이에 방법론에서 변화가 있었다(헤르만 칸트로비치의 주장)고 봐야할지는 쉽게 단정하기 어렵다. 이처럼 큰 진폭을 보이는 예링이 본디 사비니 푸흐타의 학파(역사법학파)에 속했으면서도 나중에 이를 비판하고 《법의 목적》으로 '목적이 바로 모든 법의 창조자이다' 주장하기에 이른 사상 편력을 19세기 독일 사회변화와 관련지으면서 이야기하려면 본격적으로 연구할 필요가 있다. 여기서는 물론 그런 고찰을 할 여유는 없다.

투쟁으로 당신의 권리인 법을 찾아라

《권리를 위한 투쟁》에서 한 예링의 주장이 '당신은 투쟁으로 당신의 권리인 법을 찾아내야 한다'는 제사에 응축되어 있다는 것은 말할 필요도 없다. 그런데 이 권리인 법이란 원문의 Recht를 우리말로 옮긴 것이다. 예링의 지적을 가져올 필요도 없이 독일어의 Recht는 권리와 법이라는 두 가지 의미를 가지고 있으며 특히 권리만 가리킬 때 이를 사용하는 경우에는 '주관적인 의미의 Recht', 법만을 가리키는 뜻으로 사용할 때에는 '객관적인 의미의 Recht'라고 표현하는 경우도 있다. 단순히 Recht라고 표기된 경우에는 앞뒤 문맥에서 권리, 법 어느 쪽을 가리키는지를 알 수 있는 경우가 많지만(이 번역을 할 때도 그런 경우에는 어느 한 쪽으로 나눠서 번역했다) 권리와 법 둘 다를 의미하는 단어로 이 말을 사용한 경우도 많다. '투쟁으로 당신의 권리인 법을 찾아내야 한다'는 제사에서 Recht는 바로 이 이중의 의미로 사용했으며 따라서 권리인 법이라는 말로 옮겼다(이 책의 제목도 본디 권리인 법을 위한 투쟁이라 해야 하지만 관례에 따라 권리를 위한 투쟁으로 했다).

그렇다면 Recht가 왜 여기서 이중의 의미로 사용된다고 할 수 있는가? 첫째 예링 자신도 말했듯이 이 책이 먼저 법의 실현 및 생성, 발전을 위한 투쟁을 논하고 이어서(많은 페이지를 할애해) 권리를 위한 투쟁을 이야기하기 때문이다. 그러나 그것만으로는 이 책이 법을 위한 투쟁과 권리를 위한 투쟁 두 가지를 말하는 것에 그치고 만다. 그리고 법을 위한 투쟁은 '아주 많은 경우 법 개정은 현존하는 여러 권리나 개인의 이익에 대담하게 개입할 때 비로소 실현된다'고 주장한 점으로 미루어 볼 때 법을 위한 투쟁은 권리를 위한 투쟁과 대

립하는 것처럼 보인다. 그러나 예링의
의도는 권리의 실체가 불합리한 특권
인 경우에만 이런 대립이 존재한다고
지적하고 일반적으로는 오히려 권리
를 위한 투쟁이 동시에 법을 위한 투
쟁의 의의를 가진다는 점을 강조하
는 데 있었다. 권리를 위한 투쟁은 윤
리적으로 자신을 보존하기 위해 권리
자가 자기 자신에게 해야 하는 의무
일 뿐만 아니라 국가공동체에 해야
하는 의무이며 구체적인 권리는 추상
적인 법(국가공동체의 법규범)에게 생
명과 힘을 받았을 뿐만 아니라 추상
적인 법에게 그 은혜를 갚는다. 이런
권리와 법의 상호의존관계로 권리를
위한 투쟁은 법을 위한 투쟁이기도
하다는 말이 된다. 바로 그런 의미로

《권리를 위한 투쟁》(초판 1872) 속표지

투쟁으로 당신의 권리인 법을 찾아내라고 외치는 것이 예링의 의도였다.

그러나 뒤집어서 생각해보면 권리와 법 사이에 상호의존관계가 있다고 하
더라도 그 상호의존관계의 모습은 하나가 아니다. 예링의 경우, 구체적인 권리
는 자신의 이해관계 태두리 안에서 법률(국가제정법)을 위해 투기장에 올라
가 불법과 싸울 권한으로 국가가 부여한 것이라는 서술로 알 수 있듯이 법은
기본적으로 국가제정법, 즉 법률로 이해했으며 이 법률을 준수하기 위해 국
가가 부여한 권리를 실행하는 것이 국가공동체에게 해야 하는 의무라고 요청
했다. 여기서 혈액순환의 중심인 심장은 어디까지나 국가공동체 또는 사회이
다. 모두가 사회의 이익을 위해 권리를 주장하러 태어난 전사라고 말한다. 이
런 국가공동체 또는 사회의 우위는 권리를 (국가가) 법으로 보호하는 이익으
로 생각하는 《로마법의 정신》 제3권 제1부(1865)의 발상을 이어받은 것, 그리고
사회 또는 국가의 목적이 개인의 목적보다 먼저라는 《법의 목적》 제1권(1877)
으로 나아가리라고 예상하게 하기는 하지만 어쨌든 이는 1870년대 독일 상황

을 반영했다고 할 수 있다. 여기에 대해서는 역사를 거슬러 올라가 유럽에서의 Recht 개념의 변천을 들여다볼 필요가 있다.

권리와 법을 같은 단어로 표현하는 것은 비단 독일어뿐만이 아니다. 프랑스어의 droit, 이탈리아어의 diritto 등도 모두 권리와 법의 두 가지 의미를 가지고 있다(참고로 영어에서 right는 권리만 나타내며 법을 가리킬 때에는 law라는 말을 쓰지만 영국에서도 예전에 법 용어로 사용하던 노르만 프랑스어의 droit 또는 dreit는 권리와 법 두 가지 의미를 갖고 있었다고 한다). 이런 권리와 법의 이중개념은 역사적으로는 군주가 일정한 영역에서 통일된 법질서를 형성할 주도권을 가졌으면서도 자신의 의사를 바로 보편적인 법규범으로 강요할 만큼의 힘을 가지지 못하고 시민사회 구성원들이 실력으로 기초를 다지고 그들의 재판공동체가 승인한 여러 구체적인 권능을 모두 통합한 것이 올바른 법질서의 주요 부분이라 생각할 수밖에 없었던 시대에 형성되었다고 생각된다. 구체적인 문제마다 확인되는 권능이 보편적, 추상적인 법규범 형성보다 먼저 이루어졌다.

근세 특히 절대주의 시대로 들어서면서 이런 상태를 서서히 극복하고 군주 또는 국가의 의사 표현인 법률이 바로 법의 본디 모습이라는 관념이 퍼지기 시작했지만 그럼에도 절대군주 또한 전통적인 모든 권리를 통합한 것인 전통적인 법을 존중해야 한다는 원칙은 쉽게 무너지지 않았다. 정치권력을 한손에 쥔 국가와 윤리성을 상실한 형태인 시민사회의 대치 구도로 헤겔이 그려낸 19세기 전반 독일에서조차 시민사회의 구성원(가장들)은 자신의 권리를 윤리적으로, 즉 절도를 지키며 행사하는 것으로, 나아가 일정한 한도까지 윤리적인 질서를 가질 수 있다(질서유지 임무를 모두 국가에게 양보해버린 게 아니다)고 생각했다. 예링도 《로마법의 정신》 제1권(1852년)에서는 고대 로마에서 개인의 권리는 그 존재를 국가에게 맡기는 것이 아니라 자신의 완전한 힘에 맡기며 자신의 존재근거를 자기 자신 속에 가진다고 생각했다는 점, 이 주관적인 구속되지 않은 속성이 절도를 지켰기 때문에 윤리적인 질서를 유지할 수 있었다는 점을 지적하며 이를 독일시민 사회의 이상적인 모습으로 삼았다.

예링, 건전하며 강인한 권리감각을 외치다

1860년대 끝 무렵, 특히 70년대에 들어서자 독일에서는 본격적으로 공업화가 진행되면서 이기적인 경제활동으로 말미암아 윤리적인 절도를 기대하기가 어려워진다. 이제는 경제사회의 질서를 유지하려면 많든 적든 국가에게 개입을 요청할 수밖에 없다. 여기에 이르러 예링은 개인의 권리가 그 존재를 국가에게 맡기는 것을 인정할 수밖에 없었으며 권리를 국가가 부여한 권한으로 인식하는 반면 권리를 부여받은 사람의 게으름에 경종을 울리고 국가공동체에 해야 하는 의무로 권리를 위한 투쟁을 장려하게 된다. 국민 저마다의 건전

예링의 생가임을 알리는 명판   독일 아우리히

하며 강인한 권리감각은 국가가 가진 힘의 가장 풍요로운 원천이며 대내, 대외로 존립하기 위한 가장 확실한 보증이라는 사고는 단순히 프로이센과 프랑스의 전쟁에서 승리해서 생긴 격앙된 감정을 드러내는데 그치지 않고 다음과 같은 독일 사회의 구조변화를 시사하는 것이기도 했다.

본디 국가의 우월성 승인은 《권리를 위한 투쟁》의 한 면에 지나지 않는다. 권리자 자기 자신에게 해야 하는 의무, 그러니까 윤리적인 인격의 자기주장으로 권리를 위한 투쟁을 요청하는 한에서 예링은 전국가적인 고유권인 전통적인 권리관념을 이어받으면서도 독일인과 넓게는 서양인의 권리감각의 핵심을 찌르는 서술을 펼쳤다. 윤리적인 인격의 자기주장인 권리행사는 본디 비윤리적, 물질주의적인 이익주장과 동일시 할 수 없다. 서양인을 비윤리적인 물질주의자로 보는 것만큼 위험한 오해는 없다. 물론 서양에서도 법률실리주의자는 많다. 그러나 적어도 주의, 주장 수준에서 권리문제를 이해문제와 혼동하는 물질주의에 경의를 표하는 일은 드물다. 그런 의미에서 《권리를 위한 투쟁》은 우리에게 큰 교훈을 주는 책이라 할 수 있다. 나아가 권리를 국가가 부여한 것으로 보는 전제(현대 국가에서는 대다수의 권리에 그런 전제가 따른다) 아래에서

예링의 무덤 괴팅겐 시립묘지

도 그 국가를 법치국가답게 만들기 위해 국민 저마다가 자신의 정당한 권리를 적극적으로 행사해야만 하며 그러기 위한 모든 제도를 국가가 정비해야한다는 것은 말할 필요도 없지만 이 점에서도 예링의 의견은 오늘날에도 매우 큰 의의를 가진다고 할 수 있다.

이 책에서 예링이 취한 학설, 특히 로마법에 관련된 학설은 그 뒤 연구로 미루어 모두가 타당하다고는 할 수 없다. 예를 들어 손해배상 문제에서 예링은 가장 번성한 시기, 특히 고전시대 로마법에서 고의과실 요건을 고려하게 되었다고 했지만 그 뒤 학설에 따르면 이른바 객관적 책임주의는 고전시대에도 극복하지 못했으며 유스티니아누스 법전에서 처음으로 주관적 책임주의를 확립했다고 한다. 아무리 정평이 난 유명 작품이라도 그 모두를 고스란히 받아들이는 것은 위험한데 이 책도 마찬가지다. 그 점은 특히 국제분쟁을 해결하기 위한 무력행사나 형법의 과잉방어를 정당화하는 부분에서 뚜렷하게 드러난다. 예링다운 열정이 곳곳에서 보이는 《권리를 위한 투쟁》은 예링과 대담을 거듭하면서 읽어야 한다.

피히테 연보

1762년 독일 5월 19일 오버라우지츠 람메나우에서 태어나다.

1774년 오늘날의 초등학교에 속하는 포르타(Pforta) 귀족학교에 입학하다.

1780년 예나(Jena)대학 입학 신학공부를 시작하다.

1781년 라이프치히(Leipzig)대학으로 학교를 옮겨 신학과 철학 공부하다.

1788년 스위스의 취리히(Zürich)에서 가정교사 생활을 시작하다.

1790년 라이프치히로 다시 돌아와 칸트철학을 접하다.

1791년 쾨니히스베르크(Königsberg)에 칸트(I. Kant) 방문하다.

1792년 칸트의 도움으로 《모든 계시에 대한 비판 시도》 출판하다.

1793년 취리히로 다시 돌아와 페스탈로치(Pestalosszi)와 교제하다. 요한나 마리아 란(Jahanna Maria Rahn)과 결혼하다. 〈알게마이네 리터라투어―차이퉁〉에 아에네시데무스(Aenesidemus)에 대한 논평 발표하다.

1794년 예나대학 교수로 초빙, 《지식학 즉 소위 제일철학의 개념에 관하여》, 《수강자를 위한 수고(手稿)로서의 전체 지식학의 기초》 출판하다.

1797년 《지식학의 제1서론》, 《이미 철학적 체계를 소유한 독자들을 위한 지식학의 제2서론》, 《지식학의 원칙에 따른 자연법의 기초》 출판하다.

1798년 《지식학의 원칙에 따른 도덕이론의 체계》 출판하다. '무신론 논쟁'에 휩싸이다.

1799년 예나대학을 그만두고 베를린으로 이주하다.

1800년 《인간의 사명》, 《완성된 상업국가. 법률학에 대한 부록으로서의 철학적 구상과 미래에 제공될 정치에 대한 검토》, 《가장 새로운 철학의 진정한 본질에 관해 위대한 독자들에게 보내는 명백한 보고. 독자들에게 이해를 촉구하려는 한 시도》 출판하다.

1805년 에어랑엔(Erlangen)대학 교수로 가다.

1806년 프로이센과 프랑스 전쟁이 일어나다. 덴마크의 코펜하겐 (Kopenhagen)

으로 도피, 이곳에서 그의 유명한 강의 〈독일 국민에게 고함〉의 원고
를 준비하다.

1807년 베를린학술원에서 한 학기 동안 〈독일 국민에게 고함〉이라는 제목의
강의를 하다.

1808년 《독일 국민에게 고함》 출판하다.

1810년 베를린대학 교수로 초빙. 초대 총장에 선출되다. 《일반적 개요에서의
지식학》 출판하다.

1811년 베를린대학 총장직 사퇴하다.

1814년 1월 19일 장티푸스로 사망하다.

권기철(權奇哲)

1941년 경북 안동 출생. 중앙대 철학과·동대학원 졸업. 독일 Marburg/L. 대학 수학. 독일 Wuerzburg 대학 철학박사. 중앙대학교 철학과 교수. 서울대학교, 이화여자대학교, 건국대학교 대학원 출강. 한국철학회 상임이사. 지은책《철학개론(공저)》《현대철학의 이해(공저)》옮긴책《키에르케고르》《쇼펜하우어》등과 그 외 주요논문 여러 편이 있다.

World Book 279
Johann Gottlieb Fichte/Rudolf von Jhering
REDEN AN DIE DEUTSCHE NATION
DIE BESTIMMUNG DES MENSCHEN
DER KAMPF UMS RECHT
독일 국민에게 고함/인간의 사명/권리를 위한 투쟁
요한 고틀리프 피히테/루돌프 폰 예링/권기철 옮김
1판 1쇄 발행/2019. 2. 20
발행인 고정일
발행처 동서문화사
창업 1956. 12. 12. 등록 16-3799
서울 중구 다산로 12길 6(신당동 4층)
☎ 546-0331~6 Fax. 545-0331
www.dongsuhbook.com

이 책의 출판권은 동서문화사가 소유합니다.
의장권 제호권 편집권은 저작권 법에 의해 보호를 받는 출판물이므로
무단전재와 무단복제를 금합니다.

사업자등록번호 211-87-75330
ISBN 978-89-497-1708-1 04080
ISBN 978-89-497-0382-4 (세트)